Mountainous Expressway Safety Engineering

山区高速公路安全工程

吴华金　胡江碧　著

人民交通出版社
China Communications Press

内 容 提 要

本书从人、车、路和环境系统层面，对山区高速公路建设和运行管理的安全保障技术作了较为全面而系统的研究和论述。全书共9章，分别为：绪论、安全道路系统、山区高速公路驾驶员驾驶行为特性分析、山区高速公路条件与交通安全、山区高速公路安全管理、山区高速公路几何条件安全技术、山区高速公路交通安全设施安全技术、山区高速公路运行管理安全技术和山区高速公路安全工程应用实例，涵盖了山区高速公路建设与运行管理的安全工程基本思想、内容、技术、方法和最新的研究成果。

本书可供从事公路工程科研、规划、设计、施工、运行管理以及从事道路交通规划与管理、道路交通安全管理工作的专业人士使用参考。

图书在版编目(CIP)数据

山区高速公路安全工程/吴华金，胡江碧著. —北京：人民交通出版社，2014.3

ISBN 978-7-114-10926-3

Ⅰ.①山… Ⅱ.①吴… ②胡… Ⅲ.①山区道路－高速公路－安全工程 Ⅳ.①U491.4

中国版本图书馆 CIP 数据核字(2013)第237741号

书　　名：山区高速公路安全工程
著 作 者：吴华金　胡江碧
责任编辑：孙　玺　黎小东　岑　瑜
出版发行：人民交通出版社
地　　址：(100011)北京市朝阳区安定门外外馆斜街3号
网　　址：http://www.ccpress.com.cn
销售电话：(010)59757973
总 经 销：人民交通出版社发行部
经　　销：各地新华书店
印　　刷：中国电影出版社印刷厂
开　　本：787×1092　1/16
印　　张：26.5
字　　数：620千
版　　次：2014年3月　第1版
印　　次：2014年3月　第1次印刷
书　　号：ISBN 978-7-114-10926-3
定　　价：78.00元
(有印刷、装订质量问题的图书由本社负责调换)

序

经过近30年的高速公路建设，我国经济相对发达，地形、地质、环境等自然条件相对较好的大中城市之间的高速公路网络基本形成，高速公路建设的重点逐步向地形、地质、环境条件相对复杂、工程艰巨的山区扩展。山区高速公路建设对促进山区的经济和社会发展，实现我国全面小康具有重要意义。

考虑山区高速公路建设既要降低对环境、生态的影响，又要兼顾工程经济，因此，山区高速公路往往因曲线多、半径小、高差大、纵坡长，极限技术指标时常被迫采用。这些采用极限技术指标的路段一旦处理不当，就会成为事故多发路段。这一点已被我国山区高速公路事故数据所证实。前些年，某山区高速公路事故高发路段曾被社会媒体称为“死亡之路”。

公路安全是一项系统而精细的工作，涉及人、车、路、环境等方方面面因素，每一方面因素又以其独立系统特性体现在公路建设和车辆运行的各个环节中，并且交互影响着。因此，一旦某一因素发生异常便造成安全隐患，继而可能引发交通事故。

20世纪90年代以来，我国公路安全形势逐步引起管理、设计、科研等各方面的重视，安全理论、方法及技术有了较大发展。相比之下，山区高速公路安全建设与安全运行管理方面的理论、方法和技术却较为欠缺。随着我国山区高速公路建设与运行管理任务的逐步加大，系统地总结和完善山区高速公路安全建设与运行管理理论、方法和技术已成为当务之急。本书作者凝练了他们近20年来从事山区高速公路建设与运行管理的安全实践、研究成果和对安全工程的感悟。

本书从“人车路协同”层面，采用人因工程学、车辆行驶与制动学、驾驶员驾驶期望、驾驶员驾驶工作负荷和道路工程学等多学科融合理论，在驾驶工作负荷需求理论和车辆行驶与制动基础上，对山区高速公路建设与运行管理安全保障技术方面进行了全面、深入的研究，系统地提出了山区高速公路安全的建设与运行管理理论、方法和技术，并在山区高速公路项目的建设与运行管理中进行了应用。该书既反映了对山区高速公路安全保障技术最新的研究成果，又对公路安全理论、方法和技术体系的今后发展提出了前瞻性的思考，为发展我国山区高速公路安全理论、方法和技术水平作出了贡献。

希望本书的出版发行能够对于提高我国山区高速公路建设与运行管理等的有关人员技术水平有所帮助，能够对于提高我国山区高速公路安全运行管理服务水平有所帮助。我深信待以时日，通过全国山区高速公路建设者、管理者、科研人员、车辆制造商和驾驶员的共同努力，我国山区高速公路安全技术将会日臻完善，安全服务水平将会越来越高。

二〇一三年六月二十七日

前　　言

随着越来越多的高速公路建设进入山岭区，山区高速公路已成为开发山区资源、提高山区人民生活水平及沟通外界的重要通道，山区高速公路建设对促进山区经济的发展和提高山区的社会文明具有重要贡献。

自20世纪90年代到本世纪初，随着通车里程和交通量的剧增，我国面临道路交通安全形势不断加剧的挑战。在学习国外先进、成熟的交通安全工程思想、理念和技术方法，从道路的规划、工程可行性研究、设计、施工及运行等全寿命各阶段展开安全道路问题的研究，较为系统地关注和治理道路交通安全隐患的同时，我国实施了安全性评价和安全保障工程等重要政策和措施，取得了良好的效果。从道路建设的工程可行性研究阶段就开始注重道路运行中的安全工程问题，无疑是一种从根本上提高道路安全水平、改善交通安全的有效方法。这种方法能在早期消除道路的不安全因素，在规划、设计和施工阶段进行交通安全问题的预防，防止道路工程的不安全隐患，不将安全问题遗留至公路建成后的运行阶段。但是，我国对道路安全工程研究工作和实践的滞后，加之道路安全工程系统工作的完善需要通过在实践中不断调查、实施改进措施、跟踪改进措施结果，然后再调查、再实施改进措施并再跟踪改进措施结果等不断循环往复的改进和完善过程，需要精心关注且经历一个较长的时期。因此，现阶段快速发展和建设起来的道路在运行阶段仍然存在一些不同风险程度的隐患，在人性化、精细化和服务方面不同程度地存在一定的问题，需要道路工程师和研究人员继续努力和完善。道路安全工程的研究是道路建设与管理者的一个永恒的课题，山区高速公路是道路运行条件中风险最大的路段，需要更加谨慎地研究解决。

我们是有幸生长在山区的道路建设者与安全道路工程的研究者。20余年专注地从事道路建设与安全道路工程的研究实践，让我们见证了山区高速公路在给山区人民带来快速、直达、经济、安全和舒适的同时，也提高了山区人民的生活水平，改善了他们的精神文明程度。然而，山区高速公路安全工程是高速公路建设和运行管理中最值得关注的，它给道路用户提供的道路、交通和环境条件最为复杂，管理内容和影响安全的因素最多，管理技术难度和运行风险最大，特别是山区高速公路急弯路段、长陡下坡路段的建设与运行管理。

道路建设的根本目的是为用户服务，道路建设与运行管理是保证道路服务功能和水平的重要条件。面对山区高速公路恶劣、复杂的环境和交通安全严峻形势，如何保障道路条件运行的安全性，在目前现行的几个涉及道路安全工程的国家和行业标准中，仅限于道路建设阶段，而对道路的运行管理没有明确的规定。同时这些标准缺乏方法性的指导，可以说与国外的道路建设与运行管理相比，还远远不够完善，在某些方面甚至是空白。针对山区高速公路安全工程的系统技术更是寥寥无几。为此，作者曾驾驶车辆亲临欧洲中南部阿尔卑斯山脉山区道路以及美国、加拿大、澳大利亚、北欧等国家和地区的山区公路，考察体验了他们的安全工程及运行管理现状，也考察了我国部分山区高速公路的安全工程状况，经历了云南省山区高速公路的安全道路建设与运行管理，深深地体会到我国在山区高速公路建设与运行管理工作中安全道路保障技术从理论到实践存在的不足，在系统性、标准化和细节方面有待补充和完善。为了能使我国山区高速公路安全道路条件建设与运行管理少走弯路，作者对山区高速公路交通事故的原因进行了系统梳理和全寿命阶段评价，同时借鉴国外先进的技术、经验和教训，基于人因道路安全工程、车辆道路安全工程和人车路安全互动系统对安全工程的研究成果，结合我国山区高速公路建设与运行管理特点和现状，从为用户驾驶员服务的层面，利用自然地理学和人因工程、人机工程学的成果指导道路环境选线；从山区高速公路路段宏观线形指标的均衡性、线形的连续性，到前后弯道局部微观线形指标的均衡性、线形的连续性，从车辆运行的制动性能，以及弯道稳定性与道路几何条件的内在关系出发，试图将我国的山区高速公路建设与运行管理安全工程的内容和技术进行进一步细化和系统化。

我们期待本书的出版发行能够对我国山区高速公路建设与运行管理中安全工程的研究、设计及相关规范标准的修订起到抛砖引玉的作用，期望能够与更多的工作者一起研究探讨。

本书的撰写是基于作者多年来对山区安全工程的研究成果，以中国驾驶员驾驶期望特性、车辆性能特性和山区高速公路道路、交通和环境条件特性为出发点，并以云南省山区高速公路建设与运行管理项目为案例，收集和分析云南省山区典型高速公路事故数据为基础，研究分析了山区高速公路建设与运行管理全寿命的安全工程内容、方法和技术，共分九章进行介绍。第1章　绪论，研究山区高速公路的现状和特征、交通事故特征、交通事故原因分析及道路全寿命管理程序与交通安全。第2章　安全道路系统，研究安全道路系统理念，车辆与安全道路的互动关系，驾驶员与安全道路的互动关系，道路设计与安全道路互动关系。第3章　山区高速公路驾驶员驾驶行为特性分析，研究驾驶行为特性与交通安全的关系，驾驶员特性，驾驶工作负荷，驾驶行为特征。第4章　山区高速公路条件与交通安全，研究线形条件与交通安全，路面条件与交通安全，视觉条件与交通安全等的系统关系。第5章　山区高速公路安全管理，研究安全管理技术，建设阶段的安全管理，运行阶段的安全管理。第6章　山区高速公路几何条件安全技术，研究安全规划与设计理念，安全规划与总体设计，主要技术指标的选择，安全选线方法，安全导向系统等山区高速公路几何条件保障技术。第7章　山区高速公路交通安全设施安全技术，研究主动安全设施技术，被动安全设施技术，沿线设施场地静态交通系统的交通净化设施和移动标识系统。第8章　山区高速公路运行管理安全技术，研究道路运行安全状况调查与统计，交通安全预测方法，运行速度管理，运行安全评价技术，交通事故紧急救援与安全管理，事故多发地点的管理，安全运行管理养护，路侧净空区设施安全管理养护，安全设施的安全管理养护，养护施工作业区与交通安全。第9章　山区高速公路安全工程应用实例，介绍山区高速公路安全状况调查与统计、云岭高速公路安全保障技术研究与应用、云岭保龙高速公路安全保障技术设计思路、云岭保龙高速公路安全保障设计方法、云岭保龙高速公路道路安全保障设施实施效果、云岭保龙高速公路运行安全性评价，以及云岭保龙高速公路成果应用示例。

本书由云南省交通运输厅总工程师吴华金和北京工业大学教授胡江碧共同撰写完成。

在撰写过程中得到了北京工业大学研究生常向征、曹建平、田雪健、王子枫、李然、郭达、马文倩、王猛和云南交通咨询有限公司段翔、刘剑涛、彭绍勇、陈加洪的大力帮助和支持。在对山区高速公路道路安全系统研究及应用中，得到了云南保龙高速公路建设指挥部彭赛恒、姚勇的大立支持，得到了长安大学魏朗、苏生瑞教授的技术指导；在山区高速公路几何条件保障技术扩展应用、山区高速公路走廊带选择和路线方案比选应用研究中，得到了云南省交通规划设计研究院方德春、龚万江的支持；在资料收集、图片整理中，得到了吴坤霞同学的帮助，在此作者一并表示由衷的感谢！

限于作者水平，书中不妥之处难免，恳请读者批评指正。

作者

2014 年 2 月

目　录

第1章 绪　论

1.1 山区高速公路的现状及特征

1.1.1 山区高速公路发展现状

高速公路是国民经济和社会发展中的重要基础设施，是一个国家现代化水平的重要标志之一。高速公路以其安全、快速、高效、便捷等优点，在我国交通运输领域发挥着举足轻重的作用。我国从20世纪80年代开始修建高速公路，90年代我国的高速公路建设步入高速发展的阶段，到2005年底达到4.1万km，总里程首次跃居世界第二。经过20多年的建设，截至2011年，我国高速公路通车里程达到8.5万km，继续保持世界第二位。表1-1为我国高速公路2000～2011年的发展状况[1-3]。

我国高速公路2000～2011年发展状况　　表1-1

统计年份	高速公路里程(km)	公路总里程(km)	高速公路比例(%)
2000年	16 314	1 679 800	0.97
2001年	19 437	1 698 012	1.14
2002年	25 130	1 765 222	1.42
2003年	29 745	1 810 000	1.64
2004年	34 300	1 871 000	1.83
2005年	41 005	3 345 200	1.23
2006年	45 339	3 457 000	1.31
2007年	53 913	3 584 000	1.50
2008年	60 302	3 730 200	1.62
2009年	65 055	3 860 823	1.69
2010年	74 100	4 008 200	1.85
2011年	85 100	4 079 600	2.09

我国幅员辽阔，地大物博，在全国约960万km^2的土地上，山地丘陵面积占到总面积的70%以上。经过近年的高速公路建设，经济较发达及地形、地质、环境等条件单一的大中城市之间的高速公路网络基本形成，但从全国来看，高速公路网还不完善，特别是在偏离大城镇、地形地质条件复杂、工程艰巨、工程造价昂贵的偏远山区。也正因如此，目前我国高速公路建设的重点已逐步转向山区，向边远地区延伸。山区高速公路建设呈现出良好势头，这对

促进山区的经济建设和发展，实现山区与大中城市的交流和互动具有重要意义。

山区高速公路地处山岭重丘区，山高坡陡，高山深谷相间，水急坡陡，地貌类型复杂多样；地质结构复杂，断裂纵横交错，岩石风化破碎严重；自然灾害频发，滑坡、泥石流、地震等灾害常见；气候多变，雨、雪、雾等恶劣天气多发；生态环境脆弱，景观设计和生态环境保护工作要求高；工程复杂而艰巨，建设及管理成本高。由于受地形、地质、水文、气候、生态和经济等条件的影响与限制，山区高速公路高差起伏大、弯道多、转角大、纵坡陡且长，极限指标时有出现。因此，山区高速公路相比平原区高速公路运行更具危险性，造成山区高速公路事故多发，部分路段的事故率和死亡率是一般路段的几倍甚至几十倍。

虽然山区高速公路从规划、设计、施工到运行管理都会遇到诸多困难和问题，但是从国家到各个省份仍在不遗余力地发展山区高速公路。因为相对于原有低等级公路，山区高速公路更加安全、快捷、舒适，更能推动经济和社会的发展。目前，我国在山区高速公路建设前期和设计阶段，对其运行阶段安全性问题的认识正处于完善阶段，因此在规划、设计阶段不能解决或未做好而出现的运行安全问题，还需要通过后期运行管理阶段采取合理的主动安全和被动安全措施来解决或改善。

1.1.2 山区高速公路的特点

山区高速公路与平原、丘陵区高速公路相比，由于其独特的地形、地貌和气候特征，呈现出以下特点。

1）道路条件复杂

山区高速公路地处山区、丘陵地带，地形、地质结构复杂，地质灾害频发，使得山区高速公路的设计标准相对降低，公路几何线形组合多变，视距短、小半径曲线与长大下坡路段较多。线形条件的复杂多变会使驾驶员操作频繁，增加操作失误的风险，同时车辆转弯、制动频繁，都会给行车安全带来隐患。

2）桥涵、隧道等构造物多

复杂的地形决定了山区高速公路桥隧比例的增加，这不仅给山区高速公路的施工带来不便，也影响车辆运行安全。桥梁、隧道一向是交通事故频发路段，其护栏的过渡，桥头路基的处理，隧道照明、通风、应急等条件都会影响山区高速公路的运行安全。

3）气候条件复杂多变

山区多变的气候条件同样给山区高速公路的运行安全带来影响。特殊天气条件下路面极易结冰，雨雪、浓雾天气会使山区高速公路的能见度降低，再加上山区阵风或强风的作用，会影响驾驶员的观察和判断，易导致车辆行驶打滑、制动跑偏、制动距离延长、频繁制动和制动衰减等现象，容易引发交通事故。

4）道路环境影响驾驶员视觉

山区高速公路两侧植被相对茂密，由于地形条件的限制，高填、深挖路段以及桥隧等结构物大大增加，影响驾驶员的视觉和视距，对行车安全产生影响。例如，路侧树木生长的茂盛枝叶会影响原本就不富余的驾驶视距；路侧出现的深谷会影响驾驶员视野和心理，分散驾驶员驾驶时的注意力，影响驾驶员的动态视觉；隧道封闭空间内亮度不满足驾驶员视认和安全舒适的驾驶需求、环境单调，很容易使驾驶员驾驶疲劳、反应迟钝，对速度的感知能力下降和思维聚焦，对行车安全极为不利；此外，由于受行车环境的影响，驾驶员在行车中往往会由于距离、速度、弯度、颜色、照明等产生错觉，导致操作失误而产生交通安全风险。

5）道路运行管理难度大

山区高速公路横断面净空有限，周边地形复杂，养护维修工人的工作和生活条件较差；在运行中遇到突发事件，容易产生交通拥堵，应急难度大。

1.1.3 山区高速公路交通安全状况

我国快速的高速公路建设，对国家的经济发展和社会进步起到了很大的促进作用，但随之而来的公路交通安全问题成为了一个比较严重的社会问题。虽然近年来我国的交通安全事故呈逐年下降的趋势，但形势依然严峻，事故数量和死亡人数仍然高居世界前列。

随着山区高速公路的快速建设和路网的形成，极大地促进了山区经济的发展。但是，由于山区地形条件较差，高速公路的建设标准相对较低，长大陡坡路段较多，穿越山体隧道数量较大，同时由于山区资源和旅游业的开发，交通量不断增加，交通组成复杂，致使道路交通事故频发，交通安全问题日益突出。

如某山区高速公路自 2007 年 9 月 28 日开通至 2009 年元月底，在某路段就发生各类交通事故 432 起，死亡 30 人，受伤 114 人，直接经济损失达 1 100 余万元，平均每起事故造成的直接经济损失达到 25 463 元，与 2007 ~ 2009 年 3 年间全国因交通事故造成的经济损失平均值相比高出 6 倍。

另一山区高速公路自 2007 年 10 月通车至 2008 年 6 月，仅 9 个月的时间内共发生交通事故 128 起，造成 45 人死亡，41 人受伤，平均每起高速公路事故造成 0. 35 人死亡，是 2007 ~ 2008 年两年全国平均单起事故死亡人数的 1. 3 倍。

又如，某山区高速公路自 2009 年 4 月至 2012 年 5 月，共发生交通事故 404 起，共造成 21 人死亡，129 人受伤，直接经济损失 365 万元。

上述所罗列的有限的几段山区高速公路交通事故状况，显示了我国山区高速公路交通事故呈现的严峻态势，给山区高速公路的建设、运行管理和道路安全的科研工作者们敲响了警钟。山区高速公路在为社会带来极大效益的同时，也给社会带来了交通安全风险。为了更好地利用山区高速公路，发挥高速公路社会效益，降低其事故危险性，有必要对山区高速公路交通事故状况进行深入、系统的剖析，从驾驶员、车辆、道路和交通环境条件层面系统分析事故的致因，并提出适宜山区高速公路运行的有效安全保障措施，提高山区高速公路的运行安全性。

1.2 山区高速公路交通事故特征

1.2.1 交通事故类型

分析山区高速公路事故特征，得到其主要的交通事故类型如下。

1）翻车、坠崖事故

山区高速公路弯道多而急，而弯道半径和转角的大小，连续下坡路段的长短，纵坡的大小又是由山区此起彼伏的地形决定的,从而增加了驾驶员在驾车过程中控制车速和方向的难度。尤其在车辆超速、超载情况下,车辆在转弯过程中会产生强大的离心力。此外,长距离连续下坡中车辆制动性能会出现衰减。这些情况均容易导致车辆失控而翻车或坠车。由于山区高速公路路基外落差一般都比较大,一旦发生坠车,施救难度大,损害后果严重,社会影响大,容易引发群死群伤的恶性事故。如某高速公路上一辆大客车在雨天路滑的情况下超速行驶,在翻出路基外后坠入14m深的悬崖,致使1人死亡,20余人受伤,造成严重的社会影响。

2)上坡追尾事故

在山区高速公路上坡路段,大型货车特别是在超载时爬坡速度慢,一般速度低于60km/h,绝大部分平均速度仅在20km/h左右,其行驶过程中对其他车辆的通行影响非常大;而上坡对小型车的速度影响又相对较小,往往还会存在超速现象,这就造成了大小车之间的速度差很大。车辆之间的速度差越大,车辆变换车道寻求超车的概率越高,则发生交通事故的概率相应地也越大,容易造成上坡追尾事故。特别是在陡缓坡连接处,大型货车由缓坡进入陡坡时速度迅速降低,而小车速度变化不大,此时极易造成追尾事故。

3)下坡连环追尾事故

山区高速公路坡多、坡陡且长,我国目前的重载货车在下坡行驶过程中驾驶员需长时间制动从而达到减速的目的,这种长时间的制动行为会导致车辆的制动鼓发热,制动性能下降,甚至制动失效。一旦遇到前方堵车或前车突然变更车道等情况,重载货车因无法及时减速并采取避让措施,就会引发交通追尾事故。当下坡路段有故障车辆或已发生事故的车辆停放,极易引发"二次事故"或"三次事故",甚至更多连环追尾的事故;多车相撞事故时车辆间的撞击力较大,易造成非常惨重的后果。这种路段目前在国内山区高速公路中很是常见,特别在下坡至7~8km处的路段被称为"鬼门关"。

4)不按规定停车和停车后不安全的行为引发的事故

山区高速公路运行条件复杂,路侧安全停放净空区域受限,目前我国车辆特别是重载货车在复杂的道路上行驶很容易发生故障,如水箱开锅、风扇皮带断裂、离合器片打滑、轮胎爆裂等。发生此类故障的车辆只能停靠在路侧紧急停车带或路肩上,如此时不按规定靠边停车、打开危险警报灯或合理放置警告标志等,就形成事故隐患;同时,车辆停放后驾驶员和车内乘客下车在周边随意走动,不遵守安全行为要求,也会构成事故隐患。特别是在夜间,后方来的车辆不易判断其前方车辆的状况,很容易出现避让不及而造成事故。

5)气候突变导致连环相撞

山区此起彼伏的地形地貌打乱了气候分布规律,使气候环境多变。山区高速公路不仅跨越的地貌单元多,而且频繁跨越不同的气候带,各气候带特征差异性明显,如山区局部区域冰冻积雪、雨雾、沟谷横风、团雾等变化频繁。频繁变化的区域局部气候是除道路条件如几何条件、路面条件等突变影响交通行车节奏外的主要因素,也是导致山区高速公路交通事故的主要原因,往往产生连环相撞的交通事故。

6)其他类型的事故

山区高速公路除了上述事故类型高发以外,还存在因隧道进出口亮度不足而产生"明暗适应”而引发的追尾事故，恶劣天气时因路面湿滑或弯道视距较短等情况而引发的追尾和侧翻事故等。图 1-1 为 2011 年 1 月 8 日某山区高速公路因路面滑湿而发生的一起一辆大客车与一辆载货汽车追尾事故，造成客车驾驶员和 1 名乘客死亡，客车上 5 人受伤。

图 1-1 某山区高速公路一大客车与一辆货车发生追尾现场

1.2.2 交通事故特性

高速公路的基本特征是：路基宽阔、交通封闭、标志醒目、标线分明。由于排除了行人、非机动车辆对交通过程的干扰，高速公路运输具有行车速度快、交通流量大的特点。正是这些特点使高速公路交通事故不同于普通公路交通事故，然而，山区高速公路上发生的交通事故有其自身的特点。

1）特大、重大交通事故多，致死率高

山区高速公路交通事故数量较多，且特大、重大恶性事故的发生比例较高。由于高速公路上车辆行驶速度较高，交通流量大，而且山区高速公路线形组合比一般高速公路差，发生特大、重大交通事故的概率较大，事故后果严重，一次事故殃及的车辆多，伤亡人数多，事故的危害性和经济损失巨大。

如 2005 年 10 月 19 日，某高速公路上时隔 5h 接连发生两起重大交通事故，共造成 5 人死亡，多人受伤。下午 3 时 30 分，K99 处发生一起 4 车相撞事故，造成 2 人当场死亡，1 人受伤。事故致使高速公路上车辆堵塞 20km，经公安交通管理部门疏导，4h 后才恢复畅通。当晚 8 时 30 分左右，K35 处又发生 14 车相撞事故，3 人当场死亡。

山区高速公路的事故形态多为坠车、碰撞和翻车，坠车可能致使部分人员当场死亡。由于山区道路网密度低，再加上山区道路现场施救难度大，导致部分受伤人员往往得不到及时的救治而身亡，因此事故死亡率较其他高速公路高。

2）单方事故多

山区高速公路为全封闭、分道行驶，单向控制出入，行车干扰较小，大多数交通事故都是由驾驶员单方引起的，即车辆碰撞中央隔离护栏或路侧护栏，或者在路面上侧滑或翻车。单方事故约占交通事故总数的 70% 以上。

3)机械故障事故多

车辆在山区高速公路上行驶时,由于行驶车辆的转向系统或制动系统失效,或行驶车辆的轮胎突然爆裂,行驶车辆突然离开规定行车道而撞到道路中央的隔离物或路旁防护栏上或倾翻于行驶道路上,引发生交通事故。这类事故在交通事故中所占比例也较大。

4)夜间事故多,死亡率高

山区高速公路弯道多、纵向变坡多、桥隧多,视线不良,长距离没有照明设施,夜间行车视力降低,行车参照物少,极易发生交通事故。此外,夜间长时间高速匀速行驶极其单调,容易使驾驶员疲劳,警惕性降低;加之夜间不按安全行车规定正确使用车辆前照灯而产生眩光,发生交通事故的风险比白天更大。据统计,高速公路夜间的交通事故数约占日间事故数的 50% ~60% ,夜间交通事故的人员死亡率约占总死亡人数的 72% 。

5)恶劣天气事故较多

山区高速公路路段容易出现恶劣天气。恶劣天气主要是指雨、雪、雾天等不利于行车安全的天气。有关统计表明,雨雪天侧滑发生的交通事故占 24%[11]。雨天路面潮湿,制动距离将大大增加,在低洼积水路段,高速行驶的车辆容易因方向失控而引发事故;雪天路面积雪,尤其是在陡坡、隧道进出口、桥梁等路段形成的冰冻薄层,导致路面摩擦系数降低,使高速行驶车辆在制动时极易发生追尾和侧滑事故;大雾或大雨天气造成能见度降低,致使交通流速度下降、交通阻塞或事故多发。2011 年 11 月 21 日,某山区高速公路段因突起团雾,致 3 辆大货车追尾引发大火,同时对向行驶车辆也由于浓烟遮挡视线,造成 20 多辆车辆追尾,5 人死亡,多人受伤,交通中断 4 个多小时,如图 1-2 所示。

图 1-2 某山区高速公路段追尾事故

6)驾驶员违章操作引发事故多

许多驾驶员尤其是外地驾驶员,由于缺乏山区高速公路驾驶经验,加上对山区高速公路地势、线形、结构物等道路条件不熟悉,往往采取急转向、急制动等违章操作行为,致使发生紧急情况时不知所措,在一般高速公路可以避免的事故也容易发生。此外,一些驾驶员缺乏安全观念,超速、超载行驶等,当出现紧急情况时在山区复杂的道路条件下很难控制车辆正常行驶,导致交通事故的发生。

7)二次追尾事故发生率较高

当前车遇异常事件需要减速制动时,后车未保持安全间距,在高速行驶中减速不及时或减速距离不够,而与前车发生碰撞,并有可能导致失火或爆炸事故。山区高速公路车流量大,行驶速度快,一旦发生异常事件,后面的车辆很难及时做出判断并采取有效措施进行躲避,往往会造成二次事故的发生,引起车辆连环碰撞,特别是在恶劣天气,这种情况则更突出。如2009年4月25日凌晨1时40分,一辆载煤大货车行驶至某高速公路路段时,因制动失控后撞在左侧中央分隔带护栏上,占据了高速路上的一条车道,煤块散落在路面上。事故发生后,该高速公路交巡警大队在该车500m后放置了警示锥桶和安全警示标志,在进行交通事故处理中,6时40分,一辆大客车(车上有36人)经过该路段时,发现警示标志后减速行驶,而其后的另一辆大货车因制动未能减速,将大客车冲撞至路基下约100m的山地上,造成客车上14人当场死亡,2人送医院途中死亡,20人受伤。大货车也随之翻至客车旁约50m的地方,导致车上2人当场死亡,1人送医院抢救无效死亡,2人受伤,图1-3为事故现场照片。

图1-3 某高速公路路段卡车追尾特大交通事故现场

1.2.3 交通事故驾驶员特性

通过对某山区高速公路的肇事驾驶员信息进行统计分析,总结出肇事驾驶员性别、年龄及驾龄的分布特性如下。

1)驾驶员性别分布

肇事驾驶员性别分布如图1-4所示,其中男性驾驶员发生事故的比例占93.3%,女性驾驶员仅占6.7%。当然驾驶员性别比例与驾驶员从业的性别比例有关,反映的不一定是真实的肇事驾驶员性别比例,但从所有的交通事故,特别是城市道路交通事故分析看,男性驾驶员高于女性驾驶员人数是客观的。

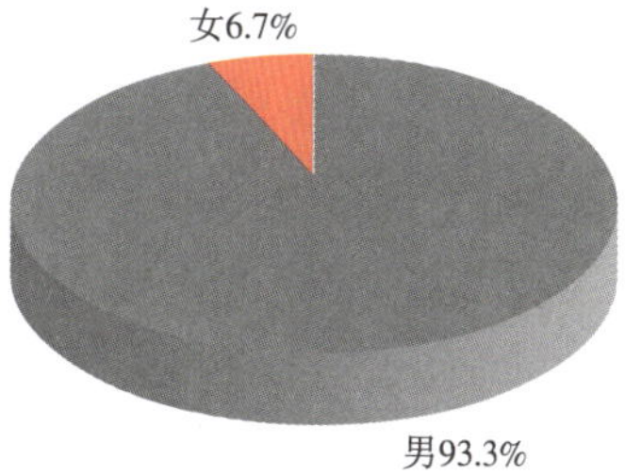

图1-4 驾驶员性别分布

2）驾驶员年龄分布

肇事驾驶员年龄分布如图 1-5 所示。其中发生事故较多的年龄段分别为 31 ~35 岁和 36 ~40 岁。

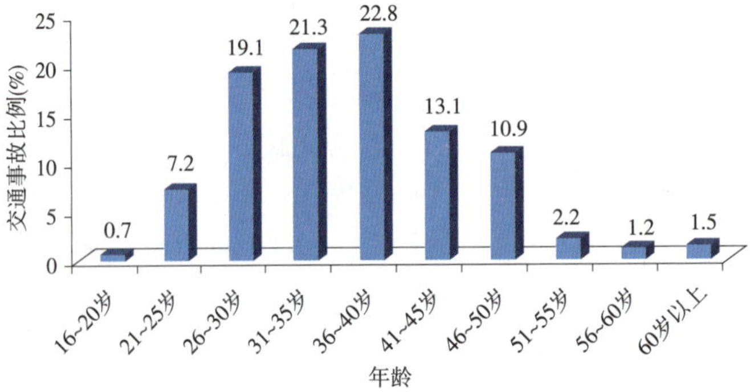

图 1-5　驾驶员年龄分布

3）驾驶员驾龄分布

肇事驾驶员驾龄分布如图 1-6 所示。从图中可以看出，驾龄 4 ~7 年的驾驶员发生事故的比率最高，为 24.1%，驾龄为 0 ~3 年和 8 ~11 年次之，均为 21%。同时，事故发生率会随着驾驶员驾龄的增加逐渐降低。

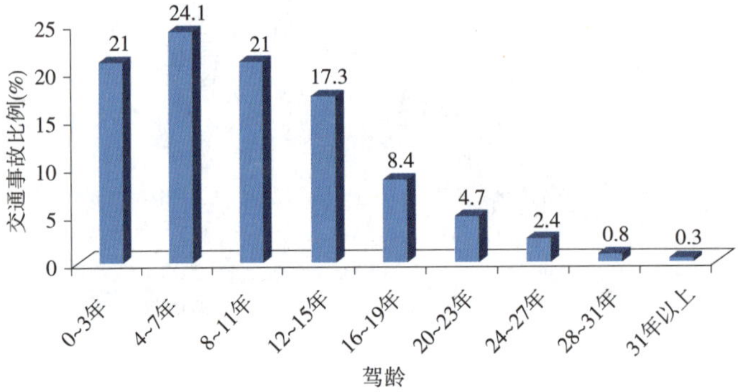

图 1-6　驾驶员驾龄分布

1.2.4　交通事故路段特性

1）道路条件安全行车隐患大

由于受地形限制以及建设时经济的制约，山区高速公路线形多采取极限或接近极限的较低指标，存在许多连续的急弯、长大下坡及急弯和陡坡组合的路段，视距严重不良。过高的驾驶工作负荷，容易使驾驶员对道路条件信息反应不及时而发生交通事故。长大下坡和连续的急弯对于大型载货汽车，特别是对于我国超速超载现象较为严重的载货汽车的行驶非常危险。在这种路段上，大型货车经常由于频繁制动造成制动装置负荷过大、温度过高，从而使制动性能衰减失效以致造成严重的交通事故。

如浙江分水关到浙闽收费站的甬台温高速公路，是一条“台阶式”的 9km 连续长下坡路，因其地势险要，被称为“华东第一坡”（图1-7）。从坡顶福鼎入口处到浙闽收费站，高差高达331m，分布有20多个平曲线路段。特殊的道路条件使该路段自建成后就交通事故多发。从2003年12月31日通车至2011年8月，该路段已发生交通事故415起，造成13人死亡、60多人受伤，事故现场如图1-8所示。

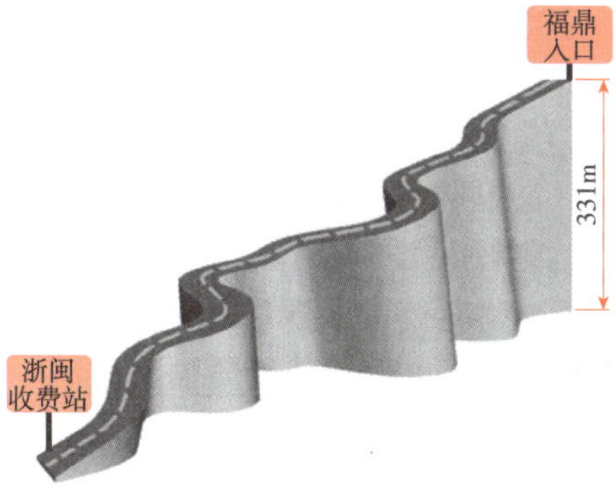

图1-7 “华东第一坡”三维示意图

图1-8 “华东第一坡”事故现场

2）交通安全设施不健全

对于交通安全设施不健全，特别是在道路线形和环境对驾驶较为不利的路段，道路条件本身不能诱导汽车安全行驶，加之缺乏配套的交通标志、标线和必要、及时和有效的保障行车安全的交通安全设施（如合理的警告标志、指示标志、降温槽、避险车道等），驾驶员没能得到很好的提醒和引导，使其在驾驶过程中不能按预期情况调整驾驶行为，容易引发危险路段的严重事故。

2010年5月16日凌晨2时40分，某山区高速公路下行线K547+920处，一辆大货车在长下坡行驶制动失效后驶入自救匝道，但随后又冲出自救匝道跌落，造成2人死亡，直接经济损失10万元。事故现场如图1-9所示。

图1-9 大货车冲出自救匝道事故现场

3）特殊结构物路段事故较多

山区高速公路的交通事故多发生在桥梁上、隧道内、停车区及服务区的进出口等有特殊结构物路段。山区高速公路桥梁多跨越深沟河谷之间，车辆在桥梁上行驶时，桥下的深沟河谷会增加驾驶员的驾驶工作负荷并引起"看渊生惧"的心理变化，容易使驾驶员紧张，思维聚焦；隧道进出口亮度差异过大会使驾驶员产生"黑洞"或"白洞"效应，特长及长隧道内单调压抑的行驶环境容易使驾驶员产生驾驶疲劳，反应迟钝；在停车区及服务区的进出口区域，汇入车辆与正常行驶车辆发生冲突。这些诱因共同导致了在结构物路段交通事故的频发。图 1-10 为隧道内小客车与大货车发生追尾的事故现场。

图 1-10　隧道内小客车与大货车追尾事故现场

1.2.5　交通事故车辆类型特性

图 1-11 为某山区高速公路长大下坡路段肇事车型的统计构成比例图。在调查的致人死亡的山区高速公路事故中，货车占所有肇事车辆的 83.47%。虽然在山区高速公路长大下坡路段上货车更易于发生事故，但货车不同装载状况的运行安全性又有着极大的不同，在 83.47% 的货车事故中超载的比例为 91.53%，说明在山区高速公路的长大下坡路段超载货车更容易发生交通事故。图 1-12 为某山区高速公路下行线发生交通事故的车型比例图。从图中可看到，70% 以上为四轴以上重型货车。

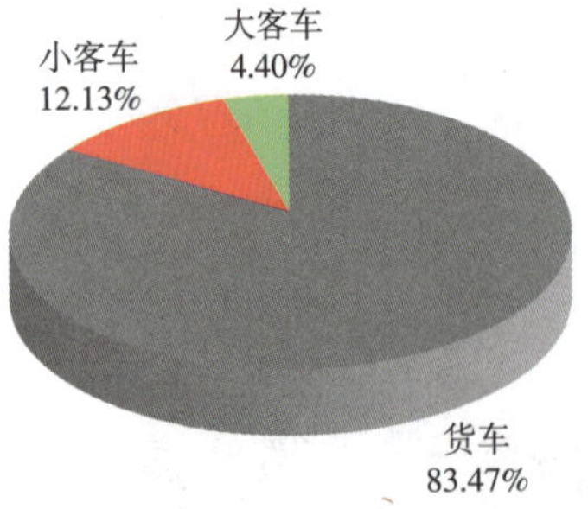

图 1-11　某山区高速公路肇事车型构成

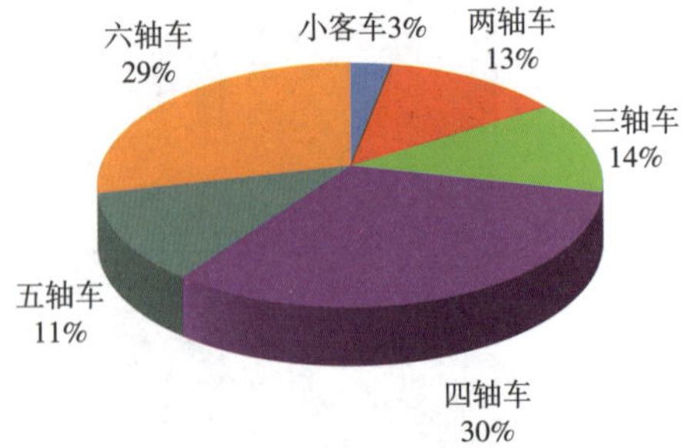

图 1-12　某山区高速公路下行线发生交通事故的车型比例

外地货车在山区高速公路上超载运行过程中，由于驾驶员对山区道路环境条件不熟悉，若道路未提供有效的交通诱导信息，使驾驶员未能完全获悉复杂的道路交通条件，以致做出错误的操纵行为而使车辆处于超速行驶的危险状态或车辆长时间制动，导致超速或车辆制动失效,交通事故频发,特别是致人死亡的恶性事故频发。通过对某山区高速公路的事故调查统计,超过90%的肇事车辆属地为外省,统计结果如图 1-13 所示。事故车辆构成中,合格车辆比例较低。通过对某高速公路近 400 起交通事故的肇事车辆进行调查统计后,发现合格车辆与不合格车辆所占比例为:合格车辆共 238 辆,占总数的 59%,不合格车辆共 162 辆,占总数的 41%。

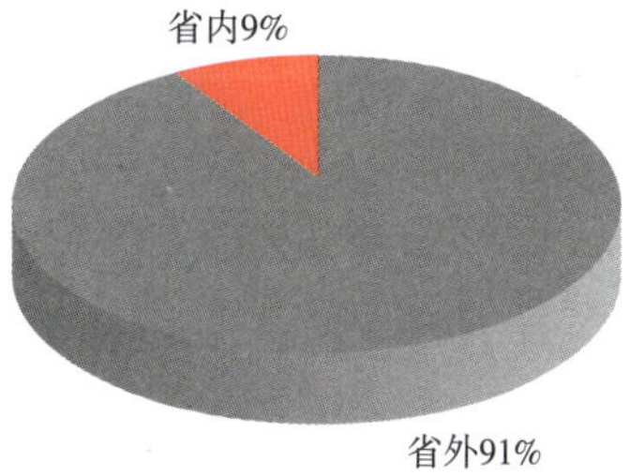

图 1-13 某山区高速公路事故车辆属地统计

1.2.6 交通事故发展趋势

山区高速公路一直处于待发展状态,但作为促进山区经济发展的重要基础设施,在未来一定时期内其通车里程必将继续保持高速增长势头。然而,由于受到地形、地质地貌和经济等因素的制约,山区高速公路的设计指标依旧会相对较低,较低的平纵线形指标依然会大量存在,而且随着交通量的增长,山区高速公路交通事故在一定程度上还会有增长的趋势。因此,在山区高速公路规划、设计、施工和运行管理各个阶段,都应尊重道路用户驾驶员的驾驶阈限和驾驶期望,合理运用安全保障技术,提高山区高速公路的安全运行水平,遏制和控制交通事故,减少重特大事故,为高速公路用户提供安全、快速和舒适的服务。

1.3 山区高速公路交通事故原因分析

1.3.1 交通事故影响因素

道路交通系统是由人、车、路及其周边环境组成的一个互动的、开放型的动态交通系统。在此系统中,各个组成因素既独立作用又相互制约,它们本身的可靠程度和它们之间的相互作用,决定了各个复杂子系统的运行状况和安全水平。

交通事故通常不仅仅是由单一因素引起,而是由大量的相关影响因素经过一系列随机发生的过程共同作用所引起。影响交通事故的主要因素有如下 3 个方面。

(1)驾驶员:包括驾驶员的年龄、判断力、驾驶技巧、注意力、疲劳程度、驾驶经验和安全意识、安全态度等。

(2)车辆:包括设计形式、车辆性能、制造工艺和维护修理状况等。

(3)道路条件与交通环境:包括几何线形、横断面、交通控制设施、路面性能、道路等级、交通标志、天气条件和能见度等。

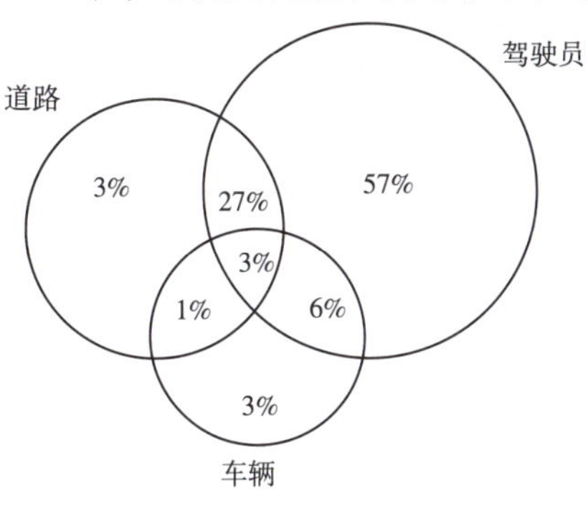

图 1-14 美国 1979 年交通事故成因分布比例

图 1-14 为美国 1979 年交通事故成因统计分布比例。由图中可以看出,驾驶员是导致道路交通事故的主要因素,驾驶员的可靠性对交通安全起决定

性影响。但是进一步的分析表明，道路因素是引发交通事故的更深层次的原因，会直接或间接地诱发交通事故，它与驾驶员因素相互作用、重叠而共同引发事故的比例达到30%。

1.3.2 驾驶员

道路交通系统中的人包括驾驶员、行人和乘客3个方面。人是交通系统中的重要组成部分，而驾驶员处于主导地位。在正常的交通秩序中，驾驶员对交通安全起着决定性的作用。

驾驶员通过视觉、听觉、触觉等器官，从交通环境中获取道路、行车条件、车辆状况和环境等信息，经大脑处理，做出判断，再支配手、脚等运动器官，操纵汽车，使汽车按照一定的轨迹在道路上运行。从人在道路交通系统中的作用过程可以看到，驾驶员是控制道路交通系统的主要的、决定性因素，是决定道路系统成功与失败的一个重要角色。安全专家在对道路交通事故的分析中发现，有90%以上的交通事故主要是由于驾驶人员的错误或不正确的驾驶行为，包括驾驶员的操作失误、麻痹大意或疲劳驾驶等所引起的。因此，只有进行正确的驾驶行为而产生有效的驾驶操作才会安全。

2012年4月25日23时30分，某高速公路上，一辆载有46人的卧铺大客车，在行进过程中，由于驾驶员超速驾驶，当通过高速公路与320国道跨线桥K49+200处时，撞断桥上右侧护栏，翻入桥下10余米的空地上，造成9人死亡，36人受伤，其中8人重伤，28人轻伤，图1-15为事故救援现场。

图1-15 某高速交通事故救援现场

1.3.3 车辆

车辆是道路交通中的客体，是驾驶人员作用于道路的物质手段。因此，车辆的性能是驾驶员行车安全的物质基础，直接影响着行车的安全性。影响车辆安全性能的因素主要有转向系统、制动系统、行驶系统和电气系统。车辆制动系统的衰减或失效、电气系统故障等原因，很容易造成车辆失控或自燃事故。要实现安全的道路系统，汽车的行驶性能所关联的以下因素必须符合安全要求：汽车的牵引平衡、汽车的动力特性、汽车的经济特性、汽车的滑动与制动、汽车的换挡与起步、汽车运行速度与载重额度、汽车与道路条件及环境的协调等。

2011 年 8 月 9 日凌晨 4 时 40 分，在沪昆高速公路下行线 K1556 + 700 处，一辆油罐车因制动冷淋系统耗尽，导致制动鼓温度过高引起油罐车外壳自燃起火，共造成 2 人死亡，1 人受伤。图 1-16 为事故现场车辆。

图 1-16 油罐车自燃事故现场

1.3.4 道路条件

影响交通安全的道路条件因素包括道路几何特征、路面状况、道路结构物及交通设施等。其中，道路几何特征包括：平面线形、纵断面线形、横断面布置、线形协调性、视距条件等；路面状况包括：路面平整性、抗滑性、路面破损状况等；道路结构物包括：服务区出入口、互通立交、隧道等；交通设施包括：安全护栏、交通标志、标线、防眩板、道路照明等。

图 1-17 道路条件不良引起的事故现场

2011 年 4 月 18 日晚 19 时 30 分，某高速公路 K519 + 780 处，两辆大货车与一辆小客车相撞，造成 2 人死亡，1 人重伤，直接经济损失 10 万元。事故发生地点位于长 14km 的下坡路段，纵坡坡度为 −4.5%，平曲线半径为 281m，为典型的陡坡急弯路段。事故现场如图 1-17 所示。

1.3.5 道路交通与环境

影响道路交通安全的环境因素可分为自然环境和人工环境。

在自然环境中，对交通安全影响较大的主要因素包括：地理位置、地形条件、气象条件、植被和生态条件、时间。其中，地理位置指的是北方冰雪地区或南方潮湿地区，或者西北戈壁、沙漠地区等；地形条件指山岭重丘区或平原微丘区；气象条件包括晴天、雨、雪、雾等天气情况；植被和生态条件对于交通安全的影响也不可低估，良好的植被覆盖和生态环境能给驾驶员带来赏心悦目的视觉效果，提高驾驶的安全舒适性；时间指的是白天还是夜晚、黄昏还是拂晓，事实证明，黄昏和拂晓这两个时段容易发生交通事故。

在人工环境中，对道路交通安全影响较大的主要因素包括道路周边的土地使用状况、路侧干扰、道路障碍物等。其中，土地使用状况指的是居住区、工业区、商业区和文教区等；路侧干扰主要指路侧广告、霓虹灯等，如果设置不合理，会影响驾驶员的视线或分散其注意力；障碍物指的是道路上影响车辆正常行驶的人工物体，如养护维修设置的临时围挡、其他车辆行驶时遗落在道路上的物体以及停在道路上的故障车辆等。

图 1-18 汉十高速公路连环追尾事故救援现场

2012 年 3 月 18 日 3 时，湖北（武）汉十（堰）高速公路襄阳市襄州区龙王镇路段 K1260 + 400 附近，因大雾天气，能见度低于 50m，在 1km 范围内相继发生 10 起车辆追尾事故，涉及 21 辆大货车，共造成 3 人死亡，2 人受伤。图 1-18 为救援现场。

1.4 道路全寿命管理程序与交通安全

1.4.1 全寿命管理程序的含义

道路全寿命管理程序，是指道路从基本建设程序（包括规划立项、设计、施工到竣工验收的整个建设过程）到运行管理寿命结束程序（包括道路资产管理）过程中各项工作的先后顺序。道路涉及面广，既受地质、气候、水文等自然条件的制约，又受物资供应、技术水平等物质技术条件的影响，同时还需要建设单位和运行管理单位与设计、施工、监理、质量监督等单位和部门的协作配合，最终实现道路在其寿命期内全天候地保障车辆快速、安全、舒适和经济地运行。在道路全寿命管理程序执行过程中必须严格按照规定的程序执行，依次进行各个方面的工作，才能使道路系统达到预期的目标效果，否则将可能给道路运行管理阶段带来严重的经济损失或给工程带来无法弥补的缺陷。

1.4.2 全寿命管理程序与交通安全的关系

在道路全寿命管理的每个阶段都与道路安全息息相关，不可忽视。国民经济长远规划及公路网建设规划是项目建设程序的第一个阶段，在该阶段确定路网建设的先后顺序以及路网的安全等级，同时可以将安全的理念运用到实际工程中；通过路网筛选确定的有利于提高安全性的道路建设地点、路网诊断确定的当地的事故形态、已确定的事故形态所挑选的相应改善措施以及经济评价确定的费用排序，在规划阶段可以尽可能减少和改善交通事故发生的地点，选择合理的对策措施以及对项目建设优先顺序进行排序。

在项目规划阶段，项目方案的制定和分析可以优化一些特殊性能的改善措施，如道路通行能力、交通服务设施和在特定地点的安全性。通过诊断相似位置事故发生的频率和严重性、导致事故发生的影响因素以及项目成本经济评价，可以将不同的设计方案进行比较，用来预测不同方案的安全性。

初步设计、施工图设计及施工阶段包括了设计比选和相应的安全评价。已选出的设计方案通过比选和评价可能会涉及一些设计变更，潜在的事故风险会随着设计变更的出现而发生变化，需要对其安全性进行再评价，以确认设计变更能否满足项目最终的安全目标和意义。

道路开放交通后，在运行管理过程中需要对道路实际的安全运行状况进行定期评价，道路实施养护维修后，还需要进行再次评价，以保障道路资产运行的安全性和服务水平。

本章参考文献

[1] 中华人民共和国国家统计局. 中国统计年鉴[M]. 北京：中国统计出版社，2005.

[2] 中华人民共和国国家统计局. 中国统计年鉴[M]. 北京：中国统计出版社，2010.

[3] 中华人民共和国国家统计局. 中国统计年鉴[M]. 北京：中国统计出版社，2012.

[4] 公安部交通管理局. 2007 年中华人民共和国道路交通事故统计年报[R]. 北京：公安部交通管理科学研究所，2008.

[5] 公安部交通管理局. 2008 年中华人民共和国道路交通事故统计年报[R]. 北京：公安部交通管理科学研究所，2009.

[6] 公安部交通管理局. 2009 年中华人民共和国道路交通事故统计年报[R]. 北京：公安部交通管理科学研究所，2010.

[7] 任福田. 交通工程心理学[M]. 北京：人民交通出版社，2003.

[8] American Association of State Highway and Transportation Officials. Highway Safety Manual [M]. Washington, D. C. ,2010.

[9] 巴布可夫 . 道路条件与交通安全[M]. 景天然，译. 上海：同济大学出版社，1990.

[10] 廖正环. 公路施工技术与管理[M]. 北京：人民交通出版社，2006.

[11] 冯西宁. 山区高速公路行车安全保障系统应用研究[D]. 西安：长安大学，2006.

[12] 胡江碧. 道路工程全寿命成本分析方法及案例[M]. 北京：科学出版社，2012.

第2章　安全道路系统

山区高速公路最基本的功能就是安全、快速地将乘客、货物从一个地点转移到另一个目的地。随着人们物质文化和生活水平的提高,对山区高速公路的品质要求也越来越高。山区高速公路应有愉悦的外观,并融洽地融入到其周围环境中,从道路外观看是自然风景中可接受的部分。安全道路就是要使道路达到美观并令人赏心悦目。安全道路系统(Safety Highway System,简称 SHS)是在一个正常的交通运行系统中实现的,这个正常的交通运行系统是指没有行人、乘客与道路条件干预的系统。实现了安全道路系统,也就没有了事故多发地点。

事故多发地点却与安全道路相悖。在对交通事故多发的贡献影响因素研究中,可以发现事故的原因是复杂的。一起事故的发生可能与许多因素有关,但其主要可归纳为人、车、路和环境 4 类因素。为了对事故多发地点采取有效的补救措施,有必要研究交通事故的形成机理,研究驾驶员、车、路和环境的互动关系,以实现安全道路系统目标。

2.1　安全道路系统理念

2.1.1　安全道路的内涵

什么是安全道路(Safety Highway,简称 SH)？由于视角不同,可能会有不同的解释,所以很难下个简单的定义。但从对交通事故发生的机理分析可以得出这样一个共识:即使人的因素可定为导致交通事故的一个最主要的因素,但要去操控驾驶员的行为意识是困难的,而驾驶员的生理、心理活动更是无法掌握的。作为道路工程师来讲,设计本身不能限制驾驶员酒后驾车、超速行驶及开车不系安全带等不安全驾驶行为,但是一个好的道路条件和合理、适量的道路信息系统将会有助于控制车辆驾驶速度,通过道路条件包括道路几何尺寸、路面条件、交通标志标线和安全设施等提供的信息与速度协调的过渡,从而减少交通事故的发生。许多驾驶员速度上的错误期望与道路条件和提示信息不协调有关,它会使驾驶员感到道路特性的突然改变而措手不及,并超过驾驶员的驾驶标准负荷而使车辆失去控制,这些不协调就是由道路条件所引起;另外,好的道路系统还应允许驾驶员犯小的错误。当驾驶员在犯小错误之后,能使其及时改正,并恢复到安全行驶状态。

1970 ~ 1980 年,美国就已研究了多项道路设计与安全的课题,如:

(1)设计参数对交通安全和交通流的影响研究。

(2)驾驶动力学、道路特性与期望驾驶速度的研究。

(3)设计参数对事故频率与费用的影响研究。

(4)在设计中对驾驶行为和驾驶特性的研究。

美国德克萨斯州运输研究所出版的《Safety Design and Operational Practices for Streets and Highways》一书中,也有对安全道路的定义:保持最佳的设计观念,避免驾驶员、车辆和道路间互动关系直接处于危险状态。

安全道路主要研究安全与道路条件。从全球范围来看,人们已经越来越重视道路几何设计中设计要素和路面条件对道路安全的影响,要求道路设计具有人性化的特点。丹麦道路运输局在1997年出版的《Manual of Road Safety Audit》一书中,将影响道路安全的几何设计要素分为4类:

(1)交叉口设计。

(2)出入控制。

(3)线形(平面、竖曲线及其互通式交叉)。

(4)横断面。

英国海外开发署在1994年出版的《Towards Safety Roads in Developing Countries》一书中,已强调在不同设计阶段(从道路规划到设计)应有意识地引入安全设计理论,使发展中国家的专业人员和决策者得以实践指导,使得他们的路网规划更安全。

为了提高道路设计安全性的标准,对道路设计提出了3个安全性的质量标准:

(1)设计的连续性(Design consistancies)。

(2)驾驶操作的连续性(Driving consistancies)。

(3)驾驶动力的连续性(Driving dynamic consistancies)。

综合以上对安全道路的描述和多年来对交通安全研究的成果,作者认为我国道路交通安全是道路建设与运行管理的关键目标之一,道路交通安全研究是从系统角度出发,从驾驶员驾驶的动态三维空间角度来研究、界定安全道路。对其合理的界定如下。

安全道路:指在一定的地形地貌条件和设计速度下,道路保持最佳的平、纵、横设计比例,道路条件和给驾驶员提供标准的驾驶负荷,使任何路段不会因驾驶员、车辆、道路和交通环境之间相互影响而处于危险状态,从而构筑成的与环境和谐、良好的道路空间环境。

设计比例:指道路的整体与部分或部分与部分之间满足驾驶员视觉和生理、心理需要的协调比例关系。

良好的空间环境:公路不是一个平面,而是实虚形态对立统一的四维空间环境。驾驶员的空间感觉,就是以感觉印象材料为基础,以视觉信息为主(84%),通过大脑选择、加工、抽象而做出的良好空间环境的反应。

2.1.2　安全道路系统构成

安全道路系统(SHS)是由人、车、路及其周边环境组成的一个互动、开放型的动态交通系统。在此系统中,驾驶行为、车辆性能和特征、道路条件、环境条件和气候条件等都会引发交通事故。其相互关系可用图2-1来描述。

提高道路系统的安全性即实现安全道路系统,就是要提高驾驶员对车辆和道路的识别和反应。道路建设和运行管理必须从驾驶动力学、驾驶行为和驾驶心理学的观点出发,使得驾驶员在驾驶过程中具有对道路条件与驾驶任务的可预知性，道路设计符合驾驶行为和驾驶心理学等方面的要求，从而减少交通事故的发生。

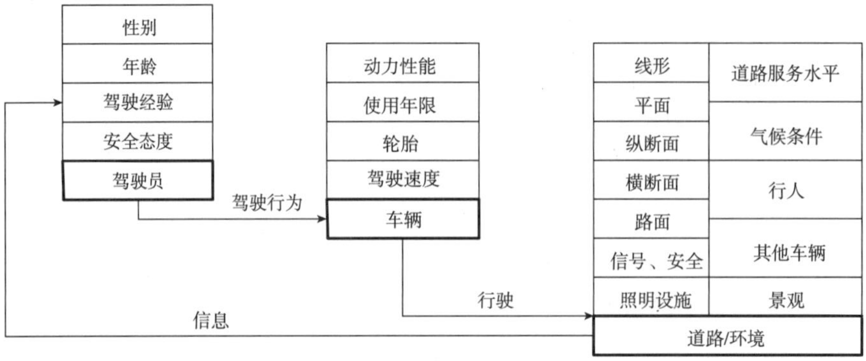

图 2-1　SHS 关系构成图

2.2　车辆与安全道路的互动关系

2.2.1　车辆与安全道路互动关系的内涵

车辆是驾驶员作用于道路的物质手段，在其相互作用过程中，首先，驾驶员和汽车应构成一个稳定的驾驶员—汽车单元。因此，多年来汽车制造商们一直从事着驾驶员模型和驾驶员—汽车闭环系统的研究。驾驶员的操作技术是在反复实践和经验积累的基础上形成的，初学驾驶的驾驶员总是不善于准确操纵汽车，但经过各种道路线形、各种车速、侧向加速度、各种路面附着条件和气候环境条件等的实践，他们就能掌握一套在其生理、心理限制的范围内相当熟练地操纵汽车的本领。

在交通事故的统计分析中也可看到，不乏初学驾驶的驾驶员酿下的交通事故。车辆与 SH 的互动是基于对一个合格的驾驶员驾驶车辆在 SH 中的互动，即其转向操纵动作不是一个无理的、不可捉摸的行为，驾驶员发出控制汽车方向的指令都是以使汽车的运动尽可能地与预期的轨迹相一致。其次，公路的三维几何要素要根据汽车行驶速度及其涉及的纵向、横向和垂直方向诸力，结合安全、经济和舒适等条件来确定。欲实现 SH，汽车应在以下几方面满足要求：汽车的牵引力、汽车的动力特性、汽车的经济特性、汽车的滑动与制动、汽车的换挡与起步、汽车运行速度与载重额度、汽车与道路条件和环境的协调。

1）汽车驾驶动力学

汽车行驶的动力性主要可由 3 方面的指标来评价：汽车的最高车速、加速时间和最大爬坡度。汽车的动力性和作用于汽车的各种外力（即驱动力和行驶阻力）决定了汽车行驶的运动规律，汽车的动力性离不开驾驶员的驾驶。因此，可将受控制车辆运行的车辆特性和道路特性的运动规律称之为“驾驶动力学”。道路上车辆在各种道路线形条件下可能产生的基本驾驶行为可描述如表 2-1 所示。

车辆在各种道路线形条件下可能产生的基本驾驶行为　　表 2-1

直线段驾驶行为	曲线段驾驶行为	反向曲线段驾驶行为	缓和曲线段驾驶行为
驾车反应 紧急制动 负荷循环反应 横向风敏感性 车轮打滑 沿轨迹行驶	稳定状态下拐弯① 负荷循环反应 非稳定状态下拐弯 曲线段制动 车轮打滑	迂回驾驶 偏离行驶轨迹② 反应和不可预见调整措施	车道转换 离开圆曲线 进入圆曲线 自我调整 制动角反应

注:①表示自我调节特性行为;
②表示猛烈的制动或加速行为。

在安全道路的结构中,车辆在各种道路线形条件下可能的基本驾驶行为还与路面的抗滑性能和路面的平整性有关,这些因素也影响着汽车行驶的安全性。

2)汽车安全行驶的条件

汽车在任何道路上行驶要保证其安全性,都需满足以下条件。

(1)汽车行驶的牵引平衡方程式

$$P = Z_{\omega} + Z_{\psi} + Z_{j} \tag{2-1}$$

式中:P——汽车牵引力,N;

Z_{ω}——空气阻力,N;

Z_{ψ}——道路阻力,N;

Z_{j}——惯性阻力,N。

(2)汽车牵引力受驱动轮与路面之间的摩擦力所限制,即

$$P \leqslant \psi \cdot G_{K} \tag{2-2}$$

式中:G_{K}——驱动轮荷载,kN/m^2;

ψ——轮胎与路面间的黏着系数。

3)轮胎、摩擦和路面

轮胎和路面间力的传输是通过摩擦力。最大传输摩擦力是根据轮胎和路面特性以及它们接触面的大小确定,影响汽车摩擦力的因素如下。

(1)路面

①类型:材料、纹理(宏观构造、微观构造);

②道路设计特性:曲率、横坡、纵坡等;

③条件:干、湿、冰冻、光滑、泥泞等。

(2)车辆

①条件:前轮/后轮/四轮驱动,轮载(荷载),滑溜角,重心位置,制动角,轮胎条件(如宽度、直径、断面、膨胀压力等),轮胎特性(如轮胎类型、轮胎材料、轮胎花纹形状等)。

②驾驶运行:速度、加(减)速度。

因此,轮胎和道路表面间相互作用产生的摩擦值并不是一个恒定的值,而是依路面和车辆各组成部分相互作用的变化而变化。轮胎和路面间相互产生的摩擦力是控制行车方向和行车速度的基本参数,在驾驶的安全性和车辆的舒适性方面起很重要的作用。在道路设计

中理想的安全路面应是将车辆驾驶和制动有关的因素考虑进设计模型，以标定一个最大的允许摩擦值，并在评价摩擦力时充分考虑潮湿路面和轮胎花纹深度的情况。

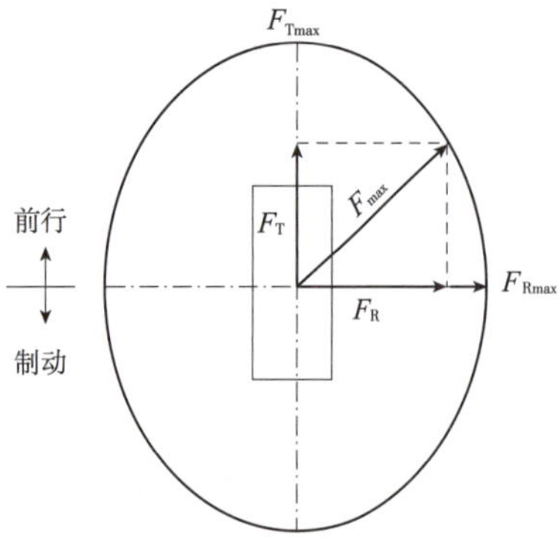

图 2-2 路面与车轮之间的水平力

4）纵向和横向摩擦力

车轮与路面间的摩擦力计算公式如式（2-3）所示，其主要包括：纵向摩擦力和横向摩擦力。直线行驶的车辆纵向驱动引力或制动阻力与行车方向平行，与路面间构成最大纵向摩擦力；当车辆前轮在纵轴方向有一定的偏角时会产生一个横（侧）向力与路面间构成横向摩擦力。当纵向摩擦力和横向摩擦力同时产生时，其组合力不应超过最大摩擦力，如图 2-2 所示。

$$F^2 = F_R^2 + F_T^2 \tag{2-3}$$

式中：F——组合摩擦力，N；

F_R——横向摩擦力，N；

F_T——纵向摩擦力，N。

当行驶车辆的纵向和横向摩擦力的组合力超过最大摩擦力，就会导致车辆失控。例如，当车辆在曲线上突然紧急制动时，可能会达到最大纵向力，当并未产生足以稳定车辆的摩擦力时，会导致车辆侧翻。某高速公路 K101 ~ K268 段 1999 年交通事故数与侧向摩擦系数 SFC（Side Friction Coefficient）的检测结果如图 2-3 所示。从图中可见，当路面 SFC 较低时，事故数偏高，事故数与 SFC 有相关关系。

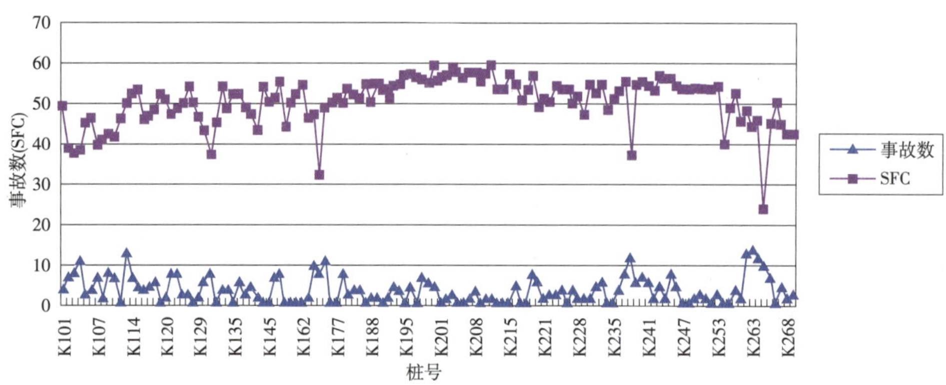

图 2-3 事故数与 SFC 位置散点图

2.2.2 安全道路中路面摩擦因素

1）抗滑阻力因素

路面抗滑阻力是轮胎沿着路表面旋转时的一种阻力，是滑溜的反意，是阻止滑溜事故的一个关键因素。道路上许多滑溜事故都被认为是驾驶员驾驶太快造成的，而事实上道路应提供一个安全抗滑阻力水平以满足安全运行速度下制动的期望需求。许多干燥路面都能提供充足的抗滑阻力，但在潮湿的路面上，可能由于车辙使水集中在轮迹中形成水膜；也可能由于路面泛油、磨光、泥泞或车辆漏油等都会覆盖了路面的纹理使路面的抗滑阻力降低，引发滑溜交通事故。

路面纹理可分两类:一类为宏观纹理,另一类为微观纹理。

宏观纹理:指路表面纹理高差在0.5mm及以上的表面纹理特性。其功能有两个:一是提供一个路表面水的排水系统,阻止轮胎和路表面水的积聚而导致车轮空转;二是提供轮胎与路面摩擦的滞后作用。因此,当车轮在粗而不平滑的纹理上变形时,就会有能量损失。

微观纹理:指路表层石料表面水平方向0~0.5mm,垂直方向0~0.2mm的微小构造,又称石料的表面纹理。它与集料(特别是粗集料)的质量及其抵抗车辆磨光作用的能力有关。在摩擦力中的功能是在潮湿路面上透过薄水膜以使轮胎和路面的密切结合得到保护。其构造对轮胎与路面的附着力有很大影响,微观构造大,轮胎与路表面的附着力就大,抗滑性能就好。

图2-4为不同路面结构条件下,速度与抗滑值SN的关系实验曲线。对微观构造为粗糙、宏观构造为细构造的路面结构,当车速超过一定值(本试验结构中为≥20km/h)时其抗滑值SN不如宏观与微观均为粗构造;当速度较低时(本试验结构中为<20km/h),抗滑值SN才最优。因此,在潮湿路面上的抗滑阻力系数比干燥路面的低,潮湿条件下应控制停车视距和曲线半径。欲实现SH,应以潮湿条件控制停车视距和曲线半径,其计算见式(2-4)、式(2-5)。

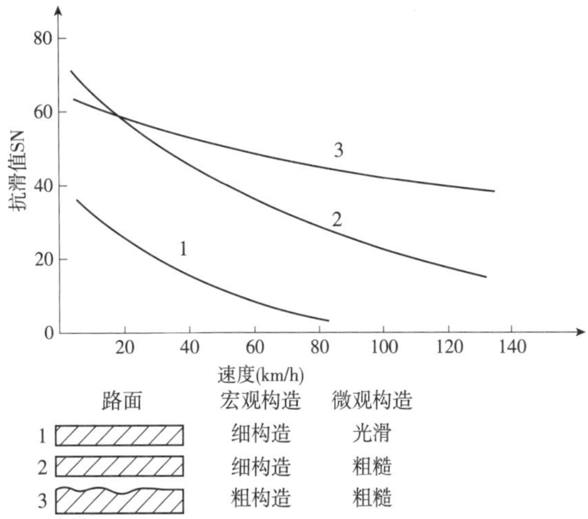

图2-4　不同路面条件对抗滑能力的影响

$$S_{停} = v \cdot \frac{t}{3.6} + \frac{v}{254}\psi \tag{2-4}$$

式中:$S_{停}$——停车视距,m;

v——汽车行驶速度,km/h;

ψ——轮胎与路面间的纵向摩擦系数(抗滑系数);

t——感觉和制动反应时间和,s。

$$R_{\min} = \frac{v^2}{127(\mu_{\max} + e_{\max})} \tag{2-5}$$

式中:$R_{\min}$——最小曲线半径,m;

v——汽车行驶速度,km/h;

$\mu_{\max}$——容许最大横向力系数;

$e_{\max}$——最大超高,%。

我国现有的公路设计规范中,对汽车在不利驾驶条件——潮湿路面的行驶已在设计指标中做了规定。但现有交通事故资料数据分析显示,车辆在潮湿路面条件下特别是当高速行驶时,由于在曲线路段对摩擦系数的忽略,导致交通事故频发。潮湿条件下当轮胎滚动、滑移或侧滑时,不同条件影响摩擦的值不同,道路建设和运行管理人员应考虑路面在不利行车条件下的抗滑能力,同时随着道路开放交通的时间延长,路表面构造深度会逐渐下降。图 2-5所示为某高速公路 0 ~48km 于 1993 年 9 月竣工通车后在 1994 年、1995 年和 1997 年 3 年横向力系数的变化情况。

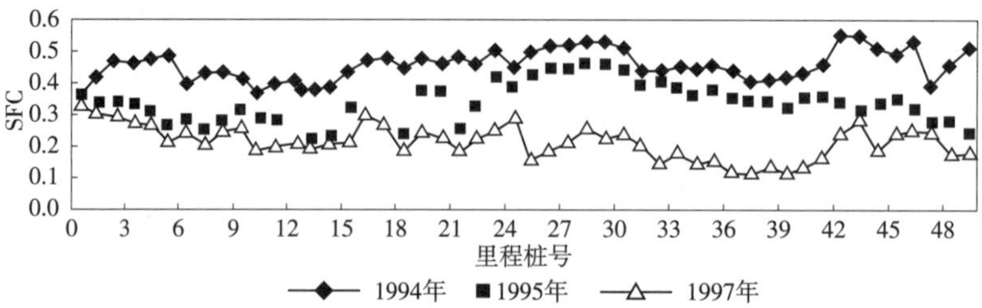

图 2-5 某高速公路 0 ~48km 横向力系数(SFC)随时间的变化图

图 2-5 中数据均在每年的 3 ~5 月检测所得。从图中可以看到,通车后半年侧向力系数 SFC 为 0.37 ~0.57,路面抗滑能力良好;通车 1 年 6 个月后,桩号为 0 ~22km 路段上路面抗滑能力降低幅度较大,SFC 降到 0.23 ~0.38;桩号为 22 ~42km 路段上路面抗滑能力降低幅度较小,SFC 为 0.32 ~0.48。1995 年夏季,路面泛油,表面构造深度显著减小,仅 0.3mm 左右(1996 年测得硬路肩表层的表面构造深度为 0.6 ~0.7mm),SFC 大幅度降低。

汽车在行驶过程中,随着运动状态的改变,作用在前后轮上的法向反作用力也有相应的变化。若汽车在某一运动状态下,前轮的法向反作用力为零时,汽车将发生前轴车轮离地而导致纵向倾覆;当后轮的法向反作用力为零时,根据附着条件,其牵引力将不复存在,汽车丧失行驶的可能而会导致倒溜。

因此,从车辆安全行车的要求看,新建道路在运行一段时间后,应重视路面的抗滑性能——抗滑系数(摩擦系数),对其进行系统监测和维护。特别要在事故多发路段系统地测量其值,如在一些极限弯道路段、长大下坡路段等。

车辆的抗滑系数根据其运行时的受力情况,可分解为纵向摩擦系数和横向摩擦系数,即 SH 必须满足行驶中的车辆纵、横向平衡,使纵向摩擦系数和横向摩擦系数在最不利的行车条件下,也能满足期望纵向摩擦系数和期望横向摩擦系数的需求。针对这一现象,引入几个基本概念——最大摩擦值,允许的纵向摩擦系数 f_{TA}(Transit Allow Friction),允许的横向摩擦系数 f_{SA}(Side Allow Friction),期望的纵向摩擦系数 f_{TR}(Transit Require Friction),期望的横向摩擦系数 f_{SR}(Side Require Friction)。

2)纵向摩擦系数及其量化模型

对一条已建成的道路,设计人员根据设计速度和地形地貌状况,在路面设计规范中假设的一种可靠的安全值,即允许纵向摩擦系数值,它是在公路设计中的一个理想的假设值。最大纵向摩擦系数值,是指在特殊、极限条件下,有效纵向摩擦值的最大值,如图 2-2 所示。纵向摩擦需求是指在特殊的车辆运行条件下所需的安全、舒适的纵向摩擦,如车辆在拐弯时为了保持稳定所需的摩擦。

允许的纵向摩擦系数值 f_{TA},是指在一定的路面结构、车辆参数、轮胎类型和特性及天气条件下,车辆在期望的运行速度下产生的一个特定的期望纵向摩擦系数 f_{TR}。

纵向摩擦系数计算模型见式(2-6)：

$$f_{\mathrm{T}}=\frac{F_{\mathrm{T}}}{Q} \tag{2-6}$$

式中：f_{T}——纵向摩擦系数；

F_{T}——纵向摩擦力，N；

Q——重力，N。

在实践中，f_{TA}与f_{TR}之间将会产生一定的偏差Δf_{T}，其计算模型见式(2-7)：

$$\Delta f_{\mathrm{T}}=f_{\mathrm{TA}}-f_{\mathrm{TR}} \tag{2-7}$$

式中，当$f_{\mathrm{TA}} \leqslant f_{\mathrm{TR}}$，即$\Delta f_{\mathrm{T}} \leqslant 0$时，说明路面的安全性是“好”的，能保证车辆的安全性。当$\Delta f_{\mathrm{T}}>0$，但又小于一定的临界值时，认为路面的安全性是“较好”的。当Δf_{T}大于此临界值时，可以认为路面是“危险”的。

其中，f_{TA}可以按有关标准取定，f_{TR}可以通过实测获得。“临界值”是指随着车辆运行速度的增加，纵向摩擦值降低，当纵向抗滑值降低到一定的范围以外就有可能出现不安全，此范围可以通过对事故多发地点的试验研究测出，该临界值的取值取决于道路等级和路况。

3）横向摩擦系数及其量化模型

对一条已建成的道路，设计人员根据设计速度和地形地貌状况在路面设计中给定的一种可靠的安全值，即允许横向摩擦系数值f_{SA}，它是在公路设计中的设定值。

最大横向摩擦系数值是指在特殊、极限条件下有效横向摩擦值的最大值，它不能测得，但可根据最大纵向摩擦系数计算而得。

横向摩擦需求是指在特殊的车辆运行条件下所需的摩擦。如车辆在转弯时为了保持稳定时所需的摩擦。

允许横向摩擦系数值f_{SA}，是指在一定的路面结构、车辆参数、轮胎类型和特性及天气条件下，车辆在期望的运行速度下将有一个特定的期望横向摩擦系数f_{SR}。

横向摩擦系数计算模型见式(2-8)：

$$f_{\mathrm{S}}=\frac{F_{\mathrm{S}}}{Q} \tag{2-8}$$

式中：f_{S}——横向摩擦系数；

F_{S}——横向摩擦力，N；

Q——重力，N。

根据汽车行驶的稳定性方程可以得到：

$$f_{\mathrm{SA}}=\frac{v_{\mathrm{d}}^{2}}{127R}-e \tag{2-9}$$

$$f_{\mathrm{SR}}=\frac{v_{85}^{2}}{127R}-e \tag{2-10}$$

式中：f_{SA}——允许横向摩擦系数；

f_{SR}——期望横向摩擦系数；

R——曲线半径，m；

v_{d}——汽车设计运行速度，km/h；

v_{85}——汽车实际运行速度,km/h;

e——超高率,%。

在实践中,f_{SA}与f_{SR}之间将会产生一定的偏差Δf_S,其计算模型见式(2-11):

$$\Delta f_S = f_{SA} - f_{SR} \tag{2-11}$$

式中:当$f_{SA} \leqslant f_{SR}$时,即$\Delta f_S \leqslant 0$时,说明路面是"好"的,能保证车辆的安全性。当$\Delta f_S > 0$,但又小于一定的临界值时,认为路面的安全性是"较好"的。当Δf_S大于此临界值时,可以认为路面是"危险"的。

其中,f_{SA}可以从相关规范和验收标准中取定,f_{SR}可以通过实测数据获得。"临界值"是指随着车辆运行速度的增加,横向摩擦值降低,当横向抗滑值降低到一定的范围以外时,就有可能出现安全隐患,此范围可以通过对事故多发点的试验研究测出,该临界值的取值取决于道路等级和路况。

2.2.3 安全道路中路面平整性因素

路面表面平整性是保障行车舒适和安全,以及提高车辆运输效益的重要使用性能指标。不平整的路面会增大行车阻力,并使车辆产生附加的振动响应,这种振动响应与车体自身的振动叠加到达一定阈限后,会导致行车颠簸,驾驶不稳定,行车速度降低,影响驾乘人员的安全舒适性。

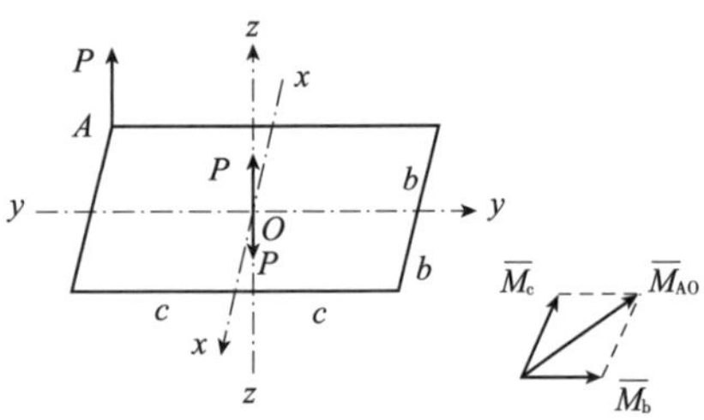

图 2-6 车辆受力示意图

车辆的振动现象与一般固定机械的振动情况大不相同。车辆通常由底盘、车身和轮轴三部分组成。一般车辆车身的重心和振动中心是不重合的,作用在重心上的力,不仅会引起垂直振动,同时也会引起纵向振动,如图 2-6 所示。当车辆在不平整的路面(如车辙、坑槽)上行驶时,一旦车轮受到冲击会使车身产生 3 种振动,即若将在图 2-6 中A点的冲击力P(由路面不平整激发的)移至重心O,则对车身附加了一个力矩$M_{AO}=P \cdot AO$。将M_{AO}分成M_b和M_c,这时车身上便作用了三种力:车身重心上的力P,引起车身垂直振动;力矩$M_c=P \cdot c$,引起车身纵向振动;力矩$M_b=P \cdot b$引起车身横向振动。

在车辆底盘和车身方面可能发生三种情况的振动,即沿$z—z$方向的垂直振动、绕横轴$x—x$的纵向振动以及绕纵轴$y—y$的横向振动。在轮轴方面(前桥和后桥),可能会发生两种较重要的振动情况,即沿$z—z$轴在充气轮胎上的垂直振动,以及绕$y—y$轴的横向振动。车辆作为一个振动体系实际上是一个多质点体系,一般认为有 18 个自由度。因此,要真正按照车辆的实际情况来研究其振动,是一个相当复杂的问题。但是在车辆的构造设计中,往往通过构造要求限制车辆的横向振动、横向和纵向位移。因此,对于研究最有意义的仅仅是沿$z—z$轴的垂直振动和绕$x—x$轴的纵向角振动。这就是以两个自由度体系研究车辆振动的基本依据。

车辆在道路上行驶,由于车辆自身的振动以及路面的不平整性,其车轮实际上是以一定的频率和振幅在路面上振动,车辆对不平整的路面施加了外力,路面在外力的作用下也会发生振动,这种振动又反过来影响行驶其上的车辆振动,从而二者产生了耦合振动,即路面不平整激发车辆产生动态振动作用力,动态振动作用力反过来又增加路表面的不平整性。运行车辆对路面的动态振动作用力随路面平整性的恶化而增大，也随车辆运行速度的增加而增加。车辆的动态振动作用力还会加剧路面的不平整性，更大的不平整性会引起车辆更大的动态振动作用力。在此过程中，路面不平整性和车辆振动的变化相互促进，且随路面平整性的进一步恶化变得更为明显，对路面结构产生显著影响，也同时给车辆运行的安全舒适性带来更大的安全隐患。

2.3　驾驶员与安全道路的互动关系

2.3.1　驾驶员安全驾驶机理

在道路上的每一个驾驶员都存在着一个最佳的驾驶工作目标密度，在这种工作密度条件下，他能满意地驾驶汽车，及时地辨别前方道路情况的变化。在驾驶最佳的目标密度与目标多样化状态时，驾驶员的注意力处于最积极的状态；在能引起注意的目标密度小且单一的情况下，由于缺乏对驾驶员注意力的刺激，会使驾驶员对周围驾驶所需信息的知觉敏感性降低，驾驶员的注意力会松弛或转移到对道路交通无关而对驾驶员有吸引力的事件上去，这时驾驶员会感到疲乏，严重时会进入昏昏欲睡的状态。如在广阔无垠的平原地区长直线路段上行驶，驾驶员接收到的信息通常会少于为了保持应有积极水平所必须的信息量，通常又称为“信息饥饿”。当“信息过载”时，吸引驾驶员注意力的事件密度过高，数量超过了驾驶员在驾驶过程中分析器官的接收能力，产生驾驶员对复杂情况作出不正确评价的隐患。

驾驶员对交通安全的驾驭是通过在动态运动中的大脑这个中央控制器官进行的。动态运动中的驾驶员大脑不像机器，它的信息容量和处理能力是有限的，也就是具有一定处理事件的能力范围，它与机械的工作负荷原理相类似，研究将其称之为“驾驶员的驾驶工作负荷”。由上述分析可引入以下几个基本概念。

驾驶员工作负荷：当驾驶员在道路上驾驶车辆时，道路条件和周围环境对驾驶员刺激施加工作任务和频率，由此所产生的精神压力下合理支撑工作的信息道能力称之为驾驶员工作负荷（Workload）。在同样道路和交通环境条件下，由于驾驶员的性别、年龄、精神状况、身体健康状况、驾驶经验和驾驶安全态度等不同，驾驶员驾驶相同的车辆其驾驶工作负荷也有不同，它是衡量驾驶员正确驾驶能力的“信息道”容量标准。

驾驶员标准工作负荷：道路和交通环境条件对驾驶员刺激达到了驾驶员“信息道”能力，这种能力是通过驾驶员轻松保持工作负荷在一个宽松的范围内，驾驶操作所努力期望的措施即驾驶员达到在给定任务环境下的最佳的驾驶目标密度，也可称之为期望工作负荷或安全工作负荷。任何一个执行驾驶任务的驾驶员都应该也必须具有标准工作负荷，才能安全完成驾驶任务。

当驾驶员工作负荷低于标准负荷时，驾驶员操作过于轻松，工作疏忽而容易将部分实际道路、交通和环境信息丢失，工作能力降低，处理信息的能力减弱，错误率增加而容易酿成交通事故，通常心理学家们所称谓的“心理惰性”便属此类。即驾驶员依靠自己的经验和态度，采取了高于正常安全程度的驾驶状态，当驶入不熟悉的路段时，很多驾驶员并不降低速度，以图不破坏他的行车节奏；当驾驶员工作负荷高于标准工作负荷时，驾驶员超过其标准工作负荷工作。超额的工作负荷增加时，由于处理信息量过大或精神紧张，驾驶工作能力降低，从而使交通事故风险增加；当驾驶员实际工作负荷与驾驶员标准工作负荷一致时，驾驶员工作水平发挥正常，驾驶事故率最低，能圆满实现安全运输。

驾驶员在执行驾驶任务时，总是愿意将自己的工作负荷调整到标准负荷状态，以满足自己的安全舒适感。例如我们通常可以看到驾驶员往往通过速度变换（加、减速）、改变对信息源（标志、标线、广播或道路环境等）的注意或改变参与者的方式（谈话、电话、吸烟或者关注周围事和物）等来调整自己的工作负荷，以使驾驶任务处在标准负荷状态。

根据驾驶工作负荷的形成机理可以清楚地解释由于道路未满足驾驶操作人员的驾驶需求——驾驶员标准工作负荷，引发交通事故的机理。例如在长直线上往往出现超速，就是驾驶员通过加速以满足驾驶工作负荷调整到标准负荷状态的自然行为和期望。

标准工作负荷的形成是由驾驶员的驾驶经验和训练所形成的。出现在相同道路上的交通事件与对这些事件的成功处理与驾驶员的驾驶知识储备有关，在反应状况、事件和信息的可预见及成功的方法中，标准工作负荷与驾驶员的阅历有关。驾驶工作负荷影响驾驶信息处理的速度和精确度，是设计、操作和交通控制中的一个主要因素。通常与标准工作负荷保持一致的公路系统有助于驾驶员反应快速而正确，能促进驾驶任务的完成；相反，如果与标准工作负荷不一致的路段，如不常有的、唯一的或非普通的位置就有可能导致驾驶员较长的反应时间、较高的工作负荷，从而导致驾驶员反应时间延长、反应混乱、不合适而出错，从而引发交通事故。

因此，安全道路必须考虑驾驶员的标准工作负荷，使道路设计特性与道路的几何尺寸、操作和道路特征、道路景观相协调，避免异常的、非标准的设计，并应考虑设计要素之间允许反应时间的过渡。

安全道路就是要展现给驾驶员一个连续的系列标准工作负荷，使其在整个路段驾驶时保持一个平稳的标准工作负荷，也即连续的操作状况——设计的连续性促进驾驶员操作的连续性。

2.3.2 驾驶操作连续性量化模型

在基础心理学中，信息道容量的计算是通过信息量 n_1（包括内容和颜色，剔除多余信息）与测定的反应时间 n_2，通过公式$\log_2(n_1+n_2)$计算而得，单位用比特表示。

在道路设计或养护管理工作中，可以通过对驾驶员的工作负荷值的预测或测定去验证道路条件和环境设计的协调性。许多微观的驾驶员心理测试研究，例如通过驾驶员在危险路段驾车时的心率、皮肤传导反应（SCR）、肌肉紧张状态、眼光的闪烁率等生理测量方法，来确定已有路段的危险性，这些方法能在一定程度上反映驾驶员的高工作负荷问题，却难以测量驾驶操作的低工作负荷。要全面表达驾驶员驾驶工作负荷值在安全道路上的变化情况，可先分析危险路段的特性。驾驶员的驾驶负荷能够较好地用道路线形突变与行驶速度梯度来表达。

危险路段是将某一路段交通流的行车状态与前一路段比较，而发生剧烈变化并要求驾驶员提高注意力行驶的路段。如何来衡量这种发生“剧烈变化”的路段，是量化驾驶操作连续性模型的关键。研究认为，可以通过车辆的运行行为——运行速度 v_{85i} 和在曲线路段相邻

曲线段曲率 CCR_{si} 的大小来衡量这种剧烈变化，量化驾驶操作的工作负荷。其计算公式见式(2-12)：

$$\frac{CCR_{si}}{CCR_{si+1}} = \Delta CCR_s \quad (2\text{-}12)$$
$$|v_{85i} - v_{85i+1}| = \Delta v_{85}$$

式中：CCR_{si}——大圆曲线的 CCR_s；

CCR_{si+1}——小圆曲线的 CCR_s。

驾驶员在高工作负荷下驾驶速度降低，在低工作负荷下驾驶速度提高，要达到驾驶员操作的连续性，在相邻不同设计参数路段 v_{85i} 与 v_{85i+1} 不应超过一定的标准值。如 ΔCCR_1、ΔCCR_2 为 ΔCCR 的两临界值，ΔCCR_1 为一般临界值，它可根据路线设计规范来确定；ΔCCR_2 为极限临界值，可通过大量的事故多发点(段)的调查分析来取定；Δv_{851}、Δv_{852} 为 Δv_{85} 的两个临界值；Δv_{851} 为一般临界值，通过对一般路段大量的速度调查、分析后取定；Δv_{852} 为极限临界值，可通过大量的因车速引起的事故多发点(段)的调查分析后取定。这样就可得出式(2-13)~式(2-15)的量化模型。

安全：

$$\frac{CCR_{si}}{CCR_{si+1}} = \Delta CCR_{s1} \quad (2\text{-}13)$$
$$|v_{85i} - v_{85i+1}| \leqslant \Delta v_{851}$$

式(2-13)说明在两连续的曲线设计元素之间平面线形连续，平面线形并没有使车辆驾驶速度不连续，可以采用。

较安全：

$$\Delta CCR_{si} < \frac{CCR_{si}}{CCR_{si+1}} \leqslant \Delta CCR_{s2} \quad (2\text{-}14)$$
$$\Delta v_{851} < |v_{85i} - v_{85i+1}| \leqslant \Delta v_{852}$$

式(2-14)说明在此路段两连续的设计元素之间平面线形起码有一点不连续，但能保证速度规定或有相应的交通控制设施，但没必要重新设计，除非设计文件中存在有安全问题。

不安全：

$$\frac{CCR_{si}}{CCR_{si+1}} \geqslant \Delta CCR_{s2} \quad (2\text{-}15)$$
$$|v_{85i} - v_{85i+1}| \geqslant \Delta v_{852}$$

这些在速度断面上有断点的连续设计元素之间平面几何设计有较强的不连续性的路段，可能是事故频发和严重事故的临界点，因而导致驾驶员出现一种不经济和不安全的操作，所以一般推荐重新设计，决策中应该根据事故位置的处理方案进行；如果不能重新设计就应设置非常严格的交通控制设施，如像减速设施、雷达监视器等补救措施。

因此，路段的危险性绝不能用平面与纵断面上几何元素的绝对值来表征。它是由相邻路段几何元素的配置和驾驶速度的连续性所决定的；而在交叉口与路段连接处是由车流与行人相互作用的运行条件 v_{85} 决定的。

2.4 道路设计与安全道路互动关系

道路设计应解决好道路空间的冲突——车辆直行与出入；考虑驾驶员特性——道路设计的许多特征会影响驾驶员的驾驶特性，在道路条件受限地段可通过交通工程设施将道路信息以一种合适的形式告知驾驶员，使驾驶员有足够的时间采取必要的安全行动；道路几何尺寸和其他许多设计变量（如设计速度、路侧尺寸、环境参数等），都会影响道路用户的感观，道路的一系列设计指标和参数都会影响道路的安全性。

2.4.1 设计参数与速度

公路的线形最终以平面、纵断面和横断面形式组合成为立体线形而映入驾驶员的眼帘。驾驶员在驾驶过程中所选定的实际行驶速度，是由他自身的工作能力和对三维立体线形的判断而做出的。所以，公路立体线形组合（即安全道路系统）的好坏最后集中反映在汽车的实际行驶速度上。公路的立体线形，除必须满足从驾驶动力学角度提出的最小值外，还应满足驾驶员视觉生理、心理方面连续、舒适的要求，公路线形好坏的关键是速度的连续性，并影响道路交通安全。

2.4.2 线形指标与安全

1）平面线形与安全的关系

平面线形设计的主要内容是根据汽车行驶的力学性质和行驶轨迹，确定各线形要素的几何元素。在车速较高的高速公路上还应考虑美学上和驾驶员视觉上的要求。路线的平面线形对汽车安全而又顺适地行驶具有重要作用。影响平面线形安全性的几何要素如下。

（1）曲线半径或曲线变化率

圆曲线半径的大小通过横向力来影响汽车行驶的安全性。在圆曲线上由于横向力的存在对汽车的安全行驶会产生以下几种不利影响。

①危及行车安全：汽车在小半径曲线上行驶容易驶离行车道，发生事故的可能性增大。

②增加行驶操纵的难度：汽车在弯道上特别是小半径曲线上行驶，驾驶员要尽量大回转操作，加大了操纵的难度。

③驾乘人员感到紧张和不舒适：大半径曲线比小半径曲线的事故率低；连续的几个曲线，曲线半径协调的事故率比不协调的低；随着曲率变化率的增加，事故率和事故费用率也增加。

在平曲线上也应保持期望车速的连续性，如果由于经济和环境的原因在某地点线形指标降低，首先线形指标应逐步降低，再逐步恢复；其次应通过清晰的标志、标线和其他警告设施提前告之驾驶员前方道路潜在的危险，并引导驾驶员安全通过危险位置。一个好的设计不鼓励超速行驶，但流畅的设计要保证驾驶视距良好并超过安全停车视距，平曲线设计应与其他设计指标相协调。

（2）缓和曲线

缓和曲线是从安全角度出发，设计一条使驾驶员易于遵循的路线，使车辆进入或离开圆曲线时不致侵入邻近的车道，它主要是从长度和形式两方面来体现。缓和曲线过短将对安全问题产生如下影响：

①使驾驶操纵不够从容，驾乘人员不舒适。

②超高的附加坡度太陡，容易引起乘客恐慌。

③在缓和曲线上行驶时间过短，致使驾驶操纵来不及调整，容易导致行车安全问题。

缓和曲线并不是只要有圆曲线的路段都应插入，当曲线半径较大时就可以不设缓和曲线。在我国现行标准中规定，当曲线半径小于不设超高的最小半径就须设缓和曲线。缓和曲线的形式在我国规定采用回旋曲线，与采用螺旋线的效果是一样的。在对德国的交通事故研究中得到：在曲线和切线相接的过渡段，当曲线半径≤200m 时，设置缓和曲线能提高道路安全性；当曲线半径 >200m 时，设置缓和曲线对提高道路安全没有影响。而在我国的交通状况下情况如何有待研究。但由于在道路上行驶的车辆差异较大，驾驶员的驾驶技术不一，各种车辆行驶的速度快慢不同，对缓和曲线长度的要求有所变化，除较大的圆曲线外，一般设缓和曲线总比不设有利于行车安全。

(3)平面线形与地形的适应情况

路线的线形设计离不开地形和地势。不同的地形要配以不同的线形与之相适应，这不仅是美学问题，也是安全问题。与地形、地势相适应的路线不仅能诱导驾驶员的视线，而且能使驾乘人员心情舒畅，提高驾驶的安全舒适性。

(4)直线的长度

平曲线中直线的长短对行车安全有影响，其主要表现在：

①直线过长，在长直线上行车过于单调乏味，容易导致驾驶员的疲乏和放松警惕；同时，由于驾驶员工作负荷低于标准负荷，长直线容易导致高速行车，如遇前方道路条件的突然变化会因制动不及时而酿成交通事故。

②直线线形缺乏变化，不易同周围不断变化的景物相协调，线形呆板容易导致驾驶疲劳。

(5)线形的连续性

平面、纵面线形不满足连续性要求，也容易导致安全问题，应该避免线形的突变，保持平面、纵面线形的连续和线形指标的均衡性，如：

①长直线尽头不能接以小半径曲线。长直线尽头的小半径曲线不仅要满足设计速度的要求，还应该结合直线长度、纵坡等分析预测运行速度对应的要求，一般应以满足预测运行速度对应的一般最小半径为宜，特别是直线尽头较大转角的曲线，原则上应避免长下坡直线尽头出现大转角小半径。根据前苏联 E. 科希金的研究，车速为 80 ~120km/h 时，目测判断速度往往要比实际速度低 20 ~30km/h。驾驶员驾驶疲劳打盹导致的交通事故占1.7% ~2.4%，近 78% 的事故发生在长直线两端 1/3 附近。国外的处理经验一：若干国家对长直线长度做了规定，通常的长度为 1.5 ~4km，最大容许长度为 8 ~ 10km；经验二：纵面上存在视距受限和路旁高大建筑、树丛等能使驾驶员产生兴趣，消除长直线的单调感。美国的 O. 基普确定：直线大于 4.8km，末端事故要比较短一点的高 25%。因此，长直线末端的曲线半径各个国家的技术标准均作了明确的规定，并且根据国外研究的成果对其进行了进一步的量化。巴西规定设计速度为 100km/h 时，大于 2km 的直线末端曲线半径应按行车速度 140km/h 计算。

②高低标准之间也要有过渡。设计技术指标不同的相邻路段间必须设置逐步增大或者减小的过渡段，使运行速度逐步过渡。

③相邻曲线指标要协调与均衡。相邻曲线指标的参数应该严格要求,参数的差异不应过大,不同特征线形的长短不宜过大。这一点规范具有明确的规定,并且要求逐步提高。

(6)曲线的偏角

曲线的偏角不能太小,当曲线偏角过小时,曲线长将被看得比实际小,使驾驶员对前方道路产生急转弯的错觉,这种倾向偏角越小越显著。因此,当偏角小时应设置较长的曲线,使公路顺适转变,以避免驾驶员枉作减速转弯的准备。曲线的偏角不能太大,曲线偏角过大时,会超出"清晰视距"范围,使得道路信息减少,增加驾驶操作难度和工作负荷,驾驶员容易产生紧张情绪。

(7)曲线长度

为了确保行车安全,要求曲线的长度不能太短,以免使汽车在曲线上倏忽而过,增加驾驶员的操作难度。同样,对于曲线间的直线长度也应加以控制,在同向或反向曲线之间如果直线太短,同样会引起安全问题。因此,从安全角度出发也应加以控制,特别是同向曲线间的直线长度不能太短。

总之,平曲线半径的大小决定道路行驶的困难性和危险性,平曲线的频率与转弯的转角决定驾驶员的精神紧张程度和集中性。研究表明有10%~12%的道路交通事故发生在平曲线上,半径越小交通事故越多。前苏联 А. П. 维都奇里斯博士研究指出,600m 半径可以看作行车条件与直线实际上没有区别的最小半径值,当半径较小时,不仅车速降低,而且驾驶员力图改变线形轨迹切线行驶。M. 拉法进一步研究证明,平曲线对交通安全的影响不取决于行车道的宽度。

根据 Y. 特埃洛尔与 T. 富迪等人的研究,转角对交通事故的影响比曲线半径的影响大,道路路线转角的极限安全值为20°。当道路转角大于20°时,道路就会超出"清晰视距矩形"。作者根据 Y. 特埃洛尔与 T. 富迪等人研究"清晰视距矩形"的图进一步分析后发现,道路定向系统和诱导条件及设施完善时,道路路线转角的极限安全值可以扩展到45°。将影响驾驶员对前方道路条件的信息进行分析和判断,发现前方道路条件出现的不仅仅是简单的"信息饥饿",而更使驾驶员的精神紧张和惊慌。当小半径与大转角、大纵坡(平坡路段曲线的视觉失真比上、下坡大)集中在一起时,无疑使驾驶员的驾驶非常困难,当然这些不利因素对交通事故的影响将会相互抵消,76%的交通事故发生在道路条件相对良好路段的研究成果证明了这一点。

根据美国的研究和美国公路设计指南中引用的曲线半径表明,道路平曲线频率的影响只在半径小于600m 时才显示出来,道路平曲线频率影响的关键是道路条件的复杂程度是否均匀;道路平面的曲折性反映的是道路的服务质量,道路平面的曲折度。目前研究提出的道路平面平均转角 $\alpha_{cp}=\sum\alpha/n$、每公里平均转角 $\alpha_{cpAB}=\sum\alpha/L_{AB}$、平均半径 $R_{cp}=57.3\sum K/\sum\alpha$ 以及曲折度 $S=\frac{R/100\alpha}{n}$ 均不能完全反映道路的平面条件,需要进一步深入研究,但可以作为弯曲路段的评价特征指标(R 为曲线半径;n 为曲线个数;α 为曲线转角;K 为曲线长;L_{AB} 为路段长)和道路设计的参考资料。因此,道路平面设计和交通安全设计时,应尽可能避免大转角曲线;不得已时,应加强大转角曲线路段的安全设施。追求均衡、合适的转角度比半径的大小选择更重要。

2)纵断面与安全的关系

纵断面设计线由直线(即均匀坡度线)和竖曲线组成。坡度线有上坡和下坡,以坡度(又称为纵坡大小)和水平长度表示。坡度及其长度影响汽车行驶速度及运输的经济和安全。以下分述其几何设计要素对交通安全的影响。

(1)纵坡的设计与汽车行驶性能直接相关

在早期四轮马车时代,要求公路能有比较平坦的纵坡,对于行车操作有很大的好处,并且在采用较平的纵坡及竖曲线时,能同时提供良好的视距和超车机会,以利于行车安全。如今,利用现代化的筑路机械能在合理费用下开山填谷构筑平坦的公路,但是大填大挖的土方工程将受到环境专家的强烈反对。因此,为寻求环境、操作、经济和安全的平衡,路线纵坡设计应寻求:

①最小纵坡坡度,即在理论上最小纵坡很理想,但在地形过于平坦的地带会给排水带来不便,影响行车安全。

②最大纵坡。根据道路等级和地形决定其允许最大纵坡坡度,纵坡对行车操作的影响较大。在陡的上下坡路段,下坡行驶的汽车容易驶出路基,如持久的下坡会诱导驾驶员行车速度过快,一旦制动器发生故障或路面摩擦系数不够就容易引发交通事故,特别是在纵断面下凹的部分。在上坡路段,事故主要分布在上坡道的上面部分与过了山头后紧接着的路段上,这主要是由行车视距和超车视距不够所引发的交通事故。较大纵坡路段会大大增加交通事故。

③纵坡长度。最大纵坡本身并不是一个完全的设计控制指标,还必须考虑适合汽车运行的每个纵坡长度。纵坡的长度是根据预期的合理行车速度来限制预期操作水准。陡坡长度过长会影响其他车辆的通行,造成交通阻塞或追尾,应安排一段缓坡用以恢复在前一段陡坡上降低的速度。同时从下坡的安全考虑,为适应加速过程的需要也需要缓坡,甚至可设适当的反坡。

根据前苏联、德国等国家的研究资料统计分析,纵坡对行车安全的影响系数,纵坡为2%时系数为1,纵坡为4%时系数为1.75,纵坡为5%时则为2.5。3.5% ~4.5%的纵坡是道路的经济安全坡,当纵坡较大时,应采取配套的安全措施,如爬坡车道、故障匝道、附加超高带、振动标线、V形收缩车道标线等。

(2)竖曲线半径

竖曲线半径的主要用途是在确保行车舒适、增进公路线形美观,使驾驶员能有足够的视距,在安全有效的情况下,操纵行驶中的车辆。竖曲线长度设置不够会在以下几个方面影响行车安全:

①离心力过大。驾乘人员会有不舒适感,影响汽车的悬架系统,从而影响行车安全。

②行经时间过短。汽车从均匀坡道行驶至竖曲线上,如其长度过短,汽车倏然而过,驾乘人员会感到不舒适而影响行车安全。

③在凸形竖曲线上会影响行车视距。汽车行驶在凸形竖曲线上,如果半径太小,会阻碍驾驶员视线,影响行车安全。视距增加,行车危险性降低。

因此,在设计中应注意以下问题:

①应尽量避免连续的短竖曲线,特别是在直线路段;同时应避免断背曲线。

②在长而浅的凹形曲线上,应确保道路的横向排水系统。

③当凹形曲线与地下通道相连时，曲线长度应保证必要的竖向净空，并保证在通道中必要的视距。

3)平纵曲线的配合

平纵曲线配合不好会影响道路的安全性。如小半径曲线不能插入凸形竖曲线或与凸形竖曲线的顶端相邻，否则会使驾驶员忽略路线的水平变化，特别是在夜间行车；小半径曲线不能插入凹形竖曲线的底端或其附近，因为会使驾驶员感觉道路前方有扭曲；将陡坡底部的平曲线半径加大，允许车辆失去控制时能“逃逸”车道而安全停止。

4)横断面与安全的关系

横断面设计的目标就是通过横断面各设计要素对安全的影响，来促进道路运行及安全。在所有公路几何要素特征中，路面宽度和面层状况对行驶安全和舒适影响最大。

下面分别对横断面各设计要素(包括路面、路肩、路拱、路缘带、边坡、边沟、中间分隔带等)对行车安全的影响进行分析。

(1)行车道

行车道宽度是指为了使超车车辆、行驶车辆之间为完成操作所必须的间距，它取决于汽车的外廓尺寸、路面条件和行车速度。路面条件良好时，如果行车道狭窄，尽管驾驶员已降低车速，仍然难以有把握地驾驶汽车。道路交通事故率随着行车道宽度的减少而增加(以3.75m为最大值)，具有中央分隔带的高速公路，行车道越多越安全，道路的边沿线能提高驾驶的安全舒适性。

(2)车道加宽

当曲线半径较小时，特别是在低等级道路上，必须加宽路面以补偿车辆特别是货车行驶所需的车道宽度，使其后轴能沿着小半径曲线车道连续运行。

(3)路肩宽度

路肩的主要功能是支撑路面，供发生故障的汽车临时停放，以及供行人来往；同时也是行车侧向净空宽度的一部分，有利于安全并增加驾乘人员的舒适感。路肩太窄会使道路行车事故增加，其原因在于：

①当路肩宽度较窄时，以较大速度驶离行车道的汽车，在大多数情况下不可能停在路肩范围内，而可能占用路面。

②在较窄路肩上停靠的汽车，同时要占去一部分路面，减小了路面的有效宽度。当汽车从停在路肩上的汽车旁边驶过时，会偏离其正常行驶的行车道而进入相邻车道，可能发生相撞事故。

③路肩加固的类型及其状况对行车安全也有重要影响。据交通事故的统计调查证明，在交通量大的道路上，随着路肩宽度(硬路肩最大宽度为2.5m，土路肩最大宽度为1.5～2.0m)的增加，事故率降低。

(4)路缘带

路缘带是指车行道路面边缘部分，是路面、路肩组合的一部分。设置路缘带能够防止路肩出现车辙，并有利于在路面边缘种植草皮，还可使略微侵占路肩的车辆容易驶回路面，促进行车的安全。

从研究资料看，路面宽度的利用很大程度取决于路肩、路缘带的宽度和状况，狭窄、平整度差、未硬化的路肩，会将行车轨迹“逼”向行车道中心，行驶速度越快，“逼迫”感越强。

1.0m的路肩是路肩宽与交通事故的相对数关系函数曲线的转点,其交通事故影响系数为1.7(路肩宽3.0m时,交通事故影响系数为1.0)。

(5)路拱(横向坡度)

路拱是为行车和及时排除路面上的雨水设置的。路拱的安全功用表现在以下两方面:

①减少路面积水,间接提高路面摩擦系数,有利行车安全。

②路拱太陡会使驾乘人员产生一种恐惧感。

(6)中央分隔带

中央分隔带或隔离带主要用来分离对向交通流。中间带宽度应当是越宽越好,从行车安全来看,两方向的车行道分隔得越远越好,但是由于土地和经济因素的限制又不能过宽。

根据美国加利福尼亚公共道路委员会的研究成果看,如果对向双车道的车道影响系数为1.0,那么三车道的影响系数为1.5,有分隔带未消除平交道口的四车道的影响系数为0.65,有分隔带全部立体交叉的四车道影响系数为0.3。随分隔带宽度的增加,行车相撞事故的数量会明显下降,当分隔带宽度达15m时,行车相撞事故消失,而5m是分隔带宽度与行车事故函数曲线的转折点,并当分隔带宽度小于4~5m时,需要在分隔带内设置牢固的护栏,设置牢固的护栏后交通事故可以降低15%~20%。总之,分隔带内未设置护栏时,分隔带的经济安全宽度为4~5m;分隔带内设置牢固护栏时,分隔带的经济安全宽度为2~3m。

(7)超高横坡度

超高横坡度是指在公路的圆曲线段,为了抵消离心力作用而设置的单向横坡,其目的是保证行车平稳安全。车辆行驶速度越快,对超高要求越大,但超高过大会使慢速车辆侧滑或侧翻。

(8)边坡

边坡不仅是为了保证道路结构的稳定性,还可为失控的车辆救险提供机会。比如用浅的水槽代替深的边沟,可以使失控车辆从路堤上驶下来;另外,缓边坡能使驾驶员感到有较大把握,当驾驶员能看到边坡而不是路基的边缘时,就能充分利用路面,促进行车的舒适和安全。

(9)排水沟(边沟)

排水沟(边沟)的作用不仅是积聚和输送来自公路用地范围内的地面水,还应能使失控的车辆安全地横越。

5)紧急停车带

紧急停车带的设置是供发生紧急事件的车辆安全停靠,并对其他通行车辆产生最小影响。为了使故障车辆不影响其他交通,驶离主路停靠而不产生危险,就需要给紧急停车带提供足够的空间,既不占用行车道,又不阻碍其他道路用户的视线,为此,紧急停车带不能设置在曲线、立交出入口附近。

2.4.3 路侧设施与安全

1)安全防护栏和隔离栅

在高速行驶的道路上,许多事故都是车辆离开行车道后与路侧障碍物碰撞或翻入路侧而发生的。因此,路侧有危及失控车辆安全的路段需设置安全防护栏,防止失控车辆翻入路侧,如高填方路堤、路侧有水塘等;或与路侧障碍物相撞,如驶入对向行车道与对向行驶车辆相撞,与路侧结构物、树木等相撞而引发二次事故。正确设置安全防护栏特别是其端头和结尾,能吸收失控车辆碰撞能量,降低事故严重程度,保护路旁设施。隔离栅是公路资产管理的防护线,也是为防止行人,特别是动物进入行车道的防护设施,因为一旦高速行驶的车辆与人或动物相撞将酿成交通事故。

2)轮廓标

道路的中央和边缘,特别是由反光材料构成的边缘线,能有助于车辆有效、安全地使用行车道,能使驾驶员更容易、更精确地判断其在道路上的位置,特别是在视距不良的情况下(如雨天、雾天或夜间),有助于避免车辆与路肩障碍物、路侧障碍物或固定车辆相撞。因此,正确设置道路反光轮廓标如轮廓标线、轮廓标、道钉或猫眼等,对道路行车安全有很大作用。

3)路侧障碍物

路侧障碍物是指行车道外侧可能会引发二次交通事故的物体,如树、标志杆、灯柱、桥梁护栏等。路侧障碍物对安全的影响有两个方面:一方面潜伏着碰撞的危险;另一方面阻碍驾驶员的视距。视距对驾驶员很重要,路边障碍物、树和道路设施可能会使驾驶员视距不良而导致其作出不正确的决策。特别是在一些路段(如弯道、超车路段等),安全视距显得更加重要。因此,当设置道路设施(如路灯、电话亭、标志等)时,应确保驾驶员的视距,并使之置于防护栏之外,使驾驶员能清楚地看到所在区域附近的车辆。行道树在栽种后要勤修剪,以保证视距。

总之,当车辆在高速行驶时,路侧高出和低于路面的障碍物和设施,会引起驾驶员害怕触及障碍物的心理,从而使车辆保持靠中心行驶,而且绝大多数情况下车速会显著降低。研究表明,行车道距路侧建筑物≥2.0m时基本无影响,平顺、连续的路侧设施还具有良好的诱导性,要防止路侧设施可能带来的二次交通事故。

2.4.4 道路环境与安全

1)道路方向系统

驾驶员平静而有把握地驾驶时,其“清晰视距矩形”是距眼睛50cm(风窗玻璃处)10cm×15cm的范围,应当能判断和预测视距以外的道路方向,这样驾驶员心理上感到有把握,从而保证驾驶员平静而有把握地驾驶。根据驾驶视觉移动规律,驾驶员是通过对远方高大物体(山麓、村庄等)的关注而有效地判断道路走廊空间,那么,在道路设计中,要善于利用天然地形、地物和人工建筑物建立的驾驶员视觉引导方向系统或者驾驶道路方向系统,通过为驾驶员建立较远的道路方向的观念,把该道路延续到视野以外的区域,让驾驶员形成道路的方向走廊;同时,可以利用这些信息初步评定道路交通条件,提供安全保障。当然,在夜间这些皆消失在夜幕中,是靠车灯下的反光路钮和路侧设施发挥作用。

道路定向系统实例分析:图2-7是某高速公路的实景图片,从投入视野的山形轮廓和体量对比看,前方左右两侧的高山相夹的凹地必定是高速公路的走向,同时,左侧山体的走势以及高速公路的主轴与凹地的相对关系提示前方高速公路必然是右转,本段高速公路为驾驶员提供了良好、明确、可预知的道路定向系统,把公路方向延续到了视距区域以外,为道路行车安全提供了保障。

图 2-7　高速公路定向系统

2)驾驶视觉移动规律

驾驶员的视线是一个独特的螺旋线,跳跃式地移动,一般从道路中心开始紧接着向有高出路面侧的物体扫描,关注时间最长的是道路弯道侧的高大物体(图 2-8 编号为驾驶员视线扫瞄顺序,圆圈大小为相对的关注时间)。对驾驶员视觉引导最有效的是道路的行车部分本身,如道路轮廓外形、路基边坡等,这些控制点构成了一个道路的方向空间走廊。夜间驾驶员的视线是随着光束而变化,因此,定向道路的物体应该多而集中,如道路线形诱导标、轮廓标等。另外,为克服道路有效固定定向系统出现的独特的心理惰性,在特殊急弯和视错觉地段,道路设计应力求提前破坏道路的平顺性和连续性影响,从而从较远处给驾驶员必须迅速降低车速、调整行车状态的提示和过渡,实现驾驶状态的自然调整。如果是在既有道路难以改变道路线形的情况下,则可以在急弯小半径路段增加附加超高带(宽 1.2 ~ 1.5m),通过较大的超高确保汽车的稳定。

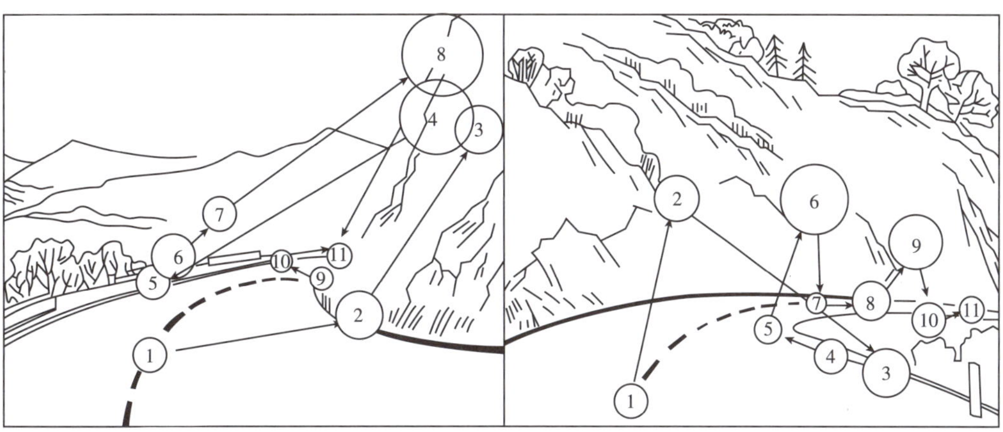

图 2-8　驾驶员视线移动规律

特殊路段道路定向系统实例分析：图 2-9 是某高速公路急弯小半径中引起驾驶员视线扫瞄和关注错觉典型实景。从驾驶员视线扫瞄顺序和关注相对时间分析，山体轮廓和道路形状提示该段高速公路“必定”是“一个近 180°的右转弯”，且平面线形连续均衡。但实际情况是在图片中黑点前十多米处，存在一个夹在视野确定的“必定”的“近 180°的右转弯”中间的左转弯，行车中只有当车辆接近该左转弯时才能发现，可想而知其存在的交通安全隐患。解决办法是将远方对岸的右转曲线桥梁的混凝土护墙外侧刷成与混凝土颜色反差较大的冷色，加强中间左转曲线线形诱导，就可解决该问题，消除视错觉，为安全提供了保障。

a） b）

图 2-9 视错觉典型实景

a）远视野；b）近视野

2.4.5 道路设计标准与安全

道路设计标准的基本原则通常是保证汽车行驶的稳定性，而不是驾驶汽车的方便性与行车的舒适性。方便性与舒适性是道路设计标准的追求目标。驾驶员对驾驶条件的评价因素主要是对道路状况的心理感受及机械传递的振动和惯性力对驾驶员身体的作用，驾驶员本能地在给予的行车可能范围内，从行车的方便与舒适方面做客观处理。在客观处理过程中，反应时间是重要的特征之一。前苏联 E. M. 洛巴诺夫的实验研究表明，驾驶员在有信号等预告的条件下，反应时间可以减少 4/9 ~ 1/2。因此，以不熟悉道路情况的驾驶员为对象的道路设计和道路交通标志设计显得非常重要，并且任何技术标准对不同的驾驶员都有不同的安全保证度。一般道路勘察设计是采用“计算驾驶员”的加、减速度和离心加速度、横向系数进行计算，以满足不少于 85% 的汽车正常通行。

道路设计的标准与道路结构、路网地位的适宜性、道路设计技术指标与地形的协调性、道路设计速度的协调性密切相关，不仅影响道路的服务水平，还影响道路的安全服务水平。

2.4.6 道路交通特性与安全

交通流平均速度随交通量的发展而变化。在自由流状态下，驾驶行为只根据对道路的感觉确定。交通流平均速度高，交通事故的绝对数量就比较少，但相对高的事故数量中，一般近 80% 的交通事故是翻车事故；当交通流处于饱和状态时，交通流平均速度将随之降低，交通事故也随之减少，几乎不出现翻车事故，一般近 29.0% 的交通事故是追尾，少部分为超车侧面碰撞(3.1%)和撞障碍物(1.5%)。总之,道路交通事故的相对数与交通量呈正态分布曲线,并且与车流车型组成有关,车型越多、越复杂,发生交通事故的可能性越大。

本章参考文献

[1] 胡江碧.事故多发地点形成机理及分析方法的研究[D].北京:北京工业大学,2004.

[2] 张雨化.公路勘测设计[M].北京:人民交通出版社,1980.

[3] 交通部公路科学研究院,等.高速公路沥青路面抗滑技术标准修订研究报告[R].2003.

[4] 邓学均,黄晓明.路面设计原理与方法[M].北京:人民交通出版社,2001.

[5] 陆兆峰.车辆对路面作用的力学行为研究[D].西安:长安大学,2005.

[6] 张起森.汽车在不平整道路上行驶时的动力分析和试验[J].中南公路工程,1983(1):117-128.

[7] B.Φ.巴布可夫.道路条件与交通安全[M].景天然,译.上海:同济大学出版社,1995.

[8] 吴华金.公路植物景观建筑设计形式探索[J].云南交通科技,2007(3).

[9] 吴华金.道路安全条件拾释与思考[J].云南交通科技,2009(1).

第3章　山区高速公路驾驶员驾驶行为特性分析

道路交通系统是由人、车、道路及其环境构成的动态交通系统，其各个组成要素又自成一个子系统。这些子系统既独立作用又相互制约，它们自身的可靠程度及其相互作用，决定了各个复杂系统及交通系统的运行状况和安全水平。

交通系统各个组成要素及其相互间的不协调，是导致交通事故发生的根本原因，驾驶员是交通系统中导致交通事故发生的关键因素。据统计，我国有80%～90%的道路交通事故是由驾驶员因素造成的。驾驶员是一个有思维、能总结经验并能不断改善自己主观性的复杂个体，是交通系统的核心因素。驾驶员作为车辆的操纵者，道路的使用者，环境条件的感受者，对于保证道路交通系统的稳定性有着较大的能动性，在协调和控制交通系统四要素中起着主导作用。

交通系统驾驶环境中的一切信息，包括车辆信息、路况信息、交通信息、交通标志、标线和诱导信息、自身感觉变化等，都是依靠驾驶员的驾驶经验、安全态度和个体的主观特性进行处理的。要对交通系统安全性进行分析与研究，就需要研究驾驶员处理信息的复杂过程。道路、交通和环境条件限定了驾驶员的信息来源和车辆的行驶轨迹；驾驶员在动态驾驶过程中，通过感觉器官不断感知道路、交通和环境信息，并按照驾驶期望经过大脑的加工处理，支配运动器官操控车辆，使车辆适应不断变化的道路、交通和环境条件；同时感觉器官不断地感知车辆对道路及环境的适应情况信息，并对车辆做进一步的微调。这样周而复始实现驾驶员与道路、交通和环境的互动。如果在信息的感知、处理、判断和操作上某一环节发生失误，就会带来交通事故风险。因此，驾驶员的驾驶行为特性对交通安全有决定性的影响。

山区高速公路与平原高速公路、交通和环境条件差异较大。平原地区地形平坦，地质条件单一，无重大地质病害，高速公路主要技术标准普遍较高（大多数高速公路设计速度都为100～120km/h），路线走向及方案布设灵活，桥隧构筑物比例小。山区因地形复杂、险恶，气候条件恶劣，再加之经济的制约，使得高速公路道路弯急、坡陡多，长大纵坡、桥隧构造物比例较大，特别在地形复杂路段，往往出现运行速度对应的视距不足，道路路侧净宽不够，超高值过高或者过低等情况。鉴于山区高速公路的这些特点，要求驾驶员在山区高速公路上驾驶时，应具有较高的驾驶水平，但这种高的要求受到驾驶员作为人和在动态作业过程中能力特性的限制。因此，道路建设与管理者有必要了解和分析驾驶员的基本特性，以便理解驾驶员行为特性和驾驶员的驾驶工作阈限能力特性，提高和完善山区高速公路运行的安全性。

3.1　驾驶员驾驶特性

道路用户驾驶员的驾驶作业是一项动态、特殊而风险大的工作。在驾驶过程中，驾驶员的视觉、听觉、运动器官、感知觉等在道路交通环境中,呈现出独特的需求特性。在不同驾驶行为条件下,驾驶工作能力在生理、心理上的阈限能力不同。道路建设者与运行管理者必须了解、掌握和分析驾驶员的特性,才能使道路建设与运行管理"人性化",满足驾驶员的驾驶期望,创建"和谐"道路。

3.1.1　驾驶注视点特性与交通安全

1)驾驶注视点特性

驾驶员在驾驶过程中,需要不断观察了解前方道路条件、交通标志、交通环境信息。图3-1表示不同驾驶员在相同或不同路段的兴趣点分布(图中红点为不同驾驶员兴趣点)。驾驶员在观察目标物或兴趣点时,主要采取注视、眼跳和追随3种眼动形式。

图3-1　不同驾驶员在相同或不同路段兴趣点

(1)注视

在驾驶中为了看清前方某一兴趣物体,驾驶员两只眼睛必须保持一定的方位,才能使物体在一定的距离内成像在视网膜上。这种将眼睛在一定距离内对准对象的活动称为视力注视。驾驶员在注视时,眼球有一种极其细微的不随意的运动,但不会影响视敏度和深度视觉。当对物体上某一点的注视超过一定的时间(一般为0.3~0.5s),或当注视点在视网膜上的成像由于漂移而离中央凹过远时,就会出现小的随意眼跳。在注视时,眼球并不是绝对静止,眼球为了看清物体总是不停地、轻微地抖动,其幅度一般小于1°。绝大多数信息只有在注视时才能获得并传输给大脑进行加工。

(2)眼跳

驾驶员眼睛在搜索目标物或驾驶员根据驾驶需要将注视点由一个物体转移到另一个物体,或由于周边视野上出现驾驶员所关注的兴趣物时,视网膜周边部位会做出反应,促使眼球视线先在目标的一部分上停留一下,完成注视后,又跳到另一部分进行注视观察。

在驾驶过程中,由于道路、交通和环境条件的动态变化,驾驶员的注视点也就不断改变。这种改变通过眼跳来实现,以便使下一步要注视的内容落在视网膜最敏感的区域——中央凹附近,从而进行充分的信息加工,形成清晰映像。通常驾驶员感觉不到眼睛的跳动,而是觉得在平滑地运动。事实上,驾驶员的眼睛总是先在对象的一部分停留一段时间,注视以后又跳到另一部分上,再对新的部分进行注视。随着驾驶速度的提高,注视点的改变更加频繁,眼跳会随之加快。注视点间的飞速跳跃,是一种联合眼动(即双眼同时移动),其视角一般为1°~40°,持续时间为30~120ms,最高速度为400~600°/s。在眼跳动期间,如果图像在视网膜上移动过快和眼跳动时视觉阈限升高,驾驶员就几乎获取不了任何信息,所以从眼跳角度讲,驾驶员的驾驶速度不能过快。

(3)追随

①驾驶员动视力追随是眼球的一种较为平稳的运动方式。眼球在以下两种情况下作追随运动:一是在头部保持不动的状态下,为了注视一个运动的物体,眼球随之移动,而且移动的速度和方向随物体运动的情况而定;另一种情况是当头部和身体同时运动时,驾驶员在驾驶过程中为了使视线停留在一个固定物体上,眼球做与头部、身体运动相反方向的运动。在追随运动中,眼球运动速度和方向主要与所注视的物体的速度和方向有关。但是当注视对象运动至距离过远时,眼球追随到一定程度,就跳动一次,把视线转回到起点,再注视新的对象并继续追随。眼睛能平滑地追踪运动速度为 1 ~30°/s 的目标,这种缓慢、联合追踪眼动通常被称为平滑尾随跟踪。平滑尾随跟踪必须有一个缓慢移动的目标,在没有目标的情况下,一般不能执行。

驾驶员在驾驶过程中观察道路、交通和环境条件是在动态下进行的,即驾驶员是以一定的运行速度观察物体的。驾驶员在动态的驾驶操作过程中进行视觉认知,要比静态下的驾驶操作视觉认知有明显的衰减。

动视力是指驾驶员在运动状态下通过视觉器官辨别视野中空间距离非常小的两个物体的能力,动视力会随着运动速度的增加而下降。例如:车辆以 60km/h 的速度运行时,驾驶员可以看清车前 240m 处的交通标志;而以 80km/h 的速度运行,则在接近 160m 处才能看清相同的交通标志。根据运动视觉心理学分析,动视力比静视力降低 10% ~20% ,特殊情况下降低 30% ~40% 。因此,在车辆高速行驶时,动态视力的降低会使驾驶员的视认距离缩短,影响驾驶员的认知、操作和决策。

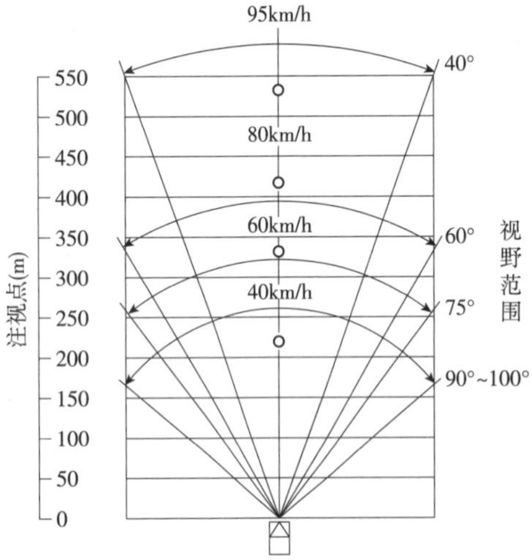

图 3-2　不同速度下视野和注视点的关系

②视野变窄。通常人的双眼视野范围水平方向为 160° ~180°,垂直方向为 100° ~130°。为了保证驾驶安全,驾驶员需要有一定的视野。驾驶员的视野与运行速度有密切联系,随着车辆运行速度的提高,驾驶员的注视点前移,视野变窄,周界感减少。图 3-2 为不同速度下驾驶员视野和注视点的关系图。

运行速度越高,驾驶员越注视远方,视野越窄,注意力随之引向前方道路交通环境的中心,而对两侧的信息感知能力下降,结果形成所谓隧洞视,容易丢失路侧信息,产生交通事故隐患。因此,在道路设计时,限制直线段的长度,采取一些强制措施,如道路环境和景观的改变、限速标志等促使驾驶员变换注视点的范围,避免发生危险。

③空间分辨能力降低。驾驶员空间分辨能力是指驾驶员对事物的大小、运动状态以及空间距离的辨认能力。在车辆行驶中,驾驶员对于在距离车辆周围较近的物体很难分辨清楚;车辆运行速度较高时,驾驶员的视力会有下降趋势;而运行速度越高,距行驶车辆越近的物体,其相对运动角速度就越快,在驾驶员视野内作用的时间也越短。而驾驶员的动视觉反

应需要一个更长的时间，若持续时间过短，则驾驶员根本无法在极短的时间（一般低于0.15s）内发现和识别前方物体。有研究表明，当车速为97km/h时，车辆前方34~427m这一段距离和视角40°所决定的空间范围，才是驾驶员所期望的视力范围。随着运行速度的逐步提高，该空间范围变小。这就会使驾驶员在高速行驶时，对近距离或远距离的观察更为困难，一旦在很近或很远的距离上出现异常情况，驾驶员就难以辨认和判别。

④视觉刺激量增大，反应错误增加。在运动状态下，驾驶员对兴趣点的观察时间受到限制，车辆运行速度越高，使得驾驶员的观察时间就越短，而单位时间内对驾驶员眼睛的刺激信息量却越多。这使得驾驶员很难对车外异常信息做出准确的感知判断，从而导致驾驶错误风险增大。

2）注视点特性对交通安全的影响

由于驾驶员在山区高速公路上行驶时动态视觉功能的降低，驾驶员会产生看渊生惧、错视觉、明暗适应和视距不足等现象。

（1）看渊生惧

驾驶员在驾驶时所捕捉到的信息80%以上为道路环境信息。如图3-3所示，山区高速公路走廊带一般沿着河谷、沟谷、溪涧和谷间布设，与平原沿河公路相比，沟谷狭窄，坡面陡峭，以U、V形河谷为主，甚至会沿悬崖峭壁通过，道路净空狭小，限制因素较多。驾驶员驾驶通过此类路段时，往往会产生紧张、恐惧之感。例如，科罗拉多大峡谷位于美国亚利桑那州西北部科罗拉多河中游、科罗拉多高原的西南部，是地球上最为壮丽的景色之一。大峡谷有一段U形公路，车辆频频在那里驶入2 300m下的悬崖。若驾驶员视野中出现深谷、宽深边沟、窨井、跨沟谷深渊，就会使驾驶员惧怕、紧张，分散驾驶员的注意力，影响驾驶员的动态视觉。

图3-3　穿越河谷的山区高速公路

在山区高速公路路段上不可避免地会产生一些看渊生惧现象，因此，应加以检测、安抚、遮挡和诱导，在设计时采用主动预防理念设计安抚、诱导和警示标志，消除驾驶员看渊生惧视觉特性。

（2）视错觉

错觉是一种不正确的知觉，它是对知觉恒常性的颠倒。驾驶员视错觉是指驾驶员对注视点前方视野范围内道路实际条件与视觉感知道路条件不一致、车辆间距离远近判断不正确、速度感知错误等。视错觉的产生原理目前还不是十分明确,但它是一种客观存在,而且是一种难以消除的客观存在。有些视错觉经过多次重复试验后会逐渐消除,但有些错觉即使多次重复试验也无法消除。

由于受生理、心理、年龄及行车环境等诸多因素的影响,驾驶员在行车中往往会产生各种各样的视错觉,导致错误或操作失误而造成险情。因此,驾驶员(特别是新驾驶员)应了解易引起视错觉的道路特性,并在行车中加以预防,才能保证行车安全。在行车过程中,驾驶员主要会产生以下几种视错觉。

①距离错觉:驾驶员有时会对跟车距离产生错觉,使跟车的距离过近而导致追尾事故的发生。同样距离,白天看起来近,而在夜间较昏暗时感觉远;对于高速公路上各种类型的车辆,前面是大货车时感觉距离近,而是小客车时感觉距离远。

②速度错觉:行车过程中驾驶员是根据观察到的环境景观移动作参照物来估计运行速度的,并不是完全依靠车辆自身车速表的指示针来判断。路边环境景观多时易高估车速,环境景观少时易低估车速;长时间以某一速度行驶后会对该速度产生适应,对其余速度易于错估,特别是误将高速低估是非常危险的。

③曲线错觉:驾驶员在山区高速公路上行驶的速度,经常依据山区高速公路的曲线变化而改变,变速的程度也会造成视错觉。对于未超过半圆的平曲线,驾驶员往往感觉曲率半径比实际的小,平曲线的长度越短越感到曲率半径小。在山区高速公路连续平曲线路段上行驶时,驾驶员会感到山区比平原容易转弯,所以在行驶中常以较高的运行速度通过连续平曲线路段。

④线形组合产生的错觉:平、纵线形组合设计的不合理,可能会使驾驶员产生错觉,存在交通安全隐患。如在凸形竖曲线的顶部设置小半径的平曲线,不仅不能引导驾驶员视线,而且还要求驾驶员急转转向盘,导致驾驶风险;在凹形竖曲线的底部有小半径的平曲线,便会出现汽车加速而急转弯,同样可能发生危险;若将凸形竖曲线的顶部设在小半径曲线的起点,会产生不连续的线形,失去对驾驶员视线的引导作用;而如将凹形竖曲线的底部设在小半径曲线的起点,会造成驾驶员视觉上的扭曲;若将竖曲线顶部与反向曲线的拐点重合,该类组合会在一定程度上扭曲外观,不能正确引导驾驶员视线,会使驾驶员操作失误;若在长直线上设置曲线长度短、半径小的凹形竖曲线,会使驾驶员产生坡底道路变窄的错觉,导致高速行驶中的制动操作,影响行车安全。又如纵坡坡度$\leqslant 3\%$和$\geqslant 5\%$的纵坡组成的楼梯坡,车辆下坡时,驾驶员往往产生纵坡坡度$\leqslant 3\%$的下坡错觉为上坡,上坡时纵坡坡度$\leqslant 3\%$的上坡错觉为下坡,从而导致快速下坡加速,上坡利用错觉的下坡加速冲坡的驾驶行为而影响交通安全。

⑤光线错觉:太阳光、反射物体的亮光、车头迎光、夜间远光灯强光等,都会使驾驶员的视觉一时难以适应。如平头车的明亮车窗、阳光下路旁树木交替变换的阴影、原野上积雪的反光、进出隧道时照度的变化等,都容易使驾驶员产生眩晕,形成光线错觉,从而导致操作失误。光线错觉目前还未引起人们的重视和进行深入的研究。阳光入射角与道路走向一致(近东西向),特别是在早晨和黄昏阳光入射角较小时段,迎面面对阳光时明亮的阳光容易产生眩晕,背对阳光时路侧树木等建筑物和货车自身的斑斓阴影,极容易瞬间产生光线错觉导致操作失误影响行车安全,特别是隧道轴线近东西向的隧道进出口,眩光与隧道进出口黑洞

或白洞的重叠。因此，道路设计者应根据春冬太阳的偏向，避免采用近东西向直线，不得已时改变道路平面线形，采用S形曲线使道路与阳光入射角有一定的夹角。

山区高速公路部分路段上不可避免地会产生一些视错觉现象，如不加以检测、诱导和遮挡，将会对公路的运行安全舒适性造成很大的风险。为了消除视错觉，可以通过限速、警告、改善路段环境等交通控制设施和措施，告知或消除驾驶员视错觉的存在，并诱导其谨慎驾驶；通过曲线线形诱导，诱导标颜色采用红色与一般路段相区别，加设红色轮廓标以提高驾驶员的注意程度；采用右侧路缘带红色警示连续路面，诱导驾驶员保持正确的驾驶。

(3)明适应、暗适应

驾驶员眼睛对超过一定变化量的亮度需要有一个适应过程和时间。驾驶员眼睛对光变化的适应是通过调节瞳孔的变化来实现的。从暗处到亮处的适应叫明适应，从亮处到暗处的适应叫暗适应。驾驶员对由明到暗和由暗到明的适应时间是有差异的，由明到暗的适应时间比由暗到明更慢。若车辆的运行速度为60km/h，驾驶员产生10s的明适应或暗适应时，即相当于驾驶员在辨不清前方车辆或障碍物的情况下，驾驶了167m距离，如这167m的距离内有障碍物或对驾驶员的驾驶行为有特殊的需求，那么必然会导致交通事故。

在进出高速公路隧道时，驾驶员眼睛的明适应和暗适应特性对山区高速公路上需要照明的路段提出了照明的基本要求。照明设施的设置应满足驾驶员视觉信息采集和行车安全舒适的需要，增加驾驶的舒适感，提高驾驶的安全性。为了保证照明质量，达到驾驶员视认可靠和视觉舒适的基本要求，隧道照明除应满足亮度差基本要求外，隧道照明设施还应能提供良好的视觉诱导性。因此，应重视和深入研究隧道轴线与阳光入射角的关系以及隧道进出口驾驶期望亮度差，避免进出口阳光眩光与隧道进出口黑洞或白洞的重叠。

(4)夜间视觉特性

夜间视觉特性是指夜间驾驶员的眼睛所具有的观察能力及其变化规律，主要由夜视力、暗适应、眩光感、夜间感知特性等组成。驾驶员的夜间视力是指在夜晚驾驶时，驾驶员眼睛能分辨前方物体形状和认知路侧标志信息等的能力。夜间的交通事故往往与夜间光线不足、视力下降有直接关系。

夜间视觉特性的下降体现在对颜色的辨认和对不同对比度物体的感知能力下降。视网膜的锥体细胞具有非常高的视锐度，负责观察物体的细节，能够分辨颜色。物体对比度大时，认知距离与确认距离之差较大，驾驶员有较充裕的时间思考，去应付各种异常事件信息，有利于行车安全；对比度小时，认知距离与确认距离相差极小，从发现有“物”到确认是“何物”时的时间太短，对行车安全极为不利。在夜间，行车道部分、路面标线和道路轮廓设施是引导驾驶的唯一方向标和提供道路路况信息的信息源。夜间视觉特性下降，视野范围变窄，应该细化和注重道路标线与道路路面色彩的反差，如水泥混凝土路面与白色标线，路侧线形诱导标反光级别等。

(5)视距

视距是驾驶员在沿路线方向可以辨清前方道路条件的距离，视距对交通安全有着密切的关系。行驶中的驾驶员看到障碍物或者车辆，进行制动或者绕过障碍物在道路上继续行驶所必需的安全距离，就是行车视距。山区高速公路上通常在互通区主线分流鼻前、汇流鼻前、匝道、桥头、隧道进出口、隧道洞内及桥梁隧道的连接部等一些较为特殊路段，对线形要求较高，必须满足运行速度所需的停车视距；沿线服务设施信息应满足驾驶员的识别、判断和操作时间；不仅要考虑挖方路段右侧驾驶员横向视距的需求，更应重视左侧中央分隔带边缘驾驶员视距的需求，特别是小半径曲线路段。图3-4所示为平曲线半径较小造成的视距不良路段。

图3-4　因平曲线半径较小造成的视距不良路段

山区高速公路由于地势复杂，常将隧道内部右侧土路肩、硬路肩取消，仅设置路缘带和检修道，使得曲线隧道右侧横向净空减小，当平曲线半径较小时，就会出现视距不足现象。曲线隧道左侧的视距也不容忽视，如连拱隧道的中间隔墙（特别是直墙式），左侧车道外侧的视距也常常不足。

（6）雨、雾天视觉适应特性

山区高速公路往往雨多、雾多，在雨、雾天气下，不仅路面抗滑性能降低，驾驶员的视认能力也随雨、雾天气能见度的下降而降低。在浓雾天气下大家已达成共识需中断交通，关闭高速公路，但需要特别强调的是雨天，特别是目前大货车在粗集料大孔隙路面上高速行驶在小型车的前方或左右时，大货车的车轮带起的水雾会使小型车驾驶员如处浓雾天气，给行车安全带来严重威胁。图3-5为某城市路段雨天相同能见度下小轿车前方不同速度车轮带起的水雾状况。

a)

b)

图3-5　雨天相同能见度下不同行车速度带起的雨雾状况

a）32～35km/h运行速度；b）88～91km/h运行速度

3.1.2 驾驶感知特性与交通安全

1)驾驶感知特性

驾驶员的感知特性分为感觉与知觉两个方面。

(1)感觉

驾驶员认识周围环境是从最简单的生理、心理活动——感觉开始,感觉是对客观事件个别属性的反应。与驾驶行为有关的最重要的感觉有:视觉、听觉、平衡觉、运动觉等。其中,视觉和听觉是驾驶员眼和耳的功能;平衡觉是由驾驶员所处位置的变化和车辆运行速度的变化所引起的,驾驶员在进行直线或曲线驾驶过程中,其运行速度的加快或减慢,以及体位的变化都会引起前庭器官中感觉器的兴奋而产生平衡觉;运动觉是驾驶员在操纵车辆的过程中由于机械力作用于上、下肢及身体肌肉、筋腱和关节中的感觉器而产生兴奋的结果。

(2)知觉

知觉是指对驾驶过程中道路、交通和环境信息的认识。知觉的过程是可以理解物体和现象之间的联系过程,在知觉的基础上,形成"深度知觉",如目测距离、估计时间等。驾驶员凭借这种特性正确地判断道路、交通和环境条件。与安全驾驶相关的知觉形式有:视觉知觉、空间知觉、时间知觉、速度知觉等。其中,视觉知觉与速度知觉是与行车安全最为密切的知觉形式;驾驶员的空间知觉是非常重要的一种知觉,行车、超车等都要依靠空间知觉,没有空间知觉将无法正确驾驶车辆,正确的空间知觉是驾驶员在驾驶实践中逐渐形成的;时间知觉是对客观事物运动和变化的延续和顺序性的反应,通过某种衡量时间的标准来反应时间,由于受心理状态的影响,人们的时间知觉具有相对性;速度知觉是对车速的感知能力,驾驶员在估计车速时,是根据先前运行的速度来估算当前的速度。

2)感知特性对交通安全的影响

在山区高速公路上行驶时,驾驶员易出现判断能力减退、平衡感觉降低甚至失调现象。

(1)判断能力减退

在山区高速公路上行驶时,开始伴随着紧张,对速度有充分的感觉,但是一旦习惯了这种道路交通环境条件的驾驶后,紧张感消失,对速度的感觉也变得迟钝,注意力下降,意识水平渐渐降低;同时,由于高速行车过程中动态视力下降,会出现视野变窄,判断力减退。

(2)平衡感觉降低

驾驶员的平衡感觉随着速度的提高会逐渐降低,甚至会失调。人的平衡感觉最为明显的实验是人站着快速原地转圈时,会很快产生生理、心理难受、站不稳等现象,这种现象是由于掌握人体平衡感觉的内耳三半规管失控引起的。三半规管是极不稳定的,所以不能过分依靠它。在山区高速公路弯道上快速行驶时交通事故多发,一个主要的原因是由于三半规管在高速下失控,会使驾驶员产生错觉而引起驾驶不安全。因此,在山区高速公路弯道建设与运行管理时,要考虑驾驶员的平衡感觉,半径与速度相协调,速度不能过高,给驾驶员的身体阈限留有充分余地。

3.1.3 驾驶听觉特性与交通安全

1)驾驶听觉特性

听觉是驾驶员获得信息最重要的途径之一,靠它获得的信息量仅次于视觉。约有14%的道路、车辆、交通和环境信息是靠听觉获得的,并能弥补视觉的不足。与视觉信息相比,听觉信息有两个明显的特点:一是反应快,听觉信息为0.12~0.16s,视觉信息为0.15~2.0s;二是听觉信息刺激强。驾驶人对声响的精细分辨能力越强,即听觉的感受性越高,就越利于行车安全。声音会造成驾驶员听力的暂时性下降,当人体得到充分的休息时,听觉敏感度又会恢复,这是一种生理上的"适应"。驾驶员出现听力暂时性下降后,如果没有充分的休息,会造成听力的下降。驾驶员长时间在有噪声的环境中驾驶,或噪声超过了一定的阈限,会使驾驶员烦躁、驾驶注意力不集中、容易驾驶疲劳等。

2)听觉特性对交通安全的影响

在行车过程中,作用于驾驶员听觉系统的主要因素包括:自然环境因素,如风声、雨声等;道路环境声音,如轮胎与路面的摩擦声、喇叭声等;车载设备和零部件的声音,如收音机、车辆零部件振动和咬合声音等;车辆运行声音,如发动机、车轮转动的声音等。

驾驶员的听觉对安全行车非常重要,通常在驾驶员视线看不到的地方,如陡坡、弯道、雾天、房屋遮挡视线,或后车要超车时,驾驶员可通过听觉去辨别和判断情况;尤其在行车速度判断中,听觉起着重要的辅助作用。所以,驾驶员有时是以听觉为先导去发现交通信息,而后由视觉加以细微、具体的确认。

驾驶员可根据声音判断车辆的运行状况,有用的声音信息可以提高驾驶员的警戒性。然而,长时间的驾驶,特别是夜间驾驶,车辆噪声、道路交通噪声等噪声,会引起驾驶员的烦躁情绪,加速驾驶疲劳的形成。

3.1.4 驾驶刺激反应特性与交通安全

1)驾驶刺激反应特性

在影响驾驶员刺激反应特性的所有心理品质中,最重要的是驾驶员对道路交通环境变化的反应及注意能力。因此,驾驶员的判断特性通常用选择反应时间及注意水平两项指标进行评价。

从视觉和听觉等感觉器官接收到刺激到做出反应所需要的时间,称为反应时间。反应时间包括感觉器官所需时间、大脑加工消耗的时间、神经传导的时间和肌肉反应的时间。其中,大脑加工消耗的时间称为思维时间。在简单反应中,思维时间占60%以上。在选择反应中,随着信息量的增加,思维时间占全部反应时间的比例越来越大。

驾驶员的注意水平与驾驶员的工作任务即驾驶目的地有直接的关联,驾驶员通常会注意能实现安全舒适驾驶的道路、交通和环境条件信息。在动态驾驶过程中提供的这些信息如果达不到驾驶员的注意水平要求,信息就会丢失,刺激就起不到应有的作用。

2)刺激反应特性对交通安全的影响

驾驶员的反应及注意能力对行车安全有着较大的影响,选择反应时间是影响行车安全的重要生理、心理指标。驾驶员对外界环境刺激的反应时间越长，反应能力就越差，越容易发生危险。反应时间长、认知和反应时间稳定性差、动作反应比认知反应快的驾驶员容易发生事故，存在着较大的事故倾向性。反应时间长的驾驶员易发生车速判断误差及行车间距判断误差。

驾驶员的注意水平也影响其判断特性，注意具有指向性、集中性及分配性等特征。车辆在行驶过程中，驾驶员心理活动有选择地指向和集中于一定的道路、交通和环境信息，经过大脑的识别、判断、抉择，然后采取正确的驾驶操作，保障行车安全。注意能力是影响行车安全的重要生理、心理因素。注意的集中性直接影响驾驶员的反应判断能力，而处于疲劳状态的驾驶员注意分配能力较差。

3.1.5 驾驶视觉色彩与交通安全

1）驾驶视觉色彩特性

色彩是人眼对不同波长的光所产生的视觉，人们根据不同的色彩把各种事物区别开来，并从中获取有关这些物体的形状、位置等诸方面信息，这是一种生理作用。但是这种生理作用进一步冲击到人们的心理，从而产生了色彩心理效应。因此，色彩会对人的生理和心理产生直接的刺激。

色彩本身是没有感情的，但是人们却能感受到色彩的情感。人们长期生活在一个色彩斑斓的世界中，积累着许多视觉经验，一旦知觉经验与外来色彩刺激发生一定的呼应时，就会在人的心理上引出某种情绪。色彩的心理效应包括重量感、积极与消极感、进退感、胀缩感和疲劳感。

（1）色彩的重量感觉

色彩产生轻重的感觉，主要取决于色彩的明度与纯度。色彩的轻重感是物体色与视觉经验形成的重量感作用于人生理、心理的结果。

（2）色彩的积极与消极感

不同的色彩刺激可以产生不同的情绪反射。红、橙、黄等暖色，是最令人兴奋的积极色彩，而蓝、紫、蓝绿等冷色给人的感觉沉静而消极。一般而言，高纯度或高明度的色彩比低纯度或低明度的色彩刺激大，给人感觉积极；而无彩色中低明度一般则感觉最为消极。

（3）色彩的进退感

色彩的进退感就是所谓的前进色和后退色。从心理角度分析，红色、黄色、蓝色、绿色4部轿车与人保持相同的距离，红色车和黄色车给人感觉要离自己近一些，而蓝色和绿色的轿车看上去较远。这说明红色和黄色是前进色，而蓝色和绿色就是后退色。一般来讲，前进色的视觉效果较好。研究表明，在雾天、雨天或每天早、晚时分，黄色车辆最容易被人发现，发现的距离比发现一般深色车辆要远3倍左右。因此，浅淡且鲜艳的颜色不仅使车辆外形轮廓看上去增大了，使车辆有较好的可视性，而且会使迎面开来车辆的驾驶员精神兴奋、精力集中，有利于安全行驶。

（4）色彩的胀缩感

在一般情况下，暖色、亮度高的颜色，具有膨胀感，冷色、亮度低的颜色具有缩小感。当饱和度增加时，膨胀感增强。此外，当色彩相同时，往往会感到面积大的色比面积小的色饱和度增强，故大面积着色多选用饱和度较小的颜色，而面积较小的着色多用饱和度较大的颜色以起到突出重点的作用。色彩的膨胀与收缩与底色和周围的环境色紧密相关，四周的色彩越亮，内部有色彩的图形显得越小。在道路景观设计时，可用色彩收缩感来改善局部的不良视觉状况。如立交桥粗大的桥墩可涂上不同的饰面材料使之在感觉上变得细些；如桥墩细时，可用明亮的浅色或暖色来饰面，使之在感觉上变粗些，在高速公路服务区所建的小商品店建筑或服务设施，可采用暖色为主，给人以亲切感。

(5)色彩的疲劳感

色调高、较鲜艳的颜色，对人刺激较大，易使人疲劳。一般，暖色较冷色疲劳感强。不论亮度如何，色调过高或色调、亮度相差过大的组合等，多易使人感到疲劳。不同颜色的生理作用主要表现在对视觉工作能力和视觉疲劳的影响不同。在颜色视觉中，人能根据色调、亮度或饱和度的一种或几种差别来辨别物体，因而可以提高辨认灵敏度。当物体具有颜色对比时，即使物体的亮度和亮度对比不很大，也能有较好的视觉条件，并且眼睛不易疲劳。眼睛对不同的色光具有不同的敏感性，一般说来，对黄色较为敏感，因而交通中通常用黄色作为警告标志底色。

2)视觉色彩特性对交通安全的影响

色彩在道路交通系统中有重要作用。对于驾驶员来说，决定他们操作的道路、交通和环境信息至少有80%来自视觉，而色彩又是视觉最易感知的信息内容，色彩直接影响着交通安全。

在高速公路上的交通标志、标线、路面颜色、车辆颜色、环境色彩和光污染等的视觉色彩特性对交通安全有影响。

(1)交通标志和标线颜色

在交通标志设置时，色彩对驾驶员在驾驶过程中的视认起着至关重要的作用。首先，标志通过颜色刺激驾驶员的视觉，使驾驶员能迅速地发现交通标志；其次，通过颜色的象征性和联想性作用，使人能迅速地解读交通标志的内容。

根据驾驶员的心理作用和颜色视觉特性，世界各国较普遍采用的标志颜色是红、黄、绿、白和黑色，我国加上蓝色在交通标志中使用6种颜色。红色的光波最长，传播最远，对人的视觉和心理是一种有危险感的强烈刺激，我国将其作为危险性最大、法制性最高的禁令类标志；黄色具有明亮和警戒的感觉，用在注意危险的警告类标志；绿色使人产生宁静、和平与舒适的感觉，自然的绿色对于克服晕厥疲劳和消极情绪有一定的作用，我国高速公路指示和指路类的交通标志即采用绿色；通过实践证明，各种颜色对交通标志易读性的顺序是：黄底黑字、白底绿字、白底红字。由于山区高速公路上道路、交通和环境条件复杂，运行速度高，多为长途驾驶。因此使用了易读性更好、有消除驾驶疲劳作用的绿色作为指路标志的背景色。

为了提高标线在路面上的易读性，应采用与路面色彩对比性大的颜色。在水泥混凝土路面上采用黄色和黑色，在沥青混凝土路面上采用白色和黄色最佳，但考虑黑色在夜间渠化效果不清楚，一般都采用白色标线外加黑色边框，以提高水泥混凝土路面上白色标线的视认效果，如图3-6所示。

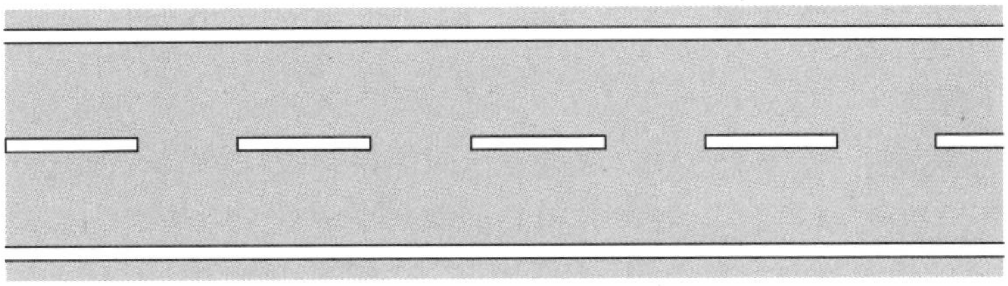

图 3-6　水泥混凝土路面白色标线外加黑色边框示意图

(2)路面颜色

颜色与交通安全的另一种联系是,在交通环境单调的情况下,对大脑皮层某些点产生重复刺激,会导致一些神经细胞呈现抑制状态,从而使驾驶员精神萎靡甚至有昏昏入睡的感觉。长期驾驶在高速公路单一的灰色混凝土路面和黑色沥青混凝土路面上时容易导致驾驶员昏昏欲睡,引发交通事故。一般可将事故多发地点的路面施画上鲜艳的颜色(如红色、黄色),有利于警示驾驶员,降低交通事故。

交通心理学家研究发现,色彩的不同对驾驶员心理所起的作用也不一样。在可见光范围内,不同波长的光能使驾驶员获得不同的光感。不同的颜色在各种可见光中,红色光波最长,其次是橙、黄、绿、蓝、青、紫。光波越长,穿透力越强。另外,各色相的光度也不一样。若把各种色的光度按从弱到强进行排列,其顺序是白、黄、红、青、绿、紫、黑。而获得这些光波长短和光度不同的色相都是在人们的视觉下完成的。

(3)车辆颜色

发生交通事故的原因是多方面的,其中车辆色彩在交通事故中也是不容忽视的因素。

①车身颜色

在晴朗的天气条件下,浅色系的车辆视认性佳,安全性能高于深色系车辆。在清晨及傍晚时段光线不好的情况下,黑色车辆的事故率竟是白色车辆的 3 倍。蓝色和绿色为收缩色或后退色,看起来比实际要小,尤其是傍晚和下雨天,常不为对方车辆和行人注意而诱发事故。黄色为膨胀色或进攻色,看起来比实际要大,很容易引起对面来车和行人的注意。为此,美国和日本减少了蓝色和绿色车辆的涂装。此外,对光线有较高反射率的银白色和色彩亮丽夺目的嫩黄色是较安全的车辆颜色。

一般地讲,暖色较冷色有前进的特性。如以黑色为背景时,两色相比,人们的感觉是黄色车比蓝色车更接近自己。因此,基于安全考虑,车辆宜选用具有前进性的色彩。但是,在白色背景前,属暖色的黄色都有后退感,而属冷色的蓝色反而给人以前进的感觉。因此,在为车辆选择色彩时,还要考虑车辆经常使用的环境。

②驾驶室内颜色

驾驶室内装饰的颜色也会给驾驶员带来不同的心理反应,驾驶室内不应装饰使人感到沉闷抑郁的暗淡颜色,也不应装饰使人亢奋烦躁的强刺激颜色。一般应装饰使人感到轻松愉快的色彩,如乳白、淡蓝等,并可结合个人爱好对驾驶室进行布置。驾驶室内面板颜色如装饰得过于刺目,由于路面与面板颜色形成较大的反差,会使驾驶员在观察路况时,分散对路况的注意力,还易造成过早的视觉疲劳。

3.1.6 驾驶情绪与交通安全

1)驾驶情绪特性

情绪是指高兴、快乐、痛苦、悲哀等,一般发生时间短暂,呈表面化,而且容易变化。情绪是一种激动状态,各种情绪的反应,都以其引起的情境来定义。人的情绪是一种心理活动的产物,是人们对待客观事物的一种态度,反映主、客观之间的关系,是人对客观事物是否符合需要的态度的体验。只有与人的需要有直接或间接关联的事物,才能引起人的不同情绪体验,产生不同的内部体验和外部表现,情绪与有机体有着密切的联系,它是以需要为中介的一种反映形式。

人的情绪具有两极性,即积极的体验和消极的体验。各种不同的情绪体验,都会给车辆驾驶员在行车安全上带来不同的效应,积极的情绪起促进作用,消极的情绪起负作用。

驾驶员在驾驶车辆参与交通活动时不可能没有情绪。驾驶员的情绪既能影响驾驶员的驾驶特性,又能改变驾驶员的驾驶行为方式。驾驶员的情绪根据其发生的速度、强度和延续时间的长短,分为激情、应激和心境三种状态。

(1)驾驶员的激情与交通安全激情是一种猛烈而短暂的、爆发式的情绪状态,如狂喜、愤怒、恐怖、绝望等。驾驶员在激情状态下,由于自制力显著降低,极易产生不正确的驾驶行为,导致事故发生。因此,驾驶员必须尽量控制自己的情绪,掌握一些避免或延缓激情爆发的方法,如自我暗示、转移注意等。

(2)驾驶员的应激是在紧急情况下所引起的情绪状态,应激状态的发生对驾驶员的驾驶行为会产生很大影响。正常情况下,驾驶员能够保持良好的心理状态和旺盛的精力,从而实现高效、准确的标准驾驶工作负荷操作,这是正常的知觉—操作反应。当车辆行驶在复杂的交通环境中时,由于突显信息的出现,如长下坡路段衔接小半径平曲线,前方车辆突然变道,车辆操纵构件失灵等,需要驾驶员迅速判明情况,在一瞬间作出决策,这时非常容易出现应激状态。应激状态的发生会很快改变驾驶员的激活水平,致使驾驶员的心率、血压,肌肉紧度发生显著改变,从而引起情绪的高度应激化和行为的积极化(应激反应),主要表现为:认知变得狭窄、不充分,注意集中于一点,难以转移和分配;对外界情况认识的要求减弱,在极端情况下失去对外界情况的认知能力;对外界情况只能做出"有"或"无"的两极判断,难以做出程度或数量的判断;对外界情况综合判断能力下降;无暇思考便立即做出判断,极端情况下失去判断能力;难以维持平衡的动作,用力往往过大;动作准确性下降,易出现错误动作,失去操作能力等。

客观地认识应激的利弊,通过正确把握或引导来降低应激反应程度,最大限度地减少应激的不良反应,是解决安全问题的根本所在。

(3)驾驶员的心境与交通安全心境是一种微弱而持久的情绪状态,对驾驶员的驾驶行为有很大影响。驾驶员心境良好时,判断敏捷、操纵准确,能轻松愉快地处理好驾驶中遇到的各种复杂情况,驾驶正常;驾驶员在厌烦、消沉、压抑的心境下,会表现得粗鲁易怒,容易开赌气车,对安全驾驶非常不利。

积极稳定的情绪状态是确保驾驶员行车安全的重要心理素质。驾驶员的情绪状态与交通安全关系密切,带着消极情绪驾驶车辆的驾驶员容易发生交通事故。通过对事故组和安全组驾驶员的情绪状态统计分析表明:事故组驾驶员的消极情绪(疲劳、紧张、慌乱)得分明显高于安全组,且差异非常显著;而积极情绪得分明显低于安全组驾驶员,事故组驾驶员的情绪状态不稳定,即情绪较为纷乱、烦恼或失调。

2)情绪特性对交通安全的影响

(1)情绪会导致驾驶员的注意力不集中

驾驶员的驾驶工作具有高度的不安全风险,要求驾驶员在驾车行驶时必须集中注意力。但有的驾驶员在行车时会产生麻痹情绪,这就会影响到行车安全。思想麻痹的主要表现为:驾驶员放松警惕,注意力不集中,视线弥散,全身懒散放松。在道路条件较好,没有复杂的交通情况,长途行车已安全驶近目的地,由复杂道路进入平坦道路,夜间交通稀少、车况良好、操纵得心应手等场合下,都极易产生思想麻痹情绪。思想麻痹情绪是造成车辆事故的主要原因之一。

(2)情绪会妨碍驾驶员的技术正常发挥

驾驶员一旦有了情绪后,伴随着情绪活动将会发生一系列的心理和生理变化,这些变化会使驾驶员在操作时应激性要么过高,要么过低。过高时强烈的应激状态,阻碍和干扰了驾驶员的正常驾驶水平发挥,过低则使驾驶员的大脑和操作时得不到足够的能量。这两种倾向都会使驾驶员在操作时产生诸如操作规程走样、安全操作防范失误、采取措施不当等一系列不安全驾驶行为。驾驶员一旦产生骄傲自满情绪,便会忘乎所以,过高地估计自己,因而不能正确认识和判断客观事物,这时驾驶员易做出危险的驾驶动作和行为,导致事故的发生。

(3)情绪会让驾驶员感到疲劳

驾驶员有了情绪状态后,不仅使其在精神上背上包袱,而且还会使身体在生理上也发生异常变化,如,心率加快、血压升高、皮肤电上升等。这时驾驶员不仅要承担驾驶工作所需消耗的体力,还要承担情绪状态给驾驶员心理和生理带来的消耗,增加驾驶员的驾驶工作负荷,增加驾驶疲劳,给安全行车带来危险。驾驶员情绪过于紧张与恐慌,易导致感觉混乱,行动失调,操作失误,极易发生交通事故;当驾驶员对车况、路况不熟悉,特别是新驾驶员走险路、山路及事故多发地点时,心里不踏实,容易造成事故;当驾驶员受到外界因素的干扰和刺激而心情不佳、内心烦闷,以高速行驶发泄内心的气愤或者舒缓不良的心境时,也容易造成交通事故。

(4)情绪会驱使驾驶员出现不良驾驶行为

驾驶员在情绪状态中开车时,安全行车的驾驶意识易受到冲击。如果意志不坚定,自觉性便发生动摇,取而代之的是丧失理智,盲目驾驶;驾驶员在行车中,因不顺心或违背自己意愿的事而产生消极情绪,如遇到其他驾驶员长时间减速不让路或不减速,易使被挡驾驶员产生怨气,若驾驶员将车辆当成发泄自己怨气的工具,就容易造成重大交通事故。

情绪波动会使驾驶员安全意识淡化,安全态度降低。驾驶员情绪波动,大多数是由思想问题引起的。情绪波动一般有两种倾向:高兴与沮丧。驾驶员过于高兴或沮丧,都会严重影响安全交通意识。人在高兴或沮丧时,中枢神经系统便处于兴奋或压抑的状态,当中枢神经处于兴奋状态时,驾驶员行为表现得轻率、好动、忘乎所以,驾驶操作动作和判断前方道路交通条件不准确;当中枢神经处于压抑状态时,驾驶员反应迟钝,驾驶动作呆板,两眼滞木,对危险情况就会置若罔闻,有时甚至会眼睁睁地看着事故发生而不采取任何措施。驾驶员产生的一切消极情绪都直接影响着驾驶安全,必须抑制和消除。

3.2 驾驶工作负荷特性

3.2.1 驾驶工作负荷机理

驾驶员、车辆、道路和环境构成了典型的人机环境系统。在该系统中,驾驶员是最活跃的因素,对行车安全起着主导控制作用。研究驾驶员驾驶工作负荷首先应从驾驶员是如何获取信息和使用信息,即驾驶员的认知过程开始。

驾驶车辆的行为可以分成三个阶段,即信息感知阶段,判断决策阶段和反应操作阶段。

1)信息感知阶段

驾驶员通过视觉、听觉和触觉感知车辆的运行环境条件。这一阶段主要由感觉器官完成。

行车时,驾驶员通过视觉、听觉、触觉等感觉器官接收来自车内外的各种信息,包括道路信息、车辆信息、交通环境信息(如交通信号、行人的动静位置、路面状况以及其他车辆的运行状况等信息)等。驾驶员在行车过程中最重要的感官是眼睛,它是驾驶员获取信息及识别的主要手段,提供给驾驶员约80%的信息。听觉给驾驶员提供交通指令和车辆运行情况等信息,触觉给驾驶员提供身体位置运动方向和速度变化等信息。

2)判断决策阶段

在信息感知的基础上,结合驾驶员驾驶经验、技能和安全态度,驾驶员经过分析,做出判断决策,确定有利于车辆安全行驶的措施。这一阶段主要由中枢神经系统来完成。

车辆驾驶是动态的过程,而且时间紧迫,如果想成功完成驾驶任务,必须借助于驾驶员自身存储的关于道路交通系统的信息即感知语言,主要包括驾驶经验和驾驶员安全态度等。这些信息被认为是内化在驾驶员头脑中的内生模型,在特定环境中驾驶可以有效指导驾驶任务的完成。

驾驶员感官对外界信息的刺激以信息输入的方式传递给中枢神经系统进行加工,产生短暂的记忆,记忆会把刺激信息按基本样式记录下来。

驾驶员根据自身条件和驾驶任务的要求,把感知到的信息与自己的知识经验进行结合、分析,在头脑中有选择地注意有效信息,然后进行判断。在驾驶员的判断中,预先建立了预期道路的一个安全舒适的内生模型,即产生了驾驶预期。预期一旦形成,驾驶员头脑中的道路表象就有了相对的确定性,再与道路环境提供的实时信息进行对比,决策相应的反应操作。这些判断内容中,任何一项判断不准,都容易导致行车事故。

3)反应操作阶段

驾驶员依据判断决策做出实际反应和操作。这一阶段主要由运动器官来完成。被选取的信息经思考、判断和决策后,驾驶员产生相应的生理、心理反应和行为反应,然后通过手、脚等运动器官发出调整方向、速率和制动等操纵指令,采取适当的反应动作来驾驶操作决策,从而改变车辆运动状态。

操作完成后,驾驶员同时会根据道路、交通、环境和车辆的运行状况,不断接收信息,调节自身驾驶行为,以适应新的道路交通环境信息,确保车辆的操纵稳定性、可靠性和安全性。

驾驶员的行为是指由信息感知、判断决策和反应操作所组成的一个不断往复进行的信息处理过程,亦即感知作用于判断决策后影响到操作。在实际驾驶过程中,感知、判断、操作是有机地结合在一起的。感知是判断的前提,为判断提供材料,是分析判断的源泉。分析判断又为反应操作提供指令。操作是感知、判断的结果,又反馈到感觉器官,对操作进行修正、调整。如果没有这一反馈,就不知道操作的结果,难以保证动作的准确性。

信息感知—判断决策—反应操作这一活动过程包含了驾驶员全部的反应过程,驾驶工作负荷也是在这样的过程中产生的。

驾驶工作负荷实质上是一个多源信息融合过程,即驾驶员经过观察、感知、知觉、记忆和思维相对应的信息收集、融合、处理等一系列生理、心理活动的不断反复,最终才能达到行为操作的目的。

驾驶员在道路、交通和环境中的驾驶工作负荷机理如图 3-7 所示。

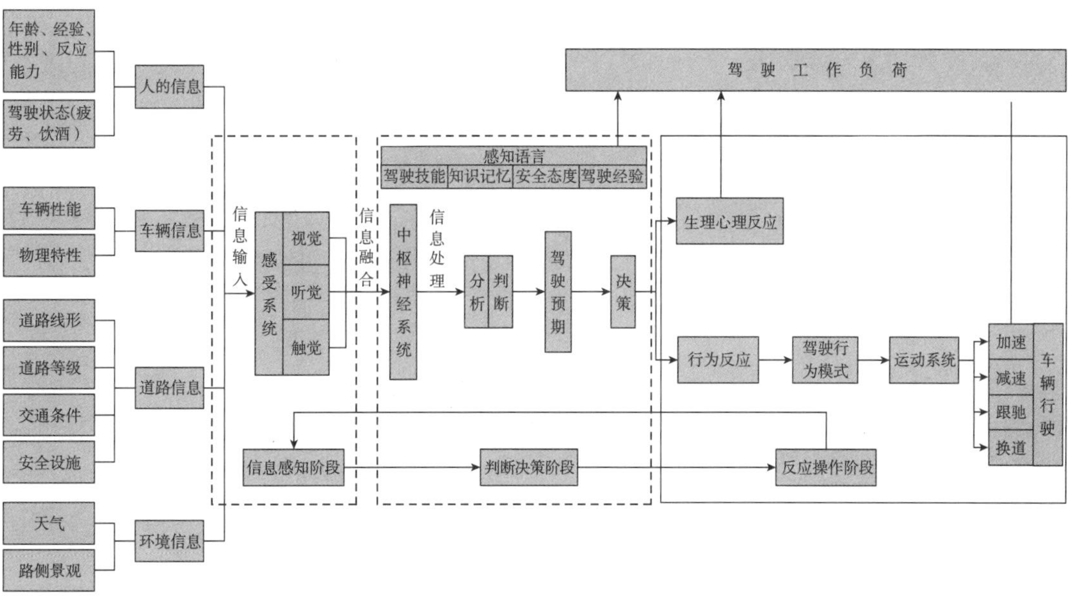

图 3-7　驾驶员驾驶工作负荷生成机理

3.2.2　驾驶工作负荷与交通安全

驾驶员在动态的驾驶认知过程中,知觉与思考决策通道容量有限性和人体的稳态需求,使驾驶员的驾驶工作能力有限,即驾驶员在驾驶工作过程中,知觉和思考存在一个最佳的目标密度区域,在这个密度区域条件下,及时地辨别前方道路、交通和环境情况的变化,即驾驶员具有一定的处理事件的能力范围。这个能力范围与机械的工作负荷原理相类似,因此称其为驾驶员驾驶工作负荷(Driver Workload)。

驾驶员在道路上驾车行驶时,道路、交通、环境和气候等各种行车环境条件的变化或影响,会使驾驶员的驾驶工作负荷发生变化。驾驶工作负荷高时,驾驶员会感觉到不舒适,表现出生理心理紧张，对驾驶所需信息反馈迟缓、遗漏关键信息，容易产生驾驶疲劳和交通事故隐患，增大交通安全风险；当驾驶工作负荷低时，驾驶员也会感到不舒适，这时由于驾驶员接收到的外界刺激少，驾驶时容易产生松懈，会表现出容易驾驶疲劳、反应迟缓，容易导致交通事故，增大交通安全风险。因此，为保证驾驶员行车的安全舒适性，必须使驾驶员在各种行车条件下，驾驶工作负荷不能过高或过低，应保持在一个合理的范围内。在该范围内，驾驶员的知觉、判断和决策处于最佳目标密度区域，注意力最集中，驾驶员在这个合理的范围内驾车时的工作负荷，即为正常（或标准）的驾驶工作负荷，其表现为：驾驶员身体状态处于顶峰状态，感觉有活力、清醒、警觉，驾驶操纵自如，反应正常；当驾驶员身体处于非顶峰状态时，也能够集中注意力，有警觉，反应及时。驾驶员驾驶工作负荷与交通事故率的关系如图3-8所示。

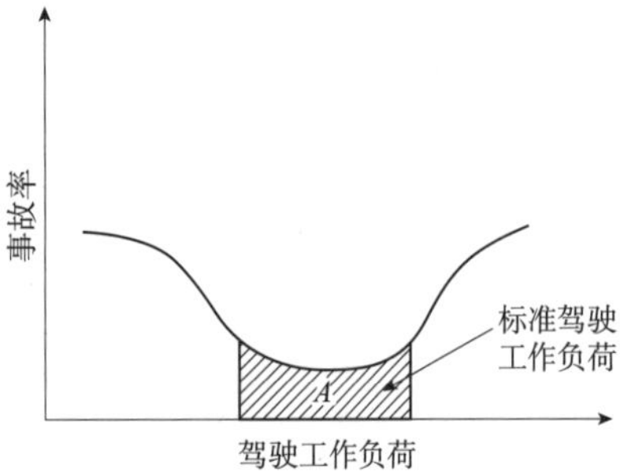

图3-8 驾驶工作负荷与事故率的关系

3.3 驾驶行为特性

驾驶员在山区高速公路上驾驶过程中，由于驾驶工作负荷阈限，道路、交通和环境条件等的约束，不同安全态度和驾驶经验的驾驶员会出现适速、慢速和超速等不同的驾驶行为特征。遵纪守法、中等驾驶水平的驾驶员能驾驶大小代表车型对三维驾驶视野、速度（包括重力加速度、水平加减速度和运行速度等）、驾驶时间、照明等有不同的驾驶期望。

3.3.1 超速行驶

1）超速特性

驾驶员是根据公路的几何条件、路面条件、视野条件、横向或纵向干扰状况、车辆性能状况等来控制运行速度的，只要条件允许，驾驶员更倾向于采用较高的速度行驶。在线形指标较高的直线路段或大半径的平、竖曲线路段，车辆常常以超过最高限速的速度运行。超速行驶通常是指车速超越交通法规规定的最高限速而行驶。

依据视觉特性分析，驾驶员在动态下的驾驶操作视觉认知，较静态下的驾驶操作视觉认知有明显衰减，超速行驶对视觉认知衰减更为明显。超速行驶对驾驶员视觉特性影响体现在动视力下降、视野变窄、空间分辨能力降低、视觉刺激量增大、反应错误增加等；此外，超速行驶影响车辆制动距离及车辆行驶稳定性等。

（1）一般驾驶员高速行驶时的注意力总是集中于路面，驾驶员注视点前移，视野狭窄，清晰度不良，对前方道路交通条件辨认能力降低。驾驶员在不同速度下的视野范围如表3-1所示。

不同速度下的视野范围 表3-1

车辆运行速度（km/h）	40	60	70	75	80	100
视野范围（°）	100	75	70	65	60	40

在道路条件复杂路段、立交出入口、立交匝道等地点超速行驶时，若驾驶员不能及时观察前方道路交通情况、不能获取足够的道路交通信息，就难以对前方道路交通条件作出准确

判断；超速行驶时，驾驶员对前方发生异常情况的处理时间缩短，单位时间内对驾驶员眼睛的刺激信息量却增多，接近或者超过生理、心理反应时间极限时，就容易造成事故。为了保证安全行车，驾驶员应控制车速，以便保持足够的动视力辨清前方障碍物，道路建设与运行管理者则需要给驾驶员提供满足限制速度下的道路交通和环境条件。

（2）车辆超速行驶会使制动距离延长。表3-2所示为在同一路段上不同车型在不同运行速度下的制动距离。从表中可以看出，当载货汽车和大客车车速达到100km/h时，其制动距离均超过90m，小客车车速在100km/h时其制动距离为66m，而车速在110km/h时制动距离已达88.9m，车速提高10km/h，制动距离增加22.9m。因此，车辆运行速度达100km/h后，车速稍有提高，制动距离则会大幅度增加。车辆在高速公路上超速行驶时，一旦前方发现意外，驾驶员往往来不及采取措施或采取了措施仍避免不了交通事故的发生。

不同类型车辆不同运行速度下的制动距离　　表3-2

车　型	运行速度（km/h）						
	50	60	70	80	90	100	110
	制动距离（m）						
小型客车	18	25.2	33.6	43.2	54	66	88.9
液压制动载货车辆和大客车	24.5	34.2	45.8	59.2	3.3	91	
气压制动载货车辆和大客车	28.5	39	51.4	65.6	81.5	99	

（3）超速行驶影响车辆操纵的稳定性。车辆转弯或变车道行驶时产生的离心力，会使车辆发生车身向外翻转或侧滑的趋势。由于离心力的大小与车速的平方成正比，车速越高，离心力越大；车辆高速转弯行驶时，因弹性车轮的侧偏现象，在侧向力的作用下可能出现过度转向现象，从而使车辆偏离原行驶方向。车速越高，这种可能性越大，严重时会发生方向失控。因此，高速行驶时稍有操作不当便会诱发交通事故。

2）超速对交通安全的影响

当车辆在山区高速公路上行驶时，山区高速公路地形复杂，线形指标较低，且桥、隧比例较大，运行速度多变，对安全行车的影响较大。

驾驶员一般不会预见山区高速公路的急弯、长大下坡、隧道出入口等特殊路段道路条件。当驾驶员超速行驶在高指标路段上，视野范围内呈现前方指标较低的陡坡路段或小半径平、竖曲线路段时，驾驶员将依据感知到的道路或环境变化信息采取措施来降低车速，以适应道路线形条件等的变化，此时由于超速行驶可能会出现以下两种现象：

（1）在前一高指标路段上的车速太高，驾驶员的判断车速发生突变，驾驶员必须采取比较剧烈的减速制动措施，才能将车速尽快降到其期望值范围内，易造成制动系统过速升温，甚至引发车辆制动失效或车辆侧滑等交通事故。

（2）超速行驶，驾驶员精神高度紧张，容易出现操作失误，驾驶员判断不准确或来不及采取减速措施，车辆超速通过低指标路段，易导致车辆失稳甚至侧翻等现象。

在山区高速公路上，小半径平曲线路段、长大下坡路段以及桥隧路段往往是重特大交通事故的多发路段，超速行驶是事故诱因中不容忽视的因素。当驾驶员在这些特殊路段上行驶时，应在路段前方加以速度检测和诱导，给予良好的限速措施，以确保行车安全、车辆平稳通过。

3.3.2 慢速行驶

1)慢速特性

在小半径的平、竖曲线路段,驾驶员会采用较低的速度行驶,车辆可能以低于最低限制的速度运行。

依据视觉特性分析,驾驶员在动态下的驾驶操作视觉认知比静态下的驾驶操作视觉认知会有所不同和衰减,慢速行驶对视觉认知衰减影响较小。慢速行驶对驾驶员视觉特性的影响体现在动视力逐渐升高、视野变宽、空间分辨能力加强、视觉刺激量减小、反应错误减少等方面;当然,在交通量大时,慢速行驶会阻塞交通而减小道路通行能力。

2)慢速对交通安全的影响

当车辆在山区高速公路上行驶时,由于地形复杂、线形指标较低且桥隧比例较大,对我国目前动力性能较差的大货车的影响较大,特别是在长大上坡路段通常会使大货车以较低的速度行驶,很多大货车的车速低至30km/h,而对小轿车的速度影响不大,甚至没有影响,增大了大小车间的速度差,给交通安全带来隐患。

由于受到感知速度变化能力的限制,慢速一方面会使驾驶员在发现前方车辆减速后只剩余很少的时间供驾驶员做出反应;另一方面驾驶员可能只会关注其正前方车辆的速度变化,而忽略了前方整体车流的速度变化情况,如果车流中的第一个车辆发现前方存在静止不动的车辆后没有及时做出反应,而是在距静止车辆较近的距离才快速驶离原有车道,会造成在其后面的驾驶员几乎没有时间做出反应,容易出现操作失误,同时极易造成后车追尾事故。另外,低于整体车流速度的行驶车辆除对前方车辆速度变化,特别是减速判断反应弱,平行车辆行驶状况关注少,影响道路通行能力外,对交通安全影响最大的是影响整体车流驾驶员的情绪,而这种情绪的产生往往会增加后面车辆超车的频率,甚至导致超车过程发生带反感、报复心理的故意挤、逼、阻等不礼貌不文明行为,这种情绪化的行为往往产生"蝴蝶效应"波及周围,影响整体车流。

3.3.3 驾驶时间

1)驾驶疲劳和疲劳驾驶特性

疲劳是人们经过连续的体力劳动或脑力劳动后,工作能力暂时下降的一种状态。疲劳一般可分为身体疲劳和精神疲劳两大类。机动车驾驶员感到疲劳时,一般有下列现象:

①眼睛疲劳,视认效果降低;

②肩酸,驾驶操作缓慢;

③头痛发沉,头脑不清楚,想休息,健忘,驾驶反应慢,对交通情况的判断出现错误;

④腰痛,想睡觉,坐立不安,驾驶注意力分散;

⑤全身懒倦,表现急躁,严重时手脚发抖,动作失调,肌肉痉挛,有时出现半睡眠状态;

⑥对颜色的辨别发生错觉。

在分析山区高速公路驾驶员疲劳特性时,应首先区分驾驶疲劳和疲劳驾驶。

由驾驶员的身心状态引起的驾驶员疲劳(如睡眠不足),与驾驶工作没有直接关系,可以用补充睡眠的方法来预防由于睡眠不足引起的疲劳,这类因素不但在驾驶员疲劳中起作用,在其他人员的疲劳中也起作用，称为“疲劳驾驶”。而由车内环境和驾驶作业条件需求（如道路条件、交通条件等）引起的与驾驶工作直接相关的疲劳，称为“驾驶疲劳”。驾驶疲劳是驾驶员在驾驶过程中产生的疲劳。

驾驶疲劳是指驾驶员在长时间或超强度的行车过程中，由于体力和脑力过多消耗而产生的生理、心理机能衰退以及反应水平和操控效率下降的现象。驾驶疲劳严重影响行车安全，容易导致交通事故，甚至车毁人亡。驾驶疲劳一般可分为主观疲劳和客观疲劳。其中，主观疲劳主要指驾驶员自我感觉上的疲劳程度；客观疲劳主要指驾驶员生理的疲劳（如肌肉、神经等身体上出现的疲劳）和心理的疲劳（如注意力、反应力的下降）。两种疲劳相互影响，将不可避免地造成驾驶操作能力的降低，而驾驶的过程又会加重主观疲劳和客观疲劳。驾驶疲劳产生的特征如下。

（1）生理症状

驾驶疲劳产生的开始，只是从事劳动的那一组肌肉感到疲倦，如果继续下去，疲劳就会四周蔓延，从而使全身感到不适，进一步则感到周身酸痛，精神恍惚。驾驶员产生疲劳后，生理机能下降，随之出现一些症状，如头重、脉搏加速、手脚酸痛、打哈欠、视力下降，注意力分散、视野逐渐变窄、视觉模糊、分辨不清方向等。

（2）心理症状

驾驶员产生疲劳后，心理状态也会发生很多变化，如疲劳后引起反应迟钝、判断迟缓、动作僵硬、心跳加快、思维能力下降、头脑糊涂、忘记操作规范、精神不振、郁闷嗜睡、自我控制能力减退、容易激动、心情急躁或开快车等。

驾驶工作是体力消耗和脑力消耗较大的一项作业，驾驶过程中驾驶员长时间保持一定的坐姿，其生理、心理状态都处于持续紧张状态，工作强度大，容易出现疲劳。

2）驾驶疲劳对交通安全的影响

山区高速公路行车条件恶劣，爬山越岭，道路崎岖，驾驶工作难度大。在不断变化的道路、交通和环境中，驾驶操作是一项耗费体力、脑力的作业，对驾驶员能量需求的大小不可避免地会影响驾驶疲劳的产生。山区高速公路驾驶疲劳特性与平原区驾驶疲劳存在显著的差异性。

在平原区高速公路上行车时，路面宽阔，景观单一，直线段和大半径平曲线路段较多，驾驶员在单调的道路线形条件下行车时，驾驶员机械地重复做单调的动作，缺乏必要的行车信息刺激容易产生疲劳；此外，平原（草原、沙漠）区单调的景观会使驾驶员的大脑活动受到抑制，因缺乏感官刺激而逐渐精神疲劳、反应迟钝、产生睡意，引起驾驶疲劳。

在山区高速公路行车时，驾驶员的驾驶疲劳多表现在频繁的道路、交通和环境条件变化，单位时间内对驾驶员视觉刺激信息量、身体刺激量较大，接近或者超过生理反应时间阈限时，会使驾驶员生理、心理紧张。这种持续高度的紧张状态容易造成驾驶员生理、心理的过度紧张，从而使驾驶员大脑和感觉器官产生疲劳，驾驶员的感觉、判断、思维能力下降，反应迟钝，驾驶操作不灵活，力不从心，遇到紧急情况就会操作失误，极易发生交通事故。

3）驾驶时间与驾驶疲劳

驾驶时间已成为影响驾驶疲劳的一个重要因素。驾驶时间可分为一次连续驾驶时间和每天累计驾驶时间。瑞典 Christopher J. D. Patten 的研究成果显示，驾驶员连续驾驶 3h 后道路交通事故的发生率开始增加,连续驾驶4h后发生重大交通事故的概率是连续驾驶3h的1.5倍。

随着道路运输业的发展,驾驶疲劳事故逐渐增多。许多国家制定并实施了对驾驶时间进行限制的法规,对一次最长连续驾驶时间、每天累计驾驶时间、休息时间甚至每周累计驾驶时间都进行了规定。表3-3是我国和其他几个发达国家关于疲劳驾驶时间的规定,这些规定主要是针对营运车辆驾驶员的。

几个国家有关驾驶时间的规定(单位:h) 表3-3

国家	欧洲	美国	加拿大	日本	澳大利亚	中国
每天累计最长驾驶时间	10	11	13	9 (2d内平均)	12	8 (已失效)
最长一次连续驾驶时间(休息时间)	4.5 (休息45min)	无规定	无规定	4 (休息30min)	5 (休息30min)	4 (休息20min)
每天连续休息时间	11	10	8	8	6	无规定

通过对驾驶时间进行限制来预防驾驶疲劳确实比较简便易行。然而无论对驾驶时间进行怎样合理的限制,驾驶疲劳事故在各个国家仍然发生,而且太过严苛的规定不但不利于驾驶员工作条件的改善,反而有可能对驾驶员的生理、心理健康产生影响。通过研究发现,驾驶时间并不是造成驾驶疲劳的唯一原因,如道路条件单调、驾驶温度、驾驶噪声等环境因素,当前或之前驾驶状况产生的压力等原因,都可能影响驾驶疲劳的产生。

驾驶员的操作特性是影响行车安全的一个关键特性。操作是指驾驶员通过触觉和知觉将前方道路、交通和环境信息进行判断决策后大脑所发出的指令,通过神经系统传给手脚,以产生动作的过程。从感知、判断、决策到操作的传送过程是连续的,全过程所用时间极短,正常人只有0.3~1s的时间。感知、判断、决策到操作环节不断进行循环,其中任何一个环节出现延迟或错误,都可能导致交通事故。部分驾驶员驾驶技能差,驾驶经验不足,不适应山区高速公路行驶特点,在紧急情况下缺乏必要的应变能力等,都容易发生操作失误或进行错误操作。

操作失误是指在正常条件下和规定的时间内,不能正确控制车辆或完成一项操作,或超出驾驶操作规范以外的一些操作行为,致使车辆运行效率降低、失控或发生交通事故。虽然由于操作错误引起的交通事故比感知或反应判断错误所引起的交通事故少,但操作错误也是造成交通事故一个不可忽略的原因之一。

驾驶员驾驶操作失误的表现主要有两种:一是没有意识到某一危险交通情况的出现会导致不良后果,而没有采取相应措施;二是虽然意识到某一危险交通情况的出现会导致不良后果,而没有采取正确的措施予以消除。

4)驾驶时间对道路设施的需求

驾驶时间是影响驾驶疲劳的主要因素之一。通过对驾驶时间进行限制来预防驾驶疲劳确实比较简便易行。然而,时间并不是造成驾驶疲劳的唯一因素,道路交通环境也是主要影响因素。其中,路侧景观是道路交通环境的重要组成部分,合理的路侧景观设计是有效预防驾驶疲劳的措施。一般的做法是创造兴奋点,用以唤起驾驶员的注意;另外,兴奋点的间距与路侧景观方案的变化是相关的,景观的变化本身就相当于给驾驶员的心理一个景观兴奋点。

由于道路环境不同,驾驶疲劳产生的时间也不同。新西兰《公路景观设计指南》中提到,至少每隔5~10min应安排一个兴奋点。我国规定,驾驶员最长驾驶达到4h,就要停车休息20min。为满足驾驶员安全驾驶的需求,高速公路服务区、停车区要选择良好的地点进行修建,引导驾乘人员去休息、停留,消除由于驾驶疲劳带来的交通安全隐患。

《公路工程技术标准》(JTG B01—2003)中规定:服务区应提供停车场、公共厕所、加油站、餐饮与汽车修理等设施,平均间距应为50km;停车区应提供公共厕所、长凳等设施和少量停车位,停车区与服务区或停车区之间的距离宜为15~25km。若服务区与停车区间距设置不合理,则无法使驾驶员得到及时的停车休息,以缓解驾驶员因长时间驾驶而造成的疲劳状态,于交通安全不利,存在安全隐患。

驾驶疲劳产生的时间应该从驾驶员在路段上疲劳的形成时间考虑,服务区最大间距的取值应为驾驶疲劳开始形成的时间,而不宜采取统一值。通过研究我们发现驾驶员在设置有中央分隔带植被的山区高速公路上行驶约26min时开始驾驶疲劳,可以以此为依据。

高速公路建设是根据规划逐段建设连接成路网的过程,时间的跨度为10年、20年甚至更长。过去服务区与停车区的间距、设置规模等往往由于路网规划未考虑服务区与停车区的总体规划,高速公路以外的道路未规划和设置服务区与停车区,干线道路成网后,部分服务区与停车区间距、设置位置和规模显得不合理,影响驾驶时间。由此,服务区与停车区间距、设置位置和规模应该列入道路路网规划的重要组成部分,并且根据路网,按辐射服务半径分级别进行统筹规划,随路网建设分步实施,形成交通服务系统。

3.3.4 驾驶速度需求

驾驶员在不同的道路、交通和环境条件下,按照不同的驾驶期望速度驾驶,实现标准的驾驶工作负荷,达到最佳的安全驾驶效果。日本引用Jnaweya在1984年提出的乘坐舒适度系数法,并列入《高速公路设计要领》一书中,将制动器减速的减速度最大值规定为$2.4m/s^2$。这一值比通常情况下的制动减速度$1.1m/s^2$大,能使大部分乘客接受。基于加速度的安全舒适性评价标准如表3-4所示。

基于加速度的评价标准 表3-4

评价标准	加速度(m/s^2)	减速度(m/s^2)
舒适	$a<0.9$	$a<1.3$
较舒适	$0.9\leq a<1.2$	$1.3\leq a<2.5$
不舒适	$a\geq 1.2$	$a\geq 2.5$

我国山区高速公路条件是按照不同的设计速度取定的,因此在不同设计速度条件下的高速公路上驾驶,驾驶速度就应该不同,这就是适速驾驶。适速行驶可以减少疲劳驾驶的发

生,提高驾驶员在山区高速公路上的驾驶效率。但驾驶员在不同的道路条件下对驾驶速度需求如何,至今还未有相关的研究支撑。

3.3.5 驾驶照明需求

山区高速公路的照明设施主要分布在隧道影响区域、收费站及立交区。其中,由于隧道结构空间的特殊性,使得驾驶员对隧道照明的需求较高。隧道照明设施是指为隧道运行提供照明服务的设施,主要包括隧道洞内灯具、托架、洞外路灯和照明线路等。

驾驶员的眼睛对驾驶环境中光的变化需要有一个适应过程和时间。驾驶员的眼睛对光变化的适应是通过调节瞳孔的变化来适应的,但驾驶员对由明到暗或由暗到明的适应时间是有差异的,由明到暗的适应时间比由暗到明更慢,故在隧道出口段加强照明的需求较入口段照明低。隧道照明设施的设置,应满足驾驶员视觉信息采集和行车安全舒适的需要,增加驾驶的舒适感,提高驾驶的安全性。为了保证隧道照明质量,达到驾驶员视认可靠和视觉舒适的基本要求,隧道照明设施除应满足亮度差基本要求、均匀性平均亮度、路面亮度总均匀度、路面中线亮度纵向均匀度等照明指标要求外,还应能为行车提供良好的显色性和诱导性。

根据驾驶员视觉认知安全舒适性需求,可将隧道照明段划分为接近段、入口段、过渡段、中间段和出口段,如图3-9所示。另外,隧道内紧急停车带和逃生通道也需要配置单独的照明段。

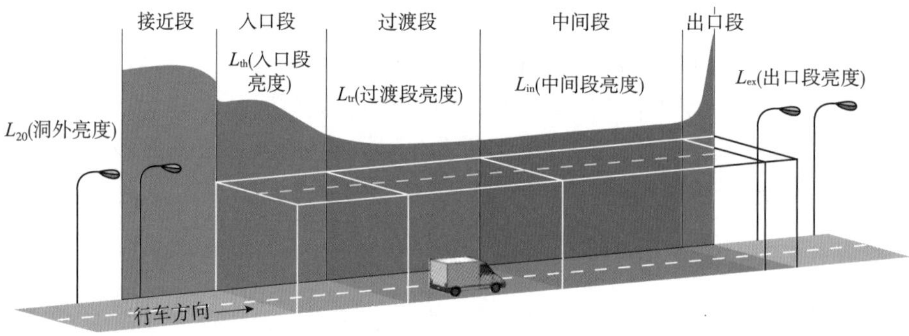

图3-9 隧道照明区段构成图

1)接近段

接近段是指为驾驶员驶入隧道时能看清隧道洞口条件、适应隧道洞口亮度而在隧道入口前一个停车视距范围而设置的路段。在白天,当隧道洞外高亮度和隧道内低照明亮度的差异较大而使驾驶员视觉产生“黑洞”效应时,会导致驾驶员难以看清和适应洞口道路交通环境条件和信息。一般要求在隧道洞口接近段采取种植树木、设置遮光棚或遮阳棚等减光措施,以降低隧道内外的亮度差。在夜间,当隧道洞内外照明差异较大时,也会引起驾驶员视觉认知的“白洞”效应,难以看清洞口道路、交通、环境条件和信息。在隧道入口接近段可设置引导路灯,以提前使驾驶员了解并适应隧道洞口条件,降低隧道洞内外亮度差。

2)入口段

在隧道照明区段中,入口段是车辆进入洞口后的第一段。在白天,当隧道洞内外环境亮度差异大时，驾驶员会在进入狭窄的隧道洞口时出现"明暗"适应问题，导致驾驶员难以视认或辨清前方道路、交通、环境条件和信息，导致驾驶认知失误和紧张而采取错误的驾驶行为，带来交通安全隐患。因此，白天在隧道洞内外环境亮度差异大的时段，可以在隧道入口段设置加强照明或遮光棚以降低隧道内外亮度差。当夜间隧道洞内外环境亮度差异大时，驾驶员会在进入洞口时出现"暗明"适应问题，为降低隧道洞口内外的亮度差，除在接近段设置路灯外，还可适当降低隧道入口段亮度，既可保证驾驶员的安全舒适性，也可降低照明的经济成本。

3）过渡段

在白天，当驾驶员从隧道入口段驶入隧道中间段时，为了消除入口段与中间段产生大的亮度差，降低驾驶员视觉差异，需要设置照明过渡段，以满足驾驶员视觉认知的安全舒适性和照明的经济性要求。在夜间，当入口段与中间段之间的亮度差异不大时，只需将过渡段亮度与入口段夜间亮度保持在一个水平。

4）中间段

当驾驶员从隧道入口经过一定长度的过渡段适应后，就可将隧道内照明保持在既满足驾驶员驾驶的安全舒适性、又经济适用的照明范围。该照明范围内的路段称为中间段。此路段亮度应该是一个合理而均匀不变的照明水平。

5）出口段

为了使驾驶员适应隧道外的照明条件，需在隧道出口前给驾驶员一段驶出隧道的适应过程，该适应过渡段称为出口段。在此路段内，需要提供给驾驶员满足在白天不同时间段的"暗明"适应和夜间的"明暗"适应。当驾驶员驾驶到隧道出口段时，如果白天隧道外亮度与隧道出口段照明差异较大，就会引起驾驶员认知的"白洞"效应或出现"暗明"适应问题，使驾驶员难以清晰辨认隧道前方道路、交通和环境条件信息，造成驾驶认知失误或紧张而发生错误的驾驶行为，带来交通安全隐患。同时，也要关注驾驶员在长隧道或一般隧道内长时间驾驶到达隧道出口前出现的"逃逸"心理和驾驶行为。驾驶员会在出口段加速而忽略隧道出口后道路、交通、环境条件的差异和驾驶需求，未及时调整驾驶行为而导致的诸如错过隧道外高速出口、驾驶犹豫或与前方道路结构物相撞等交通事故。因此，白天在隧道洞内外环境亮度差异大的时段，可在隧道出口段设置加强照明以降低隧道内外亮度差，由于驾驶员产生的明适应并没有暗适应要求高，故在出口段的加强照明水平要求可以较入口段照明低；夜间，隧道洞内外的亮度差异大时，会引起驾驶员视觉认知的"黑洞"效应或出现暗适应问题，导致驾驶员看不清出口后洞外道路、交通和环境条件信息，因此，可相对降低隧道出口段亮度，并在出口段设置引导路灯，以提前、清晰地为驾驶员提供隧道出口洞外道路、交通和环境条件信息。

6）紧急停车带照明

若隧道内设置有紧急停车带时，为保证故障车辆能够安全进入紧急停车带进行车辆检修或临时停放，也为了保证行驶车辆能清晰视认紧急停车带位置和停车情况，需要在紧急停车带布设显色指数较高的荧光灯光源进行照明。

7）灯具位置

隧道内照明灯具高度应以不干扰按国家标准装载高度和宽度车辆正常行驶，并能使亮度损失最小为宜。若隧道洞内照明灯具高度不满足车辆行驶净空要求，就会被行驶车辆特别是大型车刮蹭而导致隧道内照明灯具损坏，隧道亮度降低；如果同样亮度的灯具设置位置过高，会使亮度损失大，不经济。

3.3.6 其他违章驾驶行为

山区高速公路违章驾驶行为主要有驾驶违章超限车辆和危险品车辆、驾驶员酒后驾驶以及违反交通规则驾驶等。

1）驾驶超限车辆及危险品车辆

车辆运载标准重量货物的情况下，行驶在连续下坡路段，一般不会发生制动失效现象，但超载的货运车辆行驶在山区高速公路长大下坡路段交通事故率却急剧提高。据统计，当车辆超载80%行驶，不仅直接导致下坡力增加，而且也相当于纵坡坡度增大了近1倍。因此，驾驶员若依据常规经验采用原挡位速度继续下坡，就必须长时间地持续进行强制制动以保证稳定运行状态。但长下坡路段，由于持续长时间制动，必将带来车辆制动片温度急剧升高、制动性能衰减甚至消失而导致事故发生。

山区高速公路隧道比例较大，危险品车辆进入隧道一旦发生危险，会给隧道内其他车辆、驾乘人员、运输货物和隧道结构带来严重威胁，给隧道运行带来较大的安全隐患；此外，危险品车辆进入隧道，由于要求运行速度低，会影响隧道内车辆的通行效率。因此，山区高速公路应设立车辆安全检查站对货运车辆进行检查，严禁不满足安全行驶要求的车辆通行，并对驾驶员进行隧道安全运行宣传和教育。不符合国家危险品运输管理条例的车辆不得通过隧道；符合国家危险品运输管理条例的车辆通过隧道时，也应安排护送车辆将其安全引导、护送通过隧道。

2）酒后驾车

驾驶员饮酒达到一定浓度时，对中枢神经系统会产生拟制作用。由于酒精的作用，脑神经系统对周围境况变化的反应速度明显下降，其反应时间将延长2～3倍，甚至更长。酒后驾车驾驶员视觉、触觉、判断及操作能力降低，产生疲劳、心理变态等现象。

（1）受酒精的麻醉作用，驾驶员的手、脚触觉降低，往往无法正常控制油门、制动踏板和转向盘。

（2）饮酒后驾驶员对光、声刺激反应时间延长，本能反射动作的时间也相应延长，感觉器官和运动器官（如眼、手、脚）之间的配合功能也发生障碍，无法正确判断距离、速度等道路交通信息。

（3）饮酒后还会使视力暂时受损，视像不稳，辨色能力下降，不能发现和正确领会交通信号、标志和标线等信息。

（4）饮酒后视野大大减小，视像模糊，眼睛只盯着前方目标，对处于视野边缘的危险隐患难以发现，容易发生事故。

（5）饮酒后容易困倦，表现为行驶不规律、空间视觉差等疲劳驾驶行为。

（6）在酒精的刺激下，会使驾驶员很难估计车速、距离和自己的能力，以至于反应动作不准确，失误增加。

3）违反交通规则的驾驶行为

山区高速公路上违反交通规则驾驶的主要驾驶行为包括：占道行驶，倒车，掉头逆向行驶，违章并线和违章超车、违章停车等。

目前，我国山区高速公路主要为单向双车道，外侧车道为供车辆行驶的行车道，内侧车道为供车辆超车的超车道，一般要求车辆在内侧车道超车后，应及时寻找外侧车道安全空间回到行车道上行驶，不能长时间占道行驶。目前，由于山区高速公路上特别在长大上坡路段，部分大货车动力性能差或超载，行车速度慢，交通量大时形成排队，使得动力性能好的大货车和小轿车不得不在超车道上长时间驾驶，如图3-10所示为其典型路况。在道路条件好的路段由于动力性能好的大货车和小轿车驾驶员超车后不能及时返回行车道而时常造成高速公路局部路段拥堵，运行效率低，如图3-11所示为其典型路况。

图3-10　小轿车在超车道上长时间行驶

图3-11　高速公路局部拥堵路段

在许多立交出口处，由于驾驶员缺乏安全的驾驶态度、道路条件信息提供不及时或不足、驾驶员未及时观察到道路信息等原因，驾驶未按期望路径行驶时，一些驾驶员往往采取违章倒车、掉头逆向行驶等违章行为，酿成交通事故。

在高速公路上并线或超车时，需要有足够的安全空间和视距，一旦前后车之间的安全距离不够将造成追尾、刮蹭等类型的交通事故。

违章超车事故大多起因于驾驶员有欲超车意图时就行驶在超车道上，当前车突然变更车道也驶向超车道时，由于后车已在超车道上高速行驶，驾驶员势必强行采取紧急制动措施，猛打转向盘，从而引发超车事故。

图3-12　典型违章停车

山区高速公路路肩较窄，一些故障车辆不按规定任意停放，特别是故障大货车，如图3-12所示为典型违章停车。在违章停车引发的交通事故中，因压线停车，停车前方无警告标志等引起的交通事故占相当大的比例，而且常常引发多车连续追尾相撞，事故的死亡率也很高。

4）超低速驾驶行为

随着社会经济的发展，人们生活水平的提高，道路交通条件的改善，汽车逐步深入家庭，驾车已成为民众出行的基本方式，驾驶汽车成为人们生产和生活的基本技能。但同时也存在不同年龄，不同性别的驾驶员驾驶技能、驾驶经验和驾驶安全态度等不一，驾驶的车辆动力性能、车辆维护修理状况、操作制动、额载等不一。在地形、地质、气候、环境条件差异较大、道路条件相对较差的山区道路上，往往存在下列三种情况影响道路通行能力，也影响整体车流的正常秩序和整体车流驾驶员的行车情绪，导致违章超车（包括从右边超车），有意挤、逼、阻等不规范驾驶行为，不利于行车安全。一是一些驾驶技能差的驾驶员和车况差的车辆长期以较低的速度缓慢行驶，与整体车流速度格格不入；二是一些长途行驶的大型载货汽车驾驶员，由于对山区复杂的道路、交通和环境条件不熟悉，导致其心理上的紧张和畏惧，他们基本上占用超车道（最左车道）行驶的不良行为；三是超载超限车辆之间速度的小差异产生的"黄牛超水牛"的超车行为。

本章参考文献

[1] 胡江碧. 事故多发地点形成机理及分析方法的研究[D]. 北京:北京工业大学,2004.
[2] 邓金城. 基于人脸识别技术的驾驶员疲劳检测方法研究[D]. 重庆:重庆大学,2005.
[3] 郭应时. 交通环境及驾驶经验对驾驶员眼动和工作负荷影响的研究[D]. 西安:长安大学,2009.
[4] 任福田. 交通工程心理学[M]. 北京:人民交通出版社,2003.
[5] 翟润平. 高速公路限速控制研究[J]. 长安大学学报:自然科学版,2001(06):34-38.
[6] Hu Jiangbi,Zhang Shouran. Oculomotor characteristics of vehicle drivers[J]. Proceedings of the 1st Int. Conf. on Transportation Information and Safety,2011:350-356.
[7] C. J. D. Patten,A. Kircher,J. Ostlund, et al. Driver Experience and Cognitive Workload in Different Traffic Environments[J]. Accident Analysis and Prevention,2006,38(5):887-894.
[8] The European Parliament and the Council of the European Union (eur-lex. europa. eu),Regulation (EC) No 561/2006,2006.
[9] Federal Motor Carrier Safety Administration (USA) (www. fmcsa. dot. gov),Part 395: Hours of Service of Drivers,2009.
[10] Transport Canada (www. tc. gc. ca), Motor Vehicle Transport Act. Commercial Vehicle Drivers Hours of Service Regulations,2005.
[11] National Transport Commission (Australia) (www. ntc. gov. au), Road Transport Legislation-Driving Hours Regulations (www. comlaw. gov. au),2006.
[12] 张建峰. 汽车驾驶员动态视觉对感知—决策—校正模式的影响研究[D]. 西安:长安大学,2004.
[13] 胡江碧. 基于驾驶员驾驶工作负荷的路线安全评价理论与方法研究[R]. 北京:北京工业大学,2009.
[14] 谢晓莉. 驾驶疲劳生成机理研究[D]. 北京:北京工业大学,2010.
[15] 阎国利. 眼动分析法在心理学研究中的应用[M]. 天津:天津教育出版社,2004.
[16] 任福田. 交通工程学[M]. 北京:人民交通出版社,2003.

第 4 章　山区高速公路条件与交通安全

4.1　线形条件与安全

与交通安全相关的山区高速公路线形条件主要包括纵坡、平曲线、线形条件的协调性和道路线形条件与环境的协调性等。

4.1.1　纵坡

山区高速公路的连续长大下坡路段，往往是重特大交通事故的多发路段。当车辆下长坡需要进行车速控制而未采用其他辅助行车制动措施（如发动机辅助制动、排气辅助制动、缓行器辅助制动等）时，车辆的降坡势能就只能通过车辆行车制动器的蹄鼓（或钳盘）摩擦转化为热能耗散到空气中去。如果持续制动时间较长，载重车辆制动器热负荷将很大，仅仅通过对流散热、辐射散热等途径，不能将产生的制动器摩擦热及时耗散而失去热平衡，车辆行车制动器的工作温度会急速上升。由于机械、物理、化学三种因素的作用，车辆行车制动器的制动摩擦系数快速减小（所能产生的制动摩擦力矩减小），直至制动失效，引发交通事故。大量实验研究结果表明，车辆行车制动器工作温度在 200 ~ 250℃ 以下时，仍属于正常使用温度范围。当制动器工作温度超过 300℃ 时，制动器制动摩擦力矩开始显著降低，从而使车辆的制动效能明显下降，发生车辆制动效能热衰退现象。当车辆制动器工作温度超过 550℃ 时，制动器制动摩擦系数接近于 0，发生车辆制动效能严重热衰退现象，车辆将很快失去制动能力。小轿车制动系统的制动效能相对其车辆质量而言具有很大的储备能力，因此在连续长下坡时，正常使用条件下，一般不存在严重的制动热衰退甚至失效的问题。中型车辆（12t 级 2 轴车辆）和重型车辆（23t 级 3 轴车辆）总质量都较大，其行车制动器制动效能的储备能力有限，再加上制动器散热条件不太好，连续长下坡行驶时，如果只采用行车制动器控制车速，其制动器温度会迅速上升，制动效能急速衰减，存在严重的制动热衰退甚至失效的问题。

1）坡度对交通安全的影响

高速公路纵坡过陡，上坡时需克服坡度阻力和其他行车阻力，使汽车牵引力合力降低，车速降低；下坡时为克服下滑加速度，使汽车牵引力合力增加，车速增加，当速度增加到驾驶员能容忍的阈限时，驾驶员需频繁制动，货车制动器特别是超载货车制动器容易发热失灵而使车辆失控，引发交通事故，特别是雨天或有冰雪时，更有滑溜的危险。从各国的交通事故统计看出，在有较大坡度的公路上交通事故非常多。德国学者比滋鲁调查了德国高速公路的坡度与交通事故率的关系，详见表 4-1，得到坡度越陡，事故率越大；当纵坡坡度大于 4% 时，事故率便急剧上升。从表中可见，在较大纵坡路段上车辆事故率大大增加。

德国高速公路纵坡坡度与交通事故率的关系表　　表 4-1

坡度(%)	0～1.99	2～3.99	4～5.99	6～8.00
事故率(次/亿车公里)	46.5	67.2	190	210.5

2)坡长对交通安全的影响

由于各种汽车构造、性能和功率不同,它们的爬坡能力也不一样,特别是长大纵坡对载货汽车的行驶更为不利,其主要表现在如下两个方面。

(1)长陡坡会影响载货汽车的正常行驶。若陡坡过长,载货汽车爬坡时会使汽车水箱出现沸腾、汽阻,导致车辆行驶缓慢无力,甚至发动机熄火;在长陡坡路段行驶时,由于载货汽车的长时间减速、制动,也会造成载货汽车的制动器发热或烧坏,从而导致交通事故。

(2)纵坡过长,易使驾驶员对坡度的判断失误。如长而陡的下坡路段连接一段较平缓的下坡时,驾驶员往往会误认为下一路段的缓坡为上坡路段,从而采取加速行驶的错误操作;另外,长陡坡会造成加速或减速势能的积累,使车速过高或过低而诱发事故。

因此,为有效保证车辆在长大纵坡路段行驶的安全性,对于较大纵坡的坡度及坡长路段有必要根据路段交通量调查中代表载重货车的动力性能加以必要的控制和改善。

3)竖曲线对交通安全的影响

竖曲线主要是为了实现变坡点坡度变化的过渡曲线,包括凸形竖曲线和凹形竖曲线两种。凸形竖曲线半径的大小,将直接影响过渡效果的好坏,对道路交通安全有一定的影响,竖曲线半径值对交通安全的影响主要体现在以下三方面。

(1)对行车视距产生影响。半径越大,提供的行车视距就越大,小半径竖曲线往往不能满足驾驶员的视距要求,如图 4-1 和图 4-2 所示。小半径凸形竖曲线路段容易造成平、纵组合不合理而使驾驶员视线不连续,使驾驶员失去行驶方向,产生悬空的感觉而导致驾驶员紧张,驾驶工作负荷增加;在小半径凹形竖曲线路段,夜间行车时主要靠前车灯光的照明,由于照明距离短会造成驾驶员视距不足。

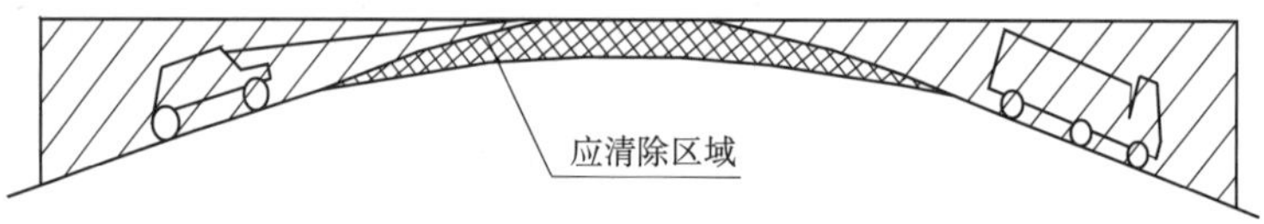

图 4-1　小半径凸形竖曲线视距不足

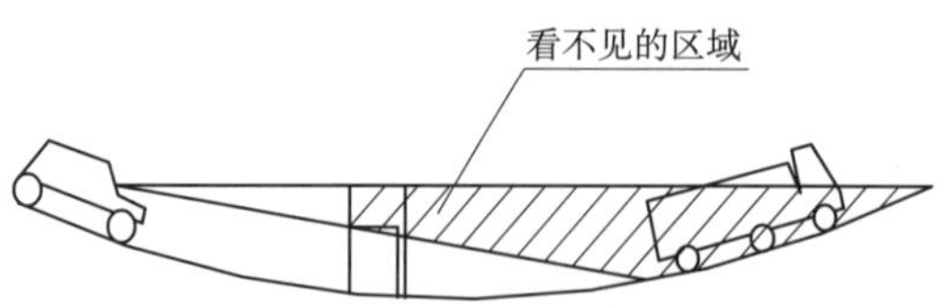

图 4-2　小半径凹形竖曲线视距不足

(2)凹形竖曲线半径过小还会引起行驶车辆的离心加速度过大,而且排水系统处理不当容易引起路面积水;凸形竖曲线半径过小还会引起跳车等不利于驾驶的不安全因素。

(3)竖曲线既要保证有足够大的半径,还要保证有足够的长度。因为当坡差很小时,计算得到的竖曲线长度往往很短,在这种曲线上行车时会给驾驶员有一种急促的折曲感觉。

4.1.2 平曲线

高速公路的几何线形要素构成是否合理、线形组合是否协调,对高速公路交通事故的发生有较大的影响。设计上有缺陷的高速公路对高速行驶的车辆会产生不稳定的感觉,并使驾驶员产生视觉上的错误。高速公路线形的曲率半径过小,直线路段太长,视觉距离过短,纵坡度过大等,都可能给驾驶安全带来隐患。

平曲线可分为直线、圆曲线和缓和曲线三种。山区高速公路一般以曲线为主,并连以缓和曲线或直线,使路线顺畅,满足安全行车的要求。

1)直线长度对交通安全的影响

直线是道路平面线形的基本要素之一,具有方向明确、布设方便、距离最短的特点,在线形设计中使用频率很高。一般来说,直线过长或过短都会使交通事故率偏高。直线长度过短会使驾驶员转弯操作频繁,驾驶工作负荷大,容易诱发交通事故。过长的直线段易使驾驶员因景观单调而产生疲劳,导致注意力分散、反应迟缓,一旦遇见紧急情况,常因措手不及而发生交通事故;另外,驾驶员在长直线路段容易开快车,致使车辆在进入直线路段末段曲线部分的速度仍然比较高,若遇到急弯、超高不足或其他异常事件的干扰,就容易导致车辆倾覆或其他类型交通事故的发生。

美国联邦公路管理局(FHWA)的公路安全信息系统(HSIS)对美国公路上平曲线和直线长度的安全性关系进行分析研究,分析发现发生在平曲线上的事故率随邻接直线长度的增加而增加,而且随平曲线半径的不同而变化。在分析研究过程中,对研究数据按平曲线半径值和邻接直线长度进行分类,结果如表4-2所示。

平曲线半径和邻接直线长度分类 表4-2

平曲线半径分类	范围(m)	邻接直线长度分类	取值(m)
R_1	$0<R\leqslant200$	T_1	$0<T\leqslant150$
R_2	$200<R\leqslant340$	T_2	$150<T\leqslant300$
R_3	$340<R\leqslant500$	T_3	$300<T\leqslant500$
R_4	$500<R\leqslant880$	T_4	$500<T\leqslant1\ 200$
R_5	$R>880$	T_5	$1\ 200<T\leqslant2\ 400$

将事故率(用每百万车每年事故数来表示)对应于半径和直线长度分类,绘制其散点图如图4-3所示。从图中可以看出,半径在200m以内,邻接直线长度在300~500m的平曲线段的事故率比其他曲线段高出至少25‰以上;半径在200~340m范围内,邻接直线长度在150~300m的平曲线段的事故率比其他曲线段高10‰以上。

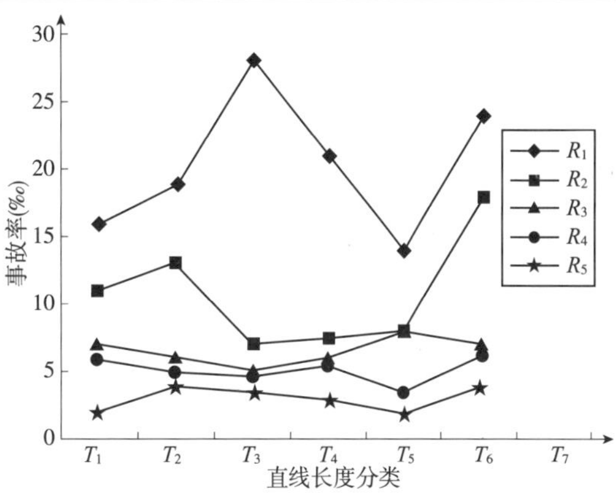

图4-3 按直线长度分类的每百万车每年事故发生率

2)平曲线半径对交通安全的影响

大量的事故数据资料显示,平曲线路段特性与交通安全相关。Zegeer等人在1992

年提出，发生在平曲线路段上的交通事故率是直线段的1.5～4倍，而且事故程度较直线段更为严重，有25%～30%的死亡事故发生在曲线路段上，一般在进入和驶出曲线路段时驾驶员较容易产生诱发事故的错误操作。

高速公路平曲线半径降低到一定值后，随着平曲线半径的减小，事故率呈增加趋势。汽车在平曲线路段上行驶时，将产生离心力。由于离心力作用，汽车可能会产生侧向滑移，车辆在平曲线上稳定行驶的必要条件是，横向力系数必须小于路面提供的极限摩阻系数。因此，平曲线半径值是依据汽车行驶的横向稳定性(滑移、倾覆)而定，其最小值按汽车在弯道外侧行驶时所受的离心力和车重在平行于路面方向的分力等横向力，以不超过由轮胎与路面间的横向附着力所能承受的程度为限，并考虑驾驶员与乘客是否舒适而确定的。极限最小半径值的计算模型见式(4-1)：

$$R_{\min} = \frac{v^2}{127(\mu + i)} \tag{4-1}$$

式中：v——设计车速，km/h；

μ——横向力系数；

i——超高横坡，%。

在一定设计车速v的条件下，最小半径的绝对值取决于$(\mu+i)$。i值过大会导致弯道上的车辆有沿着路面最大合成坡度向下滑动的危险；μ值过大，车辆行驶不稳定，在弯道上易发生交通事故。

英国学者格兰维尔通过实验和调查，研究了道路平曲线的曲率和道路交通事故率的关系，其结果如表4-3所示。由表可知，平曲线半径减小，事故率随曲率的增加而急剧增高。

曲率与公路交通事故率的关系　　表4-3

曲率	0～1.9	2～3.9	4～5.9	6～9.9	10～14.9	>15
事故率(次/百万车公里)	1.62	1.86	2.17	2.36	8.45	9.26

3)平曲线转角对交通安全的影响

平曲线转角也是高速公路交通安全的影响因素。国外的研究成果证明了安全的平曲线转角值是20°，因为转角20°的平曲线能最好地满足驾驶员的视觉特性和驾驶视野要求。由于驾驶员在正常行车状态下，其视点一般集中在高×宽为10cm×16cm的矩形范围内，若曲线转角为20°，驾驶员不需要移动视线或转动头部就可以充分了解道路、交通和环境信息，从而提高了行车舒适性，减少了行车疲劳和紧张感。

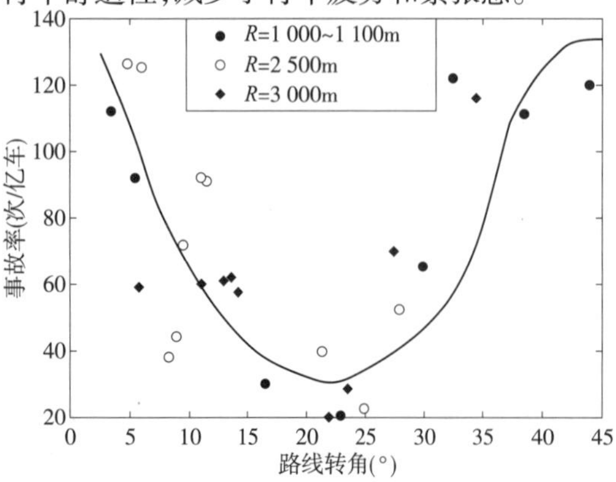

图4-4　曲线转角对应的亿车事故率散点图

我国学者裴玉龙在研究沈大高速公路1994年1月～1995年6月间不同的曲线转角所对应的亿车事故率散点图时发现：当曲线转角在0°～45°之间变化时，亿车事故率与转角的关系近似成抛物线形，即随着转角的增大，事故率在逐渐降低；当转角增大到某一数值时，事故率降到最低值(抛物线的极值点)，此时随着转角的继续增大事故率又开始上升，变化规律明显。具体变化规律如图4-4所示。

4.1.3　道路线形条件协调性

高速公路交通安全的可靠性不仅与道路的平纵横线形指标大小有关，还与道路设计时选定的几何线形之间的组合是否协调密切相关。对于高速公路而言，任何路段在设计时就所选用的每一种线形条件单独来讲，一般都满足设计规范和标准的要求。但将多种线形条件组合在一起，其整体效果是否满足道路用户驾驶员安全驾驶的需求，则需针对具体路段条件进行分析评价。目前，我国山区高速公路在建设过程中，因受地形条件和建设资金的限制，一些道路几何条件组合路段明显不满足道路交通安全的要求。以下列举一些典型的不利于驾驶员安全驾驶的不良线形组合路段。

(1)线形组合条件变化大，如长直线的末端或长下坡末端连接小半径的急弯道曲线。

(2)在连续的高填方路段，如果没有良好的视线诱导，驾驶员容易驾驶车辆偏离行车道中心线，有冲出路面、酿成车祸的可能。

(3)短直线介于两个同向的平曲线之间，形成所谓的"断背曲线"，容易使驾驶员产生错觉，把线形当成反向曲线，从而发生操作错误，甚至酿成车祸。

(4)在直线路段的凹形纵断面上，当驾驶员位于下坡段看到对面的上坡段时，容易产生错觉，把上坡段的坡度看得比实际的坡度大，在这种情况下，驾驶员就有可能采取加速行为以便冲上对面的上坡路段；同时，在下坡路段看上坡路段，驾驶员感觉不到自己是在下坡，会采取在上坡路段的驾驶行为，从而可能发生交通事故。

(5)在凸形竖曲线与凹形竖曲线的顶部或底部插急转弯的平曲线。前者，因为没有视线诱导，驾驶员未提前做准备，导致驾驶员驶入急弯道时必须急转转向盘；对于后者，在车辆运行速度超出设计速度的路段，驾驶员仍然要急转转向盘，这些驾驶行为都易引起交通肇事。

(6)在凸形竖曲线的顶部或凹形竖曲线的底部设置断背曲线，在前者情况下，视线失去诱导效果，在公路上行驶的车辆就像驾入空中的感觉，而且驾驶员因接近顶点时才知道线形开始向相反的方向弯曲，容易使驾驶员因紧张而导致操作失误；后者会形成排水不畅，同时会使驾驶员感觉道路是扭曲的，产生驾驶员视觉偏差。

(7)在同一平曲线内，如果纵断面反复凹凸，会使驾驶员只能看见路段两头，而看不见中间凹陷的路段线形，这样的线形路段也容易发生交通事故。

(8)转弯半径较小的平曲线与陡坡组合在一起时，会使驾驶员的操作变得复杂，驾驶工作负荷增大，交通事故急剧增加。

(9)坡道加转弯，如在坡道上连续反复转弯，在坡顶急转弯等线形组合路段也容易发生交通事故。

实践证明，不良的线形组合路段会导致交通事故明显增加，平、纵曲线组合不当是产生危险路段的重要原因之一，组合情况对安全的影响要远远大于单个平、纵曲线的影响。优良的道路几何线形组合设计应为：宽阔连续的视野，并能使驾驶员自觉地保持随时对车辆前方道路、交通和环境行驶状态进行及时的了解和有足够的时间进行驾驶行为调整，为驾驶员在遇到紧急异常情况时采取安全措施赢得时间。

美国学者 Lay 指出，几种不利因素的组合(坡度、曲线、交叉口、构造物)路段比一般路段的事故率高出 6 倍，当一个平曲线正好在一个凸形竖曲线内时，是容易产生事故的事故多发路段。几何线形的均衡性是保证行车安全的重要前提。一个孤立的小半径平曲线放在前后均为较长直线或大半径平曲线的路段内，则可能形成事故多发地点；但如果放在类似的线形路段之中，则不一定形成事故多发点地点。

因此，道路线形组合路段需要充分考虑道路用户驾驶员的驾驶行为特性需求。

4.1.4 道路线形条件与环境协调性

山区高速公路道路线形与道路环境间组合设计的协调性，对高速公路交通安全也有重要影响。行车实践表明，在空旷的地段设置长直线线形，因道路线形景观单调，不能有效地诱导和调节驾驶员的视觉，会使驾驶员驾驶工作负荷过低而诱发交通事故。因而在高速公路建设过程中，应坚持与自然环境相协调的原则，使驾驶员的驾驶环境对驾驶员的驾驶行为从生理和心理两方面产生积极作用，以利行车安全。优良的道路线形与道路环境设计应为：由各种交通设施与环境所构成的视觉系统，能够让驾驶者从视觉上预知前方道路方向和路况变化，为驾驶员在遇到紧急情况时采取安全措施赢得时间；同时，道路环境还应使驾驶员有赏心悦目的视觉感。在高速公路的上坡路段，应有意识地改变驾驶员的视点，在高速公路的下坡与转弯路段，应在安全视野范围内安排一定的视觉要素，如绿植、花草等，使驾驶员的兴趣点能随之变化，在弯道处，外缘种植乔木，内侧种植低矮灌木，驾驶员能透过低矮灌木观察对向来车，有利于增加驾驶的安全舒适性，如图 4-5 所示。高速公路要避免过长距离的直线段，对于事实上的长距离直线段，一方面可通过种植不同的绿化带树种改变行车环境，另一方面也可竖立与周边环境相协调的有代表性的民族文化标志，以提高驾驶员的驾驶工作负荷。

图 4-5　道路几何要素环境协调

4.2 路面条件与安全

车辆在路面上行驶的安全舒适性除与路面类型及运行速度有关外，还与路面抗滑性能、路面平整性、路面完好性等有关，路面在一定的服务水平下，需提供给车辆运行足够的抗滑性能和路面平整性。

4.2.1 路面抗滑性能

路面抗滑性能是影响道路交通安全的最重要的性能指标，良好的抗滑性能为高速行驶的车辆提供路面与车轮之间良好的附着力，减少道路交通事故的发生。轮胎与路面之间抗滑力是由它们之间的摩阻力产生的，这种摩阻力的大小除了与轮胎的表面特性、行车的速度有关外，还与路面因素有关，而路面因素主要是指路面的干湿状态、路面的宏观纹理与微观纹理构造特性。

表4-4是我国某高速公路在不同的气候条件下（雨天、非雨天）交通事故数据与路面抗滑能力的相关性分析结果。雨天、非雨天天气事故率与横向力系数SFC的变化关系如图4-6所示。

某高速公路事故统计结果　　表4-4

SFC	SFC统计频数	非雨天事故频数	雨天事故频数	路段长度（km）	非雨天事故率（%）	雨天事故率（%）	SFC平均值
<40	245	18	19	4.97	110.3	116.5	38.82
45～50	1 775	104	40	36.02	88.0	33.8	48.44
50～55	1 887	74	16	38.29	58.9	12.7	52.39
55～60	109	4	0	2.21	55.1	0	58.39
汇总	4 016	200	75	81.5	74.8	28	49.98

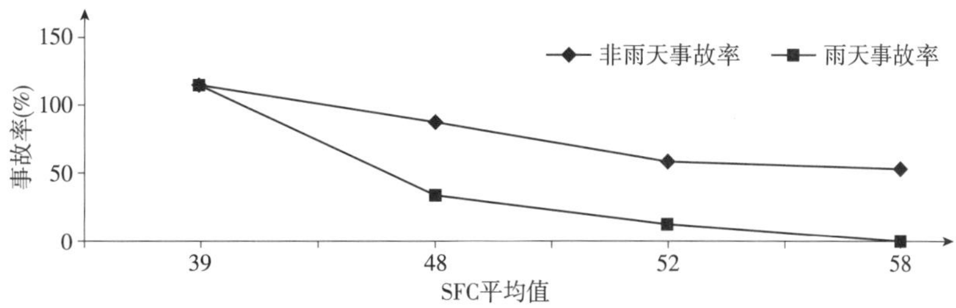

图4-6　（非）雨天事故率与SFC的变化关系

澳大利亚道路研究协会（ARRB）在Mount Cotton训练中心的试验路段，采取使用了10年的带有防抱死制动系统（ABS）的汽车分别在潮湿路面和干燥路面两种路面条件下，以速度分别为50km/h和70km/h时的制动距离进行现场实车试验，试验结果如图4-7所示。结果显示，在干燥路面和潮湿路面条件下，汽车制动距离均随着行驶速度的增大而增大。在同一速度条件下，潮湿路面上行驶所需的制动距离远大于干燥路面，例如试验车辆以70km/h的速度安全制动停止时，潮湿路面条件下所需的制动距离比干燥路面条件所需的制动距离大9.2m。

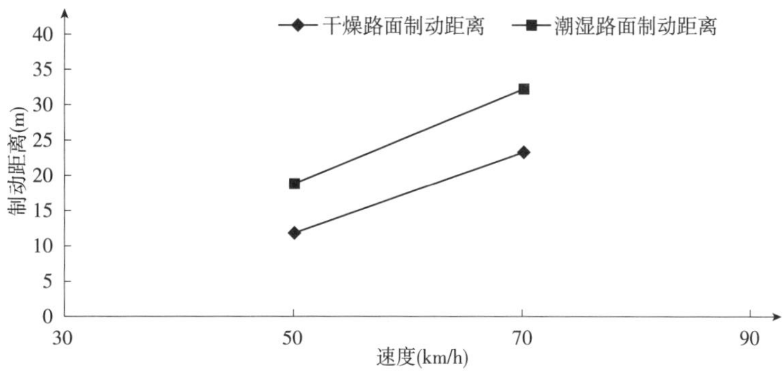

图4-7　速度与制动距离关系

综上，在相同的道路条件下，由于降雨时产生水膜，SFC 会降低，事故率增大。车辆在道路上正常行驶需要驱动轮与路面之间有足够的抗滑力，若抗滑性能降低，汽车安全制动距离增大，如图 4-8 所示，易导致车辆追尾、侧滑等类型交通事故。

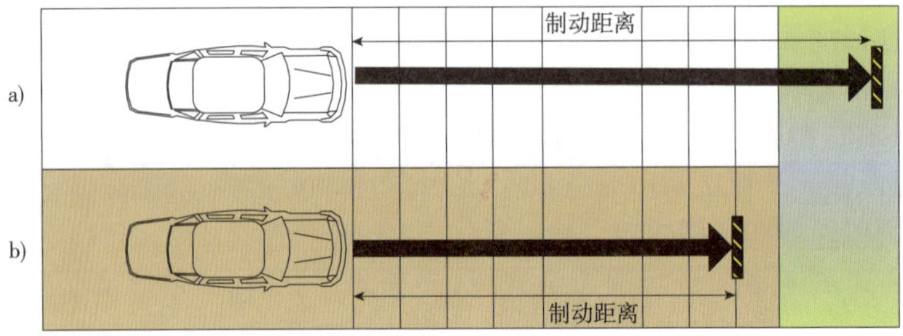

图 4-8　抗滑性能与制动距离关系

a）路面抗滑性能低；b）路面抗滑性能高

路面宏观构造的密度增大，有利于增加轮胎和路面间的真实接触面积，提高路面的抗滑性能。但过高的宏观构造密度会降低路面的排水性能，影响路面积水情况下路面的抗滑性能。微观纹理和宏观纹理在不同运行速度下对路面抗滑性能的影响试验结果如图 4-9 所示。

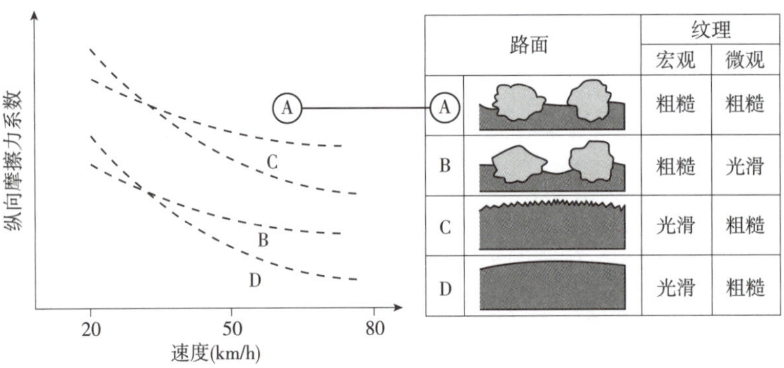

图 4-9　微观纹理和宏观纹理对路面抗滑性能的影响

4.2.2　抗滑性能评价指标

路面表面应具有的最低抗滑性能，视道路状况、测定方法和行车速度等条件而定。各国是根据对交通事故率的调查和分析，以及同路面实测抗滑性能建立的相互对应关系，制定了抗滑指标的有关规定。

路面抗滑性能是保证车辆行驶安全性的重要指标。1994 年前，我国沥青路面抗滑性能检验评定标准值是采用抗滑摆值 BPN 和构造深度 TD 两个指标进行评定，1994 年至今，建议在条件允许下，宜采用横向力系数 SFC 表征路面摩擦系数，构造深度仍旧采用铺砂法。表 4-5 为我国目前路面抗滑性能养护及评定标准。

我国路面抗滑性能养护及评定标准　　表 4-5

标准名称	抗滑性能指标	规定值	
		高速公路沥青路面	高速公路水泥混凝土路面
《公路沥青路面养护技术规范》(JTJ 073.2—2001)	横向力系数 SFC	≥40	—
《公路水泥混凝土路面养护技术规范》(JTJ 073.1—2001)	构造深度 TD(mm)	—	0.4
	抗滑摆值 BPN	—	45
	横向力系数 SFC	—	38
《公路工程质量检验评定标准》(JTG F80/1—2004)	构造深度 TD(mm)	降雨量 >1 000,TD≥0.55 降雨量 500 ~1 000,TD≥0.50 降雨量 250 ~500,TD≥0.45	一般路段 0.7≤TD≤1.1 特殊路段 0.8≤TD≤1.2
	横向力系数 SFC	降雨量 >1 000,SFC≥54 降雨量 500 ~1 000,SFC≥50 降雨量 250 ~500,SFC≥45	—

许多国家都对路面摩擦系数的最低值进行了规定,该值在道路修建者将道路交付使用时就应得到保证,并在道路运行管理过程中,通过对路面养护维修而得到保证;西欧各国认为,摩擦系数的最低容许值为 0.4(法国) ~0.6(比利时);前苏联建筑标准与规范中规定:道路投入使用时,根据交通条件与道路的服务功能确定路面摩擦系数;在危险路段(道路条件差,如小半径曲线、平面交叉、人车混行道等)上应不小于 0.6,在良好道路条件下不小于 0.45,在一般的道路条件下应不小于 0.3。英国按交通事故记录,并考虑路段的交通量和车速、道路交叉情况、路线的坡度和平曲线半径大小等因素,将路段划分为不同等级,分别规定了不同等级下的路面抗滑能力水平最低要求,如表 4-6 所示。美国各州的路面抗滑标准没有统一的要求,表 4-7 列出了部分州干线公路的最小抗滑值 SN 建议值。表 4-8 为日本采用的路面抗滑能力最低值。表 4-9为欧洲部分国家对水泥混凝土路面平均构造深度 MTD 的要求值。

英国道路抗滑能力水平　　表 4-6

分级	路段定义	抗滑能力水平 SFC_{50}
A、B	高速公路、双向行车道无事故段	45
C、D	单向行车道无事故段,双向行车道次要交叉口	51
E、F	信号控制行车道次要交叉口,主要交叉口的出入口	58
G1	坡度 5% ~10%,坡长超过 50m	58
G2	坡度≥10%,坡长超过 50m	64
H1	R≤250m,无 64km/h 限速的弯道	58
F2、J	R≤1 000m,无 64km/h 限速的弯道,环形交叉的引道	64
K	接近交通信号、人行横道,同铁路平交的引道	64
L	环形交叉	58

注:SFC_{50} 为 50km/h 时的横向力系数。

美国部分州干线公路最小抗滑值 SN 建议值　　表 4-7

行驶速度(km/h)	48	64	80	96	102
在行驶速度时量测	36	33	32	31	31
在 60km/h 时量测	31	33	37	41	46

日本路面抗滑能力最低值　　表 4-8

道路性质	行驶速度(km/h)	最低摩阻系数	备　注
一般道路	60	0.25	道路协会标准
汽车专用道	80	0.25	
高速公路	80	0.3 ~ 0.35	道路公团标准

注:路面湿润状态时测定,弯坡路段取高限。

欧洲部分国家水泥混凝土路面平均构造深度要求值　　表 4-9

国　家	平均构造深度 MTD(mm)	备　注
英国	0.65 ~ 1.35	横向拉毛
法国	1.0	横向拉毛
德国	0.5 ~ 0.8	高速(v > 80km/h)时取高限
西班牙	0.7 ~ 1.0	最小 MTD 为 0.5mm
荷兰	0.7	—
原捷克和斯洛伐克联邦共和国	0.8	—

注:路表构造深度采用砂容量法测定。

4.2.3 路面平整性

路面平整性是保持道路行驶质量和驾驶安全舒适性的根本,平整度差的道路会使行车阻力增大,使车辆产生附加的振动作用。这种振动作用会造成行车颠簸,影响行车速度、驾驶平稳以及驾乘人员的安全舒适;振动作用还会对路面施加冲击力,加剧路面和汽车构件的损坏、轮胎的磨损,增大燃油消耗;不平整的路面还会积滞雨水,加速路面的破坏,影响行车舒适性,危及行车安全。

在适宜的平整度条件下,驾驶员情绪不紧张,在注意力、思维的活跃性及反应持续时间方面均处于最佳状态,这时候行车是安全、舒适的。但当路面不平整时,车辆本身的振动幅度增大,行车起伏超过一定阈限会影响驾驶员的安全舒适性,增加驾驶员的驾驶工作负荷。如果驾驶工作负荷超过一定限度,就容易引发驾驶失误,严重时会导致交通事故。

路面平整度是驾驶员所熟悉和关心的重要公路路面指标。良好的路面平整度要依靠良好的施工装备、精细的施工工艺、严格的施工质量控制以及经常和及时的维修养护来保证;同时,路面平整度同整个路面结构和路基顶面的强度及抗变形能力有关,同结构层所采用的材料强度、抗变形能力以及均匀性有关。强度和抗变形能力差的路基路面结构和面层混合料经不起车辆荷载的反复作用,极易出现沉陷、车辙和推挤破坏,从而形成不平整的路面表面。平整度不良的道路会影响乘车舒适性,降低车辆速度,加速车辆零部件损坏和提高车辆行驶费用,不平整的道路使车辆产生的冲击荷载反过来又增加路面的不平整性,加剧路面破损。路面的平整度从驾驶的舒适性、车速、经济性和道路维修养护四方面影响公路与行车质量。

1)对舒适性的影响

平整性对舒适性能影响方面的研究最早见于20世纪50年代AASHO的道路试验报告。在AASHO试验中,研究人员通过评价小组的主观评分,建立了实测平整度与专家评分间的路面耐用性指数(PSI)关系模型。利用PSI模型可分析平整度对行驶舒适性能的影响。我国建立的RQI模型用间接的百分制指标RQI反映平整度对舒适性的影响,在RQI评价标准中,大于8.5时路段为优,小于4.0时路段为差,此时行车颠簸非常严重,感觉不舒适。当RQI处于差的水平时,一般需要对路面进行大修(如强度不足时)或中修。

2)对车速的影响

当车辆在不平整道路上行驶时,车辆振动加剧,驾驶员要根据所感觉到的舒适性即平整度大小,来调节车辆速度以使振动或舒适性处于自身安全舒适的范围内。通过对平整度的研究发现,只有平整度指标值大于一定值时,才会对行车速度产生一定影响,当路面非常不平时(IRI > 13m/km),在我国观测到的平均车速小于35km/h,平整度指标值很小时,影响速度的因素往往就是车辆本身的性能及其载重等。

3)对经济性的影响

平整度指标值的增加将导致行车阻力增加,车速降低。由于行车阻力、车速均与汽车油耗、轮耗及运行时间有直接的关系,因此平整度的好坏直接影响车辆运行费用。

4)对道路维修养护标准的影响

道路工程师对路面结构—寿命—维修养护费用的关系非常了解。不同厚度的路面结构会有不同的使用周期。厚路面结构会有长的使用周期,保证长期、良好、平整的路面性能,但是,厚路面结构的建设费用高;反过来,薄路面的平整度差,车辆运行费用高,因此,公路养护中,在确定路面平整度维修养护标准时,需要综合考虑路面结构厚度、结构所能提供的使用周期、平整度、养护费用及车辆运行费用内在的相互关系。

4.2.4　平整性评价指标

高速公路路面平整度是衡量路面使用性能最重要的因素,是从驾驶员的角度来反映路面的使用性能。路面平整度从行车舒适性、车速、车辆运行经济性和道路维修养护等多方面直接影响路面的行驶质量和服务水平,是路面质量及养护管理的重要参考指标。

路面平整度是影响驾驶安全舒适性的重要指标。1985年,我国原交通部颁布的《公路工程质量检验评定标准》(JTJ 071—85),制定了本行业统一的公路工程质量检验评定标准;1994年原交通部颁布的《公路养护质量检查评定标准》(JTJ 075—94),采用平整度方差 σ 来评定路面平整度;随着路面平整度性能评价技术指标的完善,路面平整度评价指标在平整度方差 σ 的基础上,又增加最大间隙 h 和国际平整度指数IRI两项指标共三项标准对路面平整度进行评价;2001年原交通部又针对水泥混凝土路面和沥青路面,颁布了养护技术规范用于指导公路养护,其具体评价指标和标准如表4-10所示。依据规范中养护标准值,可以对道路的平整度进行定量评价及确定是否需要进行养护维修。

我国路面平整度养护及评定标准　　表 4-10

标准名称	平整度指标	规定值	
		高速公路沥青路面	高速公路水泥混凝土路面
《公路养护质量检查评定标准》(JTJ 075—94)	σ(mm)	3.5	2.5
《公路工程质量检验评定标准》(JTG F80/1—2004)	σ(mm)	1.2	1.2
	最大间隙 h(mm)	—	—
	IRI(m/km)	2.0	2.0
《公路水泥混凝土路面养护技术规范》(JTJ 073.10—2001)	σ(mm)	—	2.5
	最大间隙 h(mm)	—	5
	IRI(m/km)	—	4.2
《公路沥青路面养护技术规范》(JTJ 073.2—2001)	σ(mm)	≤3.5	—
	最大间隙 h(mm)	≤7	—
	IRI(m/km)	≤6	—

各国路面规范中常用的平整度评价指标有:国际平整度指数 IRI、直尺测定最大间隙与平整度标准差 σ、纵断面指数 PI 等。在加拿大,只采用断面类平整度仪,大部分省以 PI 作为平整度指标。表 4-11 为加拿大部分省路面平整度规范。美国部分州及研究机构的平整度规范也各不相同,表 4-12 为美国部分州沥青路面平整度验收规范界限值。除了界限值,各州规范还对超出界限值一定范围的承包商制定了详细的奖惩条款。以弗吉尼亚州(Virginia)规范为例,该州采用左、右车道平均 IRI 值,即 MRI(Mean of International Roughness Index)作为平整度指标。对于完工路面,当 MRI 为 950.0 ~ 1 110.0mm/km 时,则全额支付工程款项;当 MRI 大于 1 110.1mm/km 时,则罚款 0.04 美元/m^2;当 IRI 值小于 950.0mm/km 时,则奖励 0.12 ~ 0.19 美元/m^2;但当 IRI 高于 1 580mm/km 时,则要求重修。

表 4-13 是欧洲部分国家的平整度规范值。欧洲大部分国家以 IRI 作为平整度指标。欧洲与北美地区路面平整度规范最大的区别是,欧洲国家一般不对承包商采取奖励措施。

加拿大部分省路面平整度规范　　表 4-11

省份	接受值	奖励值	惩罚值
哥伦比亚(British Columbia)	0 < PI < 10(多车道); 0 < PI < 15(单车道); 0 < PI < 22(路面); Bumps < 8mm	PI = 0,奖励 100 美元/100m	10 < PI < 24(多车道),罚款 40 ~ 340 美元/100m; 15 < PI < 24(单车道),罚款 40 ~ 340 美元/100m; 22 < PI < 30(路边),罚款 40 ~ 340 美元/100m; Bumps > 8mm,每点罚款 100 美元

续上表

省　份	接受值	奖励值	惩罚值
马尼托巴（Manitoba）	6 < PI < 11（AC）； 8 < PI < 14（PCC）； Bumps < 8mm（AC）； Bumps < 12mm（PCC）	PI < 6（AC），奖励185/100m（AC）； PI < 8，奖励59美元/100m（PCC）； TCR < 70（AC），奖励5～59美元/100m； Bumps < 12mm（PCC）	PI > 11（AC），罚118美元/100m（AC）； 14 < PI < 19（PCC），罚118美元/100m
新斯科舍（Nova Scotia）	10.1 < PI < 12； Bumps < 8mm	PI < 10.1，奖励0.068～0.338美元/m^2	PI > 12（AC），罚0.27～2.43美元/m^2（AC）； Bumps > 8mm，每点最低罚款500美元
魁北克（Quebec）	1.1 < IRI < 1.3（AC）； 110 < PI < 160（PCC）	IRI < 1.1（AC）奖励AC成本的15%～5%；PI < 110（PCC），奖PCC成本的0.1%～5%	1.3 < IRI < 1.8（AC），罚AC成本的0.5%～15%； 160 < PI < 240（PCC），罚PCC成本的0.1%～10%

美国部分州沥青路面平整度验收规范界限值　　表4-12

州　名	验收界限值		
	加州断面仪PI（mm/km）	梅氏断面仪（mm/km）	舒适度指数RN
加利福尼亚（California）	47	—	—
德克萨斯（Texas）	95	—	—
伊利诺伊、弗吉尼亚（Illinois、Virginia）	158	—	—
印第安纳（Indiana）	189	—	—
马里兰、俄克拉（Maryland、Oklahoma）	110	—	—
佐治亚（Georgia）	—	35	—
西弗吉尼亚（West Virginia）	—	100	—
南卡罗莱纳（South Carolina）	—	40	—
肯塔基（Kentucky）	—	—	3.6

部分欧洲国家平整度规范 表4-13

国　家	检测区间长度(m)	规　范　值
西班牙	100	IRI≤2.0m/km(新建路面) IRI≤2.5m/km(高交通量地区) IRI≤3.0m/km(低交通量地区)
意大利	—	由各项目根据工程确定阈值
瑞典	20 200	IRI≤1.4m/km IRI≤2.4m/km

4.3 视觉条件与安全

当车辆高速行驶时,驾驶员是通过视觉、运动感觉和随时间变化的感觉来判断道路线形条件的。车前的视觉即视野和视距对车辆在公路上安全而有效地运行极为重要。速度和行车路线的选择,取决于驾驶员所能看清的前方公路状况及其周围的瞬时环境,并需要有足够远的视距,以便高度准确地预测公路的线位方向、弯道、纵坡,选择车道和避让其他车辆及路面障碍物,在紧急状态时能及时停车和避开危险。可见,足够的视距和清晰的视野,是保证安全行车最重要的因素,也是增强驾乘人员视觉心理上的安全感和舒适感的重要因素。

汽车行驶时驾驶员是通过视觉和运动感来感知立体线形的,视觉是联系公路与汽车的重要媒介。公路的线形、路面的平整性、周围的景观、标志的表现以及其他与公路有关的信息,所有这些信息的85%以上都是通过视觉来提供的,因此,视距是确保道路行车安全的重要因素之一。

4.3.1 视距条件

在平曲线与竖曲线上超车时发生的道路交通事故,常常与视距不足有关。视距不良路段往往是事故多发路段。同时,事故的数量不仅与视距不足路段的存在有关,而且还与这种路段的分布频率有关。在山区高速公路上,往往有较多的地点视距受限制,交通事故的危险性在相当程度上由提高驾驶员的注意力加以补偿,这时汽车的行驶速度要比在道路条件有利的平原区道路上慢得多,道路交通事故反而减少。相反,在设计的几何线形要素能保证较高车速的道路上,个别偶然出现的视距不足路段通常是具有较高道路交通事故危险性的地点。因此,现代道路设计的特点是减少视距受限制的路段长度及出现的频率。根据沿路线绘制的视距变化图,驾驶员可以预先了解前方道路的视距情况,做到心中有数,在行至视距不足的地点时,提前采取必要的防范措施,以安全车速行驶,可最大限度地避免事故的发生。因此,视距对保障行车安全具有重要意义。

道路个别路段的视距受限制,不仅迅速地反映在事故数量的增加上,而且还反映在道路运输运行服务水平的恶化上,因为交通流的速度随着视距的减小而降低。

国内外道路交通事故的统计资料表明,道路平面线形上视距不足反映出来的道路交通事故数量，没有纵断面线形上的视距不良反映的明显。

根据相关资料，当视距达到50m时，对交通事故基本没有影响。定义视距 $L=500\text{m}$ 时的影响系数 $K_s=1$，K_s 与 L 的关系描述如图4-10所示。K_s 的计算公式见式(4-2)和式(4-3)：

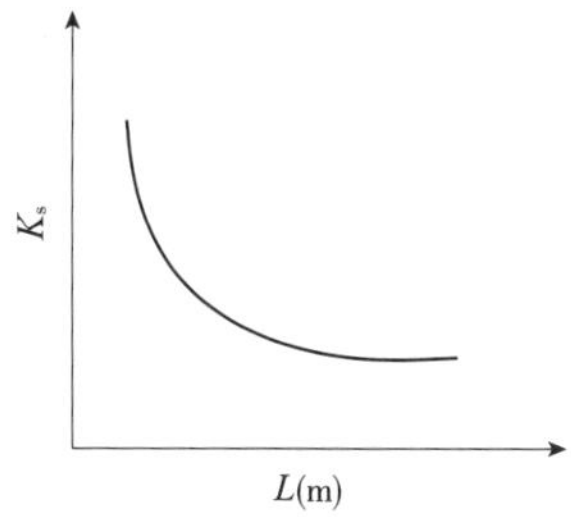

图4-10　视距影响系数图

当 $L=30\sim500$ 时：

$$K_s = 0.6 + \frac{206}{L} - \frac{1\,306}{L^2} \tag{4-2}$$

当 $L=500\text{m}$ 时：

$$K_s = 1 \tag{4-3}$$

4.3.2　视野条件

道路除当满足驾驶员对发现前方路面障碍物时具有足够的停车视认距离即停车视距要求外，驾驶员在驾驶过程中还期望有一个能满足驾驶安全舒适的三维视野要求，三维视野在路面上前方的距离即驾驶期望视距。

我国的高速公路主要以双向四车道为主，高速公路运行管理中将外侧车道作为主要行车道或慢车道，内侧车道为超车道或快速车道，内侧车道的运行速度一般高于外侧车道。经典的驾驶员认知理论认为，运行速度越高，驾驶员的视野和认知效果越差。作者据多年的试验数据分析发现，在自由流交通条件下，当车辆以一定的运行速度范围在高速公路上行驶时，被试驾驶员在不同线形组合路段路面范围内的注视点分布规律有差异，在直线段和纵坡段注视点分布相对位置较远，在平曲线段与弯坡组合段相对位置较近。这说明驾驶员在路面范围内的注视点分布会受到平曲线半径影响，而对其他道路线形参数不敏感。在道路平、纵、横线形组合路段中，平曲线的前方视野受限最为复杂、要求最高，小客车具有运行速度高和机动性强的特点，普遍以较高的运行速度在内侧车道行驶，同时，目前我国小客车保有量的比例逐渐升高，2010年已超过总量的70%，在道路交通系统的安全性方面影响作用日益显著。

在道路建设与运行管理中，驾驶安全视距（停车视距）是决定道路线形条件的关键技术指标之一，而对道路用户驾驶员来说除了停车视距，还需要使驾驶员在一定的运行速度条件下，保持安全舒适的驾驶期望视距。这个距离至今还未得到合理确定。下文是作者通过追踪记录小客车驾驶员在单向双车道高速公路不同平曲线路段、不同运行速度条件下驾驶员的注视点分布规律，量化确定的驾驶员驾驶期望视距。

由于我国山区高速公路道路交通安全形势严峻，为进行驾驶员注视特性研究，试验选取两条道路线形丰富的典型山区双向四车道高速公路，路面类型为沥青混凝土路面、设计速度为60～80km/h，限速为60km/h，最小平曲线半径为170m。

被试小客车驾驶员佩戴I View X HED型动态眼动仪，追踪记录驾驶员在行车过程中视野范围内的道路、交通、环境条件和驾驶员注视点分布位置等信息，被试车辆配置了动态GPS，同时单点采集车辆运行速度和空间位置等驾驶行为数据；试验对小客车驾驶员在高速公路不同线形组合路段内侧车道的注视点分布位置数据进行采集和分析。

I View X HED 型动态眼动仪如图 4-11 所示，仪器数据采集频率为 50Hz，眼动捕捉范围为水平方向±30°，垂直方向±25°，视线注视点精确度为 0.5°～1.0°。

动态 GPS 如图 4-12 所示，采集频率为 10Hz，运行速度精度为 0.03m/s，三维坐标数据误差小于 0.45m。

图 4-11　眼动仪

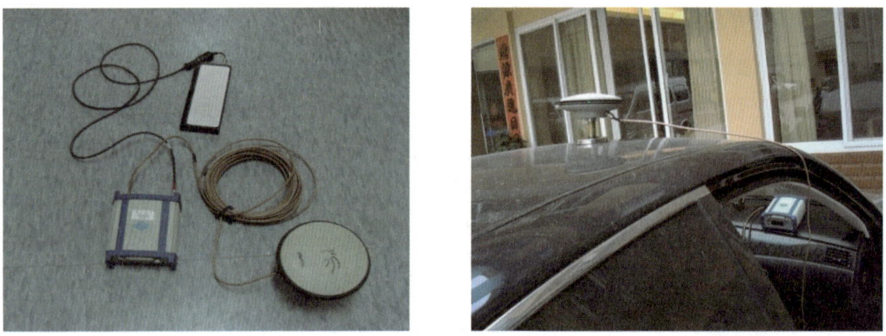

图 4-12　动态 GPS

4.3.3　驾驶员注视规律

由于试验用眼动仪器动态记录驾驶员前方视野信息时，所获取的图像数据每一帧都具有差异性，在处理路段眼动数据时，将观察点处于路段起点位置作为研究视角，然后在此视角上把驾驶员处于该路段时每一帧图像的注视点逐一叠加，得到被试驾驶员在研究路段的注视点分布趋势，结果如图 4-13 所示。

从图 4-13 中可见，小客车驾驶员的注视点主要分布在道路路面范围内，尤其分布在车辆所在行车道前方路面范围内，另有少部分注视点分布在道路交通设施上或与道路交通信息无关的区域。

对小客车被试驾驶员路面范围内注视特性进行分析。考虑不同线形组合路段和车辆运行速度的差异，择取自由流条件不同线形组合路段运行速度累计百分比较高的区间，样本量共计 453 个，如表 4-14 所示（速度为 90～110km/h 的样本量占总的比例）。

a)　b)　c)　d)　e)　f)

图4-13　不同线形组合路段视野范围注视点分布情况

a)直线段(R=6 000m,i = −1.5%,90～110km/h);b)纵坡段(R = ∞,i = −5.5%,90～110km/h);c)左转向平曲线段(R=400m,i = −1.8%,70～90km/h);d)右转向平曲线段(R=460m,i = −1.0%,70～90km/h);e)弯坡组合段(R = 550m,i = −5.2%,70～90km/h);f)弯坡组合段(R=380m,i = −3.5%,70～90km/h)

不同线形组合路段的车辆运行速度累计比例　　表4-14

不同线形组合路段	样本量(个)	运行速度区间(km/h)	累计百分比(%)
直线段	115	90～110	76.2
纵坡段(下坡)	90	90～110	69.5
平曲线段	167	70～90	67.4
弯坡组合段(下坡)	81	70～90	74.1

4.4　平曲线半径与注视特性

驾驶员在高速公路不同线形组合路段的注视点规律有差异,在直线段和纵坡段注视点分布相对位置较远,而在平曲线段与弯坡组合段相对位置较近。说明驾驶员在路面范围内的注视点分布会受到平曲线半径影响，而对其他道路线形参数不敏感。

对67个不同平曲线半径路段研究发现，随着平曲线半径的逐渐减小，驾驶员注视点分布集中在前方视野一定区域。例如，当运行速度在60～70km/h时，不同平曲线半径（因篇幅有限仅示出4类平曲线半径）条件下驾驶员注视点分布如图4-14所示。

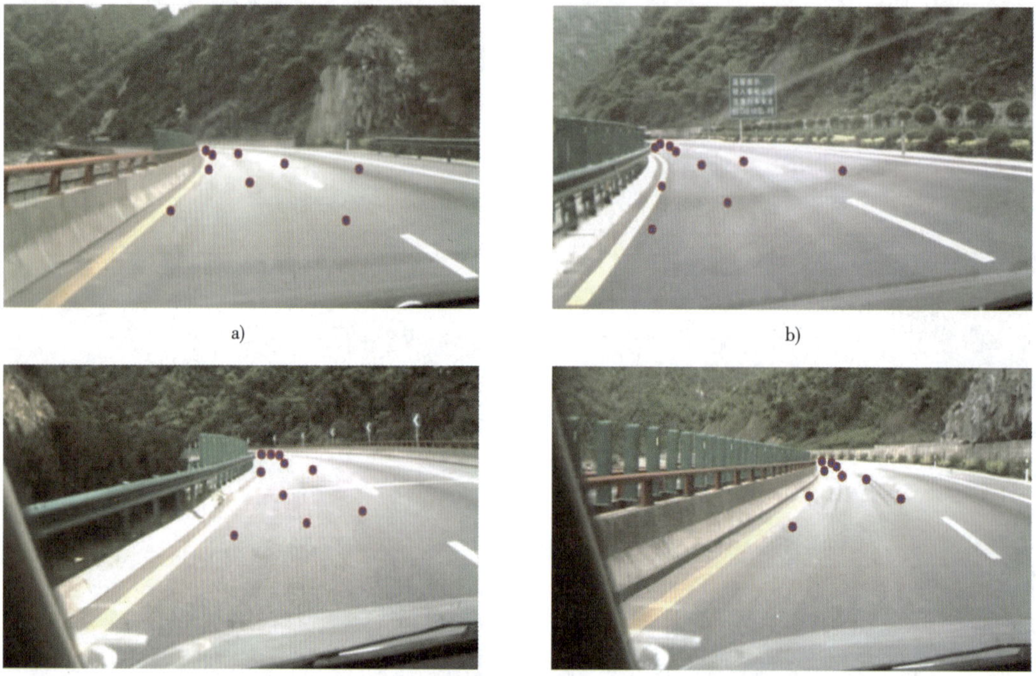

a)　b)　c)　d)

图4-14　不同平曲线半径下平曲线段路面注视点分布

a) $R=900\text{m}, i=-1.4\%$; b) $R=650\text{m}, i=-1.8\%$; c) $R=400\text{m}, i=-1.8\%$; d) $R=170\text{m}, i=-1.0\%$

在分析驾驶员注视点与平曲线半径的相关关系时发现，驾驶员的注视特性受到行车方向前方视野影响。驾驶员在内侧车道行驶时左右两侧侧向净空有差异，曲线左转与右转对驾驶员视野的影响不同，右转向因外侧车道和硬路肩宽度的影响，驾驶视野优于左转向曲线，因此我们主要对驾驶员在左转曲线的注视特性进行分析。

4.5　车辆运行速度与注视特性

对驾驶员注视点分布特性进一步研究表明，当平曲线半径降低至一定值时，驾驶员在路面范围内的注视点分布规律还与车辆运行速度有关；并且随着车辆运行速度的提高，驾驶员注视点分布趋于集中，并具规律性。例如，在平曲线半径R为400m、纵坡坡度i为-1.8%的路段，驾驶员在不同运行速度区间时路面范围内的注视点分布规律如图4-15所示。

上述规律表明，驾驶员在高速公路路面范围内的注视特性与平曲线半径和车辆运行速度均有关系，二者条件不良时都会影响驾驶员的前方视野，进而影响驾驶员的注视特性。驾驶员在视野受限路段时对路面注意力更加集中，其紧张程度表现为驾驶负荷更高，使驾驶的安全隐患增大。

a)

b)

c)

d)

图 4-15 同一平曲线段不同运行速度下路面注视点分布

a) $v \in [65,70]$ km/h; b) $v \in [70,75]$ km/h; c) $v \in [75,80]$ km/h; d) $v \in [80,85]$ km/h

在驾驶员视野受限路段,驾驶员的注视点分布具有规律性,影响驾驶员注视分布规律的因素为道路平曲线半径与运行速度。当道路平曲线半径和车辆运行速度在一定条件下共同作用时,驾驶员注视点以较高频率分布在行车方向位于道路内侧边缘线的切点位置,如图 4-16所示。

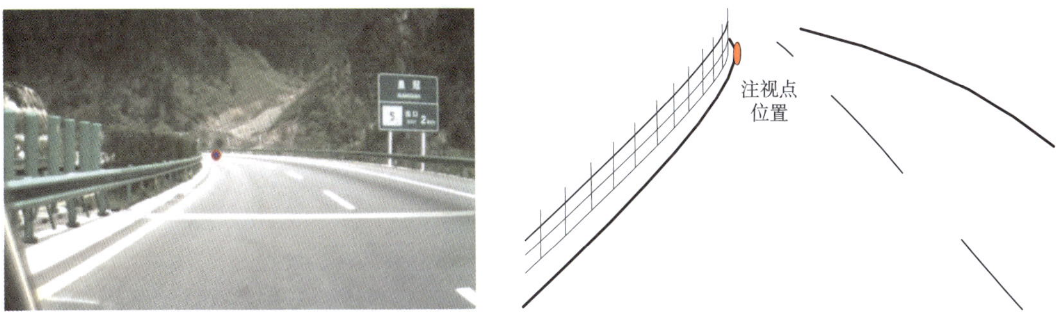

图 4-16 驾驶员沿弯道注视点位置

道路平曲线半径和运行速度散点图如图 4-17 所示。当平曲线半径与运行速度二者处于图 4-18 阴影 A 区域内时,驾驶员注视点呈现出集中性的分布规律。

在自由流条件下,被试车辆在试验路段的运行速度基本在 70 ~ 110km/h。当平曲线半径 $R \leqslant 800$m 时,在一定运行速度条件下驾驶员在曲线段的注视点分布具有规律性,此时驾驶员视野受到道路线形影响,可能存在道路安全隐患;当平曲线半径 R 大于 800m 时,驾驶员注视点在路面范围内随机分布,表明驾驶员视野不再受到限制或影响。

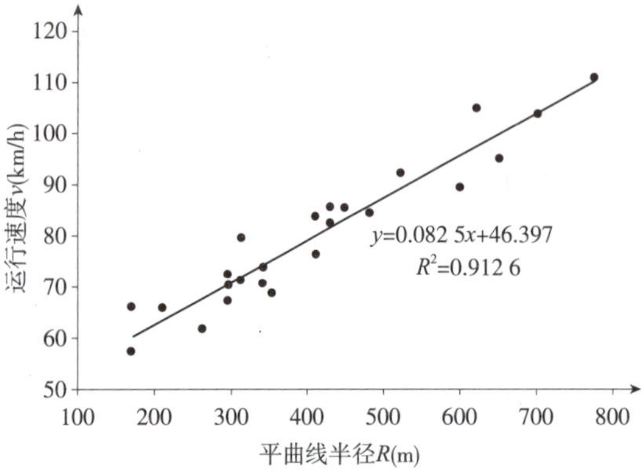

图 4-17　驾驶员注视点位置与平曲线半径、运行速度关系散点图

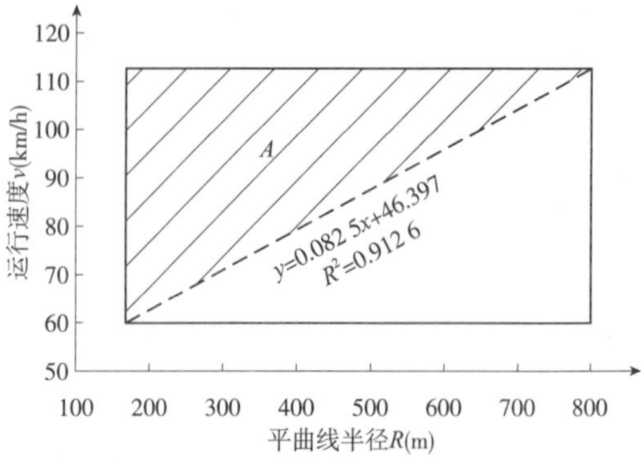

图 4-18　平曲线半径、运行速度对驾驶员注视点位置的影响

4.6　驾驶期望视距

1)概念的提出

通过对驾驶员注视规律的分析可知，在一定的运行速度和平曲线半径条件下，驾驶员注视点以较高频率分布在行车方向与道路内侧边缘线的切点位置。在内侧车道行驶时，驾驶员右转向的驾驶视野优于左转向，如图 4-19 所示。图中，P_A为驾驶员眼睛位置，P_B为驾驶员

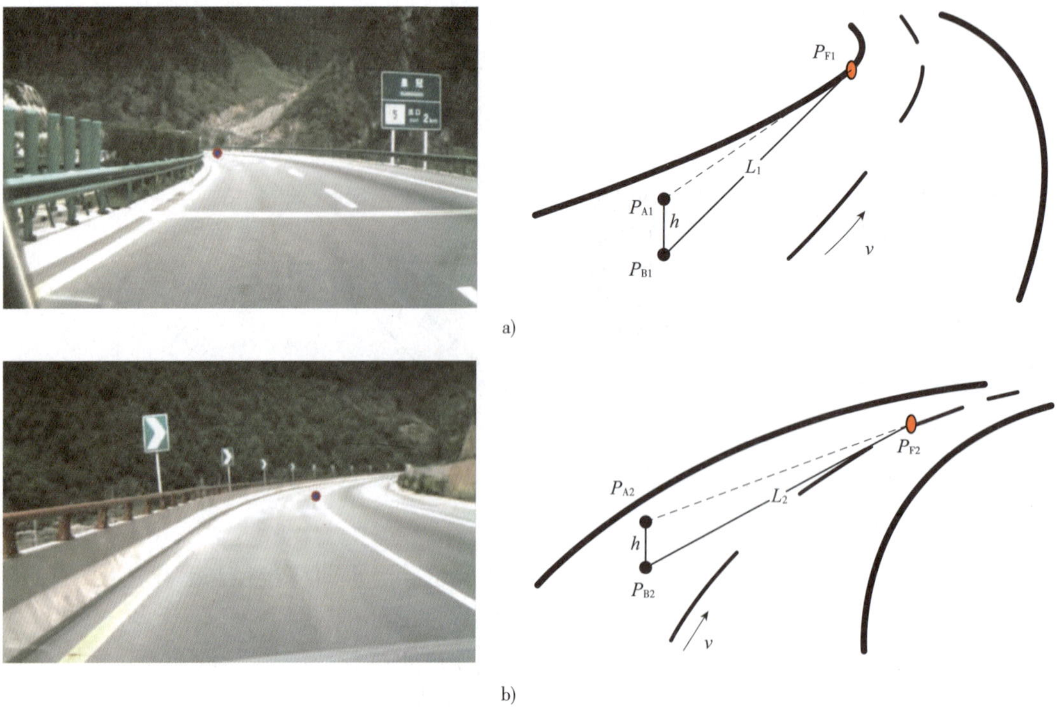

图 4-19　曲线路段的驾驶期望视距对比分析
a)平曲线(左转);b)平曲线(右转)

眼睛在地面上的垂直点位置，P_F 为驾驶员注视点位置，h 为驾驶员眼睛与地面的垂直高度（单位为 m），L 为驾驶员与其注视点的水平距离（单位为 m）。

L 值决定驾驶前方空间视野，对驾驶员的认知和决策具有决定性作用。当驾驶员认为 L 的距离足够长时，会保持较高的运行速度，并进行超车、变换车道等，注视点在路侧分布频率升高；当驾驶员认为 L 的距离不能满足安全需求时，会降低运行速度，尽量避免超车或变换车道等行为，注意力集中在道路前方视野范围内。

据此将 L 定义为"驾驶期望视距"，驾驶期望视距是指驾驶员在驾驶过程中根据其采集到的道路信息、运行速度和驾驶安全舒适性而保持的注视点与驾驶车辆的最短空间距离。实际上，驾驶期望视距是驾驶员为保证行车安全而期望达到的视距要求。

2）驾驶期望视距与运行速度

驾驶期望视距与车辆运行速度具有明显的相关性。当道路条件能满足驾驶期望视距时，驾驶员往往将运行速度保持在较高值；否则，驾驶员会适当降低运行速度，保证行车安全。试验结果表明，驾驶期望视距与运行速度呈正相关关系，如图 4-20 所示。

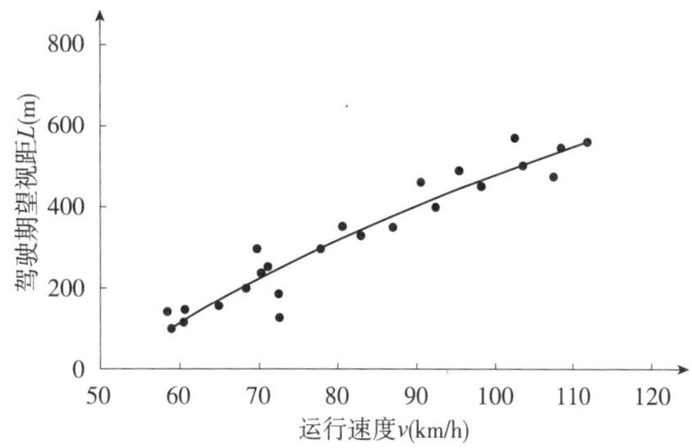

图 4-20　运行速度与驾驶期望视距关系图

驾驶期望视距与运行速度关系模型如式（4-4）所示：

$$L = f(v) = 713.76\ln(v) - 2\ 811 \qquad (4\text{-}4)$$

拟合优度 $S_2 = 0.934$，模型适用范围：$v \in [60\text{km/h}, 110\text{km/h}]$，$R \in [125\text{m}, 800\text{m}]$。

我国现行行业规范中一般采用停车视距作为视距的低限值，以保证驾驶员发现前方障碍时有足够的纵向距离。以停车视距为底限的道路设计，不能充分发挥高速公路的运行效率和服务水平，应充分考虑驾驶员在驾驶过程中对驾驶视距的期望值。在不同车辆运行速度条件下，停车视距与驾驶期望视距对比如表 4-15 所示。通过分析驾驶员对道路条件的注视特性，在小半径的不良路段设计时，应尽量保证驾驶期望视距，以减少道路交通安全隐患。

停车视距与驾驶期望视距对比　　表 4-15

运行速度 v（km/h）	停车视距 l（m）	驾驶期望视距 L（m）
60	75	111
80	110	317
100	160	476
120	210	606

本章参考文献

［1］杨少伟. 道路勘测设计［M］. 北京：人民交通出版社，2009.

［2］王繁己，牛思胜，胡江碧，等. 高速公路隧道运行管理指南［M］. 北京：人民交通出版

社,2012.
[3] 江文锋.行驶过程中轮胎与路面间附着性能的评价[D].西安:长安大学,2008.
[4] C-SHRP. Summary of Pavement Smoothness Specifications in Canada and Around the World [J]. Canadian Strategic Highway Research Program, Ottawa, Canada, 1999,5(15).
[5] American Association of State Highway and Transportation Officials. Roadside Design Guide [M]. Washington, D. C. ,2011.
[6] 任福田.交通工程心理学[M].北京:北京工业大学出版社,1993.
[7] 胡江碧,王维利,张寿然.高速公路小客车驾驶员安全注视特性分析[J].西南交通大学学报,2012(02):299-305.

第5章　山区高速公路安全管理

高速公路在建设与运行管理的各阶段都与交通安全息息相关,需采用一定的技术和方法来考究交通安全问题,各阶段遗留的交通安全隐患问题都需在下一阶段采取相关的安全管理技术给予解决。因此,对山区高速公路的安全管理就是在基础设施建设与运行管理各阶段的工作过程中,采用一定的安全管理技术和方法努力实现安全道路。

5.1　安全管理技术

目前,对高速公路安全管理技术概括起来主要包括安全审核技术、安全预测技术和事故多发地点分析技术三种。

5.1.1　安全审核技术

1)安全审核的内涵

澳大利亚《道路安全审核指南》(AUSTROAD,2002)将道路安全审核定义为:对已有的或将要修建的道路、交通项目或者与道路用户有关的其他任何项目的正式的审核。在审核过程中,独立的、具有相应资格的审核人员要对被审核项目的事故隐患和安全性能提出一份审核报告。

世界道路协会(PIARC)将道路安全审核的定义为:应用系统方法,将道路交通安全的知识,应用到道路的规划和设计等各个阶段,以预防交通事故。道路安全审核是由独立的、合格的安全审核人员对道路项目进行的正式审核。道路安全审核技术和方法可应用于现有道路、新建道路及现有道路的改善,它既适用于公路项目,也适用于城市道路项目。

美国ITE技术委员会将道路安全审核定义为:对现有道路、新建道路、交通项目或其他与道路用户有关的项目所作的正式审核,由合格的、独立的安全审核人员审核项目可能的、潜在的安全隐患。

与道路安全审核有关的一个关键理念是道路安全审核由与项目无关的、在道路安全工程领域具有相关技能和经验的个人或小组独立实施。道路安全审核的主要目标是鉴别对所有道路用户潜在的安全缺陷,并建议消除或减小其影响的措施。道路安全审核将明确考虑所有可能的道路用户而不仅仅是机动车用户。

道路安全审核是一个正式的过程,安全问题清单将提交给设计单位或业主。审核报告不提供针对安全问题的建议,但可以提供示范性的解决方案。负责所有安全设计决策的设计单位须向审核小组提交涉及有关安全建议的书面报告。

英国和澳大利亚的经验表明,实施道路安全审核的效益在于:

(1)减小路网发生事故的可能性。

(2)降低事故的严重程度。

(3)提高道路规划、设计、施工和资产管理人员的道路安全意识。

(4)尽可能减少后续治理措施的费用。

(5)降低项目的全寿命周期费用。

应该强调的是,在可行性阶段和设计阶段应尽早实施道路安全审核,以期达到较好的审核效果。若在项目的后期阶段实施道路安全审核,则效果将会显著降低,因为此时提出的安全修正措施将会使费用明显增加。

2)安全审核的阶段划分

在道路系统中,不同类型的道路用户在危险位置的交通事故呈“聚类”分布,这说明道路条件是影响道路用户行为的基础。在道路的基本建设程序中,各条道路的性质、任务及其起讫点、中间的主要控制点是由道路网规划所决定的;道路路线的具体位置、几何尺寸的确定,是在道路设计与施工中解决,而道路在运行一定时期后的安全性将在道路运行管理阶段解决。但是,规划、设计与施工阶段对道路条件的安全性起着决定性的作用,它将影响道路用户的行为,而且有的安全风险是在运行管理阶段无法解决的,这在西方发达国家已得到充分的证明。道路安全审核需要解决的安全问题存在于道路生命周期的各个阶段,通常情况下根据工程项目基本建设与运行管理程序的不同,道路安全审核可以分为五个阶段:可行性阶段、初步设计阶段、施工图设计阶段、施工阶段、运行管理阶段。

当然,并不是所有的项目都需要通过五个阶段来实施审核,而是根据道路工程项目的内容和规模、道路安全问题的多少与严重程度确定。对规模较大或地形复杂的山区新建高速公路,需要在可行性阶段、初步设计阶段、施工图设计阶段、施工阶段分别实施安全审核;规模较小的新建道路,可将几个审核阶段合并;现有道路的改扩建工程,可省略第一阶段的审核。

道路安全审核不存在时间问题,任何时候项目管理方都可对道路项目实施审核。在道路项目的设计阶段,越早对道路安全实施审核,获得的经济效益越明显,因为设计阶段工程还未实施,修改项目方案花费较少,时间延误不多。比如在可行性阶段采用了不合适的道路安全理念或对策,在后来的设计阶段特别在开放交通后,欲消除这些问题就非常困难,有时甚至是不可能的。

3)安全审核项目的选择

对于任何道路项目,只要可能改变道路用户间的相互关系或改变道路用户与环境的关系,均应该对其实施道路安全审核。一般来说,可能实施道路安全审核的项目包括:

(1)新建道路项目。

(2)改扩建项目。

(3)已有的道路设施项目。

(4)道路交通管理项目。

(5)道路养护维修项目。

当然,并不仅仅是对道路项目实施安全审核,对于一些远离道路的项目如果其影响了附近道路或路网的安全,也应该对其实施安全审核。在实施道路项目安全审核时,项目的规模、复杂程度、重要性和资源的分配等将是决定对项目进行优先审核的主要因素。因此，道路管理部门需要对项目进行优先顺序排序，决定哪些项目并在哪些阶段实施安全审核。

4）安全审核的组织形式

道路项目实施安全审核的组织形式极其重要，它将影响经过安全审核的项目能否取得技术经济效益，能否真正提高道路项目在道路建设各阶段的安全性，能否尽可能在施工的前期消除安全隐患。

目前，国外采取的几种典型的组织形式的主要特点是：道路安全审核小组具有较为丰富的经验和技能，并且独立于设计单位。

澳大利亚采用的三种比较流行的道路项目安全审核组织形式是：成立专业审核人员或审核小组实施审核，由其他道路设计单位实施审核，由原来的设计单位实施审核。另一种目前国际上使用较多的组织形式是由跨专业的专家组成审核小组来实施安全审核。

（1）由专业审核人员或审核小组实施审核

可以在公路部门或咨询公司里组建专业的安全审核小组。审核人员专业知识或经验越丰富，独立性越强，越有可能判断出那些未被预见的安全问题。一个专业的审核人员或小组应当是从道路设计与管理机构中独立出来的实体，除非是为了审核的目的，否则专业的审核人员或小组不应当参与项目的设计。

（2）由其他道路设计部门实施审核

这种方式可由具备两个或以上设计小组的公路设计单位采用。如果公路设计单位仅仅只有一个设计小组，则可以求助于其他的道路设计部门。

这种组织形式的缺点在于缺乏交叉专业技术人员。如，他们可能在安全工程、道路养护、道路运行管理、事故调查与预防等方面经验较少或根本没有经验。设计小组能评价项目与设计标准的一致程度，然而这仅仅是道路安全审核内容很少的一部分。

（3）设计小组内部实施审核

由原来的设计小组成员实施审核。这种组织形式尽可能少采用或不用，因为其缺乏独立性。尽管所有的设计人员和设计小组关注安全，但是他们对设计过程太熟悉，容易对原设计提出偏护的观点。因此，最好采用与设计项目无关的人员实施审核。

目前，我国的安全审核还处在初步发展阶段，相关的政策法规还未出台。鉴于这种情况，道路安全审核工作可由业主委托在道路规划与设计、事故研究与交通安全领域具有丰富经验的研究、咨询机构实施。随着道路安全审核工作实施的推广，应专门开展对审核人员的培训和资质管理。当道路安全审核的应用发展到相对成熟的阶段时，则可以由业主选择安全审核人员组成审核小组进行审核。对大型项目或其修改会对道路运行产生重大影响的项目，应由专业人员组成审核小组实施审核；对较小的项目，也可由设计单位内部组织实施审核。

5）安全审核小组

道路安全审核小组成员需要有全面而专业的技能和经验，同时也要保证审核小组的公正性和独立性。对道路安全审核小组的主要要求包括以下几个方面。

（1）技能

由于道路安全的影响因素包括人、车、路和环境等，这就要求审核小组成员在道路安全工程原理、技术和实践、交通事故调查和预防、交通工程和道路设计等方面具有丰富的专业知识。另外，还需根据项目的类型和审核阶段，在审核小组中增加执法、养护、运行管理和人机工效学等相关的专业技术人员。

(2)经验

审核小组成员在具备相关专业知识的同时，还需具有丰富的道路安全工程改善的经验。在审核项目时一般都需要有审核清单，但审核清单仅能够帮助系统梳理审核时需要考虑的关键问题，这些问题只能起到辅助提出主要问题的作用，并不能罗列出所有项目的所有问题，而且对提出的问题需要有技能和经验的审核小组成员根据工程实际情况给出答案。

(3)公正性

审核小组成员利用自己的专业知识和道路安全工程的经验，从道路用户使用安全的层面公正地指出规划、设计和施工中存在的所有安全问题；同时，道路安全审核小组成员还应考虑审核项目所在区域的道路用户特点（包括驾驶员特点、驾驶行为特点和驾驶安全态度等），特别是对道路弱势用户如老年人、妇女等的安全应给予充分的重视。

(4)独立性

道路安全审核小组成员不得承担除安全审核以外的与道路项目有关的任何任务。道路安全审核小组成员必须从所有可能的道路用户的角度审核道路项目可能存在的安全问题，其审核过程和审核结论不应受业主、设计单位和其他利益关系的影响。

(5)审核小组规模

审核小组由不同专业成员组成，可以在实施审核中发挥各自的专业优势，不同专业背景和考虑问题的角度不同，可以从多层面、多方位实施项目的安全审核。采用不同专业和经验的成员构成，可使审核小组人员构成合理，从而保证审核质量。

审核小组成员的多少取决于审核项目的规模和类型。推荐审核小组由跨专业的人员组成，保证项目审核的交叉性。但当小组成员数量过多时，很难达成一致意见。在道路工程项目不同的阶段，可能需要其他的专业人员（比如警察、养护人员、人机工效学专家等）加入审核小组。

在审核项目时，有时可能只需审查一张平面图，进行一次实地考察或撰写一页审核报告。在这种情况下，可谨慎选取1人实施安全审核并提出与道路安全有关的问题即可，但这对审核人员的要求较高。

(6)不同审核阶段的成员组成

审核小组成员的选择取决于项目的规模和类型、审核的阶段和可以获得的资源，审核小组成员应该由年轻和年长的成员组成，这样可以确保从不同的角度分析道路安全问题，使审核结果更客观全面。

6)参与各方的角色和责任

道路安全审核过程中，应明确各方的角色和责任，确保审核的有效实施。对道路安全进行审核时，一般涉及三个方面的机构，即业主、设计单位和审核小组。

(1)业主

道路安全审核应当作为道路基本建设程序与运行管理过程中一个重要的组成部分，公路项目主管部门应该留出足够的资金和资源支持道路安全审核的实施。

公路主管部门是道路安全审核过程的倡导者，是审核结论的执行者。因此，业主应该将道路安全审核作为公路质量管理要求的一部分，委托道路安全审核小组在项目的各个阶段实施安全审核；审查道路安全审核小组提交的正式审核报告，并且对合适和可行的建议做出回应。如果得不到业主对道路安全审核程序、过程和结论的全力支持，尤其是对审核报告中给出的建议给予认真的考虑，那么审核过程将毫无意义，不会带来任何效益。

公路项目主管部门应该在本系统内提供各种级别的道路安全审核培训，以确保道路安全审核是公路项目基本建设程序和运行管理每个阶段的组成部分，适当的培训将会提高审核小组鉴别潜在问题的能力。

公路主管部门有责任选择具备合适技能和经验的审核小组，提供审查项目文件，参加审查开始和完工的每一阶段会议。

(2)项目实施单位

道路设计、施工或运行管理单位有责任向审核小组提供设计图纸以及其他与审核阶段有关的文件资料和现场情况，并回应审核报告提出的安全问题，包括接受可能的设计、施工或运行管理修正措施并提供设计方案；或者拒绝修正措施并解释拒绝的原因。任何设计变更应该呈交给审核小组，由审核小组决定是否对设计变更进行进一步审核或将其放到下一阶段的审核当中。

(3)审核小组

审核小组的主要职责是认真审查项目文件和图纸、进行现场踏勘，鉴别审查的项目中可能潜在的安全问题。审核小组一般不能重新设计项目或实施变更，在实施审核时，审核小组可以使用审核清单辅助审核，借鉴审核清单用来审查项目相关阶段出现的安全问题。审核清单只能作为指导审查和保证审核阶段连续性的依据，而不应该当作经验的替代品。

审核小组的审核工作完成后，必须向业主和设计单位提交审核报告，审查报告应该是基于安全工程经验，并鉴别了所有道路安全的关键问题。审核小组、设计单位和业主应共同举行项目审核完工会议，讨论审核结果。

最后，审核小组还应该再审查设计单位对审核报告的响应。

7)*安全审核实施程序*

目前，我国对道路安全审核的实施是由拟建项目(或现有项目)的业主将项目委托给审核单位，审核单位根据业主和项目实施单位提交的审查阶段的相关资料和我国现行《公路项目安全性评价指南》(JTG/T B05—2004)要求进行审查。

根据国外道路安全审核的成功经验，道路安全审核程序一般应包括以下八个步骤：

(1)选择道路安全审核小组

针对具体的道路安全审核项目和阶段，选择一个独立的并具有合适技术和经验的审核人员或审核小组。挑选道路安全审核组人员的工作由业主负责。

(2)提供背景资料

业主为道路安全审核小组提供审查项目必要的背景资料，以期达到对工程项目正确的审核。业主和项目实施单位必须通过各种方式为审核人员提供必要的背景资料，诸如相关的报告、文件说明书、设计图纸、勘测资料、交通量和事故记录等。该项工作最好在选择审核小组之前就已准备齐全，以免给后续审核工作带来不必要的延误。

可行性研究阶段安全审核需要的背景资料一般包括：

①项目范围和目标。

②项目的限制条件。

③路线选择和布设情况。

④与相邻路网的连接及土地的开发。

⑤环境和地质限制因素等。

初步设计阶段和施工图设计阶段安全审核需要的背景资料一般包括：

①采用的设计参数和速度。

②设计或施工图。

③可能受项目影响的相邻道路设计图或竣工图。

④安全设施设计图或施工图。

⑤预期的道路用户等。

施工阶段的安全审核需要的背景资料一般包括：以前的安全审核报告（如果有）、施工现场资料和现场审核条件等。

运行管理阶段需要的背景资料一般包括：

①实际交通量。

②实际事故记录。

③实际道路用户情况。

④以前的审核报告（如果有）。

⑤竣工图纸。

⑥现场审核条件等。

（3）召开安全审核启动会议

安全审核启动会议一般在审核小组、业主和项目实施单位之间举行。会议的目的是使审核小组成员熟悉审核项目的背景，同时也让项目实施单位和业主熟悉道路安全审核的过程及目的。会议期间，业主和项目实施单位应向审核小组提交相关的文件和数据资料，并向安全审核小组告知项目建设与运行管理阶段碰到的各类安全问题，明确各方的责任，同时建立道路安全审核信息交流的通道。项目审核进度和一些特殊的要求也是在这一阶段提出和讨论。

（4）阅读与审核有关文件

安全审核小组一旦获得了安全审核所需的背景资料，审核小组便开始对审查项目资料进行全面而详细的分析和评价，鉴定审核项目的安全问题和潜在的事故隐患。该项工作通常与现场勘察工作交叉进行。在现场勘察前后，审核小组就已开始按审核清单的要求对项目相关的文件、图纸、统计数据等资料进行审核。在此阶段，具体的审核工作可以得到进一步的划分，分配给不同的审核小组成员。比如，一位小组成员检查道路的几何线形，另一位检查道路的排水、照明等。对于一些安全性较差或是比较重要的路段，审核人员尤其应当重视。审核过程中如果发现有些部分需要更多、更详细的资料，可以向业主和项目实施单位索取。

（5）现场勘察

为了对现场有直接的认识，所有审核阶段都需要进行现场勘察。在去现场之前，审核小组成员应熟悉审核清单,以确保现场勘察富有成效并且突出要关注的问题。

在可行性研究、初步设计和施工图设计阶段的安全审核,审核小组在初步评审完成之后还应实施现场勘察,重点检查新建道路和现有道路的过渡段并确保多用户的一致性。这包括机动车驾驶员、老年驾驶员、载货汽车和公交车驾驶员、行人、老年行人、儿童、残疾人等。另外,审核小组还应关注审查项目所在地区典型的天气和地质条件下的道路安全。

施工阶段和运行管理阶段的安全审核应包括对现有设施的审核。审核小组通过现场勘察检查项目设施,包括从多用户的角度评价标志、标线、护栏、轮廓标和照明等安全设施。审核小组应该鉴别出可能影响道路用户安全视认效果的问题,如驾驶员对前方道路条件的有效性、视距条件等。施工阶段的审核,应尽可能在临近开放交通的时间进行现场勘察,但是仍要留出时间允许设计单位实施设计变更。对于大型项目,施工阶段的审核可以分阶段实施。

如果可能的话,审核小组还应该分别采取驾车和步行两种方式在往返方向核查道路。另外,应尽可能在夜间和气候恶劣的条件下对道路实施现场勘察,从不同道路使用者的角度看问题,特别要考虑老年人、儿童、残疾人等弱势道路用户的安全;调查道路两侧区域的道路交通状况、经济发展情况等。如果是新建道路,应考虑其与现有路网的衔接是否会产生道路安全问题、是否会影响现有路网的安全等。

(6)撰写并提交道路安全审核报告

审核报告应该清楚、简洁地陈述出项目对道路使用者的安全水平有负面影响的方面。审核期间,可能会出现没有短期处置办法的安全问题,在这种情况下,不能忽视这些安全问题,而应该进行更深层次的调查。

在审核报告中,可以采用多种方法列出所鉴别的安全问题。澳大利亚提出的一种方法是将问题根据重要性进行排序列出。所有需要立即采取安全措施的问题用文字表明,例如"需要马上关注"。审核小组认为是重大的安全隐患标为"重要"。当然这些术语的使用并不意味着审核中出现的其他安全问题就不重要。

以上所描述的方法可能会导致业主在考虑排名后,随意地对那些没有用"重要"标识出的问题给予较少的关注甚至不予关注。审核小组应该考虑采用其他方法对安全问题进行排序,以便清楚地表述审核小组对安全问题给予的优先等级。如果一个问题不会引起业主的及时关注并对其采取相应的措施,那么审核小组就不应该在审核报告中将它们列出。在审核报告中应避免夹杂带有个人色彩的关于道路安全的观点。

审核报告只需对存在的安全问题提出改进措施,并不对解决安全问题的详细方案进行设计。业主和项目实施单位仍然是解决问题的决策者。业主和项目实施单位应针对审核报告指出的问题和建议做出书面的答复,是否采纳审核小组提出的意见。

(7)召开道路安全审核结束会议

审核小组完成项目的安全审核后,应召开一次会议,向业主和项目实施单位介绍审核的工作过程和主要结果,并就一些不明确的问题与业主和项目实施单位讨论,听取业主和项目实施单位对审核结果的意见和对某些问题的解释。审核小组可以根据业主和项目实施单位的意见对某些问题做进一步的调查和考虑,但审核结论不能受业主和项目实施单位意见的影响。

会议期间,应充满积极性和建设性气氛。会议应该首先提到审核目的只是为提高道路项目的安全水平,并不是对个人或项目实施单位的设计水平提出质疑。让涉足安全审核的人员相信审核是项目发展有益的组成部分。尤其应该努力使安全审核人员在审核过程中经验和技能得到提高。

(8)审核报告回应

审核小组将正式的审核报告交于业主。业主审查审核报告,并以书面形式对审核报告中所提出的问题予以答复。对于审核报告中的每一个安全问题和改进措施建议都有可能接受或拒绝。对每一个接受的建议,项目实施单位和业主应该给出合理的改进措施。项目所有的设计变更应该呈交审核小组考虑或重新审核。

对于每个被拒绝的建议,需由业主给出书面理由。项目实施单位和业主应该确认审核报告中每个建议的决策行动。审核报告和项目实施单位及业主的回应将成为最终审核记录的一部分。

8)安全审核阶段工作内容

道路安全审核能以较低的费用有效地提高道路的安全性能。道路安全审核在基本建设和运行管理各阶段的主要工作内容如下。

(1)规划阶段

交通运输规划方案的确定受开发区域、服务和娱乐区域等相关居民区位置的影响,也受人口和机动化运输有效性的影响。其中,运输规划和土地利用是影响短期和长期道路安全的根本。因此,在规划中最基本的是应确保完全了解道路安全后果和对安全提出的建议,确保未来规划在未来运行中不会引发道路安全问题,所以在规划阶段应建议实施交通安全核查。

在路网规划时影响道路安全最大的道路特征是公路等级、土地利用规划和公路的进出口控制,构成了规划阶段审核的主要内容。

①道路等级

我国的道路等级是根据其任务、性质和交通量等因素划分的,因此审核时应考虑以下内容:

a. 在道路联网分类中分清道路主次、划清道路等级。

b. 在每个交叉口处分清车辆行驶的优先权,主要道路上的交通要比次要道路上的交通有优先权。

c. 规划中的各等级道路分清道路用户速度和交通量,并应与道路等级一致。

②土地利用

土地的开发利用应尽可能使道路交通与行人的冲突最小以提高道路交通的安全性。在开发利用中审核内容包括:

a. 规划中应分离土地利用及其发生的交通不协调和冲突的地段,以发展和执行土地利用计划。

b. 规划中尽量将居民的日常生活需要(如商店、学校)规划在最短距离之内。

c. 土地利用应与公众运输的最小化出行和最大化出入相平衡。

d. 应将重工业和主要的商业道路相分离。

e. 规划中产生的潜在交通活动应位于道路的毗邻，考虑交通类型的期望，如小学有许多自行车和行人，就应在路网中规划自行车和人行道。

③交通进出口控制

a. 尽量避免较高等级的道路或主干道路直接正面出入。

b. 在主路上直接进出的路口数量应最小化，辅路或次要道路应尽量与主路构成一个简单的"T"形交叉。

c. 在有潜在危险的位置（如在交叉口位置、视距不良的弯道上）设置通道。

d. 每条道路应与同等级道路相交（包括平交和立交），以使道路用户对渐变条件有一个清楚的意识：低速"经过"，高速分离"通过"。

e. 注重进出口形式和停车规划。

f. 道路经过城镇乡村时，对行人事故的影响极大。"田格"式路网布局交通冲突点多，安全性低，应基于运行和出入分离功能原理，保持外来交通与行人分离，采用环状、网状结构更安全，防止断头路、堵口路或卡口路。

（2）可行性研究阶段

在可行性研究阶段，重点审核项目的规模、路线方案、设计标准的选择对现有道路网的影响，以及路线的连续性与平顺性、交叉口的位置和类型、道路出入口分布、车道数、路线起终点的合理性等。

对于交通管理项目或其他小的改建项目，这个阶段的审核可能不太重要，甚至到实施前，它的价值都可能很难判断。然而在此阶段，处置措施的选择将影响开放交通后的交通安全性能，要改变不合适的理念可能成本很高。

对于规模较大的道路项目，可行性阶段如果理念或设计标准不合适，则可能无法在后续阶段进行更改。

（3）初步设计阶段

初步设计阶段审核的目的是拟在施工图设计和施工之前鉴别潜在的安全问题，然后根据运行、安全和成本需要考虑进行折中。为了建设安全的道路，需要遵循的道路安全设计原理包括：

①在事故发生可能性最高的地方（主要是指交叉口、弯道、长达下坡路段、桥梁和隧道等地点），努力创造安全的路侧环境。

②尽可能降低车辆发生碰撞事故的可能性。

③确保事故发生后，伤害的可能性最小化。

④风险管理，比如使较大安全问题发生的风险小于小的安全问题发生的风险管理。

⑤确保满足与安全有关的设计规范要求（比如视距）。

设计阶段安全审核的主要内容包括：

①道路功能。

②交通控制的选择、交叉口类型及道路线形。

③平面交叉口和立交的几何形状。

④平纵线形。

⑤净空的规定以及它们的后续要求。

⑥视距。

⑦横断面。

⑧路侧危险的识别、移除或防护。

应该注意的是,道路安全审核不是确保项目满足最小设计标准,而是通过较小的附加费用保证整个设计的最安全。初步设计完成之后,道路方案基本定型,进一步的变更将受到限制。因此这一阶段的道路安全审核非常重要。

(4)施工图设计阶段

施工图设计阶段的审核是在施工图设计完成后实施,这一阶段审核的主要目的是:

①核查用于道路再建和加宽以及周围环境的标准和施工设计图纸,发现可能存在的安全问题。

②推荐对不同的道路使用者提供合适安全水平的设计变更,并注意其内涵。

③提供其他与道路项目有密切关系的道路安全审查。

该阶段审核的主要内容包括:

①平纵线形以及相关的视距。

②横断面要素。

③路面抗滑性能。

④道路用户组成。

⑤平面交叉口、立交和出入口设计。

⑥标志、标线、护栏、信号和照明。

⑦路侧物体净空。

⑧速度、环境及路侧环境特征。

⑨将来的路侧条件及潜在的路侧危险。

⑩可能的事故类型、位置和严重程度等。

(5)施工阶段

与较早阶段的审核相比,施工阶段的审核对安全问题进行更改的机会更有限,但它的重要性在于确保道路安全细节方面的正确实施。施工阶段的审核是在新建项目开放交通前进行的,审核小组需要分别开车和步行对新建项目进行检查,以确保其满足所有可能道路使用者的安全需要。

施工阶段的审核不仅仅是对已建成的项目进行实地检查,而且也是代表"道路用户"的验收程序。此时,可能需要对新建项目的一些方面进行小的修改,以确保不会以损害道路用户交通安全的方式向他们传达错误的信息。施工阶段还需要对明显与夜间有关的设施如标志、标线、轮廓标和照明等进行夜间安全检查。在白天道路设计或许给道路用户的感觉是完美的,然而晚上可能会给道路用户完全不同的感觉,并会引发具体的行车安全问题。

如果在项目施工时出现大的设计变更,那么项目经理或项目工程师应该在此时就寻求道路安全工程的建议,而不能紧紧依赖于运行管理阶段的审核。

施工阶段安全审核的主要内容是以道路用户的驾驶期望特征为审核的依据。

(6)运行管理阶段

此阶段的安全审核包括对现有路网从安全的角度进行系统检查,以评价道路、交叉口、路侧道路设施等是否合适。这可能包括两个方面:追踪开放交通后的新建道路或者对现有道路和路网实施安全审核以鉴别与安全相关的问题。

运行管理阶段道路安全审核是在新建道路开放交通后(一般在开放交通后的几周或几个月内)开始实施。通过开放交通前可能不太容易实施的观察来获得对驾驶行为及后续问题的注意。虽然在此阶段采取改正措施成本要高很多,但仍可能具有一定的效益。

运行管理阶段的道路安全审核也能在现有路网的任何路段实施,以发现与安全相关的问题。此阶段从交通事故报告中收集到的信息是安全审核的重要组成部分和线索。然而作为事故多发地点分析的延伸,安全审核还应该通过周围其他潜在事故的综合分析来进行补充。

5.1.2 安全预测技术

在道路建设与运行管理各阶段交通安全审核的过程中,需要采取一系列的交通安全预测技术。目前的预测技术主要包括:道路线形连续性检查技术、道路指标均衡性检查技术、运行速度分析检查技术、弯道稳定性分析、制动衰减分析、恶劣天气条件的分析、危险品运输安全分析、环境敏感区运输安全分析、交通安全设施的严谨性检查和驾驶员驾驶安全舒适性检测技术等。

1)道路线形连续性检查

(1)道路线形连续性检查的意义

道路线形的连续性是指道路的几何条件既不违背驾驶员的期望,也不违背驾驶员安全操作和驾驶汽车的能力。满足连续性要求的路线设计,能够连续地引导驾驶员的视觉和满足驾驶员的心理和生理要求,减少驾驶员的无谓操作、疲劳和恐惧心理,增加驾驶员和乘客的安全感和舒适感。可见,连续性对于公路设计是非常重要的。道路线形的连续性是路线设计的基本要求之一,连续的道路设计应确保驾驶员能够沿着路线以他们期望的速度行驶,我国现行《公路工程技术标准》(JTG B01—2003)中就提出:“线形设计应考虑驾驶员行驶的安全舒适性,引导驾驶员的视线保持线形的连续性。”在现行《公路路线设计规范》(JTG D20—2006)中也提出:“等级较高的公路应注重立体线形设计,使驾驶员在视觉上能保持线形的连续性,在心理上有舒适感和安全感并与沿线的环境、景观相协调。”

目前我国所使用的相关技术标准和规范中虽已提出线形连续性的要求,但对其连续性的标准并没有给予明确。目前国内外对于线形连续性的研究很多,主要分为:基于速度的研究、基于安全的研究、基于驾驶员操作难易的研究等。其中,基于速度的研究比较成熟,因为道路线形连续与否对车辆行为产生的影响首先表现在车速上,车速变化的大小也就表征了线形的连续性程度。事故率大小是对道路线形连续性的直接检验结果,事故率比较大的事故多发地点,也必然表征其线形在此存在问题。因此,以美国为代表的国家均采用运行速度来评价线形设计的连续性。

(2)道路线形连续性检查方法

根据道路设计标准,设计速度是确定平、纵、横要素及行车视距的一个重要因素,并应该在较长路段上保持连续。而研究调查显示,在观察路段上运行速度 v_{85i} 常常超过设计速度 v_{d},设计速度偏低或运行速度大大低于设计速度已成事实,并常常引发交通事故。因此设计

速度与运行速度的一致性应作为量化模型的一个重要的安全标准，从车速变化分析，不但可以充分了解道路的行车操作，并可及早发现设计的不调和，以及可能有潜在危险的位置；同时曲线路段的设计曲率 CCR_{si} 与实际调查路段（或设计路段）的平均曲率 $\overline{CCR_s}$ 也是量化模型的一个安全标准。如 ΔCCR_1、ΔCCR_2 为 ΔCCR 的两临界值，ΔCCR_1 为一般临界值，通过对一般路段大量的曲率调查、分析后取定；ΔCCR_2 为极限临界值，可通过大量的事故多发点（段）的调查分析后取定。Δv_1、Δv_2 为 $|\Delta v_{85i} - v_d|$ 的两临界值，Δv_1 为一般临界值，通过对一般路段大量的速度调查、分析后取定；Δv_2 为极限临界值，可通过对大量事故多发点（段）的调查分析后取定。

通过对多条道路的调查得出设计连续性的衡量标准可用式(5-1)~式(5-3)表征。

安全设计标准：

$$
\begin{gathered}
|v_{85i} - v_d| \leqslant \Delta v_1 \\
|CCR_{si} - \overline{CCR_s}| \leqslant \Delta CCR_1
\end{gathered} \tag{5-1}
$$

说明在单个路段设计元素与全路段平均设计元素之间平面线形连续，平面线形并没有使车辆运行速度与设计速度逆差过大、不连续，可以采用。

较安全的设计标准：

$$
\begin{gathered}
\Delta v_1 < |v_{85i} - v_d| \leqslant \Delta v_2 \\
\Delta CCR_1 < |CCR_{si} - \overline{CCR_s}| \leqslant \Delta CCR_2
\end{gathered} \tag{5-2}
$$

说明在此路段单个路段设计元素与全路段平均设计元素之间平面线形起码有一点不连续，但能保证速度规定或有相应的交通控制设施，没必要重新设计，除非文件中存在安全问题。

不安全设计标准：

$$
\begin{gathered}
|v_{85i} - v_d| > \Delta v_2 \\
|CCR_{si} - \overline{CCR_s}| > \Delta CCR_2
\end{gathered} \tag{5-3}
$$

说明在此路段单个路段设计元素与全路段平均设计元素之间平面线形有较强的不连续性，可能会导致车辆运行速度与设计速度逆差过大，事故频发，是严重事故的临界点，因此而出现一种不经济和不安全的操作，决策中有必要重新设计；如果不能重新设计，就应设置非常严格的交通控制设施，如像减速设施、雷达监视器等这样的补救措施。

道路平、纵、横各部分设计元素与交通安全的量化分析模型在西方已有很长的历史，其统计研究结果对我国道路交通状况仍然有效，因而其设计原则、几何尺寸的标准已在我国相关规范中得到具体体现。目前存在的主要问题在于：道路设计往往受主管部门的设计政策、设计工程师的经验和爱好，道路所在地区社会、环境、政治及经济节制等的复杂交互关系所影响，使设计不能充分符合机动车驾驶员的意愿。这种与期望有关的冲突使驾驶员由于不能确定实际情况，而增加其所需要的反应时间或增加其错误反应的几率，因此可能会增加肇事几率。

确保设计连续性的方法通常有以下三类：

①传统经验方法。设计工程师凭自己多年的设计经验，根据平面与纵断面的路线图在想像中判断其完成的公路设计连续性。虽然设计工程师凭自己多年的工作经验可获得许多有关平面与纵断面路线配合问题的设计准则，但在设计时还是主要靠设计者的经验，并不十分可靠。

②行车期望校对表。美国的 Rowan 和 Woods 两人在美国公路及运输协会（AASHTO）所发表

的行车期望校对表，可以供工程师检查设计时对各项行车操作的要求事项是否有周详的考虑。

③绘制路线3D透视图。根据路线平、纵、横资料，用计算机进行数据处理，绘制出路线透视图，以校核路线设计的连续性及实际感官效果，以判别设计是否妥善。

2）道路指标均衡性检查

道路指标的均衡性可采用均值和均匀性指标给予度量。

(1)均值

运行速度的均值计算模型如式(5-4)或式(5-5)所示：

$$v_{\mathrm{m}} = \frac{1}{t}\int_0^t v\mathrm{d}t \tag{5-4}$$

式中：t——检查道路路段的行程时间。

$$v_{\mathrm{m}} = \frac{1}{l}\int_l v\mathrm{d}l \tag{5-5}$$

式中：l——检查道路路段里程。

假如汽车以 v_{m} 为20km/h的时速行驶在一条道路上，显然不能认为这条道路是安全的，因为低速情况下汽车的行驶动力学响应比较平稳，道路条件一般尚不能破坏汽车的行驶稳定性，驾驶员控制汽车的运动轨迹十分容易。即便可控性被非常恶劣的道路条件破坏，驾驶员也有充分的时间和信心恢复对车辆的控制。因此，为了有效地应用均衡性这一标准，给出了均衡速度 v_{supm} 的概念。

汽车能以速度 v_{supm} 均衡地通过某条路段，但汽车无法以任意高于 v_{supm} 的速度均衡地通过该条道路，则 v_{supm} 为该条道路的界限均衡速度。

设有两条等级相同的高速公路，一条的 v_{supm} 为50km/h，另一条的 v_{supm} 为60km/h，显然后者的安全性要高于前者。理想的情况是 v_{supm} 应接近或略高于道路的设计车速，这样，驾驶员才能以设计车速安全、舒适地通过，具备这种性质的道路才是比较安全的。但实际情况并非如此，经过6条不同等级道路的模拟仿真以及实车道路试验，结果却表明道路的 v_{supm} 要比设计车速低20%～40%。研究发现，正是一些局部位置的不良线形组合（如平曲线要素自身的组合、平曲线与竖曲线的组合等）使汽车行驶稳定性被道路条件破坏，驾驶员不能有效地控制车辆。所以，这些位置限制了汽车的运行速度，如果对这些危险地点进行改善或整治，道路的运行速度就会有显著的提高。

(2)均匀度

定义式(5-6)：

$$\delta_i = \left|\frac{v_{\mathrm{m}} - v_{\max,i}}{v_{\mathrm{m}}}\right|, i = 1,2,\cdots,n \tag{5-6}$$

式中：$v_{\max,i}$——运行速度曲线的第二个峰值。

$$\delta = \{\delta_1,\delta_2,\delta_3,\cdots,\delta_n\}，其中，\delta_1 > \delta_2 > \delta_3 > \cdots > \delta_n$$

曲线突变的次数 n 越小，则运行速度的均匀性越好。n 为零时运行速度不但是均衡的而且还是连续的。

考虑待研究道路的具体情况，设置阈值 δ_{a}。δ_i 超过阈值 δ_{a} 表明道路—驾驶员—车辆在该位置配合失调，系统处于不稳定状态，那么该位置是一处事故隐患地点。δ 中，$\delta_i > \delta_{\mathrm{a}}$ 的次

数为 m,m 值越大,路段上危险的位置越多,应该使改善后的道路尽可能地消除或是降低$\delta_i > \delta_a$ 的现象。

3)运行速度分析检查

(1)运行速度分析

车辆行驶速度的快慢与安全行车有着重要的关系。行驶速度增加,可以缩短运输时间、提高运输效率,但是车速过快往往使车辆操作难度增大、稳定性减弱、制动非安全区加大,给车辆安全运行带来不利影响,因此,车速快慢直接影响交通安全。在我国,因车速过快而造成的事故较多。所以在驾驶车辆过程中选择合理的行驶速度,对安全行车有着重要意义。

当同一基本路段设计速度与运行速度的差值大于 20km/h 时,应对该路段的相关技术指标进行安全性验算。大量实践数据和经验表明,当设计速度与实际运行速度差值大于 20km/h 时,该路段行车事故率将增加 2 ~ 3 倍。

①检查目的

由于山区高速公路上车辆的实际运行速度与设计速度往往存在较大的差值,因此,有必要用车辆的实际运行速度对路线设计指标(超高、视距、附加车道等指标)、限速、安全设施等进行验算与核查。此外,通过车辆在高速公路上运行速度的协调性,也可以部分反映出高速公路线形设计的协调性和车辆实际运行的协调性,这同时也是车辆安全运行的保障。因此,对车辆运行速度的协调性进行评价是十分必要的。

②适用范围

运行速度评价适用于初步设计阶段、施工图设计阶段以及运行管理阶段的高速公路安全性评价。

在运行管理阶段,需要用实测的运行速度对超高、视距等指标进行核查,并且通过实测运行速度对基本路段、限速、安全设施等进行实地核查和改善。

③检查依据

设计阶段的安全性检查采用预测运行速度。运行速度预测最好根据所在省或区域道路线形条件和驾驶员驾驶行为特点建立模型进行。在无条件情况下,可参考现行《公路项目安全性评价指南》(JTG/T B05—2004)中的预测模型和方法进行预测。运行管理阶段的安全性评价可对事故较多的基本路段进行运行速度实测。

(2)运行速度检查方法

①预测运行速度及应用

a. 根据预测的运行速度核查高速公路的超高、停车视距等指标,确定是否符合实际需要。

b. 评价运行速度协调性:运行速度协调性评价主要用相邻路段的运行速度差值进行评价,相邻路段的合理的路段运行速度差值应控制在一定的范围内,这样可以最大程度地减少驾驶员操作错误,提高运行的安全性。

c. 评价运行速度与设计速度协调性:运行速度与设计速度协调性评价是对同一路段的运行速度和设计速度的差值进行评价,特别对采用较低指标值设计的路段,应验算其设计速度与运行速度的速度差值是否在协调性范围内。

②实测运行速度及应用

a. 根据实测的运行速度，检查道路的超高、停车视距等指标，确定是否符合实际需要。

b. 运行速度与安全存在一定的量化关系，而合理的限速可以在一定程度上提高道路的安全性。高速公路在运行阶段的安全性检查，需要确定限速是否与运行速度通行效率、行车安全等相适应。实际工作中，可计算基本路段设计速度、基本路段实测运行速度、基本路段实际限速值之间的差值，即实测运行速度与设计速度差值、实测运行速度与限速差值和设计速度与限速差值，并对差值进行分析。一般来说，差值不宜大于20km/h；若大于20km/h，则需要重新考虑速度管理方案。

c. 部分安全设施的设置与车辆实际的运行速度相关，高速公路在运行阶段的安全性检查，需要核查现有安全设施的设置是否满足车辆实际运行速度的需要。

4）弯道稳定性分析

汽车在曲线上行驶时受到横向作用力的影响。横向力越大，汽车的稳定性越差，甚至会导致侧滑或倾覆。据统计，交通事故与曲率半径的关系有如下特征。

（1）事故率随着曲率半径减小而增大，如表5-1所示。

事故率与曲率半径的关系　　表5-1

曲率半径(m)	50	150	200	250	500	1 000
事故率(次数/百万车辆公路)	3.2	2.8	1.6	0.9	0.8	0.4

（2）相对事故率也随着曲率半径的减少而加大，如表5-2所示。这里的相对事故率是把道路线形为直线时的事故率作为基准事故率，实际上当曲率半径为2 000m时的道路线形已近乎直线。

相对事故率与曲率半径的关系　　表5-2

曲率半径(m)	<50	100~150	200~300	400~600	600~1 000	1 000~2 000	>2 000
相对事故率	10	5.4~4.6	2.25	1.6	1.4	1.25	1

（3）曲率半径对交通安全的影响，从实际情况看与道路宽度无关，但与车道的划分有关，如表5-3所示。此外，道路曲线部分的安全性除与曲率半径有关外，还与横断面的坡度以及抗滑性能有关。

上述有关交通事故与曲率半径的关系涉及的是各自的平均值。

曲率半径、车道与相对事故率的关系（前苏联）　　表5-3

曲率半径(m)	相对事故率				
	二车道道路	三车道道路	四车道道路		
			没有中央分隔带	有中央分隔带	高架道路
>600	1.00	1.01	1.08	1.12	1.00
600~300	1.62	1.72	1.60	1.50	1.43
300~200	1.72	2.14	2.04	1.93	2.80
<200	2.15	4.50	4.75	4.16	—

5）制动衰减分析

汽车产生制动衰减的原因有热衰退、水衰退、速度效应和制动气阻四种类型。

(1)热衰退

汽车的制动系统(如盘式、鼓式)在一定次数的制动后,制动片的温度升高,在达到一定的工况温度后,制动系统的制动效果达到最佳,但超过了限制的最高温度,制动效果会越来越差(如测试汽车 100 ~ 0km/h 的制动距离,一定次数的制动后,制动距离会越来越长,越长就代表着制动的效果越差),这个现象就称制动系统的热衰退。

汽车制动效能的恒定性主要指的是抗热衰退性能。

山区行驶的货车和高速行驶的轿车,对抗热衰退性能有更高的要求。一些国家规定,大型货车必须装备辅助制动器,以保持其在山区行驶的制动效能。

热衰退现象的产生既有使用条件的因素,也有设计方面的因素,因此,在设计中通常采用如下措施:

①选用不容易发生热衰退的制动器,如盘式制动器。

②选用与制动器负荷相适应的摩擦材料。

③尽可能降低制动器的能量载荷。

④增大制动鼓或制动盘的热容量,改善散热条件,以减小制动时的温度上升。

⑤在山区行驶的载货汽车应装备缓速器,以减轻制动器的负担。

(2)水衰退

当汽车涉水时,水进入制动器,由于摩擦表面浸水使制动器短时间内制动效能降低的现象称为水衰退。水衰退现象的机理是:摩擦表面浸水后,由于水的润滑作用使摩擦因数下降,从而导致制动器制动效能降低。盘式制动器的制动效能因素受摩擦因素变化影响较小,且制动器中的水分会被制动盘迅速甩出,或被摩擦块挤出和擦干,或被蒸发掉,因此,盘式制动器抗水衰退性和恢复性明显优于鼓式制动器。

(3)速度效应

制动器的摩擦片或制动块的摩擦因素受车速影响而变化的现象称为速度效应。鼓式制动器在车速达到 160km/h 以上时制动效能显著下降;盘式制动器在车速变化时制动效能的变化较鼓式制动器小。根据福特汽车公司的试验结果,当车速由 48km/h 提高到 144km/h 时,在相同的减速度(457m/s^2)下,盘式制动器所需的制动踏板力仅增加了 18N,而鼓式制动器却增加了 258N。图 5-1 表示了轿车在不同车速和不同踏板力(液压力)制动时,分别采用鼓式制动器和盘式制动器对减速度的影响。可见,采用鼓式制动器时,这种影响较为明显;采用盘式制动器时的减速度受初速度影响较小,制动效能稳定性好。

(4)制动气阻

液压制动系中因制动液温度过高产生泡沫,阻碍液压传输而导致制动踏板行程急剧增大的现象称为制动气阻。汽车在夏季炎热地区使用,尤其是长下坡连续制动时,特别容易发生气阻,轻则会影响制动灵敏度和制动平稳性,重则会引起制动失效。为防止气阻的发生,应尽可能降低制动器零件的温升,在轮缸和制动管路与热源之间采取必要的隔热措施,并选用与使用环境相适应的制动液。

6)恶劣天气条件的安全分析

山区天气差异性大,突变性明显大于平原地区,因此山区的恶劣天气对山区高速公路的运行安全有重要影响。

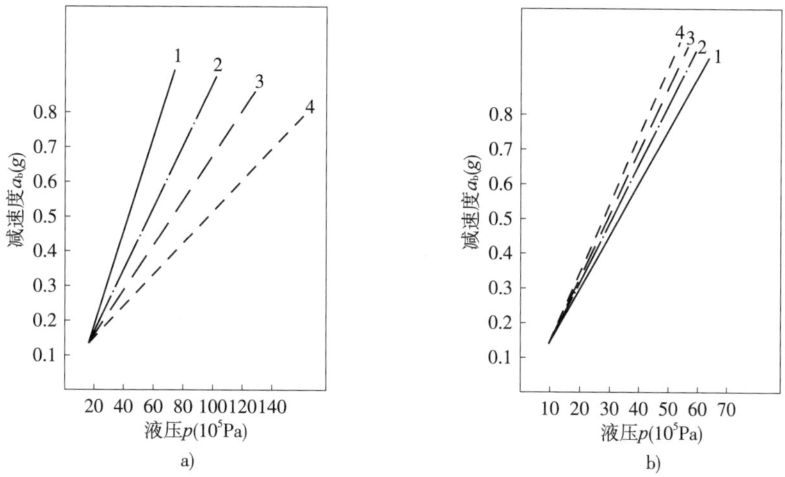

图 5-1　制动初速对减速度的影响

a）鼓式制动器；b）盘式制动器

注：1～4 分别为制动初速度是 30km/h、50km/h、80km/h、100km/h 的情况。

（1）雨天

在降雨半小时内路面抗滑性能最差，应注意减速驾驶；在雨天车辆行驶的纵向安全距离应是干燥路面上的 1.5 倍；在暴雨天气驾车，刮水器无法刮净雨水时，应当立即减速靠边停驶；连续降雨天气，山区公路可能会出现路肩松散和堤坡坍塌现象，行车时应选择道路中间坚实的路面，避免靠近路边行驶。

（2）冰雪天

在冰雪天气车辆行驶的纵向安全距离应是干燥路面上的 3 倍。在冰雪路面上减速或停车，应充分利用发动机的制动作用降低车速。雪天行车时，为预防车辆侧滑或与其他车辆发生刮碰，应减速行驶并保持安全距离。在有车辙的路段应循车辙行驶。在结冰的道路上会车时，应提前减速，稳住转向盘，缓慢交会。在山区冰雪道路上行车，遇有前车正在爬坡时，后车应选择适当地点停车，等前车通过后再爬坡。

（3）雾天

雾天行车时应及时开启防雾灯，因视线不良，应随时注意其他车辆的动态，低速行驶。多使用喇叭可引起对方注意；听到对方车辆鸣喇叭，也应鸣喇叭回应。行车中遇有浓雾或特大雾天，能见度过低行车困难时，应关闭高速公路，此时正在高速公路上行驶的车辆应选择安全地点停车。

（4）翻浆路段

在翻浆路段行车，应停车观察，选择平整、坚实或有车辙的路段，选用适当挡位，用加速踏板控制速度，匀速一次性通过。遇车辆空转打滑时，应挖去泥浆，铺上沙石草木。发生侧滑时，要冷静清醒，在抬加速踏板的同时，向后轮侧滑的一方缓慢转动转向盘进行修正。

（5）大风天气

大风天气行车，由于风速和风向往往会不断发生变化，当感到转向盘突然“被夺”时，一定不要惊慌，应双手握稳转向盘。

(6)车辆涉水后

车辆涉水后应保持低速行驶,间断轻踏制动踏板,以恢复车辆制动效果。

7)危险货物运输安全分析

(1)危险货物运输的概念

危险货物是指运输或保管中,可能会使人类受伤或中毒的物资,或使车辆、建筑物和道路遭到破坏的货物。经常用车辆运输的危险货物有以下几种:爆炸品(炸药、雷管等)、易燃品(汽油、酒精、丙酮等)、毒品、腐蚀品(酸、碱等)、压缩气体以及放射性等物资。

(2)办理危险品运输通行证

通过道路运输危险货物的,托运人应当向目的地的县级人民政府公安部门申请办理危险货物道路运输通行证。在办理过程中,应提交有关危险货物的品名、数量、运输始发地、目的地、运输路线、运输单位、驾驶员、押运人员、经营单位和购买单位资质情况的材料。运输车辆必须遵守公安部门规定的行车时间和路线。

当运输危险货物途中需要停车住宿或者遇有无法正常运输的情况时,应当向当地公安部门报告。

(3)危险品货物装运的要求

在装运危险货物时,一定要选择责任心强、技术水平和安全驾驶态度较高的专业驾驶员,驾驶员应当熟悉道路情况,还应懂得处理危险货物在运输过程中出现异常情况的方法,运输车辆技术状况要完好,并且还应做到以下几点:

①危险品要包装牢固、严密,不得与其他货物混装。

②货物上面应附有专门标记(爆炸品、有毒品、易燃品)。车上要有明显的标志符号(写字或插旗)。要降低装载质量,运输时应有非常熟悉处理危险品的人员押运,不准搭乘其他人员;押运人员、驾驶员在货物没卸完之前不准离开现场。

危险品车辆驾驶员除应遵守以上规定外,还应注意以下事项:

①应清楚了解所运危险品的性质、应急处理方法,及在装载、卸载和运输危险品途中应注意的事项。

②行车时要平稳驾驶,转弯减速时不准使用紧急制动。

③车辆制动时要防止剧烈振动。

④在设有限速标志的路段,车速一定要低于限速的规定,不准超车,以免发生意外。

⑤行车间距要加大,通常要大于安全停车视距,在坡道上行车更要增大;在泥泞道路和冰雪路面上由于路面附着条件差,车距更应加大。

⑥车队行驶中需要临时停车时,车间距离也要保持在安全距离以上。

在运输危险货物的过程中,不准在车内或靠近车辆的地方吸烟,更不准驶近火源地带。途中需要休息停车时,应远离居民点,更不准在发动机工作时向油箱内加油。运输易燃品时,车辆的消声器要引到散热器附近,或者在原处不动而加上保险罩。运输燃料的油罐车,在停驶、装油、放油时都应插好地线,行驶中油罐外壳的"接地线"也要触地,并要在车上备置灭火器具(如灭火器、砂箱、铁锹等),一旦出现火情,应立即灭火,以防危险货物引燃或爆炸。

8)环境敏感区运输安全分析

环境敏感区,是指依法设立的各级各类自然、文化保护地,以及对建设项目的某类污染因子或者生态影响因子特别敏感的区域，主要包括：

（1）自然保护区、风景名胜区、世界文化和自然遗产地、饮用水水源保护区等。

（2）基本农田保护区、草原、森林公园、地质公园、重要湿地、天然林、珍稀濒危野生动植物天然集中分布区、重要水生生物的自然产卵场及索饵场、越冬场和洄游通道、天然渔场、资源性缺水地区、水土流失重点防治区、沙化土地封禁保护区、封闭及半封闭海域和富营养化水域等。

（3）以居住、医疗卫生、文化教育、科研、行政办公等为主要功能的区域，文物保护单位，具有特殊历史、文化、科学、民族意义的保护地。

对于环境敏感区，环境保护不容忽视。所谓环境保护就是防止自然界和人类对环境生态的破坏，特别是人类对环境生态的破坏。人类对环境生态的破坏是与工农业生产以及交通运输活动分不开的，这种破坏称之为公害。一般说的公害包括：大气污染、噪声、振动、水质污染、土壤污染、恶臭、妨碍日照、电波危害以及地面下沉等。交通危害包括：大气污染、噪声、振动、妨碍日照和电波危害等，交通危害在公害中是一个相当严重的问题。

汽车所排放的污染物，就其个体而言与工厂相比是小型的、分散的和流动的。但因汽车数量多，线上运输，往来频繁，所以其所排污染物的影响面和总量是十分惊人的。当污染物进入大气后，如果污染物在大气中被扩散稀释，空气就会逐渐恢复到原来的状态；反之，如果污染物在近球面的大气层中被聚积起来，就会造成污染。聚集的污染物的浓度越高，所造成的污染程度就越严重。

影响污染物运动的环境因素主要是气象、地形和地物。在气象中主要是指风、湍流和大气的稳定度。地形影响着空气的运动，从而也就影响着大气污染的程度。比如带有污染物的空气在运行中遇到丘陵和山地，在迎风面污染物会发生下沉作用，使其附近地区受到污染；如丘陵不太高，污染物越过时，就会在背风面发生下滑使该地区受到污染。

在山区，污染物的运行受山风和谷风的影响，白天风沿谷地向上吹（谷风），晚上风由山上往下吹（山风）。在背风坡上，由于气流做螺旋运动，污染物容易聚积而造成污染。在夜间，由于谷底平静，暖气流上升，冷气下降，使污染物不容易扩散，从而形成烟雾。

在环境敏感区还应该关注并严防交通事故的发生，以免危险货物流失到环境敏感区带来的严重后果。

因此要求在环境敏感区应设置提示和警示标志，如果是危险路段还需设置专门的管理人员进行专门管理。

9）交通安全设施的严谨性检查

交通安全设施的设置必须遵循其设置原则，在其系统性、有效性设置中应遵循以下几条原则：

（1）根据客观需要设置

国家标准规定的各类交通安全设施，每一种都有一定的设置条件，应根据实际需要，结合道路、交通和环境的具体要求情况合理设置，以保证交通畅通和行车安全。例如：某一道路机动车流量增加，车速过快，交通事故多，可通过限制车速来减少交通事故，同时还可引导一些车辆改道，起到分流作用。如不从实际情况考虑，一遇到道路上发生多起交通事故，不加分析研究，就在该路上连续设置警告标志，这对驾驶员不仅起不到警告作用，还会使路段信息量过大而使驾驶员无所适从。

(2)统一性和连续性相结合

统一性是指在一定距离内,交通安全设施标志、标线、护栏和其他交通设施之间应是协调的,即是不矛盾的。总体考虑布局,避免出现标志、标线内容的自相矛盾和相互矛盾、重复的现象,尽量用最少的交通安全设施把必须的信息展现出来。如在某地点有禁止停放车辆及指示停放车辆两块标志,这将使驾驶员不知所措;又如地面标线限速值与标志限速值不一致等。交通标志和交通标线、隔离墩、交通信号灯以及护栏设置应是统一的。

连续性是指交通安全设施的设置要使驾驶员在其观念上有时空上的连续性,特别是交通标志。如交通标志的设置地点、标志内容突然变化,则驾驶员对交通标志所具有时空上的连续性观念就会中断,将造成驾驶员心理紧张,发生辨认错误。设置交通安全设施时,应充分考虑驾驶员的心理特点,并作好宣传。

交通安全设施设置的统一性和连续性既有联系,又有区别,需根据道路实际条件设置。

(3)交通标志应设在易见位置

交通标志应设在车辆行进正面方向最容易看清的地方,根据具体情况可设置在道路的右侧、中央分隔带或车行道上方。同一地点需要设置两种以上标志时,可以安装在一根标志柱上,但同一地点最多不应超过四种。标志牌在一根立柱上并设时,应按警告、禁令、指示的顺序,先上后下,先左后右地排列。路侧式标志应尽量减少标志板面眩光引起驾驶员的眩目。在装设时,应与道路中线垂直或成一定角度,防止路侧绿化树木对标志信息的遮挡。

(4)昼夜性作用标志的照明或反光性

除少数交通安全设施在白天起作用外,大部分都是昼夜起作用的。故交通安全设施必须设置在照明条件较好的位置,或有发光或反光装置;否则,将不能保证夜间行车安全。山区高速公路上尽量采用反光的标志、标线、路面行车道道钉、轮廓标、隔离墩、护栏等,可能约束车辆行驶净空的结构物采用反光警示标识标注出结构物轮廓,以提升驾驶员在山区高速公路夜间行车的安全舒适性。

10)车速预测模型

车辆行驶于某路段时的实际速度是道路结构和交通环境条件对车辆驾驶员进行综合诱导的结果。在行车过程中,驾驶员、车辆状况及道路环境之间进行全方位的动态信息交流,通过综合认知、动态模糊判断与模糊决策、逻辑推理等心生理活动,适时控制运行速度于其自认为是安全车速的阈值以内。驾驶员对运行速度的操控模式是:获取当时当地道路及交通环境状况信息结合所驾驶车辆的技术状况决策速度控制上限操纵车辆于自以为安全的行驶状态;驾驶员对车速的一般控制逻辑是:如果车辆状况、道路条件和交通环境条件“好”,则保持“高”的运行速度;如果车辆状况、道路条件和交通环境条件“差”,则保持“低”的运行速度。

车辆在高速公路上的实际行驶过程表明,当交通密度小及气候条件良好时,驾驶员的行车操作意识只受道路的外廓、表面特征(包括道路的几何条件、路面条件和路侧环境条件)影响,也就是说,在这种条件下驾驶员的操作行为(尤其是对车速的控制)基本上只由驾驶员的“安全感”决定。因此,采用如图5-2所示的道路车辆运行速度“两阶段式”预测模式,即先建立驾驶员对典型公路路段安全感的评估模型,然后得到用于道路车辆运行速度测算的计算模型。

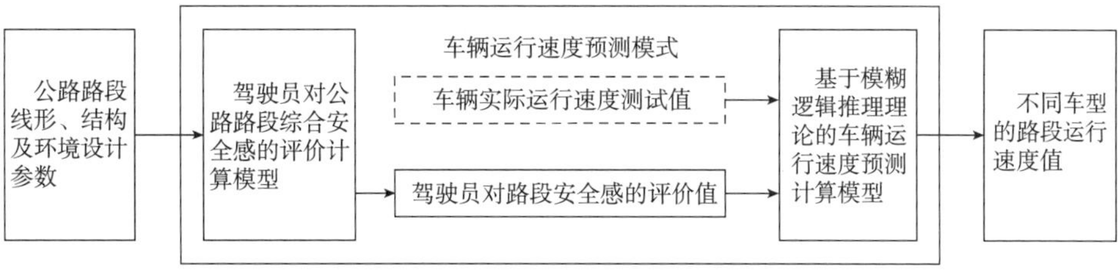

图 5-2　车辆运行速度测算模型计算流程

以实测、试验为主要手段，应用模糊集合原理、模糊统计试验方法和“专家”截割分析法，建立具有较强客观性的车辆驾驶员对道路轮廓和表面要素安全性认知评价的评语模糊集及其隶属函数。

(1)道路安全性认知模糊集

首先实测了 314 处山区高等级公路典型路段道路条件参数：平曲线半径、纵坡坡度、行车视距、路面宽度、边坡高度、路面状况等。对于山区高等级公路每一单元，路面宽度基本相同，边坡高度的变化比较单调，在正常情况下山区高速公路路面状况较好，因此在评价驾驶员对同单元山区高等级公路各个典型路段的认知安全性时可以忽略不计。为了简化系统模型，突出主要因素，设定作为山区高等级公路的安全性认知变量主要为路段的平曲线半径、纵坡坡度、行车视距 3 个指标。由此建立道路安全性认知模糊集。

①平曲线半径 x_1，模糊子集：{很缓弯，缓弯，较急弯，急弯}；$\{A_{11},A_{12},A_{13},A_{14}\}$。

②纵坡坡度 x_2，模糊子集：{很平缓，缓坡，较陡坡，陡坡}；$\{A_{21},A_{22},A_{23},A_{24}\}$。

③行车视距 x_3，模糊子集：{很平缓，缓坡，较陡坡，陡坡}；$\{A_{31},A_{32},A_{33},A_{34}\}$。

(2)安全性认知试验及认知评价模型

①输出变量模糊子集及其隶属函数。

驾驶员控制的运行速度为本模型的输出变量$\{y(\mathrm{km/h})\}$，其模糊子集设定为：

$$B_J = 11 + 5\times(J-1)15 + 5\times(J-1)$$

$$J = 1,2,3,4,5,6,7,8,9,10,11,12,13,14,15,16,17,18,19,20$$

将模糊子集 B_J 的隶属函数 μ_{B_J} 设定为棒形：

$$\mu_{B_J}(y) = \begin{cases} 1 & y = Y_J \quad Y_J = 13 + (J-1)\times 5 \\ 0 & y \neq Y_J \quad J = 1,2,3,4,5,6,7,8,9,10,11,12,13,14,15,16,17,18,19,20 \end{cases}$$

②输入/输出样本集。

本研究中建立车速模糊控制规则所需的输入/输出样本数据是通过对 314 段山区高等级公路(道路条件与设计中的保龙高速公路相类似)的道路观测试验来获取的。

③测量(或观测)并记录每个试验路段的道路和交通环境参数作为输入变量样本。

④在自由流交通状况下(车流量 <300 辆/h)，用雷达测速仪测定各类车型{小轿车、中型车(包括大客车)、重型车}在测试路段的平均运行速度作为输出变量样本，即对每一种车型都有：

$$\{x_{1k}^0,x_{2k}^0,x_{3k}^0,x_{4k}^0,x_{kn}^0 \mid k=1,2,\cdots,314;n=1(\text{小轿车}),2(\text{中型车}),3(\text{重型车})\}$$

(3)模糊控制模型和模糊规则

按照排列组合原理，每次取各安全性认知变量$\{x_1,x_2,x_3,x_4\}$的一个模糊子集构成一个条件部,对于第 r 个组合的条件部:若 $x_1 \in A_{1r}, x_2 \in A_{2r}, x_3 \in A_{3r}, x_4 \in A_{4r}$,根据安全性认知评价模糊模型计算各个输入变量样本对应的模糊子集的隶属函数值,然后对每组输入样本计算模型如式(5-7)所示:

$$\mu_{\mathrm{M}} = \sum_{k=1}^{314} \left[\prod_{j=1}^{4} \mu_{Ajr}(x_{jk}^0) \right] \tag{5-7}$$

若 $\mu_{\mathrm{M}} = 0$,则该 r 组合的条件部不存在对应规则。

若 $\mu_{\mathrm{M}} \neq 0$,则进一步计算使该 r 组合条件部成立的全部样板组的输出平均值:

$$y_{rn}^0 = \frac{\sum_{k=1}^{314} \left[\prod_{j=1}^{4} \mu_{Ajr}(x_{jk}^0) \cdot y_{kn}^0 \right]}{\sum_{k=1}^{314} \mu_k(x_k)} \tag{5-8}$$

从而,该 r 条件部对应的结论部输出值为 $y_{rn} = \sum_{j=1}^{20} [\mu_{B_j}(y_{rn}^0) \times Y_j]$。

可以得到第 r 条 MF 规则:若 $x_1 \in A_{1r}, x_2 \in A_{2r}, x_3 \in A_{3r}, x_4 \in A_{4r}$,则 $y_n = y_m$(或 $y \in B_r$)。

重复上述步骤,完成全部组合形式,即建成在山区高等级公路上驾驶员关于速度的模糊控制模型。经编程计算而得的小轿车、中型车和重型车驾驶员在山区高等级公路上进行速度控制的模糊规则集,在模拟得到驾驶员对公路路段的认知评语的情况下,即可根据模糊规则集中的对应规则求得控制车速。

最后,通过一定的模糊逻辑推理计算,再将结果转换为非模糊化对应交通条件下的控制车速 $\bar{y}$,如式(5-9)所示:

$$\bar{y} = \frac{\sum \mu_{B^0}(y) \cdot y \cdot \Delta y}{\sum \mu_{B^0}(y) \cdot \Delta y} \tag{5-9}$$

11)车辆下坡制动效力稳定性模型

制动器工作时热量来源于摩擦片和制动鼓内表面的摩擦过程,其中一部分通过各种途径散发出去,剩余部分在制动鼓和摩擦片内部积累使其温度升高。根据热力学传递原理,制动器的换热包括传导换热、辐射换热和对流换热 3 种方式,如图 5-3 所示。传导换热量在 3 种换热方式中所占的比例很小,所以在计算时可以忽略。

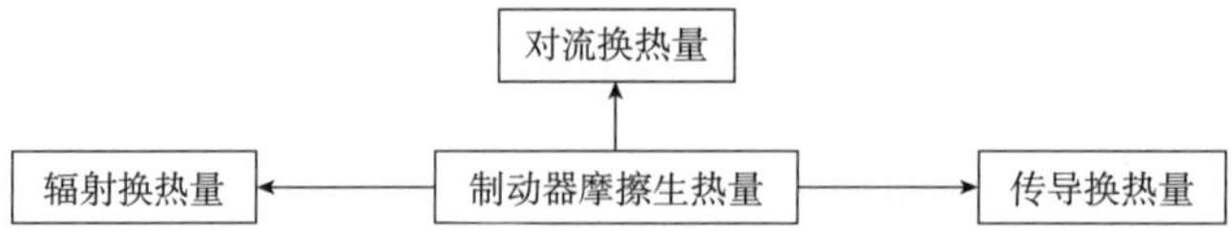

图 5-3 鼓式制动器与外界换热模型

假设鼓式制动器制动过程中的摩擦生热量为 Q,辐射换热量和对流换热量分别为 Q_1、Q_2,制动鼓质量为 m,比热容为 c,则制动器温升计算如式(5-10)所示:

$$\Delta T = \frac{(Q - Q_1 - Q_2)}{mc} \tag{5-10}$$

制动器摩擦副由制动鼓和摩擦片构成,摩擦片导热性能差,且热容量也远远小于制动鼓,所以在计算模型中可以认为摩擦产生的热量全部被制动鼓吸收。同时,因为制动鼓的厚度值很小,可认为制动鼓沿壁厚方向温度无变化。

(1)制动器摩擦生热量 Q 的计算

车辆在制动过程中,随着运行速度的降低动能减少,减少部分的能量,转化为制动器的摩擦热,如果车辆在有纵向坡度的路段行驶,还应当考虑车辆重力势能的变化,因此,车辆制动器在制动时的摩擦生热量(前轮制动器 $Q=Q_F$,后轮制动器 $Q=Q_R$)计算模型如式(5-11)和式(5-12)所示:

$$Q_F=\frac{\beta}{2}(1-s)\left[\frac{1}{2}mv_1^2-\frac{1}{2}mv_2^2+mg(\pm i-f)S\right] \tag{5-11}$$

$$Q_R=\frac{1-\beta}{2}(1-s)\left[\frac{1}{2}mv_1^2-\frac{1}{2}mv_2^2+mg(\pm i-f)S\right] \tag{5-12}$$

式中:m——车辆总质量,kg;

v_1——车辆制动过程的初速度,m/s;

v_2——车辆制动过程的末速度,m/s;

g——重力加速度,9.8m/s^2;

i——道路坡度,下坡路段取“+”,上坡路段取“-”;

f——滚动阻力系数;

β——制动力分配系数;

s——制动时轮胎滑移量;

S——制动距离,m。

(2)辐射换热量 Q_1 的计算

热辐射是指物体由于热的原因向外发射电磁波的过程,任何物体只要高于“绝对零度”,便会不停地释放能量,同时也不停地吸收外界其他物体所发射的电磁波,获取能量。这种辐射与吸收的综合结果,称为辐射换热过程。若物体间的温度不相等,总的效果是热量由高温物体传给低温物体。车辆制动系统开始工作时,其制动鼓必然受摩擦作用温度升高,制动鼓温度将高于外界的环境温度,制动鼓将通过辐射的方式将热量传递给外界。因此,可以认为制动鼓外表面与轮辋的内表面构成一个封闭的辐射换热系统。根据辐射换热理论和制动参数,可推导出辐射换热量计算式(5-13):

$$Q_1=\frac{\sigma_b(T_1^4-T_2^4)}{\frac{1}{\varepsilon_1}+\frac{A}{A_1}\left(\frac{1}{\varepsilon_2}-1\right)}\Delta\tau \tag{5-13}$$

式中:T_1——制动鼓外表面热力学温度,K;

T_2——外掠空气的热力学温度,K;

σ_b——黑体辐射常数,又称斯蒂芬—玻尔兹曼常数,$\sigma=5.67\times10^{-8}W/(m^2\cdot K^4)$;

A——制动鼓的外表面面积,m^2

A_1——轮辋的内表面面积,m^2;

ε_1——制动鼓材料的黑度;

ε_2——轮辋材料的黑度;

$\Delta\tau$——制动时间,s。

(3)对流换热量 Q_2 的计算

对流换热是指相对运动着的流体与温度不相同的固体壁面接触时,流体与壁面之间的热量交换过程。车辆制动时，制动器摩擦副表面产生摩擦热，温度上升的制动鼓必然会与周围空气发生对流换热。为防止灰尘等外物的入侵，制动器室一般为密封，所以制动鼓内表面基本不存在对流换热过程，只考虑制动鼓外表面与外界的对流换热，根据牛顿冷却公式，可以得到对流换热量 Q_2 的计算公式，见式(5-14)：

$$Q_2 = Ah(t_w - t_f)\Delta\tau \tag{5-14}$$

式中：A——制动鼓的外表面面积，m^2；

h——对流换热系数，$W/(m^2 \cdot K^4)$；

t_w——制动鼓外表面温度，℃；

t_f——外掠流体温度，℃；

$\Delta\tau$——制动时间，s。

摩擦系数热恒定性直接影响制动器工作的恒定性和驾车的安全性，它是指制动衬片在制动过程中所表现出的摩擦系数随着温度而变化的特性，制动频繁导致摩擦系数降低，即“热衰退”。通过对制动器制动后的摩擦表面观察分析发现摩擦副间有氧化膜、润滑膜、气垫膜和转移膜等表面膜的存在，其中氧化膜和转移膜的形成与破裂是摩擦片发生磨损的直接表现，而润滑膜和气垫膜的形成直接影响摩擦片摩擦系数的变化，从而影响制动性能。运用流体润滑模型加以简析，根据流体动力润滑理论，摩擦片热裂解生成的流体运动形式符合牛顿流体的运动规律。流体动力润滑的理论基础是雷诺方程，它建立在流体空间内单元流体力平衡与流体连续两项基本条件基础上，经过推导得到制动器摩擦系数方程如式(5-15)所示：

$$\mu = \frac{F}{W} = \frac{\left[\iint -\frac{h}{2}\cdot\frac{\partial p}{\partial x} + \frac{\eta u}{h}\right]\mathrm{d}x\mathrm{d}z}{\iint p\mathrm{d}x\mathrm{d}z} \tag{5-15}$$

式中：x、z——摩擦片空间坐标系坐标轴，x 轴与摩擦副相对运动方向平行，坐标原点取在摩擦片上；

μ——制动器摩擦系数；

F——摩擦片的摩擦力，N；

W——润滑膜的承载量；

p——流体的动力压力，N；

η——流体的动力黏度；

h——润滑厚度；

u——摩擦副相对运动速度。

p、η、h、u 都是影响制动器摩擦系数变化的关键因素，随着温度上升，流体的成分会改变，摩擦系数 μ 随之变小。μ 随摩擦片温度上升的变化情况是：在某一温度前基本不变，而在这一温度后近似呈线性下降趋势。

制动效力是指检测过程中各检测点对应的制动器瞬时制动力与常态下设计制动力的百分比。在轮缘周围为了克服器摩擦力矩 M_μ 所需的力称为制动器制动力 F_μ，其计算公式见式(5-16)：

$$F_{\mu}=\frac{M_{\mu}}{r} \tag{5-16}$$

式中：r——车轮半径，m。

当制动器制动力足够时，前、后轮同时抱死拖滑可以避免后轴侧滑，同时前转向轮只有在最大制动强度时才会使车辆失去转向能力。在任何附着系数 φ 的路面上，前、后车轮同时抱死的条件是：前、后轮制动器制动力之和等于附着力，并且前、后制动器制动力分别等于各自的附着力，前、后制动器制动力计算模型如式(5-17)所示：

$$\begin{cases} F_{\mu2}=\dfrac{1}{2}\left[\dfrac{G}{h_{g}}\sqrt{b^{2}+\dfrac{4h_{g}L}{G}F_{\mu1}}-\left(\dfrac{Gb}{h_{g}}+2F_{\mu1}\right)\right] \\ \dfrac{F_{\mu1}}{F_{\mu2}}=\dfrac{\beta}{1-\beta}=\dfrac{b+\varphi_{0}h_{g}}{a-\varphi_{0}h_{g}} \end{cases} \tag{5-17}$$

式中：$F_{\mu1}$、$F_{\mu2}$——前、后制动器制动力，N；

β——制动力分配系数；

G——车辆重力，N；

h_g——车辆质心高度，m；

b——车辆质心至后轴中心线的距离，m；

L——车辆轴距，m；

φ_0——同步附着系数。

12）车轮弯道行驶稳定性模型

（1）G・Gim 模型参数的数学描述

①轮胎的弹性特性

轮胎的弹性特性由轮胎的帘布层及轮胎胎冠的变化所决定，其刚度包括纵向刚度 $C_x(i,j)$、横向刚度 $C_y(i,j)$ 和侧倾刚度 $C_\gamma(i,j)$，计算分别见式(5-18)：

$$C_x(i,j)=\frac{k_x(i,j)wl^2}{2} \quad C_y(i,j)=\frac{k_y(i,j)wl^2}{2} \quad C_\gamma(i,j)=\frac{k_y(i,j)wl^3}{12r} \tag{5-18}$$

②轮胎滑移特性

a. 轮胎有效侧偏角

各车轮的侧偏角计算如式(5-19)所示：

$$\beta(i,j)=\arctan\left[\frac{v_{k}(i,j)}{u_{k}(i,j)}\right]-D_{t}(i) \tag{5-19}$$

因此，各轮胎的侧偏角为：

$$\beta(1,1)=\arctan\left(\frac{v+rl_f}{u-0.5rb_f}\right)-\delta \qquad \beta(1,2)=\arctan\left(\frac{v+rl_f}{u+0.5rb_f}\right)-\delta$$

$$\beta(2,1)=\arctan\left(\frac{v-rl_f}{u-0.5rb_f}\right) \qquad \beta(2,2)=\arctan\left(\frac{v-rl_f}{u+0.5rb_f}\right)$$

b. 轮胎滑移率

纵向滑移率在制动和驱动时分别计算，如式(5-20)所示：

$$s_x(i,j)=\frac{u_w(i,j)-R_0w(i,j)}{u_w(i,j)} \quad 和 \quad s_x(i,j)=\frac{u_w(i,j)-R_0w(i,j)}{R_0w(i,j)} \tag{5-20}$$

横向滑移率在制动时和驱动时分别计算，如式(5-21)所示：

$$s_y(i,j)=|\tan\beta(i,j)| \quad 和 \quad s_y(i,j)=[1-s_x(i,j)|\tan\beta(i,j)|] \tag{5-21}$$

仅由轮胎侧倾角 γ 引起的滑移率计算如式(5-22)所示：

$$s_\gamma(i,j)=|\tan\gamma(i,j)| \tag{5-22}$$

滑移方向角计算如式(5-23)所示：

$$\alpha(i,j)=\arcsin\left[v_w(i,j)/\sqrt{[u_w(i,j)-R_0w(i,j)]^2+v_w(i,j)^2}\right] \tag{5-23}$$

c. 滑移率的临界值

轮胎接地线长度的无量纲值计算如式(5-24)所示：

$$l_n=\frac{l_a}{l} \tag{5-24}$$

轮胎弹性变形的横向临界滑移率、纵向临界滑移率的临界值分别计算，如式(5-25)所示：

$$\begin{aligned} s_{yc}(i,j)&=\frac{\{[3u(i,j)F_z(i,j)]^2+[C_x(i,j)s_x(i,j)]^2\}^{1/2}}{C_y(i,j)} \\ s_{xc}(i,j)&=\frac{3u(i,j)F_z(i,j)}{C_x(i,j)} \\ S_{\gamma c}(i,j)&=\frac{u(i,j)F_z(i,j)}{C_\gamma(i,j)} \end{aligned} \tag{5-25}$$

上述各式中：$k_x(i,j)$、$k_y(i,j)$——分别为车辆轮胎胎冠橡胶的单位面积纵向刚度和单位面积横向刚度；

$u_k(i,j)$、$v_k(i,j)$——分别为车辆车轮中心的纵向速度和横向速度；

$u_w(i,j)$、$v_w(i,j)$——各车轮中心的运行速度投影到各车轮回转平面方向和法向方向的速度，如图5-4和图5-5所示；

w、l——分别为轮胎接地面宽度和接地线长度；

l_a——轮胎与地面的接地线附着区和滑移区的分界点；

R_0——前轮转角一定，车速极低，侧向加速度接近于零时的转向半径；

$F_z(i,j)$——垂直载荷，i 表示车辆前后轮（$i=1$ 表示前轮，$i=2$ 表示后轮），j 表示车辆左右轮（$j=1$ 表示左轮，$j=2$ 表示右轮）。

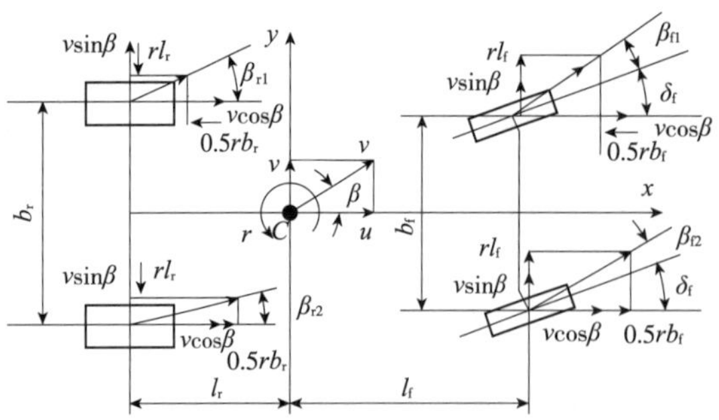

图5-4 各轮胎的侧偏角

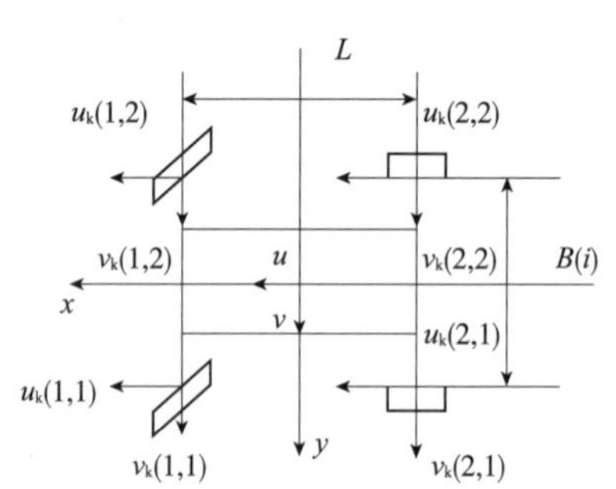

图5-5 车轮运动关系

(2)G·Gim 轮胎模型

设作用在轮胎上的纵向力为 $F_x(i,j)$、侧向力为 $F_y(i,j)$、垂直载荷为 $F_z(i,j)$，G·Gim模型的纵向力特性和横向力特性如下。

①$\beta(i,j)\gamma(i,j)>0$ 时

a. 若 $s_x(i,j)<s_{xc}(i,j)$，$s_\gamma(i,j)<s_{\gamma c}(i,j)$，$s_y(i,j)<s_{yc}(i,j)(0\leqslant l_a\leqslant l)$，则：

$$F_x(i,j)=C_x(i,j)s_x(i,j)l_n(i,j)^2+\mu_x^{(m)}(i,j)F_z(i,j)[1-3l_n(i,j)^2+2l_n(i,j)^3]$$

$$F_y(i,j)=C_y(i,j)s_y(i,j)l_n(i,j)^2+\mu_y(i,j)F_z(i,j)[1-3l_n(i,j)^2+2l_n(i,j)^3]+C_\gamma(i,j)s_\gamma(i,j) \tag{5-26}$$

b. 若 $s_x(i,j)\geqslant s_{xc}(i,j)$，$s_\gamma(i,j)\geqslant s_{\gamma c}$或 $s_y(i,j)\geqslant s_{yc}(i,j)(l_a=0)$，则：

$$F_x(i,j)=\mu_x^{(m)}(i,j)F_z(i,j)\quad F_y(i,j)=\mu_y(i,j)F_z(i,j) \tag{5-27}$$

②$C_y(i,j)s_y(i,j)\geqslant C_\gamma(i,j)s_\gamma(i,j)$时

a. 若 $s_x(i,j)<s_{xc}(i,j)$，$s_y(i,j)<s_{yc}(i,j)(0\leqslant l_a\leqslant l)$，则：

$$F_x(i,j)=C_x(i,j)s_x(i,j)l_n(i,j)^2+\mu_x^{(m)}(i,j)F_z(i,j)[1-3l_n(i,j)^2+2l_n(i,j)^3]$$

$$F_y(i,j)=C_y(i,j)s_y(i,j)l_n(i,j)^2+\mu_y(i,j)F_z(i,j)[1-3l_n(i,j)^2+2l_n(i,j)^3]-C_\gamma(i,j)s_\gamma(i,j) \tag{5-28}$$

b. 若 $s_x(i,j)\geqslant s_{xc}(i,j)$或 $s_y(i,j)\geqslant s_{yc}(i,j)(l_a=0)$，则：

$$F_x(i,j)=\mu_x^{(m)}(i,j)F_z(i,j)\quad F_y(i,j)=\mu_y(i,j)F_z(i,j) \tag{5-29}$$

③$C_y(i,j)s_y(i,j)<C_\gamma(i,j)s_\gamma(i,j)$时

a. 若 $s_x(i,j)<s_{xc}(i,j)$，$s_\gamma(i,j)<s_{\gamma c}(i,j)(0\leqslant l_a\leqslant l)$，则：

$$F_x(i,j)=C_x(i,j)s_x(i,j)l_n(i,j)^2+\mu_x^{(m)}(i,j)F_z(i,j)[1-3l_n(i,j)^2+2l_n(i,j)^3]$$

$$F_y(i,j)=C_y(i,j)s_y(i,j)[3l_n(i,j)^2-2l_n(i,j)^3]-C_y(i,j)s_y(i,j)l_n(i,j)^2+\mu_y(i,j)F_z(i,j)[1-3l_n(i,j)^2+2l_n(i,j)^3] \tag{5-30}$$

b. 若 $s_\gamma\geqslant s_{\gamma c}$或 $s_x\geqslant s_{xc}(l_a=0)$

$$F_x(i,j)=\mu_x^{(m)}(i,j)F_z(i,j)\qquad F_y=\mu_y(i,j)F_z(i,j) \tag{5-31}$$

式中：$\beta(i,j)$——各车轮的侧偏角；

$s_x(i,j)$——纵向滑移率；

$s_y(i,j)$——横向滑移率；

$\mu_x^{(m)}(i,j)$——纵向最大摩擦系数，$\mu_x^{(m)}(i,j)=\mu\cos\alpha(i,j)$；

$\mu_y(i,j)$——横向摩擦系数，$\mu_y(i,j)=\mu\sin\alpha(i,j)$。

(3)车辆动力学模型

以 G・Gim 轮胎模型为基础，建立 9 自由度三维车辆动力学模型，9 个自由度分别为转向盘转角、整车纵向速度、侧向速度、侧倾角速度、横摆角速度和四个车轮的回转角速度（车辆坐标系）。

①车辆合外力的计算

根据 G・Gim 轮胎模型计算得到的作用在各个轮胎上的纵向力和横向力，可以求出整车沿坐标轴方向受到的合力和合力矩，如式(5-32)～式(5-35)所示。

x 轴方向合力：

$$F_x=\sum_{i=1}^{2}\sum_{j=1}^{2}[F_x(i,j)\cos D_t(i)-F_y(i,j)\sin D_t(i)] \tag{5-32}$$

y 轴方向合力：

$$F_y = \sum_{i=1}^{2}\sum_{j=1}^{2}[F_y(i,j)\cos D_t(i) + F_x(i,j)\sin D_t(i)] \tag{5-33}$$

侧倾力矩：

$$\sum M_x = h_g \cdot F_y + 0.5(d_f P_{f1} + d_r P_{r1} - d_f P_{f2} + d_r P_{r2}) \tag{5-34}$$

横摆力矩：

$$\begin{aligned}\sum M_z = &[F_{yw}(1,1) + F_{yw}(1,2)]l_f - [F_{yw}(2,1) + F_{yw}(2,2)]l_r + \\ &[F_{xw}(1,2) - F_{xw}(1,1)]b_f/2 + [F_{xw}(2,2) - F_{xw}(2,1)]b_r/2\end{aligned} \tag{5-35}$$

②动力学方程的建立

根据动静法原理，分别对弹簧上部、下部进行动力学分析，整车的动力学状况由这两部分组成。则整车的运动模型分别如式(5-36)～式(5-39)所示：

$$m(\dot{u} - rv) + m_s h_s pr = F_x \tag{5-36}$$

$$m(\dot{v} + ru) - m_s h_s \dot{p} = F_y \tag{5-37}$$

$$\dot{p}I_{xs} - \dot{r}I_{xz} - m_s h_s(\dot{v} + ur) = \sum M_x \tag{5-38}$$

$$\dot{r}I_z - \dot{p}I_{xz} = \sum M_z \tag{5-39}$$

式中 m——整车质量，kg；

m_s——悬挂质量，kg；

h_s——悬挂质量质心到侧倾轴的高度，m；

I_{xs}——悬挂质量绕 x 轴的转动惯量，kg·m²；

I_{xz}——悬挂质量绕 x、z 轴的转动惯性积，kg·m²；

I_z——整车质量绕 z 轴的转动惯量，kg·m²；

u——车辆纵向速度，m/s；

v——车辆横向速度，m/s；

p——车辆侧倾角速度；rad/s；

r——车辆横摆角速度，rad/s。

③动力学方程的求解

记 $\boldsymbol{X}^{\mathrm{T}} = \{x_1, x_2, x_3, x_4\} = \{u, v, p, r\}$，则 $\dot{\boldsymbol{X}}^{\mathrm{T}} = \{\dot{u}, \dot{v}, \dot{p}, \dot{r}\}$，上式动力学方程可写成式(5-40)形式：

$$\dot{\boldsymbol{X}} = \boldsymbol{A}^{-1}\boldsymbol{B} \cdot x_4 \cdot \boldsymbol{X} + \boldsymbol{A}^{-1}\boldsymbol{F} \tag{5-40}$$

其中，$\boldsymbol{A} = \begin{bmatrix} m & 0 & 0 & 0 \\ 0 & m & -m_s h_s & 0 \\ 0 & -m_s h_s & I_{xs} & -I_{xz} \\ 0 & 0 & -I_{xz} & I_z \end{bmatrix}$，$\boldsymbol{B} = \begin{bmatrix} 0 & m & -m_s h_s & 0 \\ -m & 0 & 0 & 0 \\ m_s h_s & 0 & 0 & 0 \\ 0 & 0 & 0 & 0 \end{bmatrix}$，$\boldsymbol{F} = \begin{bmatrix} F_x \\ F_y \\ \sum M_x \\ \sum M_y \end{bmatrix}$

采用改进欧拉法对该一阶常系数线性状态变量微分方程进行求解，编制相应的程序，通过反复的迭代可以求得车辆任一时刻各个状态变量的值。

5.1.3 事故多发地点分析技术

无论是山区高速公路还是其他类型的道路，事故多发地点分析技术都是基于对事故多发地点的认识,本节重点介绍表征事故多发地点严重程度的基本指标体系、鉴别方法及管理。

1)事故多发地点指标体系

对事故多发地点进行科学和合理的鉴别,是有效治理事故多、减少事故损失和提高交通安全资金利用率的基础。科学界定交通事故和衡量标准,是决定事故多发地点评价鉴定模型有效性成败的关键。下面对交通事故的有关概念、指标体系统计口径的界定进行分析。

(1)道路交通事故的定义

道路交通是由人、车、路和环境组成的一个动态开放系统,对事故多发地点的鉴定是建立在对已发生道路交通事故统计数据的基础之上,统计对象的范围、内容对交通事故多发地点的鉴定起着决定性的影响;同时,为了与国际化道路交通事故统计指标具有可比性,有必要对道路交通事故的定义作统一性的界定。目前不同的国家对道路交通事故的界定在其范围、内容上都有所不同。

①奥地利:道路交通事故是指在道路上发生的最少有1辆车处于移动状态,并且由警方记录在案的交通事故。1995年以来,仅有财产损失的事故没有列入事故统计。

②比利时:道路交通事故是指道路上出现的导致人员伤亡的交通事故。1973年以来,仅财产损失的事故没有列入事故统计。

③加拿大:道路交通事故是指在道路上发生的最少有1辆机动车和1人伤亡,或财产损失超过了一定的货币量的交通碰撞(货币量的大小通过每一个省或地区的法律来确定)。

④丹麦:道路交通事故是指在一条道路或开放公共交通的场所发生,导致1人或更多的人员伤亡,或者仅有财产损失且最少包括有1辆车处于行驶状态的交通事故。发生碰撞事故的类型包括车辆与行人、车辆与车辆、车辆与动物或车辆与障碍物。

⑤芬兰:道路交通事故是指在道路或开放公共交通的街道上发生交通事故,导致1人或更多的人员伤亡,并且最少包括有1辆行驶的车辆。事故发生碰撞的类型包括车辆与行人、车辆与车辆、车辆与动物或车辆与障碍物碰撞。

⑥德国:道路交通事故是指道路或广场发生的交通事故导致人员伤亡或者财产损失,并且最少包括有1辆行驶的车辆。事故记录针对酒后驾车的驾驶员所造成的犯罪事故。

⑦日本:道路交通事故是指道路上行驶的车辆发生事故并导致的人员伤亡。

⑧美国:道路交通事故是指事故导致了人员伤害和/或财产损失,并且最少包括有1辆行驶中的车辆。

⑨UN/ECE(Statistics of Road Traffic Accidents in Europe and North America, Annex I, United Nations, Economic Commission for Europe, Geneva, 1995):道路交通事故是指在道路上发生导致1人或更多的人员伤亡的交通事故,并且最少包括有1辆行驶的车辆。这些事故发生碰撞的类型包括车辆与行人、车辆与车辆、车辆与动物或车辆与障碍物,也包括1辆车自身(没有其他道路用户)发生的事故。

从以上8个有代表性的国家以及UN/EC对道路交通事故的定义可以看出,其对交通事故的定义各不相同,而且有些国家如澳大利亚、法国等国对道路交通事故的定义都没有统一。

1991年9月22日国务院第89号令发布的《道路交通事故处理办法》中将交通事故定义为:车辆驾驶人员、行人、乘车人以及其他在道路上进行与交通有关活动的人员,因违反《中华人民共和国道路交通管理条例》和其他道路交通管理法规、规章的行为(以下简称违章行为),过失造成人身伤亡或者财产损失的事故。

2003年10月28日第十届全国人民代表大会常务委员会第五次会议通过并自2004年5月1日起实行的《中华人民共和国道路交通安全法》第一百一十九条中,对交通事故重新进行了定义:指车辆在道路上因过错或者意外造成的人身伤亡或者财产损失的事件。学术界对交通事故的定义也未形成共识。

①王武宏、孙逢春等对道路交通事故的定义:指一定空间内由一连串事变按时序出现后最终产生了极为严重的恶性后果,造成对道路交通状态的破坏且导致人的身心受到伤害的行为。

②朱永明对道路交通事故的界定:指车辆、驾驶人员、行人、乘车以及其他在道路上进行与交通有关活动的人,因违反道路交通规则和有关规定,造成人身伤亡或财产损失的事故。

③上海辞书出版社出版的《法学词典》中对道路交通事故的界定:指人、车在城镇街道、公路上造成人身伤亡或公私财产损失的事故。

④王炜、过秀成对道路交通事故的界定:凡车辆、人员在特定道路通行过程中,由于当事人违反交通法规或依法应该承担责任的行为而造成人、畜伤亡和车物损失的交通事件。

⑤王文武、李迁生对道路交通事故的界定:一般指人、车行驶在特定道路上,至少一方因违反交通规则而造成人员伤亡或车物损失的事件。

对道路交通事故的定义有很多,由于篇幅的限制不再一一列出,但从种种交通事故的定义可见:对交通事故的不同判定可能会影响对事故多发地点特性的判定,有必要加以统一。我国是以《中华人民共和国道路交通安全法》中的定义作为交通事故的标准定义。

作者认为对道路交通事故的界定由于立场不同,界定的范围和内容也不相同。交通警察注重对是否遵守交通法规的判别,而道路建设与运行管理者则是注重对影响道路系统安全因素的判别。本书所讨论的道路交通事故是为确定事故多发地点而进行的,因此围绕其范围和内容进行探讨。道路交通事故构成要素应包括:发生地点——在道路上;主体——指运行中的机动车辆;客体——指机动车、行人、动物和障碍物(包括铁路道口)等;事故发生的原因——指人、车、路和环境的不协调;事故结果——指产生了人身伤亡或财产损失。

对道路交通事故的界定从全球范围来看,均不同程度注重了事故发生地点、事故主体和客体的内容,对事故发生的原因则各有其侧重,综合其优缺点我们认为可以对其做这样的定义:在开放交通的道路环境中,机动车辆与任何一个客体发生不协调而导致人身伤亡或财产损失的事件。这些事件都可以和应该记入交通事故统计数据中。

从对事故多发地点研究的领域来看,道路交通事故应该是指:由于人、车、路和环境的原因使得机动车辆在公路和城市道路上发生不协调行驶而导致道路用户人身伤亡或财产损失的事件。这就使得在未开放交通的道路上如还未交工验收的各等级公路、非专业队伍设计和施工的道路上如厂区道路、学校校园、街头小巷、部队的军事演习等情况下发生的交通事故均不应包括或统计在道路交通事故范围内。

(2)道路交通事故统计指标体系

道路交通事故发生后,可以用一系列定性和定量指标来描述事故情况,定性指标描述事故总体的状态和特征,如事故发生时间、位置、类型、驾乘人员情况等;定量指标从量的方面描述事故总体的状况、趋势及其相互联系,以揭示事故总体在一定条件下的数量特征和数量关系,如事故数、事故严重程度和事故经济损失等。为了科学地对事故进行统计分析,把握事故产生的原因,必须建立能反映事故总体特征及影响因素的指标体系。

事实上,事故的总体特征及影响因素与道路结构特性有直接的关系,总体可划分为出入口事故和路段事故两类。

(3)匝道出口事故和路段事故的界定及其指标体系

①匝道出口事故和路段事故的界定

交通事故发生时,首先必须全面准确地描述事故位置、类型等信息资料,以便确切地判断事故责任、计算事故特征和事故数等。交通事故发生在匝道出口或路段上,对其相应处置方法是截然不同的。因此有必要分析和鉴别事故是发生在出口还是路段上。

关于出入口:国外一般将发生在距出入口 30m 范围内的交通事故,认定为是出入口交通事故。以下对出入口事故与路段事故的讨论,主要就针对高速公路的属性进行。首先应该肯定只要是匝道出口条件引发的道路交通事故都应归结为出口事故。由于出口间距不同、车速不同,出口的影响范围就不同。我国高速公路上一般都设有出口预告和警告交通标志,可以利用我国现行《道路交通标志与标线》(GB 5768—2009)中驾驶员对标志的认读过程来界定匝道出口影响范围。

图 5-6 所示为典型的驾驶员对出口标志的认读和驾驶操作距离。出口影响范围与车辆的运行速度有关,速度快,到达出口前采取的措施就应提早进行,完成动作所需的距离就要大,也即是出口影响范围不应该是一个定值。图中标志 S 为路侧安装标志,设置在出口匝道、出口前适当位置,驾驶员在视认点 A 处发现标志 S,在 B 点开始读取标志信息,在 C 点读完标志内容,这段距离(l')为读标志距离;从 C 点经消失点 E 到采取行动点 D 的距离(l)为判断距离;从 D 点到完成动作 F 的距离 L 为行动距离,驾驶员在这段距离内必须安全顺畅地完成必要动作,如变换车道、改变方向、减速或停车避让等。将行动点 D 近似认为与标志点 S 同一个位置,即 $L = D$,因此可以认为距离 D 就是以上所提到的出入口影响范围。

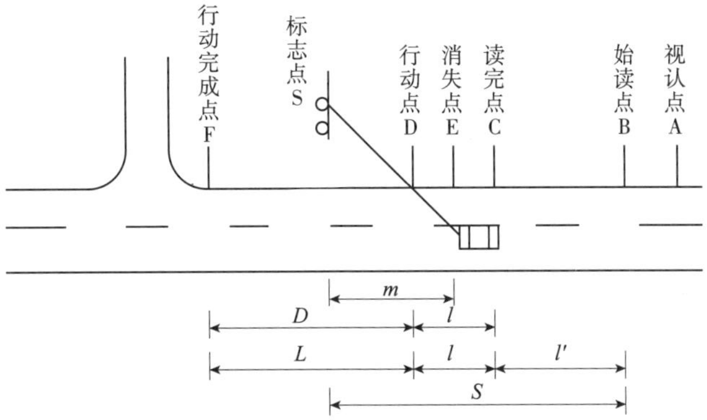

图 5-6　出口标志的影响过程

车辆运行速度与出口影响距离 D 的计算可用式(5-41)表示:

$$D \geqslant (n-1)L^{*} + 1/2a(v_1 - v_2) + t'v_1 - l \tag{5-41}$$

式中：n——车道数；

L^*——一次改变车道所需距离(约120m,85%车位速值)，m；

v_1——接近速度(可使用85%的运行速度，或禁令速度)，km/h；

v_2——出口匝道的速度，km/h；

t'——判断时间，通常为2～2.5s；

l——$l \geqslant m = d/\tan\theta$，m；

a——减速度(为0.75～1.5m/s^2,85%位车速值为1.0m/s^2)。

可以近似采用现行《道路交通标志标线》(GB 5768—2009)中高速公路出口标志——警告标志(警告车辆注意出口地点的标志)的设置位置原则来确定匝道出口影响范围，见表5-4。

出入口影响范围 表5-4

设计速度(km/h)	100～120	71～99	40～70	<40
标志到出口匝道距离(m)	200～250	100～200	50～100	20～50

因此，可将出口影响范围内发生的事故都认为是出口事故，在此范围外发生的事故认为是路段事故。由于设计速度不同，出口事故影响范围也不相同。设计速度高，影响范围大；设计速度低，则影响范围小。

对路段事故的统计单元理论界一般以1km为一个单元，这从统计学原理来分析是合理的，但应注意相邻两统计单元之间的界限会影响到对事故多发路段的甄别。为避免这种影响因素，可以将有影响的两路段以百米为统计单元，按事故分布规律找出事故多发的公里统计单元。

②出口事故和路段事故的统计指标体系

一般采用相对数和绝对数两类统计指标来衡量道路交通事故的严重程度，原始统计指标包括如下两类。

a. 衡量出口事故的统计指标：事故数、出口交通量和事故损失(包括财产损失、经济损失和人员伤亡)。

b. 衡量路段事故的统计指标：事故数、路段交通量和事故损失(包括财产损失、经济和人员伤亡)。

(4)道路交通事故伤害程度的界定

道路交通事故伤害的严重程度是鉴别事故多发路段的重要依据之一，历来受到世界各国的高度重视，在统计中很少遗漏，是最具有可比性的指标。相同或不同交通事故数的路网、路段或路口，由于每起事故损失的大小不同，就不能简单地以事故的绝对起数来断定事故多发位置，而是应该分清交通事故的伤害程度。对交通事故伤害程度的界定各国在其内涵方面也各不相同。

①奥地利：道路交通事故伤害程度是指在道路上出现的交通事故最少包括有一辆行驶的车辆导致伤害、致命或其他形式的健康损害。健康损害程度分为轻伤和重伤。轻伤指对健康的破坏不影响正常工作能力或使得无能力工作24d以下；重伤指对健康的破坏使得无能力工作24d以上，在此期间具备住院条件。

②比利时：道路交通事故伤害程度是指出现在道路上的交通事故被警察记录在案并导

致一人或多人被伤害（包括有至少一辆行驶的车辆）。伤害程度分为轻伤和重伤。轻伤指交通伤害事故没有致命或严重伤害；重伤指住院至少24d。

③加拿大：道路交通事故伤害程度是指出现在道路上的交通碰撞，包括至少一辆机动车并导致一人或更多人非致命伤害。它包括轻伤和重伤。轻伤指非致命伤害在医院住院时间在24h以下；重伤指非致命伤害在医院住院包括观察时间最起码在24d。

④丹麦：道路交通事故伤害程度是指人员伤害事故导致人员伤亡并伴有大量财产损失。重伤指颅内伤害，头颅碎裂，面部或眼部伤害，躯体伤害（胸部和/或腹部），脊椎骨和/或盆骨、骨折/脱臼或肩部、臂部或手部剧烈扭伤，腰部、腿部或足部骨折、错位或剧烈扭伤，人体一个及以上的部位烧伤的严重伤害。

⑤芬兰：道路交通事故伤害程度是指交通事故导致1人或更多的人员伤亡。对重伤和轻伤没有区分。

⑥德国：道路交通事故伤害程度是指交通事故导致人员伤亡或财产损失并伴有大量的财产损失，并且至少包括有1辆行驶的车辆。重伤指被送入医院治疗至少24h以上。

⑦日本：道路交通事故伤害程度是指交通事故导致人员伤亡是由于在道路上行驶的车辆所致。重伤指需要医药治疗30d以上。

⑧美国：道路交通事故伤害程度是指一起交通事故导致了至少一人受到伤害，并且被警察记录。重伤指由警察报告的致人无生活能力的伤害。

⑨UN\ECE：道路交通事故伤害程度是指事故导致的受伤人中有一个或多个严重或轻微伤害。轻伤属第二类伤害如扭伤或撞伤，没有受到类似的伤害而受到惊吓的人没有作为被伤害的人考虑在统计中，除非他们显示出明显的受惊已接受医疗治疗或表现出需要治疗。ECE对重伤的界定指碎裂、冲击、内部损害、挤压、严重降低或划破，一般严重冲击需要医药治疗，其他严重损害需要住院治疗。

目前，在世界上对事故伤害程度具有广泛可比性的指标是根据UN/ECE中对事故死亡的标准定义：道路交通事故死亡为交通事故造成人员当场死亡或30d内死亡。在1997年仅有法国、意大利、葡萄牙、韩国和土耳其五个国家没有支持30d的定义。但在具体统计死亡人数的天数时各国却不相同，如法国、日本是6d。

我国是根据事故伤害后果的严重性大小将道路交通事故严重程度分为四类。表5-5为1992年1月1日起至今执行的标准。

交通事故严重程度分类 表5-5

项目	轻微事故	一般事故	重大事故	特大事故
死亡（人）			1~2	≥3（或者死亡1人，同时重伤8人以上）
重伤（人）		1~2	3~10	≥11（或者死亡2人，同时重伤5人以上）
轻伤（人）	1~2	≥3		
财产直接经济损失（元）	财产损失：<1 000元（机动车）；<200元（非机动车）	财产损失：<3万元	财产损失：3万~6万元	财产损失：6万元以上

注：死亡、重伤、轻伤和直接经济损失四项指标，达到其中之一即可定为相应严重程度类别的事故。

死亡人数在我国是指交通事故发生后7日内死亡的人数。轻伤、重伤的区别是按照最高人民法院、最高人民检察院、公安部、司法部颁布的《人体轻伤鉴定标准(试行)》、《人体重伤鉴定标准》确定。对于财产损失,只统计交通事故造成的车辆、其他财产直接损失折款,不含由交通事故引起的其他间接损失。在人员伤亡事故中,只计算现场抢救(险)费用,但没有计算其他间接费用,如交通事故停工、停产、停业及交通事故造成的交通拥堵等的间接损失。

国际和我国对交通事故伤害程度的划分类别是一致的,均分为死亡、重伤和轻伤。但对其内涵的界定却有所不同,影响了对事故多发地点分析中事故严重程度计量的可比性对比。事故多发地点的直接经济损失包括财产损失和人员伤亡损失两部分。财产损失的计量是没有争议的,但对人员伤害程度的计量由于其内涵复杂,用经济损失计量会受到一个国家和地区当事人员立场、经济价值观的不同所左右,结果受主观因素的影响差异很大。为了解决这个差异问题,建议统一将严重程度折算为一个标准的人员伤害程度来计量。如将轻伤经济损失作为标准的人员伤害,给死亡和重伤所造成的经济损失以一个转换比例标准——权重,此权重可以通过轻伤、重伤和死亡的经济损失比例来确定。

(5)对事故多发地点的界定及其衡量指标体系

对交通事故多发地点的定义国内外有很多。

①挪威定义:在长100m的路段内,4年发生4起以上含人员伤亡的交通事故,称为道路黑点或交通事故多发点;在长1km的路段内4年发生10起以上人员伤亡的交通事故,称为道路黑段或交通事故多发段。

②澳大利亚Monash大学的K. W. Ogden在《道路安全工程指南》中定义:道路系统中事故具有无法接受的高的事故发生率的位置。

③北京工业大学任福田、刘小明教授定义:在计量周期内,某个路段的事故次数明显多于其他路段,或超过某一规定的数值时,则称路段为危险路段。

④北京交通工程研究所定义:5年发生50起以上事故的路口(段)为道路黑点(段)。

⑤湖南大学的冯桂炎教授定义:事故密集型分布的路段或出入口称为事故多发点。

⑥同济大学方守恩教授定义:在较长的一个时期内,所发生的道路交通事故数量或特征与其他路段相比明显突出的位置(位置包括段、点或区域)。

综合事故多发地点的诸多定义,从公路建设与运行管理者的角度可以将事故多发地点的内容归纳为:事故多发地点又称为事故黑点(hazardous location, black routes and black areas, accident prone locations, hazardous location),从直观上解释即是指该地点事故发生的数量较其他正常地点多的地点。其内涵包括:该"地点"可以是路口、路段或区域,本研究中用"地点"来概括其内涵;交通事故多发地点是或应该建立在对已发生的事故统计数据基础之上的判断,为了统计数据的可比性,除了对指标的统计口径应一致外,还应在统计时段上具有一致性,应该统计比较同一时段内的交通事故统计特征;同时"统计时段"的长短也要适宜,既不能过长也不能过短,过短会造成事故统计中的偶然性,不能说明事故生成的规律,过长会因为交通运行状况(包括交通量、道路条件和周围环境等)的变化,难以反映出事故分布的真实情况,影响判定结果。这个"时段"的长度应根据所研究道路的运行状况和条件分析确定,在我国通常为1~3年;道路交通事故发生的数量也是一个广义的概念,它可以是事故的绝对次数,也可以是死亡人数、受伤人数、各种事故率、死亡率、事故损失等表征事故严重程度的不同指标；最后，定义中的“正常”和“突出”是事故多发地点分析的关键点，“正常”与“突出”是相辅相成的，没有“正常”就不存在“突出”。相反，不是为了寻找“突出”点，“正常”的判定也就毫无意义。“正常”值的取得通常都来自于事故统计的历史资料，可以是研究对象本身的历史资料，也可以是相似道路的历史资料，同时也与道路处置者对“正常”值的容忍程度有关。

综上分析，事故多发地点应该是指在一定的时间段内该地点的交通事故评价指标大大超过同类道路的其他正常地点指标，或处置者能容忍的“正常”值，而且发生事故的原因主要是由于道路条件和交通环境造成的。

表征地点交通事故大小的指标有两个：一个是交通事故数或交通密度，另一个是事故的严重程度。

①交通事故数（频数）

道路交通事故在某些地点具有“聚类”性，可以沿行进方向在平面图上将发生的事故数用代表事故严重程度的不同符号直观显示出来。图5-7是德国Kenya市区1984～1985年的事故分布地点图，从图中可以清楚地看出事故数及其严重程度。许多国家都用这种方式全面、客观地描述事故情况，以确定事故多发地点。

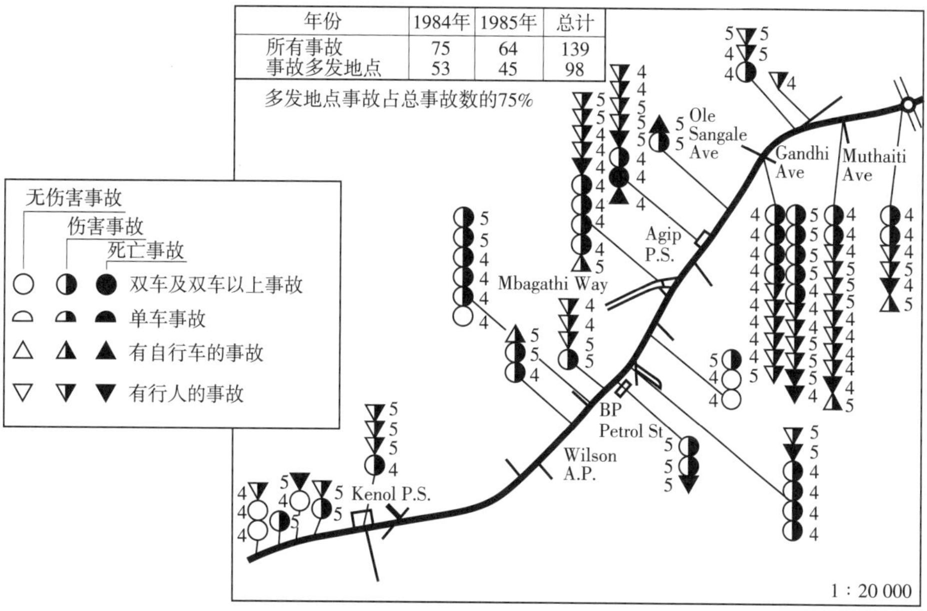

图5-7　Kenya市区1984～1985年事故分布图

在匝道出口可以用统计期的事故数或年事故数指标表示，在路网或路段可以用每公里事故数或年每公里平均事故数指标表示。

交通量对交通事故的发生也有影响，交通量越大，导致的事故相对越多。当交通量资料可靠时，在出口可以用每百万车辆事故（包括事故数及其严重程度）指标表示，在路段用每百万车公里事故（包括事故数及其严重程度）指标表示。

②事故的严重程度

事故多发地点，也应考虑事故的严重性。死亡和重伤事故对社会和经济带来的损失更大。在发生相同事故数的地点,事故的严重程度大的地点,说明更危险。

2)事故多发地点鉴别方法综述

事故多发地点的鉴别方法是根据选定的指标,将指标值“异常”的位置从“正常”的指标中遴选出来。这里包含着两项工作:一是表征事故严重程度的指标确定;二是正常值的确定,即认为在什么范围内的指标值是正常值,被鉴别位置处的指标值与正常值的比较。要对事故多发地点作出客观而科学的评价必须建立必要的鉴别标准,作为衡量道路交通安全状况的依据,以便针对安全问题提出防治措施。

鉴别事故多发地点最好的方法就是用客观的事故记录去确定它。但事故多发地点鉴别要考虑绝对事故数,也要考虑事故损失的严重程度,而且要抛弃一些偶然因素引起的少数重特大经济损失对事故多发地点的误判,同时,有可能的话也要考虑交通量对事故多发地点的影响。发达国家由于交通事故统计资料比较客观和完善,对交通安全的容忍度差,因此一般都采用绝对数指标来衡量、鉴别事故多发地点。表5-6和表5-7是德国对事故多发地点的判别标准。

德国事故多发点的判别　　表5-6

事故指标	年限	临界值(次)
同类型事故	1年	5
伤亡事故	3年	5
严重伤亡事故	3年	3

德国事故多发段的判别　　表5-7

事故指标	年限	临界值(次)
严重伤亡事故	3年	3
每公里严重伤亡事故	3年	1

我国目前由于交通事故严重、经济条件有限和经验不足,不可能将所有的事故多发地点进行一次性的处置,因此有必要将其按事故的严重程度分出轻重缓急进行排列,并进行分批处置。

事故多发地点鉴别方法根据判别理论和判别方法的不同有许多不同的方法。世界各国对事故多发地点的统计鉴别理论和方法很多,根据其判定方法的不同归纳起来有主要以下几种:事故数据统计分析法、相关因素分析法、行车条件分析法、安全系数法、冲突推断法、专家经验法、模型预测法等。从事故多发地点的含义及其鉴别方法的成熟性、可操作性和可靠性等角度来看,事故数据统计分析法具有明显的优势。我们认为以事故数据统计分析法作为判定事故多发路段的方法最优。

在事故数据统计分析法中,根据对数据统计处理判别指标和判别方法的不同,又存在很多种不同的方法,代表性的方法有:绝对数法、相对数法、矩阵法(Matrix)、当量总事故次数法(Equivalent total accident number)、概率统计分布法、累计频率法等,这些方法各有其优缺点和适用条件,应结合实际选取应用。

(1)绝对数法

绝对数方法是指在一个国家或地区,采用一个常量作为正常值。这个常量是经过大量和长时间的调查统计所得到的，任何一个事故指标大于这个常量时就认为是事故多发地点。其中包括事故次数法和事故率法。

①事故次数法。事故次数法是以事故次数为指标，确定正常事故次数的标准值，若在此规定时间和范围内某地点事故次数大于标准值，则该地点就认定为是事故多发地点。如挪威就是采用此方法对事故多发地点进行鉴别。

②事故率法。事故率法是以事故率为指标，确定正常事故的标准，若在规定时间和范围内某地点的事故率大于标准值，则该地点就认定为是事故多发地点。

这类方法简单明了、易操作，但事故次数法没有考虑交通量因素，单独使用对反映事故状况有片面性，需大量和长时间的调查统计；同时事故次数的多少缺少理论上的严密性，划分事故多发路段受人为主观因素影响较大；事故率法又称相对数法，是把事故的发生与道路上的交通量和路段长度结合考虑，在绝对数法的基础上考虑了交通量和路段长度两个重要因素的影响。但仍未在理论上找到严密的划分事故多发地点的依据。

(2)矩阵法(Matrix)

鉴于事故次数法和事故率法各有优缺点，单独使用对反映事故状况都有片面性。作为一种修正，一些专家提出了将两者结合起来考虑的矩阵法。

矩阵法是对每一个被研究的道路单元进行事故数和事故率计算，然后将事故次数作为横坐标，车公里事故率为纵坐标，点出两者的分布。整个坐标可分为 4 个区：

①高事故率、高事故数区；

②高事故率、低事故数区；

③低事故率、高事故数区；

④低事故率、低事故数区。

如数据落入①区则可列为事故多发地点，落入④区则为安全路段，落入②、③区则应对这些点进行进一步分析后作出判断。

这种方法兼顾了事故次数法和事故率法的优点，同时又避免了这两种方法的不足，加之其成果较为直观，在使用中较为方便。但它不能对低事故数、高事故率的路段与高事故数、低事故率的路段作出本质的区别，且对区域的划分还有待进一步研究；同时也未考虑事故的严重程度。

(3)当量总事故次数法(Equivalent Total Accident Number Method)

由于事故的严重性程度不同，将不同的严重性事故统一对待，进行事故数的简单累加，往往容易造成判断上的失误。为此，有人提出了当量总事故次数法。该方法是基于受伤与死亡事故的次数及严重程度，通过一些计算方法赋予受伤及死亡事故一定的权重来计算路段发生事故的严重程度，以当量事故次数代替绝对事故次数，来鉴别危险路段。

该方法应用简单，但必须建立在对事故统计数据和严重程度标准一致、受伤及死亡事故的权重划分科学合理的基础上。

(4)概率统计分布法

概率统计分布法是借助质量管理方法中的质量控制法来进行事故多发路段的研究，因而又称安全量控制法或质量控制法。指在一定的时间内，道路平均长度路段上发生事故的次数符合泊松分布或二项式分布，并求出这一分布在一定置信度下的上限值，以此为依据来划分事故多发路段。离散程度大时,表现为负二项分布的可能性也存在。

该方法虽然理论严密,但实用条件苛刻。一是按平均路段长度统计出的事故数在一些道路上并不符合泊松分布,不可能被广泛地推广应用;另外,也不能千篇一律地确定一个数值,未考虑全国区域和地区的差异。

(5)累计频率法

累计频率法是由湖南交通科研所在世行资助项目"107 国道事故多发地段研究"中提出的。具体原理是把道路条件相似道路上发生的交通事故,按每公里长度来划分路段,找出研究道路中发生事故数相等的路段个数,求出其占总路段数的频率及累计频率,绘制事故累计频率的散点图,并寻求相关的曲线进行拟合,从而通过拟合曲线分析其突变点,以此作为界定事故多发路段的标准。该方法没有考虑交通量因素和事故的严重程度,同时以累计频率拟合曲线的突变点作为界定事故多发路段的标准虽有一定的数学理论依据,但该方法仅适合于道路条件相似的拟合曲线具有拐点(突变)的情况,在实际中无法解释其实际意义。

(6)预测法

预测法是将事故次数与影响事故的几个因素进行回归分析,求得该地区各路段事故数的预测模型,然后根据统计原理求得在一定置信度的置信区间,从而区分出危险区、中间区和安全区。

该方法需要有足够的事故统计历史资料样本量,否则预测模型不可靠,同时也没有考虑事故的严重程度。

以上的研究方法可以看到它们具有的共同特点都是利用交通事故数作为统计研究对象,但没有考虑在事故数的背后还应该考虑事故的严重程度,同时对事故多发地点的判别也是零碎而不系统的,有的方法虽然科学合理但仅建立在一定的条件下,适用范围有限,不具系统性。

3)事故多发地点统计鉴别新方法

事故多发地点的鉴别方法应该具有坚实的理论基础,方法不宜繁杂,可操作性强,适用面广,能兼顾"统一"与"差别"的原则,能根据道路特征、经济条件、研究路段的特点、交通量分布特性、研究占有数据的情况来符合实际、方便地应用。如对事故多发路段的研究做得较好的丹麦,他们也多采用绝对数法来对事故多发路段进行研究,方法简单且很实用。在我国由于道路条件、交通流特性、管理和统计道路交通事故的部门不同,表征事故多发地点的指标既要考虑交通事故发生的频率,又要考虑事故的严重程度和交通量大小,三者结合起来作为事故多发地点鉴别和排序的依据更具全面性和合理性。

(1)道路统计系统与事故等级的划分

①统计系统

根据目前我国道路管理部门的不同可将道路网划分为以下四个研究统计系统。

a. 高等级公路:包括高速公路、一级公路、二级汽车专用公路。

b. 城市道路:不包括郊县公路,其特征是出入口密度大。

c. 二级公路、三级公路。

d. 四级公路、等外公路。

以上的四个统计系统是按照以下原则来进行划分的。

a. 道路使用者（机动车、非机动车包括农用车、自行车、行人等）的不同，行驶速度、道路条件差异，从而导致的事故类型和事故的发生规律的不同。

b. 为便于数据收集和研究结果的运用，结合道路直接管辖机构来划分的。如高等级公路统属高等级公路管理局管理，城市道路由所在市交通局管理，三、四级公路统属地方公路管理局（或管理中心、省公路局）管理。

②事故等级的划分

根据我国 1992 年 1 月 1 日起执行的标准（表 5-5），将事故按其损害严重程度和规模划分为四个等级：

a. 轻微事故。

b. 一般死亡事故。

c. 重大事故。

d. 特大事故。

其中：经济损失应包括间接经济损失。

路段是否“危险”以及“危险性”的大小，取决于事故概率的大小、发生事故的严重程度和社会对事故的承受力。而社会承受力与事故严重性及概率大小高度相关，所以本方法的研究思路是：先将事故按损害的严重程度分级，然后对各级事故按概率大小，界定“危险”的临界值，对社会承受力只留一定的调节余地。

在我国，由于特大事故概率很小，而且影响巨大，一旦发生，必然会一个一个仔细排查，针对成因，制定防止重现的对策，因此本统计预测新方法只针对前三种事故施行。

上述划分四级事故的“经济损失”中，应该包括非直接经济损失，首先应包括从事故发生至处理完毕堵塞正常行驶车辆造成的损失。我国每年因车辆堵塞造成的损失超百亿元，为全社会所关注，交通堵塞严重与否也已成为人们描述、衡量交通事故严重与否的一个重要指标。将事故平均堵塞“车小时”由小到大分为四级或三级即可，如一般，严重（归属大事故）、特别严重（归属特大事故）。其他非直接经济损失也只划分四级或三级，如划分三级，则为非巨大、巨大（归属大事故）和特别巨大（特大事故）等。

例如一满载燃油的油罐车，在西安至铜川高速公路上追尾起火，多辆消防车将油罐大火扑灭，事故历经四个多小时，堵塞往来行车数千辆。虽然只有一人死亡，但应列为大事故。

又如，一满载剧烈毒性化学品的大货车，在 312 国道上翻入丹江上游山沟，从此以下丹江沿岸处于危险之中，数百里外丹江水库也可能被毒染，而水库已计划北调京津，隐忧相当严重。为消除毒害使用了种种措施，花费了大量人力和财力，虽也仅死一人，但也应为特大事故。

（2）高等级公路事故多发地点的判定

①用显著水平 α 或临界值 r 的判定

考察一个区域内的所有高等级公路，这里的区域可以是全国，可以是一个省，也可以是数省连片的经济区，长度为 1km 小路段上一个统计周期（如 1 年）内发生的交通事故数，交通事故数是随机变量，记为 X。通常 X 服从泊松分布，$X \sim P(\lambda)$，将区域内所有高等级公路上过去一个周期内发生的事故总数除以高等级公路总里程，得到参数 λ 的估计值，用它代替泊松分布列中的 λ。

给定显著水平 α，令 $\alpha = 0.05, 0.01$ 等，令概率：

$$P\{X \geqslant \gamma\} = 1 - \sum_{K=0}^{\gamma-1}\frac{\lambda^K}{K!}e^{-\lambda} = \sum_{k=r}^{\infty}\frac{\lambda^K}{K!}e^{-\lambda} \leqslant \alpha \tag{5-42}$$

式中：K——非负整数，定可解出临界值 r；反之，给出临界值 r，由上式可解出 α。

例某区域过去一年内汽车专用路平均 1km 事故数为 0.8，$\lambda \approx 0.8$，给定 $\alpha = 0.05$，经试算：

$$\begin{aligned} P\{X \geqslant 3\} &= 1 - P\{X = 0\} + P\{X = 1\} + P\{X = 2\} \\ &= 1 - \sum_{K=0}^{2}\frac{(0.8)^k}{K!}e^{-0.8} = 0.0474 < 0.05 \end{aligned}$$

所以 $r = 3$。

或者直接查泊松分布表：

$$\sum_{K!}^{\infty}\frac{(0.8)^k}{K!}e^{-0.8} = 0.0474 < 0.05$$

得 $r = 3$。

若给定 $\alpha = 0.01$，则可计算得出 $r = 4$。

区域内高等级公路上一个统计周期（一年）内每公里事故数≥（在显著水平 α 下的）临界值 r 的路段，称为事故多发路段。

对事故多发路段的界定使用 $\alpha - r$ 双指标而不是单指标，这样就可根据 α 求 r 或根据 r 求 α，避免仅用一个指标 r 产生的歧义，使对分析对象的描述严谨，更可以拓展运用空间。

例如，为降低事故数，决策人根据拥有的物力、财力来拟定未来一个时期欲改造的事故多发路段，如 5% 或 1% 路段，即 $\alpha = 0.05$ 或 0.01，分析人员可据此分别算出相应的事故多发路段临界指标值 r，决策人通过权衡临界指标值 r 作最后决定；再如，决策人根据社会对事故承受力等因素的判断，给出备选的几个 r 值，分析人员据此计算出各个 α 值，再由决策人权衡定度。

$\alpha - r$ 双指标，有利于在解决问题过程中实施定量与定性相结合，决策人与分析人员相结合，避免片面性。

与发达国家不同，我国幅员辽阔，发展又很不平衡，$\alpha - r$ 双指标可兼顾"统一"与"差别"。如，对全国的某等级公路规定统一的临界值 r，各经济区或各省或各条公路，可根据 r 算出各自的 α。也可以规定全国统一的 α，各省据以决定自己的 r 值。

②泊松事故流的判别

确定高事故数临界值 r 的方法，前提是假定事故 X 服从泊松分布，在其他研究场合也常见或明显或隐含事故流是泊松流的假定，因此判断面对的事故流量是否是泊松流就成为运用的基础。此属统计推断问题，按一般工作程序要选取样本对分布的拟合度、事故的独立性、统计平衡性及平稳性这四项原则来进行假设检验，工作量很大。以下根据交通事故流的特性，寻找简便的判别法。

a. 根据《随机过程及其应用》，一个事件流是泊松流的必要条件是它满足以下三个条件。

(a) 平稳性：在 $[t, t+\Delta t]$ 时间段内含有一个事件发生的概率为 $\lambda t + 0(\Delta t)$。

(b) 独立性：在不相交的时间段内发生的事件数是相互独立的。

(c)普通性(离散性):当 Δt 足够小时,在 $[t,t+\Delta t]$ 内发生两个或两个以上事件的概率可忽略不计。

通常,交通事故流 X 显然具有独立性和普通性,因此关键在于判断它是否具有平稳性。在高等级公路事故计量单位中,计量时间的单位是"年",可将纯数学形式的平稳性移植过来就是:考察连续多年事故数 X 的变化,趋势稳定期的 X 流近似泊松流。

b. 车流在一段公路(不限于长 1km)上发生事故数 Y 服从二项分布,$Y \sim B(n,P)$,其中 n 为通行车辆数,P 为每辆车发生事故的概率。据泊松定理,若 $nP=\lambda$(常数),则 $Y \sim P(\lambda)$,或者当 $n \to \infty$,$nP \to \lambda$,则当 $n \to \infty$,$Y \sim P(\lambda)$。得到以下判别法:无论交通量多少,事故数不变(则 Y 服从泊松分布)或者当交通量足够大以后,事故数趋于稳定,Y 近似服从泊松分布。

当然,也可对事故数选取样本进行分布拟合度分析,并进行假设检验。

c. 非泊松事故流可根据其服从的分布规律用累计频率法确定高事故数临界值 γ。例如:某省境内 109 国道的事故资料是按平均每公里发生的事故数进行统计的。由于平均每公里的事故数中包含出入口和一些道路、交通条件非常异常的路段的事故数,所以平均每公里事故数的分布并不表现出概率统计上常见的一些分布规律。如泊松分布、负二项分布等。另外,该国道上的事故多发地点研究是以 109 国道线为主,也即认为各路段的交通状况相似,事故多发地点鉴别中不考虑交通量因素的影响。鉴于以上条件,对比分析事故多发地点的各种鉴别方法,可以采用非泊松事故流法比较符合本次研究的实际情况,其事故统计及计算如表 5-8 所示。

某省境内 109 国道事故统计及计算表　　表 5-8

事故数 X	事故频数 f	频率(%)	累计频率(%)	事故数 X	事故频数 f	频率(%)	累计频率(%)
0	8	3.3	3.3	11	7	2.9	85
1	19	7.9	11.2	12	4	1.7	86.7
2	20	8.3	19.5	13	4	1.7	88.4
3	41	17	36.5	14	6	2.5	90.9
4	31	12.9	49.4	15	6	2.5	93.4
5	20	8.3	57.7	16	4	1.7	95.1
6	18	7.5	65.2	17	4	1.7	96.8
7	13	5.4	70.6	18	4	1.6	98.4
8	10	4.1	74.7	≥19	4	1.6	100
9	8	3.3	78		$\sum f=241$		
10	10	4.1	82.1				

给定 $\alpha=0.10$,则 $\gamma=3$;

若 $\alpha=0.05$,则 $\gamma=4$。

非泊松流,由于事故数变化不平稳,用累计频率法找出的临界值 γ 只是参考数值,必须结合其他知识,如决策人的判断,方可修订出适用于未来的预测值。

综上所述，得到高事故数临界值表如表 5-9 所示。

高事故数临界值 表 5-9

事故类型	统计周期	高事故数临界值
轻微事故	1 年	γ_1
一般事故	2 年	γ_2
重大事故	3 年	γ_3

根据陆大淦《随机过程及其应用》的原理，设有一泊松过程 $N(t)$，$t\geqslant 0$，它的参数为 λ。如果把过程中出现的事件 X 分为不同性质、互不相容的多种类型 X_1、X_2 和 X_3 型事件，而且每当 X 事件出现时，出现 X_1 型的概率为 P_1，出现 X_2 型的概率为 P_2，出现 X_3 型的概率为 P_3，$P_1+P_2+P_3=1$，各次出现 X_1、X_2 或 X_3 是相互统计独立的。于是组成了 3 个计数过程，即出现 X_1 型事件的计数过程 $N_1(t)$，$t\geqslant 0$，出现 X_2 型事件的计数过程 $N_2(t)$，$t\geqslant 0$ 和出现 X_3 型事件的计数过程 $N_3(t)$，$t\geqslant 0$，那么事件 X 的计数过程 $N(t)=N_1(t)+N_2(t)+N_3(t)$，$t\geqslant 0$ 利用母函数可以证明，$N_1(t)$、$N_2(t)$ 和 $N_3(t)$，$t\geqslant 0$ 仍然是泊松过程，参数分别为 $\lambda_1=P_1\lambda$、$\lambda_2=P_2\lambda$ 和 $\lambda_3=P_3\lambda$，即 $\lambda=\lambda_1+\lambda_2+\lambda_3$，反之，可以证明：如 X_1、X_2 和 X_3 符从泊松分布，则事件 X 的计数过程 $N(t)=N_1(t)+N_2(t)+N_3(t)$，$t\geqslant 0$ 符合泊松分布。将式(5-8)中“事故(X)”分别换成“轻微事故(X_1)”，“一般事故(X_2)”和“重大事故(X_3)”，方法步骤不变即可计算出各自的临界值，由于重大事故稀少，统计周期定为 3 年。

每公里事故数大于等于 γ_1、γ_2、γ_3 之一的路段，为事故多发路段。

(3)行车高事故率路段的判定

将事故数 X 除以统计周期内通过长 1km 路段的车辆数 n，得行驶车辆事故率 X/n，将轻微事故率 X_1/n、一般事故率 X_2/n、重大事故率 X_3/n 分别替代式(5-8)中的事故数 X，计算出各临界值如表 5-10 所示。

高事故率临界值 表 5-10

事故类型	统计周期	高事故率临界值
轻微事故	1 年	R_1
一般事故	2 年	R_2
重大事故	3 年	R_3

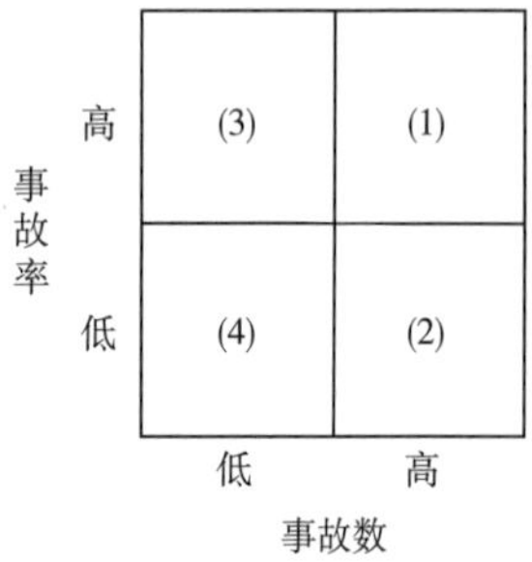

图 5-8 路段分类

凡行驶车辆事故率大于等于 R_1、R_2、R_3 之一的路段，为高事故率路段。

(4)事故多发路段

高事故数路段与高事故率路段合并成事故多发路段。将不同事故数和事故率组的不同组合情况划分为三种路段类型，不同路段类型构成不同的解决策略，如表 5-11 和图 5-8 所示。其中，警示道路管理者包括两个含义：一是改造路段的优先次序；二是采取必要的改造救援行动。

事故多发路段分类及对策　表 5-11

路段类型	事故数	事故率	警示道路管理者	警示车辆驾驶员
(1)	高	高	√	√
(2)	高	低	√	
(3)	低	高		√

关于(2)型路段,事故率低而事故数高,经过的车辆数必然大,发生事故堵塞往来车辆多,设甲路流量是乙路的2倍,同样严重程度和规模的事故,堵塞行车甲是乙的2倍,所以理应作为危险路段,预警道路管理者重视。

关于(3)路段,事故率高但事故数低,显然经过的车辆数少,若预测未来车流量突增,则事故数会增加,但若道路通行能力饱和度已≥1,则不会再增加。

上述(2)、(3)、(4)段关于事故多发路段的判定是以高等级公路为例展开的,其原理、方法及其步骤乃适用于道路统计系统中的其他道路系统,只需将“行驶车辆数”改为“交通量”即可。

5.2 建设与安全管理

道路建设的安全管理包括规划、设计与施工阶段的安全管理。

5.2.1 规划与安全管理

1)安全管理内容

山区高速公路规划阶段安全管理是对规划方案进行宏观性、战略性的把握,相对于公路运行阶段中的被动安全管理来说,它是一种主动型的安全管理,以确保公路拥有更高的宏观安全性能。在公路规划阶段确定的公路等级、土地利用规划和公路的进出口控制等是影响未来交通运行安全最大的道路特征,需要特别关注。

(1)公路等级

我国的公路等级是根据其任务、性质和交通量划分的,因此:

①在公路联网分类中要分清公路主次,划清公路等级。

②在每个出入口处要分清车辆行驶的优先权,主要道路上的交通比次要道路上的交通有优先权。

③规划中的各等级公路应分清公路用户速度和交通量,并与公路等级一致。

(2)土地利用

土地的利用开发应尽可能使公路交通与行人的冲突最小,以提高公路交通的安全性。在土地开发利用中应注意:

①规划中应分离土地利用及其发生的交通不协调和冲突的地段。

②应尽量将居民的日常生活需要(如商业、学校)规划在最短距离之内。

③土地利用应与公众运输的最小化出行和最大化出入平衡。

④应将工业和主要的商业道路相分离。

⑤规划生产的潜在交通活动应位于道路的毗邻,考虑交通类型的期望。

(3)交通进出口控制

①尽量避免较高等级的道路或主干道路直接正面出入。

②在主路上直接进出的路口数量应最小化,辅路或次要道路应尽量与主路构成一个简单的T形交叉。

③避免在有潜在危险的位置(如出入口、视距不良的弯道上)设置通道。

④每条道路应与同等级道路相交(包括平交和立交),以使道路用户对渐变条件有一个清楚的意识:低速“经过”,高速分离“通过”。

⑤注重进出口形式和停车规划。

⑥道路经过城镇乡村时对行人安全的影响极大。“田格”式路网布局交通冲突点多,安全性低,应基于运行特征和出入功能分离原理,保持外来交通与行人分离,采用更安全的环状或网状结构,避免断头、堵口或卡口路。

2)安全管理方法

山区高速公路规划阶段的安全管理可采用规划阶段的安全管理内容,根据管理项目内容和特点拟定安全评价清单进行安全管理评价,示例如表5-12所示。

山区高速公路规划阶段安全评价清单 表5-12

序号	安全评价项目	是	否
1	是否在公路联网分类中分清了公路主次及划清了公路等级		
2	是否在每个出入口处分清了车辆行驶的优先权		
3	是否在规划中分清了各等级公路用户的速度和交通量,并与公路等级一致		

5.2.2 设计与安全管理

1)安全管理内容

公路设计阶段的任务就是要让所设计给驾驶员以清晰、简单和前后一致任务的道路,从而使驾驶员以一种有效、舒适而安全的方式沿着道路行驶或通过一个冲突位置如匝道出口。因此道路设计中的一系列设计指标和参数都会影响道路运行的安全性。设计阶段安全管理的内容包括:设计参数与速度、平面设计、纵断面设计、平纵曲线的配合、横断面设计、安全防护栏和隔离栅、轮廓标、路侧障碍物等,具体的安全管理内容在2.4.1设计参数与速度,2.4.2线形指标与安全,2.4.3路侧设施与安全中已进行阐述,在此不再赘述;此外还包括出入口安全管理内容。

出入口设计的最基本要求是该出入口能允许交通流以最小的延误和最大的安全性从一条路线转向另一条路线或顺畅地直行通过。因此,出入口应尽量采用简单的布局形式,使驾驶操作明了,视线良好,能指导驾驶员安全通过冲突点,在设计时应避免采用不必要的高标准和提供不必要的需求。

(1)有优先通行权的出入口

有优先通行权的出入口是出入口中最常见的一种形式,通过在支路上设置让行或停车让行标志使主路获得无限制或无约束的优先权。有优先通行权的出入口往往由于支路延误时间过长而使支路驾驶员冒险进入或穿越主路，当主路为多车道的道路时，此种违章更为频繁，因而危险性也更大。如果支路的停止线设在突起主路边沿的下方，还会造成支路的视距不足。

因此，匝道出入口应提供必须的视线、视距、清晰的标志、标线，以使驾驶员了解他们到达的路口状况，并对其起到保护作用。

(2)环形出入口

在环型出入口通过让行标志和标线进出，适合于有两条或两条以上道路相交的情况。在设计时应注意对进出环岛的车速进行控制，保证行车视距。交通标志应设置在环岛或分流岛中，人行道应避开冲突点。由于岛边结构物可能会加剧事故的严重性，应给予特别的关注。

2)安全管理方法

山区高速公路设计阶段的安全管理方法可采用设计阶段的安全管理内容，根据管理项目内容和特点拟定评价清单，进行安全评价示例如表5-13所示；也可参照我国现行的相关安全评价指南进行。

山区高速公路设计阶段安全评价清单　表5-13

序号	安全评价项目	是	否
1	设计参数与速度是否符合要求		
2	曲线半径设计是否符合要求		
3	曲线的偏角设计是否符合要求		

目前在山区高速公路设计阶段安全评价方法有速度评价法和驾驶工作负荷评价法。

(1)运行速度安全评价方法

①评价目的和内容

运行速度安全评价的目的是从道路使用者行车安全性的角度对公路项目设计的成果进行行车安全性评价，以达到减少交通事故，降低交通事故危害程度的目的。评价内容是对相邻路段的运行速度的差值进行评价。相邻路段是指平面、纵断面、横断面指标或设计速度不同的相接路段，一般是指平曲线的起点、曲中点、曲终点，纵断面变坡点及横断面宽度变化的前后路段。

②评价方法

根据运行速度预测方法对各相邻路段的线形特征点(直线起、终点，平曲线起、终点及曲中点，竖曲线变坡点等)进行双向运行速度预测，根据预测速度计算相邻路段运行速度的差值Δv_{85}作为评价指标。

当$|\Delta v_{85}| < 10$km/h时：运行速度协调性好。

当$|\Delta v_{85}|$为10～20km/h时：运行速度协调性较好。条件允许时宜适当调整相邻路段技术指标，使运行速度的差值小于或等于10km/h。

当$|\Delta v_{85}| > 20$km/h时：运行速度协调性不良。相邻路段需重新调整平、纵面设计。

(2)驾驶工作负荷评价方法

①评价目的和内容

驾驶工作负荷评价的目的是通过研究线形指标的安全性与舒适性,切实贯彻交通运输部“以人为本、为车服务”的设计新理念,提高公路安全服务品质。评价的内容是对驾驶员在行车时实时的驾驶工作负荷度进行评价。

②评价方法

根据驾驶员驾驶工作负荷度计算式(5-43)、各相邻路段的线形划分标准(表5-14)和各相邻路段的线形预测模型(表5-15),对各相邻路段的线形特征进行驾驶员驾驶工作负荷度预测。当驾驶员驾驶工作负荷处于标准驾驶工作负荷范围内时,驾驶员驾驶安全舒适性良好;驾驶工作负荷高于或低于标准驾驶工作负荷时,驾驶员驾驶安全舒适性差。小客车和大货车驾驶工作负荷分类阈值如表5-16所示。

$$K_{ij}=\left[\left(\frac{\mathrm{LF}}{\mathrm{HF}}\right)_{ij}-A_i\right]\Big/v_{ij} \tag{5-43}$$

式中:K_{ij}——驾驶员 i 在道路上 j 位置的驾驶工作负荷度;

$\left(\frac{\mathrm{LF}}{\mathrm{HF}}\right)_{ij}$——驾驶员 i 在道路上 j 位置的 HRV 值;

A_i——驾驶员 i 正常驾驶时的 HRV 值;

v_{ij}——驾驶员 i 在道路上 j 位置的运行速度,km/h。

其中,A_i 是驾驶员在正常驾驶状态下的 HRV 值,本研究以驾驶员在驾驶过程中产生的 HRV 值的众数作为表征值。

公路路段划分阈值 表5-14

车型		R_0(m)	i_0(%)
小客车	上坡	850	3.5
	下坡		-3
大货车	上坡	930	2.5
	下坡		-3

各相邻路段的线形预测模型 表5-15

线形组合形式	车型		模型	适用范围
纵坡	小客车	上坡	$K=1.9i-0.036$	$v\leqslant85, i\in[3.5,6]$
		下坡	$K=-1.1i-0.019$	$v\leqslant100, i\in[-6,-3]$
	大货车	上坡	$K=1.2i+0.003$	$v\leqslant65, i\in[2.5,6]$
		下坡	$K=-0.7i+2.73\times10^{-5}\times L+0.016$	$v\leqslant75, i\in[-6,-3]$
平曲线	小客车	—	$K=39.151\times R^{-1.222}$	$v\leqslant90, R\in[125,850]$
	大货车	—	$K=7.616/R+6.489/L-0.019$	$v\leqslant60, R\in[125,930]$

续上表

线形组合形式	车型		模型	适用范围
弯坡组合	小客车	上坡	—	—
		下坡	$K=-6.356\times10^{-7}\times R-1.3i_{前}-0.3i_{后}-0.017$	$v\leqslant90, i\in[-6,-3], R\in[125,850]$
	大货车	上坡	$K=0.02i_{前}+6.8\times10^{-5}\times R-0.047$	$v\leqslant65, i_{前}\in[2.5,6], R\in[125,930]$
		下坡	$K=-0.018i_{前}+5.2\times10^{-5}\times R-0.072$	$v\leqslant70, i_{前}\in[-6,-3], R\in[125,930]$

注：表中，K 为驾驶员驾驶工作负荷度；v 为车辆运行速度，km/h；i 为纵坡坡度，%；L 为纵坡坡长，m；R 为平曲线半径，m；$i_{前}$ 为弯坡组合段前坡坡度，%；$i_{后}$ 为弯坡组合段后坡坡度，%。

驾驶员驾驶工作负荷分类阈值　　表5-16

小客车		大货车	
高驾驶工作负荷	$K\geqslant0.06$	高驾驶工作负荷	$K\geqslant0.07$
标准驾驶工作负荷	$-0.001\leqslant K\leqslant0.06$	标准驾驶工作负荷	$-0.001\leqslant K\leqslant0.07$
低驾驶工作负荷	$K\leqslant-0.012$	低驾驶工作负荷	$K\leqslant-0.011$

5.2.3 施工与安全管理

1)新建公路施工与安全管理

(1)安全管理内容

山区高速公路施工阶段是将设计阶段的内容和理念付诸实际，构建实体工程。在施工过程中应严格按照施工图设计标准执行；若在施工过程中偷工减料，不按施工图纸施工，特别是路基和路面等工程项目，将导致公路在运行期间产生工程质量病害和交通安全隐患；施工过程中如发生设计变更，就需要重新审查设计阶段可能存在的道路交通安全问题。

①路基

公路路基应具有足够的强度、稳定性和耐久性。路基结构承载力不足会导致路面破坏病害，路基的不均匀沉降会引起路面横向裂缝以及纵向裂缝。路基压实不足造成的不均匀沉降会引起大面积沉陷，这种沉陷的发生都伴有贯穿整个路面的结构性破坏，修补过后还会继续发展。这些道路病害都是由路基的强度、稳定性和耐久性不足引起的，这些道路病害会直接影响到驾驶员驾驶的安全舒适性，严重时甚至会造成交通事故。因此，在高速公路建设过程中应对施工质量严格把关，确保各项指标达到标准，减少高速公路运行期间的安全隐患。

a. 路床

路床填料应均匀、密实。路床土最小强度和压实度应该满足施工图文件和现行《公路路基施工技术规范》(JTG F10—2006)的要求。

b. 填方路基

(a)路基填料选择应满足施工图文件和现行《公路路基施工技术规范》(JTG F10—

2006)的要求,选用级配较好的砾类土、砂类土等粗粒土,填料最大粒径应小于150mm,路堤填料最小强度和渗水性等均应符合规范要求。

(b)新建公路路基施工时路堤基底应清理和压实。基底强度、稳定性不足时应进行处理,以保证路基的稳定,减少工后沉降。避免在道路运行期间产生路基承载力不足及地基不均匀沉降引起的道路破损,从而减少运行期间的安全隐患。

(c)路堤应分层铺筑,均匀压实,压实度应满足施工图文件和现行《公路路基施工技术规范》(JTG F10—2006)的要求。

c. 路堤边坡

(a)为保证高速公路路堤稳定性,路堤边坡的施工应满足现行相关规范要求。路堤边坡形式和坡率应根据填料的物理力学性质、边坡高度和工程地质条件决定。

(b)对于存在稳定性隐患的边坡应采用加固和防护措施;否则,在道路运行期间,有可能发生边坡失稳或路基失稳。

(c)路基坡面防护工程应在稳定的边坡上设置,防护类型的选择应综合考虑工程地质、水文地质、边坡高度、环境条件、施工条件和工期等因素的影响,对于路基稳定性不足和存在不良地质因素的路段,应注意边坡防护与支挡加固的综合设计施工。

d. 挖方路基

(a)挖方路堑边坡坡率应依据工程地质、边坡高度、排水措施和施工方法并结合自然稳定边坡和人工边坡的调查及力学分析综合确定。在高速公路施工期间,应严格遵循设计的边坡坡率,提高边坡的稳定性。

(b)为保证边坡稳定性,避免在道路运行期间可能出现塌方、滑坡等灾害造成交通事故,应采取合理、有效的防护措施。根据边坡稳定情况和周围环境状况确定边坡坡面防护形式,边坡防护应采取工程防护与植物防护相结合,稳定性差的边坡应设置综合支挡工程。条件许可时,宜优先采用有利于生态环境保护的防护措施。

e. 半填半挖路基

(a)半填半挖路基中填方区压实度应满足现行相关规范的要求,必要时可采用冲击碾压或强夯等进行增强补压以保证路基压实度,消减路基填挖间的差异变形。

(b)半填半挖路基中挖方区应做好边坡防护,保证边坡的稳定性。

(c)半填半挖路基,挖方区为土质时应对挖方区路床0.80m范围内土体进行超挖回填碾压,并在填挖交界处路床范围内铺设土工格栅;挖方区为坚硬岩石时宜采用填石路基。

②排水设施

水是使路基产生病害的主要原因之一。土中含水率增加会降低路基土的强度及稳定性;另外,水对路基的直接作用如浸泡、冲刷等,会影响路基的正常使用。因此,修筑排水设施有助于减少水对道路的危害。

路基排水分为地表排水和地下排水。地表排水设施包括边沟、截水沟、排水沟、跌水和急流槽等;路基地下排水设施有明沟、暗沟、渗沟、检查井等。路基排水设施施工应注意以下几点:

a. 各类排水设施施工时,其平面位置、断面尺寸、坡度、高程及所用材料应符合设计文件和施工技术规范的要求，各类排水设施要求应线形美观，直线顺直，曲线圆滑，无突然转弯等现象，纵坡顺势，沟底平整，排水畅通，无冲刷和阻水现象，表面平整美观。

b. 沟槽护砌片石应坚固稳定，砂浆配合比符合设计要求，砌筑时片石间应咬扣紧密，砌缝砂浆饱满、密实，勾缝应平顺，无脱落且缝宽一致，沟深无漏水现象。

c. 渗沟、渗井及隔离层的地面高程及尺寸应符合设计施工要求，以确保地下排水设施埋设深度符合设计要求，渗沟、渗井回填渗透材料的选择应满足设计要求。

路面排水主要包括路肩排水和中央分隔带排水。路肩拦水带的设置位置及尺寸除应满足规范要求外还应不引起失控车辆的二次事故，路肩排水沟纵坡应与路肩纵坡相同且不小于3%。施工时路肩拦水带、路肩排水沟等设置位置、纵坡坡度合断面尺寸等均应符合施工图设计文件和施工技术规范的要求。

③路面

路面直接承受行车荷载及接触大气降水和温度变化，直接影响行车的安全舒适性。因此，路面应具有足够的结构强度和稳定性以及良好的表面特性。

a. 沥青混凝土路面

高速公路沥青面层应具有平整、密实、抗滑、耐久的品质，并具有高温抗车辙、低温抗开裂，以及良好的抗水灾害能力。高速公路沥青混凝土路面施工时应满足：

(a)高速公路沥青路面施工所采用的沥青混合材料、基层、底基层材料、碎砾石参数应满足施工图设计和现行《公路沥青路面施工技术规范》(JTG F40—2004)要求。严格控制各种矿料和沥青用量及各种材料和沥青混合料的加热温度，沥青材料及混合料的各项指标应符合设计和施工规范要求，沥青各面层厚度应符合施工图设计和施工规范的要求。

(b)基层必须碾压密实，表面干燥、清洁、无浮土，其平整度和路拱度应符合施工图设计和施工规范的要求，摊铺时应严格控制摊铺厚度和平整度，避免离析，注意控制摊铺和碾压温度，碾压至要求的密实度。

(c)沥青路面平整度应满足国际平整度指数 IRI <2.0m/km，$\sigma<1.0$mm 要求。沥青路面抗滑性能以横向力系数 SFC60 以及路面宏观构造深度 TD(mm)为主要指标，应满足现行《公路沥青路面施工技术规范》(JTG F40—2004)规定。

b. 水泥混凝土路面

水泥混凝土面层直接承受行车荷载及环境的作用，应具有较高的抗弯拉强度、耐久性、耐磨性和抗滑性。高速公路水泥混凝土路面施工时应满足：

(a)高速公路水泥混凝土路面所使用的垫层、基层和面层材料性质均应满足现行《公路水泥混凝土路面施工技术规范》(JTG F30—2003)要求，且符合施工规范的要求。

(b)水泥混凝土路面基层强度不满足要求时不得进行路面摊铺，水泥混凝土路面摊铺时模板应连接牢固可靠，使浇筑混凝土时能够经受捣实与饰面设备的冲击振动而不产生位移，立模的平面位置与高程应符合施工图设计要求。

(c)水泥混凝土浇筑时不应有离析现象。

(d)横、纵向伸缩缝填料及设置位置均应符合施工规范的要求。

④高速公路安全设施

a. 高速公路护栏

高速公路护栏的功能是:阻止车辆越出路外或穿越中央分隔带闯入对向车道,防止车辆从护栏板下钻出或将护栏板冲断,护栏应能使失控车辆恢复到正常行驶方向,发生碰撞时对乘客的损伤最小,能诱导驾驶员视线。高速公路护栏安装不规范会使护栏设置失去应有的功能,导致安全隐患,甚至引起交通事故。高速公路护栏施工时应注意如下几点。

波形护栏:

(a)所选择的护栏各部件质量均应符合交通行业有关护栏产品标准的规定。

(b)护栏的施工位置应符合施工规范的要求。

(c)应重视混凝土基础的定位、浇筑及预埋件的安装,确保后续施工顺利进行,立柱打入过深时不得将立柱拔出矫正,需将其余全部拔出将其基础重新夯实后再打入,或调整立柱位置。立柱应按施工图设计图纸所示深度埋设。

(d)护栏应设置在压实的地基或者混凝土基座中。当需要在路堤顶安装护栏时,应待路堤彻底压实后再安装。为保证护栏的整体强度,路肩处护栏立柱、基础处理及中央分隔带的土基压实度均不应小于施工图设计值。达不到压实度要求的路段不应进行立柱打入施工,石方路段和挡土墙上的护栏立柱及立柱基础处理应符合施工图设计要求。

(e)护栏从路面到护栏顶部高度宜为70~100cm。若超过100cm可能会导致失控车辆的乘员头部直接撞击护栏。此外,高度大于100cm时会对驾驶员视线造成干扰,不利于行车安全。

混凝土护栏:

(a)混凝土护栏所用材料应按现行《公路工程水泥及水泥混凝土试验规程》(JTG E30—2005)进行检验,混凝土拌制和浇筑的质量应满足现行《公路桥涵施工技术规范》(JTG/T F50—2011)规定。

(b)施工期间应严格控制水泥混凝土护栏的中心位置、高程、起点位置及长度。

(c)施工所使用的水泥混凝土护栏模板应具有足够的强度、刚度、稳定性,以保证水泥混凝土护栏构件的形状及尺寸。

(d)混凝土浇筑后应及时养护保持潮湿状态。

b. 标志

高速公路标志应结合道路及交通情况设置。通过交通标志提供准确及时的信息和引导,使道路用户顺利快捷地抵达目的地,促进交通畅通和行车安全。高速公路交通标志不仅应该设置合理,在施工安装期间更应该注意按照施工技术规范相关要求,避免因安装过失导致交通标志不能起到其应有作用,反而造成安全隐患引起交通事故。高速公路标志施工安装期间应注意如下几点:

(a)交通标志形状、板面尺寸、颜色、设置位置、设置角度等均应符合施工图设计及现行《公路交通标志和标线设置规范》(JTG D82—2009)的要求;

(b)公路交通标志板均应使用符合施工图设计及现行《公路交通标志反光膜》(GB/T

18833—2002)要求的反光膜或其他逆反射材料；

(c)标志在安装过程中，应对已完工的标志进行保护，同时在标志施工作业面范围内的路缘石和路面等道路结构要用保护物进行覆盖保护，以免损坏；

(d)大型标志的地基承载力应符合施工图设计要求。大型标志柱、梁的焊接部分应符合钢结构焊接规范的质量要求，不能有裂缝、未熔合、夹渣等缺陷；

(e)标志面应平整完好，无起皱、开裂、气泡、缺损或凹凸变形，板面与驾驶员视觉角度要满足施工图设计及现行相关规范要求。

c. 标线

道路交通标线是由施画或安装于道路上的各种线条、箭头、文字、图案及立面标记、实体标记、突起路标和轮廓标等所构成的交通设施，它的作用是向道路用户传递有关道路交通的规则、警告、指引等信息，可与标志配合使用，也可以单独使用。

(a)高速公路标线设置形式、设置位置应符合施工图设计要求和相关施工技术规范的规定。

(b)交通标线所用材料应具有良好的耐久性，且应使用抗滑材料，标线表面的抗滑性能不宜低于所在路面的抗滑性能；否则，雨天容易引发车辆滑移导致交通事故。

(c)喷涂标线前路面应清洁无起灰现象，所有路面标线的颜色、形状、位置均应符合施工图设计要求和现行《公路交通标志和标线设置规范》(JTG D82—2009)的规定。

(d)标线应具有光洁、均匀、整齐的外观，线形应流畅，与道路线形相一致，不出现折线，反光标线玻璃珠应撒布均匀，附着牢固，反光均匀。

(e)标线施工完后，要对其进行保护，防止污染和破坏。

⑤沿线桥梁

桥梁施工期间总体应符合：

a. 施工图设计和相关施工技术规范中有关技术操作规程要求。

b. 桥下净空不得小于施工图设计要求。

c. 特大跨径桥梁或结构复杂的桥梁，必要时应进行荷载试验。

d. 处理好桥头跳车的问题。

⑥沿线隧道

隧道施工期间总体应符合：

a. 隧道施工所用水泥、砂、石、水及外掺剂的质量须符合施工图设计和相关规范要求。按规定的配合比施工，寒冷地区混凝土集料应按有关规定进行抗冻试验，结果应符合相关规范要求。

b. 隧道内各结构物位置、尺寸需符合施工图设计和施工技术规范的要求。

c. 隧道施工期间应做好洞内防排水工程，避免洞内排水不良造成支撑基底下沉、开挖断面不稳定，影响工程质量。

(2)安全管理方法

山区高速公路施工安全管理方法可采用施工阶段的安全管理内容，根据管理项目内容和特点拟定评价清单(表5-17)，进行安全评价；也可参照我国现行的相关安全评价指南进行。

山区高速公路施工阶段安全管理评价清单 表 5-17

序号	项目	安全评价项目	是	否
1	路床	新建山区高速公路路床压实度填料最小强度是否满足施工图设计和规范要求		
	填方路堤	填方路基填料选择是否满足施工图设计和规范要求		
		填方路堤施工前基底是否已清理和压实		
		填方路基压实度是否满足施工图设计和规范要求		
		填方路基施工前路堤基底是否清理和压实		
	路堤边坡	路堤边坡施工是否依据施工图设计,满足规范要求		
		路堤边坡是否采取加固、防护措施		
		对于路基稳定性不足和存在不良地质因素的路段边坡与支挡加固施工是否依据施工图设计,满足规范要求		
	路堑边坡	路堑边坡施工是否依据施工图设计和满足规范要求 挖方路堑边坡是否采取合理有效的防护措施		
	半填半挖	半填半挖路基压实度是否满足要求		
		半填半挖路基是否采取边坡防护措施		
		半填半挖路基施工是否依据施工图设计,满足规范要求		
2	排水设施	排水设施施工是否满足施工图设计和现行施工技术规范		
		沟槽护砌片石砌筑是否无脱落且缝宽一致,沟深无漏水现象		
		渗沟、渗井及隔离层的地面高程及尺寸及使用材料是否符合要求		
		路面排水结构设置位置、纵坡坡度、断面尺寸等均是否符合施工图设计和施工技术规范的要求		
3	沥青混凝土路面	沥青路面材料选择是否满足施工图设计和现行规范规定		
		沥青路面施工后平整度、抗滑性能是否满足施工图设计和相关标准		
	水泥混凝土路面	水泥混凝土路面所使用垫层、基层、面层材料性质是否满足施工图设计和现行规范规定		
		水泥混凝土路面摊铺时模板是否连接牢固可靠		
		横、纵向伸缩缝填料及设置位置是否符合施工图设计和施工规范的规定		
4	波形护栏	高速公路护栏各部件是否满足施工图设计和标准规定		
		护栏的设置位置是否符合施工图设计和施工规范的规定		
		护栏是否设置在压实的地基或者混凝土基座中		
		护栏设置高度,护栏稳定性是否满足施工图设计和规范要求		

续上表

序号	项目	安全评价项目	是	否
4	混凝土护栏	混凝土护栏所用材料及混凝土拌制和浇筑的质量是否满足施工图设计和规范要求		
		水泥混凝土护栏的中心位置、高程、起点位置及水泥混凝土护栏的长度是否符合施工图设计要求		
		水泥混凝土护栏模板是否能够保证水泥混凝土护栏构件的形状及尺寸		
		水泥混凝土护栏施工后是否保持潮湿状态		
	标志	标志的形状、板面尺寸、颜色、设置位置、设置角度等是否符合施工图设计和现行规范规定		
		标志所使用反光膜是否符合施工图设计和相关质量要求		
		施工后标志面是否平整完好，无起皱、开裂、气泡、缺损或凹凸变形		
	标线	高速公路标线设置形式、设置位置是否符合施工图设计和施工规范的规定		
		标线抗滑性能及耐久性是否满足施工图设计和规范		
		标线是否有光洁、均匀、整齐的外观，线形是否流畅、与道路线形一致		
5	桥梁	桥梁施工是否严格按照施工图设计、施工技术规范和有关技术操作规程要求进行		
		桥下净空是否满足施工图设计要求		
		特大跨径桥梁或结构复杂的桥梁，是否已进行荷载试验		
6	隧道	隧道施工所用材料是否符合施工图设计和规范要求		
		隧道内各结构物位置、尺寸是否符合施工图设计和施工技术规范的要求		
		隧道施工期间是否已做好洞内防排水工程		

2）改扩建公路施工与安全管理

（1）安全管理内容

近年来，随着我国高速公路的飞速发展，汽车保有量急剧增加，我国道路上的交通量增长迅速，超过当时道路设计人员的想像，很多高速公路的交通压力超前增大，现有多数高速公路年平均日交通量已超过预测远景年平均日交通量极限值。因此，我国面临大量的高速公路改扩建项目。

高速公路改扩建是在不中断交通的情况下进行的改扩建作业，施工时部分车道需封闭，会导致施工作业区上游和下游交通环境复杂，交通特性发生改变，使本来就拥挤的道路通行能力降低；且高速公路改扩建中所使用的施工机械、车辆及施工作业人员均可能会对交通流产生不利影响，易导致交通事故影响道路用户及施工人员的安全。因此，需要合理的施工作业控制区布置形式及合理的施工组织，减小施工作业区对高速公路交通流的影响，并提高高速公路施工作业人员及道路用户的安全。同时，改扩建施工工程应符合设计及规范要求，不得偷工减料，保证工程质量，避免改扩建施工完成通车后产生道路病害引发交通事故。

①交通组织

a. 施工作业区基本要求

依据我国现行《公路养护安全作业规程》(JTG H30—2004)规定,养护维修作业控制区布置应考虑养护维修作业的内容、要求、时间、周期、交通量和经济效益等因素,控制区内交通标志的设置必须合理、前后协调,起到引导车流平稳变化的作用;工作区应设置工程车辆专门的进出口,进出口应设在顺行车方向的下游过渡区内;同一方向不同断面的相同作业区同时维修作业,下游工作区距上游工作区 1 000m 以上时,应在下游工作区前端设置施工标志;同一方向不同断面的不同作业区不宜同时进行维修作业,当必须同时作业时,高速公路控制区布设间距应不小于1 000m;当单向三车道以上公路中间车道养护维修作业时,应与相邻一侧车道同时封闭;应利用作业区上游的可变信息板显示"前方公路施工车道封闭,请谨慎行驶的信息"。

b. 施工作业控制区布置要求

依据我国现行《公路养护安全作业规程》(JTG H30—2004)规定,警告区内应设置施工标志、限速标志和可变标志牌或线形诱导标等;在上游过渡区起点至下游过渡区终点之间应设置锥形交通路标;在缓冲区与工作区交界处应布设路栏,控制区内其他安全设施可以视具体情况而定;当需要布置改变交通流方向的作业控制区时,可与中央分隔带开口位置相结合,利用非作业控制区一侧的车道。当警告区范围内有入口匝道时,应在匝道右侧路肩外设置施工标志;立交区进出口匝道养护维修作业控制区的布置应根据工作区在匝道上的具体位置和匝道的长度而定。当匝道长度小于表5-18 中规定的警告区最小长度时,作业控制区最前端的交通标志可设置于匝道的起点处。在同一位置作业时间在半天以内时,可以适当减少交通标志,但应设置施工标志以及锥形交通路标,并应在上游过渡区内设置移动式标志车或配备交通指挥人员;当养护维修作业位置移动时,可按实际条件在保障安全的前提下适当简化。

警告区最小长度 表5-18

公路等级	设计速度(km/h)	警告区最小长度(m)
高速公路、一级公路	120, 100	1 600
	80, 60	1 000

②施工

高速公路改扩建施工中除应满足新建道路的施工安全要求外,还应注意如下问题:

a. 公路路基拓宽改建施工图设计,应根据原有公路沿线地形、地貌、地质构造、水文地质、地基土的性质、不良地质的发育等情况,采取合理的工程措施,保证拓宽改建公路路基的强度和稳定性。

b. 路基拓宽改建施工图设计与施工应符合现行《公路路基设计规范》(JTG D30—2004)中6.3 节的有关规定,注意地基处理、路基填料、边坡稳定、防护排水设施的综合设计与施工,并与交通工程、路面排水系统设计相协调。

c. 拓宽路基压实度应符合施工图设计现行《公路路基设计规范》(JTG D30—2004)中3.2.1 条、3.3.2 条的规定,必要时,可采用冲击碾压或强夯等进行增强补压,以消减新老路基拼接拓宽的差异变形。新老路基的拼接处理施工图设计,除应符合现行《公路路基设计规范》(JTG D30—2004)中6.3.4条的规定外,当路基高度超过3m时,可在新老路基间横向铺设土工格栅,提高路基的整体性。

d. 拓宽改建路堤填料宜选用与原路堤相同且符合要求的填料或较原有路堤渗水性强的填料。拓宽原有路堤时,应在原有路基坡面开挖台阶,台阶宽度不应小于1.0m,当加宽拼接宽度小于0.75m时,可采用超宽填筑或翻挖原有路基等工程措施。

(2)安全管理方法

山区高速公路改扩建项目施工阶段的安全管理方法可采用改扩建项目施工阶段的安全管理内容,根据管理内容和特点拟定安全评价清单,采用室内施工文件和室外施工现场检测相结合的方法进行安全管理评价,评价清单示例如表5-19所示;也可参照我国现行的相关安全评价指南进行。

山区高速公路改扩建施工安全管理评价清单 表5-19

序号	安全评价项目	是	否
1	高速公路改扩建时施工区的设置位置是否满足高速公路养护施工作业区要求		
2	高速公路改扩建时施工区的设置形式是否满足高速公路养护施工作业控制区布置的要求		
3	高速公路改扩建期间路基处理、填料选择、边坡防护等是否符合施工图设计及现行规范规定		

5.3 运行与安全管理

山区高速公路属于国家的基础设施,在通车运行阶段需要进行资产管理,保障公路资产完好和功能的正常发挥。资产管理中一项极为重要的管理内容就是保障公路资产在运行中提供安全舒适的服务功能,这项工作不仅是按照道路设计和施工标准维护其原有功能,还需根据社会用户和经济发展的需要,不断提升公路的安全服务水平。为了做好道路安全的服务工作,需要调查统计道路交通安全状况,预测将来可能的发展趋势,采用安全评价方法、事故多发生地点全程管理方法和安全监控、救援技术等进行道路工程安全管理。

5.3.1 安全管理内容及过程

山区高速公路运行管理阶段安全评价是通过对山区高速公路交通事故调查与统计,结合现场道路安全勘察和竣工文件进行评价,评价内容如表5-20所示。目前,项目后评价中的安全评价内容也属于运行管理阶段的安全评价,评价内容和方法一致,但评价目的却不同。

山区高速公路项目运行管理阶段安全评价内容　　表 5-20

评价项目	评价内容
交通事故	交通事故发生的时间、地点、天气情况、交通量分布特征、事故形态、事故原因、肇事车型及肇事驾驶员年龄、驾龄和籍贯等
总体	运行速度协调性以及设计速度与运行速度的协调性评价，路线安全与舒适性
路线	平纵面线形、视距、横断面、合成坡度、超高、平纵线形组合
路基路面	路侧安全净空区、路侧防护设施； 路面类型及使用性能、路面破损类型和破损情况、隧道出入口路面面层形式过渡长度； 排水设施形式、养护状况及泄水能力；中央分隔带开口设置间距、长度及活动护栏形式
隧道	机电设施：供配电设施、照明设施、监控设施、通风设施、通信设施； 应急设施：逃生救援设施、消防设施； 运行管理：隧道管理组织机构部门设置、部门职能和管理规章制度情况
其他结构物	桥梁、涵洞：桥面侧风、桥梁墩台设置位置（如果在主路中设置有）、涵洞洞口形式等对行车安全的影响； 互通立交：互通立交间距，主线及匝道设计指标、变速车道长度、匝道及分流合流三角区安全视距； 收费站：收费站位置布设； 服务区、停车区：服务区、停车区的位置、数量和进出口匝道几何参数； 爬坡车道：爬坡车道长度、宽度及引导标志标线； 紧急避险车道：避险车道平纵面线形、长度、宽度、路面材料、排水系统及防撞护栏、标志、标线
交通工程及沿线设施	标志：标志位置、板面尺寸、板面信息量、夜间反光、板面有无污损或遮挡情况、标志间的连续性、标志视认有效性； 标线：标线湿滑位置、尺寸、清晰程度、有无剥落，视线诱导标设置间距、破损情况等； 护栏：护栏设置形式、高度、长度、防护等级、端头处理方式、破损情况，隧道洞口及桥梁端头有无设置过渡段、过渡形式等； 中央分隔带防眩设施：防眩设施形式、防眩板设置间距及防眩效果、破损情况； 监控、通信设施：监控中心对监控、通信设施的使用情况，车辆检测器、气象监测器、视频摄像机、紧急电话设置及完好情况
景观	路侧将关注对安全驾驶有影响的色彩、植被破坏、光线反射等情况

5.3.2 安全管理方法

1）路网安全性筛选

在实际安全管理工作中，除了单条道路的事故多发地点判别，路网级的事故多发地点判别有其广泛的应用价值，路网级事故多发地点判别的应用对于大范围的安全管理和从战略角度合理分配资金等方面具有重要意义。

路网事故多发地点判别，目的是从整个对象路网中找出事故相对集中的地点（或者说相对更危险的地点），有些做法是先在路网中识别安全性较差的路段，再识别路段上安全性差的地点。这种方法可能会导致一些急需安全改善的地点被忽略。

路网事故多发地点判别方法的主要优势在于把路网中微观对象放在一起，进行对比分析，避免了我国现有方法中先确定路网中的事故多发公路，而漏掉一些非事故多发公路上事故多发的地点。

路网事故多发路地点的判别和路网结构密切相关。事故多发地点判别时，必须考虑路网内公路间的相互交叉。对于公路路网来说，有多种构成形式，在一个已建成的公路路网中，包括了各种等级的公路（高速公路、一～四级公路、等外公路，甚至包含有城市道路等），不同等级公路的公路特征、交通流特征和安全特征等都不尽相同，进行路网的事故多发地点判别就需要考虑把路网中各种等级的公路放到同一标准下进行判断分析，也即是进行归一化处理。

2）安全诊断

安全诊断程序主要包括5个步骤：组建安全诊断小组、搜集相关背景资料、初步诊断、现场调研和确定主要安全隐患。

（1）组建安全诊断小组

安全诊断小组的成员组成取决于安全改善地点道路交通环境的复杂程度。对于道路交通环境复杂的安全改善地点，考虑安全诊断的实施涵盖了道路工程、交通工程和安全工程等方面的知识，因此，需要跨专业的人员组成安全诊断小组来完成。对于道路交通环境不太复杂的安全改善地点，可由1～2名人员组成的诊断小组即可完成诊断工作，诊断小组成员的分工也应在此阶段完成。

（2）搜集相关背景资料

安全改善地点的确定大致可分为三类：一类是充分利用已有的事故数据，确定事故多地点；一类是不完全基于已有的事故数据，通过基于道路条件的安全性预测的分析来确定；另一类是不依赖已有的事故数据，通过运行速度、驾驶工作负荷等的观测分析或通过模拟分析来确定。

使用上述方法确定安全改善地点时，需要获得安全改善地点的一些背景资料，如事故资料、道路条件资料（包括道路线形资料、路面资料等）、环境资料、气候资料、交通量资料、运行速度资料等，但由于各种方法在确定安全改善地点时需要的资料支撑有所不同，当安全改善地点确定后，对其进行安全诊断时还需要补充其他方面的资料。因此，针对具体的安全改善地点，主要是对相关的背景资料进行补充，以便对其进行全面的安全诊断。

（3）初步诊断

对需要改进安全的地点最近几年（一般为3年）的事故资料进行分析（如统计分析法、分析分类法、图形法等），统计事故发生时间、事故涉及对象、事故形态、事故严重程度等的分布情况，根据不同事故形态的事故数量及严重程度确定主要事故形态，并初步分析交通事故的可能原因。

①统计分析法

统计分析法是依据能够客观反映事实的数据资料（例如交通事故次数、死亡、伤人、损失、原因、地点、时间、道路、车辆、驾驶员等数据资料），进行科学的推理、判断，从而将包含在数据中的规律揭示出来。

②分类分析法

分类分析法既是处理数据的一种重要方法，也是分析交通事故原因的一种基本方法。

其目的是通过分类将性质不同的数据以及错综复杂的交通事故的原因划分清楚，给出一个明确、直观和规律性的概念。

③图形法

图形法是将统计分析法和分类分析法的分析结果以图形的形式更加直观地表达出来。主要有比例图、坐标图和分析图三种方法。

a. 比例图法。比例图法分饼图法和排列图法两种。饼图法可以直观地看出各个因素所占的比例。

b. 坐标图法。坐标图法即以事故发生的时间、空间等因素作为横坐标，以事故指标作为纵坐标，绘制出坐标图来分析交通事故情况。通常用于对交通事故数量的分析，适用于对事故的发展变化趋势进行分析和对事故情况进行横向对比。

c. 分析图法。分析图法主要包括因果分析图法和交通事故分析图法两种。因果分析法也叫特殊因素图法，也成鱼刺图法或树枝图法，它可以给人以直观的概念，逻辑性强，因果关系明确。但因果分析图法只能进行定性分析，没有定量分析，用此方法分析交通事故的具体案例，对吸取教训、采取防范措施、防止类似事故的再发生尤为适用。交通事故分析图法是采用事故状况符号和道路状况符号，将实际发生的事故填写在地图上，适用于对具体的事故案例进行分析。

(4)现场调研

现场调研也是安全诊断的重要组成部分，重点包括：

①路侧环境。重点对路侧的挖方高度和深度、路侧净区、路侧护栏的过渡、标志立柱的设置位置等进行调研。

②视距条件。充足的视距是交通安全的重要保障，而只有在现场才能准确地判断视距条件。现场调研时应重点关注挖方路段曲线内侧的视距(边坡、树木是否会遮挡视线)、凸形竖曲线的视距等。

③路面条件。路面随着使用时间的增加，会逐渐出现裂缝、坑槽、泛油、磨光等破损现象，降低了行车的安全性与舒适性；路面超高也会因长期使用而变得不足，成为交通事故的诱发因素。因此，现场调研时也应关注路面条件。

有条件的情况下可以进行专项调查。走访在一线工作的交警是专项调查的一个重要内容。作为在第一线执勤的交警，他们对辖区内的事故状况、事故多发地点情况都有一个直观、感性的认识。调查的内容主要包括辖区范围内事故较多点段的位置、事故形态和原因，驾驶员、车辆、道路设施和环境等存在的问题，并对典型事故的现场进行踏勘分析。

驾驶员是道路的使用者，对沿路驾驶员进行调查是专项调查的另一个内容，从驾驶员对道路的直观感觉中可以间接地获得道路用户对道路设施安全性和合理性的评价。

(5)主要事故成因的确定

在初步诊断、现场调研和专项调查完成以后，事故多发地点的大致原因已经确定，但哪些是主要原因，哪些是次要原因，还需要进一步加以明确，作为提出安全改善对策的基础。

对于道路交通环境比较简单的安全改善地点，安全诊断小组可以通过事故统计结果及现场调研情况来判别哪种因素是诱发交通事故的主要原因。

对于道路交通环境比较复杂的安全改善地点，安全诊断小组需要会同交通警察以及交通心理学、汽车工程等专业方面的专家，根据人、车、路及环境因素相互作用诱发事故的机理，确定主要事故成因。

3）安全措施选择

在对道路不安全地点进行安全诊断，明确其不安全的主要原因后，就可以提出有针对性的安全改善对策方案。对策方案和安全诊断密切相关，根据安全诊断结果确定可能的改善对策方案，比选各种对策或对策组合方案，判断各种改善措施对策或对策组合方案实施的可行性。

安全改善地点的主要事故类型确定以后，根据主要事故类型和事故地点的实际道路情况，列出相应的改善对策措施或对策措施组合方案。在这些对策或对策组合方案中，可能有的方案成本低，有的方案成本高，有的方案效果明显，有的方案效果并不显著，所以应对这些安全改善对策措施方案进行初步筛选，筛选时主要考虑以下几个因素。

（1）可操作性。改善对策措施方案是否在其他地方实施过，有无已有的经验可供参考。

（2）投资效益。改善对策方案是否能够有效降低或消除事故率，从而产生一定的社会经济效益。

（3）投资成本。改善对策方案是否能为预算投资所承受，是否有更经济的对策措施方案。

在这些初步筛选出来的对策或对策组合方案中，应找出较优的改善对策或对策组合方案，应用经济分析理论和方法对改善对策措施方案进行经济评价。从国内外的应用情况来看，对安全改善对策进行排序的方法主要有效益成本比（B/C）法、安全指数法和成本效益法。其中，效益成本比（B/C）法应用最为广泛。

4）经济评价

经济评价是指在项目方案实施一段时间后，从经济角度分析项目的成本与经济效益的关系，目的是考察项目的经济价值和效率。

效益成本分析方法在经济评价中得到广泛应用，它从经济角度考察项目的成本和经济效益，并采用评价指标分析项目的经济价值和效率。评价指标包括：价值型评价指标——净现值（NPV）、效率型评价指标——效益成本比率（B/C）和内部收益率（IRR）。

（1）成本分析

成本是从耗费角度衡量项目在整个寿命期内各种投入的基本指标，可用货币直接表示，包括初始投入成本、追加投入成本、运行成本和后续维护成本等。

根据货币的时间价值，不同时间点上的成本现金流必须用折现率转换到基准时间点上才能进行比较分析，基准时间点是指项目正式投入使用的日期。项目在整个寿命期内投入成本的现值计算公式如式（5-44）所示：

$$\mathrm{PVC}=\sum_{i=0}^{n}\mathrm{PVC}_i=\sum_{i=0}^{n}C_i\times(1+d)^{-i} \tag{5-44}$$

式中：d——年折现率，以百分数计；

C_i——第 i 年投入的成本；

PVC_i——第 i 年投入的成本在基准时间点的现值；

PVC——各年投入成本在基准时间点的现值和。

(2)经济效益分析

经济效益分析时,根据项目安全改善效果和事故平均成本等,计算项目的经济效益。进行经济效益分析的方法和步骤如下。

a. 测算寿命期内各年的事故成本指标 ACRTA_i。

b. 计算寿命期内各年的安全效果指标 δ_i。

c. 计算寿命期内各年的安全经济效益,其计算如式(5-45)所示:

$$B_i = \delta_i \times \mathrm{ACRTA}_i \qquad (i = 1, \cdots, n) \tag{5-45}$$

d. 计算各年安全经济效益的折现值并求和,其计算如式(5-46)和式(5-47)所示:

$$\mathrm{PB}_i = \delta_i \times \mathrm{ACRTA}_i \times (1 + d)^{-i} \tag{5-46}$$

$$\mathrm{PB} = \sum_{i=1}^{n} \delta_i \times \mathrm{ACRTA}_i \times (1 + d)^{-i} \tag{5-47}$$

式中:n——安全改善措施的寿命,年;

d——年折现率,以百分数计;

δ_i——第 i 年减少的事故数(或伤亡人数等),起;

ACRTA_i——寿命期限内第 i 年的平均事故成本;

PB_i——项目第 i 年经济效益的现值和;

PB——项目各年经济效益的现值和。

(3)效益成本分析

①效益成本比(BCR)

效益成本比是指在基准点上的经济效益现值与成本现值之比。它是考察项目的效率型指标,其计算如式(5-48)所示:

$$\mathrm{BCR} = \mathrm{PB}/\mathrm{PC} \tag{5-48}$$

式中:BCR——效益成本比;

PB——安全改进措施在寿命期内经济效益的现值;

PC——安全改进措施所有投入成本的现值。

一般而言,安全改进措施的 BCR 大于 1,表明该项目具有足够的社会经济效益。

②净现值

净现值是指按预定的折现率,将安全措施寿命期内各年成本和经济效益折现到基准时间点的现值之和。它是考虑安全改善措施的价值型指标,其计算公式如式(5-49)所示:

$$\mathrm{NPV} = \sum_{i=0}^{n} (\delta_i \times \mathrm{ACRTA}_i - C_i) \times (1 + d)^{-i} \tag{5-49}$$

式中:NPV——净现值;

n——安全改进措施的寿命,年;

δ_i——第 i 年减少的事故数(或伤亡人数等);

C_i——第 i 年投入的成本;

d——年折现率,以百分数计;

ACRTA_i——寿命期限内第 i 年的平均事故成本。

NPV 越大,安全改善措施相对优越。

(4)内部收益率

内部收益率是安全改善措施寿命期内净现值为0时的折现率,它是考察安全改善措施方案的效率型指标。内部收益率可通下列方程求解获得:

$$\mathrm{NPV}(\mathrm{IRR}) = \sum_{i=0}^{n} (\delta_i \times \mathrm{ACRTA}_i - C_i) \times (1 + \mathrm{IRR})^{-i} = 0$$

IRR 需要大于项目行业市场利率,才能表明该改善措施具有足够的社会经济效益。IRR 越大,表明改善措施相对优越。

5)项目处置方案优先排序

项目处置优先排序的目的是为提高资金的使用效率,实现资源优化配置。优先排序的目标是在资金一定时,通过选择改造地点和改善方案,以达到单位投入的最大经济效益。

高速公路安全改善中改善地点和改善方案的选择问题,在安全经济效益最大化原则的指导下,该问题实际上就是在给定候选改善地点、改善方案(每个改善地点有多种改善方案)及其成本效益和资金总额的条件下,确定改善地点和改善方案,使资金的使用效率最大化,即产生最大化的经济收益。

实际安全改善项目实施过程中,由于种种原因,可能存在改善地点选择的约束问题,即必须选择部分改善地点,在这类改善地点就只能进行改善方案的选择。根据改善地点的可选择性,可以将原问题分为三种情况:①所有候选改善地点都必须进行改造,此时原问题演化为方案选择问题;②部分候选改善地点必须选择,其余候选改善地点可选择;③所有候选改善地点可选择,没有必须改善的地点。针对以上三种情况进行方案选择排序,需要同时建立考虑改善地点和改善方案选择的资金优化配置模型,通过对模型进行求解,得到改善地点和改善方案的优先改善顺序。

6)安全效果评价

安全效果评价是进行道路安全改善工作中的重要一环。通过事故指标(事故率、事故数等指标)对安全改善前后安全改善措施的安全效果变化进行评估,也可以通过某一类事故在安全改善前后的变化来评估安全改善措施的安全效果。

在道路安全改善的工作中,安全改善效果评价既可以应用于一个路网或一条路的安全改善,也可以应用于某一具体安全改善地点的效果评价,还可以应用于某一具体对策或具体设施方案的安全效果评价,如设置的护栏、标志和标线方案等。

安全改善效果的评价是采用前后对比分析方法。前指的是安全改善措施实施前的安全情况,后指的是安全改善措施实施后的安全情况。但是,可能会有一种情况,即一个地点发生过多起事故,即使没有采取任何安全改善措施,其安全性也可能会发生好转,如通车时间久了,驾驶员更加熟悉这个地点的路况和交通状况。所以,安全改善效果评价更科学的理解应该是有与无的对比分析,即是将安全改善措施实施之后的安全情况与没有实施的安全性作对比分析。

本章参考文献

[1] 中华人民共和国交通行业标准. JTG/T B05—2004　公路项目安全性评价指南[S]. 北

京:人民交通出版社,2004.

[2] 中华人民共和国交通行业标准. JTG B01—2003　公路工程技术标准[S]. 北京:人民交通出版社,2003.

[3] 中华人民共和国交通行业标准. JTG F10—2006　公路路基施工技术规范[S]. 北京:人民交通出版社,2006.

[4] 中华人民共和国交通行业标准. JTG F40—2004　公路沥青路面施工技术规范[S]. 北京:人民交通出版社,2004.

[5] 中华人民共和国交通行业标准. JTG F30—2003　公路水泥混凝土路面施工技术规范[S]. 北京:人民交通出版社,2003.

[6] 中华人民共和国交通行业标准. JTG D82—2009　公路交通标志和标线设置规范[S]. 北京:人民交通出版社,2009.

[7] 中华人民共和国交通行业标准. JTG H30—2004　公路养护安全作业规程[S]. 北京:人民交通出版社,2004.

[8] 中华人民共和国交通行业标准. JTG D30—2004　公路路基设计规范[S]. 北京:人民交通出版社,2004.

[9] 胡江碧. 事故多发地点形成机理及分析方法的研究[D]. 北京:北京工业大学,2004.

[10] 胡江碧. 基于驾驶员驾驶工作负荷的路线安全评价理论与方法研究[R]. 北京:北京工业大学,2009.

[11] 刘运通. 道路交通安全指南[M]. 北京:人民交通出版社,2004.

[12] 陆大淦. 随机过程及其应用[M]. 北京:清华大学出版社,1986.

[13] 唐琤琤,何勇,张铁军,等. 道路交通安全手册[M]. 北京:人民交通出版社,2009.

[14] American Association of State Highway and Transportation Officials. Highway Safety Manual [M]. Washington, D. C. ,2010.

第6章　山区高速公路几何条件安全技术

山区高速公路运行的安全性与其建设的前期阶段规划和设计密不可分，甚至有的在建设阶段留下的安全隐患在运行管理阶段将不可能消除。山区高速公路地质、地形和气候条件复杂，在建设阶段除了要遵循平原微丘区高速公路安全建设的相关原则、规范和标准外，还需在规划和设计理念、走廊带选择、选线、相关技术指标的掌握、安全设施的选择和道路用户行为控制等方面进行特殊考虑和应用。

6.1　安全道路规划与设计理念

6.1.1　功能主线下的运行安全理念

以功能为主线、运行安全为核心的设计理念是山区高速公路设计的重要思想，是以围绕着山区高速公路交通运输和结构物的基本功能为始终，以高速公路服务对象的使用安全为核心，研究把握道路项目的各项指标、相应工程措施和设施的思想。从国内目前通车的几段山区高速公路的运行状况分析可见，有的路段存在严重的运行安全隐患，出现了许多交通事故；从交通事故的成因分析看，多数主要是由驾驶员的不安全行为和车辆状况不良造成的（如超速行驶、疲劳驾驶、空挡或高速挡下坡以及超载等），但也有一些事故多发路段，其交通事故与道路的线形、交通运行环境（如长大下坡路段、长下坡急弯路段、视距不良路段等）有关。道路几何条件是交通系统的基础，是系统的硬件，下面根据他人研究成果，重点针对山区高速公路路线设计中对运行安全有重要影响的几个关键设计参数的取值提出一些建议，为建设安全道路几何条件提供参考和深入研究的思路。

1）设计车速

车速是公路几何设计的关键控制参数，直接影响公路运行的安全性和效率。目前我国是以设计车速确定公路几何设计要素，如视距、超高、纵坡、坡长和平、竖曲线半径等指标，这些设计指标与设计速度配合以获得均衡设计。我国的设计车速是在满足汽车运动学和力学要求的前提下，采用“计算行车速度”进行路线设计，而计算行车速度对一特定路段而言是一固定值，其作为基础参数，用于规定该路段满足运行安全所需要的最小曲率和最小视距等指标的最低设计标准，是道路设计的红线（底线）。规范规定的设计参数是对底线的规定，底线以上的技术指标是由设计人员在一定的经济条件下，根据地形、地质等自然地理环境条件，结合各区段的地形、地势和生态环境等，本着与自然环境条件相协调为原则，按设计技术指标规定的标准，并作为一般不可跨越的红线下限，力求工程经济而灵活确定的过程，这就是灵活的、有针对性的设计思想，是设计的根本，由此，设计往往采用一些较高的设计技术指标标准,如较大半径的平曲线或较大的视距等。在山岭区也会连续采用一些直线或大半径曲线。由于山区地形、地质等自然地理环境复杂,工程艰巨,社会经济环境条件相对较差,设计往往采用较低的设计车速(一般都是采用 80km/h,有的还采用了 60km/h),但在实际的行驶过程中,驾驶员会以远大于设计速度的运行速度行驶,如果对这些易出现高于设计车速较多的行驶路段,其相关的道路设计技术参数不能与驾驶员的驾驶行为相匹配,就不能保证驾驶运行的一致性,使得实际的设计运行要素之间不兼容,结果导致车辆行驶的高风险,安全性较低。

国外,尤其是欧美发达国家关于公路路线设计理论,已在满足汽车行驶对道路的动力学要求的基础上,考虑驾驶员的驾驶行为和生理、心理特征,以服务于道路用户为目标,以运行安全为核心,要求道路能够为其使用者提供安全、舒适和快捷的交通服务。这种以人为本,以车为本的设计思想,不仅考虑汽车行驶的要求,还要考虑道路用户的交通需求,即驾驶员的生理、心理反应特性。综合人、车、环境的需求,采用动态的观点,有针对性地设计路线的各个元素,并力求线形连续流畅,技术指标均衡协调,与自然环境友好和谐。按此原则设计的道路几何条件,可以满足驾驶员在行车过程中产生的期望心理要求,既能预知前进方向的道路、交通和环境条件,还可满足驾驶员的视觉连续、车速连续和交通安全。

我国现行标准、规范的相关条文中,其实也提示了一些运行速度的设计理念,如长直线尽头或大半径曲线连续延长之后不宜采用小半径曲线,且连续曲线指标应均匀等,但还是建立在采用固定设计车速的前提下,采用对应的技术指标。近些年来,国内也对高速公路的运行速度开展了大量的研究,特别是交通运输部公路司在 2000 年度标准规范项目中,专题开展《高速公路运行速度设计方法和标准》专项研究,在观测数据的基础上,建立了适合我国驾驶员特征和山区高速公路特点的平、纵线形指标速度预测模型。在路线设计中,有必要引入运行速度的概念,对控制路线设计的主要参数进行调整优化(如视距、超高等),并对道路的几何条件进行安全性评价。要求从道路平、纵线形的连续性,平纵技术指标的均衡性,设计掌握技术参数与设计标准的协调性,设计速度与预测分析运行速度的协调性,长陡下坡路段汽车制动衰减情况,道路弯道的稳定性,路段行车视距情况等方面进行系统的预评价,并将道路安全预评价结果作为道路设计技术指标掌握、调整和优化的依据,作为运行速度控制和运行安全管理的指导,使高速公路设计逐步实现我国设计速度与欧美发达国家关于运行速度公路路线设计理论两者结合互相补充的工作模式,并逐步开展道路建设安全预评价、运行安全后评估的工作,总结指导提升后续项目。

我国以设计速度为标准,根据标准规定的最低技术指标及相关参数开展道路路线设计的模式与欧美发达国家采用运行速度为道路路线设计依据的模式,并非是对立相悖的两种模式,其实质是一脉相承,互为补充,仅仅是道路路线设计的始末不一而已,以设计速度为标准,以设计标准规定的最低值为红线,采用针对性原则开展灵活性设计,建立一个道路路线设计的初步成果,采用审查初步成果发现问题、解决问题,再发现问题、解决问题的反复循环,逐步实现安全道路几何条件满足道路运行安全的需要。近年来,采用适合我国驾驶员特征和山区高速公路特点的平、纵线形指标速度预测模型,开展道路安全预评价,不仅可以快速发现问题,解决问题,而且提供了由初始“点”向全方位的“面”辐射,逐步回归初始“点”的设计工作方法,这种工作模式受设计者的经验、责任心和博采众长的态度,及合理的设计周期影响,影响道路路线设计的成果。而从运行速度出发进行的道路路线设计模式是始末相反的工作方法,无论什么模式,反复循环,审查初步成果,开展预评价,发现问题、解决问题是其根本的工作方法,目标是在满足汽车行驶对道路的动力学要求的基础上,重视和注重驾驶员的驾驶行为和生理、心理特征,以服务于道路用户为目标,以运行安全为核心,为使用者提供安全、舒适和快捷的交通服务。

鉴于国内山区高速公路通车里程相对较短,路段内车辆运行速度的观测资料有限,为了简化设计,建议对采用60~100km/h计算行车速度的路线,在一些特定的路段(如长陡下坡路段、反超高路段和视距不良等路段)采用提高设计车速(如80km/h的计算行车速度,可采用100km/h的运行速度)来进行线形设计。当然,如果是以载货汽车为主的路段,则应考虑载货汽车的运行速度特点,可分别对长下坡和长上坡采用不同的设计车速进行设计。也可采用在一定设计速度下的小客车和大型载货汽车的运行速度,作为控制设计路段的道路几何要素和交通控制措施的设计依据。

总而言之,我国以设计车速确定公路几何设计要素,通过道路安全预评价,反复完善调整优化初步设计成果的设计工作模式所确定的设计速度,仅仅是一个指导性、方向性的出发点,是一个最基本的满足运行的最低要求,根据道路自然地理环境条件和经济社会环境条件,采取针对性的措施,选取与实际运行需求相适宜、满足安全道路几何条件的道路线形几何指标,是道路线形设计的根本和始末。

2)视距

我国高速公路视距是采用停车视距控制设计。视距是保证公路运行安全的一项重要设计指标,《公路工程技术标准》(JTG B01—2003)中规定的停车视距是小客车行驶时,当视点高为1.2m、物高为0.1m时,驾驶人员自看到前方障碍物时起,至障碍物前能安全停车所需的最短行车距离。在路线设计时必须保证最小停车视距的设计要求。在确定停车视距取值时,为了提高山区高速公路的运行安全,应综合考虑路段的运行速度、路面的摩阻系数、纵坡、车型和建筑物等环境因素的影响。

(1)运行速度的影响:停车视距通常由制动反应时间所需的距离和制动距离构成。而制动反应距离和制动距离都与汽车的初始速度有关。因此,按前面关于设计车速的分析,建议根据不同的路段采用运行速度作为设计车速来取用相对应的停车视距值,如在长陡下坡路段,80km/h的设计车速可采用100km/h的运行速度来确定停车视距。也就是说,可以参照巴西规定“长直线尽头曲线半径设计速度为100km/h时,大于2km的直线末端曲线半径应按行车速度140km/h计算”的思路,适当提高安全道路几何条件设计的安全关键指标。

(2)载货汽车对停车视距的影响:现行技术标准中推导出的最小停车视距为小客车的停车视距,但对载货汽车而言,在有的路段将可能会存在安全隐患。载货汽车,特别是大型载货汽车,在同样的速度下比小客车需要更长的停车视距。但由于载货汽车的驾驶员视高较高,实际上对障碍物的竖向特征能看得更远。因此,在一定的速度下,载货汽车的制动距离与小客车的制动距离可相当。所以,在一般的高速公路设计中,采用小客车的停车视距控制设计也是可行的,但对山区高速公路特别是在长陡下坡路段,其水平视线受到限制时,载货汽车具有较高视高的优势就失去了,并且在长陡下坡路段载货汽车的运行速度与小客车接近,在这种路段如果仍采用小客车的停车视距,则运行安全风险增大。建议载货汽车比重较大的山区高速公路,在相关的路段应根据载货汽车的运行速度验算载货汽车的停车视距。交通部在修编技术标准时对“公路载货汽车停车视距”进行了专题研究,并在《公路工程技术标准》(JTG B01—2003)的条文说明中给出了载重载货汽车当视点高为2.0m、物高为0.1m时的停车视距,如表6-1所示,并要求对大型车比例高的公路,应采用载货汽车视距对相关的路段进行检验。

高速公路停车视距及载货汽车停车视距　　表6-1

设计速度(km/h)	120	100	80	60
停车视距(m)	210	160	110	75
载货汽车停车视距(m)	245	180	125	85

(3)纵坡对停车视距的影响:山区高速公路的纵断面起伏大,上、下坡道对车辆的制动距离有影响。由于坡度对汽车的运行速度有影响,在上坡段停车距离短,下坡段停车距离长,但由于在下坡路段通常其视距较平坡和上坡路段大,这也就自动提供了所需的纵坡校正,在一般的高速公路设计中并不因纵坡而采用不同的停车视距,影响不是很大。但对以载货汽车为主的山区高速公路,因在下坡路段上的纵坡对制动距离的影响较大,为了提高运行安全性,建议根据“公路载货汽车停车视距”专题研究结果,以及《公路工程技术标准》(JTG B01—2003)的条文说明中提供的停车视距坡度修正值表,对载货汽车停车视距在下坡路段随坡度大小进行修正。

(4)国外研究成果的发展应用:视距是道路行车安全的重要影响因素之一,山区道路的安全性在相当程度上由提高驾驶员的注意力加以补偿。美国的研究资料证明每公里3处视距受限的百万公里事故数比每公里1处视距受限要少31.6%;前苏联专家提出道路纵面视距不足要比平面视距不足影响大。国外现代道路设计的特点是尽量减少视距受限路段长。其经验一:设计车速为100km/h时满足超车条件的半径约650m,路段长不低于325m;设计车速为80km/h时满足超车条件的半径约525m,路段长不低于184m;设计车速为60km/h时满足超车条件的半径约400m,路段长不低于100m;经验二:跨线桥采用一跨跨越道路,布设斜面侧翼的桥台或者斜支柱的框架(如斜腿刚构),避免在凹形曲线段建跨线桥等。

总之,从国外研究成果看,安全道路的经济性与道路行车视距受限是对立统一的两方面,是客观存在的矛盾,安全道路几何条件的保障是结合道路服务水平设计目标,分析研究工程的经济性与行车视距受限的统一和布局。

3)超高

在一定的设计速度下,根据公路等级、设计速度、路面类型、自然条件和车辆组成等情况确定最大的超高率,并由此选定圆曲线最小半径。从运行安全的观点,在山区地形条件下高速公路的超高布设,应结合实际的运行速度、线形条件、山区气候条件和区域车辆构成等因素综合考虑。

(1)不设超高的圆曲线最小半径的确定

平曲线半径大于一定数值时,可以不布设超高,而允许布设等于直线路段路拱的反超高。从行驶的舒适性考虑,必须把横向滑溜摩阻系数(f)控制到最小值。在《公路工程技术标准》(JTG B01—2003)中,将f值按0.035~0.040取用,规定当路拱横坡为1.5%时,f值采用0.035；当路拱横坡为2.0%时，f值采用0.040，并按各级公路设计速度计算求得一组不设超高的最小半径值。《公路工程技术标准》(JTG B01—2003)还提供了横坡大于2%时对应的不设超高的圆曲线最小半径。

对于山区高速公路，在确定不设超高的圆曲线最小半径时，要针对具体的路段进行安全性分析，根据路面环境、运行速度、车辆构成等，确定采用的最大超高和特定平曲线半径对应的超高值。特别是在下坡路段出现反超高曲线时，一定要分析汽车行驶的安全性，有时也可在规范规定的不设超高的左偏曲线上布设超高。

(2)纵坡对超高的影响

在山区高速公路的设计中，难免遇到一些陡坡、长陡下坡路段，在这些路段驾驶员倾向于比设计车速开得快，在局部改进设计中应考虑这种现状。因此，在超高设计时要对超高率进行调整。对于山区高速公路采用分离式路基的路段和互通单向匝道，上、下线根据运行速度采用不同的超高率是容易做到的。对整体式路基路段，上、下行线采用不同的超高率，设计和施工难度都会增加，在下坡有危险的路段，可由下坡速度来确定超高率，这对上坡路段车辆的行驶不会有多大的影响，也可通过提供适当的交通警示标志使驾驶员能识别这些路段，从而控制行驶速度。

(3)超高对交通流和行车节奏的影响

我国采用设计速度确定道路几何设计要素的设计工作模式，曲线超高与设计速度是一一对应的技术指标，似乎是一对法定的一一对应，往往成为道路几何设计的习惯行为，几乎不需要思考，当然，这也是道路设计行为文化共同遵守的规则，也是规范需要进一步研究完善的内容之一。随着道路安全评价、运行速度检查的应用，道路线形几何条件两种设计工作模式的融合和应用，特殊路段曲线超高取值问题从法定的行为习惯中浮现，存在需要思考的问题，成为考虑行车安全的道路几何条件保障技术的一部分。

当前设计中，当预测运行速度高于设计速度且速度差较大时，常常采用增加超高的办法。这种简单直接的方式是否将问题简单化，值得进一步深入研究和探讨。首先，道路预测运行速度是在道路非饱和状态，即自由流状态下的预测结果，这种状态下低于预测运行速度的车辆通过该曲线路段时，存在横向受力不平衡问题，而且运行速度越低问题越突出，特别是对于货物载重重心较高且运行速度较慢的大型载货汽车，横向稳定性成为其安全运行的潜在隐患；其次，当道路运行交通量达到饱和状态时，交通流的整体速度会随交通量的增加而降低，最终完全可能低于设计速度，该弯道横向稳定性同样成为整体交通流安全运行的潜在隐患；最后，当该区段发生交通堵塞，超高型车辆静止或者起步、止步于该弯道，由于超高所引起的离心力是否平衡稳定？是否成为安全隐患？这三种状况是我国目前道路交通运行中必然存在的状态。超高是综合弯道稳定性和运行舒适性而确定的参数，是道路空间几何条件的指标之一，既然一旦实施几乎不可能改变，从此成为道路空间几何条件的永久性硬件设施，那么安全道路设计就不能仅仅只考虑超过设计速度部分车辆的安全而忽视比设计速度低的车辆运行的安全，因为两者皆是安全道路的使用者，对服务的对象顾此失彼是不科学、不全面的，是与“以功能为主线、运行安全为核心”理念相悖的，建议通过详细的交通量调查，如果有上述情况的运行速度存在，可采取弯道外侧布设附加超高带的办法，兼顾快速车辆和慢速车辆，确保安全道路几何条件的全方位服务；或者采取限制道路用户运行行为和装载行为的车辆使用该类超高路段。

4)纵断面线形

山岭地区高速公路,其纵断面线形的设计是公路线形设计的重要环节。纵断面线形设计不仅直接影响工程造价,也影响汽车的行驶速度、交通安全和通行能力。

(1)最大纵坡:纵坡的大小对山岭地区高速公路的纵断面线形影响较大,甚至影响决定山区彼此起伏地形地貌越岭展线的方案和道路工程建设规模,以及道路的服务水平。采用过缓的纵坡,则须延长克服高差的展线距离,并增加工程造价;如在上坡路段采用过大的纵坡,则将影响汽车的行驶速度,特别是载重载货汽车的运行速度降低太多;而当一个路段小于容许最低速度的车辆达到一定比例时,超车频率必将增加,特别是在单向双车道高速公路上,由于超车频率增多,将影响小汽车和其他快速车辆的行驶自由度,交通事故必然增多。同样如果在下坡路段,特别是长陡下坡路段,采用过大的纵坡,容易导致载货汽车的制动发热、失效而发生事故。

考虑我国山区高速公路的主要功能在较长一段时间内是国道过境干线,并以载重载货汽车车辆为主,所以当汽车交通量较大时,应尽量采用较小的纵坡,最大纵坡应慎用,原则上建议不宜超过4%的纵坡。根据本书第2章"安全道路系统"中纵坡与道路安全关系分析,国内外研究表明3.5% ~4.5%的纵坡是道路的安全经济坡。

(2)纵坡长度:路线纵断面设计时,最大纵坡本身并不是一个完全的设计控制要素,还必须考虑关系到所要求的汽车运行的某特定的纵坡长度。交通运输部公路科学研究所在1991年"纵坡与汽车运行速度和油耗之间关系的研究"以及2003年"公路纵坡坡度与坡长限制"专题研究中,根据东风和解放两种车型在不同纵坡上的试验结果,得出载货汽车在纵坡上行驶时存在一个稳定车速,与之相对应的有一个稳定坡长。从运行质量看,纵坡长度不宜超过稳定坡长,而稳定坡长的长短则取决于车辆动力性能、驶入坡道的行车速度和到达坡顶要求的速度。因此,在运用规范规定的特定纵坡对应的最大纵坡长度时,应根据交通构成、前后纵坡情况等灵活采用。多年的设计经验认为,规范规定的最大纵坡值,可作为设计的指导依据,但不应作为严格的控制依据。在有的路段可通过布设爬坡车道,而适当采用大于最大坡长的设计,但应检验路段的通行能力。

对于在连续上坡或下坡的路段,应在规定的纵坡长度范围内布设缓和坡段。缓和坡段的纵坡建议不大于2.5%,如果路段以载重载货汽车车辆为主,则建议采用2%的缓和坡。其长度应满足最小坡长的规定,并尽可能不要采用最小坡长。因在连续上坡或下坡的路段,纵坡变换频繁,尤其是纵坡短促起伏,驾驶员需频繁换挡,引起能量、油耗和时间的损失,加速齿轮、离合器和轮胎的磨耗;同时易导致驾驶疲劳,引起交通安全问题。

(3)平均纵坡:山区高速公路的纵断面设计,即使完全符合最大纵坡、坡长限制及缓和坡段的规定,还不能保证使用质量。不少路段虽然单一陡坡并不大,甚至也有缓和坡段,但由于平均纵坡较大,上坡使用低速挡较久,易导致车辆水箱开锅;下坡则因制动发热、失效而导致交通事故发生。因此,有必要控制平均纵坡。这样既可保证路线的平均纵坡不致过陡,也可以免除局部地段使用过大的平均纵坡。

路线设计规范经过对汽车上、下坡均未反映有问题的路段和汽车上坡以二挡为主有开锅现象路段,以及汽车上坡开锅、下坡有制动发热失效现象路段进行了综合分析后,规定"任意连续3 km 路段的平均纵坡不宜大于5.5%”。根据经验,对于以载重载货汽车为主的山区高速公路,建议500 m 高差以内的平均纵坡控制在4%(500m 的高差、4%的平均纵坡,实际上已允许连续上、下坡长在12.5km 内采用了4%的平均纵坡,出现了足够长大的连续坡段了),500m 高差以上的路段,其平均纵坡宜控制在3.5%。具体设计时还应综合考虑平面线形、运行速度、驾驶员的生理心理阈限和环境情况等,并建议尽可能采用较小的平均纵坡。

根据近年来山区高速公路运行安全状况进行统计分析研究,交通运输部出台了《公路路线设计细则》(讨论稿),并在建设项目中作为指导性和方向性规则进行广泛应用,对安全道路设计提出了更高的要求,为安全道路设计与建设明确了发展的方向。其9.2.8 条规定,山区高速公路连续下坡路段平均纵坡的路线长度大于表6-2 的值时为连续长陡下坡路段,长度按以下原则确定:

①平均纵坡小于2%时,不限坡长,称为长缓坡。

②当连续下坡中出现长度较短的反坡或缓坡时,仍作为一个连续长陡坡路段。

③连续长陡下坡路段两端延长线的平均纵坡应小于2%。

山区高速公路连续长陡下坡路段的界定标准　　表6-2

分类	平均纵坡(%)						
	2.0	2.5	3.0	3.5	4.0	4.5	5.0
路线长度(km)	15	7.5	3.5	3.0	2.4	2.0	2.0

其9.2.9 条进一步规定,高速公路和一级公路的连续下坡路段,任意连续3km 的平均纵坡不宜大于4%,相对高差大于300m 时,平均纵坡不宜大于2.5%。

《公路路线设计细则》(讨论稿)与规范相比,对高速公路的纵坡和平均纵及坡长规定更严,要求更高。由于山区地形此起彼伏,相对高差大于300m 的路段比比皆是,如果按细则进行设计,会给设计人员带来困惑。当然这种指导性和方向性的规定为安全道路建设指明了发展方向。

5)紧急救助匝道

山区高速公路由于山区此起彼伏的地形地貌,不可避免地会出现许多长大下坡路段,而在长下陡坡路段,虽然在线形设计中尽可能考虑了运行安全的问题,但由于我国机动车辆的制动性能较差,特别是超载载货汽车超载后打破了车辆制动性能与载重负荷的匹配性,加之车辆机械故障或驾驶员操作失误等原因,仍可能在这些运行风险大的危险路段而造成重大交通事故,甚至造成严重的二次事故,因此我们在设计时不得不为这部分有运行风险的道路用户考虑布设紧急救助匝道,让这些有运行问题的车辆能有机会减速并分离主道停下来或冲入紧急救助匝道获得逃生的机会,将损失降至最低。紧急救助匝道的布设位置,通常只能根据路段上车辆可能失控的位置预测和对失控驾驶员的行为特征进行预测确定。

结合作者近年来的探索和研究,紧急救助匝道的布设位置,首先应根据安全道路保障技术建设的要求,从道路空间几何硬件条件建设入手。道路空间几何条件是安全道路建设的基础和根本,是最基本的针对性主动措施,即前述的道路平纵线形及指标。其次应用能量守恒定律——能量既不会凭空产生,也不会凭空消失,它只能从一种形式转化为其他形式,或者从一个物体转移到另一个物体,在转化或转移的过程中,能量的总量不变。道路运输车辆在运行过程中仍然遵循该基本定律。汽车行驶过程中机械能、动能、势能、热能等之间相互转换，车辆下坡中遵循的能量守恒平衡是：

初动能 + 势能 + 机械能（发动机做功）= 末动能 + 机械制动能 + 其他阻能（风阻等）

根据上述平衡模型，可以将代表车型车辆下坡坡顶的初动能作为一个常量，从坡顶下坡过程中势能的减小确定，即末动能、其他阻能（风阻等）可以通过下坡路段某特殊路段道路空间几何条件和该车型安全通过的运行速度反算确定；机械能（发动机做功）可以根据常规的车辆性能参数初略确定；鉴于其他阻能（风阻等）较小，因此，车辆下坡过程中的能量变化值（主要指势能变化值）则主要是通过机械制动能及运行车辆的辅助行车制动措施产生的制动能（如发动机辅助制动、排气辅助制动、缓行器辅助制动等）来实现平衡，而机械制动能又基本上只能通过车辆行车制动器的蹄鼓（或钳盘）摩擦转化为热能耗散到空气中去。因此，如果持续制动时间较长，载货汽车制动器热负荷将很大，仅仅通过对流散热、辐射散热等途径不能将产生的制动器摩擦热及时耗散而失去热平衡，那么车辆行车制动器的工作温度会急速上升，由于机械、物理、化学三种因素的作用，车辆行车制动器的制动摩擦系数将快速减小（所能产生的制动摩擦力矩减小），直至制动失效，引发交通事故。由此，紧急救助匝道的布设位置可以以能量守恒定律为理论依据，从坡顶根据道路重载主流车辆的不同额定载重逐段逐级计算分别确定。结合道路运行失控车辆的位置、失控状况，以及道路路侧车辆擦碰痕迹等进行统计分析，进一步佐证分析计算位置；最后根据分析计算和佐证确定的位置优化调整道路线形，布设紧急救助匝道。

在进行紧急救助匝道布设时需要重点考虑以下问题：

（1）紧急救助匝道入口前的流入角应考虑驾驶员在失控时的驾驶行为特征，使失控车辆驾驶员能在紧急、忙乱中知道如何驶入紧急救助匝道入口，并流畅地驶入紧急救助匝道。这就要求紧急救助匝道的入口角应尽可能小，且布设于平曲线外侧，轴线为平曲线的切线；若轴线为平曲线的导线效果最佳。此即为高速公路路线确定后，根据紧急救助匝道布设的可能和既有条件选择布设位置的设计思路。首先计算确定紧急救助匝道应该布设的位置或者说需要布设的位置，确定紧急救助匝道的轴线后，以该轴线为曲线的导线敷设路线曲线，以确保紧急救助匝道布设于需要布设的位置，确保入口符合相关的要求，否则紧急救助匝道形同虚设。

（2）紧急救助匝道入口处应能使车辆以高速率安全驶入。主要的车行道路面应铺设至入口三角区某一点以外，使车辆前轮能同时进入制动坡床，并能使驾驶员有足够的准备时间。

（3）紧急救助匝道最好布设在左（右）转曲线的切线方向，并应设置在失控车辆不能安全转弯的主线弯道之前，且车辆制动衰减达70%以前，以便使驾驶员控制故障车辆转移到撤离坡道上。

（4）紧急救助匝道处要求视野开阔，应有清晰醒目的前置标志，并避开人口密集区，同时应该考虑夜间行车的需要，布设照明，如图6-1所示。

（5）制动坡床要求采用滚动阻力系数较大的路面材料，并不易压实，如碎砾石、砾石、砂、豆砾石等松散材料，单级配天然砂砾石，砾石直径以2.5～3.0mm为宜。为防止制动坡床板结，制动坡床基层应进行硬化，并布设排水系统。制动坡床砾石厚度应逐步加厚，实现逐步消能。

(6)坡道长度必须足以消除行驶车辆的动能,能使失控车辆安全停驻。

(7)紧急救助匝道宽度应足以容纳1辆以上车辆,制动坡床适当增宽,以6.5~8.5m为宜。根据近年来紧急救助匝道使用情况的分析,建议取消路面硬化的服务道路,避免失控车辆出现左右车轮一边进入制动坡床,一边驶上服务道路,导致更大的事故和损失。

图6-1　云南保龙高速公路紧急救助匝道夜间照明

(8)应在紧急救助匝道内适当位置布设救援程序标志,帮助指导惊慌失措状态下的驾驶员及时采取自救和求救,避免发生二次事故,如图6-2所示。

(9)结合高速公路道路监控设施的布置,在紧急救助匝道附近布设监控设施,与监控管理连接,以便管理员在第一时间得到救助信息,及时采取施救援措施。

(10)紧急救助匝道周边的安全设施应考虑失控驾驶员视觉上的质感,不应让人感受到坚硬,色彩上不应让人感受到警告和拒绝,形状上不应让人感到锋利或者是尖锐,应该让驾驶员感受到接纳、包容和柔和。

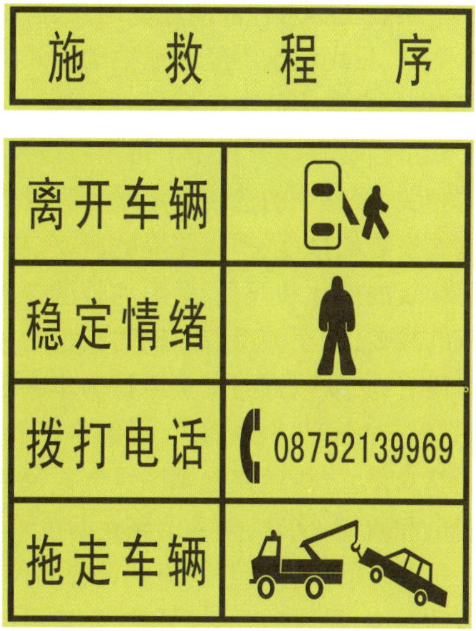

图6-2　云南保龙高速公路救援程序标志

(11)紧急救助匝道对失控车辆消能最有效而安全的方式是适当的反坡,利用货物重力方向的改变而实现消能,达到避险的目的。但面对地形和地质条件复杂的山区道路,采用这种形式的紧急救助匝道往往存在空间布设困难或者不可能,由此,紧急救助匝道的形式应以让失控车辆逐步渐进消能,避免货物对驾驶员产生伤害为原则进行因地制宜、广泛灵活的深入研究,研究紧急救助匝道轴线平纵线形、制动坡床纵横厚薄过渡形式、侧向导向设施、尽头措施等,为安全道路建设和设计提供最后一道硬件防线。

(12)利用高速公路路肩布设紧急救助匝道导行警示标志、标线,合理、有效引导惊慌失措的驾驶失控驾驶员凭本能驾驶失控车辆进入紧急救助匝道安全避险。

(13)利用显示设计的编码技术将连续长陡下坡路段的紧急救助匝道,由坡顶往坡脚进行编号,布设紧急救助匝道编码预告标志,起到揭示道路路况条件信息的作用。

(14)利用货物重力方向的改变而实现消能的紧急救助匝道纵坡,宜布设为由缓至陡的三段式纵坡,配合制动床实现逐步消能。

高速公路的运行安全是一个世界性问题,从设计的角度仅能在运行环境中提供尽可能多的人性化设计理念,要从根本上提高交通运行安全,降低交通事故,应通过法规、运行管理等措施进行综合治理,如控制超载、超速和改善驶入高速公路车辆的性能等措施。

6.1.2 细节安全理念

任何一项工程都是由不同的阶段来完成的,而每一个阶段都是由不同的工作环节组成,缺一不可;道路运行的安全性就是由组成工程项目系统运行的每一阶段环节中的细节安全性所构成,道路系统运行的安全性存在于每一工作环节中的安全性考虑,在高速公路整个的运行安全道路几何条件保障体系中,任何一项微小举措的成败都将直接影响整个系统的成败。

西方有一首著名民谣《一个钉子亡了一个国家》,说的是:钉马掌的少钉了一个钉子,结果坏了一只蹄铁;坏了一只蹄铁,导致战场上折了一匹战马;折了一匹战马,伤了一位大将;伤了一位大将,输了一场战斗;输了一场战斗,亡了一个国家。这实际上是混沌理论上的一个例子,混沌理论认为,在混沌系统中,初始条件十分微小的变化经过不断的放大,会产生大得惊人的结果。

最能说明这种混沌理论的,还有一种"蝴蝶效应"。据说,在南美洲亚马逊河流域热带雨林中,一只蝴蝶漫不经心地拍动了几下翅膀,很可能与一场风暴相关。一件表面上看来毫无关系、非常微小的事情,可能带来巨大的改变。

道路基本建设程序中每个阶段及每个阶段中的每一个步骤及环节工作都与交通安全密切相关,如路线的选线和定线、路面结构、隧道端墙的一块贴面瓷砖、隧道防火涂料、桥梁伸缩缝安装的精度、桥头路堤的压实、护栏的端头处理、交通标志布设的位置、文字的大小、交通标线的尺寸和颜色、弯道内外的树木等,看似细小的工作,却往往决定着道路安全系统运行的成败,甚至关系着车辆驾驶员的生命和财产安全以及社会的稳定。因此,作为现代道路建设者,必须以道路安全运行为本,在土木结构工程知识的基础上,了解道路用户驾驶员的动态驾驶心理、生理需求,了解汽车动力学的特点,掌握人机功效学的原理,应用自然地理环境学知识,分析道路走廊区域气候环境等;在道路建设工作的每一个细节中考虑工程本身的安全和质量,同时,融入道路运行安全理念和技术。道路几何条件设计的每一个细节,如每一个曲线的指标、转角,路侧设施的位置、形状、形式和相对高度,以及工程建设,如伸缩缝安装的精度、质量,路面的平整等,皆可能伤害到使用者的安全,关系到一个家庭的幸福。因此保障整个道路系统运行的安全性,道路上每一个环节的工程皆是安全道路几何条件硬件的组成部分,是安全道路几何条件保障的基础和根本。

6.1.3 全面质量管理安全设计理念

在高速公路的项目管理中进度管理是一项重要职能,是项目实施的基础,是指在项目实施过程中,对各阶段的进展程度和项目最终完成的期限所进行的管理,目的是保证项目能在满足时间约束条件的前提下,实现总体的建设目标。

在高速公路项目实施过程中,由于各种因素的影响,导致工程施工在某个阶段或某个工序的实际进度常常和计划进度存在偏差,需要及时收集整理工程现场进度情况,通过对实际进度进行分析、比较,及时发现存在的偏差。针对具体的偏差找出相应的影响因素,并对影响因素进行调查、分析和预测,结合计划进度对影响因素进行调整和改进,保证工程实际进度在受控状态下进行。这个过程实质就是一种计划、执行、检查、分析和调整的不断循环、发展和完善的全面质量管理过程。

山区高速公路项目建设是一个动态联动的管理过程,动态联动管理不仅仅是项目进度、质量、安全生产、资金投入、质量安全的管理,同时也是道路走廊区域自然环境资源安全、项目产品使用过程运行安全的管理。山区高速公路运行安全动态设计和建设管理,首先应该建立安全关口提前、动态联动的理念,从山区高速公路安全道路走廊带选择、路线方案的确定、道路平纵线形和技术指标的掌握,到可能影响驾驶员安全舒适驾驶的工程细部等,再根据自然地理环境阻尼边界条件和社会环境条件,采取针对性应对措施,在确保工程安全的基础上,研究考虑道路的使用安全,改变以往交通安全设计与道路空间几何条件设计脱节的现象。很多道路空间几何条件影响道路安全的因素靠交通安全设施是无法弥补的,甚至是不可消除的,交通安全设施仅仅是起到完善和加强而已,如冰冻积雪路段的长度、范围,雨雾区域段道路的几何线形特征等。安全无小事,安全问题在每个过程中圆满、彻底解决,决不下传,即安全关口提前。项目管理动态联动将基本建设程序中每一阶段的设计成果经过其下一阶段的设计或施工中获得的关于安全的、新的信息及监测信息反馈给上一阶段的设计,上一阶段的设计部门对其原来涉及安全运行的不利因素及时进行修改、优化和完善,然后再反馈给本阶段或下一阶段的设计或施工单位;最终根据动态联动的结果,调整或制订实施方案,按动态进行信息化实施,采用动态联动的安全设计管理过程,以确保道路设计产品在运行阶段的安全性。

6.1.4　3E 联动和 4M 检核理念

美国著名安全工程师海因里希(Heinrich)把造成人的不安全行为和物的不安全状态的主要归结为四个方面的原因:

(1)不正确的态度。个别职工忽视安全,甚至故意采取不安全行为。

(2)技术和知识不足。缺乏安全生产知识,缺乏经验,或技术不熟练。

(3)身体不适。生理状态或健康状况不佳,如听力、视力不良,反应迟钝、疾病、醉酒或其他生理机能障碍。

(4)不良的工作环境。照明、温度、湿度不适宜,通风不良,强烈的噪声、振动,物料堆放杂乱,作业空间狭小,设备、工具缺陷等不良的物理环境,以及操作规程不合适、没有安全规程等其他妨碍贯彻安全规程的事物。

针对这四个方面的原因,海因里希提出了防止工业事故的四种有效的方法,后来被归纳为众所周知的 3E 原则,即:

(1)工程技术(Engineering):运用工程技术手段消除不安全因素,实现生产工艺、机械设备等生产条件的安全。

（2）教育（Education）：利用各种形式的教育和训练，使职工树立“安全第一”的思想，掌握安全生产所必须的知识和技能。

（3）强制（Enforcement）：借助于规章制度和法规等必要的行政、法律手段，约束人们的行为。

一般而言，在选择安全对策时，首先应该考虑工程技术措施，然后是教育、训练。实际工作中，应该针对不安全行为和不安全状态的产生原因，灵活地采取对策。例如，针对职工的不正确态度问题，应该考虑工作安排上生理学和心理学方面的要求，对关键岗位上的人员要认真挑选，并加强教育和训练，如能从工程技术上采取措施，则应该优先考虑；对于技术、知识不足的问题，应该加强教育和训练，提高其知识水平和操作技能；尽可能地根据人机工效学的原理进行工程技术方面的改进，降低操作的复杂程度。为了解决身体不适的问题，在分配工作任务时要考虑生理学和心理学方面的要求，并尽可能从工程技术上改进，降低对人员素质的要求。对于不良的物理环境，则应采取恰当的工程技术措施来改进。

即使在采取了工程技术措施，减少、控制了不安全因素的情况下，仍然要通过教育、训练和强制手段来规范人的行为，避免不安全行为的发生。

3E 联动理念应用到山区高速公路安全道路设计时，就是要充分发挥技术对道路安全运行的促进作用。首先，遵循 3E 联动理念原则，面对安全问题如能从工程技术上采取措施，则应该优先考虑工程技术措施的原则；面对道路交通安全问题，虽然道路交通安全系统是人、车、路和环境构成的系统工程，人是道路交通安全的重要和主要因素，路仅仅是较小的影响因素，但涉及安全道路空间几何条件的因素，哪怕影响再小或可以忽略不计，都应遵循优先考虑工程技术措施的思路，对道路几何条件进行改善，安全无小事，何况安全道路几何条件是难于或者不可能改变的硬件，“教育”和“强制”仅仅是补充或完善，是辅助措施。安全道路空间几何条件的改善是主动措施，“教育”和“强制”是安全道路几何条件保障措施系统的被动措施。因此，面对安全道路几何条件的安全因素，无论大小和反馈信息来自何处，必须抱着接收的倾听态度，肩负研究分析信息的合理性和可实施性，以及实施的适宜性的责任进行思考；其次，按 3E 联动的策略和工作的激情，以提高安全道路设计人员对安全理念和技术的教育，通过布设专门的安全审计部门和人员对安全道路设计和施工中可能影响安全的阶段和环节进行安全核查和评价，为高速公路的行车安全提供道路几何条件的硬件保障。

4M 法，又称 4M 检核法，也就是中文所说的“人—机—料—法”分析法，是指作业人员（Man）、机械设备（Machine）、原材料（Material）、作业方法（Method）的四个打头英文字母，这四个 M 谓为四大要素，在追查不良原因品质瑕疵以及工程管理时是最有用的方法。

人：人是具有意识、有组织、有目标的主观能动性的要素。应最大限度地发挥作业人员的潜能和竞争意识以及主观能动性，重点培养其吃苦耐劳的精神和严谨的工作作风。

机器：由人发明和制造，并不断完善的工具，以提高生产设备的最大利用率和效率、效能，实行设备动态管理，积极开展 TPM 活动，即全员、全过程参加的提高设备综合效率、效能活动。

材料：做到最合理的投入产出，实行工序制造成本管理，制定可行的降耗、增效目标，控制物资材料的浪费，减少损耗，节约资源。

方法:生产过程采用最佳的作业方式,合理而严密的流程,认真执行操作规程,完善工艺流程,经常开展规范化作业检查。

4M 法应用在高速公路安全道路几何条件即安全道路硬件建设中,人—机—料—法是道路工程建设活动过程中必不可少的四大要素,如本章 6.1.2 节中道路交通安全系统的安全是由道路建设的每一个环节的安全组成,是安全道路硬件建设的四大关键要素中,每一个要素皆关系到安全道路条件建设的安全和道路的使用安全。“人”是道路工程建设活动的关键,对工程建设的安全生产和产品使用的安全起到决定性的作用,关系到工程建设的效率和工程质量;“料”直接影响道路工程的品质和本质;“法”是人—机—料三要素的有机组合,涉及品质和安全;因此,安全道路建设通过采取合理的方法对涉及公路运行安全的人、机、料进行有效控制,实现产品运行的安全性,从而保障安全道路使用的安全性。不安全的工程或者产品使用不可能安全。

6.1.5 并行设计理念

并行设计(Concurrent Engineering,简称 CE)主要出现在工业产品的设计过程中,是一种对产品及其相关过程(包括设计制造过程和相关的支持过程)进行并行和集成设计的系统化工作模式。与传统的串行设计相比,并行设计更强调在产品开发的初期阶段,要求产品的设计开发者从一开始就要考虑产品整个生命周期(从产品的工艺规划、制造、装配、检验、销售、使用、维修到产品的报废为止)的所有环节,建立产品寿命周期中各个阶段性能的继承和约束关系及产品各个方面属性间的关系,以追求产品在寿命周期全过程中其性能最优。通过产品每个功能设计小组,使设计更加协调,使产品性能更加完善。从而更好地满足客户对产品综合性能的要求,并减少开发过程中产品的反复,进而提高产品的质量,缩短开发周期并大大降低产品的成本,提高产品的使用安全。不满足客户对产品综合性能要求的产品,不可能好用,不好用的产品自然没有魅力,使用自然不安全。

安全是一种风险,可怕的不是风险的级别,而是不可控的风险和没有控制的风险。在山区高速公路条件安全保障工程设计过程中,应该可以引入博采众长,并行设计理念。广泛听取各方意见和建议。特别是非专业人士以及道路安全管理部门的意见和建议,因为道路的使用者是社会民众,使用者基本上是非道路工程专业人员,不具备专业知识和专业经验,存在严重的信息不对称。全面了解非专业使用用户对安全道路使用的综合性能要求和期望,从而使安全道路设计更加协调,使安全道路产品性能更加完善,更好地满足驾驶员对安全道路产品综合性能的要求,减少安全道路设计建设的反复和降低成本,进而提高安全道路质量,是提高安全道路条件使用安全的根本和基础。因此,道路安全保障技术并行设计,主要是项目的参与者与执行者、使用者的协作,在设计、施工和运行管理过程中,尽可能倾听道路安全管理者和使用者的意见,了解其期望,博采众长,将各方的优势融合在一起,全员参与项目初期阶段的决策,将项目全寿命周期内可能遇到的安全问题在设计阶段一次性考虑,并在实施和管理过程中不断调整完善,使道路的硬件和管理与使用者、管理者的综合性能要求一致,满足使用者的期望,提供道路使用的安全和舒适性;另外,安全道路设计的初期听取道路使用者和管理者的意见,不仅博采融入道路使用行为管理者沉积的安全管理经验,而且发挥了道路使用过程安全行为管理的主观能动性,提高了道路使用过程中安全风险管理和控制方面的能力，群策群力，道路使用的安全性就自然得到进一步加强和提高。

6.1.6 安全协作理念

协作是指劳动协作，即许多人在同一生产过程中，或在不同的但互相联系的生产过程中，有计划地协同劳动。在一个企业，协作是指为实现预期的目标而用来协调员工之间、工作之间以及员工与工作之间关系的一种手段。协作能创造出一种比单个战略业务单元收益简单加总更大的收益，即实现协同效应。协作的优点是可以充分有效地利用组织资源，扩大企业经营空间范围，缩短产品的生产时间，便于集中力量在短时间内完成个人难以完成的任务。

协作包括资源协作、技术协作、配合协作及信息协作等。协同是在协作的基础上，按计划有组织地完成一个系统工程的过程，经济社会的发展，分工越来越细，责任越来越明确，系统工程的系统规模越来越大，环节越来越多，工艺工序越来越复杂；每一个环节、每一个子系统的质量和安全关系到系统的质量和安全。协作是一种机制或者体制，协同是一种责任和态度，协作还得安全协作，协同必须同步协作，同时共同协作。当然，协同生产安全协作必须建立在共同的目标及有计划、有步骤、有组织的基础之上。

在山区高速公路安全保障系统的实施过程中，特别是安全道路几何条件建设的过程中，无论是项目业主、设计单位、施工单位，还是道路使用安全行为的管理单位，道路使用民众，首先，必须遵循和坚持安全道路使用安全至上的理念；其次，围绕着建设的目标和理念坚定不移，协同安全生产，和谐安全协作，发挥各自的优势，将对高速公路运行安全的知识资源统一整合，以创作出行之有效的道路安全保障措施，达到共同的目的——道路运行的安全性。

安全需要投入，安全生产和使用安全需要重视，安全使用需要自觉遵守，规则是社会文化的体现形式，是一种文化。如山区高速公路考虑高海拔冰冻路段对道路运输安全的影响拟定进行比较论证的避让方案的取舍，项目建设的直接投入与项目使用长期的寿命周期成本和使用者的效益成本之间同样是矛盾的两方面。如何利择其重，弊择其轻，使用者的安全似乎与设计、建设者无直接关系，但至少与设计的目标和设计、建设的追求有直接的联系。

6.1.7 因地制宜创作理念

道路存在于自然，生存于社会，道路交通是有生命的，道路是有性格的。

自然地理环境和社会环境是道路工程的阻尼边界条件，地形、地貌，水文、地质、气候环境是决定道路工程的主要阻尼边界条件，培育了道路的性格。

针对性就是根据道路工程的阻尼边界条件，采取针对性的工程措施。针对性措施决定道路的特点，决定了世上没有完全相同的两条道路。

高原山区特殊复杂的自然、地理和环境条件，彼此起伏的地形地貌，纵横交错的构造带，蜿蜒曲折、坡陡水急的山脉水系，复杂多变的环境气候等决定了道路不同路段的布局思路和针对性措施。针对就是因地制宜，量体裁衣；适宜是针对的结果，就是因地制宜。

安全道路是一个相对的概念，世上没有绝对安全的道路，交通事故是道路的伴生物。针对创作理念主要是指任何一个项目都有其唯一性，而项目问题的答案存在非唯一性，答案是相对的，不存在对与错的势不两立，关键是哪一个答案更针对于道路的阻尼边界条件，更切合实际，更因地制宜。因此，在安全道路安全保障系统措施选择的过程中，应摒弃照搬照套的思想，每一项措施的提出都应该是针对于这个独立的项目特点，皆应针对道路工程的阻尼边界条件，针对道路不同路段，不同曲线，不同曲线的转向和转角，不同路段的空间几何条件等，比如不同路段，不同曲线路侧的防护安全等级是不同的；从另外一个层面来说，安全保障措施的提出，应该是针对于行驶在道路上的车辆的安全舒适性，因此，应根据道路上车辆和交通流构成特点、不同主流车辆的特点、不同主流驾驶员的特点来制定有针对性的措施，因地制宜，适宜于项目，以达到项目最优的保障效果。山区高速公路设计中，因地制宜，针对创作理念的一个重要方面就是行车节奏控制与情绪调节，即道路路线设计时，根据道路的自然环境，利用路线线形和道路环境选线，控制驾驶员的行车节奏和调节驾驶员的情绪，路线线形是控制行车速度和节奏的最佳办法，限速和违章抓拍是不得已而为之的非“人性化”措施（该内容在后文6.2“安全道路规划与总体设计”中详述），如果驾驶员的驾驶行车节奏与道路路线设计的设计行车节奏基本吻合，那么此道路便是安全道路。该理念与当今发达国家正在研究的车列交通不谋而合，是当今现代交通发展的方向，即智能交通或者智慧交通。

1）行车节奏控制

节奏本身就是一种艺术，而驾驶的节奏就是安全开车或者开好“快车”中的一个艺术课题。赛车手在比赛中都很讲究节奏。场地赛中，重复不断地每个圈每个弯，如何可以开得更快，怎样才会不犯错，受到后车干扰或追赶前车时，如何使自己保持不败之地，这都与节奏有关。赛车行驶的速度与赛车道空间几何线形条件可以说是最不匹配的，匹配当然就不是赛车，行驶的速度与赛车道空间几何线形条件不匹配仍然成为一个项目，成为“飞快而安全”的项目讲究的就是行车节奏的控制。

根据节奏来开车，这是一种直觉，是身体的本能反应，而不是一时头脑发热想快就快，每一辆行驶的车辆都有自己的节奏。自己的节奏应该自己来掌握，但有很多时候节奏会受到影响，例如驾驶员的身体情况，包括健康情况、精神状态、睡眠不足、或者出现内急时等。而车内的乘客也会影响到驾驶，如果满车的人都在打瞌睡，瞌睡虫很容易传染给正在开车的驾驶员。总之，很多不同的撞车事故归咎原因，都是驾驶员在当时的节奏失误所引起的。

2）情绪调节

汽车驾驶员的思想情绪如何，对安全行车至关重要，因为人的行为总是与心理活动息息相关的。情绪稳定、心情舒畅，行车中必然精力集中，反应灵敏，遇事处理果断。若情绪不稳，心不在焉，就会精力分散，反应迟钝，遇事措手不及。驾驶员的思想情绪往往又会从“喜、怒、忧、思、悲、恐、惊”七情中表现出来。因此，掌握驾驶员驾驶的心理特点，采取相应的防范措施，对做好安全行车工作十分重要。

6.1.8 宽容以待理念

宽容性设计理念是指道路设计要以人为本，容许驾驶员由于一时疲劳、恶劣天气、汽车故障等原因造成一些失误，避免驾驶员和乘客由于这些非主观因素的行为失误而遭受重大的交通事故危害，驾驶员的过错不应以残疾甚至生命作为代价。因此，我们所设计的道路在条件允许情况下应最大限度地做到具有较强的容错、纠错功能。根据研究发现，人们日常中的“失误”绝大多数是非责任心失误，绝大多数失误是工作的环境空间布局和体制的不合理导致,因此,山区高速公路设计在条件许可的情况下,最大限度地布设具有容错、纠错功能的设施,不仅必要,而且非常重要和迫切。

1)宽容性设计理念的产生

导致山区高速公路交通事故的主要因素包括驾驶员行为、车辆性能、道路条件和交通环境条件三个方面。因此,提高道路交通安全就需要同时提高人的行为安全、车辆安全和交通环境的安全。而驾驶行为安全(公路使用者素质提高)和车辆安全(车辆性能改善)是一个由社会发展、科技进步和人们的安全态度进步决定的漫长的发展过程。作为道路工程师来说,其职责只能是以改善道路交通条件,提高交通环境安全性作为提高道路运行安全性的重要手段。从交通事故的原因来看,任何道路交通事故均不同程度地存在必然性和偶然性。针对必然性和偶然性的特点特提出宽容性设计理念,通过优化道路设计而消除交通事故必然性,减少交通事故发生的偶然性。

2)宽容性设计控制内容

宽容性设计控制内容主要包括路线线形设计、路侧设计、交通安全设施设计三方面。

3)路线线形设计

在道路设计诸要素中,路线线形设计是对道路宽容性起决定作用的要素。线形设计包括道路平面线形和纵断面线形。对于道路安全性来说,线形设计是其根本要素,一旦平纵面线形确定,其行驶特性随之固定,难以在不破坏道路三维状态的前提下改变。因此,平纵面线形的安全性、宽容性是道路宽容性设计理念的根本。

(1)视距:我国现行《公路路线设计规范》(JTG D20—2006)中对公路的平面线形指标进行了详细的规定,其中,视距直接决定了公路的安全性,而决定高速公路安全性的视距是采用停车视距。停车视距由三部分组成:

①驾驶员在反应时间内行驶的距离;

②制动距离;

③增加安全距离5~10m。

停车视距计算如式(6-1)所示:

$$S_{停} = \frac{v}{3.6}t + \frac{(v/3.6)^2}{2gf_1} \tag{6-1}$$

式中:f_1——纵向摩阻系数,根据车速及路面状况而定;

t——驾驶员反应时间,s;取2.5s(判断时间1.5s加运行时间1.0s之和);

g——重力加速度,取9.8m/s^2。

据现行《公路路线设计规范》(JTG D20—2006)中7.9条的规定,各级公路每条车道停车视距如表6-3所示。

停 车 视 距 表6-3

设计速度(km/h)	120	100	80	60	40	30	20
停车视距(m)	210	160	110	75	40	30	20

依据停车视距要求,在平面和纵断面设计中,确定平曲线和竖曲线的半径时都应能使停车视距达到相应数值,使驾驶员的视线在视距范围内不致受到阻隔,从而将交通事故出现的

概率降到最低。

(2)横净距:为提供行车的视距,平曲线内必须保证一定的侧向净宽,侧向净宽内不允许有高出路面的物体存在,这一侧向净宽称为横净距。对于高速公路来说,横净距包括内侧横净距、针对中央分隔带和外侧的横净距和针对路侧的横净距。计算横净距的基准为左右侧行车道驾驶员视点至行车道边缘,计算公式如表 6-4 所示。右侧横净距如图 6-3 所示。

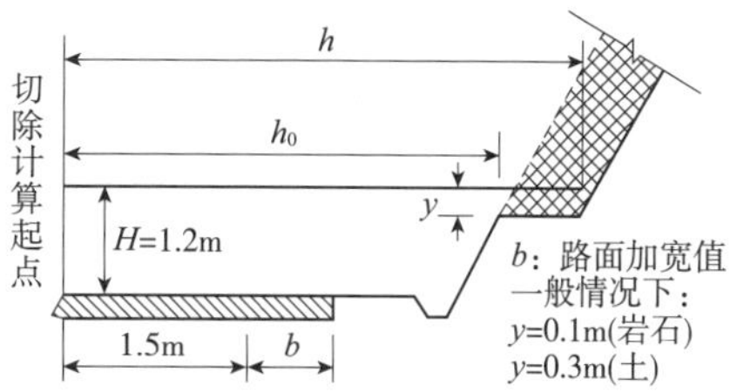

图 6-3 横净距及视距开挖平台示意

最大横净距计算公式 表 6-4

不设回旋线	$L>S$ $h=R_s\left(1-\cos\frac{\gamma}{2}\right)$ $L<S$ $h=R_s\left(1-\cos\frac{\alpha}{2}\right)+\frac{1}{2}(S-L_s)\sin\frac{\alpha}{2}$	$\gamma=\frac{180s}{\pi R_s}$ $L_s=\frac{\pi}{180}\alpha R_s$
设回旋线	$L>S$ $h=R_s\left(1-\cos\frac{\gamma}{2}\right)$ $L>S>L'$ $h=R_s\left(1-\cos\frac{\alpha-2\beta}{2}\right)+\sin\left(\frac{\alpha}{2}-\delta\right)(l-l')$ $L<S$ $h=R_s\left(1-\cos\frac{\alpha-2\beta}{2}\right)+\sin\left(\frac{\alpha}{2}-\delta\right)l+\sin\frac{\alpha}{2}\cdot\frac{S-L_s}{2}$	$\gamma=\frac{180s}{\pi R_s}$ $\delta=\arctan\frac{1}{6R_s}\left\{\left[1+\frac{l'}{l}+\left(\frac{l'}{l}\right)^2\right]\right\}$ $\delta=\arctan\frac{1}{6R_s}$

注:h——最大横净距,m;

S——视距,m;

L——平曲线长度,m;

L'——圆曲线长度,m;

l——回旋线长度,m;

R_s——曲线内侧行驶轨迹的半径,m,其值为未加宽前路面内缘的半径加上 1.5m;

L_s——曲线内侧行驶轨迹的长度,m;

α——公路转角,(°);

γ——视距线所对的圆心角,(°);

β——回旋转角,(°)。

4)左侧横净距

对于高速公路,影响左侧视距的因素主要有中央分隔带防眩设施、护栏及隧道部分的左侧墙体等。在《公路路线设计规范》(JTG D20—2006)中已规定了中分带侧向余宽 C 值、左侧路缘带及隧道部分的左侧检修道等宽度,可保证半径大于一定值时,左侧横净距能够得以保证。表 6-5 和表 6-6 为满足横净距要求的临界半径值。

当圆曲线半径小于临界值时,应将左侧路缘带加宽或加宽中央分隔带,以保证横净距。表 6-7 为左侧加宽值表。在无法对路缘带或中央分隔带加宽时,也应保证 1.2m 高度范围内没有物体对驾驶员驾驶视线的遮挡，如将中央分隔带防眩设施由绿化防眩改为防眩板并布设在中央分隔带内侧护栏上等。

临界半径表　　表6-5

设计速度(km/h)	120	100	80
中间带宽度(m)	4.5	3.5	3.5
*C*值(m)	0.5	0.25	0.25
停车视距(m)	210	160	110
满足中央分隔带横净距要求的最小半径(m)	2 003	1 278	603
下坡(-4%)载货汽车停车视距(m)	273	195	132
满足中央分隔带横净距要求的最小半径(m)	3 386	1 900	870

高速公路内侧车道几何视距与对应的平曲线半径　　表6-6

平曲线半径/视距	设计速度(km/h)		
	120	100	80
极限最小半径/几何视距(m/m)	650/114	400/90	250/71
一般最小半径/几何视距(m/m)	1 000/142	700/119	400/90
平曲线半径/停车视距(m/m)	2 204/210	1 279/160	604/110

注：1. 其值是按照内侧车道中心距护栏2.5m的情况计算的。

2. 当地形限制，平面线形调整困难时，可采取辅助措施满足视距要求，如改变中央分隔带形式（从波形梁护栏改为新泽西护栏），或者将波形梁护栏向中央分隔带中心移动等。当调整后内侧车道中心距新泽西护栏的距离为3.0m时，对应设计速度120km/h、100km/h、80km/h所要求的最小平曲线半径分别为：1 836m、1 065m、503m。

左侧加宽值表　　表6-7

设计速度(km/h)	120		100		80	
中间带宽度(m)	4.5		3.5		3.5	
*C*值(m)	0.5		0.25		0.25	
停车视距(m)	210		160		110	
不同半径下左侧加宽值	半径(m)	加宽(m)	半径(m)	加宽(m)	半径(m)	加宽(m)
	2 000	0	1 200	0.16	600	0.01
	1 500	0.92	1 000	0.69	500	0.51
	1 200	1.84	900	1.05	450	0.85
	1 000	2.76	800	1.49	400	1.27
	900	3.37	700	2.07	350	1.81
	800	4.14	600	2.83	300	2.53
	700	5.13	500	3.9	250	3.54
	650	5.74	400	5.52		

5）超高过渡段设计

现行《公路路线设计规范》（JTG D20—2006）指出，路线由直线段的双向路拱断面过渡到圆曲线的全超高单向断面,其间必须布设超高过渡段,同时规定了不同设计速度下的最大超高渐变率。超高过渡段长度计算如式(6-2):

$$L_c = \frac{B \cdot \Delta i}{P} \tag{6-2}$$

式中:L_c——为最小超高过渡段长度,m;

B——未设硬路肩的公路,m;B 值为旋转轴至行车道(设路缘带时为路缘带)外侧边缘的宽度;设有硬路肩的公路,B 值为旋转轴至硬路肩外侧边缘的宽度;

Δi——超高坡度与路拱坡度代数差,%;

P——超高渐变率。

采用较大的超高渐变率,将出现坡度变化剧烈、道路扭曲过大的现象,急剧的变化对行车安全和驾驶员的舒适性不利。因此,在缓和曲线段采用合适的渐变率,使超高过渡平缓,更加有利于行车安全舒适。规范规定利于排水的横坡度从2%过渡到0%的最小超高渐变率为1/330,实际上,渐变率过缓时,横坡度在0.5%~-0.5%路段(如超高渐变率为1/1 000时,0.5%~-0.5%的区间长度约117.5m),雨水会长时间沿公路纵向流淌,极易形成水膜,引起交通事故。因此,横坡小于2%的路段应限制长度。采用利于排水的较小渐变率有利于减少事故的发生。

6)路侧设计

(1)路侧净区

路侧净区是指车辆失控冲出行车道外侧的安全空间,旨在为车辆失控提供逃生的机会,以重新获得控制并安全返回行车道或提供相对安全的停靠点,从而降低事故发生的数量和严重程度。路侧净区一般可通过放缓路基边坡、布设可逾越的排水设施等手段,使路侧保留无障碍或平缓的地带。路侧净区一般包括硬路肩和边坡两部分,我国目前尚无关于路侧净区宽度的研究成果。根据美国AASHTO《路侧设计指南》(2011版),高速公路行车道边缘外侧不小于9m的宽度可使80%的失控车辆得以恢复,大多数公路按9m的宽度布设路侧净区。路侧净区中,路肩(硬路肩+土路肩)一般宽度为3.25~4.25m,故边坡宽度应为5.75~4.75m。但是路侧净区宽度受交通量、行驶速度、边坡坡度影响较大,侧向净区宽度如表6-8所示。在填方边坡坡度陡于1:3时,失控车辆很少能恢复控制。因此路侧净区设计时,边坡坡度应缓于1:3。

侧向净区宽度表(m) 表6-8

设计速度(km/h)	设计日交通量(辆/d)	填方路基边坡坡率		挖方路基边坡坡率		
		1:6或更缓	1:5~1:4	1:3	1:4~1:5	1:6或更缓
≤60	>6 000	4.5~5.5	5.0~5.5	4.5~5.5	4.5~5.0	4.5~5.0
70~80	>6 000	6.0~6.5	7.5~8.5	4.5~5.0	5.5~6.0	6.0~6.5
90	>6 000	6.5~7.5	8.0~10.0	5.0~5.5	6.0~6.5	6.5~7.5
100	>6 000	9.0~10.0	11.0~13.5	6.0~6.5	7.5~8.0	8.0~8.5
110	>6 000	9.0~10.5	11.5~14.0	6.5~7.5	8.0~9.0	8.5~9.0

以设计速度 110km/h，依据表 6-8 设计为例，即使按 1∶4 的边坡坡率，14m 的路侧净区，填方高度只能达到 2.44m(路肩高度)。因此根据我国土地资源稀缺的情况，路侧净区一般只能在路基高度低于 2m 的路段采用，方能凸显其安全作用。山区高速公路沿线地形彼此起伏，地形横坡陡，桥梁隧道、傍水、悬崖峭壁路段多，按美国 AASHTO《路侧设计指南》(2011 版)的建议坡比实施非常困难，但安全道路设计应遵循本章 6.1.7 节因地制宜、针对创作的理念，如图 6-4 所示为利用挖余填缺尽可能增设紧急停车带或者路侧净区，图 6-5 所示为将山区高速公路边沟布设为暗沟，外侧布设 1 ~ 2m 的平台作为适宜山区特殊自然地理环境条件的路测净区，以提高道路路侧的安全性。

图 6-4　云南保龙高速公路挖余填缺路侧净区

图 6-5　云南保龙高速公路暗沟路侧净区

(2)防止车辆冲出路外的措施

当路侧宽度不能满足路侧净区的需求时，应采取技术手段，防止车辆冲出路外。高速公路除在设计中改善平纵面线形和增大视距外，还可选择采取如下措施：

①布设限速、控速交通标志，提高路侧护栏防撞等级。

②布设轮廓标、线形诱导标。

③路面行车道外侧标线宽度适当加宽，并将标线改为振动标线，改善路面标线夜间的反光可视效果。

④提高路面抗滑性能尤其是潮湿状态下抗滑性能。

⑤在路肩布设路肩振动带，取消路肩突起缘石。

⑥采用浅碟形边沟、暗埋式边沟等。

7)交通安全防护设施

在大多数填挖较高、边坡较陡的路段，上述措施无法阻止或诱导失控车辆返回行车道。为了减轻失控车辆事故的严重性，一般是布设路侧交通安全防护设施，如采用护栏等设施，防止车辆失控时出现更大的事故。

交通安全防护设施对于道路的安全性有重要影响，但一方面安全防护设施起到保护失控车辆的作用，另一方面事故发生时交通防护设施不可避免地会对失控车辆产生一定的破坏，因此，交通安全防护设施的合理选型和布设，对失控车辆的安全防护至关重要。

8)互通式立交的宽容性设计

在互通式立交处交通流相对紊乱，驾驶员驾驶工作负荷较高，尤其是出口附近常出现驾驶员因犹豫而减速或行驶错误的情况。应采取相应措施减少驾驶员犹豫和行驶错误的行为。

(1)完善指路标志信息

完善互通式立交的标志布设,特别是指路标志布设,是减少驾驶员犹豫,降低交通流紊乱的最重要措施。立交出口的标志有出口预告标志——2km、1km、500m、0km(基准点)预告标志和出口标志,如图6-6所示。图6-6中,左侧四处标志为预告标志,右侧一处标志为出口标志。在某省高速公路标志设计中,经过多年的实践,在0km(基准点)尤其在枢纽型立交的出口基准点添加直行方向预告,是为了提前提醒驾驶员应走路线和提前纠正驾驶员的行驶错误,通过实践证明其效果非常明显。

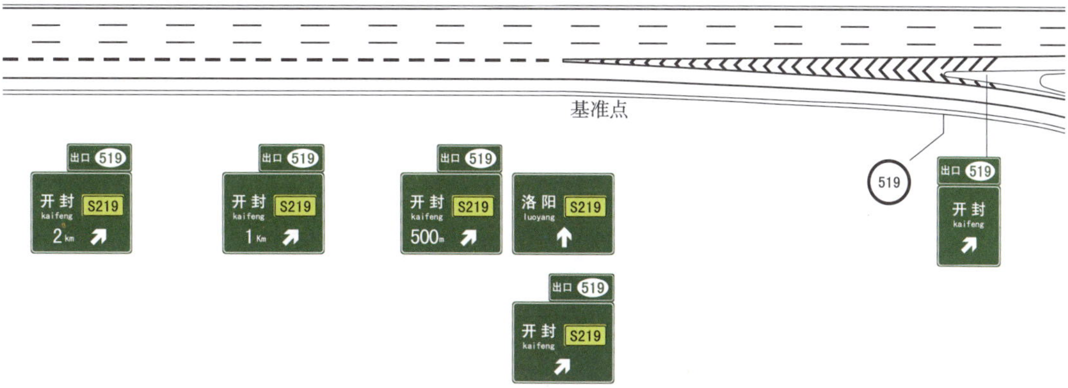

图6-6　立交出口标志布设示意图

(2)立交出口偏宽处理

当占地允许时为使驾驶员能较容易辨清并驶出互通式立交出口,可对立交出口处采取偏宽处理,如图6-7所示。欲驶出立交出口的驾驶员在发现前方立交出口预告标志信息后,其驾驶行为一般是:需找机会变换行车道、减速(甚至停车)、观察、转向,回到预期出口方向。布设出口匝道偏宽,是在不影响主线交通流行车的前提下,给欲驶出出口的驾驶员提供行车道外一条车道的宽度,以利于车辆的路侧行车安全。对于双车道出口,因双车道减速车道的功能特点,建议可采用图6-8的两种偏宽方式,尽量布设比较长的偏宽距离,使车辆能够较安全地驶离立交出口。

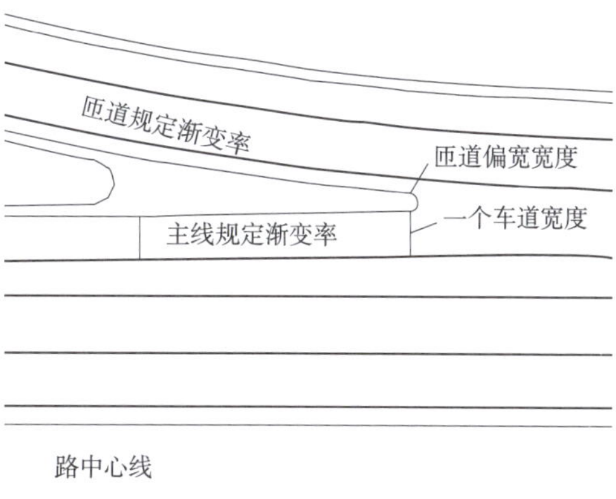

图6-7　立交出口偏宽示意图

(3)立交出口消能缓冲设施

互通式立交出口位置,是高速公路交通流最为紊乱的地带,同时因其形状与一般路段的带状形状不同,有迎向行车方向的锐角面,尽管通常布设了护栏的端头,如图6-9所示,但是仍然会对失控车辆造成较大的伤害。

为尽量减轻出口处护栏端头对碰撞车辆的破坏,需在端头处布设缓冲吸能装置,其布设目的是为了吸收车辆冲击能量,减小碰撞作用过程中的最大加速度,降低对车辆驾乘人员的人身伤害和车辆的破坏。最简单的消能缓冲装置是防撞桶,桶内中空,填充沙或水。在端头前面摆放一至数只,依靠防撞桶变形破裂消能;也可采取将护栏端头段布设为吸能端头。在欧洲尝试顺高速公路布设平行的制动床,让车辆进入制动床消能。

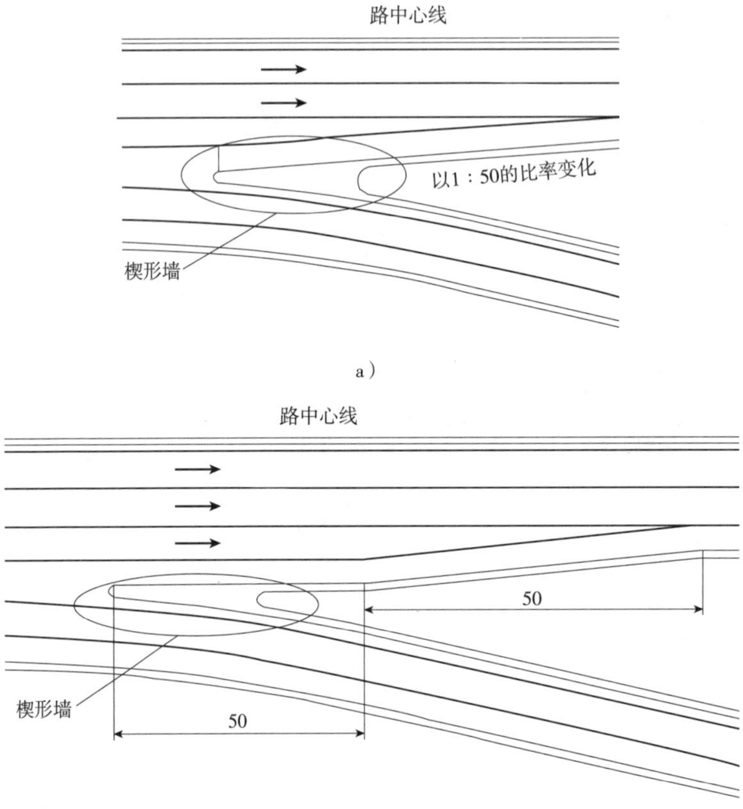

a)

b)

图6-8 双车道变速车道的两种偏宽设计示意图(尺寸单位:m)

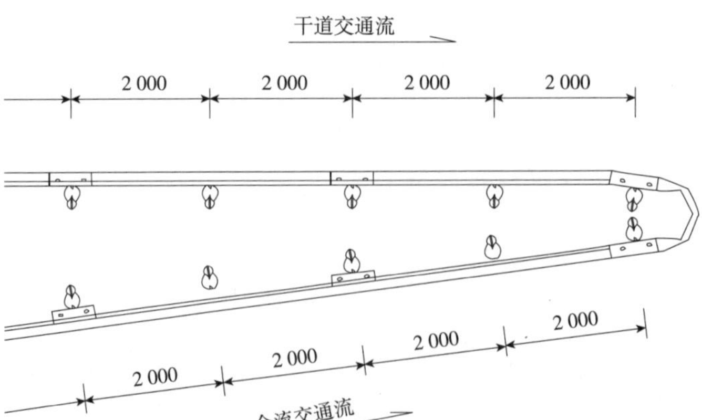

图6-9 出口护栏端头示意图(尺寸单位:cm)

作者在云南保龙高速公路安全保障综合系统研究中,针对怒江东岸长距离下坡中间的施甸互通式立交处的施甸出口布置于高速公路曲线外侧,道路几何空间条件处于长下坡近20km处,匝道线形指标低,属于典型的"长下坡直线尽头的小半径",而且视觉上容易将匝道视为高速公路的断面变形问题;使道路运行方面不仅对离开高速公路通往施甸的车辆减速离开存在压力,驾驶员驾驶工作负荷高,而且极容易误导其他车辆以正常行驶速度"高速"进入匝道。针对该问题,经系统研究后,除加强完善指路标志、端头布设消能设施、增设太阳能黄闪灯、出口偏宽处理等措施外,还利用安全色的警告、禁止等安全作用,将匝道三角段、减速车道和初始匝道路面铺设成红色的防滑涂料,从三角段至初始匝道外侧护栏改为钢筋混凝土护栏,并布设太阳能路灯等一系列安全保障综合措施,如图6-10、图6-11所示。通车近5年的交通运行,至今未发生一起车毁、人员重伤的交通事故,但从减速车道、出口处路面的多条制动痕迹看,与前期的分析预测非常吻合。

图6-10 云南保龙高速公路施甸立交出口交通安全设施

图6-11 云南保龙高速公路潞江坝立交出口交通安全设施

保龙高速公路怒江西岸怒江互通式立交虽然地处宽阔平坦的河滩台地,匝道平纵几何条件较好,但位于连续38km长下坡尽头(平均纵坡 $i=3.4\%$),是连接国道G320线,沿江公路省道S206的节点,与怒江服务区相邻,考虑出口驾驶员因犹豫而减速或发生行驶错误,以及失控车辆救助,避免交通事故,减少事故损失等交通安全隐患问题,除采取书中相关措施的同时,布设紧急救助匝道,如图6-11所示。

以人为本,是近年来我国高速公路设计的首要设计理念。在此理念指导下,以驾乘人员和行驶车辆的安全舒适性作为主要研究对象的宽容性设计已成为我国高速公路设计首要解决的问题。宽容性设计理念最重要的是路线线形设计,其次是路侧设计,再次是降低事故危险性的安全设施设计,三者主次分明,缺一不可,逐一补充,形成以路线为纲的综合保障系统。

6.2 安全道路规划与总体设计

6.2.1 安全走廊选择

公路路线走廊带(通道)选择与研究是公路建设步入实质性阶段的第一步,也是公路建设非常关键的一步。公路路线走廊带是指公路路线所经沿程影响的区域，是一个带状走廊，其数量与拟建项目规模（长度）有关，拟建规模越大，走廊带条数越多，范围越宽。走廊带的合理性，不仅直接影响甚至决定工程建设规模、投资、工期、质量、抗灾防灾能力，而且影响或者说限制公路的影响辐射面、辐射范围、辐射人口、路网结构、路网密度、路网地位，公路的社会效益、运输效益，服务水平，沿程经济、城镇规划和发展方向，以及道路的运行安全。特别是中西部山区高速公路，由于山区地形、地质复杂，虽然可通走廊不少，但可行走廊不多，安全经济合理走廊更少，甚至是唯一的，再加上路网密度小，辐射影响面少，带动沿程经济发展和影响力度相对较小。因此，走廊带的选择与研究显得相对重要而关键，否则一旦付诸实施，那将有可能成为“千古遗憾”和限制经济发展的瓶颈，“通道”成为“胡同”。

1）安全走廊特点

山岭区复杂的地形，连绵不断的横断山脉，深切纵横的沟谷，分散而规模较小的地貌单元，错综复杂的构造体系，发展极不平衡的点式经济，经济带对外交流的单向鱼刺型网络，以及“十里不同天”，“一路四季”的立体气候，与平原区相比，其公路走廊带选择具有以下特点。

（1）复杂性

山区走廊带一般地形、地质、水文等自然条件较复杂，由于构造带的影响，导致普遍存在崩塌、滑坡、岩溶等不良地质现象。由于气候、水文等的突发性，可能存在暴雨、洪灾、泥石流等灾害。山区地形地质、构造体系的复杂性，社会经济发展的不平衡性，以及长距离越岭公路等自然因素，决定了山区公路路线走廊带选择是一个烦琐多变而复杂的过程，具有复杂性的特点。走廊带选择应考虑这些对影响施工与运行安全影响的自然因素，特别是走廊带各区段的气候环境条件，如团雾、沟谷风、高寒冰冻、雨雾等区域的局部复杂气候对运行安全的影响，而这些区域性的不利气候条件资料又往往匮乏，更增加了选择研究的复杂性。

（2）生态性

山区走廊带一般自然生态较好、环境优美，人与自然和谐共处，走廊带选择必须重视对生态环境的保护，尊重走廊带内动、植物生存环境，尽最大可能保持原生态。自然环境资源的保护与高速公路基础设施建设一样是不同形式的社会财富的积累，实现提升自然生态环境景观价值的保护性开发建设是其基本原则。

（3）唯一性

山区走廊带受地形条件、山脉水系格局和工程投资的影响，可供选择的路线走廊带较少。确定了要经过的经济点后，一般走廊带具有非唯一性的“唯一性”特点。山区星罗棋布的点式经济格局，连续不断的山脉和人类赖以生存的分布不均、差异较大的自然资源，山区特有的单向往返的鱼刺辐射通道网络特点，以及山区经济带主要人流、车流、信息流单向辐射现状，决定了山区公路走廊具有各种线性工程争夺空间资源的“兵家必争”的唯一性特点。

（4）不可再生性

在地形、地质条件非常复杂的山区，选择一条符合项目通道走向的理想的路线走廊已经很困难，今后改扩建更加困难，另建新线几乎“不可能”，必须付出巨大的代价。因此，在路线布设上应尽可能考虑远期较高的交通需求，选用合理的技术指标，以珍惜不可再生的通道资源（通道也是一种不可再生的资源）。

(5)重复性

由于山区经济具有点式特点,其辐射方式也是以点带面,因此固有的公路、铁路、水电工程等构造物基本都以串联沿线各点为目标。考虑经济因素,同样,高速公路的走廊带也需以联结经济点为目标,导致各大型构造物建设的重复性。山区特殊复杂的地理环境,从马站驿道开始,多年逐步形成的交通通道和点式经济格局,分布极不均匀的资源和生存条件,拉动经济发展的需求,以及干道走廊选择的基本思路、原则和人们出行的"捷径"心理等决定了山区公路路线走廊具有"自古华山一条道"的重复性特点。

(6)永久性

永久性是所有大型建筑物的共同特点,对于山区高速公路,由于其投资大和走廊带的不可再生性,更应充分考虑其长久的使用。因此,在走廊带选择上,应尽量考虑其日后的养护、维修、加宽、改造,争取更长时间的使用。

(7)风险性

山区高速公路一般交通量不大,相对平原区增长缓慢,桥梁、隧道等特殊结构物后期运行管理费用高,项目抗风险能力差。控制工程规模、降低投资、减少投资风险是山区高速公路的共性问题。

(8)规模性

山区公路路线走廊,由于其地理环境复杂、相对高差大、路网密度小、断头路多等特点,决定了山区公路走廊带数量、研究选择的范围与项目的规模(起讫点间的距离)呈幂函数的关系,即具有规模越大、可通走廊带越多的规模性特点。

2)安全走廊选择原则

山区高速公路走廊带的选择思路应紧密结合山区公路的特点和紧紧围绕"安全、环保、舒适、和谐"的指导思想和本章6.1节列述的设计理念开展工作,具体应重视以下几点原则。

(1)符合性原则

应充分考虑高速公路的功能、地位和服务水平,并着眼于长远发展的要求,包括运行的安全要求。走廊带选择应首先符合相应的技术标准要求,所选走廊带应能够采用合理、可行的技术标准,并具备采用适度较好的技术指标条件,以保证行车安全和提高公路服务水平。

(2)安全性原则

鉴于山区复杂性的特点,高速公路的建设不可避免地要切坡、填沟、架桥、打隧道,地质病害对走廊带的取舍起决定性作用。当路线走廊带无法绕避大型地质病害和特殊的区域不良气候时,应采取"一票否决",以确保公路施工和运行期安全。近年来,长大纵坡下坡和区域不良极端气候已成为影响山区高速公路运行安全的主要因素之一。因此,在走廊带选择时,也应认真研究,结合现行《公路路线设计细则》(讨论稿)中9.2.9条"高速公路和一级公路的连续下坡路段,任意连续3km的平均纵坡不宜大于4%,相对高差大于300m时,平均纵坡不宜大于2.5%"的要求认真研究。同时应用植物与气候的内在联系,认真研究分析不良极端气候的区域和气候特征,以及对交通运输的影响。

(3)和谐性原则

和谐性原则要求走廊带的选择应处理好三方面的关系。一是要处理好路线走廊带与自然生态环境的关系,即所选走廊带不应对所经地区的旅游风景区、森林保护区、湿地保护区、水源地、动物栖息地等有重大影响。走廊带不能通过上述保护区的核心区;否则,应研究新的走廊带。二是要处理好走廊带与人文环境的关系,即处理好走廊带与文物保护区、重要遗址、重要纪念地等的关系。一般应尊重和保护人文环境,尽量避扰。三是要求处理好走廊带与社会环境的关系,即处理好走廊带与城镇规划、其他大型基础建设项目、群众居住地等的关系。山区高速公路既要连接所经地区的重要城镇,又不宜过多占用规划用地,特别不能造成大量的拆迁,影响沿线群众的正常生活。在山区土地资源较少,特别是合适的宅基地更难寻找的条件下,若路线走廊带造成大量、成片的拆迁,其意义不光是经济问题,有可能产生社会矛盾,而且随着群众维权意识的增强,对后期的施工环境也有不利影响。因此,走廊带的选择应尽量尊重沿线政府和群众的意见,统筹规划,和谐规划。高速公路若与自然生态环境、人文环境和社会环境不和谐,显然自然生态环境、人文环境和社会环境将影响交通安全,其三大环境是交通安全人、车、路和环境系统中环境系统的基本组成部分。

(4)经济化原则

经济化原则也需要处理三方面的关系。一是山区高速公路普遍存在交通量较小而投资规模较大的矛盾,国民经济和财务评价较差,抗风险能力差。这就要求路线走廊带的选择必须重视工程投资,尽量选择投资较少的方案。二是走廊带的选择应重视交通流的市场化选择。随着我国市场经济的快速发展,交通趋向已不再拘泥于行政区域,而是更多地以市场为导向进行选择,市场化的路线走廊更符合使用者的要求,对经济的促进作用更显著。三是走廊带的选择应与地方大的产业发展规划、产业结构和产业链的连接相适应,更好地为经济服务。

实际上,山区走廊带的一些特点和设计原则有相互矛盾之处,这就需要设计者在实践中区别对待、分清主次,将安全和环保放在第一位,通过定量和定性的综合比较确定。同时应注重山区公路走廊带选择思路和原则与国民经济实力息息相关,会随时代和经济发展而变化。设计人员应在总结前人经验的基础上,在实践中不断总结和更新,满足时代要求,满足安全出行的要求。

6.2.2 道路运行环境调查与选择

山岭区复杂的地形,连绵不断的横断山脉,深切纵横的沟谷,分散而规模较小的地貌单元,错综复杂的构造体系,发展极不平衡的点式经济,经济带对外交流的单向鱼刺型网络,以及“十里不同天”的立体气候,使得对山区高速公路路线走廊带的选择,必须对其运行环境进行详尽的调查与选择,作为选择走廊带的依据之一。

1)道路运行导向系统调查与选择

道路运行导向系统的设计是交通运行的灵魂。如果没有导向系统的疏通,如果缺少新型成套的、科学合理并系统规范的导向系统设计,在交通发展的今天,道路运行的后果将不堪设想,这一点应该引起道路设计人员的高度重视和认真对待。道路运行导向系统有别于道路线形诱导标志和指示标志等组合的道路运行诱导系统,道路运行导向系统是宏观的,主要依托自然地形地貌、山形走势、河流流态、城镇山寨、高大树木、阳光等,具有一定规模,视野范围中具有方向和方位指向特征的天然物。根据驾驶员注视规律,驾驶过程中对视野范围内与道路具有一定关联的高大物体是驾驶员最为关注的,注视时间最长,往往通过这些高大物体的“长时间”注视预测和判断视野以外前方的道路走向和路况。因此，道路运行环境调查与选择时，应认真研究走廊范围内的山形走势、河流流态、山坡上的村寨、鹤立鸡群的高大树木等具有方向和方位指向特征的物体的格局和分布，并根据展线和布线的初步成果，从驾驶员的注视需求分析与路线的关系，与换岸跨河的桥位，隧道的轴线线形等统筹考虑，将方向、方位感较强，形态特征明显，质感较好，高大挺拔的物体布置于高速公路视野外转向的曲线外侧指示高速公路视野外的走向，以帮助指导驾驶员预测判断道路走向，从而建立山区高速公路导向系统，提高道路的安全保障。

2）道路运行气候环境调查与选择

（1）恶劣天气与交通安全

一般来说，影响高速公路安全运行的天气因素主要有：团雾、大雾、暴雨（雪）、积冰（雪）、高温、低温、大风（包括横风）、沙尘暴等，这些天气因素有时单个出现，有时则是同时出现，共同对高速公路安全运行构成威胁。高速公路安全运行系统是由“人、车、路、环境”组成的系统问题，哪一个环节出现问题，都可能造成高速公路交通事故。而恶劣天气条件对高速公路安全运行的影响，是对“人、车、路”三个方面的综合影响。因此，由恶劣天气条件引发的高速公路交通事故，往往比其他原因引发的高速公路交通事故要严重得多，这些实例比比皆是，特别是冬季，经常可以看到严重交通事故。

（2）恶劣天气下道路运行交通安全对策

既有高速公路恶劣天气的不良影响，首先应该对运行以来影响交通安全的恶劣天气类型、特征、影响时段、路段以及这些路段的道路几何条件、路面条件、交通安全设施，事故的特征、类别和严重程度等进行统计，分析多年来运行管理采取的应对措施，各种措施的效果、经验与教训等；其次根据分析和总结，形成应对的管理机制。同时研究改善如何能够及时准确地获得天气信息并将其发布，如何加强现场天气的监测，如何保证车辆及驾驶员在恶劣天气条件下的主动及被动安全性，以及紧急救援的应急方案和行动迅速、反应及时的机制等，从而有效控制雨、雪、雾等天气引发的交通事故并抑制其发展趋势等问题成为构建高速公路行车安全保障系统必须考虑的因素。

（3）恶劣天气下道路建设调查与选择

建设道路有新建与改扩建两种形式。改扩建走廊总体上是固定的，没有选择的余地，安全道路设计应该遵循调查统计分析既有道路的交通事故状况和特点以及特征，根据引发交通事故的主要因素采取针对性措施，消除事故多发地点，排查排除事故诱因。若是道路几何条件与其他因素叠加，应下决心提高道路几何条件，改善道路线形空间条件，保障交通安全；若是恶劣天气引起的路段，调查分析恶劣天气的类别，首先研究避让的方案，彻底解决；若无法避让，应从道路空间几何条件着手，配合多年来的安全管理经验和建立的机制，布设必要的现场监测设施和紧急救援设施等，遏制和控制交通事故，保障道路交通安全。

新建项目往往另选路线走廊，在路线走廊调查与选择中，沿线的地形、地质环境条件通过常规手段完全可以调查清楚，满足山区高速公路建设的需要。但走廊沿线区域局部的气候环境，由于山区地形、地貌复杂，纵横交错的高山往往打乱了气候的纬带和海拔高差规律，局部区域性气候差异较大，既有天气资料匮乏，恶劣天气资料和各路段情况很难调查清楚，甚至概念性的天气情况皆困难，特别是团雾、大雾、暴雨等。事物间存在着普遍的内在联系，相互影响，相互制约，这是唯物主义哲学思想。作者曾经根据这一哲学思想，在为完成《道路工程哲学》时主持开展了以自然地理环境学为理论指导，利用植物学研究的植物与气候的关系成果，开展"基于植物与气候的关系山区道路路线选线研究"课题研究，通过多项目的应用，将其研究的一些思路和方法作为安全道路走廊气候环境调查和分析的方法。至少可以与询访调查的结果相互佐证，为安全道路设计提供帮助。

(4)自然地理环境学理论

①安全道路建设与自然环境阻尼边界条件的互动关系

我国公路区划图将全国分为7个大区域，33个小区域，道路建设与运行管理者依图在我国各地修路、养路。地理学家看图说："有什么样的环境就有什么样的路，或者倒过来，由路可以反推环境"，即在不同的环境中诞生了不同的路。《奇路我国》言横断山区公路——"万山不许一路通"：横断山山区的弯路多、盘山路多、地质灾害多，路下临深谷，上覆雪山，紧贴陡峭崖壁，清除滑坍、填补缺口永远是道路工程师与自然之间保持平衡的长期工作；江南公路——"把湿漉漉的路拧干"，南船北马，江南高温多雨潮湿，潮湿泥泞的红土成为修路的麻烦，看看江南古镇巷道的青石板，看看高高的把水分隔开的路堤，在这里，路需要远离水；太行山嶂石岩地貌地区公路——"挂壁公路"，青藏高原以震撼的垂直高度产生敬畏之美，太行山区域是"百里赤壁，万丈红绫"，水平向延绵不绝，将从上到下或者从下到上的眼光改为从左到右或者从右到左，公路在这里高高悬挂于赤壁，形如栈道。

道路工程活动不仅要重视技术的集成，同时也要重视非技术的集成，它涉及人与自然、人与人、人与心的三层次渐进关系。工程目标的确定与实践手段的选择是工程活动关键的第一步，最佳的目标只有与最佳的方法结合，才可能取得最佳的社会、经济效益，安全道路建设只有与自然环境适宜，才可能以最小的投入获得最大的工程效益和社会、安全效益，提供最好的服务。安全道路建设的过程就是整合包括自然环境的各种资源，统筹解决整体与局部、近期与远期等矛盾，权衡利弊分析选择工程自然环境阻尼边界条件，利择其重，弊择其轻的辩证思维，是安全道路建设需求分析的一部分。

②安全道路建设与自然环境关系的理性思维

人地关系是对人地相互影响、相互作用程度的哲学讨论，是一种理性思维，其关系是从有人类以来就存在的客观关系。随着对自然地理环境认识深入发展为"地理环境决定论"、"生态论"，认为自然环境对人类社会、经济、政治起绝对决定性作用，环境盲目而残酷地统治人类的命运，古言"天地与我并生，而万物与我为一"，"顺天时，量地利，则有力少而成功多"。无论是世界人口、城镇、经济圈、人类活动的区域等分布和格局皆与地球表层环境系统的规律和分布、格局相似，人与地是"并生"关系。

人是在一定的生产方式下，在一定区域进行生产活动，具有自然和社会的双重属性，既是生产者，又是消耗者，地是在空间上存在地域差异的自然环境，在一定条件下，人与地之间的物质、能量、信息的交流和流量具有一定限制的比例和频率，也就是说，人和地域是一个系统，具有一定的承载力，且承载力是有限的。研究协调地域系统的承载力是当代和今后人地关系的课题。安全道路是人类最基本的经济活动，是一个双向互动的过程，虽然经济活动层次越高，受地理自然环境条件和资源的限制越少，抵御自然灾害的能力越强，但经济活动是无限的，地理环境的承载是有限的。因此，安全道路工程建设活动的关键是路段区域地理自然环境条件的分析，其承载力的分析，是“顺天时，量地利，则有力少而成功多”的选择。

③地球表层系统活动规律

地球表层系统由陆地和海洋两大系统组成，是一个圈层结构，由岩石、大气、水和生物四个圈层相互作用而形成，在空间上四个圈层存在一定的交叉，相互作用和影响，该层系统不存在包含和被包含的关系。气候环境主要受大气运动控制，地球表层结构和轮廓影响，具有以下特征和运动规律，下面仅阐述与山区安全道路建设联系密切相关的内容。

a. 大气环流与季风：在太阳辐射、地球自转和地面的共同作用下，空气产生不同规模的三维运动为大气环流，是全球气候的主要因素，太阳辐射是原动力。在原动力的驱动下和自转的影响下，在 20～30℃ 纬度间产生高压带及赤道和极地低压带，形成了相对稳定的气候景观，如撒哈拉沙漠。海陆热力的差异，行星风在季节变化下形成有规律的移动——季风。全球海陆热力差异最明显的是亚洲东部，每年 4～10 月份亚洲的印度、中南及我国云南等地区盛行稳定的来自印度洋的富含水汽的西南季风，潮湿多雨，而其他月份盛行干燥的东北风，干燥少雨。云南横断山以西的龙陵、腾冲等地降雨量充沛而集中，以东少雨干旱就是受两季风的控制。

b. 高原山区局地环流：大气环流与季风是受大范围的气场控制，形成移动路径、时间和规模特征等皆有规律，对安全道路建设的影响无法避让、控制和选择，但容易监测和掌握，如沿海一带的台风等。而高原山区受局部地表轮廓影响的海陆风、高原季风、山谷风、焚风、城市风等区域局地环流，对安全道路建设和运行的影响虽然范围小，但影响大，界线明确，一线相隔差异明显，往往由于认识不足，无详细的资料可查、调查困难或者认识不足等被忽视。可是往往又“突如其来”让驾驶员和管理者“措手不及”，需要安全道路设计者不断探索总结，调查局地环流的范围、界线、特征差异和对安全道路的影响，采取有针对性的措施。比如山体的迎风面、焚风面、大气环流和局地环流扩散通道，以及其抬升情况等，而这些分界线往往与地形轮廓线一致，一线相隔差异明显，戛然而止，安全道路建设调查其戛然而止的差异界线比区域气候的特征尤为重要，“突如其来”就在这里，“措手不及”也在这里，如团雾比在雾中摸行问题多。

④地球表层系统气候分布规律

a. 纬度地带性：由于太阳辐射随纬度不同而发生规律性的变化，导致地球表面热量具有从赤道向两极地逐渐变少，依次产生热带、亚热带、温带和寒带，基本上平行纬度圈线呈东西向分布，南北向交替变化的规律，是全球尺度的地域差异规律，纬度每增加 1°，气温降低 0.67℃。

b. 干湿度分带性：全球陆地 89% 的降雨量来自海洋湿润的气团，而海陆间的水交换越往内陆越弱，形成干湿由海向陆地带状分布的规律，干湿度分带往往平行于海岸线分布，植物、土壤也具有平行海岸线的分带规律。在年降雨量大于 100mm 的情况下，某地年降雨量为 1 150 − 0.56 × 离海岸线的距离（km）。

c. 垂直地带性：随着海拔的增加，气温逐渐降低，降雨量呈现变化，而导致气候、植物、土壤和自然景观呈现垂直向上的带状分布和变化，垂直带性往往出现在山区和高原的边缘，是地区尺度的地域分异规律，迎风面与背风面降雨量的不同，阳坡与阴坡热量的不同，导致同一山体坡面垂直带的不同，而这些差异正是道路建设需要分析了解的区域尺度的边界自然条件，具有气温随高度每增加 100m 降低 0.65℃ 的垂直梯度。

(5)植物气候环境

①植被(植物)与气候的关系

气候在自然地理中因其范围和影响因素的差异可以区分为“大气候”、“中气候”和“小气候”。大气候(Macroclimate)又称“区域性气候”(Regional Climate),它是地理和地形位置作用的结果。在这个大气候的背景下由于中等地形、大片植被等局部的影响,使得气候产生了范围较小的变化,如森林和丘陵坡地的气候,称为中气候(Mesoclimate)或地方性气候(Local Climate);小气候(Microclimate)则是与有机体在同一水平上的气候,如发生在植被群落内部、湖岸、房屋附近的气候。

植被,指一个地区植物群落的总体。由于自然界环境条件的复杂和多变,植被类型及其分布十分多样。气候是决定地球上植被类型及其分布的最主要因素,植被则是地球气候最鲜明的反映和标志。

植被和气候之间的相互作用主要表现在两个方面:植被对气候的适应性和植被对气候的反馈作用。植被对气候的适应性主要表现在每个气候类型或分区都有一套相应的植被类型。植被对气候的反馈作用表现在不同的植被类型通过影响植被与大气之间的物质(如 H_2O 和 CO_2 等)和能量(如太阳辐射、动量和热量等)交换来影响气候。植被影响气候是通过它的物理、生理特性改变地—气间的物质和能量交换而实现的。植被可以改变周围环境,而周围环境的改变又促使植被发生变化等。

气候与植被之间关系的研究方法一般有两种:第一种方法是通过实地调查、格点推算或遥感技术等手段,获取气候与植被关系经验方法。该方法实用、直观,但不依赖于对过程的基本认识;第二种方法是将经验的植被模型或动态描述植被类型和生理过程的基本模型引入大气环流模式,研究植被和生态系统对气候变化的响应和反馈作用。实地调查手段适用于抽查小范围地区的植被变化和相应的气候变化,实用于山区安全道路路域自然环境气候的调查。

②气候对植被(植物)分布的影响

气候是植被类型形成的基础,不同的气候类型必然会造就相应的植被类型;而植被又是一个地区自然环境优劣的标志,它的形成是地形、气候和土壤等自然因素的综合产物。影响一个区域植被状况的基本因素主要有光照、温度、水分和矿物质。矿物质受土壤条件制约,各地有较大差异;光照、温度和水分主要受气候和地形影响,各地差异很大。因此,植被类型及覆盖度主要受气候和地形影响。决定植被分布的两大气候要素是温度和降水。

a. 植被(植物)与区域温度的关系

气温是大气热力状况的数量度量,地理位置、海拔高度、气块运动、季节、时间以及地面植被是影响气温分布和变化的因素。近地面空气温度的变化受地表面向空气释放长波辐射能量的影响,地表面温度越高,向空气释放的辐射能量越高,从而空气温度也越高,否则,空气温度越低。与空旷地相比,有森林覆盖地区对太阳辐射的反射率较低。森林林冠对太阳辐射的反射率在10% ~20%,低于草场(20% ~30%)、作物(20% ~25%)及其他下垫面如岩石和土壤的反射率。云南西双版纳地区,1949 年的森林覆盖率达69%,而到20 世纪80 年代却只有30%左右。森林的严重破坏引起了严重的气候恶化,由于植物蒸腾减少,空气的相对湿度下降了2% ~3%;空气中水汽量的减少又不利于对流活动,年降水量少了近60mm;森林的调节作用变小,使气温的年较差增大。

b. 植被(植物)与区域湿度的关系

植被的生物过程对气候的影响主要体现在植被的蒸腾作用对土壤和大气水分的调节功能上。一个地区的降水量只表示该地区的水量收入,不能完全反应该地区的干湿状况。地表水分蒸发是影响空气湿度要素的主要条件之一。一般情况下,地表层水分含量越大,蒸发能力越强,空气湿度也越大;反之,空气湿度越小。而在森林中,地表蒸发较裸地显著减少,一般都降低40%以上。因为森林中的气温、地温都较低,风速很小,但相对湿度较大,同时,林地上由于死地被物的覆盖,土壤疏松,非毛管性空隙较多,能阻隔土壤向大气散发水蒸气,这样,一方面避免了土壤中水分在短时间的大量消耗,一方面又可保证土壤中水分持续不断地供应植物生长和保持空气湿度的相对均衡。另外,由于林内气温较低,林内外气体交流弱,林木及其他森林植物蒸腾和林地蒸发的水汽可以在林内保持较多。因此,林内空气湿度比林外高。据观测,在其他条件相同的情况下,郁闭度0.7左右的针阔混交林,空气湿度较大面积裸地高10%~20%。

c. 植被(植物)与区域降水量的关系

由于森林的存在,使得水分的分配状况更趋复杂,其主要表现在以下几个方面:林木的树冠通过截留作用会截留一部分降水;林下枯落物也会吸收一部分降水;由于森林的存在对土壤结构的改变使土壤的渗透性提高,更有利于土壤的入渗;林冠的遮阴作用使土壤的蒸发作用减弱,同时,林木树冠的蒸腾作用又将大量的水汽输送到大气中,林地的蒸发散作用要远远高于空旷地的蒸发作用。

森林的粗糙度在各种下垫面中是最高的,粗糙度的增加可使近地面的大气乱流加强。大气的乱流可促进热量、水汽和动能在垂直方向上的传输,从而影响空气的温度、湿度和风速等气象要素的变化。植被覆盖度减小使叶截流降低,土质变粗使土壤导水率增加而饱和持水能力下降,并使地表径流也发生相应的变化,这些变化又会反过来导致土壤含水率的调整。

植被的存在,可以通过雨水截留过程、水土保持过程、蒸腾过程以及植被生理过程等对地球水文循环造成影响;可以通过改变地表粗糙度等改变大气动力过程,从而改变全球大气循环;可以通过改变地表反照率、土壤热容量等改变地表热力状况,从而改变地、气热量交换;可以通过吸收和释放CO_2、大气尘埃以及蒸发水分等过程,改变大气成分,从而影响全球气候变化。植被的存在同时也受到气候变化的强烈影响。

d. 植被(植物)与风速的关系

植被的存在改变了下垫面的粗糙度,从而改变了下垫面对大气的摩擦、拖拽、湍流等运动特征,使大气运动状况发生变化。当下垫面有植被覆盖时,由于植被对气流的阻挡和削弱作用,使近地表垂直高度上的风速减小,并且破坏了无植被时近地表风速随高度变化的对数规律,从而使风速垂线发生改变。

由于植被冠层的存在,使近地表气流的流场发生改变,一部分气流由于植被层的阻挡被迫抬升,从而使从植被层中穿梭通过的气流减少,风速降低。穿梭在植被模型中间的气流由于与植被的摩擦,风动量减小,风速进一步降低。因此植被越高,相同高度上气流遇到的植被也越多,风动量降低得越多,风速就会进一步的减小。

③植被(植物)的指示作用

植被的指示作用早就被植物生态学家所重视(Clements,1928;侯学煜,1954;Ellenberg,

1950,1974,1979,1991)。侯学煜(1954)曾将指示植物(Indicator Plants)划分为广义指示植物和狭义指示植物。前者是指同种植物对不同环境条件的反应;后者是指不同种植物对同一环境条件的不同反应,一般所称的指示植物都是从狭义的方面理解的,由于自然界中生态因子间存在着补偿性和一定程度的替代性,种的指示作用是有局限性的,雅罗申科(1961)认为它不能超过一个自然界的范围。就这种意义上说,植物群落的指示作用较之个别种的指示作用更为普遍和可靠。然而,一定植物群落在一个地点的生存,不仅取决于现代的土壤与气候,而且还取决于当地的历史、人类影响以及其他群落的相互作用,因此,利用植物群落作为环境条件的指示,也不应绝对化,必须辩证地对待植物群落与环境的相互关系,给予恰当的评价,也就是说,在利用群落的指示作用时必须进行详细研究和慎重选择。

④植被(植物)的气候指示与安全道路建设

良好的生态环境具有抑制或减轻自然灾害的功能,从可持续发展的角度出发,在山区高速公路选线设计中不仅要考虑环境对路线和运行安全的影响,还应考虑路线对环境的影响,在方案比选中加入环境因子进行综合比选,并充分考虑多雾、多雨路段对交通运输安全的影响。通过植被(植物)的气候指示作用,基于“环境选线”的思想,遵循以下基本原则:

a. 植被(植物)较差地区,说明气候条件差,降雨量少,植物难,生长慢长,自然环境自我恢复能力较差,道路应该尽可能减少对环境的破坏,保护工程措施更应该加强。

b. 道路应该尽可能避开多雨、多雾路段,布置于向阳面,尽可能布置在冰冻线以下,以提高道路的抗灾、防灾能力和安全服务水平。

c. 植被植物种类较多,空间呈立体分布,乔藤灌多种植物交织共生,植物以阔叶林为主,坡面植被基本一致。坡面植被立体变化不明显的区域,往往气候条件好,多雨、多雾潮湿,地下水丰富,覆盖层较厚,并且团雾往往集中在地势低凹地段,在选择道路通道时除应比较之外,还应加强路基排水。

d. 植被植物种类单一,植物以针叶林为主,坡面植被基本一致。坡面植被立体变化不明显的区域,往往降雨量适中,覆盖层相对较薄,但岩石风化严重,地下水少,空气相对干燥,对道路运输影响小,山体开挖后,岩体风化迸裂严重,应该加强边坡防护,如安楚高速公路、楚大高速公路的大部分路段就处于该类区域。

e. 植被植物种类单一,多以灌木和草为主的区域,往往气候干燥,覆盖层较薄,对道路建设和运输的主要影响是进一步落实冰冻问题。

总之,公路气候环境安全选线是公路路线与气候环境的和谐关系,气候环境是一个庞大的系统工程,包含工程技术、人文、政治和经济等自然和社会的方方面面,涉及工程安全、使用安全和路域生态环境资源安全。作者建议基于植物(植物)与气候的关系,利用植被(植物)的气候指示作用,为建设安全道路提供调查选择自然地理环境阻尼边界条件的方法,实现针对性安全道路建设。

6.2.3 路侧线外区域自然地理环境调查与选择

1)路线走向与阳光照射角的关系

驾驶员在驾驶过程中一定范围内的阳光照射角会对驾驶员的视觉和驾驶视认产生较大的影响,危及行车安全。通过分析阳光照射角对行车安全产生的影响,研究高速公路长大隧道、特长直线桥、顺直路段与阳光照射角的关系，在布设时应充分重视和注意阳光照射角问题，特别是早晨和傍晚时段的低照射角。在某一区域修建高速公路时，应通过计算分析以及查阅气象部门的统计资料，得到各区段在不同时期阳光照射角的数据，并以最不利的早晨和傍晚两时段为设计考虑的参数，再分析检查，根据地形、地质等自然环境阻尼边界条件拟定的路线方案，分析检查不同路段平面和纵坡与阳光照射角的关系，尽量使车辆在行驶过程中避免阳光低角度直射驾驶室，从而可以在一定程度上规避由此产生的交通安全风险。另外，还应该分析构造物，如大型桥梁、隧道等的位置，考虑由于光线的照射，车辆在经过这些构造物时的光线变化影响等，尽量避免光差过大的变化，以及车辆通过隧道的“黑洞”和“白洞”效应；对无法避免的阳光照射角影响的路段，可以通过布设一些辅助的措施，如遮阳棚等来减少光线对驾驶员的影响，当然通过调整高速公路局部路线走向以消除阳光照射角的影响将是最佳的方案。

为减少分析检查的工作量，降低路线布线人员的劳动负荷，可以通过增加路线设计软件模块，将该任务交由计算机协同完成，并形成阳光低照射角路段一览表供设计优化调整。

2）路侧上方不良灾害调查

随着连续阴雨或暴雨的影响，山区高速公路高边坡坡体及上方自然边坡落石塌落的现象增加，给行车安全带来威胁，有的落石直接对车辆或行人造成较大伤害，有的落石直接损坏桥梁或路面，中断交通。

崩塌是指陡峻斜坡上的岩体或土体突然而急剧地向下倾倒、崩落、翻滚和跳跃等的一种动力地质现象，规模较小的称为落石。崩塌、落石多发育在地形陡峭的山区，一般坡度大于55°、高度大于30m以上的陡峭斜坡，当坡面不平整时就容易发生。

上方冰雪、崩塌、落石是高速公路建设、运行中常见的不良地质灾害之一，它具有高速运动、高冲击能量、多发性、在特定区域发生时间和地点的随机性、难以预测性和运动过程复杂性的特征。尤其是威胁高速公路的危岩、落石，常导致车伤人亡，大型崩塌还可能造成更大的伤亡事故，中断交通，给社会经济带来不利影响。因此，山区高速公路崩塌、落石的勘察及防护设计至关重要。

（1）上方冰雪调查：考虑山区高速公路地形复杂，对山体上方冰雪的调查主要通过卫星图片，划定常年冰雪和季节性冰雪区域、规模及其影响范围。针对山区气候特点，借鉴历史记载发生崩雪路段的监测资料，研究分析其发生冰雪灾害的规律，在特大暴风雪恶劣天气下，加强监测或者采取棚洞等措施。此外，要做好路基路面排水设施，避免雨雪消融后对路面的损毁，影响交通安全。

（2）崩塌落石的调查：调查的范围应包括崩塌落石点和可能崩落的陡坡区域及其相邻地段，以便准确圈定崩塌落石的影响范围，查明其规模。

调查崩塌落石区域地形地貌和微地貌特征，植被情况以及崩塌类型、规模、范围、崩塌体的形态、大小、滚落方向和影响范围等。如裂缝宽度、深度、长度、产状等均应量测准确；对边坡形态、坡度、高度以及陡坎、台阶的高度和宽度也应量测。

查明地层岩性，软岩和硬岩的分布范围、风化程度和风化速度。对软硬岩层相间的高陡边坡，因风化速度的差异，是否有风化凹槽和突出的悬岩均应查清；查明地质构造、岩体结构类型、岩体结构面的产状和裂隙性质、特征（力学性质、裂隙宽度、间距、延伸长度、深度和充填物的情况等),必要时应对岩体结构面进行统计,作结构面统计图,还应查明结构面的组合情况,以及可能崩落体的形态和大小;查明地表水和地下水对崩塌落石的影响。对地表水应查清汇集和流动情况,渗入崩塌体的部位,在崩塌体内流动的路径,以及对潜在崩塌体稳定性的影响;对地下水应查清水量、出露位置、补给来源,特别是应查清在陡坡上出露的地下水情况;调查访问崩塌前的迹象、发生发展的历史,分析崩塌产生的原因、形成条件、影响因素,如与地貌、岩性、构造、地震采矿、爆破、温差变化、水的活动等的关系,发展阶段及发展趋势;预测因工程活动或其他不利因素能否导致崩塌落石,以及可能崩塌的范围、数量、岩块大小、滚落方向和影响范围等。对巨大的崩塌体还应预测在崩塌时是否会产生破坏性的冲击气浪;搜集本地区的气象(重点是大气降水)、地震、水文(与河流冲刷旁蚀有关的)资料及防治崩塌的经验,采取相对应的、必要的防护措施,消除安全隐患。

3)下方陡壁和水文调查

陡壁是由地壳变化、山体崩塌、河流强烈冲蚀切割而形成的。下方陡壁的调查主要从查明地质构造,岩体结构类型,岩体结构面的产状和裂隙性质、特征(力学性质、裂隙宽度、间距、延伸长度、深度和充填物的情况等),分析其发生崩塌的可能性、规模及其影响范围。

水文调查是为了水文分析计算、水利规划、水文预报以及其他工农业生产部门的需要而进行的野外查勘和试验,并向有关部门搜集资料的工作。其目的是补充水文基站网定位观测之不足。调查内容包括:水文要素(水位、流量、含沙量、土壤含量和下渗等),气候特征(降水、蒸发、气温、湿度和风等),流域自然地理(地形、地质、水系、分水线、土壤和植被等),河道情况(河宽、水深、弯道和建筑物等),人类活动(水利、水土保持措施、土地利用和工农业用水等)以及水旱灾情,社会经济状况等方面。另外,在某些情况下,为了专门的目的,也可以组织专门的水文调查,例如洪水调查,主要是查清历史洪水的痕迹、发生的日期和情况以及河道情况,估算洪峰流量、洪水总量及发生的频率等,采取必要的应对措施,排除工程安全隐患,确保工程的耐久性,为运行安全奠定基础。

4)阴阳坡面调查与选择

阴阳坡面的调查与选择对于多年冻土地区、季节积雪冰冻地区和多雨强降雨地区的工程建设是一项非常重要的工作,不仅影响工程投资、安全,以及耐久性,还会影响交通运行安全。

多年冻土地区路基阳面的沉降变形普遍大于路基阴面,预示着阳面多年冻土的融化更为剧烈。路基阴阳面热状况的差异将会引起路基下伏土层温度场的不对称分布,从而产生路基横向不均匀变形的隐患。

季节积雪冰冻地区、路面冰冻或者积雪对交通的影响不仅具有间断性,而且每一天由于气温的不同、影响的范围、时段的不同,会对交通安全的影响大、路段长,而且间断性运行交通安全管理压力大,容易产生突发事件。季节积雪冰冻地区阴阳坡面,由于阳光照射时间的区别,坡面热状况的差异较大,路面表面冰冻和积雪融化时间差异较大,交通运行影响差异较大,而通过季节积雪冰冻地区的山区公路、高速公路路段长,分布广泛。公路勘察设计应该全面广泛地调查,采取必要的措施,将路线布设于向阳的阳坡坡面,将季节积雪冰冻对道路交通安全的影响降至最小。

多雨强降雨地区阴阳坡面路基的干湿度与多年冻土地区类似,同样阴阳坡面由于热状况的差异，会导致阴坡面路基较阳坡面潮湿，路面干燥度较低，干燥时间短，导致路基的潮湿度影响路基和路面的稳定性和耐久性；路面的干燥度与交通运行安全关系密切，路面的潮湿降低了车轮的附着系数，容易使运行车辆湿滑失稳而引发交通事故。

总之，除干旱少雨地区外，对山区高速公路的选线而言，阴阳坡面的调查与选择也是决定因素之一。由于高原山区地形起伏，相对高差大，早晚温差和各坡面日照时间相差大，气候变化复杂，立体性气候明显，导致阴阳坡面热状况的差异较平微区大，再加上山谷风昼夜风向不一的影响，阴阳坡面对道路工程以及运行安全影响差异明显，原则上将路线布置于阳坡坡面，在无法另外选线的情况下，应加强对阴阳坡面温差的监测和分析，针对性地采取工程措施，解决路基阴坡面路基路面不均匀变形和行车安全影响的问题，否则，迟早要改线避让。图6-12所示为典型的越岭线弃阴改阳路线。

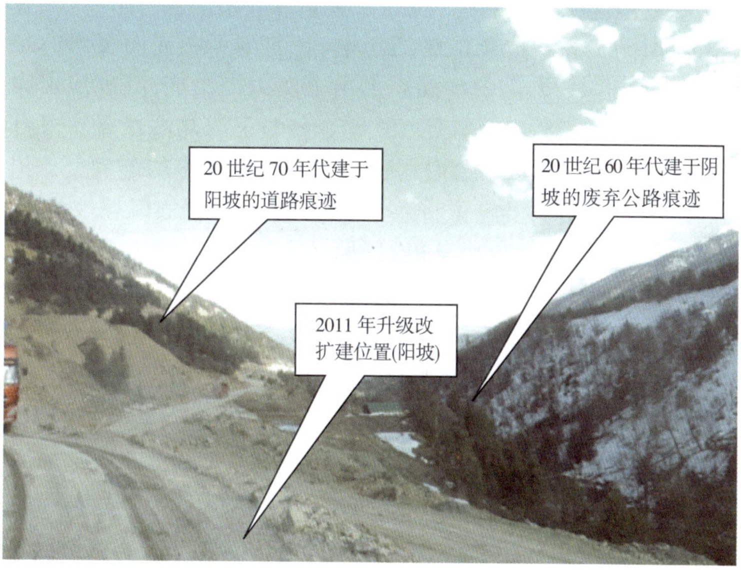

图6-12 G214线白芒雪山垭口越岭线

5）高原山区气流通道调查与选择

地球表层系统相互作用，相互影响的过程就是能量、物质、信息等传递和交换的过程，交换速度最快、范围最大、距离最远、数量最多、影响最明显的就是大气环流和局地环流，特别是热量和水分，而热量和水分对植物（植被）、生物种群、土壤和岩石风化等影响最大、最明显。环流在高原山区移动的过程中受地形地貌轮廓的限制和影响，具有一定的相对固定的通道，往往沿着峡谷、江河、溪谷逆流而上，呈树枝状流动扩散，在横向阻挡的山脉低洼处或者相对环流强度较低的山脊翻越，逐步沿背坡面下降蔓延。地名中经常出现的大风垭口就是气流相对集中翻越的通道。

大气环流和局地环流沿相对固定的通道，受通道内局部变化的地形地貌、河流形态等的影响和限制呈树枝状扩散流动，并在移动过程中交换物质和能量，特别是随着海拔的抬升，气温的下降，释放热量凝聚凝固成为降雨。迎气面葫芦形山洼、盆地、湖泊、江河支脉等影响，形成差异明显的局部区域气候，气候带分布似如被虫馋蚀的树叶。气流通道内间隙的葫芦形山洼和盆地，及迎面山坡和横阻气流通道的高大山脉的迎坡面区域气候往往适宜植物的生长，降雨量相对丰富，岩石风化相对严重，覆盖层相对较厚，比如发育于天山山脉的山间盆地伊犁草原，其北、东、南三面环山，西部开口迎接西来的湿润气流，成为荒漠区中的“湿岛”，促成伊犁草原完整的垂直带谱发育，在相间围合而成的葫芦形伊利草原适宜植物生长的区域交换获得的水分、热量等与其距环流起源地的距离和海拔有关。对安全道路建设影响最大的是气流通道内的迎坡面，特别是局部横阻气流支脉的山脊交界面区域，以及气流尽头横阻气流的高大山脉坡面，这些坡面降雨量集中，岩石风化严重，覆盖层厚，路基开挖边坡容易失稳，甚至产生泥石流等自然灾害，这些坡面容易形成雾气集聚，雨季在一定高度的坡面形成云海景观和气流突来形成的团雾等，因此，调查高原山区主要气流的通道、气流路径、气流的流动规律和特征，以及气流通道内对气流流动具有较大影响的地形地貌轮廓，分析区域局部气候带的分布和格局，相互间的差异，对安全道路运行的影响是安全道路建设的基础。

大气环流和局地环流沿相对固定的通道扩散，在我国最明显而突出的是云南省的横断山地区，云南横断山由哀牢山、无量山和高黎贡山三座大山组成，其规模宏大，延绵千公里，海拔皆在 2 000m 以上，南北平行并列，成为世界著名的三江并流景观。来自印度洋孟加拉湾的暖湿气流沿伊洛瓦底江、怒江流逆流北上，来自太平洋南海的湿润气流沿金沙江逆往北上，造就打乱了气候的纬带规律，贡献了将寒带南移、温带北移的区域气候，如图 6-13 所示。横断山必然与南北向的河流，即气流通道相间，共同履行寒带南移、温带北移的任务，图 6-13 最北端沿省界分布和图中西部区域南北向带状的低热带就是金沙江、澜沧江、怒江等几条气流通道的位置。又由于云南横断山区离海洋的距离相差较大（距孟加拉湾较近，约 800km），气流携带的水汽、热量的差别，从而使金沙江属于干热河谷，伊洛瓦底江、怒江为湿润的温带，高黎贡山成为我国生物多样性自然保护区的原因，而不是哀牢山和无量山，也就是我国林线海拔最高、森林储量最大的地方在西藏林芝伊洛瓦底江沿岸的根本原因。横断山特殊的走向和宏大的地表轮廓造就了气候带的交叉分布，再加上令人敬畏的挺拔高度，竖向增添和叠加了立体气候带，培育了生物的多样性，当然也促进了岩石风化和植物的生长，形成了自然气候环境与地形地质环境的复杂重叠如图 6-14 所示，这就是地理学家称的“横断山区公路——万山不许一路通：横断山山区的弯路多、盘山路多、地质灾害多，路下临深谷，上覆雪山，紧贴陡峭崖壁，清除滑坍填补缺口永远是人战胜自然的工作”。

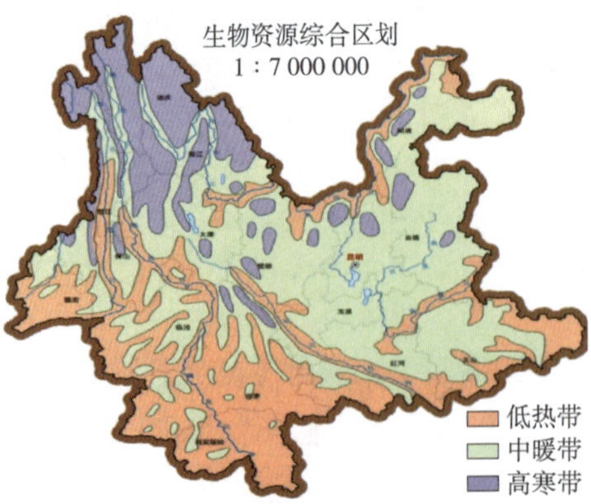

图 6-13　云南气候带分布图

图 6-14　怒江峡谷地形地貌与气流

6.3　安全道路主要技术指标的选择

6.3.1　行车特点

高速公路的道路几何条件较好，安全设施齐全，管理规范，交通流相对单一，没有对向交通、行人和出入口的横向干扰，车道清晰，坡度平缓，视野开阔，所以给人的感觉是在这里行车非常容易，事实上也是如此。但它和一般道路又有所不同。如果对高速公路的行驶特点了解不够，不掌握高速公路上的驾驶操作方法，就有发生重特大事故的隐患。高速公路行车特点如下。

1）交通流量大，行车速度高

高速公路的通行能力比一般公路高几倍甚至几十倍，且分道行驶，完全可以解决道路交通的堵塞问题，确保交通动脉的畅通。

高速公路上只准快速的机动车辆通行，行人、非机动车、轻便摩托车、拖拉机、电瓶车、轮式专用机械车，以及设计最大时速小于70km/h的机动车辆，不准进入高速公路。高速公路的设计最高时速为120km/h，平均时速较普通公路高60%～70%。我国现行《道路交通管理条例》规定：车辆在高速公路上行驶时，最低时速不得低于70km/h，最高时速不得高于120km/h。

2）全封闭行驶，出入管制严格

由于高速公路采用全封闭系统，它除了具有一般公路的特点外，还具有中央分隔带、多车道（每一方向至少有两条车道）行驶以及对出入口进行控制的特点。车辆在高速公路上行驶，只能在规定的出入口出入，没有平面交叉，不得掉头、倒车和穿越中央分隔带，规范了交通秩序。

3）行车驾驶单调，刺激少易疲劳

由于我国一般公路大都是混合交通，所以当驾驶员驾车从人车混行的一般公路进入高速公路时，首先，由于外界的刺激和信息量大大减少，顿时会感到轻松自如，驾驶员压抑的情绪得到释放。但全封闭、全立交、有隔声屏的高速公路，外界景观和道路场景较单调，对驾驶员的刺激减少，高速使高速驾驶的驾驶员驾驶工作负荷增加，导致生理心理失调的频率加快，从而容易使驾驶员出现驾驶疲劳；其次，由于高速公路平直宽敞，视野开阔，车道较宽（≥80km/h设计车速，车道宽3.75m），车辆在这种道路条件下高速行驶时，发动机的声调一成不变，驾驶员驾驶一段时间后，也会因缺乏感官刺激，逐渐产生精神疲劳，速度感和快速反应能力都会随之减弱，在这种情况下，发生事故的可能性增大；再次，从驾驶员的动态视觉特性来看，汽车高速行驶，驾驶员视野变窄，甚至形成“隧道视”，迫使驾驶员的视线转移到前方的远处，这样虽然可以得到远处的交通信息，但是眼睛总盯着远处看，容易把同向行驶的车看成是静止的，把静止的汽车看成是行驶的，形成一种错觉。在这种错觉下，驾驶员常常会把交通阻滞处停驶的汽车看成是向前移动的，从而不注意降低车速，往往发生追尾碰撞事故。为了避免这种错觉引起的驾驶失误，必须区别前行时车辆是行驶的还是静止的。其方法是注意观察前方车辆的路旁景物与车辆的位置关系；另外，驾驶员的眼睛长时间地注视着远方，还会产生一种误差，把近处的东西看成是远方的，医学上称之为“空虚近视”，这对行车安全也是极为不利的。

鉴于上述原因,公路设计者往往根据沿途的地形、景物等特点,设计一些半径较大的弯道,以调节驾驶员的行车心理,改善行车条件,减少交通事故的发生。在高速公路的长直线段两侧,布设一些醒目的标志和别致的建筑物,或通过精心的绿化景观设计以调节行车环境。

4)行车干扰小

一般道路上的干扰有两个方面:一是纵向干扰,即交通流本身车辆之间由于速度差产生的干扰(其中包括往返两个方向车辆之间的干扰);二是横向干扰,主要是在平交路口横向车辆的干扰及行人、非机动车辆横穿马路的干扰。为了消除或减轻这些干扰,对高速公路提出了五点基本要求:一是限制速度;二是布设中央分隔带;三是单向不少于两条车道;四是立体交叉;五是控制出入。前三项缩小了同向车辆间的速度差,隔离相向行驶的车辆,从而排除了纵向干扰;后两项减少甚至消除了交通流的冲突点,从而排除了横向干扰。因此,高速公路较之一般公路车辆冲突少得多。

由于我国道路交通的“路情”和“车情”,使许多驾驶员习惯于在一般公路上行车时靠交通民警和红绿灯的指挥,而忽视道路交通标志的作用,对高速公路上全新的标志不够熟悉或理解不透。对路上各种感应器和道路信息板提供的道路交通信息不能正确利用。这就要求驾驶员必须熟悉高速公路的组成特点,标志和标线的内涵以及特有的信息感知装置的显示功用,只有这样,才能确保高速公路车辆行驶的快捷、舒适、安全和高效。另外,由于当前我国车辆性能的差异,驾驶员驾技的差异,以及超载等不规范行为,导致同向车辆速度差较大,产生大量人为纵向干扰,影响驾驶员情绪和正常行车操作行为。

5)转弯稳定性差

汽车在高速公路特别是山区高速公路上行驶,由于道路和交通环境的变化,不可避免地要在曲线上行驶。汽车在曲线上行驶必然产生离心力,汽车操纵的稳定性将下降,对车辆本身和其他交通流的正常行驶带来影响;离心力大到一定程度,汽车就有发生侧移、横向倾覆的可能性。

影响离心力的主要因素是汽车行驶速度、汽车质量、装载重心和平曲线半径。在汽车装载量、道路条件确定的条件下,可以认为汽车质量和转弯半径是定值,汽车行驶速度则是关键因素。由于离心力大小与速度的平方成正比,车速越高,产生的离心力越大,因此,在一般公路条件下可以是安全的弯道,在高速公路上,由于车速的提高,离心力显著增大,则可能发生侧移或横向倾覆,尤其是重心高、质量大的汽车行驶在光滑路面条件下更加严峻。

在给定了平曲线半径的道路条件,并已明确了路面的横向坡度和路面附着系数的路段,允许最高行驶速度如式(6-3)所示:

$$v = \sqrt{127R(0.6\varphi + i)} \tag{6-3}$$

式中:v——允许行驶速度,km/h;

R——平曲线半径,m;

φ——路面附着系数;

i——转弯处的道路横向坡度,%。

一般情况下,高速公路在设计上可以保证行车速度要求,但在特殊条件下,如遇有冰雪,路面附着系数下降,则允许行驶速度将会大大降低,这一点应特别观意。汽车制动的全部时间是由驾驶员反应时间、制动器起作用时间、持续制动时间和制动彻底解除时间四个阶段构成。车辆制动停车距离是指从驾驶员看到制动信息采取制动措施开始,到汽车驻停为止,需要经历驾驶员反应时间和汽车的制动两个阶段,其计算模型如式(6-4)所示:

$$S_z = \frac{v}{3} + \frac{kv^2}{254(\varphi \pm ik)} \tag{6-4}$$

式中:S_z——汽车制动距离,m;

v——开始制动时汽车的行驶速度,km/h;

φ——路面附着系数,与路面状况有关;

i——道路纵向坡度,上坡为正,下坡为负,%;

k——制动系数,取值为1.2~1.4。

由式(6-4)可以看出,制动距离的长短主要与行驶速度、路面附着系数及制动装置结构等有关。其中,制动前的汽车行驶速度影响最大。计算模型表明,行驶速度越高,制动距离越长;行驶速度增加1倍,制动距离增加约3倍。高速公路上行车,由于车速增加,制动距离较大。因此,驾驶员在高速公路上行车时,必须考虑制动距离的变化特点,充分估计车辆制动距离,遇有异常情况,应提前减速采取措施,以免交通事故的发生。

6)长时间高速行驶的轮胎性能下降

轮胎是汽车与地面接触的中间媒体,它除了缓解和衰减汽车行驶中的冲击振动,支撑汽车重力外,还负责提供良好的附着条件,从而顺利实现对汽车的控制,如制动和转向等。

轮胎性能主要体现在轮胎对地面的力学特性方面,如缓冲性能、牵引性能和通过性能等,作为高速公路行车的一个显著特征,主要表现在其高速性能方面。轮胎高速性能主要体现于轮胎生热和液面效应。虽然其产生的机理不同,但两种作用的结果均将导致轮胎功能失效,使汽车控制受到阻碍,不能适应道路交通环境,引起交通事故。

由气体状态方程式可知,轮胎气压和压缩空气温度的关系如式(6-5):

$$PV = mRT \tag{6-5}$$

式中:P——轮胎气压,N/m^2;

V——轮胎内胎容积,m^3;

T——轮胎内部温度,K;

m——轮胎内压缩空气质量,kg;

R——气体常数,干空气时$R=281.1N \cdot m/(kg \cdot K)$,水蒸气时$R=462.05N \cdot m/(kg \cdot K)$。

行驶中,轮胎要连续不断地产生伸缩变形,橡胶与帘线、帘线与帘线、外胎与内胎及地面等均会发生摩擦,产生大量的热,而轮胎材料主要为橡胶和化学纤维,是热的不良导体,所以热量难以散发,这就使得胎体内温度逐渐上升。由式(6-5)可见,由于胎体温度升高,导致轮胎气压增大,而与此同时,橡胶性能因高温而下降。因此,当胎体温度达到一定时,气压超过橡胶材料的极限强度,必然会引起轮胎损坏。

根据实验可知,轮胎变形、摩擦生热引起轮胎内部温度变化(T),主要与轮胎承受负荷(P)和旋转速度(v)有关,即:$T \propto Pv$。由此可见,随着汽车行驶速度v的增加,轮胎内部温度T上升,轮胎气压P增高,轮胎强度下降,轮胎损坏的可能性加大,使汽车失控引发交通事故的可能性提高。

6.3.2 路段地形类别划分与指标选择

地形类别的划分应根据地面的倾角 α 大小及地形高差 h 确定,详见表6-9。地形类别的准确划分和划分区段的规模不仅影响道路工程的工程规模和投入,而且影响道路的服务水平和行车安全,这两者之间是矛盾的两方面,地形类别划分越细,地形类别段落越小,虽然指标与地形的结合较紧密,工程规模较合理,特殊工程相对较少,但指标越零碎,指标过渡段越多,对行车节奏影响越大;地形类别划分越宏观,地形类别段落越长则反之。因此,国家规范从高速公路服务水平和交通安全出发,对指标选择的最小长度作了相应的规定,即一般不得小于15km。随着经济社会的快速发展,安全出行期望和要求的提高,路段地形类别划分与指标选择的问题逐步小化和采用较高值的趋势,技术指标的选择关键是建设项目规划的等级、路网中的地位,路网的结构和区位等决定,即“量力而行、适度超前”。

地形类别的划分 表6-9

地　形	倾　角	高　差
平坦地	$\alpha<3$	$h<20$
丘陵地	$3\leqslant\alpha<10$	$20\leqslant h<150$
山地	$10\leqslant\alpha<25$	$h\geqslant50$
高山地	$\alpha\geqslant25$	—

6.3.3 主要技术指标的宏观均衡性和连续性

我国区分公路的等级有定性技术经济指标和定量技术经济指标。其中,定量技术经济指标有交通量、设计速度和规范的工程技术标准等。

1)交通量

交通量是指单位时间内通过两地间某公路断面处来往的实际车辆数。交通运输部制订的《公路工程技术标准》(JTG B01—2003)将“小客车”定为各等级公路设计交通量换算的标准车型,对高速公路能适应的年平均日交通量作了具体规定,详见表6-10。

高速公路能适应的年平均日交通量 表6-10

设计速度(km/h)	120	100	80
四车道(辆/d)	40 000 ~ 55 000	35 000 ~ 50 000	25 000 ~ 45 000
六车道(辆/d)	55 000 ~ 80 000	50 000 ~ 70 000	45 000 ~ 60 000
八车道(辆/d)	80 000 ~ 100 000	70 000 ~ 90 000	60 000 ~ 80 000

2)设计速度

设计速度是公路设计时确定几何线形条件的基本要素,它是天气条件良好、车辆行驶只受公路本身条件影响时,具有中等驾驶技术的驾驶员能够安全、顺适地驾驶车辆的速度,高速公路在不同地形地貌区域的最高设计速度为:平原微丘区120km/h,重丘区100km/h,山岭区80km/h。设计速度相应的几何线形条件的基本要素,即平面半径、超高、纵坡、坡长等参数规定的相应最低指标,是不可跨越的红线,高于规定的指标是由设计人员根据自然地理环境和社会环境阻尼边界条件，本着工程经济安全和主要技术指标均衡及连续的原则所开展的有针对性的灵活设计，是设计的创作和关键。

3）平纵技术指标的均衡性一般原则

（1）高、低指标的均衡性：高标准和低标准线形要素之间应有中等标准指标的逐步过渡，以免产生突变和相差过大，影响行车的安全和舒适。

（2）平、纵线形指标的均衡性：平面和纵断面各相邻线形间技术指标，以及平纵面组合的大小应保持均衡。平面，杜绝相邻间平面半径、转角差异较大，大半径接小半径，小偏角连急弯大转角等；纵面，杜绝连续任意 3km 平均纵坡差异较大，除反复起伏纵面外，连续降坡段落避免大纵坡接小纵坡而形成“楼梯”，否则不仅对车辆行车节奏影响大，而且容易产生前面所述的视错觉，影响交通安全；平纵组合，避免一方大而平缓，另一方小而多的组合线形，以保证线形的平顺和流畅。

（3）合成坡度组合的均衡性：由平曲线和纵坡组合的合成坡度应均衡适当，超高过渡应该均衡、顺适、平缓，过大或过小，过快或过短，都不利于行车安全，特别是冰冻积雪地区。

（4）加速度的均衡性：由平、纵线形产生的加速度变化不能过大或过快，以免影响汽车行驶的驾驶员驾驶的安全性和舒适性。

（5）驾驶员驾驶工作负荷的均衡性：由平、纵线形产生的驾驶员驾驶工作负荷变化不能过大或过小，以免影响汽车行驶的安全性和舒适性。

4）平纵线形连续性一般原则

道路平纵指标的均衡性、线形的连续性是路线设计的基本要求之一，是设计最基本的要求。线形连续的道路设计应确保驾驶员能够沿着路线以他们期望的速度和节奏行驶。

（1）视觉的连续性：在视觉上是否连续，能否自然地诱导视线，是衡量公路线形设计的最基本问题，任何使驾驶员感到茫然、迷惑或判断失误的线形，必须避免。

（2）运行速度的连续性：由平面相邻线形要素、纵断面相邻线形要素以及平纵组合相邻线形要素构成的道路空间线形，必须使汽车运行速度不产生突变和相差过大，使运行速度平缓、连续和均衡地变化，从而保证汽车行驶的平顺性、连续性和安全性。

（3）线形单元比例协调是线形连续的根本：道路的基本线形有直线、缓和曲线、圆曲线和纵坡四种形式。规范明确规定同一曲线线形的协调比例，比如缓和曲线与圆曲线比力争 1:1:1，规定了缓和曲线和圆曲线、竖曲线的最短长度。设计一般皆能够严格认真执行。从局部看，单个平曲线、单个竖曲线的线形长短比例协调，线形连续。设计应根据安全道路设计的要点，线形连续性的最基本要求，研究总体线形相互的协调比例和连续性问题，确保道路总体线形连续，避免局部协调连续，宏观折线的问题。

5）山区高速公路连续长下坡指标均衡性和连续性原则

如前所述，山区高速公路连续长陡下坡交通安全压力大，下坡要比上坡多 1 ~2 倍的状况，根据山区高速公路行车的特点分析和道路平纵指标均衡，线形连续的基本要求，应该充分重视和注重山区高速公路连续长陡下坡路段平纵线形指标的针对性和均衡性原则，从宏观方面结合车辆下坡行车的特点和交通事故以制动衰减失控为主的特征，如何以道路平纵线形指标和合理均衡布局调整引导控制行车节奏，尽可能避免下坡车辆紧急制动，避免制动衰减失控，即线形指标起用辅助制动控速，线形调节引导节奏，交通安全设施保驾护航，救助意外失控。

研究某高速公路连续长陡下坡路段事故多发的一些初步成果发现，同一条高速公路制高点两端 A 字形连续长下坡，东西两岸道路设计皆满足规范，局部单元平、纵曲线，相邻曲线的线形指标均衡、线形连续，区域气候条件相同，对向交通流量和交通流组成基本一致，连续下坡长度、平均纵坡基本相同，但根据通车近 5 年来下坡方向交通事故（以过境失控交通流为主）的空间位置分析，如图 6-15 所示，研究发现，制高点东岸的失控车辆远远高于西岸（占两岸总数的 75.6%），并且点位较为集中，基本集中于下坡底 1/3 的路段（占东岸总数的 67.2%）。

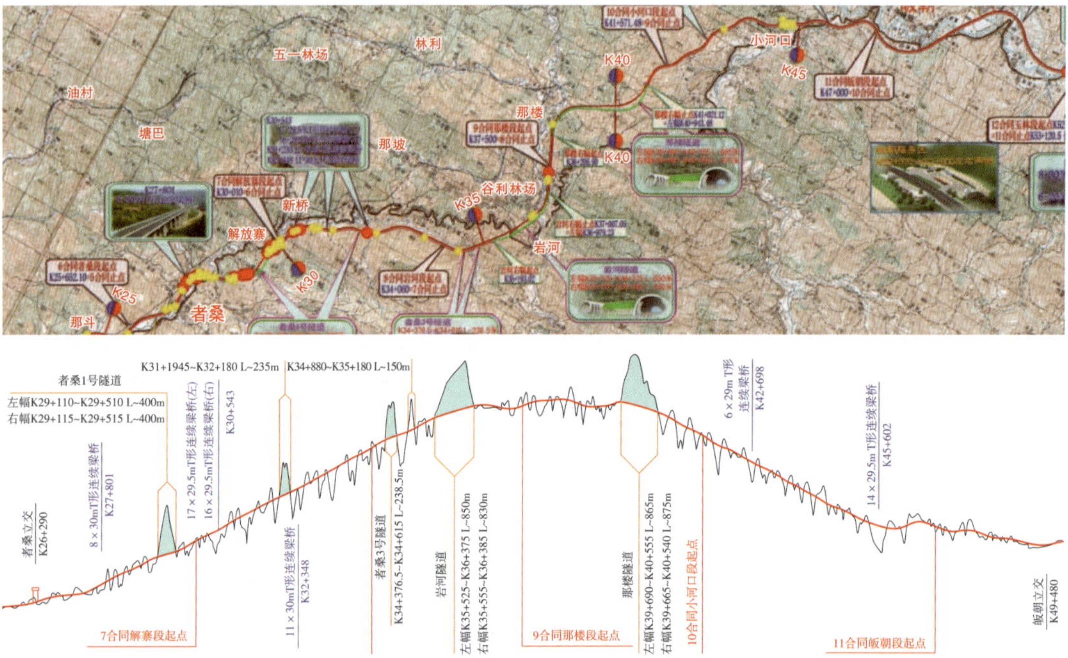

图 6-15　某高速公路 A 字形制高点东西两岸交通事故空间分布图

统计分析研究交通事故特征后，利用事故空间分布图重点研究事故与道路线形指标宏观（总体）均衡性和线形连续性与交通事故的空间分布后发现，交通事故较少（占总数的 24.4%）的西岸从坡顶 K40 向西往下，由于地形条件限制从坡顶开始至坡低基本为连续的 S 形曲线首尾相接至坡底 K49，平曲线比例为 87.65%，纵面坡底有两处小规模的起伏，坡顶上部分路段线形指标相对坡尾较低，连续下坡段曲线超高最大差在 4% 以内，相邻直线、缓和曲线、圆曲线的长短比例≤1.75，而东岸布设的路线从坡顶 K36.6 向东往下，由于地形条件限制从坡顶开始至坡低，基本也为连续的 S 形曲线首尾相接，平曲线比例为 65.35%，但坡顶至 K32.5 前近 4km 的路线平面线形指标相对坡底段高，该段曲线超高最大差在 4% 以内，相邻直线、缓和曲线、圆曲线的长短比例≤1.25；而 K32.5 再往坡底 K26.3 段平面指标相对坡顶段低，曲线超高最大差在 6% 以内，与坡顶段比达 8%，相邻直线、缓和曲线和圆曲线的长短比例≤1.57，与坡顶段比达≤2.15。前苏联科技博士 A. п. 维都奇里斯研究指出，600m 可以看作行车条件与直线实际上没有区别的最小半径值，坡底 K32.5 ~ K26.3，特别是事故非常集中的 K30 ~ K27 共 3km 是坡顶 K36.6 ~ K30 近 6km“下坡长直线”尽头的相对“小曲线”。

研究图 6-15 所示山区高速公路行车特点和运行节奏后发现，由于高速公路的几何条件相对较好，交通安全设施齐全，封闭控制出入等有利条件，外界的刺激和信息量大大减少，在 A 字形纵断面路段的大型车由于超载等导致上坡速度较低（一般为 30km/h），缓慢的爬坡速度进一步减少了外界的刺激和信息量，长时间缓慢爬坡的无奈压抑导致开始下坡时的放松和释放，这一开始下坡时的放松和释放更增加了山区高速公路下坡安全的压力，由于坡顶至坡底路段前半段线形指标相对后半段高，支持了放松和释放的心理，加大了驾驶员放松和释放的情绪，一旦遇到该高速公路东岸的线形宏观布局，对带着放松和释放情绪的对该道路情况不熟悉的驾驶员就放大了影响。结合山区高速公路长下坡的交通安全特征，西岸路线的宏观布局，前半段相对较低的线形指标和连续的弯道起到控制、调整驾驶员放松和释放的行车心理，遏制了行车情绪，引导了行车节奏，后半段相对较高的线形指标和线形，满足了车辆下坡势能的累积，符合能量守恒定律；西岸坡底纵面两个小规模的起伏，起到释放和消除部分势能的累积，有利于行车安全。

总之，道路局部线形指标的均衡性和连续性是道路设计的细节，山区高速公路长大下坡路段总体线形指标的均衡性和线形总体的连续性同样非常重要，是安全道路建设的根本。在设计中往往由于同向和反向曲线间直线长度超过规定的 $6v$ 和 $2v$ 时，就会将前后的线形分离成为互不相干的单元，导致了前后线形的不均衡和不连续。局部是宏观的组成部分。

因此，山区高速公路长大下坡路段线形指标除遵循前文 6.3.3 节所述原则外，还应遵循以下针对均衡性和连续性的原则：

（1）分离式原则。根据山区高速公路上下坡行车特点的不同和交通安全特征，按高速公路隔离对向交通的基本要求，长陡下坡路段优先考虑采用分离式路基。下坡幅平纵指标相对较高，平均纵坡小；上坡幅平纵指标相对较低，平均纵坡大，投资省，较高的安全保障，尤其适用于改扩建项目。

（2）上曲下直原则。结合上述分析示例和山区高速公路上下坡的驾驶员驾驶期望和情绪变化，以及行节奏引导的原则，根据能量守恒定律下坡车辆势能累积平衡的规律，坡顶前半段采用相对较小的连续 S 形线形，指标从坡顶往下逐步提高，适应下坡车辆势能累积导致速度递增的规律，引导驾驶员下坡开始启用辅助制动设施，控制行车节奏的“上曲下直原则”。

（3）宏观均衡连续原则。道路线形同向和反向曲线间直线为 $6v$ 和 $2v$ 的规定，以及 S 形曲线间半径比和参数比的规定，在严格局部相邻单元线形指标均衡性和线形连续性外，忽视了线形整体的均衡性和连续性，杜绝设计的单元化，避免被同向和反向曲线间 $6v$ 和 $2v$ 长直线段隔离的宏观均衡连续原则。

（4）适当适度起伏原则。山区高速公路连续长大下坡路线选线中，往往受习惯和观念的影响，追求工程的经济性和“长短论英雄”的决策习惯思维，避免展线过程的起伏，结合安全道路的要求和社会经济的发展，结合区域自然环境条件，路线展线途中适当适度起伏，避免和消除下坡车辆势能累积，减轻制动压力，提高道路运行的安全性。

6.3.4　设计标准的掌握

山区高速公路线形设计标准掌握的合理程度直接影响工程安全、工程造价和环境破坏，也影响了行车安全和实际运行车速。线形设计中,平曲线指标是视距及行车安全的首要影响因素,而纵坡指标是行车速度的主要影响因素。规范规定了各级公路的设计车速和相应线形设计控制最低指标,同时也规定了各级公路的适应交通量范围,使线形指标的采用有了很大的选择范围和创作空间。因此,设计人员必须对道路性质、分段交通量、车型构成和沿线地形变化等有深入了解,以便依据地形、地质条件合理选用线形指标。

(1)平纵指标的选用应该结合地形,抛弃追求高指标、大填大挖的设计思路,在"六个坚持、六个树立"指导思想下,坚持"安全、耐久、节约、和谐"的设计理念,采取针对性的适宜指标,灵活选用,采用适宜就是最好的思想。

(2)如果一条高速公路沿线各路段的地形条件基本相同,在安全前提下,为保证行驶速度的一致性,建设安全道路,设计时在一定路段内应注意所采用线形指标的均衡性和一致性,避免平纵面指标的突变和线形的不连续。

(3)高速公路分段采用不同设计车速时,宜首选互通立交转换或者选择分离式隧道、分离式路基分合流段作为转换段,以及视觉上比较明显的特大桥段等作为不同设计车速标准的分界点,以达到设计标准的自然过渡,并避免不同设计车速过渡段前后平面指标的突变,注意平纵指标的逐步过渡和渐变范围。

(4)采用设计速度的规定,使设计线形指标的采用有了很大的选择范围和创作空间,便于发挥设计人员的主观能动性和智慧。安全道路线形设计有所改变,他是针对适宜性的创新驱动力,以运行安全为由采用比设计规定指标较高的指标和以工程经济为由采用设计规定的低限指标皆是不恰当的,无论以运行安全为由还是以工程经济为由的依据皆是不充分和不全面的。科学适宜的方法是针对自然地理环境和社会环境阻尼边界条件,选择适宜的、与社会环境条件匹配、与自然环境条件及承载力匹配和友好的指标才是恰当的;并且当完成道路几何线形空间设计后,对采用线形技术指标与设计规定指标的协调性进行评价,进一步研究适宜的针对性。

总之,适宜是最好的,自然是最美的,优质是最省的,安全是最有魅力的。

6.3.5 优化选线

公路线形是构成公路的主骨架,它支配着整个公路规划、设计和施工。线形设计良好与否对行车安全、舒适、经济、协调和美观等都具有决定性影响。线形选择涉及诸多因素,如线形指标、工程造价、地形条件、景观协调、运行效益等。因此,路线设计要综合考虑平、纵、横三者的关系,恰当地掌握标准,做到平面顺适、纵坡均衡、横断面合理。

1)山区公路选线的特点

山区公路的特点是山高谷深,高差大,地形和地质复杂,工程艰巨,可比选方案多。在地形方面,路线平、纵、横三个方面均受到约束;在地质方面,山区覆盖层不均匀、岩层差异大、岩层产状和地质构造变化复杂,影响线位布设;在气候方面,山区暴雨多、山洪急,溪流水位变化幅度大,是公路定线中不可忽视的因素。因此,在山区公路选线必须深入调查,认真勘测,精心研究,综合考虑,解决好越岭的垭口、展线的方案等重大问题。

山区公路布线主要有沿河(溪)线、山腰线、越岭线和山脊线。选线应在充分理解路线标准的前提下,根据地形、地质和气候情况,准确地把握好路线的各项技术指标。使用最安全、经济和短的路线方案，实现最大的综合效果为佳，如实现路线标准高、构造物少、造价省、管养方便等。

2）山区沿河（溪）线的选择

沿河（溪）线的选择，要处理好河岸的选择、线位高低和跨河换岸地点三者间的关系。利用有利地形，避开工程艰巨和不良地质路段，如泥石流、滑坡、崩塌、岩溶、岩堆、泥沼和冻土等；跨河换岸时，一般情况下以选择横坡平缓的河岸为佳。有些河岸横坡虽然平缓，但地质不良，岩层倾向于路线，开挖后易产生顺层滑塌的病害，而对岸虽横坡稍陡，但岩层背向于路线，开挖后不易产生顺层滑坡，路线走向就应选择后者。深汕高速公路陆丰路段就属于这种情况。所以跨河换岸时，要特别注意地质情况的好坏，不能单凭横坡陡缓来决定采用哪一岸。

3）大高差和短直线距离路段展线的升降坡问题

在山岭区选线，经常遇到从山坡脚（最低点）到垭口（制高点）相对较大的高差，而两点间的直线距离较短的地形，如何利用有利地形展线是选线成败的关键，特别在垭口（制高点）一端地势高，一端地势低的路段。在这些区域，一般要利用突出的山梁、沟谷螺旋展线升降坡并借助桥梁、隧道等节后无才能解决路线交叉的问题。如果没有突出、有利的葫芦形山梁和葫芦肚沟谷地形时，也可以利用地质条件较好的山体，布设螺旋隧道或者桥梁展线升降坡来实现。

4）越岭线制高点高程选择问题

越岭路线选线时，应结合水文地质情况处理好垭口选择、过岭高程和垭口两侧路线展线方案三者间的关系。制高点（垭口）是越岭线方案的重要控制点。垭口最好选择与路线总走向一致且高程较低和两侧利于展线的位置，路线走向与升降行程一致，可缩短公路里程。不需展线或仅需少量展线而又靠近路线总走向的较低制高点（垭口）为最理想。但有的垭口虽然在路线总走向的位置上，但从垭口到山脚间的距离较短，高差也较大，需要长距离展线时，反而不如展线条件好，离开路线总走向稍远的垭口。有的垭口虽然相对高差较大，但如垭口两侧有较开阔的山坡或山谷可用来展线，或可采用稍长的隧道以降低越岭的海拔高程时，可大大缩短公路运输里程，运行经济效益显著，亦应认真考虑，仔细比选。制高点高程的选择、制高点的工程规模与制高点两端路线展线的条件和展线路段的工程规模是矛盾的两方面，既对立又统一，研究寻求其平衡点就是越岭路线方案研究的理性思维。

5）坡长限制

我国规范对各级坡度坡长作出了限制，一般在山区高速公路纵断面设计时，为了满足规范对坡长的限制，习惯上将纵坡布设成台阶坡。实际上，台阶坡的布设未必适宜。台阶坡有时很难与地形符合，往往会使平纵组合不当，并造成工程量增加；同时由于变坡点增多，需要驾驶员频繁换挡；而对于下坡车辆驾驶员来说，布设过多的变坡会使行车舒适性降低；两端长陡坡间夹短的缓坡，再配上竖曲线以后，变坡点之间的直线坡段实际上很短或几乎不存在，驾驶员在频繁换挡的情况下也未必能真正得到休息。对于混合交通，且交通量较大的道路，由于车辆性能相差较大，农用车、自行车等比例如果很大，可以考虑布设台阶坡。但对于高速公路来说，路上行驶的车辆性能较高，且分道行驶，有专用超车道和停车路肩。当交通量接近本级公路下限值时，载货汽车爬坡时对尾随车辆影响并不大，只要满足最大纵坡和对应坡长限制就可保证车辆爬坡时的行车安全。此时,如果对各路段都加以对应坡度的坡长限制,而强行将纵坡设计成台阶坡,纵面线形未必能得到有效改善,而且可能会与地形不符,反而会造成工程量增大。因此,建议交通量较小的公路,在地形特殊路段,对于4%以下的纵坡段坡长限制视具体情况可适当放宽。

6)长大纵坡安全性评价

随着公路建设向山区延伸,长大纵坡引发的交通事故越来越引起人们的重视,八达岭高速公路、G107粤北段等多处国家级交通事故多发地点都是此类设计问题造成的。针对不可避免的长大纵坡,应对路段的通行能力和服务水平、气候环境进行检验,避免由于通行能力不足而导致交通事故增加。此外,还应分析布设爬坡车道、紧急救助匝道、紧急停车带的必要性和合理性。

7)平面线形与桥梁和隧道的协调问题

桥梁和隧道往往是影响和制约路线方案的关键,路线设计时对桥梁和隧道考虑不当会严重影响路线方案的合理性。过去,在一定的社会经济和技术条件下,低等级公路选线时要考虑大型桥梁和隧道设计、施工的难度和造价问题,习惯上要求路线布设服从于大桥和隧道布设,使路线布设的自由度受到很大限制。山区公路路线方案设计时,过多直线要求的制约,强求桥隧位于直线段,导致大量采用最小半径、极限半径与短直线的不良线形组合,线形标准大大降低,与环境的协调性差,生态环境遭受破坏严重。随着社会经济的发展,桥梁和隧道技术的不断进步,长大弯斜坡桥和长大弯隧道等的特殊设计和施工已有较成熟的经验,工程造价也未必成为项目的首要控制因素,这为山岭重丘区高速公路路线设计提供了更大的自由度。而且,山区高速公路建设对环保的要求越来越高,特殊地形地质条件下的防护工程不但造价很高,对生态环境的破坏相对严重,而且处理相对困难。近几年全国山区高速公路建设的经验表明,从安全和环境保护的角度出发,在确保高标准线形的前提下,为减少对环境的破坏,桥梁和隧道所占比例越来越高。因此,山区高速公路路线设计时,不应过多受桥隧限制,而应从地形、地质和环境等方面综合考虑,倡导在地形地质复杂、生态环境脆弱、地震烈度高、自然地理环境承载力较低的区域遵循多修隧道少架桥,原则上避免异型桥的总体设计思路。从桥梁和隧道施工工艺方面看,桥梁每一部分构造的工艺不同,如桩基、墩柱、盖梁、梁板、桥面铺装等构造皆具有各自的工艺和工序,需要不同的技术工人,存在众道工艺的培训和管理,成本高,风险控制压力大;而隧道从进洞到出洞基本是掌子面开挖、初期支护和二次衬砌三道工艺,仅仅是由于水文地质的变化支护的强度有所不同而已;从施工场地,建筑材料的规格等方面分析,隧道的作业面随着工程的进展逐步改善,材料规格相对单一,而桥梁则随着工程的进展,场地条件要求越来越高,材料规格也越来越多;从后期运行管养看,隧道的管理成本正常情况下基本上是照明和通风的用电费用,抛开物价上涨因素,增减变化不大,而桥梁无论是什么结构,可以看作是弯拉构件,存在结构的疲劳、支撑结构和荷载使用的橡胶支座老化、桥面铺装大修等费用随着使用时间的延长增幅较大,并且保通困难等问题;从防灾减震方面看,隧道与山体融为一体,除进出口边仰坡容易破坏外,洞身防灾减震较好,而桥梁则不然,从当前工程建设实例的单元造价看,过去隧道的单元(每延米)造价高于常规桥梁,但当前由于人工工资、物价的上涨,施工条件和工艺工序的复杂导致潜在成本的增加,市场经济不平衡报价等因素,30~50m装配式梁板,桥梁高度30~60m的常规桥梁单元造价已经高于长隧道的单元造价。

总之,山区高速公路应根据地形地质等自然环境条件和社会经济的发展水平,以及安全道路建设的要求,有针对性地选择使用适宜的桥梁隧道比例,这不仅是山区高速公路工程经济性的问题,而且是山区高速公路安全行驶节奏调节和驾驶员情绪控制诱导的问题,同时也是山区高速公路与自然环境共生共融,可持续发展的问题,是人类发挥主观能动性,通过服从自然而战胜自然的理性问题。

8)环境保护

环境保护工作越来越受到社会的关注,民众的重视。山区公路建设开挖土地和山坡面积较大,对沿线的环境影响也大。一般山区公路沿线的水土、生物等资源开发规模相对较小、程度低,沿线生态环境和人文景观保护相当完好,因此,公路设计和建设过程中,要重视公路沿线的环境保护,减少对生态环境和人文景观的破坏。设计过程中应重点考虑水土保持、森林资源和野生动植物的保护,合理规划公路建设中废弃物的处理,净化公路两侧的环境,保护好河道和水库,防止水污染。在选线时,既要注意充分利用地形,坚持少占耕地、少占河道、少破坏植被,合理保护水源,避开可能妨碍重大科学文化价值的地质构造和人文遗迹,还要做好建筑环境和行车环境设计,特别是绿化美化设计,做到线形美观、路景协调;另外,在设计时应做到环境保护工作与公路建设同步进行。云南思小雨林高速及川九路已在此方面树立了很好的榜样,倡导了发展的方向,得到了社会和民众的认可,效果理想。

总之,环境保护是全社会、全民众关注和关心的时代的热点话题,是社会可持续发展、行业可持续发展的出发点和根本。经济社会的发展就是社会财富积累的过程,人类为改善生存和生产条件,寻求强行介入自然生态环境的基础设施与自然和谐的友好方式,考虑自然的承载力,进行保护性开发,以提升自然生态环境当前的景观、使用价值和今后人类生存的资源价值和基础物质价值,是安全道路建设的出发点和始末。保护也是社会财富积累的形式之一。

9)土地的消耗与分隔

高速公路由于其安全行驶和高水平服务要求,以及道路网络综合运输的效益,道路路基宽,平纵指高程,工程建设永久性消耗的土地多,单元面积大,特别是山区高速公路,虽然标准和道路几何条件较平原区低,但由于山区复杂的地形地质,陡峭的地形横坡,以及差异较大的特殊区域气候环境等,导致山区高速公路坡体的开挖面大,消耗的土地资源多。而山区人类赖于生存的可耕作土地资源匮乏,特别是星罗棋布的山间盆地、河谷走廊的狭窄台地,更是寸土寸金,基础设施建设与土地资源、生存与发展、保护与开发的矛盾突出,安全道路建设不仅仅是道路使用的安全,涉及道路走廊路域生态的安全,民众生存的安全,赖于生存的资源安全等。为基础设施建设而建设,为保护而不发展皆是形而上学和形而下学。理性思维是保护性建设和发展,寻求矛盾的平衡点。平衡点就是首先尽可能避免保护性耕地的永久性消耗,或者尽可能减少消耗;其次是尽可能避免或者减少土地的分隔,基础设施建设必要的土地消耗并不是浪费,最大的浪费就是将土地分隔得七零八落、零零星星,降低了土地的使用价值和开发价值;最后,尽可能避免或者减少社区的阻隔,影响和制约沿线居民的生产和交往,使高速公路路域居民的间接使用不安全、不方便,增加路域居民的间接使用成本。因此,安全道路建设的使用安全应该考虑直接使用者——物质和信息时空转移的安全,还要考虑路域居民赖以生存的土地资源的便捷、安全和间接使用高速公路——穿越的安全和成本。

10)横断面空间资源

如上所述,高速公路建设永久性消耗的土地资源多,影响的范围广,时间长,特别是资源匮乏的山区高速公路路域矛盾突出,前面所述仅仅是提出了安全道路建设的理性的辩证思维,如何从工程技术的层面寻求理性思维的科学方法和技术措施,挖掘空间资源,进一步实现安全道路建设的硬件的安全性,作者曾经对同走廊内几乎是同期建设的内昆铁路和 G85 渝昆水麻高速公路的建设成本、单元土地消耗以及针对性的工程措施进行对比分析,发现欲寻求他山之石,通过线性工程的感悟启迪现代安全道路建设的思维发现之一是工程永久性土地消耗量的关键不是线性工程的标准高低,平纵技术指标的大小,构筑物比例的多少,而是线性工程横断面空间的功能必要尺度。

高速公路为解决同向交通快慢的干扰,保障安全和服务水平,规定至少需要两条车道,导致当前高速公路的最小的基本宽度达 24.5m,加上边坡的开挖,路堤的填筑等高速公路消耗的土地资源较大。那么,尽可能减少山区高速公路土地资源的永久性消耗,同时保障山区高速公路行驶和路域居民生存及间接使用安全工程技术措施就是尽可能压缩山区高速公路的横断面几何空间,而又不影响功能的必要需求空间。为此,首先结合自然环境条件,采用适当适度的桥梁隧道比例,桥梁隧道是永久性土地资源消耗最少的道路工程,特别是隧道;其次是充分利用高速公路对向分道行驶的特点和要求,结合路段的填挖,采用如图 6-16 所示的左右分离式路基,减少了路基开挖和填筑的土地消耗,同时避免了对向交通的干扰,保障了道路使用的安全性;最后利用多年实践探索发现的斜坡陡基路段,左右分离式路基的分离经济高度为 5~6m,在分离的基础上将上台布设为悬出露台,实现左右幅上下台路基重叠(最大经济重叠一条车道),实现将山区高速公路满足功能必要的横断面空间压缩,最大限度实现减少土地的占用。在山区空间资源非常匮乏的峡谷,居民生存资源匮乏,各种线性工程相拥而至时,这类方案不失为解决矛盾的平衡点,甚至可以尝试具有一定规模的桥梁左右幅上下完全重叠,采用同一基础结构的双层栈桥,将高速公路必要横断面空间压缩一半,这种方法在城市快速路和公路铁路两用桥方面应用较多,在山区高速公路建设中不仅可节约用地,还能减少对自然资源的破坏。

图 6-16　云南省山区某高速公路分离式路基

总之，安全道路建设的安全，不仅需要考虑直接使用者和间接使用者方方面面的安全，还需要建设者研究方方面面的工程技术措施，以实现广义的安全，挖掘工程各方面的潜力和功能空间，因地制宜，适地并适时宜。

6.4　安全道路选线方法

6.4.1　路线线形基本特征

层峦叠嶂的地形地貌是山区地形的基本特征，越岭线是山区道路路线线形的基本特征线形。越岭展线克服两点之间的相对高差是道路建设最基本的任务和重点，特别是长距离连续克服较大高差路段。制高点与最低点间的高差、制高点两端和两控制点间展线的地形地质条件、可延展的里程等皆是决定路线方案的关键要素。两点间的高差和可延展的里程是矛盾对立统一的两个方面。两点间的高差确定，即制高点、最低点海拔的选择，不仅与制高点和最低点的工程规模有关，还与两点间可延展的地形、地质等自然环境条件和可展线的里程、路线的技术指标、展线路段的工程规模等息息相关，相互之间既对立又统一，相互影响，又相互依存，特别是制高点一端地势高、另一端地势较低的路段。一方面，制高点和最低点工程规模与展线段工程规模是矛盾对立统一的两个方面：增加两点工程规模，减少两点间高差（降低制高点海拔，即增加制高点隧道工程规模，提高最低点高程，即增加最低点桥梁规模），自然可以缩短展线里程和展线工程规模，提高道路的社会运输效益，但需要付出增加制高点、最低点工程规模的巨大代价，并且制高点隧道和最低点桥梁规模并非可以无限扩大，仍然存在适地适时的适宜性问题；如减少两点工程规模，增加两点间高差，则相反。另一方面，两点间路线延展平纵指标与延展里程、工程规模同样是矛盾对立统一的两方面，既相互影响，又相互依存，在一定规定范围内，平面半径越大、纵坡越小，自然延展里程越长，工程规模越大，道路运输安全风险相对较小，服务水平相对较高；平面半径越小、纵坡越大，自然延展里程越短，工程规模越小，道路运输安全风险相对较大，服务水平相对较低，而平面的极限小半径，最大纵坡及坡长是不可超越的红线，平面半径、纵坡及坡长同样存在与地形、地势、运输工具性能以及道路运输安全风险适地适时的适宜性。适宜性就是工程建设平衡矛盾的对立统一。

因此，根据山区自然地理环境的工程阻尼边界条件，制订适宜的越岭展线思路，是山区道路路线布设针对性原则的体现，贯穿于针对性适宜措施的始末。

6.4.2　展线的基本形式

1）自然展线

当沟谷与山脊间的坡面有较整齐的长段山坡，无较大割裂地形而地质又稳定时，路线以适当的坡度，顺着自然地形，绕山嘴和侧沟展线克服高差，叫自然展线。在越岭线的布局中，充分利用自然地形顺山延展路线是首选方案。自然展线常见的形式有如下几种。

（1）跨沟线：沿山谷地形展线，一般从沟谷的一岸傍山逆水而下，到接近沟谷底时，跨沟谷沿另一岸依山顺水降坡。跨沟线应充分利用地形，注意平、纵、横的相互配合，选择恰当的跨沟谷桥涵位置和规模。道路等级不同,跨沟线跨沟的位置和桥梁规模不同;同时该位置往往影响和决定道路“瓶颈”的几何线形条件,影响公路的运行安全和服务水平,应予以重视。

(2)绕山嘴展线:当路线顺沟谷而下,转入另一个沟谷时,常常要绕两沟谷之间突出的山嘴。绕山嘴展线一般视距较差,布设隧道时,隧道进出口与地形的斜交角往往较小,偏压严重。应尽可能避免使用过小的曲线半径,保证行车视距。绕山嘴与跨沟线位置一样是道路的“瓶颈”,应引起足够的重视。

(3)鸡爪地形展线:深沟瘦山嘴所组成的地形俗称鸡爪形地形,当标准较高时,往往按前后填挖大致均衡,以直线或较大曲线穿山嘴、跨深沟。当线形标准较低时,应对绕进、绕出和直穿、直跨进行比选,择优采用。当采用高速公路时,以直线或较大曲线穿山嘴、跨深沟,考虑的并非是前后填挖大致均衡,而是结合地质条件和施工场地,研究隧道与桥梁的相对规模,考虑是采用以较小的桥梁规模或者路堤跨沟,适当增加隧道规模,满足隧道进出口场地布置,还是采用短隧道或者浅路堑穿越山脊,较高桥梁跨越缩沟,或是采用中高桥梁和短隧道相连,均需进行比选,择优采用。

2)回头展线

回头展线是在同一面坡上,作相反方向的迂回前进,以克服高差。回头曲线的转角一般接近或大于180°。当控制点间的高差较大,自然展线的距离无法克服高差,或因地形、地质条件限制,不宜采用自然展线时,可利用地形布设回头曲线进行展线。回头曲线往往存在上下分离路基相互影响、工程量大、服务水平低等问题,应慎重选择。

3)螺旋展线

螺旋展线是当路线受到地形高差的限制,道路路线无法依靠自然展线延长距离克服高差或利用自然展线付出的经济、安全及环境代价巨大,需要在某处集中提高或降低某一高度才能充分利用前后有利地形时采用的展线方式。螺旋展线路线的上下线之间有交叉,一般多在山脊利用山包盘旋,以桥梁或隧道跨线交叉,也可在峡谷内就地迂回,采用桥梁跨线交叉。一般情况下,一个螺旋线至少可以代替一组(两个)回头曲线,因此较回头展线具有较好的线形,避免路线重叠的缺点,但跨线交叉隧道或桥梁工程造价较高。

4)三种展线方式的相对性与适宜条件

自然展线走向符合路线的基本方向,线形简单,线形指标较高,纵坡均匀,行程与升降统一,路线最短,路线不重叠、不交叉,有利于行车、施工和运行管理阶段的维修养护,是山区越岭线首选的展线方式,也是山区道路的基本展线方法,但自然选线不易避让不良地质或艰巨工程,纵坡往往决定路线线位。当两控制点之间高差不大,走廊内有利地形及展线距离与需要克服的高差匹配时,宜优先采用自然展线。

回头展线则便于利用有利地形,容易避让不良地形、地质和难点工程。但上下分离路基相互影响,回头曲线工程大、服务水平低,严重影响线形的连续性,展线走向与路线的基本方向符合性差,至少需要布设一组回头曲线才可能纠正路线逆向等问题,其仅适宜于高差很大的低等级公路。

螺旋展线是一种取自然展线之长,扬回头展线之慧,集自然展线和回头展线优点于盘旋,克服其两者不足的展线方式。可以利用山包、山谷盘旋,路线走向符合基本方向,不同的盘旋角可以适应后方山体走势和有利地形等条件的选择，满足不同等级道路的要求，其关键在于螺旋位置的选择和地质条件；但螺旋展线跨线交叉工程量大。

自然展线、回头展线、螺旋展线三种展线形式各具特色，适宜于不同的自然环境条件。山区道路越岭展线朝着道路的基本方向实现行程与升降统一，利用有利的自然环境条件，工程经济，运行安全，服务水平高是越岭展线的中心目标。山区越岭展线制高点与最低点间的距离越长，区段内的自然环境条件的差异性越大。自然展线与回头展线和螺旋展线之间是整体与局部，宏观与微观的关系，自然展线是山区道路越岭展线的重心，回头展线和螺旋展线是自然展线局部的补充，是与自然展线的有机组合，是局部的针对性措施。自然环境适宜性对策分别是低等级公路和高等级公路自然展线针对性的局部措施，是山区越岭展线根据自然环境阻尼边界条件利择其重，弊择其轻的决策；是将积极最大化，消极最小化的彰显。山区自然环境条件区段的差异性决定越岭展线不可能以一成不变的某种方式；以某种方式一成不变不仅是不科学的办法，而且必将付出巨大而沉重的代价；根据区段自然条件有机组合，互为补充才是针对性和适宜性原则。

6.4.3　布线

按自然地理环境学的地表轮廓划分原则，一般海拔低于200m的广阔平坦地面叫平原，海拔高于1 000m的广阔平坦地面叫高原，相对起伏大于200m并突出地面的叫山，山地环绕的负向地形叫盆地。山有低山、中低山、高山和极高山，地理学采用相对起伏高差进行界定，判断是不是高山，最简单而直观的方法是看山坡上的森林是不是覆盖了山顶，如果是，此山是低山或者中山，如果否，则此山为高山，如果山顶不仅没有森林覆盖，而且夏季是皑皑白雪，那么此山是极高山。

按道路路线布设的自然环境条件分析，高原山区彼此起伏，蜿蜒曲折，悬崖峭壁，构造发育，地质破碎，生态脆弱是山区道路自然环境的基本特征；而社会经济薄弱，路网密度低，经济欠发达是山区道路建设的社会经济和环境条件。安全道路建设必须面对“复杂”和“薄弱”的阻尼边界条件，面对近75%以上的山岭重丘地形，越岭展线的基本线形和经济薄弱必须采取跨越式发展的思路，避免不发展将越来越薄弱，越薄弱越难发展的“死棋”，应该结合地形特征，在安全道路建设时关注以下事项。

1）重丘区

（1）重丘区地形起伏频繁，相对高差小，坡面相对平缓，必须综合统筹考虑路线平、纵和横断三维空间维度的相互关系及技术指标。寻求多深挖就高填，不高填必深挖的工程经济平衡点，权重路线左弯右拐、频繁起伏线形必曲折，横截平顺、小起小伏就价高、不与自然和谐的切入点，因地制宜的适宜点。

（2）填挖调配综合利用，均衡取弃是安全道路路域居民使用安全、满意和路域自然资源安全，土地保护性开发的根本。

（3）半填半挖断面是安全道路横向空间适宜的针对性工程措施，横向填挖、视觉坡面均衡和填挖结合部的工程稳定是重丘区安全道路建设的基本。

（4）重丘区高速公路桥梁与通道、路堑与被交工程、路基路面排水与农灌、土地消耗与社区阻隔、出入口位置规模与联络道的承载力等辩证统一是安全道路建设的服务重点。

2）山岭区

山岭区地形彼此起伏，相对高差大，坡面陡峭，资源匮乏，生态脆弱，越岭展线是安全道路建设的重点，顺蜿蜒曲折的山间峡谷与路域居民和沿江经济带选择空间资源的沿溪线是山岭区安全道路自然环境较优的条件，权衡制高点高程、工程规模与两端越岭展线条件的越岭线是山岭区安全道路建设，特别是连续长大下坡运行安全建设的重点。

自然展线、回头展线、螺旋展线是山岭区路线设计的三种基本展线形式。根据前面展线方式的相对性与适宜性条件分析，路线升降与行程方向一致的自然展线和螺旋展线才能满足高速公路安全道路路线设计，山岭区高速公路自然展线安全道路建设的关注事项本书中在不同的章节，从不同的角度进行了详述，在此不再赘述，螺旋展线将在后面章节作为山岭区安全道路路线选线方法部分展述。

6.4.4 选线方法

1）交互式选线

交互式选线是根据高速公路需布设中央分隔带，同向至少两条车道以上，消除同向和对向交通干扰，封闭控制出入的基本要求和规定。根据山区高速公路交通事故统计分析成果，下坡要比上坡多1～2倍，下坡制动故障事故占交通事故总数的40%；以左右分道行驶布设各自的平纵横几何空间和技术指标，形成左右幅平面或分或合、或远或近，纵面或高或低、或跨或穿的相对关系的方式进行布设高速公路的选线方法。该方法具有对向交通干扰最小的优点，可根据山区高速公路上下坡左右两幅的运行特点和行驶安全特征，结合左右幅区位的地形等自然环境阻尼边界条件，布设适宜各自特点和要求的线形技术指标，同时可以有效避免二次事故，提供道路的安全硬件保障，这类方法特别适合于山区改扩建项目，有利于工程建设和施工保通。安全道路交互式选线的基本思路有以下四种。

（1）分离式路基思路

按行车方向和上下坡行驶特点布设分离式道路，针对下坡方向交通事故多于上坡方向路段，选择各自的线形技术指标，对上下坡方向采用不同的平均纵坡，从而结合地形条件，平面上可远可近，可左可右，往往由于小坡幅平均纵坡小，需要的展线里程长，甚至出现空间上下幅交叉的布局。应该注意上下幅交叉位置的比选和交叉建筑物的形式，尽可能利用其中一幅需要布设的隧道和桥梁作为交叉建筑物，以节省工程投资。

（2）上下坡位置交换思路

山岭区往往需要长距离越岭展线，纵面多呈A字形或者V字形。自然展线是长距离越岭展线最基本的主要形式，一般皆选择沟谷与山脊间的坡面有较整齐的长段山坡，无较大割裂地形而地质又稳定，展线走向符合路线的基本方向，线形简单，线形指标较高，纵坡均匀，行程与升降统一的有利自然环境条件；但上下坡线位下坡幅往往置于临崖一侧，布设路侧护栏、紧急救助匝道等安全被动防护设施不便；临崖对驾驶员行车心理压力和影响较大等。在没有分离式路基思路展线可能的情况下，有可以采用上下坡道路几何线形条件一致的情况下，在坡顶和坡脚位置布设左右幅交叉换位设施，改变上下坡的位置，将连续上坡幅布置于临崖侧，但应处理好驾驶行为需求与标志标线的对应一致问题，同时对驾驶行为需求位置的变化规律与交通安全的影响开展深入细致的研究，慎重选择。

(3)客货分道思路

山岭区彼此起伏的地形地貌需要展线降坡,当展线降坡高差不大,距离相对不长时,下坡方向的安全压力仍然存在,甚至反而较大,采取思路(1)或者(2)不恰当时,可以根据智能交通研究的成果,将下坡幅车道按客载货汽车型进行分道渠化形成车列,组织列车型交通流,引导客货下坡启用辅助制动系统,调节和控制行车节奏,尽可能避免载货汽车下坡制动衰减,减少交通事故。

(4)客货专线思路

随着经济社会的迅速发展,交通运输事业的飞速发展,中心城市周边、区域经济区等地,为满足交通运输的需求,开始建设高速公路复线。面对山区高速公路长距离连续降坡的交通安全特点和山岭区越岭展线的建设成本,以及车辆上下坡的行驶特征,山岭区高速公路复线建设之际可以参考客车专线的做法,在平行的复线高速公路按客载货汽车的行驶特征和安全诱因,采用不同的路线线形技术指标,建设客货专线,既可大大节省工程投资,避免快慢车的干扰,又可提高高速公路的通行能力和服务水平,挖掘基础设施资源价值。客车专线山岭区高速公路平面指标相对较高,纵面指标可以相对较低,载货汽车专线则反之。

2)螺旋线选线

(1)螺旋展线的基本特征

螺旋结构是自然界最普遍的一种形状,是在一个拥挤的空间聚成一个非常长的分子的较佳方式。如DNA,不仅让信息能够紧密地结合其中,而且能够形成一个表面,允许其他在拥挤的空间以一定的间隔与之相结合。螺旋线是将有限空间拓展为"无限"空间的最佳方式,是空间资源潜力的挖掘,是相邻空间、信息的"无限"链接。因此,当山岭区走廊空间狭窄、展线空间条件有限、需要集中克服高差与自然展线里程矛盾突出时,在一定小范围内向同一转向盘旋具有延展距离、拓展展线空间的优势,可以挖掘开拓道路走廊空间资源,化解展线距离与高差的矛盾,实现对立统一,如图6-17a)、b)所示分别为典型的路线螺旋隧道和螺旋桥梁。

a)

b)

图6-17 螺旋隧道和螺旋桥

(2)螺旋展线适宜的地形条件

设置螺旋展线的关键在于适应的地形特征,使上、下线在交叉处有足够的高差,具有修建桥梁或隧道的条件,并且延展的距离与需要集中克服的高差匹配。适宜螺旋展线的有利地形一般有平缓的山包、山脊和山谷。

①山包螺旋展线：直径较大、横坡较缓、相邻有较低鞍部的山包是螺旋展线最有利的地形条件。如图6-17a)所示为上线架桥通过垭口，绕山包一圈后在桥下通过，继续展线降坡。山包螺旋展线的上、下线之间通过高架桥交叉，利用平缓而宽大的山包修筑路基，可以大大减少工程数量，避免上下线重叠；如果山包的直径较大，可相应提高线形指标。

②山脊螺旋展线：头部直径较大、横坡较缓、有较瘦腰部的葫芦形山脊是螺旋展线的有利地形。上线走山脊，绕过宽阔的山脊头部（葫芦肚）后，下线选择较瘦的山脊腰部以隧道穿越，继续展线降坡。山脊螺旋展线采用隧道立体交叉，从山脊葫芦腰部通过以缩短隧道长度。若山脊头部（葫芦肚）的直径较大，不仅可以提高线形指标，而且可以克服更大高差。

③山谷螺旋展线：入口较窄、腹地宽大、沟内横坡较缓的葫芦形山谷是螺旋展线的有利地形，上线从山脊降坡至狭窄的谷口后，以桥通过谷口，顺山逆水而行，至沟底后盘旋至山谷另一面山坡顺水而下，下穿谷口桥出谷口，继续展线降坡。山谷螺旋展线受山谷腹地形状的影响较大，谷口为葫芦口，腹地呈葫芦腰的地形是山谷螺旋展线的最佳地形，曲线均为明弯，视距较好。

④山体隧道展线：位于河谷河床纵坡较陡上游地质条件好的山体，山体走势符合路线基本方向，可考虑采用山体隧道进行展线。

（3）山区高速公路螺旋展线的可行性

①技术方面的可行性：螺旋展线平面设计可以充分利用地形，将路线线位布设在不同朝向的坡面上采用不同的盘旋角不断旋转，就可以采用较大的圆曲线半径或多个圆曲线组合，形成曲率同向、均衡渐变的复曲线，以满足高速公路安全的技术指标和行车的要求，且可避免上下线的干扰。螺旋展线交叉一次至少相当于回头展线的一组（两个）反向回头，且曲率为同一方向，其线形的连续性、流畅性、安全性和线形指标的均衡性皆远远优于回头曲线。螺旋展线纵面设计上坡方向可以严格最大纵坡和坡长的控制，满足螺旋隧道通风、烟雾排放等要求；下坡方向以满足连续下坡驾驶员安全行驶要求，通过延展螺旋展线长度进行控制和调节。至于横断面设计、交叉工程设计与一般路段一致。

②安全保障方面的可行性：在道路线形几何指标方面完全可以根据要求和规定选择，严格遵守线形的连续性、流畅性和指标的均衡性。运行安全设施方面可以根据道路安全评价布设配套完善的交通安全设施系统，满足安全道路建设的要求。

③经济和环境保护方面的可行性：经云南G85老堡山、G045将军沟、宝天高速牛背村等螺旋展线工程建设后的调查了解，虽然螺旋展线路线略有增长，但工程造价在各种方案中处于较低水平，有利于环境保护。

（4）安全道路建设螺旋展线的思路和原则

①广泛收集道路走廊和螺旋区域的地形、地貌、气候、水文和地质等基础资料，分析研究沿程自然地理环境特点和特征，有利地形和地势的路段规模，以及拟建道路等级、功能和路网结构等工程特点，分段、分类确定地形特征，体现“地形选线”和“地势选线”，“地质选线”和“构造选线”，“环境选线”和“景观选线”。

②遵循“并行设计”理念，倾听各方（包括非专业人员）意见和建议，博采众长。

③认真梳理展线思路，全面分析研究可能和可行的展线方案，分层次筛选，充分论证螺

旋展线的必要性、充分性、甚至“必然性”，研究其经济性、可实施性，评价运行的安全性。

④广泛研究螺旋展线的位置和形式，重视螺旋的位置和规模、盘旋形式、盘旋与通行及下坡事故高于上坡方向的协调等。

⑤研究螺旋建设、运行管理，以及社会综合效益的影响。

⑥重视道路安全性评价和工程安全风险评估，从严交通安全设施的系统性和匹配性。

⑦审视螺旋线的景观效果和生态效应。

(5)螺旋展线的步骤

螺旋展线的步骤可归纳为以下四个阶段：

①环境阻尼边界条件分析阶段。在自然环境方面，进行展线走廊区域基础资料收集和分析，分析展线区地势走向、地形特征，有利地形格局，区域地质构造，工程水文地质条件和特征，谷床纵坡、自然景观特点和气候等；在社会环境方面，进行交通路网、产业现状、规划和地面附着物等分析。

②梳理展线思路阶段。针对环境条件分层次论证展线的形式，推理螺旋展线的必要性，甚至必然性，研究工程经济性，选择螺旋位置和规模、盘旋形式和方向，把握螺旋线形和指标，进行反复优化完善。

③预评价和评估阶段。开展工程安全风险评估和道路运行安全评价，检查道路线形的协调性，论证可实施性等，根据评价和评估调整完善优化螺旋展线，部署附属设施。

④后评估阶段。收集梳理运行状况，开展后评估，研究总结经验，完善道路运行的安全性，并提升后续项目。

(6)螺旋盘旋方向与道路通行制

道路通行制是道路交通规则中最基本的原则，是维护道路正常交通秩序的规定。世界现存两种通行制：一是左行制（右驾左行），二是右行制（左驾右行）。近90%的国家实行右行制，将来有可能统一采用右行制。

文化是民众和社会共同遵守的规则，规则源于行为习惯而约定俗成到公认而标准化、法定化，是社会文化的重要组成部分。规则需要长期的培养和培训直至自觉遵守，习惯成自然，自觉的行为习惯是长期的培养和培训的结果，作为服务于民众的社会基础设施必须考虑和符合约定俗成而标准化、法定化，更有利于民众和社会自觉遵守规则，更有利于社会行为秩序的健康和正常发展。

道路左驾右行通行制是以人体工程学原理为理论依据，源自习惯和频繁的交通事故的研究和分析，约定俗成到法定化。左驾右行视线良好，操作符合人体机能特征。根据交通安全事故的统计研究分析发现，下坡的事故率高于上坡，弯道特别是大角度小半径弯道交通事故高于直线。螺旋线是大角度的连续转弯，高速公路下坡方向螺旋应根据左驾右行的道路通行制；为提高使用的安全，下坡方向逆时针（左转）布置螺旋，螺旋平面半径宜大于600m，纵坡掌握在2%～3.5%为最佳的经济安全螺旋，不仅为使用提供更好的行车视线，方便驾驶转向、换挡操作准确、简便、灵敏，而且下坡时外幅平纵指标相对高于内幅，道路线形几何条件相对较好，这方面就像住宅设计的朝向选择，客厅、卧室、厨房等主要功能空间位置的布置和选择，以及各功能空间排列组合。住宅朝向的选择是为充分利用太阳采光，减少使用的成本，保证居住的舒适，而客厅、卧室、厨房等主要功能空间位置的布置和选择，以及各功能空间排列组合是以人为本的进一步细化。

以人为本就是工程建设的活动空间，以及空间的排列组合与人的行为和行为规则协调，这也是无障碍设计原则。如前所述，无论是山岭区高速公路越岭展线条件，适应下坡方向行车特征的针对性道路线形几何条件设计，还是交通安全设施布设，工程的经济性和与自然环境的协调性，螺旋展线方法是安全道路几何条件建设的一种适宜的针对性方法。

3）气候环境选线

气候环境选线是基于道路交通是由人、车、路、环境组成的系统工程，环境是影响安全道路运行的要素之一，而环境要素中安全道路路域的气候环境条件，特别是冰冻、雨雾等恶劣天气，利用自然地理环境学知识和植物（植被）气候的指示作用，客观准确地调查分析安全道路路域环境的气候特征，将路域气候环境特征作为山岭区安全道路选线方案取舍的权重因素的方法，为安全道路建设工程安全、运行安全和路域生态环境安全提供保障。

山岭区利择其重，弊择其轻的选线方案取舍决策思维，关键在于对影响因素客观准确的调查分析，气候环境选线作为安全道路线形几何条件建设的方法，关键在于路域气候环境因素的科学准确调查与分析。冰冻、雨雾和阴阳坡等恶劣天气因素的筛选，安全道路建设应对的措施等是较为普遍的工程技术知识，下面仅对山岭区沟谷风对安全道路运行影响提出较为详细的应对措施和思路。

山岭区途经山体顶端和山体下游区域的高速公路，因为受到山体周围放大数倍的环境风影响，可能成为风诱交通事故的多发地点，分析行驶车辆所受风速、高风速区的分布位置、覆盖范围及对交通事故发生频率的影响后发现，风诱的研究对提升高速公路行车安全意义深远。

（1）当高速公路位于山体顶端时，山顶风速是山体上部各点中的速度最大值点；任意坡度的山体，其顶端上方 1 ~2m 高处的风速放大非常明显，且当山体的坡度 $S\in[0.5,0.6]$时，高速公路上行驶的车辆所受侧向风作用力最大，与之类似的空间位置还有高架高速公路路段、高架桥桥面等。

（2）高速公路位于山体周围，当山体的坡度 $S\in[0.75,2.0]$时，山体下游区域内的风速明显放大，途经该区域内高速公路上行驶的车辆所受侧向风压随着坡度的增大而单调上升；且任意坡度的山体，其下游区域最大速度出现位置和高速区域的宽度随着坡度的提升单调增加。这种空间位置关系在现实中普遍存在，需要特别注意。

（3）为了降低高速公路风诱交通事故发生的频率，提升高速公路运行的安全性，需要从气候环境选线入手，从设计和防御两方面做好安全道路建设。

①设计方面：在高速公路选线设计时，尽可能避开山体顶端风速明显放大的局部极大值点，并根据山体坡度和山后最大风速的出现位置、山后高速区域的覆盖宽度之间的关系，预测最大风速可能产生的位置，合理设计高速公路走向，规避风速风险。注意山岭区沟谷横风，原则上尽可能避让选择葫芦形沟谷风速明显放大的葫芦口等受地形轮廓影响的风速明显放大的局部极大值点。

②防御方面：当高速公路设计无法规避风速危险区域时，可以采取主动防御和被动防御措施降低环境风对行车安全的影响。主动防御措施，主要通过布设屏障的方式降低风速对车辆的作用，如布设风障、植树造林是最为常见的手段；被动防御措施，是在不改变风力大小的情况下，通过实施道路通行管理等手段，降低风诱交通事故发生的频率，常见手段包括建

立风速预警系统、限制行驶车速、限制道路通行权限、安装风速警示牌和加强对驾驶员的培训和教育等。

4）布景选线

安全道路布景选线是基于此起彼伏、蜿蜒曲折、气势磅礴、立体型气候明显的自然生态环境，具有天籁之美的最自然的风景园林。优美怡人的环境景观有利于行驶节奏调节和情绪引导，从而有利于驾驶员对交通安全的预知。安全道路布线是在路域环境景观中选择一条满足交通物质与信息时空转移功能，欣赏路域自然环境景观的行程路径。全面系统调查分析路域自然环境景观的特点、分布的格局、与安全道路的位置关系，将优美怡人的景观亮点视若景观墙，一幅一幅展现于驾乘视野，形成一组连续的"影视剧"游览自然，调节驾驶工作负荷，并结合工程建设和运行行程，以及特色自然环境景观位置，建设相应观景区，实现对高速公路运行驾驶节奏的调节和驾驶情绪的调节与舒展，为道路用户在驾驶时提供使用的魅力，从而提高安全保障的方法和思路。

结合路域沿线地形、地貌、地质和植被等条件，路线布设顺势而为，线形走向尽可能与山川、河流、大地地势相吻合，接近自然，融入自然，将安全道路的设置与自然共生，达到自然景观与再造景观的和谐统一；同时，对再造景观用连续的手法，通过形态、质地、色彩的渐进，达到"车在路上走，人在景中游"的景观效果，使驾驶员驾驶工作负荷处于最佳状态，达到驾驶和乘坐愉悦的目标。

山区高速公路地形、地质条件较复杂，线位方案将直接影响工程的投资规模及施工、运行的安全舒适。路线方案选择从全面、协调和可持续的科学发展观出发，坚持地形（地势）选线、地质（构造）选线、气候环境选线，并对可能潜在的路线方案进行全方位优化和比较，尽可能避开不良地质路段；对重点、难点路段进行重点研究，选择有利于环保、纵坡平缓、线形均衡、行车安全、占用耕地少、有利于社会协调发展的方案，以保持道路线形连续、行驶顺畅、环境优美、景观协调。首先，注重线形要素的合理组合，追求连续、均匀、协调和舒畅，具有良好的视觉诱导和优美的流畅线形，与自然环境协调一致，给驾乘人员一种和谐的美感；其次，注重道路线形之"势"，线形走向与山川、河流、大地的势具有很好的吻合（图6-18）；最后注重"动"感特征，车辆行驶中驾乘人员的视线随路域景观连续移动，景观的轮廓、色彩和对比等不同于静视觉、瞬间的印象轮廓更为重要。

图6-18 线形走向与山川、河流、大地的势吻合

安全道路布景选线是山岭区高速公路选线从低等级公路地形选线、地质选线发展成为山岭区高速公路地势选线、地质构造选线的几种选线方法的综合。“形”与“势”皆是物体外观轮廓的描述,“形”的尺度和范围小一些,“势”的尺度和范围要更大一些。古人言:“百尺为形,千尺为势”,高速公路线形指高程,曲线跨越的幅度大,线形走势与地形之势的协调统一与低等级公路线形与地形的协调原则是一样的,仅仅是尺度的不同;而地质选线与地质构造选线同样是考虑问题的尺度不同而已。山岭区高速公路地势选线、地质构造选线是低等级公路地形选线、地质选线的延伸和扩展,是针对高速公路线形尺度的变化,从宏观角度研究和考虑山岭区道路选线的自然地理环境条件而已,如图6-18所示高速公路大跨度线形与山脉、河流走势的协调和统一,是山岭区安全道路选线的方法之一,是安全道路布景选线的组成部分,在此不作为单独的方法之一进行详述。

5)能量守恒选线

安全道路能量守恒选线是基于山岭区路线越岭展线克服高差布设路线的基本任务。结合路线展线区地形、地质等自然环境阻尼边界条件研究选择路线方案,针对道路下坡方向的交通安全事故多于上坡1~2倍的安全状况,根据车辆运动过程中的能量转化规律和遵循的定律,考虑下坡方向车辆能量的转换,避免长距离下坡势能积累导致制动衰减的路线布设措施,提高道路安全保障的选线方法,是山岭区越岭展线的进一步完善和安全道路设计的进步。

能量具有传递性,能量能从一个物体传递给另一个物体,而且能量的形式也可以互相转换,但能量永远不会消失。这就是人们对能量的总结,称为能量守恒定律。本文在6.1.1对车辆下坡运动过程能量的转换进行了详细的分析,车辆从坡顶往下运动积累的势能主要是通过车辆紧急制动系统制动鼓之间的摩擦,转化为热能散发到空气之中实现平衡。通过分析得知,从路线布设研究考虑尽可能避免车辆从坡顶往下运动势能长距离的积累。因此安全道路能量守恒选线的主要思路有:

(1)提高道路几何条件思路。交互式选线的四种思路和螺旋展线,以及改变路基横断面布局的分离式路基等是通过改善下坡幅的道路平纵横空间几何条件,延长势能积累的时间和距离,保持车辆制动性能,尽可能减少下坡势能积累对安全的影响。

(2)纵面适当、适度起伏思路。在越岭展线长距离连续下坡的适当位置,结合地形条件布设较缓或者适当、适度升坡的局部路段,缓解或者消除前一段势能的积累,为车辆制动系统散热提供机会,恢复制动性能,消除或减少势能积累的安全影响。

(3)消能思路。在越岭展线长距离连续下坡的适当位置布设紧急救助匝道、紧急停车带、停车区、制动冷凝站等安全设施,使驾驶员根据自身和车辆状况进行停靠休息,消除自身紧张、车辆势能并恢复车辆的制动性能,或者让制动衰减失控车辆进入附近紧急救助匝道进行消能,尽可能避免或者减轻势能积累的影响。

6.5 安全道路导向系统

为了确保驾驶员在山区高速公路不利道路条件下可以正确、高效、安全地行驶,有必要布设合理、有效、充分的安全导向系统,告知驾驶员前方道路信息,约束驾驶员驾驶行为。当前方道路交通条件与驾驶员的驾驶期望有差异时，通过安全导向系统给予提前预告、适时告知、渠化和诱导，将驾驶不安全风险降至最低或消除。相对于平原微丘区高速公路，山区高速公路由于地形、地质和气候条件因素的制约，设计标准较低，弯道半径、纵坡坡度、路面情况、道路线形协调性等更难满足驾驶员快速、安全和舒适行驶的期望；同时，由于驾驶员在动态驾驶过程中对道路信息的认知、理解、操作和反应的能力有限，因此提前告知驾驶员道路交通和环境的相关信息，需要科学而合理的交通控制设施布设以充分发挥其功能和效益。

随着科学和技术的发展，安全导向系统越来越系统化和人性化，它包括标志和标线等交通控制系统设施。山区高速公路需要通过交通控制设施为驾驶员提供充足的安全诱导信息，告知驾驶员前方道路信息，促使驾驶员提早采取各种措施，确保行车安全。

6.5.1　导向系统

道路导向系统是在本书第2章　安全道路系统中2.4.4节“道路环境与安全”里所提到的道路方向系统的基础之上，进一步通过标志、标线等交通控制设施向高速公路上的驾驶员传递交通控制信息，组织、管理和引导驾驶员正确、安全和舒适地行驶，满足道路用户对道路信息的需求，以提高行车的安全性，使驾驶员能够安全、快速和舒适地到达目的地。

山区高速公路导向系统应该系统而全面地告知驾驶员道路导向信息，主要包括：高速公路路径指引导向系统、沿线信息指引导向系统、沿线设施指引导向系统、旅游区信息导向系统和驾驶行为导向系统等。

高速公路导向系统主要为高速公路用户提供从出发地到目的地沿途所经路线的信息，包括路线的编号（或名称）、沿线可达地区或地点的名称、行驶的方向及到达目的地或目的地出口的距离等信息。

根据高速公路用户在行驶过程中对指路信息的需求，导向系统包括：入口指引系列标志，行车确认系列标志，出口预告系列标志。从互通式立体交叉被交道路驶入高速公路，至下一互通式立体交叉出口及距离，这些标志一般情况下宜按照下列顺序出现在指路标志中：入口预告标志→入口处地点方向标志→高速公路入口标志（命名标志）→地点、距离标志→高速公路编号标志（命名标志）→出口预告标志→出口标志→出口处地点、方向标志，指路标志各板面信息之间应保持一致性。

高速公路指路标志按照标志的功能可分为路径指引、沿线信息指引和沿线设施指引等标志，其他标志包括旅游区标志及告示标志等。

（1）路径指引标志

①入口指引标志包括：入口预告标志，入口处地点、方向标志，命名编号标志，路口标志。方向标志一般以高速公路总体走向的东西南北标识，但山岭区由于道路走廊的限制采用东西南北方向反而让驾驶员模糊，如国家杭瑞高速公路G56云南境内1 000多公里，从东入境到昆明300多公里总体走向是向西，昆明至大理仅500多公里呈向北方向，大理至瑞丽600多公里为向西南方向。因此，由于山区自然地理环境的影响，人们的方向感不强，东西南北的指向意义不大，建议以地州名为方向，昆明往瑞丽，布设为楚雄、大理方向，过楚雄后，布设为大理、保山方向依次类推。

②行车确认标志包括：地点距离标志，命名编号标志，路名标志。

③出口指引标志包括：下一出口预告标志，出口预告标志，出口标志及出口地点方向标志。

(2)沿线信息指引标志

沿线信息指引标志包括：高速公路起点标志、终点预告标志、重点提示标志、重点标志、著名地点标志、分界标志、交通信息标志、里程牌和百米牌、停车领卡标志、车道数变少标志、车道数增加标志、交通监控设备标志、车距确认标志、特殊天气建议速度标志和隧道出口距离预告标志等。国标规定的沿线信息指引标志除著名地点标志、分界标志是道路路域周边的信息外，其余基本是与道路本身有关的标志。随着社会经济的发展，人民生活水平的提高，道路网络的完善和服务水平的提升，人们出行目的和需求日越增多，建议结合道路路域自然环境和人文环境的情况，增加一些恶劣气候路段的天气信息、高海拔地区的海拔信息等指引标志。

(3)沿线设施指引标志

沿线设施指引标志包括：紧急电话标志、救援电话标志、收费站预告及收费站标志、ETC车道指示标志、计重收费标志、加油站标志、紧急停车带标志、服务区预告及服务区标志、停车场(或区)预告及停车场标志、爬坡车道标志和超限检测站标志等。

从互通式立体交叉被交道路驶入高速公路，至下一互通式立体交叉出口，指路标志和其他标志的布设顺序宜符合下列规定。

①指路标志

a. 路径指引标志：入口预告标志→入口处地点、方向标志→命名编号标志或路名标志→下一出口预告或地点距离标志→高速公路命名编号标志或路名标志(根据需要布设)→出口预告标志→出口标志→出口处地点、方向标志灯。路径指引标志各板面信息之间应保持一致性和连续性。

b. 沿线信息指引标志和沿线设施指引标志：应在高速公路沿线根据需要布设，并与路径指引标志统筹考虑。

②其他标志

高速公路旅游区(点)应根据需要布设相应的预告、指引标志，在高速公路入口或路段适当位置可根据需要布设告示标志。

a. 行车确认标志

(a)当互通式立体交叉间距大于等于5km、小于10km时，应布设一处地点距离标志；当互通式立体交叉间距大于等于10km、小于30km时，地点距离标志可布设两处；当互通式立体交叉间距大于等于30km时，地点距离标志可视具体情况适当加密布设。重复布设的地点距离标志应保持地点信息的关联性。此时可不布设下一出口预告标志。

地点距离标志上的地点名称宜采用三行从上往下按由近到远的顺序排列。

ⓐ第一行的地点为近程目的地，应选用经由下一个互通式立体交叉可到达的目的地信息。根据被交道路的等级，按照现行《公路交通标志和标线布设规范》(JTG D82—2009)中第6.2节的规定选取信息等级，然后根据第6.1.4条的规定确定信息的内容(重要地区、主要地区、一般地区)，所选信息应与前方布设的出口预告及出口系列标志中的指路信息相一致。

ⓑ第三行的地点为远程目的地,同时作为指示路线总体前进方向的基准地区,在一定距离内保持相对固定。当沿线有直辖市、省会、自治区首府等A层信息时,应以距当前所在地最近的上述地区名称作为基准地区。当临近基准地区时,再按照上述原则选取下一个一级信息作为新的基准地区。当沿线不存在上述基准地区时,应按现行《公路交通标志和标线布设规范》(JTG D82—2009)中表6.1.4的顺序选取沿线距当前所在地最远的其他A层信息(高速公路等的编号或重要地区、著名地点)作为远程目的地。

当城市绕城环线高速公路里程较长时,可选用距当前所在地最远的A层信息(基准地区),并相对固定;当里程较短时,可选取当前第三个互通式立体交叉可到达的目的地信息,并依次变化。

城市放射线高速公路可选用城市范围内距起点最远的第一层信息(基准地区)作为远程目的地。

ⓒ第二行的地点为中间远程目的地,宜选取上述两个目的地之间的最近的其他第一层信息(重要地区)。如无重要地区,则可按现行《公路交通标志和标线布设规范》(JTG D82—2009)中表6.1.4所列顺序选取其他第一层信息或第二层信息(主要地区)。当接近基准地区时,应选用基准地区作为第二行的地点。

(b)城市绕城环线和城市放射线高速公路可选取前方第二个互通式立体交叉可到达的目的地信息。

(c)当互通式立体交叉间距大于等于3km、小于5km时,应布设以下的出口预告标志,可不布设地点距离标志;当互通式立体交叉间距大于等于2km、小于3km时,可不布设下一出口预告标志和地点距离标志。

(d)地点距离标志或下一出口预告标志宜布设在距高速公路互通式立体交叉的后基准点1km以上容易被驾驶人识别辨认的适当位置。重复布设的地点距离标志应相隔5km以上。

(e)当高速公路互通式立体交叉间距大于30km时,应加密布设1处高速公路命名编号标志。根据路线总体走向,可采用方向标志指出前进方向的地理方位信息或目的地方向信息。

b. 出口预告及出口标志

(a)在距互通式立体交叉的前基准点2km、1km、500m和0km处,应分别布设2km、1km、500m出口预告标志和出口预告(行动点)标志。出口预告标志应同时附着出口编号标志。出口预告标志板面可出现两行信息,根据相连接道路的登记,可按现行《公路交通标志和标线布设规范》(JTG D82—2009)中表6.2.1的规定进行选择。一般情况下,第一行应为出口可连接的公路编号(名称)信息,如前进方向明确,则可指出其方向;第二行应为所连接道路的1个或2个地区或地点名称信息;第一个信息应与地点距离标志的第一行信息或下一出口预告标志内的信息相一致,第二个信息应为经由该出口可到达的其他同类信息。如被交道路无路线编号,则可布设路线名称和两个目的地名称。

当因互通式立体交叉、桥梁和隧道等因素没有布设位置时,经严格论证可取消2km出口预告标志,其他出口预告标志必须布设。

当出口预告系列标志只需要适当移位时,宜选取易读数据。如与实际距离之差在10%

以内，则可采取四舍五入的方法表示。

(b)在高速公路驶出匝道的三角地带端部，应布设出口标志或地点、方向标志。

ⓐ当已布设了完善的出口预告系列标志且支撑方式已考虑了车型构成比例时，可布设出口标志。该标志的板面内容宜出现出口可到达的公路编号或地区、地点名称。如因板面原因只能保留一个信息时，则应出现出口预告标志中的第一个信息。

ⓑ当已布设了较完善的出口预告系列标志，大型车辆所占比例很高，或出口和直行方向均存在第一层信息(重要地区或基准地区)时，可布设地点、方向标志。该标志可采用双悬臂支撑方式，板面信息可分为两行：出口方向的地点与出口预告系列标志的信息内容相同(当板面允许时，可增加公路编号信息)；直行方向的第一行信息可采用下一出口可到达的地区(地点)信息，第二行可选取前方最近的基准地区信息。

ⓒ出口标志或地点、方向标志应同时附着出口编号标志。

(c)当从高速公路驶出进入其他一般公路时，应按《公路交通标志和标线布设规范》(JTG D82—2009)第7章的规定在行驶方向分岔点处布设地点、方向标志，所表达的信息应与出口预告标志的板面信息相同并可适当增加。

c. 沿线信息指引标志

(a)高速公路起点标志

在高速公路的起点处，应布设起点标志。

(b)终点预告、终点提示及终点标志

当高速公路终点与一般公路或城市道路相连接时，在距离高速公路终点前2km、1km、500m处应布设终点预告标志，在距终点前200m附近位置可布设终点提示标志。在高速公路的终点位置，应布设高速公路的终点标志。

当高速公路终点与其他高速公路或城市快速路相连接时，可不布设终点预告、终点提示标志，且终点标志的布设应弱化。

d. 交通信息标志

在交通标志数量较少的位置，可根据需要布设交通信息标志。

e. 里程牌和百米牌

(a)里程牌可单面分别布设在高速公路两侧，或双面布设在高速公路中央分隔带上，两个方向显示的里程信息应相同。当两条或多条路线重合时，应采用行政等级高的公路路线的里程。如行政等级相同，则选择编号较小的高速公路的里程，无编号的高速公路可选择知名度高的高速公路的里程。离开重合段后，无连续里程的路线第一个里程应为车辆行驶的总里程，即里程数应为前重合点里程+重合路段里程，编排顺序应按国家规划的路线走向进行递增。地区环线或城市绕城高速公路应按顺时针方向编排，当与其他高速公路重合时，重合路段里程应按照环线累计。当在准确位置不能安装里程牌时，可在15km范围内移动，否则宜取消。

(b)里程牌之间每隔100m布设1个百米牌，应与里程牌布设在相同的路侧或中央分隔带上。

f. 停车领卡标志

停车领卡标志布设在进入高速公路收费站入口侧适当位置处。

g. 车距确认标志

当高速公路两相邻互通式立体交叉间距大于10km时，在其间无其他指路标志的平直路段上可布设车距确认标志。

相邻两个互通式立体交叉之间同一方向布设的车距确认标志不宜超过两组。

h. 特殊天气建议速度标志

在受雨、雪、雾等不良的特殊天气，影响视距较大时，路面施画白色半圆形车距确认线路段的适当位置处，可布设特殊天气建议速度标志。

i. 其他信息指引标志

著名地点标志、分界标志、车道数变少标志、车道数增加标志、交通监控设备标志、隧道出口距离预告标志的布设可参考现行《公路交通标志和标线布设规范》(JTG D82—2009)第7章。

6.5.2 线形诱导系统

山区高速公路特殊而复杂的道路线形条件，需要通过合理的道路线形诱导系统为山区高速公路驾驶员指示前方道路线形信息，提示驾驶员提前采取各种措施调整驾驶行为，确保行车安全。我国每年发生的重特大交通事故有60%以上是发生在曲线路段的下坡路段，因此，如何合理布设线形诱导标志具有非常重要的现实意义。

1)白天线形综合诱导系统

白天的道路线形综合诱导系统主要通过路面标线、线形诱导标等来实现。线形诱导标是一种指示改变行车方向的设施，一般在改变行车方向的曲线路段布设，如曲线半径在一般最小半径以下、曲线路段通视较差、视距不良和曲线路段有下坡等对行车不利的地段。

2)夜间线形诱导系统

夜间的道路线形综合诱导系统主要通过将白天的道路线形综合诱导系统采用路面反光标线、线形反光诱导标、反光轮廓标、突起反光路标等来实现道路线形的夜间可视，提高驾驶员夜间驾驶对道路线形条件的驾驶期望，保障夜间行车安全。

6.6 行车节奏控制

6.6.1 道路几何条件

车辆在道路上行驶的速度，直接受到道路几何条件的限制，影响因素主要包括公路平面、纵断面、横断面以及平纵线形组合。

平面线形由直线和平曲线组合而成，平曲线又分为圆曲线和缓和曲线两种，二者对行驶车辆的运行速度产生直接的影响。过长的直线易使驾驶员感到单调，产生驾驶疲劳，造成注意力不集中，难以目测车间距离，致使驾驶员产生尽快驶出长直线的急躁情绪，一味加速以致超过限制车速。

纵断面线形由纵坡和竖曲线组合而成，其中纵坡对于行车速度的影响较大。在长陡纵坡路段，下坡行驶的车辆容易驶出路基，尤其是大型载货汽车，如持续在长大下坡路段行驶会导致车速过快，应布设缓和坡段以控制车速；上坡行驶的大型载货汽车由于动力性能的原因，致使车速明显降低，车辆行驶缓慢，严重影响小客车的行车速度，应布设爬坡车道供大型载货汽车专用，以提高主线的整体运行速度。

横断面是中线上各点的法向切面，它是由横断面设计线与地面线所围成的面，其设计的目标就是通过横断面各设计要素对车辆行车速度的影响来促进道路的安全运行。在所有公路几何元素特征中，路面宽度和面层状况对车辆行驶速度及行驶安全舒适性影响最大。

下面分别对横断面各设计要求包括行车道、路肩、路拱、边沟和超高等要素对行车速度的影响进行分析。

1）行车道

行车道是为了使车辆或超车车辆之间完成操作所必须的间距，取决于汽车的外廓尺寸及行车速度。如果路面行车道狭窄，尽管驾驶员已降低车速，仍然难以有把握地驾驶汽车。道路交通事故率随着路面行车道宽度的减少而增加（以 3.75m 为最大值），具有中央分隔带的高速公路，行车道越多越安全，道路的边沿线能提高驾驶的安全性。

2）路肩宽度

高速公路路肩的主要功能是支撑路面，供发生故障的汽车临时停放，同时也是侧向净空宽度的一部分，有利于安全与增加驾乘人员的舒适感。路肩太窄会使道路行车速度降低，其原因之一在于：在较窄路肩上停留的汽车，同时要占去一部分路面，减小了路面的有效宽度。当汽车从停在路肩上的汽车旁边驶过时，势必会降低车速以求安全通过；另外，路肩宽度对外侧高速行驶的车辆驾驶员有一种安全感，速度越快对路肩的宽度要求就越高。

3）路拱

路拱是为行车和排除路面上的雨水而布设的，其间接提高了路面的摩擦系数，保障了正常的行车速度。但路拱布设太陡，会对驾驶员造成不舒适感和恐惧感，影响行车速度。

4）超高横坡

在公路的较小半径圆曲线段，为了抵消离心力作用而布设的单向横坡，可以保证行车安全。超高横坡度不合理也会影响行车速度和运行的稳定性和安全性。

5）排水沟（边沟）

路侧排水沟的作用不仅是积聚和输送来自公路用地范围内的地面水，间接提高路面的摩擦系数，而且在失控车辆有可能与其接触时，还应能使失控的车辆安全地横越，保障车辆的稳定性。

在道路平面线形设计时，考虑汽车行驶的力学性质和行驶轨迹要求，保障驾驶员驾驶的安全舒适性，合理地确定各线形要素的几何参数，保持线形的连续性和均衡性，避免采用长直线，并注意使线形与地形、地物、环境和景观等协调，对于山区高速公路较高的车速可以起到较好的控制作用。

6.6.2 道路运输自然环境

自然环境是公路景观的主体，其空间分布广泛，随季节变化个性明显，决定了公路景观的基调。驾驶员要欣赏的是公路景观的自然性和原始性，任何喧宾夺主的非原生态景观均会对自然的主体造成破坏,形成视觉和心理污染。

地形地貌作为构成道路的原生态景观赋予公路周围环境最基本的特色,不同类别的地形地貌会影响公路的结构和走向。地形地貌的变化可以丰富旅游公路景观的面貌,为驾驶员带来独特的景观视野,并创造出有特征、有个性的道路景观,影响驾驶员的生理、心理,从而影响行车速度。按照地形地貌对驾驶员视觉影响优劣程度进行排序,可以将地形分为三类:森林、山地,平原、丘陵,高原、沙漠。森林、山地地区的公路线形多且丰富,景观优美,能给驾驶员带来美的感受,缓解驾驶疲劳;平原、丘陵地区的公路多线形优越,视野开阔,一些细部景观能引人注目;高原、沙漠地区的公路多线形单一,路侧景观单调,很容易引起驾驶疲劳。

驾驶员的心理特性随着周围景观和环境的变化而发生变化。好的景观和环境使驾驶员心理放松、心情愉悦,驾驶员驾驶汽车的速度也就在安全且易于控制的范围内,如图6-19所示;相反,驾驶员在恶劣的环境下,情绪会紧张压抑,急于驶出该路段,导致行车速度过高,容易发生交通事故。所以路侧自然环境和周围景观对行车速度的影响非常重要。

图6-19 欧洲某山区公路路侧景观

6.6.3 道路运输社会环境

社会经济发展可引起运输总投资的增加,而道路运输投资的增加,会引起基础设施、运输装备等道路运输设施的增多。道路运输设施越多,尤其是作为主要供给的营运车辆越多,造成的废气、噪声、辐射和振动等环境污染越严重,交通事故损失越大。道路运输系统对环境的破坏,可直接引起人类生活质量的降低,污染严重时,政府可根据有关法规限制其发展;交通事故的增加可能降低人们对道路运输系统的有效需求,在国民生产总值一定的情况下,政府用于环境治理和事故处理的投资越多,用于道路运输的投资就可能减少。上述三种原因都将使道路运输对国民经济的贡献率降低。

6.6.4 道路运输主流车型

我国公路运输市场通过改革开放,有了长足的发展并取得了较大的成绩。但是,就其发育的程度来说毕竟还处于初期,在许多方面还存在着不少问题,有待于我们认真研究加以解决。

2001年,我国公路运输市场中有379万余家经营业户,其中个体经营业户有291万户。

全国营运车辆570万辆，平均每户仅有1.3辆，处于高度分散经营的状态，更谈不上规模经济。

目前，我国的公路运输业基本上还处于传统的小生产阶段，与社会大生产和运输现代化的要求相差甚远，以致难以形成统一高效的公路运输体系，直接影响公路运输市场向深层次发展和市场整体功能的充分发挥。

目前，我国公路运输效率较低、成本过高，车型结构不合理。截至2011年年底，全国载货汽车保有量为1 786.736万辆，占汽车总量的16.89%。首先是载货汽车、轻型车比重高，保有量为1 040.1 153万辆，占载货汽车的58.21%，重型车、中型车和微型载货汽车分别占25.98%、14.85%和0.96%，反映出轻型载货汽车是我国载货汽车主要构成部分，远低于发达国家的水平。

6.6.5 交通流

高速公路的交通流状态既有随机性，又有确定性。其随机性主要是由于车辆驾驶属于个人行为，而驾驶员交通行为特性有很大差异，从而导致交通流状态的随机变动；其确定性主要是由于众多车辆同一方向行驶受到基本相同的道路条件、交通状况和气象条件等环境因素制约而形成的交通流，其交通状态参数必然约束在一定的时间和空间范围内而使交通流状态具有确定性。

在道路上，当交通流处于自由流状态时，驾驶员能根据自己的驾驶特性和车辆条件、道路条件进行驾驶，基本不受道路上其他使用者的影响，通常能按驾驶员的期望车速驾驶；当交通流处于非自由行驶状态时，车辆间距减小，车队中车辆速度会受到前车车速的制约，驾驶员为了避免发生碰撞和节省行车时间，将紧密而安全地按前车的速度发生变化时提供的信息采用相应的车速行驶。在非自由行驶状态下车辆具有以下行驶特性。

1)制约性

从安全的角度出发，跟驰的车辆需要满足两个条件：一是车速条件，即后车的车速不应长时间大于前车的车速，只能在前车速度附近波动，否则会发生碰撞；二是间距条件，即前后车之间必须保持一个安全距离，在前车制动时，两车之间有足够的间距，从而有足够的时间供后车驾驶员作出反应，采取制动措施。显然，车速高时，制动距离长，安全距离也应增大。

2)延迟性

从跟驰车队制约性可知，前车改变运行速度后，后车也要改变。但前后车运行状态的改变不是同步的，而是有延迟的。这是由于驾驶员对于前车运行状态的改变要有一个反应的过程，此过程包括四个阶段。

(1)感觉阶段：前车运行状态改变被察觉。

(2)认识阶段：对上述改变加以认识。

(3)判断阶段：对本车将要采取的措施作出判断。

(4)执行阶段：由大脑到手脚的操纵动作。

3)传递性

由制约性可知，第一辆车的运行状态制约着第二辆车的运行状态，第二辆车又制约着第三辆车,依此类推,第 n 辆车制约着第 $n+1$ 辆。这种传递性由于具有延迟性,所以信息沿着车队向后传递不是平滑连续,而是像脉冲一样间断连续的。

6.6.6 运行速度

现行《公路项目安全性评价指南》(JTG/T B05—2004)中提出了两种计算运行速度 v_{85} 的方法。方法一是根据对国内多条高速公路实际车辆在运行速度分析路段起终点运行速度进行大量观测的基础上,通过统计回归分析得到的高速公路路段运行速度预测模型。其适用的路线指标范围是平曲线半径 $R \in [120\text{m}, \infty]$ ∪纵坡 $i \in [0, 6\%]$;方法二是修正后的澳大利亚运行速度计算方法,主要适用于小客车。其适用的路线指标范围是平曲线半径 $R \in [45\text{m}, \infty]$,纵坡不限。

1)方法一

(1)运行速度分析路段划分

根据曲线半径和纵坡坡度的大小将整条路线划分为直线段、纵坡段、平曲线段和弯坡组合段等若干个分析单元,每个单元的起、终点为预测运行速度线形特征点。其中,纵坡坡度小于3%的直线段和半径大于1 000m的大半径曲线自成一段;其余小半径曲线段和纵坡坡度大于3%、坡长大于300m的纵坡路段以及弯坡组合段作为独立单元分别进行运行速度测算;当直线段位于两小半径曲线段之间,且长度小于临界值200m时,则该直线视为短直线,认为车辆在此路段上的运行速度保持不变。

(2)运行速度 v_{85} 的测算

在任选一个方向进行第一次运行速度 v_{85} 测算时,首先要推算与设计路段衔接的相邻路段速度,作为本路段的初始运行速度 v_0,然后根据所划分的路段类型,按平直路段、纵坡段、小半径平曲线段和弯坡组合路段等分别进行运行速度 v_{85} 的测算。

①初始运行速度 v_0

一般可通过调查点的现场观测或按表6-11估算各种设计速度对应的小客车和大型载货汽车的运行速度,作为设计路段的初始运行速度 v_0。

设计速度与初始运行速度 v_0 的对应关系　　表6-11

设计速度(km/h)		60	80	100	120
初始运行速度 v_0	小客车	80	95	110	120
	大型载货汽车	55	65	75	75

②直线段上的加速过程和稳定运行速度

在平直路段上,小客车与大型载货汽车都有一个期望运行速度。当初始运行速度 v_0 小于期望运行速度时为变加速过程,直至达到稳定的期望车速后匀速行驶。平直路段上车辆的加速过程,按式(6-6)和表6-11测算车辆在直线上的运行速度。

$$v_s = \sqrt{v_0^2 + 2a_0 S} \tag{6-6}$$

式中:v_s——直线段上的期望车速,m/s;

v_0——驶出曲线后的运行速度,m/s;

a_0——车辆的加速度,m/s^2;

S——直线段距离，m。

平直路段上期望运行速度和推荐加速度值见表 6-12。

平直路段上期望运行速度和推荐加速度值 表 6-12

车型	小客车	大载型货汽车
期望车速(km/h)	120	75
推荐加速度 a_0(m/s²)	0.15~0.50	0.20~0.25

③小半径曲线段的运行速度

对于平曲线半径小于 1 000m 的路段，分别对曲线中部和曲线出口处的运行速度进行预测。根据曲线入口速度 v_{in}、当前路段的曲线半径 R_{now} 和前接曲线的半径 R_{back}，预测曲线中部的速度 v_{middle}；然后根据曲线中部速度 v_{middle}、当前路段的曲线半径 R_{now} 和后续路段的曲线半径 R_{front}，预测曲线出口处的运行速度 v_{out}。

曲线中部速度 v_{middle} 和曲线出口处的运行速度 v_{out} 分别按表 6-13 中的速度预测模型进行计算。

小半径平曲线上速度预测模型 表 6-13

曲线连接形式	车型	平曲线速度预测模型
入口直线—曲线	小客车	$v_{middle}=-24.212+0.834v_{in}+5.729\ln(R_{now})$
	大型载货汽车	$v_{middle}=-9.432+0.963v_{in}+1.522\ln(R_{now})$
入口直线—曲线	小客车	$v_{middle}=1.277+0.942v_{in}+6.19\ln(R_{now})-5.959\ln(R_{back})$
	大型载货汽车	$v_{middle}=-24.472+0.990v_{in}+3.629\ln(R_{now})$
出口直线—曲线	小客车	$v_{out}=11.946+0.908v_{middle}$
	大型载货汽车	$v_{out}=5.217+0.926v_{middle}$
出口直线—曲线	小客车	$v_{out}=-11.299+0.936v_{middle}-2.060\ln(R_{now})+5.203\ln(R_{front})$
	大型载货汽车	$v_{out}=5.899+0.925v_{middle}-1.005\ln(R_{now})+0.329\ln(R_{front})$

注：v_{in}——曲线入口的运行速度，km/h；
v_{middle}——曲线中点的运行速度，km/h；
v_{out}——驶出曲线的运行速度，km/h；
R_{front}——曲线前方的曲线的半径，m；
R_{now}——当前曲线半径，m；
R_{back}——曲线后方的曲线半径，m。

④纵坡段

计算纵坡段上的运行速度时不考虑平面线形。小客车和下坡方向的大型载货汽车运行速度采用现行《公路项目安全性评价指南》中的方法修整计算，上坡方向的大型载货汽车运行速度根据该段的坡度和坡长，采用运行速度纵坡模型式(6-7)计算坡段终点速度，计算采用的车型为现行《公路工程技术标准》(JTG B01—2003)中采用的车型。当纵坡坡度大于 3%、坡长大于 300m 时，按表 6-14 对小客车和大型载货汽车的运行速度 v_{85} 进行修正。

特殊纵坡下各车型运行速度的修正　　表6-14

纵坡坡度		速度调整值	
		小客车	大型载货汽车
上坡	坡度≤4%	降低5km/h/1 000m	按图6-20所示速度折减量与坡长的关系曲线进行调整
	坡度>4%	降低8km/h/1 000m	
下坡	坡度≤4%	增加10km/h/500m至期望运行速度	增加10km/h/500m至期望运行速度
	坡度>4%	增加10km/h/500m至期望运行速度	增加15km/h/500m至期望运行速度

$$g\left(\frac{v_1+v_2}{2}\right)\left[\left(\frac{1+\delta}{g}\right)\left(\frac{v_2^2-v_1^2}{2S}\right)+f\pm i+\frac{13KF\left(\frac{v_1+v_2}{2}\right)^2}{m}\right]-P=0 \tag{6-7}$$

式中：v_1——坡底运行速度，m/s；

v_2——坡顶运行速度，m/s；

S——坡长，m；

K——风阻系数，小客车取0.002 5m^2，大型载货汽车取0.003 5m^2；

F——迎风面积，小客车取2.0m^2，大型载货汽车取6.2m^2；

δ——惯性阻力系数，取0.01；

f——摩擦阻力系数；

i——纵坡坡度，%。

g——重力加速度，取9.8m/s^2；

m——车辆总质量，小客车取1 500kg，大型载货汽车取15 000kg；

P——车辆的功率质量比，W/kg，按$P=1.579i+0.102v\cdot 4.874$计算。

⑤小半径平曲线路段

小半径平曲线路段的运行速度，按表6-13中的运行速度预测模型计算曲线中点和曲线出口的运行速度。

⑥弯坡组合路段的运行速度

弯坡组合路段曲线中点和曲线出口的运行速度按表6-15中的运行速度预测模型计算。

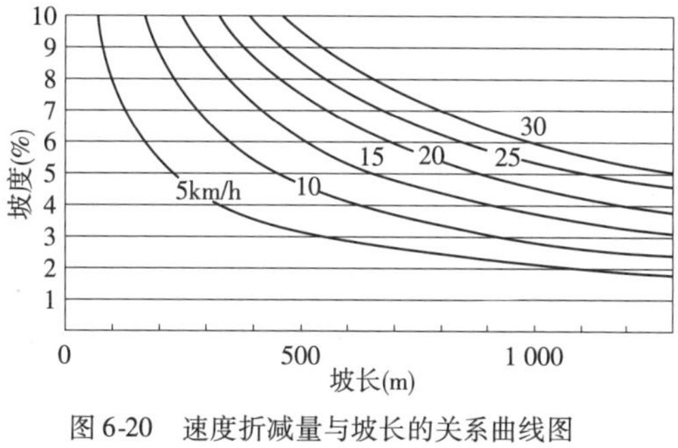

图6-20　速度折减量与坡长的关系曲线图

小半径平曲线上速度预测模型　　表6-15

曲线连接形式	车型	平曲线速度预测模型
入口直线—曲线	小客车	$v_{middle}=-31.699+0.547v_{in}+11.714\,1\ln(R_{now})+0.176i_{nowl}$
	大型载货汽车	$v_{middle}=1.782+0.859v_{in}-0.51i_{nowl}+1.196\ln(R_{now})$
入口直线—曲线	小客车	$v_{middle}=0.750+0.802v_{in}+2.717\ln(R_{now})-0.281i_{nowl}$
	大型载货汽车	$v_{middle}=-1.798+0.977v_{in}+0.248\ln(R_{now})-0.133i_{nowl}+0.23\ln(R_{back})$

续上表

曲线连接形式	车型	平曲线速度预测模型
出口直线—曲线	小客车	$v_{out}=27.294+0.720v_{middle}-0.480\ i_{now2}$
	大型载货汽车	$v_{out}=13.409+0.797v_{middle}-0.697\ i_{now2}$
出口直线—曲线	小客车	$v_{out}=1.819+0.839v_{middle}+1.427\ln(R_{now})+0.782\ln(R_{front})-0.480i_{now2}$
	大型载货汽车	$v_{out}=26.837+0.830v_{middle}-3.039\ln(R_{now})+0.109\ln(R_{front})-0.594i_{now2}$

注：$R\in[120,1\ 000]$，$i\in[-6\%,-2\%]\cup[2\%,6\%]$；

v_{out}——驶出曲线的运行速度，km/h；

v_{in}——曲线入口的运行速度，km/h；

v_{middle}——曲线中点的运行速度，km/h；

R_{front}——曲线前方的曲线的半径，m；

R_{now}——当前曲线半径，m；

R_{back}——曲线后方的曲线半径，m；

i_{now1}——曲线前段的坡度，%；

i_{now2}——曲线后段的坡度，%。

⑦弯坡组合路段

根据划分路段曲线前的入口速度、曲线半径和纵坡坡度，按表 6-16 计算小客车和大型载货汽车在弯坡组合线形中各特征点的运行速度 v_{85}。

弯坡组合线形下的运行速度预测模型 表 6-16

曲线连接形式	车型	平曲线速度预测模型
入口直线—曲线	小客车	$v_{middle}=-31.699+0.547v_{in}+11.714\ 1\ln(R_{now})+0.176i_{now1}$
	大型载货汽车	$v_{middle}=1.782+0.859v_{in}-0.51\ i_{now1}+1.196\ln(R_{now})$
入口直线—曲线	小客车	$v_{middle}=0.750+0.802v_{in}+2.717\ln(R_{now})-0.281i_{now1}$
	大型载货汽车	$v_{middle}=-1.798+0.977v_{in}+0.248\ln(R_{now})-0.133\ i_{now1}+0.23\ \ln(R_{back})$
出口直线—纵坡	小客车	$v_{out}=27.294+0.720v_{middle}-1.444\ i_{now2}$
	大型载货汽车	$v_{out}=13.409+0.797v_{middle}-0.697\ i_{now2}$
出口直线—曲线	小客车	$v_{out}=1.819+0.839v_{middle}+1.427\ln(R_{now})+0.782\ln(R_{front})-0.480i_{now2}$
	大型载货汽车	$v_{out}=26.837+0.830v_{middle}-3.039\ln(R_{now})+0.109\ln(R_{front})-0.594i_{now2}$

注：$R\in[120,1\ 000]$，$i\in[-6\%,-2\%]\cup[2\%,6\%]$；

v_{in}——曲线入口的运行速度，km/h；

v_{middle}——曲线中点的运行速度，km/h；

v_{out}——驶出曲线的运行速度，km/h；

R_{front}——曲线前方的曲线的半径，m；

R_{now}——当前曲线半径，m；

R_{back}——曲线后方的曲线半径，m；

i_{now1}——曲线前段的坡度，%；

i_{now2}——曲线后段的坡度，%。

2)方法二

第一步:

(1)按照设计成果绘制平面线形草图。

(2)对须计算车速的路段,考虑1.0~1.5km长度的引道(即到达计算路段以前路段)运行速度。

(3)把一条路线划分成若干个路段,每个直线自成一段,半径大于600m的平曲线视为直线。

将位于表6-17中第一列范围之一的相邻曲线划分为一个路段,曲线组中一条曲线若不位于表6-17第一列范围时,应单独划分成一个路段。

路段上小客车的运行速度表 表6-17

路段半径范围(m)	路段曲线半径(m)	路段运行车速(km/h)	路段半径范围(m)	路段曲线半径(m)	路段运行车速(km/h)
45~65	55	50	180~285	235	84
50~70	60	52	200~310	260	86
55~75	65	54	250~335	280	89
60~85	70	56	245~360	305	91
70~90	80	58	270~390	330	93
75~100	85	60	295~415	355	96
80~105	95	62	320~445	385	98
85~115	100	64	350~475	410	100
90~125	110	66	370~500	440	103
100~140	120	68	400~530	465	105
105~150	130	71	425~560	490	106*
110~170	140	73	450~585	520	107*
120~190	160	75	480~610	545	108*
130~215	175	77	500~640	570	109*
145~240	190	79	>530	600	110*
160~260	210	82			

注:1. 这些估算在测试数据范围以外。

2. 除雨雾天气影响视线外,本表仅对潮湿路面有效。

第二步:根据路线草图,按表6-17和图6-21、图6-22,即可计算出每个行车方向各路段起、终点、线形特征点以及特定点的运行车速。

第三步:根据纵坡坡度对运行速度进行修正。

(1)纵坡坡度大于等于4%时,运行车速加减5km/h。

(2)纵坡坡度大于等于3%,并且纵坡长度(连续上坡或者连续下坡)大于2km时,运行车速加减5km/h。

最后,根据以上运行速度预测值绘制出连续的运行速度图。

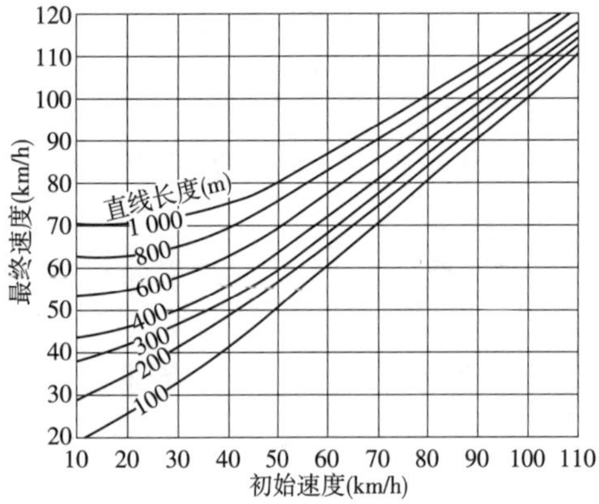

图 6-21 直线小客车的运行速度

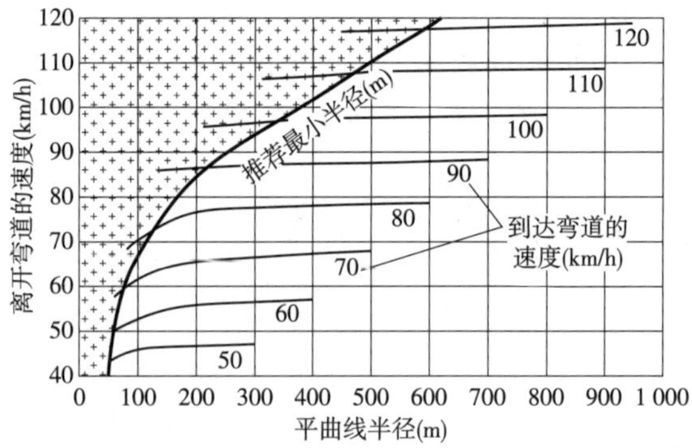

图 6-22 曲线段小客车的运行速度

本章参考文献

[1] 中华人民共和国交通行业标准. JTG B01—2003 公路工程技术标准[S]. 北京:人民交通出版社,2003.

[2] 中华人民共和国交通行业标准. JTG D20—2006 公路路线设计规范[S]. 北京:人民交通出版社,2006.

[3] 中华人民共和国交通行业标准. JTG D82—2009 公路交通标志和标线布设规范[S]. 北京:人民交通出版社,2009.

[4] 中华人民共和国交通行业标准. JTG/T B05—2004 公路项目安全性评价指南[S]. 北京:人民交通出版社,2004.

[5] 吴华金. 山区高速公路路线走廊带的选择与研究[J]. 公路,2003(05):45-52.

[6] American Association of State Highway and Transportation Officials. Roadside Design Guide [M]. Washington, D. C. ,2011.

[7] 吴华金. 道路工程哲学[M]. 北京:人民交通出版社,2013.

[8] 范跃武,等. 河南省高速公路指路标志设置技术指南[M]. 北京:人民交通出版社,2009.

第7章 山区高速公路交通安全设施安全技术

山区高速公路安全道路交通安全设施安全技术包括主动技术、被动技术、路侧技术及行车中可能的不安全隐患结构消能技术等。

7.1 主动安全设施技术

高速公路是为了实现车辆运行速度的提高,促进运输效率提高而修建的。但在我国高速公路的某些路段由于地形、地貌及工程造价的约束,一些驾驶员在这些路段上驾驶容易不顾及限速标志的要求,高速甚至超速驾驶,导致重、特大交通事故的发生,因此主动控速的安全设施在我国的高速公路上以特有的形式出现。

7.1.1 主动安全设施的设置原则

1)针对性原则

在进行公路网交通安全设施系统总体规划时,在坚持“均衡全局,突出重点”的原则下,应针对不同道路的实际状况,根据它在路网中的作用,并结合其所处地区的地形、地质、气候、人文、环境等因素,采用最有效、最适合的交通工程设施方案,既不能为节省资金而减少一些必要的设施,也不应为了追求高档次而一味选用最好的设施。

高速公路与普通城市道路以及二级以下公路的各类交通特点有很大不同。首先使用功能不同,高速公路是我国公路运输的重要组成部分,承担着相当比例的客货运量,车流量大,未来大型运输车辆多,车辆运行速度普遍较高;其次交通类型比较单一,大多为高速交通工具,基本没有横向干扰,特别是对于高速公路和一级公路,中间设置有隔离带,对向车辆单向通行;第三,高速公路的路面等级较高,路幅较宽。

为此,在山区高速公路的行车主干道上使用主动控速设施时,必须进行有针对性(包括道路等级、事故路段和事故车辆的特殊性)的设计,拟采用的主动控速设施的类型、形状、尺寸以及间距都必须根据所要改善路段的道路等级、拟控制的目标车速、车流结构、实际平均车速、可能发生的事故特征、道路线形、路面材料、区域气候等具体条件加以分析确定,必要时还应进行计算或试验分析,才能达到使用安全、设置可靠、既不破坏路面又能够有效控制车辆运行速度的目的。切忌不针对高速公路的实际情况加以分析,想当然地直接照搬套用收费站入口路段、城市道路、社区街道等车速较低环境下使用的宽度小、高度大的道路减速带类型及安装设置方法,而应对不同道路等级、不同路面结构形式、不同车流结构以及不同的地理环境条件等进行专门研究,避免其成为诱发交通事故的隐患。

2）系统性原则

系统是由相互作用、相互依存的若干元素组成的，具有特定功能的有机整体。公路主动控速系统也是一个系统工程，该系统包括公路、强制控速设施、配套标志、辅助标线以及其他交通标志标线等。强制控速设施只是整个公路主动控速系统中的一个重要组成部分。公路主动控速系统具有整体性、层次性、目的性和适应性的特征。

系统虽然是由各种元素组成的，但由于它是由不同元素组成的，具有特定功能的有机整体，所以系统的功能并不是单个元素功能的简单叠加，而是由元素之间相互作用产生的一种全新的整体功能。不同元素组成系统后会产生单个元素独立时所不具备的特性和功能，有时甚至会产生与单个独立元素相反的特性和功能。在公路主动控速系统中，任何元素都不能独立存在，否则不仅不能起到保障交通安全的功能，甚至还会形成新的交通安全隐患。如果将单个主动控速设施随意设置在公路的行车道上，特别对强制控速设施而言，如果不加任何标线和配套标志告知和引导驾驶员，那么它将会成为影响道路交通安全的路面障碍物，极有可能因为它的存在而引发严重的道路交通事故。由于公路主动控速系统的整体性，所以必须将各类控速设施在需要控速的路段进行全线布置，即进行线控，而不能只在局部事故多发地点进行单点控制。单点控制不能够使车辆速度在需要控速的整个路段上平稳变化，反而会引起车速的起伏突变，从而降低道路运输的安全性。

公路主动控速系统由各元素组成一个整体，该系统又分为多个小系统，小系统在整个系统中所起的作用不同，因此在设计时必须有所侧重，重点突出，以有限的资源获得最大的效果。

公路主动控速系统的目的是为了在需要控制车辆速度的路段进行合理车速控制，避免或减少由速度因素而导致的事故发生。为此，必须对整个系统中的元素进行合理配置，使各元素的性能和目标服从整个系统的最优目标，使之能够发挥最大的控速功能。

任何系统都存在于一定的环境中，公路主动控速系统的设计必须要与整个道路交通环境相适应，才能使整个系统的功能和目标得以实现。

高速公路主干道上采用的强制控速设施的设置位置和数量不应随意确定，必须具有统筹全程控速路段的系统性。在强制控速设施安装之前，必须对该路段全程的车辆运行速度、限制车速、交通流特点、潜在的不安全因素、事故特征和道路线形等条件进行详细考察分析和行车安全性检测计算。只有经过系统性分析和研究所确定的安装设置方案，才能达到有效地组织与控制车流节奏的强制控速目的。否则，所采取的强制措施不仅不能起到有效控制车辆速度的作用，还有可能给道路交通带来新的安全隐患。

同时，应从系统性出发，在设置强制控速设施，与其他诸如警告标志、指示标志、标线等交通工程设施配套使用，才能确保其使用安全性和高效性。

3）安全可靠性原则

安装在高速公路上的主动控速设施必须具有足够的安全可靠性，包括主动控速设施自身的安全可靠性、使用主动控速设施车辆行驶的安全可靠性以及主动控速设施设置于路面的安全可靠性。

设置主动控速设施的主要目的是控制车辆运行速度，保障公路运行安全。所以在事故多发地点设置主动控速设施后，首先必须保证其车辆运行安全性和结构安全性，否则主动控速设施的设置将失去意义。目前，在我国强制控速设施是最为有效的控速措施。所以在充分考虑公路条件允许的前提下，最好能够采用强制控速设施来进行车速控制。如果公路条件不允许安装强制控速设施，则用其他控速效果较好的控速措施来替代。

对于强制控速设施而言，运行安全性和结构安全性是相辅相成的，较差的运行安全性将对应着较差的结构安全性。由强制控速设施的控速原理可知，强制控速设施结构本身并不能有效降低车辆的运行速度，其控速是通过给驾驶员提供一种视觉和心理的强制控制，使驾驶员产生车辆高速通过将会导致车辆结构损坏和不安全的心理暗示，从而使得驾驶员在强制控速设施前的一定距离处就开始采取减速措施，最终以限制的较低车速通过强制控速区段。同时，由于强制控速设施的安装路段大多为车速较高路段，特别是一些长陡下坡路段，还可能会出现一些失控的高速车辆，这时强制控速设施还必须保证即使车辆高速通过也不会产生过高的冲击，确保车辆的重要安全部件不致断裂损坏。

所以，为了保证车辆的运行安全性和控速的有效性，首先必须使主动控速设施具有良好的易识别性，使驾驶员能够在离主动控速设施较远的范围内就能及时发现主动控速设施的存在，以便及时采取适当的驾驶措施来降低车速；其次还必须选用适宜的主动控速设施结构形式和材料。

高速公路是连接全国重要城市的主干道，造价较高，每公里造价在4千万~5千万元以上，对于一些特殊地区，造价甚至可高达每公里1亿元，一旦损毁将会带来巨大的经济损失。为此，强制控速设施的安装必须保证不会对路面造成较大破坏，尽可能减少安装强制控速设施而造成的路面早期损毁。所以，安装强制控速设施后的路面必须保持足够的安全可靠性，对原有公路的使用寿命不会带来太大影响。为了保证强制控速设施安装路面的安全可靠性，必须充分考虑到强制控速设施的使用环境及天气变化，保证强制控速设施安装和使用时对路面破坏小，并具有良好的密封性，确保路面不会形成较大的路面积水，即使有积水也不会从路面创伤面渗入路基，造成道路损毁。

在保证车辆运行和安装路面安全可靠性的同时，还必须使主动控速设施本身具有足够的安全可靠性。首先，如果主动控速设施本身的安全可靠性得不到保障，则会增加其自身的养护次数和养护成本。主动控速设施的安全可靠性差，意味着其使用寿命短，这就势必会缩短主动控速设施的养护时间间隔，增加养护次数，加大强制控速设施本身的安全可靠性的购买费用和安装养护的人工费用，同时在养护过程中会影响甚至阻断交通运行。其次，主动控速设施本身的安全可靠性也会影响到车辆运行的安全性。例如，强制控速设施的安全可靠性差，会经常出现道路减速带被撕裂和脱落等现象。道路减速带脱落后将会露出钢制螺栓，如果车辆高速通过钢制螺栓将很容易导致爆胎，进而会引发交通事故，加速路面的早期损毁。当道路减速带被撕裂或脱落后，会使得安装部位完全裸露在自然环境中，而且车辆轮胎直接推动安装螺栓会使其安装孔出现松动，路面积水流入松动的安装孔后，将加速路面的早期损毁。

因此，在进行公路主动控速系统的强制控速设施的安装、设置方案设计时，必须坚持安全可靠性原则，以确保公路主动控速系统的安全有效。

7.1.2　主动控速设施的设置

1）主动控速设施的设置位置

设置主动控速设施的目的就是使车辆在进入陡坡、急弯等危险路段前能够将车速降至合理的安全车速范围内，以保证车辆的运行安全性。所以，主动控速设施一定不能设置在公路的危险路段上，而应根据车辆运行速度的不同和道路条件的不同，设置在危险路段之前的某一合适路段上，如图 7-1 所示。如果将主动控速设施直接设置在道路的危险路段上，则车辆将没有足够的时间进行车速的平稳过渡，甚至无法将车速控制在道路条件所允许的安全车速范围内，这样主动控速设施既不能实现其控速的有效性，也不能保证公路的运行安全性。

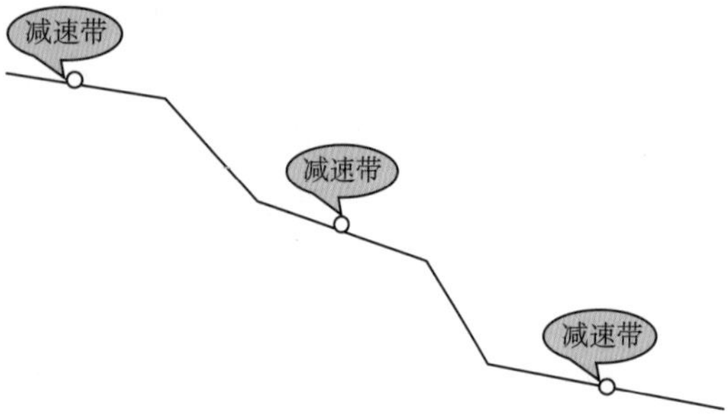

图 7-1　强制控速设施的坡道安装位置示意图

另外，对于凸出路面的强制控速设施，例如道路减速丘和减速带，如果将其直接安装在公路的危险路段上，很可能由于其对车辆产生强烈的冲击振动而增加车辆运行的危险性，使强制控速设施不仅不能有效控制车速，还会进一步加剧车辆发生事故的可能性。一般而言，如果必须设置强制控速设施，那么应该设置在危险路段前面的某一合适位置，这一位置应根据高速公路下坡路段的具体环境计算而定。只有这样才能确保车辆通过控速设施后在危险路段前面将车速控制在公路限速的安全车速范围内而不会引发事故。

通过合理的强制控速设施的试验研究可知，强制控速设施安装路面的坡度对车辆的车轴加速度、车身地板加速度和座椅加速度没有明显的影响作用，上坡试验和下坡试验的加速度值相差不超过 2%，因此可以认为，强制控速设施安装路面的坡度增大既不会增加车辆结构损坏的危险性程度，也不会降低强制控速设施的控速有效性。但是，大量的研究也表明，引发道路交通事故的主要原因并不仅仅是车辆的性能，更主要的是驾驶员的判断失误和操作失误造成，强制控速设施的设置应该要有较大的安全视认距离，使驾驶员能够提早做好心理准备，降低心理紧张程度。在对高速公路下坡路段进行强制控速设施安装位置设计时，应该尽可能地避开线形比较复杂的危险路段，设置在距危险路段有一定距离的适当位置。

一般而言，以下结构形式的路段不宜设置强制控速设施：

(1)坡度值大于 5% 的陡坡路段。

(2)平曲线半径小于 400m 的急弯路段。

(3)视线不太理想的隐蔽路段。

(4)离分道线较近的过渡路段。

(5)隧道路段和桥梁路段。

强制控速设施设置目的是迫使车辆驾驶员采用低速以较低的车速接近强制控制设施，所以强制控制设施的设置必须横贯整个路幅，从左侧行车道至右侧路肩都不能留有较大空间，否则驾驶员会在避让心理的作用下，设法绕过强制控速设施，这不仅影响到了控速的有效性，而且还可能因为车辆绕行减速丘而增加事故发生的可能性。同时，也不可将整个路面宽度全部占满，否则会由于没有足够空间而影响路面排水的通畅性。所以应该在路面两侧各留出一定的空间以便排水。靠近中央分割带留出 0.15m 的排水空间，靠近右侧路肩边缘留出 0.15m 的排水空间。具体布置如图 7-2 所示。

2）主动控速设施的设置间距

根据系统性原则，为了使下坡车速能够得到持续有效的控制，主动控速设施应连续间隔安装，使得主动控速设施成为一个针对路段全程的连续控速系统。对于高速公路下坡路段而言，应该在全程下坡路段设置一系列主动强制控速设施，促使车辆驾驶员能够尽量使用低速在道路所允许的安全车速范围内行驶。国外的相关研究也表明，单组道路减速丘只对通过其上时的车辆速度有影响，而对整个区间车速降低的作用不大，所以交通安全改善的效果也不明显。两组强制控速设施之间的间隔应该有一个最佳距离，如果相互之间的间隔距离太大将不能有效控制车辆的行车挡位，驾驶员可能主要依靠行车制动系统来减速通过控速设施。但如果间隔距离太小，一方面会造成车辆频繁通过强制控速设施，使得驾驶员一直处于疲劳紧张状态，另一方面也会增加费用和影响公路的通行（运输）效率。一般来说，车辆通过强制控速设施时的车速由控速设施的类型决定，而通过强制控速设施后的车速则由其设置间距来决定。两组强制控速设施之间的间隔距离可按式（7-1）计算：

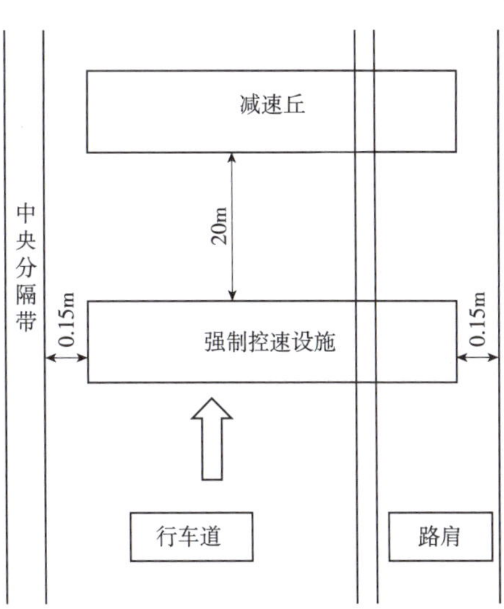

图 7-2　强制控速设施布置图

$$H_s = \frac{1}{2}(v_{85}^2 - 500) \tag{7-1}$$

式中：H_s——两组减速带之间的最佳距离，m；

v_{85}——85% 路段车速，km/h。

高速公路的主动控速设施也可参照图 7-2 进行设置。不过在具体的实际施工过程中，主动控速设施的间隔距离不一定完全按照式（7-1）计算而得，可以根据具体道路条件及安装环境做适当调整，一般 H_s 值取 1 000 ~ 1 500m。如果设置的间隔距离过长，就应该采用其他方式的诱导性或警示性控速措施来加以补充，确保车辆速度不致超过公路最高限速。

图 7-3　云南保龙高速公路视觉减速障碍

总之，主动控速设施设置是我国当前高速公路的特有形式，是一种特殊的存在。作者认为，运行速度大于 60km/h 的干线公路，原则上不宜采用主动控速设施，尽可能采用如图 7-3 所示的视觉障碍标线，但要注意在雨雪天气视觉障碍标线对路面抗滑性能的影响。本章之所以对主动控速设施设置原则、位置、形式、间距等作详细阐述，仅仅是基于存在的事物具有存在的道理和对存在的特殊环境的认识，为这些特有的存在在特殊环境中的使用和进一步完善提出指导性意见，避免盲目效仿，成为更大的安全隐患。

7.1.3 标志

交通标志是用文字或符号、图案给驾驶员驾驶提供导向、警告、限制或指示的一种道路附属设施，一般设置在路侧或道路上方。交通标志应该给予驾驶员以适时、确切的道路交通信息，使道路交通达到畅通、安全、低公害和节约能源的目的。

由于高速公路具有全封闭、全立交的特点，对驾驶员而言，交通标志所反映的信息便是其驾驶过程中唯一的信息来源。因此，高速公路交通标志设置是否合理，将直接影响高速公路交通的畅通和行车安全。高速公路交通标志的设置应遵循以下原则：

(1)充分考虑驾驶员的驾驶工作负荷。

(2)全面分析高速公路的线形条件、结构组成、路面条件和环境条件等，合理确定交通标志的类型。

(3)按照不熟悉道路情况的过境驾驶员的驾驶需求系统，及时和准确地设置标志内容。

(4)尽量采用驾驶员在驾驶中易于理解的图案表达标志信息。

道路交通标识是指对道路结构物的标识。为了使驾驶员在驾车过程中了解所在道路交通系统中道路结构物的情况，如涵洞，桥梁的起、终位置，以便在驾驶过程中发生异常事件时尽量避让，通常可采用特殊的标识，设置在结构物的起、终点位置，这也是交通安全管理中精细化工作的体现，在欧美国家得到了普遍采用。

1)交通标志信息度

驾驶员在行车过程中最重要的感官是视觉，它是驾驶员获取信息及识别前方道路的主要手段，提供给驾驶员正确驾驶约80%的信息。对于在高速公路上的驾驶员来说，交通标志是驾驶员重要的视觉信息来源，驾驶员通过交通标志获取有用的道路信息。但是驾驶员在驾驶过程中视认和理解标志的信息度(量)是有限的，信息度过多不仅会造成资源的浪费、成本造价的增加，还会使驾驶员感觉信息过载无所适从，信息遗漏。因此，交通标志的信息度对于驾驶员正确、高效、安全地在高速公路上驾驶车辆有着重要的作用。

从驾驶员驾驶工作负荷层面分析，交通标志会直接影响在高速公路上的驾驶员驾驶工作负荷。如果驾驶员接收的信息少于保持应有积极工作水平所必须的数量，就会出现“信息饥饿”；当能引起注意的标志信息目标密度大、道路交通和环境复杂的情况下，驾驶员知觉与思考的刺激过大，就会出现“信息过载”或“信息冗余”。信息饥饿和信息过载都会使驾驶员对道路交通的知觉敏感性降低。当驾驶员的注意力因过于集中，吸引驾驶员注意力的事件密度过高，它的数量超过了驾驶员的分析接收能力，就会导致对复杂道路交通情况做出不正确的评价；当驾驶过程中接收的信息量大，驾驶员必须付出更多的认知努力去选择性接收和理解信息，容易引起驾驶员较强的生理、心理变化和认知活动的改变，从而导致驾驶工作负荷增大。因此，驾驶员工作负荷过高时，由于处理信息量过大造成精神紧张，如果持续存在，就容易增加驾驶员判断、决策或操纵失误的概率。此外，驾驶员长时间处于高工作负荷状况行车，容易导致驾驶疲劳，使发生交通事故的危险性增加。

驾驶员长时间在单调的道路交通环境条件下驾驶时，工作负荷小，需要接收和理解的信息量少，容易引起注意力衰减。由于注意力的衰减，容易疏忽对行车有用的标志信息，增加驾驶行车的错误率而酿成交通事故；也容易导致驾驶员反应变缓，遇到紧急事件处理不当；

另外，长期单调乏味的道路交通环境条件还容易造成驾驶员驾驶疲劳。通常心理学家们所称谓的"心理惰性"便属此类，即驾驶员会依靠自己的经验和对待安全的态度采取高于正常安全程度的驾驶行为，当驶入不熟悉的路段时，多数驾驶员并不降低速度，以免破坏他的行车节奏。因此，在高速公路上进行长途驾驶的时候，如果交通标志信息过少，不但会造成驾驶员走错路、绕路等情况，还会因为道路、交通和环境条件过于单调、接收的信息量过少而造成驾驶疲劳，容易导致交通事故。根据驾驶员对交通标志的信息需求、视认特点和信息处理能力，按照一定原则合理设置标志，安排交通标志信息，对驾驶员正确、安全行车具有重要意义。

2）交通标志位置

交通标志设置的位置对驾驶员视认性、提示性的信息化程度起着重要的作用。合理设置交通标志的位置对高速公路的行车安全是非常重要的。在标志设置时，应根据标准、规范的设置要求，综合考虑驾驶员的信息接收能力、视距的要求以及车辆的构成，同时还要考虑气候、交通状况、道路条件、周边环境条件等因素，在恰当的位置设置合理的标志，并考虑相互干扰等问题。在保证一定交通标志数量的情况下，路段上交通标志应均衡分布，整体协调又突出重点。注意避免交通标志在出入口处过于集中和出入口区间内标志稀少的情况发生。可以适当将交通标志前移或后移，比如高速公路最高限速标志不必设置在入口匝道与主线的交汇处，可以后移至入口汇入车道结束一端，因为汇入车道是加速车道，车辆从匝道过来经过此车道加速并汇入主线，在该车道上车速并未达到最高，没有必要过早提示最高限速。当同一地点需设置多个交通标志时，标志设置不宜过多，普通道路上允许同类型交通标志最多可以并设 4 个，而指路标志一般不并设。针对高速公路上指路标志要同时指引多条车道和多个方向的情况，建议在主线上临近出入口处提前设置到达地指路标志，而出入口处分车道设置道路延伸大方向的分向指路标志，实现指路信息分类预告，避免道路名称和到达地名称同时出现在一个标志板面或标志杆上。除此以外，交通标志设置的位置还要考虑标志牌反光的问题，因为如果逆光就容易使标志变暗，同时强烈的阳光照射会使驾驶员产生眩目。

驾驶员在高速行车的过程中，对交通标志信息的获取一般经过发现、判别、思考和采取行动 4 个阶段，这就要求交通标志的设置间距不宜过于紧密。否则，就会造成高速公路驾驶员感到紧张，或来不及采取行动，致使错行或影响交通安全。因此，在高速公路的交通标志设置中，合理确定驾驶员的反应时间是高速公路交通标志设置的关键。一般来说，反应时间为 5 ~ 10s，并以此作为交通标志设置的最小间距来控制交通标志设置，满足驾驶员的驾驶需求。

山区高速公路交通标志设置位置除遵循以上原则外，还应该结合桥梁和隧道等结构物的影响和设置的条件，以及标志支撑结构、板面等对道路几何线形起指示作用，提供道路转向等帮助。如一些平面曲线外侧为悬崖，或者外侧地势低，驾驶员的视野"镜框"以非常空旷的天空为背景，对道路对比度较差的位置，应设置如图 7-4 所示的门架式或悬臂式交通标志，在为驾驶员提供前方道路信息的同时，提供眼前道路的转向指示信息。因此山区高速公路交通标志不仅板面提供的信息度非常重要，交通标志的位置和形式同样重要，甚至同一标志前后移动很短的距离起到的效果和效能不同。因为在高速公路上驾驶员的视觉是在高速移动情况下的动视觉，与静视觉具有明显的差别和差异，认知的时间很短。图 7-4 所示标志设置的位置，不仅与驾驶员视觉扫描和关注时间最长的特征吻合（驾驶员关注时间最长的是道路弯道内路侧的高大物体），而且与道路弯道外侧种植植物的规则一致，弯道外侧的标志巧妙设置，放大了透视的效果，强化了道路的弯道，另外标志的板面基本与视线垂直，有利于驾驶员对标志板面信息认知的发现、判别、思考和采取行动，强化了标志的指示性和指导性，有利于交通安全保障。

a)　　b)

图 7-4　云南保龙高速公路交通标志设置位置示意图

3）交通标志的内容与板面形式

交通标志的主要功能是向驾驶员提供有关路况的各种信息，并传达道路建设者或管理者对驾驶员提出的警告、禁令、指示和提示等信息，以维护行车安全的设施。为了给高速行驶的驾驶员及时、准确地提供充足而且适量的信息，标志板面的合理设计非常重要。标志的信息量取决于标志形状、颜色、图案、符号、文字及车辆的运行速度。标志板面大小、板面的反光性能、信息的简洁和图案、符号的通用性是影响标志可视认性的主要因素。

山区高速公路在设计标准上较平原地区低得多，所以其标志设计也存在着自身的特点。山区高速公路由于设计车速较低，按规定在选择汉字大小时一般取低值，标志板面设计尺寸也相应较小。但在平、纵线形指标较高的路段，也有可能出现普遍超速现象，这些路段可结合实际条件合理选择标志牌的尺寸及汉字大小。

（1）板面大小的确定

高速公路交通标志板面的大小，主要取决于高速公路车辆运行速度和标志信息量的多少。在进行高速公路的标志设计时，首先要根据高速公路车辆运行速度，按照现行《道路交通标志和标线》（GB 5768.1—2009）的规定，合理选择标志汉字的高度。需要特别说明的是，为了确保指路标志的视认性，指路标志汉字必须采用黑体字，阿拉伯数字也应符合国家标准的规定，不允许采用其他字体；其次，在满足高速公路驾驶员“安全、舒适、快捷”到达目的地的基础上，认真分析、合理设计标志板面所反映的道路信息，使标志板面的信息既简洁明了，又准确可靠；最后，结合高速公路的使用性质，决定其是否采用中英两种文字。目前，在我国存在一种现象，即不论高速公路的使用性质及所处区域的地理位置，均采用中英两种文字，不但不能充分发挥交通标志信息的作用，反而造成标志板面增大和高速公路投资增加,造成不必要的资金浪费。当然,对有特别意义的高速公路,如连接重要历史、文化、旅游城市的高速公路,可以采用中英文两种文字,而对于一般高速公路,则应该考虑是否有必要采用两种文字。另外,标志板面文字大小的视觉差异往往被设计人员忽视,因为文字的字形和笔画的多少,相同尺寸的文字在视觉上存在差异,国字形文字、笔画较少的文字在视觉上存在被“放大”效果,特别是交通标志经常出现的“口”、“田”、“国”等国字形文字,视觉的“放大”最明显,而笔画较多的文字排列在一起时,视觉上又存在被“缩小”,如交通标志经常出现的“隧道”、“桥梁”,这些视觉的差异影响标志板面的视觉美感和美观,虽然对驾驶员认知情绪、认知负荷等对交通安全的影响尚无具体的研究成果,但从心理学研究的成果看,对驾驶员情绪的影响是负面的。因此,设计时应根据相关的规定和要求,做好细节,对视觉的“放大”或者“缩小”最明显的个别文字适当进行“缩小”或者“放大”的调整,确保标志文字视觉大小一致,提高道路安全的保障。

(2)板面内容

高速公路交通标志的板面内容是交通标志板面设计的核心,是向驾驶员提供正确、及时信息的具体反映,是引导驾驶员顺利、快捷地抵达目的地的关键。根据高速公路交通标志服务对象的特殊性,要求板面的内容务必简洁、易读,信息准确无误。同时,在指示地点、距离等标志中尽量避免采用一些集镇的名称,尽可能的结合高速公路立交出口位置采用能直捷到达的行政区划县级及以上的地名,以免驾驶员不必要的判读而分散精力,影响高速公路快捷、高效作用的发挥。

交通标志板面内容信息应遵循以下原则:

①简洁性原则

首先,板面内容信息主要是为驾驶员传递高速公路道路状况,通行服务水平,以及路域的布局和空间的概念。因此,板面内容信息的标识并非是道路设计的工程技术文件,提示的时空距离、道路服务水平、道路几何条件等是专业的描述文件;其次,高速公路的使用者是非道路专业的人员,存在道路工程技术专业知识信息的严重不对称,驾驶员阅读信息,是根据信息提示的内容和道路环境状况,把握行驶的节奏,所以交通标志板面信息应该是专业的“白话文”;最后,驾驶员需要掌握了解的道路路域及路网结构与目的地的时空是一种概念层面的时空观,或者说是一种粗略的框架型的或者结构型的认知和需求,板面信息必须简洁。

然而,现实中经常见到急弯前设置标示曲线半径“$R=60$m”,地点距离标志“1. 12km”,“$i=6\%$”等非常专业的信息内容,交通标志并不是高速公路专业设计文件,阅读者并不是专业技术人员,这些专业信息让非专业的道路用户模糊,不知所云。将“$R=60$m”、“1. 12km”、“$i=6\%$”表达为道路用户容易理解的“急弯”、“1km”、“陡坡”类白话文,就是交通标志信息内容简洁原则。

②易读性原则

交通标志板面内容信息是文字板面设计的一个缩影或者说是代表。根据阿历克斯·伍·怀特的《字体设计原理》,易读性(Legibility)是区分辨认字母形状及其所构成的字词形状的能力,指文本被理解的便利性和舒适性。可读性(Readability)是阅读的质量,主要取决于字母间隔、行距、纸墨对比等因素,影响可读性的因素包括词句的长度,以及非常用词的出现频度，与语言内容无关，却与印刷或文本显示的尺寸和外观联系密切。也就是说信息内容文字的形状决定易读性，排列组合决定可读性。书中提出的板面个别文字视觉“放大”或者“缩小”最明显的调整问题，就是遵循易读性和可读性原则的细节。

符号是指具有某种代表意义的标识，源于规定或约定俗成，其形式简单，种类繁多，用途广泛，具有很强的艺术魅力和抽象性、普遍性和多变性特征。符号功能不受任何感性材料的限制，“符号”是“理想性的”，是人类意义世界的一部分，是观念性、意义性的存在，具有功能性的价值。因此，根据交通标志板面信息的简洁性原则，进一步遵循驾驶员视觉快速运动情况下对标志的易读性、可读性原则，发挥符号的观念性、意义性的存在空间和功能性的价值是交通标志易读性、可读性原则的最简单易行的方法。当然，符号不是设计人员自己随意随心的创造，是源于规定或者约定俗成，是普遍认可的符号的合理组合，如“”。

总之，交通标志板面信息内容应该在简洁的基础上刻求文字形状和排列，多采用规定或约定俗成的符号。

③准确性原则

交通标志板面信息内容的准确性原则是一个辩证、相对、严密、逻辑的功能性和概念性的准确性，并不是数学意义上的和结构精度上的准确性，如前所述标志信息标识“$R=60\text{m}$、$i=6\%$”是道路工程技术设计文件中关于道路几何条件层面意义的准确性标识，非交通标志板面信息内容层面上的准确性标识，“急弯、陡坡”才是后者的准确性标识。交通标志板面信息内容准确性原则的另一方面是指信息内容的逻辑、法律法规的严密和文字的歧义，如图7-5所示的板面信息内容存在逻辑、歧义和法律法规方面的严密性和准确性问题。“请勿酒后驾驶”、“请勿疲劳驾驶”，文字是温馨了，但推理出的“可以酒后驾驶”、“可以疲劳驾驶”的歧义，与法律法规相悖。

又如我们常见的“多雾路段，减速慢行”标志，其实并不合适。多雾路段，减速慢行是应该的，但任何一个路段不是每天、每时都有雨雾，甚至一年的绝大多数时间没有雾，那么该标志会让驾驶员熟视无睹，其功能性和设置的意义将被淡化和遗忘。如图7-6所示，该标志板面通过“若遇雨雾，慢”字样，以及路面行车道边缘，硬路肩按25m等间距标有半圆等判断能见度的组合，使得该标志信息准确，时段性问题得到了解决，功能得到了加强，作用得到了发挥。

图7-5　产生歧义的标志信息示例

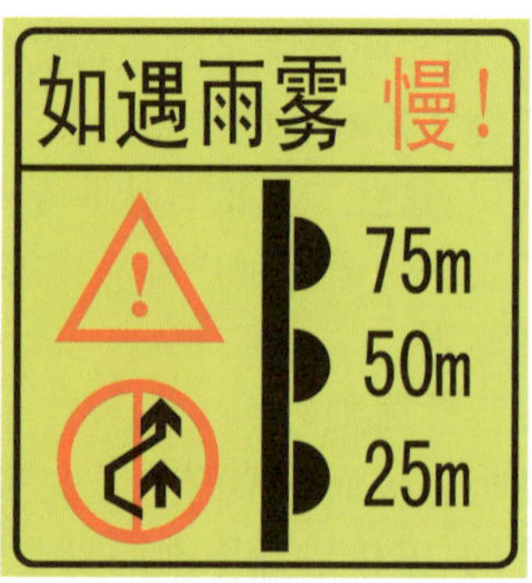

图7-6　标志信息与时段的一致性示例

(3)板面的颜色、形状和图形符号

高速公路交通标志通过其特有的图形符号来传递信息,颜色、形状和符号是标志最重要的3要素。颜色和形状向驾驶员提供最直接、最直观的信息反应。为了维护标志板面颜色、形状的统一性和严肃性,《道路交通标志和标线》(GB 5768.1—2009)中做出明确规定的颜色、形状和图形符号,在具体设计中必须严格执行。

(4)板面的反光要求

为了充分发挥交通标志的全天候有效功能,增加夜间驾驶员的判读性,避免驾驶员误行而造成不必要的运行成本增加,快速、安全到达目的地,标志板面均应采用反光材料制作。用于标志板面的反光材料按其结构的不同分为:透镜埋入型、密封胶囊型、微棱镜型等;按其等级的不同可分为:钻石级、高强级(超强级)、工程级。高速公路反光材料的选用,应根据高速公路的设计速度、标志板的大小、支撑方式而定,如高速公路上的门架式、悬臂式标志的反光膜等级宜高于路侧标志的反光膜。现行《道路交通标志和标线》(GB 5768.1—2009)规定:"各级高速公路的交通标志原则上均应采用反光材料制作标志面。"并且,高速公路宜采用三级及以上反光材料。因此,在标志板反光材料选用上,一般而言,底膜采用三级及以上反光膜,一般路段上字符膜采用二级及以上反光膜,特殊路段采用一级反光膜较为理想。

交通标志的板面的设计原则如下:

①美观得体、简洁大方是交通标志获得良好的可辨性和易读性的前提。

②通过交通标志板面各要素的合理布置,可以保证简单的易读性,按照道路等级提供信息,具有明确的交通导向关系。

③同样性质的交通标志应统一规格,如文字的字形、字体、字号等。

④门架式交通标志应尽量做到高度和边缘设计相同。

⑤人性化标志往往是设计人员结合道路交通状况和道路几何条件的针对性创作,必须精益求精,注重标志信息和板面设计及布局的易读性和可读性,注重信息的不对称和信息、知识的普遍性等问题,如图7-7 a)为原标志,图7-7 b)为设计标志。比较可发现,设计标志比原标志增加地名信息,交通标志的文字和符号也统一了规格,使其提供的信息更易被驾驶员获得。

a)

b)

图7-7 交通标志实例之一

a)原标志;b)设计标志

高速公路上长时间、长距离的行车,驾驶员从身体和心理上都会感觉疲劳,从而放松了警惕。此时,在高速公路上设置的将文字和法规、文字和图案相结合的交通标志,会起到警示作用，并且易于引起驾驶员的注意。

目前可变信息标志因其板面信息灵活可变，被越来越多地应用在高速公路上，如图7-8所示。但需要注意的是，标志板面不是越亮越好，要满足驾驶员的视觉需求，要考虑在白天和夜间不同驾驶环境条件下驾驶员对板面亮度的需求是不同的。我们常常看到有的可变信息标志、钻石级的道路线形诱导标在白天尚能满足驾驶视觉需求，但到了晚上其亮度太大，甚至产生眩目、瞬间盲区，反而给安全行车带来不利影响。

a)

b)

图7-8　可变信息标志

4）人性化新标志

山区高速公路交通标志除拥有一般公路交通标志外，还有一些特殊标志。例如，急弯路标志、反向弯路标志、连续弯路标志、陡坡标志、注意落石标志、傍山险路标志和易滑标志等。此外，在自然保护区、旅游风景区等的双向非分离双车道匝道或互通立交连接道路上，由于环保、风景等特殊要求，设置了比较小的平曲线半径，造成视距严重不足的暗弯，在路侧可设置反光镜，反映前方道路上的交通情况。同时也可考虑在适当的路段设置必要的安全提示标志，如“请系好安全带”等友好型标志。

（1）道路减速丘及虚拟控速障碍警告标志

根据我国道路交通标志标线的相关标准规定及国外道路减速带警告标志的使用经验，设置在高速公路减速丘（带）前方的警告标志（非标）内容可用文字加图案共同组成。图案直观告诉驾驶员前方有道路减速带，文字可以直接用“前方强制控速”。图案可以仿照不平路面标志，采用一个黑色凸起图形来代表“减速丘（带）”。由于减速丘（带）的警告提示仍然没有列入道路交通标志标线的国家标准目录，驾驶员对这类标志还没有一定的认知度，仅仅用一个简单的凸起图形来代表强制控速设施——减速丘（带），很容易引起驾驶员的误解，或者驾驶员根本不能理解这一标志的真正含义。所以，在凸起上方再加一个被抬起的车辆，将把车辆通过减速丘（带）时的状态形象地表示出来，便于驾驶员的理解和认识，具体方案如图7-9所示。

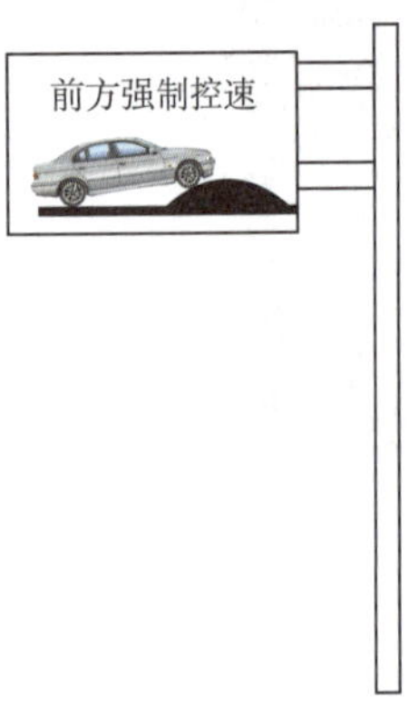

图7-9　强制控速警告标志示意图

山区高速公路的某些路段由于道路条件所限(平曲线半径太小或纵坡太大),不适宜设置道路减速丘之类的强制控速设施,因此虚拟控速路障将作为重要的替代措施之一。道路减速丘能够有效控速的关键因素是驾驶员发现了设置在其前面的警告标志,所以,为了提高虚拟控速路障的控速效果,也可以在其前面的适当位置设立一控速警告标志。同样,虚拟控速路障前的警告标志也采用文字加图案的形式表示。为了与减速丘警告标志加以区别,文字采用"前方控速",图案采用运行车辆的前方设一个虚线轮廓凸起图形,给驾驶员一种前面仍然可能设置道路减速丘的错觉,从而主动减速,具体如图 7-10 所示。

图 7-10 虚拟控速路障警告标志

(2)道路情况预告标志

根据强制控速设施设置的系统性和配套性原则,在设置主动控速设施的同时,还应设置相应的非国标指路标志,预告驾驶员前方的路况信息以及应采取的相应措施;另外也可进一步说明设置主动控速设施的原因。例如在长陡下坡路段,一般会设置相应的长陡下坡路段指路标志,针对山区高速公路的具体道路条件及自然环境,首先应在坡顶视野开阔路段设置一处尽可能醒目、便于驾驶员认读的门架式标志,具体结构如图 7-11 所示,标志文字内容建议为:"连续 × ×km 长大下坡,重车限挂低挡行驶",并且应该注意该路况信息标志的连续性问题,图 7-11 所示标志应设置于坡顶,下坡路段建议间隔适当的距离后设置连续长陡下坡剩余的长度信息,不断提醒驾驶员长陡下坡的状况,避免驾驶员因遗忘或者长期处于警觉状态而产生惰性。

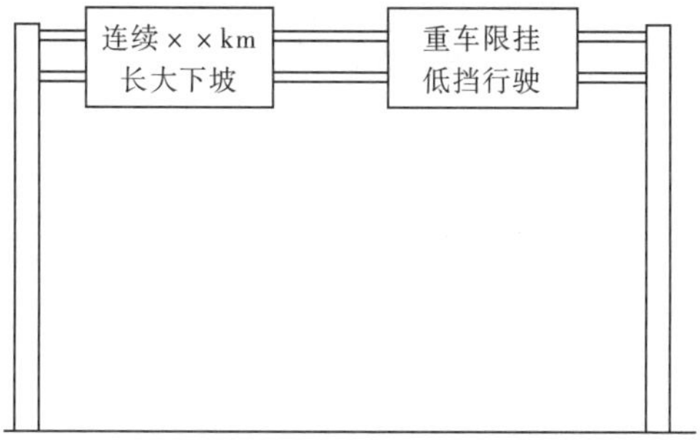

图 7-11 门架式指路标志示意图

危险路段指路标志的设置主要是为了提醒驾驶员注意安全、谨慎驾驶,具有一定的警告意义。这种交通标志一般设置在危险路段前面的适当位置,具体应根据车辆运行速度计算而定。

在部分危险性特别大的陡坡路段前,应设置陡坡警告提示标志(非国标),宜采用单悬臂,文字内容拟定为:"陡坡! 低挡控制车速"。

在部分危险性特别大的急弯路段前应设置急弯警告提示标志(非国标),标志形式与陡坡警告提示标志相似,文字内容拟定为:"急弯! 低挡控制车速"。

在部分危险性大的陡坡急弯相结合路段前面,应设置陡坡急弯警告提示标志(非国标),标志形式与陡坡警告提示标志相似,文字内容拟定为:"陡坡急弯,低挡控制车速"。

总之,道路情况预告标志是山区高速公路非常重要且又很必要的交通标志,是山区高速公路交通安全设施保障系统的关键部分。首先必须认真细致的分析研究需要和必须提示的路段和提示的信息内容,提示的路段和提示的信息内容必须是该区域路段道路几何条件最差和相对最突出的问题,针对的几何条件状况主要是道路几何条件平、纵、横三方面的问题,急弯必须是平面半径最小的部分,弯道转角是相对最大的(当然这里所言的"最小"和转角"最大"的大小概念不是数学意义上的最小和最大),并将这一类警告警示性非常强的预告标志设置于关键的、最需要也是最危险的位置,不能以某价或者某值为界作为标志设置的原则，否则，将让驾驶员产生“狼来了”的心理，失去警告警示性的作用和意义；其次，山区高速公路道路几何条件较差，对于需要警告警示的位置或者路段，应该形成标志、标线、路侧安全设施，以及国际交通安全色等要素构成的一套完整完善且相互补充的安全保障系统，并且根据第一步的分析将相对较差的条件按安全的风险进行分级，形成具有级别之分的安全保障系统；最后，这一类警告警示性标志的信息一定要具备易读性和可读性，尽可能强化符号的配合和使用，图 7-12 所示为云南保龙高速公路符号文字并茂的道路路况预告标志。

a) b)

图 7-12 云南保龙高速公路符号文字并茂的道路路况预告标志

高速公路由于车速较高，易发生追尾碰撞和连环碰撞事故，因此，基于人性化的设计理念，在高速公路的特殊危险路段应设置具有良好视认性的如“警防身后”和“遇事故规范停车”的警示标志。

“警防身后”标志的设计理念是在长距离下坡路段，当大型车辆由于制动失效而失控时，很容易与行驶在前面的车辆发生追尾相撞事故，此时使用此标志提醒车辆在运行过程中应当随时注意后面车辆的行驶状况，如图 7-13 所示，一旦发现后车有失控迹象，应尽快采取避让措施，以最快的速度即时远离以避免发生事故。“警防身后”标志是以人为本理念的一个实施示例，类似标志需要设计人员发挥主观能动性，根据各高速公路的道路几何条件、交通运行特征、路域自然环境等因素，遵循国家的法律法规和约定俗成的规则、习惯，以及知识的普及面，设置简洁、易读可读的“规范”特色标志。

“遇事故规范停车”标志的目标理念是当遇到前面发生交通事故时，车辆应迅速靠边停靠，驾驶员从车上离开并撤离到安全的地方等待，避免车辆发生连续追尾事故，造成重大损失，如图 7-14 所示。

图 7-13 “警防身后”标志最终设计图

图 7-14 “遇事故规范停车”标志

(3)速度反馈标志

通过驾驶行为理论和驾驶员视觉特性试验发现,驾驶员在驾车过程中极少通过观测车速表来获知车速,一般都是通过经验来判断,特别是具有丰富驾驶经验的驾驶员。经验方法一般都会存在较大的误差,在有些情况下由于车速错觉的原因,驾驶员的车速判断往往会出现较大的误差。由于车速判断误差的存在,即使安全意识比较强的守法驾驶员也会发生违章超速现象,为此,在一些特殊路段需要设置速度反馈标志。速度反馈标志主要由两部分组成:一部分为可变信息区,即通过雷达测速仪实时检测驶过该路段车辆的速度,该速度可以通过两种方式显示,第一种为直接车速数字显示,第二种为通过触发标志板不同位置的发光二极管来显示;另一部分为不变信息区,不变信息区可参照仪表的样式来设计,车速按顺时针方向由小变大,同时在不同车速区域添加相关的文字和图案,以提高对驾驶员的警示效果。根据文字内容,可有 4 种速度反馈标志供使用,4 种标志形式如图 7-15 所示。

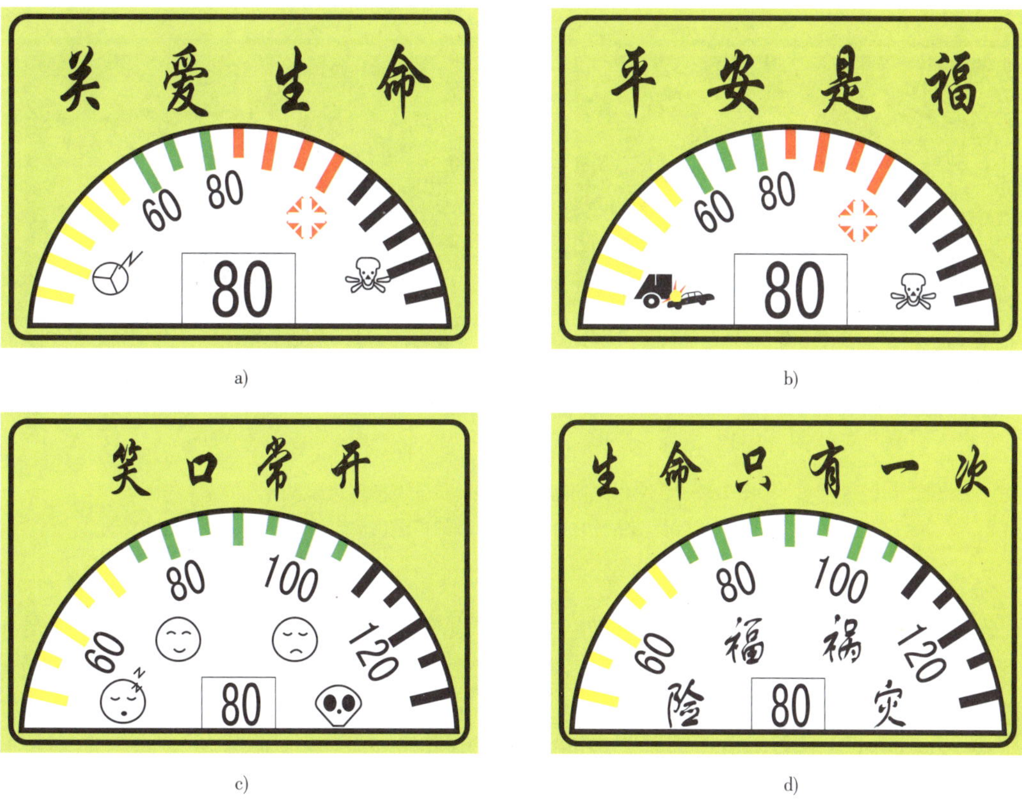

图 7-15　速度反馈标志效果图

(4)长大陡坡情感标志

山区高速公路长距离连续下坡是山岭区此起彼伏地形地貌的伴生物,如图 7-16 所示。在这种道路环境下,应适当设置情感标志,提示道路几何条件信息,以及“危险”的路段和特殊弯道信息。通常这类标志是在警告行驶节奏控制的基础上,根据山岭区高速公路行驶的特点,缓解和释放长距离上坡"慢"速的压抑和连续下坡的压力,特别是重型货车,让使用者在警告警示中感受温馨和关怀,调节驾驶员在行程中的情绪。如图 7-17 所示为在高速公路坡顶和坡脚及下坡中途设置的一组情感标志。

图 7-16 盘山越岭翻越高黎贡山的保龙高速公路

a)

b)

图 7-17 云南保龙高速公路 40km 长下坡情感化标志
a)坡顶的情感化标志;b)坡脚的情感化标志

(5)紧急救助匝道的预告标志设置

设置紧急救助匝道的路段,需要在路段前方设置预告标志(非国标),告知驾驶员前方有避险设施,可提前采取措施,该标志采用悬臂式,如图 7-18 所示。该标志在紧急救助匝道前 1 000m、500m 距离分别设置两块。提示的板面内容分别为:紧急救助匝道前方 1km、紧急救助匝道前方 500m。紧急救助匝道预告标志的设置方式及内容与一般预告标志相同。

山岭区道路设置紧急救助匝道是为制动衰减失控车辆提供的一种救援和帮助,让失控车辆实施自救,将事故的损失降至最低的被动设施。紧急救助匝道预告标志的设置除在前文提及的细节处理基础之上,建议利用显示设计编码技术,将每段连续长陡下坡的一组紧急救助匝道进行编排(类似互通式立交的编号),为道路的使用者提供简单、准确和全面的道路路况信息,提高道路安全保障,如图 7-19 所示。

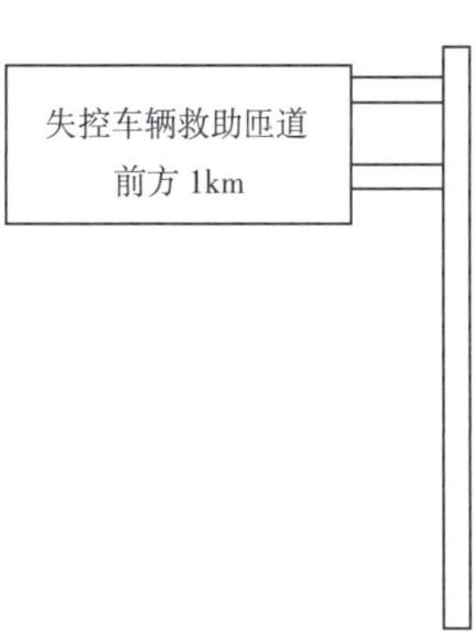

图 7-18　悬臂式提示标志结构示意图

图 7-19　云南保龙高速公路怒江西岸救助匝道信息编码标志

5）交通标志信息的连续性与逻辑性

交通标志作为公路行车的主动引导设施，应从服务于不熟悉公路及相关路网的驾驶员的角度出发，将公路沿线的信息及时、准确地传达给驾驶员，使其有合理的反应和决策时间。在设置交通标志时应注重其连续性和逻辑性。

在高速公路上特定地点的参照物少，驾驶员在高速公路上行驶只能依靠道路交通标志来获得目的地的距离、方向等信息。所以，体现交通标志的诱导功能是高速公路交通标志的主要任务。交通标志应为驾驶员提供尽可能详尽的信息，但从驾驶员的动态信息接收能力来说，交通标志提供的信息应简明、扼要。因此，在设置交通标志时，一些交通信息可以在不同路段设置，同时要考虑其信息的连续性。

交通标志设置的逻辑性，主要是指在合理的位置和路段设置交通标志，使标志之间相互前后呼应，从而达到诱导功能。目前高速公路交通标志存在很多不合理和不符合逻辑性的现象。

（1）一些高速公路上的交通标志主要分布在出入口处或服务区附近，路段上较少，造成高速公路主线进出口交通标志拥挤不堪，彼此间互相遮挡。

（2）交通标志设置在光线不良的地点，如跨线桥下方，由于桥梁下光线比较暗，设置在该位置的交通标志即使在白天视认性也比较差。

（3）在弯道上设置车距确认标志，由于驾驶员在弯道上的行驶操作比直线复杂，无暇顾及车距视认，同时驾驶员在转弯时对车速的估计、判断与在直线道路上车速估计依据不同，判断也不同，因此，弯道上设置车距确认标志的效果不理想。

（4）在高速公路的一些重要出入口，为了更充分地指示驾驶员不同的行驶方向，通常设置多块交通标志，并采用门架式的设置方式，驾驶员不能在一瞬间认读标志并做出选择。

（5）两块标志牌内容相近，甚至有些字也相近，同时近距离并设容易使驾驶员产生是同样内容重复的错觉而忽略一些信息。比如，某高速公路上就出现“下一出口”和“下一服务区”前后设置，使驾驶员往往会认为是同一内容，略过后者，错过关键信息。

（6）横跨高速公路的桥梁总是成为巨幅广告和桥梁名称、指路标志、车道指示标志共存的场所，单调的交通标志从而淹没在色彩鲜艳、尺寸巨大的广告之中，形同虚设。

虽然现行《道路交通标志和标线》（GB 5768.1—2009）对高速公路上的交通标志设置确

定了一些标准，但是，这些规范还不能满足交通标志在高速公路上具体应用的要求。高速公路建设的进一步发展，又对交通标志提出了新的要求，即数量和质量兼顾，掌握一个合理的度；固定与可变共存，实现动静结合的预告模式。

高速公路的交通运行有一定的条件，一旦出现不适合车辆高速运行的道路交通条件，交通管理部门便会对交通流实施必要的控制，如果一味采用定点定内容的交通标志将无法及时发布交通管理部门的交通管制信息，因此，动态和静态相结合的交通信息预告模式才真正适应高速公路交通管理的需要。

7.1.4 标线

道路交通标线是由施画于路面上的各种线条、箭头、文字、立面标记、突起路标和轮廓标等所构成的交通安全设施，它的作用是管制和引导交通。

图 7-20 车道 V 形收缩标线

山区高速公路因道路线形、结构及自然地理环境的特殊性，必然存在既需要进行有效控制车速，又不能安装强制控速设施的特殊路段。所以，从有效减轻车辆控速冲击的角度出发，设置以下警示标线实现主动控速，可提高山区高速公路运行的安全性。

1）车道 V 形收缩标线

车道 V 形收缩标线是一种视觉标线。驾驶员驶入标线路段时，会由于视错觉特性，感觉车道变窄变形（图 7-3），从而主动控制车速。车道 V 形收缩标线的形式如图 7-20 所示。该标线在欧美及日本等国有着广泛应用，并取得了良好效果。车道 V 形收缩标线由 6 ~ 10 组组成，相邻两组之间的间隔距离为 8m，每组又由 6 道 V 形标线构成，每道标线宽 300mm，两道标线之间的距离为 300mm。车道 V 形收缩标线的顶角为 100° ~ 120°。

使用经验表明：顶角较小效果更好，特别是需要驾驶员从较高速度降到较低速度的路段，顶角甚至可以采用 30°，车道变窄变形视觉效果更加明显。山区高速公路路况千变万化，需要设计人员发挥主观能动性，可以根据需要按国际安全色的色彩特性，对安全警示的效果，分别采用白色、黄色和红色，将视觉控制速度的路段分为 3 个级别，更有利于安全，避免“狼来了”的麻木。作者建议一些事故多发的陡坡路段可以尝试取消图 7-20、图 7-21中的箭头，将车道 V 形收缩标线倒置，锐角迎向行车方向，将达到如图 7-22 所示的效果，车道变窄变形的视觉冲击力更强，驾驶员的减速意愿更明显，但应该调整顶角，一般采用相对较大的顶角为好，以避免冲击力过强。

图 7-21 箭头振动标线减速措施示意图

2）箭头振动标线减速措施

箭头振动标线减速措施可以结合普通道路减速标线和车道V形收缩标线的优点，利用视错觉原理，使驾驶员驶入标线路段时会产生车速越来越快，道路越来越窄的错觉，从而主动降低车速。箭头振动减速标线的施画可以参照普通道路减速标线，随着车辆的行进，箭头线宽越来越窄（第一道标线宽1 200mm，第二道标线宽1 000mm，第三道标线宽800mm，第四道标线宽600mm，第五道标线宽400mm，第六道标线宽200mm），箭头间的距离越来越小（第一与第二道之间距离21m，第二与第三道之间距离17m，第三与第四道之间距离13m，第四与第五道之间距离9m，第五与第六道之间的距离5m），只是将虚线变成实线，将直线变成折线，折线夹角为80°～100°，具体形式如图7-21所示。为了增加控速效果，可将标线设计成凸起振动型，让驾驶员在视觉上产生车道变窄变形控制速度的同时，发挥触觉的感知作用以获得更多的控速信息，避免驾驶员熟视无睹。

图7-22　视觉控速冲击力较强的倒置车道V形收缩标线

3）普通道路减速标线

山区高速公路陡坡和急弯路段前面、互通式立交出口、服务区等减速车道内的普通道路，减速标线的基本形式与收费路口的减速标线基本类似，一般设置6道，为了增加控速效果，可以将标线设置成振动型，具体形式如图7-23和图7-24所示。

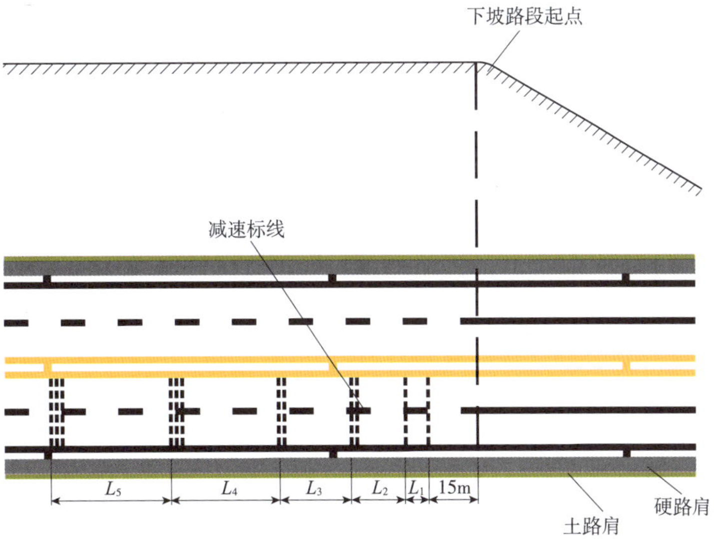

图7-23　陡坡道前减速标线设置

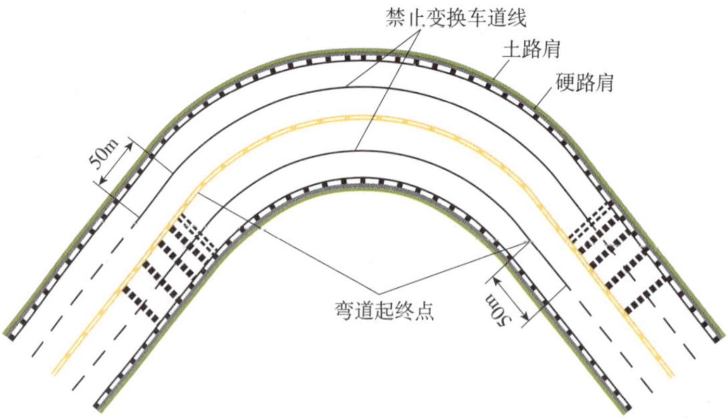

图 7-24 弯道前减速标线设置

4）热塑振动警告标线

热塑振动警告标线在城市道路和公路上都有比较广泛的应用，通过车辆振动而对驾驶员起到警告提醒的作用，其结构简图如图 7-25 所示。每条标线有 4 排凸块，每个凸块为 35mm 的正方形，其高度为 7mm，左右间距 150mm，前后间距 40mm，为了避免驾驶员躲避振动标线，应将标线施画至离路面边缘 0. 5m 处，如图 7-26 所示。每组热塑振动警告标线由 6 道标线组成，设置间隔见表 7-1。

减速标线设置间隔 表 7-1

标线序列	第一道	第二道	第三道	第四道	第五道	第六道
间隔（m）	—	$L_1=5$	$L_2=10$	$L_3=15$	$L_4=20$	$L_5=25$
虚线数	1	1	2	2	3	3

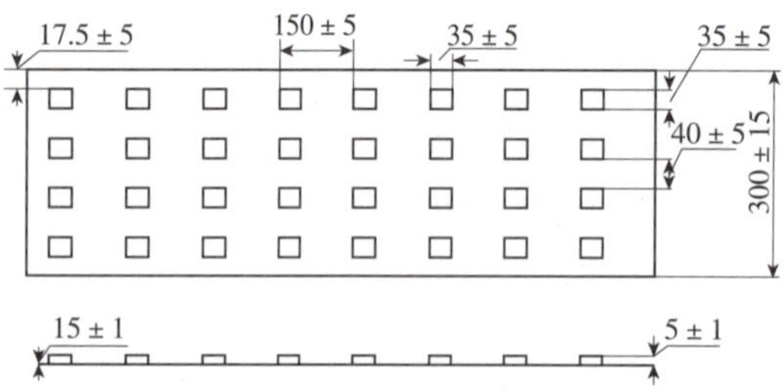

图 7-25 热塑振动标线简图（尺寸单位：mm）

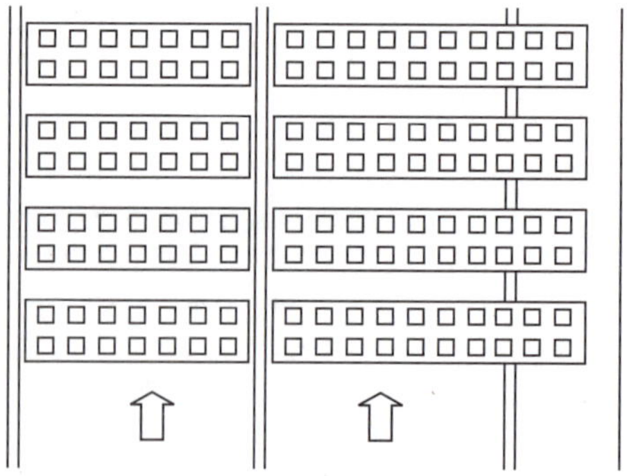

图 7-26 热塑振动标线示意图

5）道路减速丘警告标线

为了进一步提高减速丘的控速效果和驾驶员对减速丘的注意力，美国《交通控制设施手册》（MUTCD）要求，在减速丘的前面设置对应的路面警告标线。道路减速丘警告标线可参照收费站前减速标线布设，但标线的横向宽度应逐渐变宽，以提高警示效果，其具体设计方案如图 7-27 所示。作者建议,道路减速丘警告标线的颜色可根据设置减速丘道路的主流运行速度、行车视线以及警告的级别和路段事故状况、道路路面颜色等采用白、黄、红 3 种级别,一般采用白色和黄色。另外,道路等级越高,减速丘应该越宽,最宽可达 6m,但高度不应增加,甚至应适当减薄。减速丘无论宽窄,颜色应该鲜艳,并符合国际道路安全色规定,若减速丘较宽(≥1.0m),且采用与路面同材料现场制作时,减速丘结构本身应涂色,确保视觉上区别于路面。

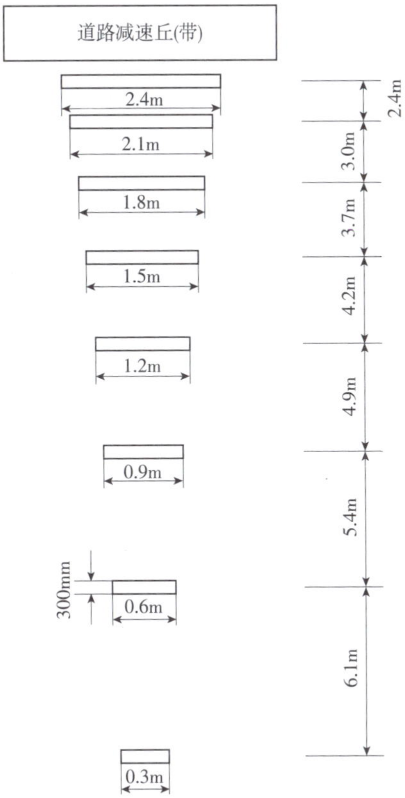

图 7-27 减速丘警告标线

6)路面防滑警示措施

在一定天气,如雨雪雾条件下,路面的附着系数会大幅下降,对于隧道进出口路段及急弯路段,车辆在离心力的作用下极易发生侧滑现象,一旦发生车辆侧滑现象将极可能导致交通事故的发生。为了避免车辆在特殊天气和特殊道路条件下发生侧滑现象,可采用喷涂或刷涂路面防滑材料形成的防滑路面标线,防滑层的厚度一般为 1.2mm,应在路缘带全范围设置。防滑路面标线的颜色在行车道上采用墨绿色,在路缘带上采用海绿色。防滑路面标线的抗滑系数要求:在 60%湿度条件下必须大于等于 90。彩色防滑标线主要设置在高速公路连续长下坡路段、隧道进出口过渡段等交通事故多发地点,其主要功能有减少交通事故发生的概率、缩短制动距离、增大车轮滚动阻力系数、强化可视距离及醒目度、分割车道、警告提示危险路段、防滑并美化道路环境等,如图 7-28 和图 7-29 所示。

a)

b)

图 7-28 高速公路隧道进出口防滑标线

7)急弯路面防侧滑警示措施

山区高速公路道路平纵指标相对较低,有时受地形条件的限制,或者在有限的越岭展线中，为了争取有限的展线里程，外包内绕的布线过程中往往出现曲线转角较大的急弯小半径曲线，为防止路面湿滑和车速过快急弯侧滑，在图 7-29 所示防滑标线的基础上，将标线加宽成为带，从平曲线直缓点开始，逐渐由窄变宽，间距由长变短至缓直 2/3 处施画红色路面防滑警示带，如图 7-30 所示，防止侧滑。

a)　　　　b)

图 7-29　高速公路长下坡路段防滑标线

a)　　　　b)

图 7-30　云南保龙高速公路急弯小半径弯道防侧滑警示措施

8）雾区距离确认警示标识

对处于降雨量比较充沛的山区高速公路，公路沿线湿度比较大，加之路线海拔高差变化比较大，气候垂直分明，易于大雾天气的形成，在某些通风不畅的路段，大雾不易消散，严重威胁着车辆的运行安全。在借鉴国外经验的基础上，建议采取以下措施方案：在距雾区起点 500m 处路面标示黄色热塑防滑材料喷涂字（字高 5m、宽 3.6m）“多雾区”警示标识，如图 7-31 所示；护栏上设黄红色反光轮廓标，轮廓标间距按规范缩小一半，数量增加一倍；路基右侧每隔 25m 设白色热塑材料制作的半椭圆形诱导测距标一个，每 100m 为一组，每隔 300m 净间距设置一组；在雾区路段路基边缘线施画热塑振动标线，同时在车道线外设置太阳能同步闪烁突起路标，颜色为黄色，间距为 15m。雾区能见度诱导测距标的具体形式及布设如图 7-32 所示，该标识是配合图 7-6 标志的路面标识，帮助驾驶员判断能见度，根据能见度掌握行车速度。在国外该测距标与行车建议速度标志配合使用，当看到一个距离标时建议速度为40km/h，两个时60km/h，三个时80km/h。

a)　　b)

图7-31　多雾区警示标识

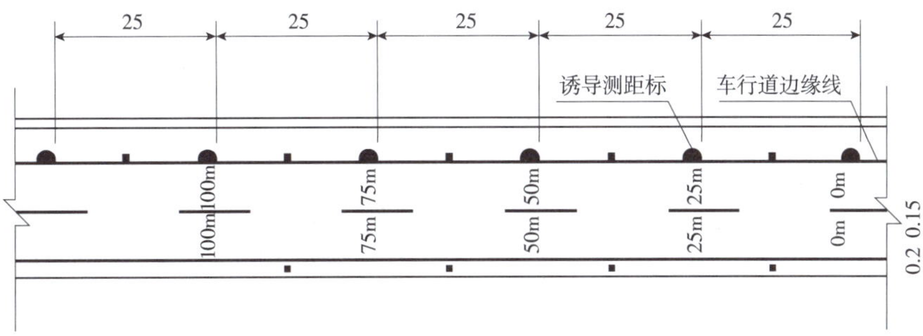

图7-32　雾区能见度诱导测距标（尺寸单位：m）

9）视觉减速标线（识）

新型的视觉减速标线如图7-33所示。运用交通工程学和交通心理学原理，利用设置在车道边缘线的白色虚线块，给机动车驾驶员车道变窄的视觉效果，提醒驾驶员减速慢行，谨慎驾驶。在雨、雾等恶劣天气下，这种虚线块的视觉效果更加明显，使得车道分界轮廓更分明，便于驾驶员视认，减少碰撞事故。

a)　　b)

图7-33　视觉减速标线

a）标线；b）标识

视觉减速标线分为3种形式:一种是在主路或桥区及长匝道位置,平行于分道线或路缘线设置的平行四边形虚线块,长度与间隔均为1m,宽度为0.3m;另一种是辅路非灯控路口入口50m范围内设置的由窄渐宽虚线块,长度与间隔均为1m,但宽度渐变,驾驶员可以在行驶过程中,感觉路越来越窄,速度就会减下来;第三种形式是设置于道路行车道内,成为一种视觉障碍物,让驾驶员感觉路面上有障碍物,从而产生减速意愿的减速视觉障碍警示标识。

10)紧急救助匝道引导防滑警示措施

山区高速公路长距离连续下坡路段,常常设置紧急救助匝道,为制动衰减失控车辆提供消能自救,将事故损失降至最低。为更好地引导失控车辆驾驶员顺利进入紧急救助匝道,可以借鉴场地赛车道急弯外侧边缘的红白方块防滑标线,根据紧急救助匝道标志图案,在高速公路硬路肩内路面,从距紧急救助匝道口适当的距离开始,施画红白或黑(可用沥青路面代替)白防滑方块至紧急救助匝道制动床,引导失控车辆进入紧急救助匝道消能自救。紧急救助匝道引导防滑警示措施的反光性能,也同时有利于夜间行车的引导。图7-34为红白防滑方块,一般长宽均采用1m,设计时根据硬路肩宽度,采用一分为二的方块。红白防滑方块的警示效果要好于黑白防滑方块。

a) b)

图7-34 紧急救助匝道引导防滑警示措施

a)白天;b)夜间

11)警示行车道边缘线

行车道边缘线除渠化行车道外,同时具有道路轮廓、路容标识和引导驾驶的作用,特别是夜间驾驶,对安全行车至关重要。德国采用加宽行车道边缘线(达40cm)的手段,以增强标线诱导效果。为提醒驾驶员超越行驶范围发生意外造成交通事故,增加诱导性,过去往往采用如图7-35所示的路侧振动措施刺激触觉,以起到"强烈"提醒的作用,但这样的设置方法容易积水,影响路面的耐久性。山区高速公路路肩相对较窄,一般采用如图7-36所示的振动标线,线宽采用30cm或40cm,既起到提醒作用,加强诱导效果,又不会积水影响路面的耐久性。

行车道边缘线为实线,虽然仅仅高出路面2mm,但仍然会对路面积水产生阻隔,影响路面的附着系数,不利于安全,特别是山区多雨地区的直线路段,由此,应该间隔一定的距离,按路面合成坡方向将标线断开2cm或5cm及时排出路面积水,提高安全运行保障。同时可以根据山区高速公路路段的安全状况采用醒目的黄色振动宽标线。

图 7-35　行车道边缘振动措施

图 7-36　行车道振动宽边缘线

7.1.5　夜间路容及交通标识系统

在夜间行车，驾驶员看不到道路周围的环境条件，在行驶中较白天相比更加谨慎、小心，特别是在夜间山区公路上没有路灯的情况下这种心理更加严重。即便打开前车灯，如果没有行车道线、路侧边缘线等一定范围的可见路容标识，驾驶员在快速行驶中会感到更加紧张，驾驶工作负荷高。因此，高速公路夜间路容标识系统应运而生。

夜间路容标识系统可采用反光标线、路面反光路钮、护栏反光轮廓标和桥涵结构物反光标识，如图 7-37 所示。路面反光路钮包括标线上和行车道中间的反光路钮，可采用不同的

a)　b)

c)　d)

图 7-37　夜间路容标识系统

a）反光标线；b）路面反光路钮和护栏反光轮廓标；c）桥梁反光标识；d）隧道反光标识

颜色进行表达。夜间路容标识系统是为最终实现驾驶员在夜间能清楚前方视野范围内的道路和结构物状况，达到降低驾驶员驾驶工作负荷的效果。

1）发光标识物敏感性特点

由于人眼受到强光照射后会出现眩目、瞬间盲区、暗适应生理现象以及灯光的黑洞效应等，对驾驶员的视认距离有很大的影响，这些因素都直接与夜间追尾相撞道路交通事故有关。通过对夜间驾驶员在不同发光标识物敏感性的试验研究，得出如下结论：

（1）在顺光条件下，反光膜标志大小与视认距离的关系为，在有反光标志的条件下，视认距离与标志的大小有关。即标志板面面积越大，视认距离越远；标志板面面积越小，视认距离越近。不设反光标志的视认距离与设反光标志的视认距离有明显的差异性；另外，在没有反光物的情况下，如以停驶车辆为可视物，则视认距离与停驶车辆自身的颜色、有没有尾灯及尾灯玻璃是否干净、反光效果等有一定关系。

（2）有反光物与没有反光物视认距离有明显差异。如果有反光物（如尾灯的玻璃）视认距离远，没有反光物视认距离近。

（3）在逆光条件下，有反光标志与无反光标志视认距离有明显差异。无反光标志是引发追尾碰撞交通事故的主要原因。

（4）在逆光条件下，反光标志的视认距离最远，而且在反光物大小一定的情况下，视认距离与车速有一定的相关性，即车速越快视认距离越近。

（5）通过对驾驶员夜间视认距离的试验研究证实，在道路上不设明显标志具有很大的危害性。在会车后眼睛由明到暗的适应过程中，前方无明显标志的故障车是引发交通事故的重要隐患。这也证实了已发生的许多起追尾事故的驾驶员，他们在事故发生前的现场，看不到前方被追尾的车辆，所以既没有采取避让也没有采取制动的措施，这就是事故的真正原因。

（6）目前故障车安全设施的设置，是将故障车警示标志设在故障车前方处，同时要求故障车打开双闪灯，但如故障车灯出现故障，或是长时间不能排除故障的车辆，上述方式方法不适用。因此，现有对故障车自身停车安全设施设置方式与要求的有关规定存在着缺陷和不足。

2）预防夜间追尾、相撞道路交通事故的措施

虽然在现行的交通法规中对停驶故障车提出了相应的警示要求，但是在现实中，由于车辆故障而导致不能按相应的警示要求执行时，就给交通带来了极大的安全隐患。这种情况下，可以在车辆上设置一个大小符合安全视距要求的反光标志，使过往的驾驶员通过灯光的照射，确定和感知故障车的位置，避免会车时眩光造成驾驶员眼睛视认能力降低的影响，提前预知前方有故障物，提前采取减速或避让措施。如澳大利亚规定城市公交车辆后面必须贴限速标志，警示后面跟车注意公交车可能会随时停车。

将一块方便适用的反光标志，如反光效果较好的反光膜贴置在故障车的后面，可使后方来车的驾驶员在顺光情况下，至少200m以上距离能发现前方反光警示标志，起到双保险的效果和作用。特别是在预防夜间追尾相撞故障车方面，达到提前预警、提前采取措施、避免发生碰撞追尾交通事故的作用。

大型车辆后示灯光系统弱，难以显示车辆轮廓，或后示灯光系统被污染，为避免夜间与

该类车辆的追尾，国家专门规定货车等车辆车厢后面必须贴轮廓反光条，通过被动反光，提示、警示车辆轮廓，并清晰与该类车的距离，防止夜间追尾。

7.1.6　道路线形诱导系统

道路诱导系统主要包括道路线形诱导标志和道路条件变化诱导标志，如路幅变窄或变宽、施工区道路诱导标志等，如图7-38所示为典型道路条件变化诱导标志和线形诱导标志。

a)

b)

c)

d)

e)

图7-38　道路条件变化诱导标志和线形诱导标志

a)、b)左侧变窄标志(欧洲与图案配合使用)；c)窄桥标志；d)右道封闭标志；e)线形诱导标志

道路线形诱导标志是为了在转弯半径较小的曲线段告诉驾驶员需谨慎驾驶而设置。我国根据曲线半径、曲线长度、偏角大小设置3种线形诱导标。现行《公路交通标志和标线设置规范》(JTG D82—2009)规定，当在偏角小于7°的曲线路段，可在曲线中点位置设一块线形诱导标。偏角大于7°，曲线较长的弯道，可根据需要设置若干块线形诱导标，并应保证驾驶员在曲线范围内连续看到不少于3块线形诱导标。欧洲还划分了小半径的级别，并采用不同颜色的线形诱导标表征曲线半径的危险等级。极小半径路段的线形诱导标采用红色，一般小半径路段的线形诱导标采用标准颜色，如图7-39所示为欧洲极小半径处的线形诱导标。美国在道路平面曲线半径较小处设置黄底黑图案的线形警告标志，如图7-40所示。

图7-39　欧洲在极小半径路段的线形诱导标

图7-40　美国平面线形警告标志

1)线形诱导标志的设置原则

(1)指示性诱导标志应设置在主曲线半径较小或通视较差，对行车安全不利的曲线外侧。

(2)警告性诱导标志应设置在公路局部施工或维修作业等需临时改变行车方向的路段。

(3)线形诱导标志至少应在150m远处就能被看见,其设置间距要求保证驾驶员至少能看到3块线形诱导标志,或能辨别前方将行驶进入弯道。

(4)任何曲线,只要设置线形诱导标志,数量至少应有4个。

(5)线形诱导标志应设置于行驶方向发生变化的路段,如小半径曲线路段、匝道、急弯路段等。

(6)线形诱导标志的设置应和线形一致,并垂直于车辆的行驶方向。

(7)线形诱导标志的设置高度要求其下缘距地面(路面)1.2~2.0m。

2)在视野范围内诱导标志的个数

设置线形诱导标志时,首先要知道在视线范围内,线形诱导标的数量。国内外研究表明,视线范围11°内,设4个线形诱导标志,在夜间对不熟悉线形的驾驶员来说,其感知曲线线形的精度最佳。当设置的线形诱导标志多于4个时,驾驶员对线形的感知精度无明显提高;当驾驶员视野内设置的线形诱导标少于4个时,驾驶员对线形的感知精度显著降低;当驾驶员视野内设置的线形诱导标为4个及4个以上时,具有一定道路专业知识的驾驶员可以初步判断眼前弯道的"大小",驾驶经验较丰富的驾驶员可以初步判断弯道的"缓急"程度;驾驶员视野内设置的线形诱导标为3个时,是任何一个驾驶员判断弯道的基本依据;驾驶员视野内设置的线形诱导标为1个或2个时,因两点一线的特点容易让驾驶员判断失误。

3)线形诱导标志的设置方法

缓和曲线主要有回旋线、三次抛物线和双扭线3种形式,我国主要采用回旋线。在有缓和曲线的平曲线上布设线形诱导标志的原理与圆曲线相同,但由于存在缓和曲线,因此无法用平面分析法进行推理,若参照在道路施工放样时常用的切线支距法,便可推算出各个线形诱导标志的具体位置。任意曲线段上线形诱导标志的设置按以下步骤进行:

(1)山区高速公路一般应该从缓和曲线的1/3处开始或结束。

(2)确定中央线形诱导标志的位置。

(3)确定视野中4个线形诱导标志的位置。

(4)确定曲线段终点和其余线形诱导标志的位置。

4)白天的综合诱导系统

白天形成的诱导设施主要有轮廓标、路钮、线形诱导标以及电子信息显示系统等,这些统称为视线诱导系统。

视线诱导设施为驾驶员提供判断视距以外的道路信息。行车时,驾驶员的视线在车辆前方寻视,通过路旁地带、具有良好识别线的表面和与平行于车行道的各种线条(路缘带或路面边线,路旁整齐的树木、护栏和视线诱导设施)来判定道路的行进方向。

5)夜间道路线形诱导系统

夜间行车,由于有效视野范围小,获得的信息少,加之高速公路路面通行条件好,道路上车辆少,驾驶员思想容易麻痹大意而车速较快。同时,夜间视距短,遇到情况时往往制动不及时而发生事故。因此,夜间道路线形诱导标志的设置应充分考虑夜间驾驶员的视野范围和可视距离的影响。在山区高速公路上,弯道和纵坡组合的路段,应设置警示标志。

6)山区高速公路线形诱导标志设置的针对性探索

山区高速公路相对较差的道路几何条件以及比平原区夜间周围环境信息更少的情况,

使得高速公路线形诱导标志的设置更显重要，其设置的位置、范围、形式、间距、数量等应待进一步深入研究，采取针对性的适宜措施。

欧美国家将山区高速公路需要设置道路线形诱导标志的弯道，分为诱导指示级和诱导警示级两级。曲线半径较小，特别是转角≥90°的作为急弯小半径弯道诱导警示级，设置红底白图案的路线形诱导标志，如图7-39所示，其余为诱导指示级，充分引起驾驶员的警觉，减少交通事故。也可分为诱导指示级、诱导警告和诱导警示级3级，诱导指示级和诱导警示级之间增加黄底黑图案的诱导警告级。

借鉴车道V形收缩标线和视觉减速标线(识)的作用效果，以及透视在视觉和驾驶员心理上的作用，根据“线形诱导标志的设置高度要求其下缘距地面(路面)1.2～2.0m”的规定原则，将同一曲线内的道路线形诱导标志，从开始按高2.0m逐步渐变为1.2m高度，通过透视效果，增强弯道较急的感觉，警示驾驶员控制速度顺利通过弯道，提高行驶的安全性，如图7-41所示。

意大利道路线形诱导标志设置方式如图7-42所示，将同一曲线内的道路线形诱导标志，在开始前4～6块将3个诱导标垂直排列，紧接5～12块将2个诱导标垂直排列，最后接正常的1个诱导标设置至结束的方式，或者全部采用3个垂直排列的设置方式，通过垂直排列个数的变化或者垂直排列个数的增加，实现警示诱导的功效。

图7-41　诱导警示级线形诱导标志

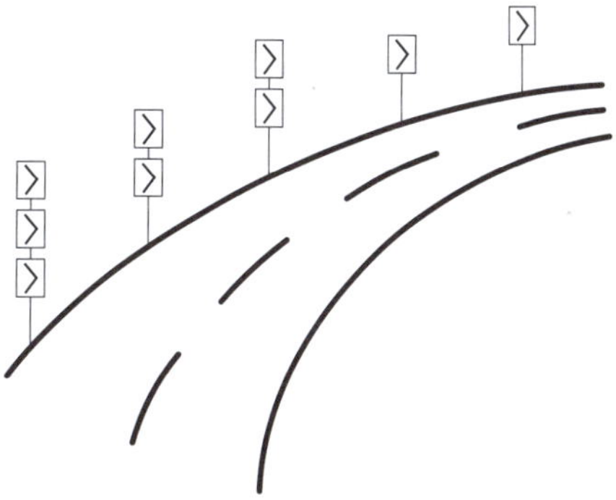

图7-42　具有透视效果的线形诱导标志示意图

山区高速公路夜间驾驶的紧张心理和急弯小半径弯道的安全性，参照夜间路容标识系统和黄闪灯的警示作用，考虑大型车辆靠右行驶中对道路线形诱导标志的遮挡，一些特殊的小半径急弯道路线形诱导标志间隔采用太阳能线形诱导标志，加强诱导。

山区高速公路道路线形诱导标志间距短、数量多，距驾驶员的视点近，车辆高速状态下容易形成视觉上的“记忆光带”，应对道路线形诱导标志的反光级别做进一步的研究和探索，建议适当降低反光级别，宜采用高强级，不宜采用钻石级。

道路线形诱导标志设置的平、纵面线形应严格与该路段的平、纵面线形一致，避免破坏或丧失线形诱导标志的作用。

7.1.7　防眩系统

眩光是指在驾驶员视野范围内对向出现的强光，降低了驾驶员的视觉机能，使驾驶员产生了不舒适的光照。眩光造成视觉机能损伤和心理的不舒适感觉，易使驾驶员产生紧张和

疲劳,是发生交通事故的潜在因素。为此,关键地点应布设防眩设施,符合下列情况之一的高速公路,宜布设防眩设施:

(1)夜间交通量较大,大型车混入率较高的路段。

(2)平曲线半径小于一般最小半径的路段。

(3)布设竖曲线对驾驶员有严重眩目影响的路段。

(4)从互通立交、服务区、停车场的匝道或连接道进入主干线时,对驾驶员有严重眩目影响的路段。

(5)无照明的大桥、高架桥上。

(6)长直线路段。

(7)地形起伏变化较大的路段。

防眩设施分为防眩板、防眩网、防眩棚等构造形式。中央分隔带植树原则上不属于防眩设施,但植树除具有美化路容的功能外,同时也起着防眩的作用,故植树也可作为防眩设施的一种类型。布设防眩设施时一定要使其充分发挥防眩的功效。一般情况下,防眩设施的有效高度为1 600mm,遮光角为10°~13°,最大不超过15°,以免妨碍驾驶员的横向通视。在凹形竖曲线的底部路段,防眩设施应适当加高;而在凸形竖曲线的顶部路段,防眩设施的中心要适当下移,以避免眩光从防眩设施的上部或下部透过。在有特殊需求是还需根据实际需要进行调整。

目前在高速公路中央分隔带开口处,往往只布设了中央活动护栏,没有布设防眩板,使整个高速公路中央分隔带的防眩设施出现了安全漏洞。驾驶员在夜间行车时,如在开口处遇到对向车辆前照灯的眩光,车辆在高速行驶的情况下,极易发生危险。因此在中央防护栏开口如有对驾驶员眩光的影响时,宜结合活动护栏的布设形式,布设适合活动护栏安装形式的专用型防眩设施。

防眩设施的布设应考虑设施的连续性,避免在两段防眩设施中间留有短距离间隙;长距离布设防眩设施时,防眩设施的形式或颜色宜有一定的变化;应注意与公路周围景观的协调;防眩设施与各种护栏配合布设时,应针对不同地区,结合防风、防雪、防眩的综合要求,考虑组合结构的合理性;防眩设施在曲线半径较小的弯道上布设时,应验算其对停车视距的影响。

7.2 被动安全设施技术

7.2.1 被动安全设施的内容

山区高速公路的被动安全设施可以在主动安全设施无法诱导驾驶员安全行驶的情况下,保护失控驾驶员的安全性,被动安全设施主要可分为紧急停车带、紧急救助匝道及护栏。

被动安全设施的设置可以满足故障车辆临时停靠,保证运行车辆的安全性。在高速公路危险路段上,失控车辆将无法进行车速的平稳过渡,不能将车速控制在安全范围内,这样被动安全设施将实现其控速和安全诱导的有效性,保证高速公路的运行安全,如紧急救助匝道与护栏所发挥的作用。

7.2.2　紧急停车带

在高速公路上车辆发生故障时，应选择在紧急停车带停车，这样可避免发生交通事故。目前我国高速公路大多都是直接将道路右侧硬路肩作为紧急停车带供机动车临时停车检修时使用，其宽度为2.4~2.7m，其中硬路肩宽度为2.5m的路段居多。从严格意义上说，宽度小于2.5m的硬路肩是不能作为紧急停车带使用的。我国道路上通行的大货车的宽度通常为2.4~2.5m，2.5m宽的硬路肩显然没有为驾驶员临时检修车辆提供足够的操作空间；同时，大型货车在2.5m宽的硬路肩停靠时往往会有一小部分车身占据行车道，给后方车辆带来安全隐患，极易引发交通事故，特别是在车流量较大的高速公路路段，这种安全隐患尤为突出。

当高速公路右侧硬路肩宽度大于或等于2.5m时，故障车辆可在硬路肩上临时停靠，不必专门设置紧急停车带，但必须将车辆停放在临时停车带内。

为了满足发生故障的大型货车安全停靠的需求，当右侧硬路肩宽度小于2.5m时，应在高速公路上尤其是爬坡车道路段上每隔一定距离设置港湾式紧急停车带，解决高速公路上故障车辆的停放问题。每个港湾式紧急停车带应分为进停靠带的引流区、停车区和出停靠带的引导区。停车带设置间距不宜大于2km，宽度一般为5m。进入紧急停车带的引流区过渡段长度为100m左右，停车区有效长度一般为50m，停车带长度应可以同时满足3辆重型半挂车的停车要求，出停车带的引导区过渡段长度为150m左右。同时在港湾式停车带前方需配备警示灯、提示标志并施画相应的诱导标线。

高速公路的特长桥梁、隧道，根据需要可设置紧急停车带，其间距不宜大于750m。

7.2.3　紧急救助匝道

紧急救助匝道是一种被动的应急措施，是专门为减慢失控车辆速度并使车辆安全停车的辅助设施。

1）紧急救助匝道的作用

紧急救助匝道一般设计成上坡车道，车道表面铺满砂石或松软砂砾的制动层。其原理是把失控车辆的动能转化为重力势能和抗路面摩擦的能量，从而迫使车辆减速直至停止。因此，制动层的作用是增加车辆特别是大型车辆的滚动摩擦阻力，这种增加的滚动摩擦还能阻止大型车辆在停车后向下滚动和翻转。在特定环境条件下，紧急救助匝道也可以是平坡、多坡甚至是下坡车道。具体地，紧急救助匝道的作用可以更归纳为以下两个方面：

（1）使失控车辆从主线中分流，避免对主线车辆的干扰，如图7-43a）所示。

（2）在紧急救助匝道上，使失控车辆在安全的减速度下平稳地停止，避免出现驾乘人员受伤，车辆严重受损的现象，如图7-43所示。

2）紧急救助匝道的类型

根据紧急救助匝道路面材料的形式不同，可分为3种类型：重力型、沙堆型和制动床型。

（1）重力型：是靠一定的上坡坡度提供的重力分力使车辆减速而最终停车。重力型匝道是“平行”于主线的上坡匝道，重力型紧急救助匝道存在的问题在于有些车辆在进入紧急救助匝道后会由于重力作用和驾驶员对车辆的控制偏差而再次返回主线，从而影响主线上正常行驶的其他车辆。

(2)沙堆型:将松散、干燥的沙子堆积在上坡匝道上,靠重力及沙堆阻力来使车辆减速。其问题是沙堆易受天气的影响(雨雪会影响沙堆的稳定性),高数值的减速度会对驾驶员及车辆造成较大的损伤。

a)　　b)

图7-43　高速公路紧急救助匝道

(3)制动砂床型:制动砂床主要是通过砂砾的滚动阻力使失控车辆减速或停止,它通常设置在上坡形式的紧急救助匝道,因为上坡的重力分力可以增加减速效能。但实践证明,平坡型和下坡型的制动砂床一样安全可靠。

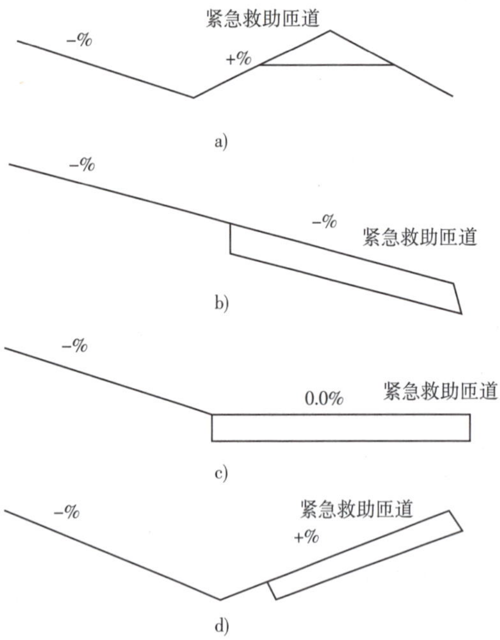

图7-44　紧急救助匝道类型

a)沙堆型紧急救助匝道;b)坡度降低型紧急救助匝道;c)平坡型紧急救助匝道;d)坡度增加型紧急救助匝道

由于重力型和沙堆型这两种紧急救助匝道存在着较大的弊端,现在工程中已渐渐停止使用,制动砂床的高安全性具有不受匝道坡度限制等优点,使其目前已成为最普遍和最安全的紧急救助匝道形式。我国目前建立的紧急救助匝道均以制动砂床型为主。

根据地形、环境、气候、造价和养护维修等方面综合考虑,紧急救助匝道可以设计成以下4种坡度和材料组合类型:沙堆型、坡度降低型、平坡型和坡度增加型,如图7-44所示。

以上4种类型的紧急救助匝道的优缺点如下:

(1)沙堆型紧急救助匝道的路床是由松散的干沙子组成,沙堆的坡度是靠沙子的重力自然形成,由于沙堆可以使车辆的行驶阻力大大增加,所以路床的长度可以相对减短,其长度一般不超过130m。但沙子的特性受天气的影响较大,容易板结。所以该种紧急救助匝道多用于受到地理环境限制的路段。

(2)坡度降低型紧急救助匝道,通常情况是与主线平行而且非常接近主线,主要是利用车辆的行驶阻力使车辆速度降低，但由于其坡度是降低的，在减速过程中还会使车辆的一部分重力势能转化为动能，所以该种形式的紧急救助匝道不能比较有效地降低车辆的速度。

(3)坡度增加型紧急救助匝道可以利用车辆的行驶阻力和坡度阻力的共同作用来使车辆的速度降低，所以路床的长度可以相对减小，但是该种紧急救助匝道的工程造价较高，这种形式若采用 3 段坡，坡度逐段增加，将使一部分重力势能转化为动能，逐级降速，效果更好。

(4)平坡型紧急救助匝道的优缺点介于坡度降低型紧急救助匝道和坡度增加型紧急救助匝道之间。

上述 4 种形式的紧急救助匝道各有优缺点，形式的选择应主要考虑地形、气候、造价、养护维修等因素，最经济合理和有效的形式是坡度增加型紧急救助匝道，但无论采用何种形式的紧急救助匝道，关键的一点是行驶的阻力必须逐步增强，避免阻力增加过大导致货物在惯性的作用下前移，挤压驾驶室伤害到驾驶员。

3)紧急救助匝道设置的位置

紧急救助匝道位置设置的合理与否决定了紧急救助匝道能不能为大部分的失控车辆提供避险机会。如果位置过于靠前，则车辆行驶时驾驶员不会关注紧急救助匝道是否存在，这时紧急救助匝道的结构参数设计的再好也无法避免重大交通事故的发生；如果位置太靠后，失控车辆到达不了紧急救助匝道就已经酿成事故。而行驶在山区高速公路上，由于制动衰减或者速度太快的失控车辆，由于车辆的性能、质量、采取的辅助措施等不同，失控的位置和状况往往有一定的随机性。设计人员应结合道路几何条件，应用汽车动力学，按不同的车型、不同的载重(包括超载)、不同的辅助制动措施、不同的挡位反复计算制动盘的温度，尽可能使大型车辆制动衰减到 70% 时开始连接设置，并跟踪对比总结探索。

紧急救助匝道位置应依地形、坡道长度和道路几何特性等确定，并应尽量远离桥梁、隧道、收费站等构造物，避免失控车辆对其造成破坏。紧急救助匝道一般主要在以下位置设置：

(1)直线末端。该处是最理想的紧急救助匝道位置。这种情况下，驾驶员视野比较开阔，对道路线形和紧急救助匝道的位置判断清晰、准确，便于安全驶入紧急救助匝道。

(2)曲线过后。这种情况主要应用于受地形限制，曲线前方无法设置紧急救助匝道的情况。由于车辆失控后大多数情况下车速会越来越高，因此，在这种情况下应注意在曲线路段适当增加超高附加带。这种情况适用于路线连续弯道，转角不大，指标相对不低，距坡顶距离比较短，曲线与紧急救助匝道之间视距良好的路段。

(3)直线中间。这种情况适用于直线末端无理想位置，需提前设置紧急救助匝道的情况。当直线的中间需要设置紧急救助匝道时，应注意控制紧急救助匝道与主线的交角，通常将其控制在 5°~7°以内，最大不要超过 11°，并注意缓和曲线采用较大的曲线半径和长度。另外还要结合车辆行驶横向稳定性分析，避免出现避险车辆行驶不稳的情况。

(4)曲线路段。这种情况适用于主线曲线半径较大(大于运行速度所对应的不设超高最小半径)且沿线视距良好的路段。由于车辆在曲线路段的紧急救助匝道上行驶时，行车轨迹呈 S 形，在公切点附近离心加速度的变化率会剧烈变化，影响行车稳定，故应尽量避免在小半径曲线路段设置紧急救助匝道。

4)紧急救助匝道间距

当连续长陡下坡路段较长时,如果线形条件对行车安全的影响严重,显然在整个下坡路段只设置一处紧急救助匝道是不够的。一般长陡下坡路段紧急救助匝道设置间距原则如下:

(1)当连续下坡的平均坡度超过4%时,与上一处紧急救助匝道的间距应控制在3km以内。

(2)当连续下坡的平均坡度超过3.5%时,与上一处紧急救助匝道的间距应控制在4km以内。

(3)当连续下坡的平均坡度超过2.8%时,与上一处紧急救助匝道的间距应控制在5km以内。

(4)当连续下坡路段更长时,随下坡路段的增长,紧急救助匝道间距应减短。

总之,山区高速公路紧急救助匝道的间距原则上应根据道路几何条件,结合地形和分析计算结果,适当增设为宜。

5)紧急救助匝道引道线形与几何设计

救助匝道引道起着连接紧急救助匝道与主线的作用。合理的引道设计将给失控车辆驾驶员提供充分的反应时间和空间,保证驾驶员判断准确,操作正确,使车辆能够沿引道安全地驶入紧急救助匝道。美国的研究认为,多车道紧急救助匝道的引道长度不应小于310m。

引道的设置,应首先保证准备使用紧急救助匝道的驾驶员在引道的起点可清晰地看到前方紧急救助匝道的全部线形,时隐时现的紧急救助匝道会给驾驶员带来不安全的感觉,往往会使驾驶员在进入紧急救助匝道前的决策发生迟疑,甚至错过进入紧急救助匝道,丧失救生的机会。紧急救助匝道引道的终点应设计成齐平式,这样设置可使车辆前轮同时进入紧急救助匝道,保证车辆前轴两轮保持同样的减速度,便于更有效地控制失控车辆,如图7-45所示。否则会造成车辆前轴两轮左右受力不均匀而导致车辆侧翻,在紧急救助匝道入口即发生事故。引道的终点宜设置在紧急救助匝道入口的后方,使紧急救助匝道与主线分隔开并保持一定距离,保证车辆进入紧急救助匝道后,不会有石子蹦落到紧急救助匝道以外,特别是主线车道上,干扰正常行驶的车辆。

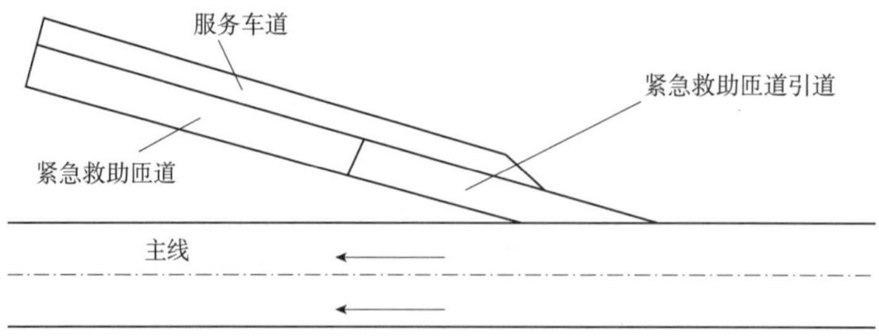

图7-45 紧急救助匝道引道设置平面示意图

6)紧急救助匝道线形设计

(1)平面线形及角度

①平面线形

为保证制动失效的车辆在高速运行下能够顺利驶入紧急救助匝道,且在紧急救助匝道中行驶状态基本平稳，紧急救助匝道入口与主线的衔接设计非常重要。现行《公路路线设计规范》（JTG D20—2006）第11.3.7条对匝道出入口端部设计作了详细的规定，紧急救助匝道入口与主线的衔接设计可参照相关规定执行。

紧急救助匝道与主线的衔接宜采用直接式，即紧急救助匝道以一定的偏角，从主线外侧车道直接分离出来。设置于弯道外侧的紧急救助匝道，可以从主线弯道的切线方向直接分离出来，这种方式能最大程度地使失控车辆较平稳地从主线车道驶入紧急救助匝道。

②驶入角度

紧急救助匝道是专为失控车辆设计的，因此，其平面线形应为直线。下面通过对失控车辆转向紧急救助匝道时的受力分析，确定合适的紧急救助匝道与主线的夹角。

车辆由主道转入紧急救助匝道时需要转动转向盘，通过转向机构的传动，使前轴上的内外轮按一定的关系转过相应的角度，当车辆的车速较低时可忽略转向力的影响，这时车辆的转向半径 R 与前后轴间距 L、前轮平均转向角 θ 的关系为：

$$R = \frac{L}{\tan\theta} \tag{7-2}$$

失控车辆往往速度很高，因此车辆转入紧急救助匝道时存在很大的侧向力并形成很大的车轮侧偏角，致使车辆存在转向不足而导致车辆的横向稳定性变差，这时车辆的转向半径 R 与前后轴间距 L、前轮平均转向角 θ 的关系为：

$$R = \frac{L}{\tan(\theta - \alpha_1) + \tan\alpha_2} \tag{7-3}$$

其中 α_1 和 α_2 分别为前后轮的侧偏角，近似地用弧度代替正切，则：

$$R = \frac{L}{\theta - (\alpha_1 - \alpha_2)} \tag{7-4}$$

车辆转弯时，由于转向力 F_y 和离心力 F_g 的存在，可能出现侧翻和侧滑两种失稳情况，如图7-46所示。

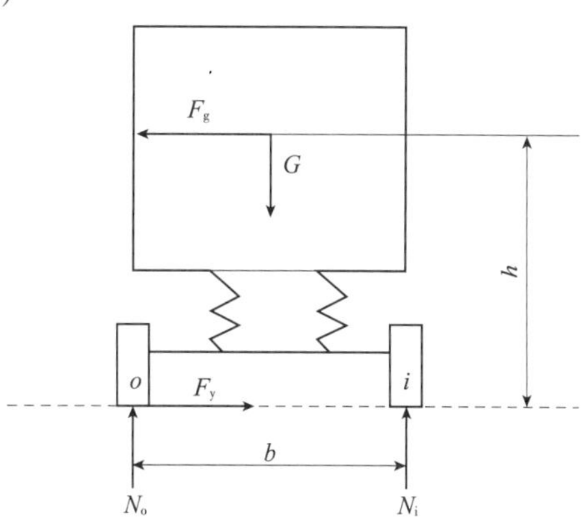

图7-46　车辆转弯时受力分析图

首先，为保证车辆在转弯时不发生侧翻的情况，满足极限稳定状态的临界速度（v_h），模型如下：

$$\frac{mv^2}{R} \cdot h = mg\frac{h}{2} \tag{7-5}$$

式中：h——车辆重心高度，m。

上述的极限状态为当一侧车轮上的法向反作用力为零时。车辆转弯时将要出现侧翻的临界速度模型如下：

$$v_h = \sqrt{\frac{bgR}{2h}} = \sqrt{\frac{bLg}{2h[\theta - (\alpha_1 - \alpha_2)]}} \tag{7-6}$$

由式（7-2）～式（7-6）可推导得到式（7-7）：

$$\theta = \frac{bLg}{2h\,v_h^2} + (\alpha_1 - \alpha_2) \tag{7-7}$$

车辆的设计一般均为转向不足，即 $\alpha_1 > \alpha_2$ 时，α_1 和 α_2 与车辆设计、轮胎构造、轮胎气压、路面法向反力等因素有关。$\alpha_1=\alpha_2$ 时为中性转向。

当车辆的重心高度比较低或者横向附着系数比较小时，车辆将产生侧滑，而不是侧翻，此时的极限状态是车辆的横向作用力等于车轮与地面的附着力的极限值，即：

$$\frac{mv^2}{R}=mg\phi \tag{7-8}$$

由式(7-8)可得到侧滑时的临界速度 v_ϕ 的计算模型如下：

$$v_\phi=\sqrt{gR\phi}=\sqrt{\frac{g\phi L}{\theta-(\alpha_1-\alpha_2)}} \tag{7-9}$$

由式(7-9)可推导出式(7-10)：

$$\theta=\frac{g\phi L}{v_\phi^2}+(\alpha_1-\alpha_2) \tag{7-10}$$

式(7-10)中车辆横向滑移时轮胎的摩擦系数如下：

$$\phi=0.97\mu+0.08 \tag{7-11}$$

式中：μ——轮胎纵向摩擦系数。

转向角 θ 与紧急救助匝道和道路的夹角 γ 呈正比控制关系，车速一定时，当转向角越大，转向半径越小，而离心力也就越大，车辆越容易发生侧滑或翻车事故，因此，紧急救助匝道和道路的夹角 γ 应尽可能在较小的范围内。并且车速越高，γ 应越小。转向角 θ 与车辆的桥数、轴距 L、轮距、重心高度、前后轮的侧偏角 α、轮胎侧偏刚度、转向操纵控制方式等诸多因素相关，因此对紧急救助匝道与行车道夹角 γ 的设计很难采用实车实验的方法给予确定，而且实车试验需要较大的投资并存在巨大的风险。

实际交通事故中，重型货车长陡下坡制动失效的情况下，其速度往往在 80km/h 以上，甚至超过 120km/h，因此，为了使失控车辆安全进入，紧急救助匝道与行车道的夹角应控制在 11°以内，最大不应超过 15°，并且尽可能采用较小的夹角。国外考虑的进入速度通常是 130～140km/h，因此，通常设计时该角度控制在 3°～5°。

(2)纵面线形及设置

紧急救助匝道的设置应考虑采用车辆合理的减速度。减速度太小将会增加紧急救助匝道的长度、投资和设置紧急救助匝道的难度，太大将会因货物的移动及其他外部原因导致驾乘人员受伤及车辆毁坏。国外减速度一般采用 0.2g～0.5g(g 为重力加速度值)，极限值为 0.8g。国内由于货车超载导致车辆制动失控较为普遍，因此减速度应尽可能选取偏低值。

紧急救助匝道的纵面线形也应设置为直线。以竖曲线为主体纵面线形的紧急救助匝道从受力的角度来看，这是一种非常不合理的线形，对驾驶员和车辆存在着潜在的危险。失控车辆在竖曲线上高速行驶时，会产生时刻变化的向心力，与其他力合成可能产生变化很大的减速度，有可能超过驾驶员或车辆所能承受的速率变化范围，因此，必须考虑驾驶员的生理、心理变化，特别是对减速度的反应。

图 7-47 和表 7-2 分别给出了驾驶员对不同加速度的忍受时间和对向后加速度反应的描述。

紧急救助匝道的纵面线形可以是单坡，也可以采用多个坡度，可根据地形条件和工程量情况综合考虑。在布置上最好设置为上坡，且坡度宜设置成从小到大的形式，以避免失控车辆突然进入高阻力状态。当地形条件受限制,紧急救助匝道无法做到理想长度时,须加大纵坡度。加大坡度是最好的消能方式,但纵坡过大会使失控车辆不能缓冲进入。因此要提高功效应,做到从小到大的变坡过程,纵坡度的变化可采用类似回旋曲线曲率的变化方式,设置多段折线。

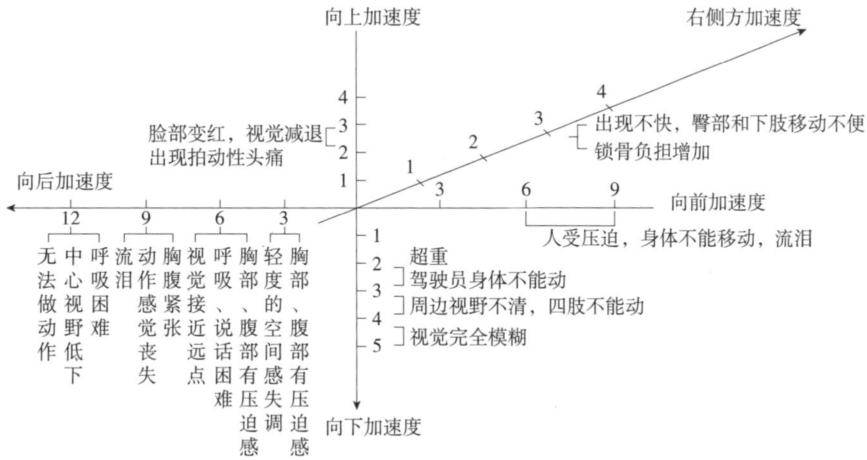

图7-47 驾驶员对不同加速度的生理感受

驾驶员对不同加速度反应的描述 表7-2

向后加速度(m/s^2)	驾驶员的生理心理反应描述	忍受时间(s)
2~3	腹部受压	>25
3~6	胸部渐绷紧,且发生疼痛,呼吸及说话困难,视觉模糊	10~25
8	脚和手不能抬起	1
9	头无法抬起	0.8
11~12	呼吸严重困难,周边视觉模糊,中央视敏度降低,流泪	0.4~0.3
15	说话严重困难,严重疼痛,面部感觉消失,视觉完全消失	<0.1

按上述特性进行纵面线形设置的紧急救助匝道有如下优点:

①失控车辆能顺利进入。在进入紧急救助匝道初时坡度小,阻力也小,因而驾驶员还能控制方向,较顺利地进入,起到了引入作用。

②可减轻失控车辆的损坏。避险车辆在进入时坡度逐渐加大,阻力也逐渐增大,加大了缓冲空间。

7)紧急救助匝道长度

紧急救助匝道的长度组成分为两个部分,引道长度和制动道床长度。

(1)引道长度

紧急救助匝道的引导长度包括渐变段长度和引导段长度。

①渐变段长度

车辆制动失效后运行速度很快,驾驶员对车辆已极难操控,为了让失控车辆能较为顺利地进入紧急救助匝道,紧急救助匝道从主线分离出来的偏角用渐变率表示,那么对紧急救助匝道渐变率的设计与互通式立交匝道设计的参数取值有所不同。应充分考虑失控车辆的高速度、驾驶员驾驶行为的异常和行驶轨迹的摆动,渐变率应尽量小,过渡段长度应适当加大。参考现行《公路路线设计规范》(JTG D20—2006)表 11.3.7-3 中的数据,对紧急救助匝道渐变率和渐变段长度取值建议如表 7-3 所示。

紧急救助匝道渐变率和渐变段长度取值　　表 7-3

进入速度(km/h)	渐变率(1/m)	渐变段长度(m)
140	1/40	180
120	1/35	158
100	1/30	135
80	1/25	112

②引导段长度

由于一般情况下紧急救助匝道均设计为上坡,因此,在引导段会形成凹形竖曲线。引导段长度至少应满足设置凹形竖曲线的要求在考虑凹形竖曲线的最小长度时需考虑缓和冲击和行程时间过短两种情况。

a. 缓和冲击。车辆行驶在竖曲线上时,产生向心力。这个向心力在凹形竖曲线上是增重,当增重到一定程度时,驾驶员将难以承受。根据国内外相关研究,取离心加速度(由向心力产生)为 0.3g,离心加速度计算见式(7-12):

$$a=\frac{v^2}{R} \tag{7-12}$$

式中:a——离心加速度,m/s^2;

v——车辆运行速度,m/s;

R——竖曲线半径,m。

用 v(单位为 km/h)表示式(7-12),并整理得到:

$$R=\frac{v^2}{13a} \tag{7-13}$$

式中:a——离心加速度,m/s^2;

v——车辆运行速度,km/h;

R——竖曲线半径,m。

根据式(7-13),求得最小竖曲线长度计算模型为:

$$L_{\min 1}=R_{\min}\omega=0.026\omega v^2 \tag{7-14}$$

式中:$L_{\min 1}$——最小竖曲线长度,m;

$R_{\min}$——竖曲线最小半径,m;

ω——坡差,%;

v——车辆运行速度,km/h。

b. 行程时间不至于过短。当车辆在竖曲线上行驶时间过短时,会使驾驶员产生变坡很急的错觉,因此对时间有个最小值要求,这里取最短行程时间为 3s,则竖曲线的最短长度为:

$$L_{\min 2}=\frac{v}{3.6}t=\frac{v}{1.2} \tag{7-15}$$

式中：L_{min2}——最小竖曲线长度，m；

v——车辆运行速度，km/h；

t——行程时间，3s。

通过对式(7-14)和式(7-15)计算得到的两个竖曲线最小长度进行比较，选择大值作为引导段长度 L_2，即：

$$L_2 = \max(L_{min1}, L_{min2}) \tag{7-16}$$

引道的最小长度 $L_{引}$ 为：

$$L_{引} = L_1 + L_2 \tag{7-17}$$

(2)强制减速路段长度

①强制减速路段长度

紧急救助匝道的纵坡一般应设计为上坡，个别路段由于地形限制可能采用平坡，纵坡的坡度可以有多个，也可以是单一坡面，如图7-48所示。

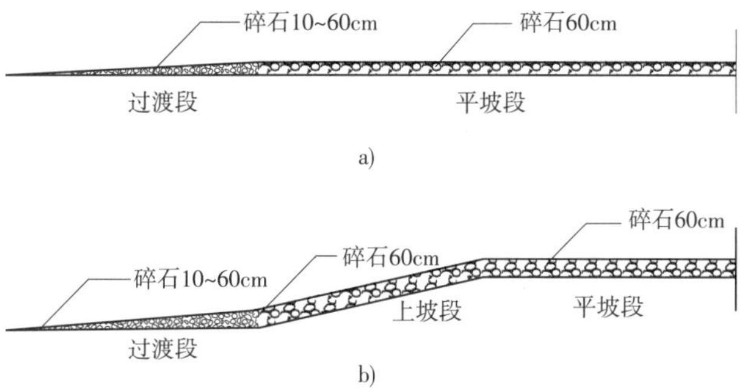

图7-48　紧急救助匝道坡面形式

a)单一纵坡(平坡)；b)双平面坡(纵坡+平坡)

根据能量守恒定律，车辆进入紧急救助匝道后，能量转化为势能、热能、材料的变形能等多种能量形式。但是，由于热能、变形能等形式的能量难以量化，偏于安全考虑，仅考虑车辆整体机械能的转化。根据机械能守恒原理，能量转换主要是车辆的动能转化为坡度产生的势能和材料的摩擦热能，从而得到车辆整体机械能守恒模型，见式(7-18)：

$$\frac{1}{2}Mv^2 = fMgL + \sum MgL_iI_i \tag{7-18}$$

式中：M——车辆质量，kg；

v——车辆进入紧急救助匝道时的速度，m/s；

f——紧急救助匝道的平均阻尼系数；

g——重力加速度，m/s^2。

I_i——紧急救助匝道路段的纵坡；

L_i——与第 i 坡度相对应的紧急救助匝道长度，m；

L——车辆进入紧急救助匝道后的行驶距离，m。

经研究，在特定的长陡下坡路段，车辆驶入紧急救助匝道的速度与紧急救助匝道的自身结构无关。由式(7-18)可以得出，车辆的质量对紧急救助匝道的设计也没有影响，紧急救助匝道结构设计的关键在于选择紧急救助匝道路面材料，即在制动道床材料的基础上，选取合理的平均阻尼系数值，计算紧急救助匝道长度。

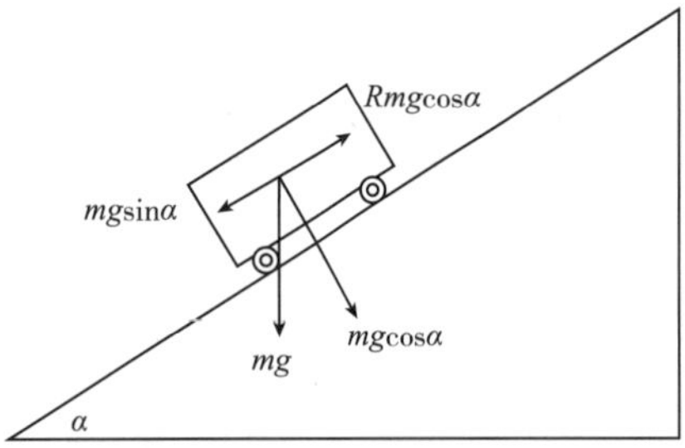

图 7-49 车辆稳定模型图

通过对紧急救助匝道影响因素的简化，由图 7-49 车辆稳定模型图，推导得到在紧急救助匝道上车辆加速度计算模型如下：

$$a \approx g \cdot \sin\alpha \pm R \cdot g \cdot \cos\alpha \tag{7-19}$$

式中：a——车辆加速度，m/s^2；

α——坡道倾角，°；

R——曲线半径，m；

g——重力加速度，m/s^2。

由于空气阻力系数相对坡度和阻尼系数较小，对停车距离影响不大，所以对道床长度的计算时就不加以考虑。根据车辆速度计算公式(7-20)、车辆行驶距离计算公式(7-21)和公路纵坡坡度较小的特点，取 $\sin\alpha \approx \alpha$，$\cos\alpha \approx 1$，$g = 9.8m/s^2$ 代入式(7-19)，求得紧急救助匝道长度 L 计算公式见式(7-22)。

$$v = a \cdot t \tag{7-20}$$

$$L = v \cdot t + \frac{1}{2} \cdot a \cdot t \tag{7-21}$$

式中：v——车辆速度，m/s；

a——车辆加速度，m/s^2；

t——行驶时间，s。

$$L = \frac{v^2}{254(f+i)} \tag{7-22}$$

式中：L——停车距离，m；

v——进入速度，km/h；

f——紧急救助匝道路面平均阻尼系数；

i——紧急救助匝道坡度，%。

紧急救助匝道的长度可根据主线下坡运行速度及紧急救助匝道纵坡而定，部分计算建议值如表 7-4 所示。

紧急救助匝道的计算值 表 7-4

驶出车速 v(km/h)	制动坡床纵坡 i(%)	坡床集料	坡床长度(m)
100	10	松散的碎石集料	262
		松软的砂砾层	197
		砂子	157
		细砂砾	112
	15	松散的碎石集料	197
		松软的砂砾层	157
		砂子	131
		细砂砾	98

续上表

驶出车速 v(km/h)	制动坡床纵坡 i(%)	坡床集料	坡床长度(m)
110	15	松散的碎石集料	238
		松软的砂砾层	191
		砂子	159
		细砂砾	119
	20	松散的碎石集料	191
		松软的砂砾层	159
		砂子	136
		细砂砾	106

采用多坡设计时,前一坡度末端车速采用式(7-23)计算:

$$v_f^2 = v^2 - 254L_1(f_1 + i_1) \tag{7-23}$$

式中:v_f——前一坡度末端车速,km/h;

v——前一坡度始端车速,km/h;

L_1——前一坡面的长度,m;

i_1——前一坡面路床纵坡,%;

f_1——前一坡面的平均阻尼系数。

②材料的平均阻尼系数

强制减速路段通过制动道床进行减速。由以上的分析可知,平均阻尼系数对紧急救助匝道设计非常关键,是一个非常重要的参数,由式(7-23)可得到:

$$f = \frac{\left(\frac{v^2}{2g} - \sum L_i I_i\right)}{L} \tag{7-24}$$

根据式(7-24)可知,当紧急救助匝道的纵坡形式确定后,只要知道车辆进入紧急救助匝道时的速度以及驶入距离,就可以根据公式计算出失控车辆所需要的紧急救助匝道路面平均阻尼系数。

通过试验的方法来确定平均阻尼系数时,选取不易板结和被雨水冲刷的碎(卵)石材料。通过对数据的分析最终得到以下一些结论。

a. 平均阻尼系数与车辆质量的关系:车辆质量的变化对平均阻尼系数要求影响较小,可以忽略不计。

b. 平均阻尼系数与车速的关系:随着车辆驶入紧急救助匝道速度的增加,平均阻尼系数呈增加趋势。

c. 纵坡对平均阻尼系数的影响:当驶入速度相同时,上坡加平坡形式的紧急救助匝道平均阻尼系数明显大于平坡的数值,也就是说平均坡度越大,平均阻尼系数也就相应较大。速度80km/h、5%上坡面情况下,平均阻尼系数在0.32以上。

d. 陷入深度对平均阻尼系数的影响:车辆在碎石路面的紧急救助匝道上运行时,如果车轮的陷入深度较深,车轮前部的碎石隆起高度增大,滚动阻力加大;车轮左右两侧、车辆底盘等部位与碎石表面的接触面积增加，摩擦力也相应增大，车辆受到的总阻力就会增加，因而从理论方面来说，车轮的陷入深度越大，受到的阻力也就越大。

通过以上分析可知，表7-4给出的建议值是偏于安全的，即坡道的长度不是最小值，因为在计算时的平均阻尼系数偏小。

③减振（防撞、消能）设施在紧急救助匝道端部的应用

由于地形的原因，紧急救助匝道不能达到理论的计算长度或坡度要求时，可在紧急救助匝道端部设置消能设施，如将集料堆在紧急救助匝道端部或在端部设置防撞砂桶、废旧轮胎等。消能设施的设置对于有可能越出紧急救助匝道的失控车辆来说，是最后一次救生防线，非常关键，设置不好可能发生重大的交通事故。但是，值得强调的是，设置消能设施不当也有着很大弊端。在紧急救助匝道末端设置消能设施，虽然能减小紧急救助匝道的长度与坡度，可节省建设投资，却不值得提倡。设置消能设施有两方面的危险（以挂车为例）：第一，使车辆产生严重的水平减速度和垂直加速度，致使车辆失控，驾驶员受伤；第二，使车辆车轮前轴受冲力比较大，其传递的加速度不能和后轴匹配，将使车辆失去平衡，导致货物散落、后轮分离或挂车向前倾覆等情况出现。

美国AASHTO《公路与城市道路几何设计标准》一书推荐制动砂床端部使用集料沙堆高度应为0.6～1.53m，坡度应为1.5∶1，集料堆使用的材料应与砂床材料一致。如用消能桶，推荐消能桶中装的材料应和紧急救助匝道上的铺装材料一致，而不应用沙子，以免其污染路基，减少材料的滚动阻力。另外，紧急救助匝道只有在条件受限无法布置足够长度的情况下，才推荐使用集料堆和消能桶。

8）紧急救助匝道的横断面设置及宽度

我国现行《公路路线设计规范》（JTG D20—2006）第6.2.6条对紧急救助匝道的宽度规定为不应小于4.5m，但未提出横断面几何组成。紧急救助匝道横断面一般由紧急救助匝道路面、救援带（车道）、安全带和防撞设施4部分组成，如图7-50所示。

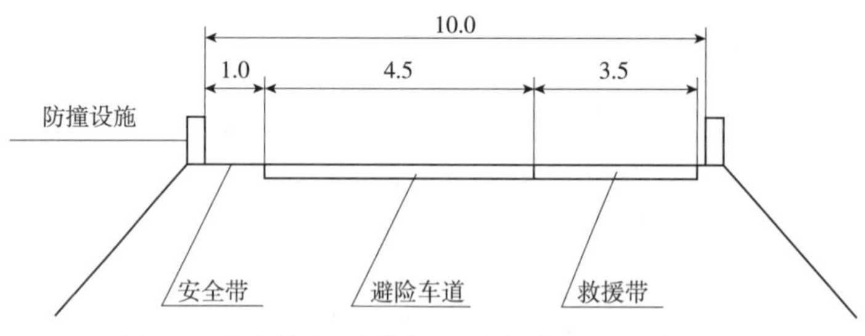

图7-50　紧急救助匝道横断面一般构成图（尺寸单位：m）

紧急救助匝道路面是指强制减速段的减速路面，规范规定宽度不小于4.5m，在设计时单车道的紧急救助匝道宽可取4.5m。考虑到驾驶员驾驶失控车辆时心理慌乱，行动紧张，难以准确把握时机，当有条件或需要设置多车道紧急救助匝道时，可以设置2～3条减速车道，采用8.5～12m的宽度，保障失控车辆进入。

救援带（车道）是救援车辆的行驶通道。当失控车辆停车后，救援车辆能行驶到失控车辆的旁边或前方，顺利实施救援。服务车道一般采用单车道，宽度3.5m。但根据大量现场观察，不宜设置服务车道，避免失控进入的车辆一侧车轮驶上服务车道，造成两侧车轮阻力

不一,车辆转向发生意外事故。

安全带是紧急救助匝道路面左侧边缘距防撞设施一定距离的构造带。由于失控车辆在紧急救助匝道行驶时,方向可能出现一定的偏移,安全带的作用是提供一定的安全宽度,缓冲车辆撞击防护设施,避免车辆冲出紧急救助匝道(表7-5)。

紧急救助匝道横断面各部分宽度建议值　　表7-5

紧急救助匝道路面(m)	4.5
服务车道(m)	3.5
安全带(m)	1.0
防撞设施(m)	2×0.5
紧急救助匝道路基全宽(m)	10.0

9)强制减速路段道床材料及道床养护

(1)道床材料

我国目前对紧急救助匝道的材料尚没有深入的研究。紧急救助匝道常用的制动道床材料有沙子、天然砂砾、碎石等砂石料。实际上,这些都不是最好的道床材料,不能提供更有效的滚动阻力系数。根据美国AASHTO资料,最好的砂床材料应呈圆形,在车轮的碾压下,上下砂砾通过相互的滚动、置换,能使车辆更容易陷入。最理想的砂砾粒径应在1.27cm左右,最小为0.63cm,最大为3.81cm,这类粒径的砂砾具有较高的滚动阻力系数。几种常见材料的滚动阻力系数见表7-6。

部分材料的滚动阻力系数　　表7-6

材料名称	滚动阻力系数f	材料名称	滚动阻力系数f
水泥混凝土	0.010	松质砂砾	0.100
沥青混凝土	0.012	松质碎集料	0.050
松质砂土	0.037	砂	0.150
密实砂砾层	0.015	豆砾石	0.250

制动砂床具有一定构造厚度,是保证材料完全发挥其滚动阻力的必要条件。制动砂床材料的厚度不应小于46cm,一般在46～76cm为宜。但是为了使驾驶员对减速度有一个适应过程,厚度可沿着紧急救助匝道入口至前方30m处由薄至厚过渡,通常由7cm过渡至正常厚度(46～76cm)。

目前紧急救助匝道的消能材料大都采用堆放单一材料的方法,这种做法的缺点是会使失控车辆进入紧急救助匝道后突然进入到高阻力状态,过大的阻力会导致车辆底盘迅速停止,货车车厢及内装货物在惯性的作用下向前冲,导致对驾驶室造成挤压或剪切,危及驾驶员人身安全。紧急救助匝道段落内宜采用不同的消能材料,堆放顺序应使得消能水平从小到大,以加大缓冲空间。

碎(砾)石作为消能材料时宜进行筛分处理,粒径尽量相同,以便碎(砾)石长期处于松散状态,不致形成大小嵌锁的整体,防止一定时间后结成板块而起不到消能作用。有条件时最好选用砾石,砾石无棱角不伤轮胎,更有安全保障。

材料堆放厚度应适当,过厚会产生过大的阻力,太薄起不到阻尼作用,材料颗粒大小与阻力成正比。不同材料可分3段堆放，这样做也有利于阻力由小变大的缓冲过程。例如：第一段为粗砂，宜铺成由薄到厚的三角状（用来加大缓冲空间），也可直接铺成40cm等厚；第二段粒径为2cm的碎（砾）石；第三段粒径为4cm的碎（砾）石。

如果采用天然砾石，一般由于失控车辆的搓移，不同粒径的砾石混在一起会降低效果。因此，建议采用厚度逐渐增加，同一粒径的单级配天然砾石。

（2）道床的养护

①常规养护。应保证制动床集料平整、干净、松散。在紧急救助匝道每次被使用、制动失效车辆被拖出后，应尽快铺平紧急救助匝道的制动床集料。即使没有车辆驶入紧急救助匝道，也应定期及时翻松集料，以便集料被压实。每次翻松深度至少60cm。

应及时清除污染物，保证制动车床集料有足够的滚动阻力。如果集料不能提供足够的滚动阻力，应及时更换集料。

②冬季养护。冰雪地区，在冬季应防止制动道床集料冻结，如果冻结应及时化解。下雪期间，应至少保证紧急救助匝道引道没有积雪，保证紧急救助匝道的轮廓清晰可见，使驾驶员能够准确判断紧急救助匝道的位置。

10）擦碰救助匝道

（1）擦碰救助匝道措施方案

由于山区高速公路的地形特点，很多路段设置避险救助匝道，没有设置反向爬坡车道的地形条件，但车辆失控的可能性没有办法从根本上消除。为此，对有条件加宽路基的路段位置，按“车道轮胎阻力、车体侧向刮擦、车辆后座、柔性轮胎”等综合消能措施，来减轻事故和降低事故损失，思路来源如图7-51a）事故特征所示，具体措施如图7-51b）所示。

a）　　b）

图7-51　擦碰救助匝道

a）事故特征；b）具体措施

擦碰救助匝道措施由以下4种有效的救助措施综合而成：

①选择阻尼系数较大的道路降速路面材料。路面材料要求陷落效果好，不易板结和不被雨水冲刷。如制动床逐步增厚的单级配碎（卵）石材料，能有效提高救助匝道路面的阻尼系数。

②在救助匝道的外侧护坡墙上设置车辆侧靠刮擦消能带，又称擦碰阻尼墙。车辆进入救助匝道后，利用制动床横向由内向外增厚，使车辆逐步往侧向倾靠滑移时擦碰阻尼墙，可

有效地降低车辆的滑移速度，降低事故的危险性。

③根据地形在减速车道的末端设置陡坡爬坡道（≥25%），主要用于车辆冲至匝道末端时，抬高车头，瞬间使货物重心后移，货厢尾及货物擦地，促使车辆在该位置停止，达到减轻或降低事故，避免伤及驾驶员的目的。

④为防止冲上爬坡道的车辆冲出匝道，应设置柔性轮胎缓冲设施。在爬坡道的末端设置三道柔性轮胎防护网，能有效缓冲车辆撞击以降低和减轻事故的危险性。

（2）擦碰救助匝道设置要求

擦碰救助匝道设置如图7-52所示。擦碰救助匝道的入口纵向长度要求不少于50m，以保证失控车辆有足够的运动空间和驾驶反应时间顺利进入救助匝道；擦碰救助匝道的纵向长度在地理环境允许的条件下，宜设置为80～160m，在有效的长度内尽可能升高反坡的坡度，以求达到预期的减速稳定停止效果。

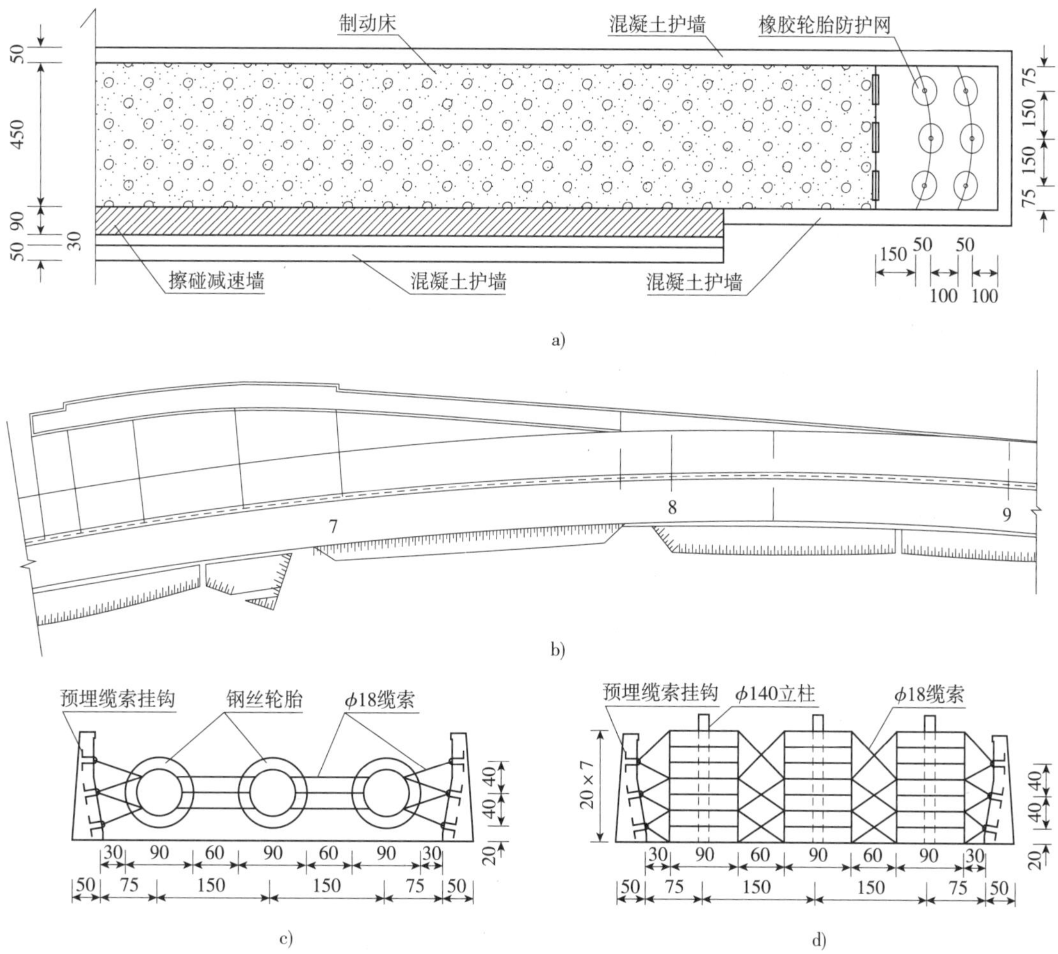

图7-52　擦碰救助匝道示意图（尺寸单位：cm）

a）、b）平面结构；c）、d）橡胶轮胎防护网

擦碰救助匝道的横向宽度原则上不小于8m，可以根据地理环境具体确定，但必须确保大型车辆能够有效地进入救助匝道，最大限度地减少车辆与外侧护栏的碰撞。擦碰阻尼墙

必须采用在材料和视觉上让驾驶员感受到质感柔软，容易变形，色彩为冷色，如图 7-51b）使用的废旧轮胎，擦碰阻尼墙的高度应认真研究，严格控制，一般小于或等于大型货车车厢底板高度，以车轮和车厢下侧壁擦碰为原则，避免碰擦过程中伤及车上驾乘人员。

根据现场自动感应追踪录像的近几十起失控车辆进入记录分析，擦碰救助匝道擦碰阻尼墙前段设置导向性能较好的设施，如图 7-53 所示导向墙，让失控车辆顺导向墙进入擦碰阻尼墙效果更好，帮助失控车辆平稳擦碰进入减速至停车自救。

擦碰救助匝道与行车道之间应设置高强度加强护栏，以避免车辆意外冲出减速区进入主车道。为保证防护栏不造成二次事故，要求采用半刚性护栏，护栏的端部按规范设计并在端部设置消能桶。

（3）擦碰救助匝道的配套标志

设置擦碰救助匝道的路段，需要在路段前方设置预告标志（非标），警示驾驶员前方有救助匝道设施，以便驾驶员提前采取措施。擦碰救助匝道警示标志（非标）可采用悬臂式，如图 7-54所示。若山区高速公路同一段连续长下坡设置的紧急救助匝道超过 3 个时，可采用显示设计的编码技术，如图 7-18 将紧急救助匝道进行编号，以进一步提高标志的识认性；同时采取互通式立交“下一出口距离预告”标志设置原则，设置下一紧急救助匝道距离预告标志。

图 7-53　改进型擦碰救助匝道

图 7-54　悬臂式标志结构

预告标志（非标）在距离救助匝道入口前 1 000m、500m 处设置，警示预告标志的板面内容分别为：救助匝道前方 1km、救助匝道前方 500m、救助匝道入口、下一紧急救助匝道 × ×km。

对紧急救助匝道的一系列预告标志和入口标志，可增加图案将紧急救助匝道与高速公路行车道的相对位置关系进行显示，如图 7-19 中间的标志图案，显示了紧急救助匝道与高速公路行车道和潞江坝立交匝道的相对关系，提示驾驶员失控进入的操作方式，以进一步提高标志的可读性。该思路可以进一步扩展，将一般道路出入口连接的道路服务水平采用线条的宽度表示，达到提示挖掘驾驶员驾驶经验的作用，提高驾驶员操作的驾驶期望。同时，在紧急救助匝道外侧边缘设置图 6-2 所示的施救程序标志，以稳定惊慌失措的驾驶员的情绪，提高施救效率。

（4）其他

紧急救助匝道、互通式立交出口、服务区（包括停车区、观景台）入口，以及一般道路平面交叉口等区段皆存在驾驶员"犹豫不决"减速的现象，影响交通安全。如前所述，除加强出入口的基础设施处理——土建和交通预告标志等主动、被动设施外，对紧急救助匝道入口、互通式立交出口、服务区(包括停车区、观景台)入口，建议借鉴如图7-55所示的德国的"距离标志"，采用斜画线表示距离，3画线表示距离300m，2画线表示距离200m，1画线表示距离100m，进一步准确提示并警示驾驶员，帮助驾驶员尽可能避免出入口的犹豫不决和惊慌失措。如果将紧急救助匝道入口改为黄底黑图案，既具有警示距离标志的作用，而且区别于互通式立交出口等距离标志，一举两得。该设置可扩展使用在互通式立交、服务区等入口段，提示驾驶员合流距离。

a)　　　　b)

图7-55　出入口距离标志

7.2.4　路侧净空区技术

1)路侧净空区概念

路侧是从车道外边缘到道路红线边界的范围，安全道路路侧安全设计也就是对这一区域进行安全设计，又称为路外设计。路侧安全设计的核心理念就是在路侧设计过程中体现宽容设计的思想。基于宽容设计理念的公路，允许驾驶员犯驶出路外的错误，但需要设计人员提供尽可能减少事故发生或降低事故严重程度的设计对策。即不管什么原因致使车辆驶出路外，设计人员设计都应该尽可能地为驾驶员提供充分的路侧净区，以确保路侧安全性，使驾驶员所犯错误不应以牺牲生命为代价。路侧净区设计是体现路侧宽容设计理念的核心。

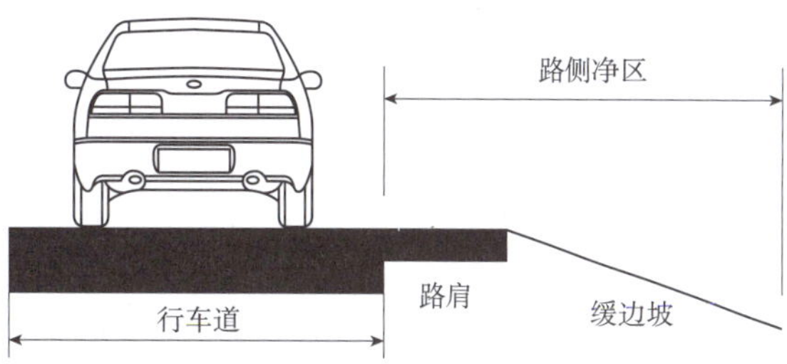

图7-56　路侧净空区范围

路侧净区是指从行车道外侧边缘线开始向路外延伸的平缓、无障碍物且在路权限界范围内的区域，如图7-56所示。路侧净区为冲出路外车辆提供充分的安全保证，保证驶入净区内的车辆一般不会在边坡上发生翻车，也不会与净区内的结构物或其他危及车辆行驶的物体发生碰撞，即便是不可避免地与其发生碰撞，仍应保证碰撞后的后果最轻。但我国实际中的净空区条件很难达到理想化,总是或多或少地存在一些危及车辆行驶的危险物。

2)路侧净空区的意义

近年来我国公路建设取得了令世界瞩目的成绩,在硬件基础设施突飞猛进的同时,公路安全设计理念的提升却相对滞后。随着"服务"、"以人为本"、"环保"、"和谐"等理念的提出和贯彻体现,先进的路侧安全理念越来越受到青睐和重视,成为指导道路建设和运行管理实践工作的灵魂和宗旨。

路侧安全设计在公路建设发达国家已有近半个世纪的历史,其设计方法、对策和相关的指南、规范已比较完善。我国对路侧安全问题的重视、路侧安全设计方法的引入与实施时间不长,并且在我国目前的条件下,无论是填方路段,还是挖方路段完全照搬国外路侧净区的设计方法是不合理的,但路侧安全的思想和理念值得我们学习、领悟和借鉴。

美国 AASHTO 现行《路侧设计指南》(2011 版)指出,路侧事故在全部交通事故中死亡比例占有相当大的一部分。在 2008 年,致人死亡的事故中单车冲出路外的事故就占到 23.1%,可见路侧条件在改善道路交通安全方面具有重要意义。我国对路侧事故缺乏相关的统计数据,鉴于美国路侧事故的严重性,为了少走弯路,我国的路侧安全问题也应得到足够的重视。

建立充分有效的路侧净区是路侧安全性设计的核心内容,涉及的对象或要素主要包括:路肩(包括路肩振动带)、排水设施(边沟、涵洞和各类排水系统等)、边坡、护栏(路侧护栏、中央分隔带护栏、桥梁和涵洞护栏等)、行道树、各种杆柱(标志柱、通信设施杆和灯柱)等。道路设计人员可通过硬化路肩、放缓路基边坡、设置可逾越的排水设施、消除紧邻路侧范围内的危险物等技术措施来尽可能提供充足的路侧净区。

3)路侧几何条件

如果路侧不是平坦的,驾驶员将遇到边坡的前坡、后坡或是排水沟。路肩和缓和的边坡构成了路侧净区,而且大部分净空区宽度是由缓和边坡提供的,因此,边坡无疑成为路侧设计的重要组成部分。

(1)路堤边坡

平行于交通流方向的路堤边坡可分为可返回边坡、不可返回边坡和危险边坡 3 类。

①可返回路堤边坡

可返回路堤边坡是指坡度缓于 1:4 的边坡。这样的边坡相对平缓,车辆驶入可返回路堤边坡后,一般能停车或减速后慢慢驶回到行车道。从安全的角度考虑,要求可返回边坡没有明显间断和没有突起固定物,坡顶宜圆化处理,以使冲出路外车辆能保持和路面接触,坡底也应圆化以使车辆顺利跨越。可返回边坡安全性最好,能够为冲出路外的车辆提供最大限度的安全保障,不需要设置护栏进行防护,可在必要位置设置视线诱导设施。此类边坡的设置一般受到地形条件和道路用地的限制,可因地制宜采用。

②不可返回路堤边坡

不可返回路堤边坡是指坡度介于 1:3 ~ 1:4 的边坡。大多数车辆驶入后都无法停车或返回行车道,车辆通常会驶达坡底,所以此类边坡上不应存在固定障碍物。不可返回边坡具有较好的安全性,常见于微丘地区或山区地势较为平坦的谷地,通常不需要设置安全护栏,路基高度超过3m时可设置视线诱导设施或警示桩，交通量大、车速高的公路也可考虑设置护栏。

当路堤边坡同时存在可返回与不可返回的边坡时，即路堤边坡为复合边坡时，理想的设计是在坡脚处为冲出路侧的车辆提供足够宽的闪避区域。闪避区域的作用是使大多数冲出行车道的车辆在遇到陡峭的路堤边坡之前能恢复到正常状态。闪避区域的宽度由车道边缘到可返回路堤边坡与不可返回路堤边坡间断点的距离来决定，其宽度为推荐路侧净空区的宽度与可返回路堤边坡宽度之差，图7-57给出了闪避区域的计算方法。设计人员应注意使可返回路堤边坡与不可返回路堤边坡衔接处尽量平滑，以使车辆不发生腾空。

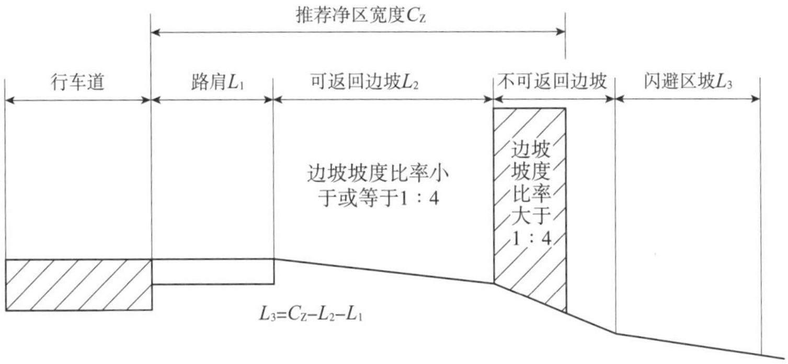

图7-57 闪避区域宽度计算方法示意图

③危险路堤边坡

危险路堤边坡是指坡度大于1:3的边坡。车辆冲入此类边坡时，驾驶员无法控制车辆，车辆发生倾覆的可能性非常大。如果该类边坡距车道的距离小于建议的路侧净空区宽度，并且边坡无法进行改建，一般应考虑设置护栏。

如果危险路堤边坡所处路段运行安全状况良好，且冲出路外的单车不会造成重、特大事故的，可以不设置护栏，采取安全警示桩、设置轮廓标、施画车道边缘振动标线、设置路肩振动带等更为经济的措施或综合运用以上措施。

(2)路堑边坡

当道路处于挖方路段时，路堑边坡对于冲出路外车辆的安全性取决于其平整程度和障碍物存在状况。如果路堤边坡坡度小于或等于1:3，并且后坡上不存在障碍物，那么不管路堑边坡距离公路多远，路堑边坡本身对车辆不会造成太大危险。国内目前对路堑边坡一般不进行防护，除非在行车道与路堑边坡之间存在危险的边沟时，考虑对边沟进行防护。

(3)排水设施

路侧排水设施主要包括路缘石、边沟、涵洞和其他排水系统等排水结构物。有效的排水设施设计是路侧安全设计的关键内容之一，其设计和建造需要考虑对路侧自然环境带来的影响。排水设施的安全设计总体上应遵循如下原则：

①在满足排水的条件下，去除不必要的排水结构物。

②在满足排水的条件下，将产生危险的排水结构物移至更远处。

③在无法去除和移走结构物时，应保证车辆能安全穿越排水结构物，不会直接冲撞结构物或因不可逾越而使车轮嵌入造成侧翻，保障车辆仍能安全地驶回公路。

④边沟应根据具体情况、路侧安全以及美观的要求进行评价后，灵活设置，尽量做到宽、浅、远。

⑤在满足排水的条件下，倡导设置路侧浅碟式或暗埋式排水沟，尽量避免设置外露式路侧矩形或梯形边沟。

⑥当浅边沟不能满足排水要求时，如对于山区多雨或挖方工程量大的地区，可采取封盖边沟的方法，但要对封盖边沟的建设和养护进行经济分析，对盖板的强度进行重车荷载验算。

⑦在条件允许的情况下，路侧净区内应坚持不设凸起路缘石、不设护栏的设计理念，倡导不设置路缘石或不全线连续设置路缘石。

4)路侧净区的应用

当路侧净区内存在危险物，且使驶出路外的车辆与之碰撞的可能性较大并可能导致伤害事故的发生时，可按照以下的优先顺序采取对策：

(1)移除。如果危险物能够被移除的话，宜采用该对策，这是处置危险物最为根本的办法。

(2)再设计。如果危险物不能够被移除，可通过新的设计方案消除危险物的安全隐患。例如，涵洞是公路与沟渠相交的地方，使水从公路下面流过的通道，也是路侧净区内的危险物，其设计不当可能会引起车辆撞向涵洞开口的安全隐患。为了减少车辆撞向涵洞开口处的可能性，有必要去掉纵向排水涵洞的立墙，设置成车辆可逾越的篦子，设立警示柱，满足排水需求的同时确保车辆可以安全通过，具体如图 7-58 所示。

a)　　　　b)

图 7-58　可逾越的涵洞开口处理

(3)移位。危险物虽然不能被移除，但可将其移至距离行车道更远的地方，减小驶出路外车辆与其碰撞的可能性。

(4)解体消能设施(装置)：如果危险物不能被移除，也不能被移至更远的地方，可考虑采用解体消能设施或装置，来降低车辆与其碰撞产生的严重性。例如路侧净区内的交通设施的杆柱，车辆与未经安全处理的杆柱发生碰撞可能会引发更为严重的交通事故，可将这些杆柱设计为能解体消能，如图 7-59 所示。

a)　　　　　　b)

图 7-59　可解体消能的杆柱

（5）防护。如果危险物连续分布，采取上述对策不经济时，可考虑对危险物进行防护。例如，一些设置在距离行车道较远的排水管道，道路设计人员通常要将裸露在表面的管道填平。在路侧净空区内的该类排水设施，建议在入口或出口设置匹配的边沟并加盖，如图 7-60 所示的平行式盖板，以使车辆不发生碰撞，安全通过该区域。

a)　　　　　　b)

图 7-60　排水管道可逾越的平行式盖板处理

（6）标识危险。受资金或其他条件限制时，设计人员仅采取标识危险物的简单对策，如图 7-61 所示。

图 7-61　涵洞处的警告标志

7.2.5 路缘石

路缘石的主要功能有排水控制、描绘道路轮廓、美观、减少道路养护工作和辅助路侧设计等。根据路缘石的功能作用和形状，可以分为障碍缘石和可逾越缘石两类。障碍缘石指垂直或接近垂直路面的路缘石，这种路缘石主要用于阻挡驾驶员离开行车道，如图 7-62 所示。可逾越缘石指与路面不垂直的路缘石，在必要的情况下可以使车辆容易逾越它，如图 7-63所示。

图 7-62 障碍缘石

为避免冲出路外的车辆在穿越路缘石或与其发生碰撞时带来更为严重的事故后果，路缘石的安全设计应注意以下事项：

(1)在需要设置路缘石的路段，路缘石突出路面的高度不得大于 12cm，并应采用圆滑外形。

(2)路缘石与波形梁护栏联合使用时，路缘石应与护栏面齐平或位于护栏面之后。如果路缘石的高度是 15cm 或更高，则必须加强波形梁的强度以减小其变形量，避免车辆越过护栏。

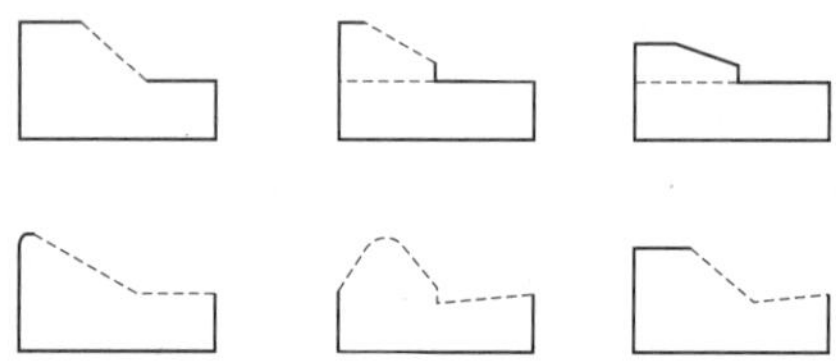

图 7-63 可逾越缘石

(3)路缘石与混凝土护栏联合使用时，应避免路缘石在具有一定斜坡的混凝土护栏前使用，这种设置会导致护栏无法发挥其正常功能。

(4)如果现有路缘石与护栏的组合应用未经试验验证，则必须进行实车碰撞试验验证。

7.2.6 分隔带开口

中央分隔带开口的设置是为了使车辆在必要时可通过开口到反方向车道行驶，实施紧急救援、抢险，进行公路维修、养护等临时改道的交通组织等活动，中央分隔带开口在平时严禁其他车辆调头转弯。由于山区地形起伏很大、地质条件复杂，桥隧比例较高，使一些山区高速公路中央分隔带开口设置受到限制，相邻开口之间的距离一般都在 4 ~ 5km，甚至更大，导致紧急救援和抢险时绕道过长，延误了救援的最佳时间，加大抢险时的成本。

中央分隔带开口的设置主要有如下规定：

(1)互通式立体交叉、隧道、特大桥、服务区设施前后，以及整体式路基、分离式路基的分离(汇合)处，应设置中央分隔带开口。

(2)中央分隔带开口间距应视需要而定，最小间距应不小于 2km。

(3)中央分隔带开口长度不宜大于 40m；中央分隔带开口处应设置活动护栏。

(4)中央分隔带开口应设置在通视良好的路段，若开口设于曲线路段，该圆曲线半径的超高值不宜大于 3%。

(5)中央分隔带开口端部的形状：中央分隔带宽度小于 3.0m 时可采用半圆形；中央分隔带宽度大于或等于 3.0m 时宜采用弹头形。

高速公路中央分隔带开口的位置应选在通视良好的路段，尽量避免与跨线桥、分离式立交、渡槽和通道的距离过近。当遇到跨线桥、分离式立交和渡槽时，为避免救援车辆因视距不良与上跨构造物的中墩相撞，设计时开口的位置距离至少应为保持设计速度下距中墩的停车视距；当遇到通道和涵洞时，为了不影响活动护栏基础的设置，设计时应避让。

山区高速公路受地形地貌的限制，中央分隔带宽度一般为2m，根据开口设置原则，当中央分隔带宽度小于3m时，一般端部采用如图7-64所示的形状，但从利于行车的角度考虑，在条件允许的情况下推荐如图7-65所示的形状，线形更加流畅。隧道联络线开口也是高速公路分隔带开口的一种常见形式，隧道联络线的具体设计要求规范中未明确，需根据隧道的具体设计形式进行安全性设置。

图7-64　护栏半圆形端部

图7-65　护栏弹头形端部

7.2.7　路侧护栏

路侧护栏是指设置于道路横断面两边土路肩上的护栏，用来防止失控车辆越出路外，有效拦截和安全引导碰撞车辆，保护路边构造物和其他设施。如果护栏不能够有效拦截和安全引导碰撞车辆，则护栏本身也是一种障碍物。护栏长度不够、端部处理不当、高度不合理、硬件缺损等均会影响护栏整体功能的正常发挥。规范安装和良好养护护栏在很大程度上决定了路侧护栏的实际效果。

通常情况下，只有当设置护栏后能够降低碰撞严重性时才考虑设置，如果车辆驶出路外后发生倾覆或撞击路侧坚硬危险物的后果被认为比撞击护栏更严重，那么就应当设置护栏。车辆驶出路外的概率与事故严重性之间没有直接的关系，如果护栏接近于行车道，设置护栏可能会导致更高的事故率。一般在设计过程中，护栏设置多依据路侧具体特征条件或可能导致的事故严重性。路侧护栏的防护对象大致可分为两类，即路堤与路侧障碍物。路堤的防护主要考虑路堤高度、边坡坡度及其组合状况；路侧障碍物防护主要考虑障碍物被冲出路侧车辆撞击的概率以及事故后果。按照防护对象分类考虑的护栏设置条件比较简单和易用，但没有考虑到线形条件、历史事故资料等重要因素；而以路侧安全等级指标为护栏设置与否的参考，这一做法具有综合性强、定量的特点，但对已发生的数据要求较高，多用于已有道路的安全整治。

1)路堤防护路侧护栏设置条件

依据《公路交通安全设施设计规范》(JTG D81—2006)中给出的护栏设置条件是依据自由边坡坡度和路堤高度如图7-66所示,二级及以上等级公路边坡坡度和路堤高度在Ⅰ区方格阴影范围之内的必须设置护栏;二级及以上等级公路边坡坡度和路堤高度在Ⅱ区斜线阴影范围之内的应设置护栏;二级及以上等级公路边坡坡度和路堤高度在Ⅲ区内的应设置护栏。该护栏设置依据简单,可操作性强,但是没有考虑到道路的交通量情况以及车辆与护栏或路堤发生碰撞的相对严重性。

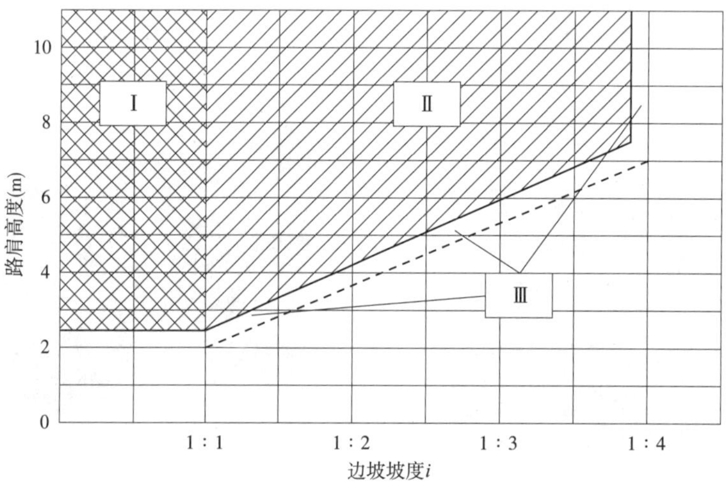

图7-66 路侧护栏设置条件

图7-67给出的是基于车辆与护栏或路堤发生碰撞的相对严重性的研究成果确定的护栏设置条件。当路堤高度与边坡坡度状况位于图中所示斜线区域内时,应当考虑设置护栏。从图7-67中不难看出,1∶3的边坡坡度的临界值,与当前的研究是一致的,当车辆在陡于1∶3的边坡上行驶时,车辆将得不到有效控制,不可能避免发生翻车或碰撞事故。当边坡坡度为1∶3时,需要设置护栏的最小路堤高度为5m。

2)路侧障碍物防护栏设置条件

路侧障碍物包括车辆不能逾越的地形和固定危险物,固定危险物可以是人造的(如涵洞等)或是自然的(如树木等)。护栏只应在车辆撞击护栏的严重性比撞击未设置防护设施的严重性低的情况下设置。由路侧障碍物决定是否设置护栏主要考虑障碍物的实际情况和其被撞的可能性。

路侧障碍物与行车道紧邻时通常采取去除、移位、整改或防护的处理措施,当车辆在遇到不能逾越的地形以及路侧障碍物时,如表7-7所示,通常只有在它们处在净空区之内,并且从实际上或经济上来说它们不能被去除、移位,或者不是可解体的情况下才考虑设置护栏,并且设置护栏后与未加防护情况相比,发生碰撞事故后的严重性减小才应考虑设置护栏。多数人造结构物可通过良好的设计来降低或消除安全隐患,尤其是小的涵洞或边沟,通常不必设置护栏。

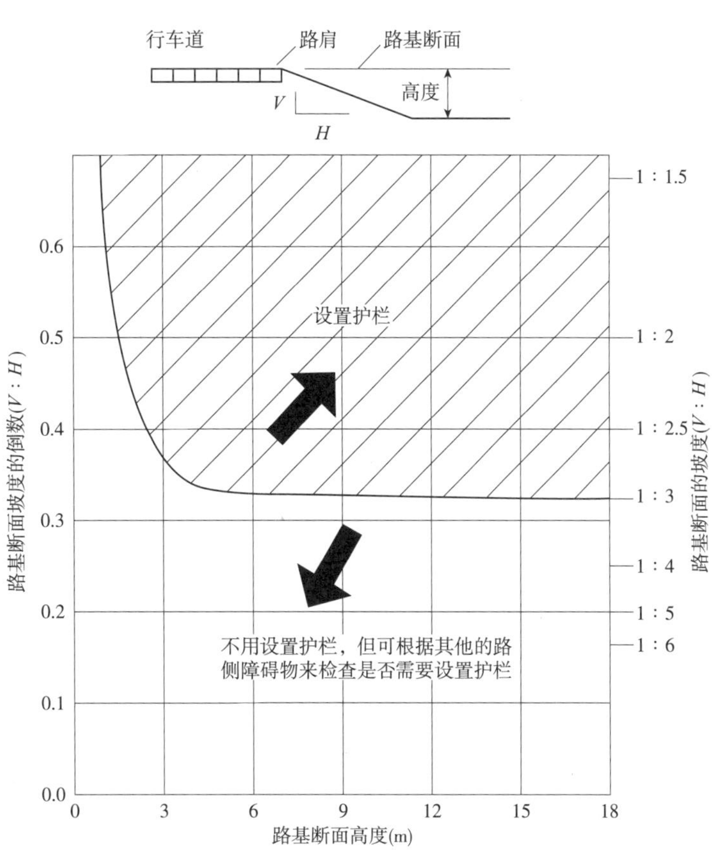

图 7-67　基于车辆与护栏或路堤碰撞相对严重性的护栏设置条件

不可逾越的地形和路侧障碍物护栏设置依据　　表 7-7

路侧障碍物	设置情况
桥墩、桥台和桥梁栏杆末端	通常需要防护
巨石	基于固定物本身和碰撞的可能性判断决定
涵洞、排水管、涵洞端墙	基于障碍物尺寸、形状和位置判断决定
挖方和填方边坡（平滑）	一般不需要防护
挖方和填方边坡（陡峭）	基于碰撞的可能性判断决定
纵向边沟	基于边坡的形式判断决定
横向排水管涵	如果正面碰撞的可能性较大时通常需要防护
挡土墙	基于墙壁的相对平滑和碰撞的期望最大角度判断决定
标志/照明支撑结构	非解体支撑物时通常需要防护
树	基于特殊的环境判断决定
公共设施杆柱	防护需要具体情况具体分析
水	基于水的位置和深度以及侵入的可能性判断决定

需要指出的是,表7-7给出的多种路侧护栏设置条件并不冲突,只不过是所基于的研究基础、考虑的因素、条件的要求程度不同而已,设计人员需根据具体的情况,灵活选择设置条件。另外,我国幅员辽阔,各地区地形、道路和交通状况差异很大,经济基础也不尽相同,因此,非常有必要根据各地区特使条件开展相关研究工作,结合自身情况,在满足相关规范的要求下制定适宜本地区的护栏设置依据。

7.2.8 中央分隔带护栏

中央分隔带是一种用于分离对向车流的纵向隔离措施,可以大幅减少穿越中间带事故,大多数中央分隔带的设计与路侧护栏相同,具有相同的设置原则。结合国内外的研究成果,中央分隔带护栏在设置时应遵循以下原则:

(1)当整体式断面中间带宽度小于或等于12m时,必须设置中央分隔带护栏;大于12m时,应分路段确定是否设置中央分隔带护栏。

(2)公路采用分离式路基时,行车方向左侧应该按路侧护栏设置;上、下行路基高差大于2m时,可只在路基较高的一侧按路侧护栏设置。

(3)高速公路的中央分隔带开口处,必须合理设置活动护栏。

中央分隔带护栏的形式多种多样,每种护栏都有其本身的特点和使用条件。在选择护栏形式时,应针对每条道路的具体情况,考虑如下影响因素。

(1)防撞等级选择

护栏在结构上必须能够阻挡并使车辆转向,在选择防撞等级时,应考虑道路条件(平纵线形、中央分隔带宽度和类型等)和交通条件(车型比例构成、交通量、运行速度等)。

(2)变形量

护栏在受到撞击后变形量不应超过容许的变形距离,其中柔性护栏的变形量最大,刚性护栏的变形量最小,半刚性护栏的变形量居中。护栏的强度可以通过增加立柱或增加板的强度来提高,若中央分隔带宽度小于4.5m时不宜采用柔性护栏。

(3)通用性

护栏的形式、端头的处理以及与其他形式护栏的过渡处理等应尽量标准化,与此同时还应考虑与其他设施(如灯柱、标志立柱和桥墩等)的协调性,只有当标准护栏不能满足现场要求时,才需要考虑非标准或特殊设计的护栏。

(4)环境因素

护栏的选择要考虑沿线的环境腐蚀程度、气象条件以及护栏对视距的影响等,如积雪地区应考虑除雪的方便性。

(5)实践经验

应对现有护栏的性能和养护需求进行监测,以确定是否需要通过改变护栏形式来减少或消除已发现的问题。

7.2.9 桥梁护栏及过渡

桥梁护栏可分为钢筋混凝土墙式护栏、梁柱式刚性护栏、金属梁柱式半刚性护栏和组合式护栏4种类型。针对桥梁护栏的设置原则,高速公路桥梁的外侧和中央分隔带必须设置桥梁护栏。在选择桥梁护栏时，应考虑护栏的防撞性能、受碰撞后的变形程度以及环境和景观要求等因素。

1)桥梁护栏的防撞性能

车辆在高速公路上的运行速度较快，应综合分析车辆越出桥外是否发生二次事故的基础上，参考表7-8中的标准选取防撞等级。

桥梁护栏防撞等级的适用条件 表7-8

公路等级	设计速度(km/h)	车辆驶出路外或进入对向车道有可能造成的交通事故等级	
		一般事故或重大事故	二次重大事故或二次特大事故
高速公路	120	SB、SBm	SS
	100、80		SA、SAm

2)受碰撞后护栏的变形程度

当车辆发生交通事故撞向桥梁护栏，受碰撞护栏的最大动态变形量不应超过容许的变形距离。

3)环境和景观要求

(1)钢桥应采用金属梁柱式护栏。

(2)当道路环境和景观有所要求时，钢桥应采用金属梁柱式护栏。

(3)对景观有特殊要求的桥梁，宜选用梁柱式或组合式桥梁护栏。

(4)积雪严重的地区，宜采用金属梁柱式或组合式桥梁护栏。

(5)为减小桥梁自重、减轻车辆碰撞荷载对桥面板的影响，宜采用金属梁柱式护栏。

(6)跨越大片水域的特大桥，桥下净空较高(一般≥10m)，宜采用组合式或钢筋混凝土墙式护栏。

4)桥梁护栏的有效高度

桥梁护栏的有效高度是指车辆冲撞护栏时护栏抗力距桥面的高度。对于梁柱式护栏和组合式护栏，护栏的抗力通常不是位于护栏的最顶面，而是在有效高度处。因此，在考虑护栏高度对碰撞车辆的影响时，护栏的有效高度比护栏总高度更为重要。

5)护栏的过渡

护栏过渡段是指不同护栏断面结构形式之间平顺连接并进行刚度或强度过渡的专门结构段，大多设置在路基与桥梁连接处。路基波形梁护栏与桥梁混凝土护栏间存在缺口是比较典型的护栏过渡问题，坚硬的桥梁护栏混凝土端头暴露，一旦车辆与之发生碰撞，对驾驶员的伤害将是致命的。该情况比较典型的处理方法如图7-68所示，将路基波形梁护栏板延伸一段，并锚固在混凝土桥梁护栏上，同时将波形梁护栏端部附件的立柱进行加密，实现护栏刚性的连续变化，为更好地导向碰撞车辆，还可以在波形梁板下添加槽钢作为摩擦梁。该处理方法具有成本低、施工方便的优点。

鉴于国内目前对护栏过渡段开展独立的科研工作和实车碰撞试验很少，因此，该部分内容主要给出护栏过渡段设计的一些要点和国外案例，以供设计人员参考。

过渡段多用于一般路段波形梁护栏与隧道或桥梁混凝土护栏相连接处，两种不同结构的护栏不宜在连接处断开，也不应未做加强处理而直接相连。

a)

b)

图 7-68 典型护栏过渡

当波形梁护栏用于防护刚性危险物(如桥墩),且护栏与刚性体之间的侧向距离不能满足护栏变形量的要求时,危险物上下游一定范围内的护栏需要设置过渡段。

从半刚性护栏到刚性护栏过渡时,应确保过渡段的刚度或强度平稳、持续地增强,刚度的增加可通过减小立柱间距、增加立柱尺寸、增设护栏横梁等方法实现。

过渡段应设置足够的长度,以保证在短距离内不会发生变形量的突变。一般情况下,过渡段长度可按两护栏系统变形量之差的 10 ~ 12 倍设置。

隧道口附近通常为事故多发段,进出口处的护栏尤其是进口段的护栏应进行特殊处理。如将隧道壁视为刚性混凝土护栏,类似的,当隧道进口上游和出口下游设置波形梁护栏时,应在波形梁护栏和隧道壁间设置过渡段,防止车辆正面撞向坚硬的隧道壁发生严重事故。

尽量避免排水设施(如路缘石、涵洞的进水口、排水口等)设置在过渡护栏的前面,以避免车辆撞到排水设施后导致车辆行驶不稳或车辆以非设计条件碰撞护栏,影响护栏过渡段的性能。

如图 7-69 所示,路段波形梁护栏与桥梁护栏间设置的过渡段比较合理,刚性的变化主要通过加密波形梁护栏立柱实现。过渡段长度、搭接长度满足性能要求。

依据路侧不同的危险程度,设置不同等级的路侧护栏是路侧设计人员应该把握的基本原则。图 7-70 是这方面的一个良好设计案例,不同防撞等级波形梁护栏间的衔接合理,过渡自然。

图 7-69 波形梁护栏与混凝土护栏的连接

图 7-70 不同等级的路侧护栏的连接

图 7-71 是隧道口护栏过渡良好的设置实例。设计人员将护栏短波延伸至隧道洞内,使护栏与隧道壁搭接的过渡方式,更有利于护栏防撞性能的发挥。此外,隧道进口前方一定范围内的右侧硬路肩施画斑马线,提示驾驶员在车道内行驶,并注意控制车速,进一步提高了隧道口运行的安全性。

a) b)

图 7-71 护栏与隧道检修道的相连和过渡措施

7.2.10 护栏端头

护栏端头是指护栏标准段开始端或结束端所设置的端部结构。车辆撞到未经特殊处置的护栏端头时,由于碰撞角度大(基本上相当于正面碰撞),对车辆的导向作用不显著,缓冲时间短,加速度大。因此,通常会对车辆、驾驶员及车内乘客造成严重危害。护栏端头还可能刺穿车辆,伤害驾乘人员,或者导致车辆倾覆,其后果比车辆与护栏标准段碰撞相比更具危险性。如图 7-72 所示的未经特殊安全处理的波形梁护栏端头具有较大的安全隐患。图 7-73是车辆撞向某未经处理的护栏端头后,车辆被刺穿致人伤亡的事故现场。

图 7-72 具有安全隐患的护栏端头

图 7-73 车辆撞向护栏端头事故

针对不良护栏端头设计带来的安全问题,除采取特殊结构的安全性端头或在端头前方放置具有缓冲吸能作用的设施外,设计人员还可采用其他一些更为经济的措施来尽可能地降低或避免车辆与护栏端头相撞导致的严重伤害。常见的措施有:改进和完善标志、标线系统,确保交通顺畅;在端部涂反光漆或贴反光膜,以提高端头在夜间或能见度较低天气条件下的视认性。

我国目前对护栏端头的处置方法仍然比较单一,一般多采用将端头外展的做法,即在护栏端头和标准段间设置渐变段实现端头外展。外展处理使路侧护栏端部距离行车道更远,减小车辆与端头发生正碰的可能性。现行《公路交通安全设施设计规范》(JTG D81—2006)中给出了路侧波形梁护栏上游端头的两种处置形式,分别为外展锚地式和圆头式。

1)波形梁护栏端头

行车方向上游端头宜设置为外展锚地式或圆头式。如果条件允许,建议在端头前方设置防撞桶或警示筒以进一步提高护栏端头的安全性。

公路上采用的圆头式端头,如图 7-74 所示;公路上采用的锚地式端头,如图 7-75 所示。图 7-76 所示护栏端头处理方式欠妥,护栏端头形成了一个"斜坡",可能会导致与其碰撞的车辆沿护栏"斜坡"爬升,会将速度快的车辆抛向空中,护栏就不能发挥最基本的拦截作用,会不可避免地发生翻车、坠车等事故,在工程实践中应尽量避免该做法。更为合理的做法可采用如图 7-75 所示的方法,在使护栏端部高度基本保持不变的情况下,将端头自然嵌入边坡并进行锚固。

a)

b)

图 7-74 圆头式端头

图 7-75 锚地式护栏端头

图 7-76 不合理的护栏端头处理方式

图 7-77 所示是一种称为"ELT"的护栏端头。该端头通过了美国 NCHRP350 报告测试水平 3 的要求,在北美和欧洲应用较多。除端部外展段和标准段相接处的立柱,以及外展段一侧与之相邻的立柱外,其他立柱螺栓均被拆除。端部两个立柱基础之间用一根支撑杆相连,这样可以使这两根立柱共同承担车辆的冲击。接下来的 4 根立柱上,分别在地面上下各

图 7-77　美国“ELT”护栏端头

钻有两个洞，以使立柱具有解体消能的功效。第二根立柱设置了防阻块以增大端部护栏板的曲率，以减小护栏板纵向的受力，降低事故车辆被护栏穿刺的可能性。端头处的立柱向外侧偏移 1.2m，所有的立柱都应采用木质，外展处理是确保护栏良好性能的关键。导向功能始于端部算起 3.8m 处，即从第三根立柱开始。

护栏端头及其放置在端头前面的缓冲吸能装置在国外多为专利产品，产品种类繁多、形式多样，能够满足不同路况下和不同的防撞等级要求。与国外相比，虽然国内护栏端头的安全问题也已得到一定的重视，在部分高速公路已得到应用，如图 7-78 和图 7-79 所示，但处理方法简单，形式单一，且多为规范给出的参考设置方法，我国在这方面，需加大研发力度，制定护栏端头的防撞标准。

图 7-78　山东威乳高速公路

图 7-79　陕西西潼高速公路

2）混凝土护栏端头

混凝土护栏端部的处理形式不多，主要有外展式和斜坡式。外展式的目的是使路侧护栏端部距离行车道更远，设计人员需结合端头处的实际地形条件，将端头隐匿于路侧土体或挖方边坡中，如图 7-80 所示。斜坡式类似于波形梁护栏端头的锚地式，目的在于减小车辆与端头的直接作用面积，使通过斜坡的车辆向上爬升从而转移和消耗部分碰撞能量，如果路侧条件具备的话，斜坡式端头也应进行外展处理。

图 7-80　混凝土护栏端头

端头的基础处理方式应与其连接的混凝土护栏相一致，在端头与标准段混凝土护栏的结合处，断面形状应统一。由于斜坡式端头会对碰撞车辆产生提升作用，可能导致车辆翻向路侧，因此，在路侧为深谷、陡崖的路段应慎重采用。

3）缆索护栏端头

由于缆索护栏施工较为复杂，需要在端部对缆索施加初张力，因此，目前国内对缆索护栏端部多采用规范的结构设计。从安全角度考虑,缆索护栏端头处置通常遵循与波形梁、混凝土护栏相类似的原则。

(1)结合地形和道路线形条件做外展处理,使端部立柱尽量远离行车道。

(2)设置在坡度平缓的土路肩上。

(3)无外展条件的路段,宜采用反光材料标识其轮廓,或利用周围地物遮蔽护栏端头。

(4)端部附近的立柱适当加密或加强,立柱尽量倒伏或倾斜放置。

图 7-81 是美国缆索护栏端头的两种典型设置方式,安全性能较高,条件允许时建议参照对我国缆索护栏端部处理方式进行改善。

a)

b)

图 7-81 缆索护栏端头处理

4)*护栏端头及三角带安全设施色彩*

通常在护栏端头及三角带设置的安全设施一般都采用具有警示效果、鲜艳的色彩,如黄白或红白相间的颜色,以加强护栏端头及三角带的警示功能,利于行车安全。在护栏端头区域和出入口三角带区域驾驶员通常存在犹豫心理,或者会出现由于车速过快发生冲碰的情况。因此,在护栏端头及三角带设置具有警示作用和解体消能的安全设施,以更好地发挥解体消能的作用,将事故损失降至最低。我们认为在"平坦开阔"的出入口设置的解体消能设施的色彩,应该像欧洲国家大量使用的,如图 7-74b)所示的冷色,就如紧急救助匝道外侧和尽头的消能设施的质感和色彩,让驾驶员感受一种宽容,降低了冲碰的心理压力,既起到提示的作用,又能调节驾驶员冲碰过程的情绪,提高安全保障水平。

7.2.11 路侧其他结构物

从安全的角度,理想的路侧状况应具备可逾越、无障碍的特点,但有一些设施仍必须设置在行车道附近。在路权范围内,路侧其他结构物有:交通标志柱、公路照明灯柱以及其他设施的支撑杆柱。据统计,美国每年因车辆与路侧固定障碍物相撞致人死亡的事故中,其中大约 15% 是由交通标志、照明和其他公用设施的杆柱引起的。

路侧交通标志或其他杆柱是路侧潜在危险物,不必要的标志和支撑结构需要移除,如果必须设置,其位置要合理,尽量使车辆碰撞到的可能性最小,这是从交通安全角度设置标志或杆柱设施应遵循的最基本原则。

交通标志应尽可能放置在护栏外侧、现有结构物上,或者车辆碰撞不到的区域。放置在护栏外侧时,还应确保护栏与支撑结构间的横向距离大于护栏最大变形量。如果达不到上述要求,应使用可解体消能设施。只有当解体设施不可行时,才使用护栏防撞垫对标志立柱进行单独防护。可解体设施一般设置在冲出路外车辆与路侧杆柱类设施发生碰撞的潜在概率大的位置,且杆柱设施不宜设置在可采取移除和移位方法进行安全处理的地方,或位于历史车辆碰撞杆柱的地方。

为充分发挥可解体消能设施的作用,其后面最好有一定的可返回区域。可解体消能设施不能设置在排水沟内,因腐蚀和结冰作用将影响其解体性能。门架式交通标志应尽可能安装在跨线桥或其他结构物上。门架式和悬臂式交通标志通常要求巨大的支撑结构,这个支撑结构不能是可解体的。所有位于路侧净区内的门架式交通标志必须用护栏进行防护。

可解体消能杆柱设在边坡上时,碰撞后的残桩和支撑物都不应妨碍失控车辆运行。周围地形坡度必须使车辆能够逾越残留的、埋设在地下或与基础刚性连接的不可解体部分。一般要求残留物高度不超过100mm,如图7-82所示。

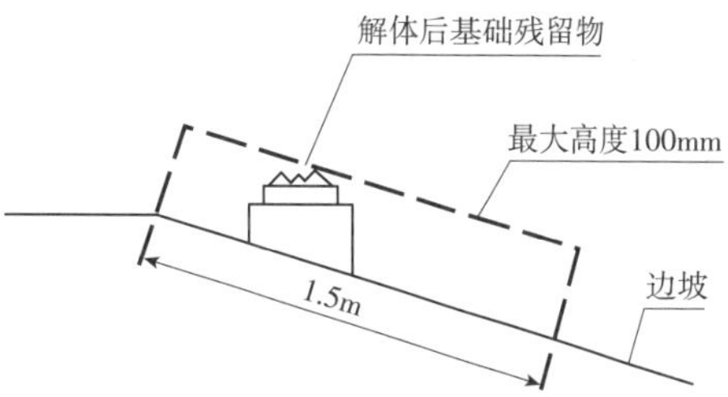

图7-82　可解体杆柱被撞击后残留底座示意图

可解体消能杆柱主要是靠承受的剪力荷载触发其解体消能装置。大部分可解体消能杆柱设计时应考虑碰撞发生在保险杠的高度,典型高度为高于地面500mm。如果碰撞点较高,碰撞产生的弯转力矩可能足够大以至于约束了解体机制,从而不能触发可解体消能装置。因此,可解体消能设施不能设置在排水边沟、陡坡或者碰撞时车辆容易腾空的地方。

7.3　服务区场地交通静化设施

高速公路是全封闭、全立交、严格控制出入的交通设施,长时间行驶在高速公路上的车辆由于驾驶员、乘客、车辆以及运输物资等在交通途中的各种需求,需要在中途加油,驾驶人员需要下车休息缓解疲劳,旅客需要入厕、就餐、购物或观光等,因此需要高速公路设置服务区等设施来满足高速公路用户在交通途中的各种需求,服务区等设施成为高速公路不可缺少的基础设施。

随着高速公路网的完善,交通量的日益增加,进入服务区临时停靠的车辆以及区内行走休息的人员逐渐增多,因车辆倒车、停放等驾驶行为而导致的车辆与车辆、车辆与行人之间的冲突也随之加剧,服务区内的交通事故不可忽略,凸显服务区内的交通组织尤为重要。合理规划服务区,设置服务区内必要的交通标志、标线,可以减少甚至消除服务区内的交通冲突,提高驾驶操作和行人的正确行为,保证行车和行人的安全,防止交通事故的发生,从而对于提高服务设施的服务水平,改善服务区等场地静态交通系统形象具有重要意义。

7.3.1　服务区场地规划

服务区等沿线设施场地交通规划需根据沿线设施场地功能配置和规模,充分考虑交通网络和交通需求量的大小,不能千篇一律。目前我国大多数服务区等沿线设施场地缺乏统筹考虑,统一规划,造成服务区等沿线设施场地设施利用率低,使用不均衡,产生资源浪费。

应根据区域路网和区内需求的特征，将沿线设施场地进行分类，不同的沿线设施场地采用不同的规模，实现功能的分类。

(1)沿线设施场地功能应体现差异性

服务区等沿线设施场地主要是为车辆和驾乘人员提供服务，各类服务设施功能选择的优先次序是：停车、入厕、休息、加油、购物及其他，对于洗浴、住宿等不是特别紧迫的需求，可以在相邻的服务区等沿线设施场地实现。这种差异性既满足了服务需求，又节省了建设资金的投入，做到各类服务设施有所侧重，资源分配更加合理。

(2)沿线设施场地功能的定位与层次划分

服务区等沿线设施场地功能的定位与层次划分，是根据路网及沿线设施场地不同功能的配置来进行功能定位，使各沿线设施场地的功能各有侧重。服务区等沿线设施场地所能提供的服务与实际需求相一致，在保障供需平衡的前提下节约建设资金与管养成本。由于出行出发点千差万别，服务区等沿线设施场地功能的定位与层次划分不能过于复杂，以便于驾乘人员可以在高速行进的过程中快速判断服务设施所能提供的基本功能。

在对服务区等沿线设施场地进行功能分类后，按照确定的分类功能和服务区等沿线设施场地交通驶入率大小、驶入客货车的比例和在场地内“慢速”、“静态系统”规划布设停车区域和服务区域，考虑遵循以下原则：

(1)坚持以停车为本，以人为本的理念，统筹规划场地、区域、块功能，彰显无障碍设计原则。各种设施的结构应结合周边环境，利用周边的资源、材料修筑，与周边自然环境融为一体。

(2)场地区块功能明确，人、车分离，方便活动。货车驶入率大时，尽量将货车和客车的停车区域分离，避免客货车相撞。另外，在停车区域渠化好驾乘人员离车后在服务区域的步行路径，使驾乘人员的步行路径尽量远离车辆驶入和驶出停车区域的路径，最大化降低车辆与行人的冲突。

(3)场地交通导向指示系统清晰，控速措施恰当，如图7-83、图7-84所示。针对规模较大的静态系统，在有条件时，吸收如图7-85所示的标识方法，有利于人们的记忆和辨别，特别是规模较大、视野空间受限的地下静态系统。

图7-83　服务区入口导向标志

图7-84　服务区入口处的限速标志

(4)按车型分区布置静态交通系统，以大型车“行—停—行”的顺序布置，如图7-86、图7-87所示，避免当前国内一些按“行—倒—停—倒—行”的布置顺序，大型客货车的停车位尽量规划采用直入、直出的形式，避免大型客货车驾驶员在倒车时视线受限而在盲区导致的交通事故。

(5)场地区块间尽可能采用物理隔离，避免功能区块间的串混，产生非责任性的失误。

(6)设置清晰明确的导行指示标志、标线设施和避免逆向行驶的人性化标志，如图7-88所示。

图7-85　利用颜色功能分区的静态系统标识

(7)利用场地“慢速”的“静态系统”特点，针对区段高速公路的状况，设置一些交通安全教育宣传栏和区段高速公路相关设施的介绍等相关信息。

(8)根据运行状况动态调整静态系统布局，适应发展的需要。

a)　b)

图7-86　自然方便的车型分区静态交通系统

图7-87　货车与客车分区停放标志

a)　　　　　　　　　　b)

图7-88　场地导行指示标志

a)入口;b)出口

7.3.2 服务区场地设施标志

服务区内交通标志是用文字或符号给驾驶员驾驶和行人行走提供导向、限制、提示或指示的一种安全设施,其作用是给予驾驶员和行人以适时、确切的交通信息,使服务区内交通达到畅通、安全和高效的目的。根据服务区停车和服务项目的规划,服务区内常用的布设标志有以下几种。

1)客货分区停放标志

大货车较长的车身会导致倒车时后方视野中存在一定范围的盲区,一旦进行倒车操作将对盲区内的车辆和行人产生一定的安全隐患,容易因倒车而产生交通事故。为了减少服务区内大货车、客车及行人之间的冲突,停车区设计成大货车与客车分区停放的形式,应用绿化带及道路划分出各自的空间。在服务区的入口处应设置大货车与客车分区停放标志,引导车辆进入各自的停车区域,具体方案如图7-87所示。在专用停车区内,大货车可采用"直进直出"的方式进行停车,即大货车可直接驶入停车区,离开停车区时也不必进行倒车操作就可直接驶离,从而提高停车区的安全性。图7-89为大货车驶入、驶离停车区示意图。

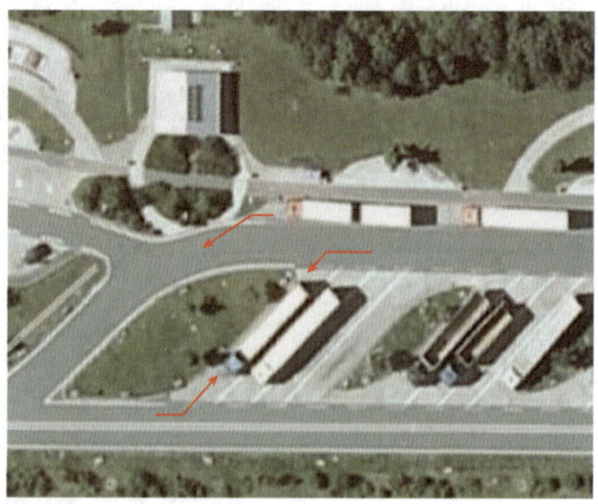

图7-89　大货车驶入、驶离停车区示意图

2)限速标志

由于车辆在高速公路主线上行驶时车速较快,进入服务区时车速未必降低到安全的范围,需要在入口处布设限速标志,规定驾驶员在服务区应以较低的速度行驶,具体方案如图7-83、图7-84所示。

3）停车标志

为了便于服务区内客车的交通组织管理，客车停车区又被分为小客车停车区、中型客车停车区和大型客车停车区，在醒目的位置设置相应的停车标志，引导各类车型驾驶员将车辆停放在各自区域，具体方案如图7-90所示。大客车由于车身较长，倒车时存在盲区，所以在其停车区内同样采用“直进直出”的形式，方便驶入和驶出。

a)

b)

图7-90　客车停车标志

a）大客车停车标志；b）小客车和中型客车停车标志

4）渠化标志

（1）人行横道标志

服务区内交通量、人流量较大时将会产生行人和车辆之间的冲突，交通秩序较为混乱，为了避免行人与车辆产生不必要的交织，保障行人在服务区内的安全，需要在施画人行横道标线的位置布设人行横道标志，具体方案如图7-91所示，告知行人的行走路线，使车辆和行人有序通行。

（2）残疾人专用标志

残疾人专用标志的设置是为了引导残疾人将车辆停放在便捷的指定位置，极大方便残疾人驾车出行和停车，为残疾人创造无障碍的良好交通环境，同时提醒其他驾驶员即使在停车位比较紧张的情况下也不能随意占用便利的残疾人专用停车位，具体方案如图7-92所示。

图7-91　人行横道标志

图7-92　残疾人专用标志

7.3.3 服务区场地标线

服务区内的交通标线由施画于路面上的各种线条、导向箭头、文字等构成的交通安全设施，它的作用是管制和诱导交通，确保服务区内交通的安全运行。服务区内主要施画的标线有以下几种。

1)地面导向标线

驾驶员驶入陌生的服务区时，期望接收交通标志标线连续的行车诱导。地面导向标线具有引导驾驶员行车路线，规范行车秩序的作用。通过导向标线的诱导，车辆可按已规划完善的路线在服务区内行驶。导向标线的施画需要连续、清晰，具体方案如图 7-93 所示。

a) b)

图 7-93 地面导向标线

2)人行横道标线

当服务区交通量较大时，行人与车辆间的冲突也会随之加剧，严重影响交通秩序。合理施画人行横道标线，能较好地规范行人的行走路线，既保证了行人的安全又提高了服务区内的运行效率，具体方案如图 7-94 所示。

图 7-94 人行横道标线

3)残疾人专用停车位标线

为了方便残疾人驾车出行和停车，确保残疾人的无障碍出行，在残疾人停车位施画醒目的专用标线并设置残疾人专用标志，用以引导残疾人停车，同时提醒其他驾驶员即使在停车位比较紧张的情况下也不能随意占用残疾人专用停车位，具体方案如图 7-95 所示。

a)　　　　b)

图 7-95　残疾人专用停车位

7.4　移动标识系统

高速公路是提供物质和信息时空安全快速转移,缩短区域时空距离的基础设施。车辆是承担物质和信息时空安全快速转移的运输工具,车辆的组成复杂多样和运行的车流状态是一个随机瞬间变化的动态过程,运输的物质特性不一,交通事故产生的后果影响不一,如危化品运输、特殊大型构件的超限运输、以人为主的客运等。另外,运行环境和时段、季节变化的影响等,需要驾驶员在驾驶过程中对前后左右周边车辆的基本情况有所了解,为方便其判断和识别,一般都有相关的规定,如危化品运输车辆的车体的标识,大型车辆车厢尾的被动反光标识等加强夜间的视认性。因此,针对运输货物的特性和事故可能的严重后果,在运输车辆上应设置对应的相关标识,随车辆的运行移动,这些不同形式和严重程度不同的标识就构成了移动的交通安全标识系统,设置移动的交通安全标识系统是非常必要且重要的。图 7-96是欧洲危化品运输车辆厢尾标识。

图 7-96　欧洲移动安全标识系统

本章参考文献

[1] 中华人民共和国国家标准. GB 5768—2009 道路交通标志和标线[S]. 北京:中国标准出版社,2009.

[2] 中华人民共和国交通行业标准. JTG D82—2009 公路交通标志和标线设置规范[S]. 北京:人民交通出版社,2009.

[3] 中华人民共和国交通行业标准. JTG D20—2006 公路路线设计规范[S]. 北京:人民交通出版社,2006.

[4] 高海龙,李长城,等. 路侧安全设计指南[M]. 北京:人民交通出版社,2008.

[5] 孟祥海,李红萍. 交通工程设施设计[M]. 哈尔滨:哈尔滨工业大学出版社,2010.

[6] American Association of State Highway and Transportation Officials. Roadside Design Guide [M]. Washington, D. C. ,2011.

[7] Federal Highway Administrator. Manual on Uniform Traffic Control Devices (MUTCD) [M]. Washington, D. C. ,2009.

[8] Ross, H. E. , Sicking, Jr. , D. L. , Zimmer, R. A. , Michie, J. D. NCHRP Report 350: Recommended Procedures for the Safety Performance Evaluation of Highway Features[R]. Transportation Research Board of the National Academies. Washington, D. C. ,1993.

第8章 山区高速公路运行管理安全技术

8.1 道路运行安全状况调查与统计

交通事故调查是一项重要而繁杂的工作,它与交通管理部门的目的和内容有所区别,是道路管理部门查明道路责任的依据。根据国内外的管理方法,交通事故调查主要是由交通警察执行,但遗憾的是交通警察隶属于执法部门,事故发生时他们关注的是事故是哪一方的责任,对道路运行管理中道路条件的影响因素问题缺乏专业支撑和关注,需要道路运行管理部门根据道路运行安全管理的需要进行现场调查与统计。当然,一起交通事故的发生不一定与道路条件直接关联,需做客观调查与统计。

交通事故调查是在现场踏勘的基础上,对事故当事人和车辆、道路、交通、道路环境和气候等条件的详细调查与分析,以查清是否是道路条件的责任,道路管理部门对事故调查与统计的结果是对整个道路运行安全管理工作的基础,也影响到对其他道路建设阶段的道路条件安全规划、设计与施工,以及运行管理阶段安全道路条件管理工作的借鉴。

8.1.1 交通事故现场调查

交通事故现场调查包括现场踏勘事故擦痕、丈量绘制事故现场、道路资产损失现状、现场事实拍摄、检查事故车况和路况、听取旁证等。现场调查的内容一般包括:对交通事故时间、空间位置、现场人车路状况、天气状况、当事人的心理状态、身体与精神状况,以及对道路交通条件的感受等与道路条件相关的因素进行现场调查记录。根据现场调查,记录排查因道路条件引起的事故及其原因。在道路交通事故调查中还需与管理路段的交通警察进行深入的沟通和调查,以进一步核查道路交通条件的安全问题。

8.1.2 交通事故统计

根据高速公路运行管理部门对道路条件安全管理的评价指标要求,如根据事故多发地点的管理需要及其评价技术、方法和指标,对与道路条件相关的交通事故状况进行统计,为量化道路条件安全状况和管理提供支持。

8.2 交通安全预测方法

预测道路交通安全状况,是为了在现有道路交通安全状况基础上进一步了解道路交通安全未来的发展趋势,以便将还未发生的交通事故消除在摇篮中,提高道路交通安全性。道路交通事故调查与统计数据可为道路条件交通安全预测提供数据支持，在进行交通安全预测时，可以以一个地区或一条道路为研究范围，采用定量与定性相结合的应用数学方法，来推断未来一段时间研究范围内的道路交通事故状况，为掌握和控制事故发展趋势提供依据，为排序道路条件的交通运行严重程度和处置提供保障。

随着交通安全学者对道路交通安全的深入研究，预测方法也逐渐增多，归纳起来主要有三个方面：一是依据事故发生的因果关系提出的预测方法，比如回归模型（一元回归、多元回归）；二是依据事故发生的时间序列提出的预测方法，比如指数平滑法、灰色预测法、移动平滑法；三是依据因果关系和时间序列共同提出的预测方法。

8.3 运行速度管理

8.3.1 运行速度评价方法

1）评价目的

由于山区高速公路上车辆的实际运行速度与设计速度往往存在较大的差值，有必要对车辆的实际运行速度和所在路段上的线形指标、限速、安全设施等道路条件进行现场验算与核查。此外，车辆在高速公路上运行速度的协调性，也可以反映出高速公路线形设计的协调性和车辆实际运行的协调性，实际的道路运行状况才是验证道路线形条件安全性的唯一标准，同时也是车辆安全运行的保障。

2）评价依据

可采用各个省不同区域的运行速度评价模型进行，也可参考我国现行的《公路项目安全性评价指南》（JTG/T B05—2004）中高速公路运行阶段的安全性评价，对事故较多的路段进行运行速度实测和评价。

3）评价方法

（1）根据实测的运行速度核查高速公路的超高、停车视距等指标，确定其是否符合驾驶员的实际驾驶需要。

（2）评价运行速度协调性：运行速度协调性评价主要是采用相邻路段的运行速度差值进行评价，相邻路段的合理的路段运行速度差值应控制在一定的范围内，这样可以最大程度的减少操作错误，提高运行安全性。

（3）运行速度与安全存在一定的量化关系，合理的限速可以在一定程度上提高道路的安全性。运行阶段的高速公路安全性评价，需要确定限速是否与运行速度通行效率、行车安全等相适应。实际工作中，可计算路段设计速度、实测运行速度、实际限速值之间的差值，即实测运行速度与设计速度差值、实测运行速度与限速差值和设计速度与限速差值，并对差值进行分析。一般来说，差值不宜大于20km/h，若大于20km/h则需要重新考虑速度管理方案。

（4）部分安全设施的设置与车辆实际的运行速度相关，运行管理阶段高速公路安全性评价，需要核查现有安全设施的设置是否满足车辆在白天和夜间实际运行速度的需要。

8.3.2　运行速度限制原则和方法

车辆运行速度的快慢与行车安全有着重要关系。增加车辆的运行速度，可以缩短运输时间，提高运输生产效率。但是车速过快往往使车辆失去操纵性和稳定性，使制动非安全区急剧增加，并给车辆行驶带来许多不利影响。车速的快慢直接影响到交通安全，实践证明因车速过快而造成的交通事故屡见不鲜，“十次事故九次快”就是这个道理，车辆运行速度应合理。限速的原则具体应考虑以下几个方面。

1)车辆的技术性能

车辆的技术性能好坏，对运行速度有很大的影响，对行车安全有着重要的作用。如CA10B型汽车的最高运行速度是75km/h，指的是发动机节流门全开，变速器挂最高挡位的情况下，汽车满载(不带挂车)在平坦而坚实的路面上稳定行驶时的速度，而北京BJ212型汽车设计最高运行速度为80km/h。

2)道路条件

道路条件对车辆运行速度影响极大。在高路堤或处于连续弯道的条件下，尽管停车视距或会车视距满足最低要求，亦应当考虑适当限速；当路面摩擦力差，但又处于一定纵坡地段时，对于下行的车辆会增加意外行车不安全因素。这种路段也是一般常规应适当限速的路段。如果强行提高运行速度，自然对行车安全不利，甚至造成严重的行车事故。

3)交通环境

交通环境主要是指车辆所经过的道路周围的情况(如地形、地貌)及车辆所处的交通量情况；所行驶道路上其他使用者(同向和异向行驶的各种车辆)对车辆运行的影响程度，气象条件等。所以交通管理条例中对不同的交通环境，分别做出了相应的限速的规定。

4)会车视距与停车视距

会车视距与停车视距是考虑限速标志使用的最主要原则，因为在不同道路条件及视距范围内，会车视距与停车视距的大小都将直接影响行车安全。

一般情况下，高速公路上汽车分道行驶，且为双向四车道以上，此时应考虑在保证安全停车视距的基础上，确定是否限速及限速标准。

5)气候条件

气候条件是指路段处于多雾、多雨和多雪地段，这些地段常常因为气候因素造成行车不安全，也应适当限速，但此时的限速标志应主要采用可变标志，以适应气候变化及路线条件的变化需要。如果条件有限，亦可适当使用警告标志，给予提示注意。

6)事故多发地点

对于在上述条件确定下，仍然出现行车事故多发的路段，在确定限速时也应认真考虑，不能疏漏，且应适当进行现场踏勘、检测，认真分析加以改善，以保证行车安全。

高速公路运行速度的一般规定有以下几点：

(1)高速公路最高时速的规定：机动车在高速公路上正常行驶时，最低时速不得低于60km/h。最高时速，小型客车时速不得高于120km/h；大型客车、货运汽车和摩托车时速不得高于90km/h。但遇有限速交通标志或者限速路面标记所示时速与上述规定不一致时，应当遵守标志或者标记的规定。

（2）机动车在高速公路通行时，应当在行车道上行驶。设计时速高于100km/h的小型客车在第二条车道上行驶；大型客车、货运汽车和设计时速低于90km/h的小型客车在第三条车道上行驶。机动车在高速公路上正常行驶时，同一车道的后车与前车必须保持足够的行车间距。正常情况下，当行驶时速为100km/h时，行车间距应为100m以上；时速70km/h时，行车间距应为70m以上。遇大风、雨、雪、雾天或者路面结冰时，应当减速行驶。

合理限速一直是各国关注的问题，各国国情不同，限速规定也各不相同。美国在制定车速限制值时，通常在基于85%位车速的基础上考虑其他因素，如交通流及其变化、道路条件、历史事故数据等。英国最高车速限制是综合考虑道路条件和历史事故记录，在85%位车速的基础上进行适当折减的情况下确定的，最高限速为115km/h。日本的限速考虑天气的影响，正常天气时最高限速为100km/h，雨天时最高限速为80km/h。

高速公路上存在一些特殊路段，如：隧道、桥梁、急弯、长大纵坡段、小半径曲线段等，这些路段较容易发生交通事故，影响车辆运行速度且运行速度相对较低，确定限速值时要特殊考虑相邻路段运行速度的协调性，尽量避免速差过大等问题。

一些路段在白天和夜间采取的限速数值也可不一样，夜间驾驶员的视距、视野受到影响，速度过快会使驾驶员对危险情况判断不足，造成事故发生的可能性就会增大。所以某些路段设置一些具有夜光特性的限速标志，在夜间行驶时，该限速标志就显现出来，以适宜的速度进行限速。

通过以往对大量的已建高速公路运行速度的调查研究，通常速度平稳的高速路段常是线形良好的平直路段或大半径曲线路段，且长度占总路线比例较大，这些速度变化稳定的路段小客车和大货车运行速度普遍可达到期望运行速度。《中华人们共和国道路交通安全法》要求，高速公路最高限制速度为120km/h，最低限制速度为60km/h。高速公路限速管理中，以限速80km/h、90km/h、100km/h、110km/h、120km/h这些限速值 v_i 为常见数值，将这些限速值 v_i 与限速参考值 v_c 相减如式（8-1）所示，其结果为负值，且绝对值为最小，将这个值作为限速初始值 v_0。

$$v_0 = \min|v_i - v_c| \qquad (v_i \leqslant v_c) \tag{8-1}$$

式中：v_i——高速公路限速管理中常见限速值。

确定限速初始值 v_0 后，还需要进行道路线形指标、视距、设计速度、道路交通事故发生情况及路侧环境因素等几方面的核查，以保障最终确定的限速值的可行性。

（1）道路线形指标核查

道路线形指标核查主要是考虑在通常交通条件下，当车辆超过设计速度行驶时，平曲线、弯坡组合线形及凸曲线对运行安全性有较大的影响。

（2）速度核查

设计速度减去限速初始值 v_0 的绝对值大于20km/h时，可选择 (v_0+20) km/h作为限速值。设计速度减去限速初始值 v_0 小于或等于20km/h时，原限速初始值 v_0 保持不变。

还有其他指标的核查这里不再赘述。

8.4　运行安全评价技术

8.4.1　事故指标评价方法

根据事故统计指标来确定路段的危险程度，判断事故多发地点，确定安全改造的顺序，是高速公路运行管理阶段的一项重要的管理内容。一般应收集评价路段近2~3年的交通事故记录，但当评价路段近几年的道路、交通和环境条件有变化时要注意交通事故的可比性。事故指标评价方法包括事故率法和平均事故率法。

1）事故率计算方法

计算某地点事故率时推荐采用公里事故率和百万车公里事故率。其中公里事故率适用于交通量较小或者交通量数据不详的路段；百万车公里事故率适用于交通量较大的路段。公里事故率和百万车公里事故率计算方法如下：

（1）每公里事故率：是指一定时期内调查统计路段平均每公里发生的事故次数或伤亡人数。

（2）百万车公里事故率：是指一定时期内调查统计路段平均每百万车公里发生的事故次数或伤亡人数，其计算模型如下：

$$R_{\mathrm{j}} = \frac{f_{\mathrm{j}} \times 10^6}{365 \times PL_{\mathrm{j}}Q_{\mathrm{j}}} \tag{8-2}$$

式中：R_{j}——某地点的事故率，%；

f_{j}——某地点累计事故次数，起；

P——分析期间，年；

L_{j}——路段长度，km；

Q_{j}——某地点的年均日交通量（AADT），辆/d。

2）平均事故率计算方法

山区高速公路某区域平均事故率计算模型如下：

$$f_{\mathrm{rp}} = \sum_{j=1}^{n} f_{\mathrm{j}}/n \tag{8-3}$$

式中：f_{rp}——某一区域同期的平均事故数，起；

f_{j}——j地点事故数，起；

n——地点总数。

山区高速公路某区域平均百万车事故率计算模型如下：

$$R_{\mathrm{rp}} = \frac{\sum_{j=1}^{n} f_{\mathrm{j}} \times 10^6}{365 \times P \times \sum_{j=1}^{n} L_{\mathrm{j}} \times Q_{\mathrm{w}}} \tag{8-4}$$

式中：R_{rp}——平均事故率，起/百万车公里；

f_{j}——某地点的事故数，起；

P——分析期，年；

L_j——路段长度，km；

Q_w——加权年均日交通量(AADT)，辆/d，按照式(8-5)计算；

Q_j——某地点年均日交通量(AADT)，辆/d。

$$Q_w = \sum_{j=1}^{n}(Q_j \times L_j) / \sum_{j=1}^{n}(L_j) \tag{8-5}$$

将平均事故数或平均事故率的2倍作为临界事故数和临界事故率，即作为参照衡量标准，进行事故评价。

$$临界事故率 = 平均事故率 \times 2 \tag{8-6}$$

8.4.2 驾驶工作负荷评价方法

1)评价目的

根据对驾驶员在评价路段上行驶时的运行速度、驾驶员安全舒适性生理心理指标值、驾驶过程中的视觉兴趣区域等驾驶员驾驶期望特性的安全舒适程度检测结果来确定线形基本路段、路面、结构物、交通工程设施等道路条件可能存在的运行风险程度。

2)评价依据

依据道路用户驾驶员在驾驶时的安全舒适性状态检测评价道路运行的安全性。作者通过多年的研究得出，驾驶员在行车时的驾驶工作负荷能实时表征驾驶员驾驶的安全舒适性。驾驶员紧张时，驾驶工作负荷高于标准驾驶工作负荷，驾驶员驾驶安全舒适性差；驾驶员疲劳时，驾驶工作负荷低于标准驾驶工作负荷，驾驶员驾驶安全舒适性也差；驾驶员驾驶工作负荷介于两者之间时，驾驶员驾驶安全舒适性良好。

作者通过大量研究发现，驾驶员心率变异性(HRV)的高频段与低频段功率值LF/HF能够反应驾驶员的精神负荷敏感程度，可定量描述汽车驾驶员驾驶工作负荷。

3)评价方法

采用驾驶员在一定的驾驶行为运行速度下的心率变异性指标评价驾驶员驾驶工作负荷度 K_{ij}。驾驶工作负荷度计算模型如式(8-7)所示：

$$K_{ij} = \left[\left(\frac{LF}{HF}\right)_{ij} - A_i\right] \Big/ V_{ij} \tag{8-7}$$

式中：K_{ij}——驾驶员 i 在道路上 j 位置的驾驶工作负荷度；

$\left(\frac{LF}{HF}\right)_{ij}$——驾驶员 i 在道路上 j 位置的HRV值；

A_i——驾驶员 i 正常驾驶时的HRV值；

V_{ij}——驾驶员 i 在道路上 j 位置的运行速度，km/h。

其中，A_i 是驾驶员在正常驾驶状态下的HRV值，本研究以驾驶员在驾驶过程中产生的HRV值的众数作为表征值。

我们通过在我国山区高速公路大量的驾驶员在不同驾驶工作负荷下检测到的驾驶工作负荷度海量数据采集和分析，得到标准小客车和大货车驾驶员驾驶工作负荷分类阈值，如表8-1所示。

驾驶员驾驶工作负荷分类阈值 表8-1

小客车		大货车	
高驾驶工作负荷	$K \geq 0.06$	高驾驶工作负荷	≥ 0.07
标准驾驶工作负荷	$-0.012 \leq K < 0.06$	标准驾驶工作负荷	$-0.011 \leq K < 0.07$
低驾驶工作负荷	$K < -0.012$	低驾驶工作负荷	$K < -0.011$

当驾驶员驾驶工作负荷处于标准驾驶工作负荷范围内时,驾驶员驾驶安全舒适性良好;驾驶工作负荷高于或低于标准驾驶工作负荷时,驾驶员驾驶安全舒适性差,检测路段存在安全风险。

8.5 交通事故紧急救援与安全管理

高速公路交通事故紧急救援管理是指个人或组织通过监测、预警、准备、反应、恢复、总结等措施,控制和限制交通事故危害的发展,降低交通事故所造成的伤亡与经济损失,预防二次事故的发生,减少因交通事故造成交通拥堵、交通延误,确保交通安全、畅通,提高交通运输效率,降低交通事故的间接经济损失。

在我国每年众多的交通事故死伤人员中,有相当数量的人员是因没有得到及时抢救而伤亡和残疾的。如果交通事故发生后,伤者能够得到及时、合理的现场救护并迅速送至医院,那么受伤者的死亡率就会减小,复原机会就会增大。我国卫生部提供的一份资料表明:在1 000例交通事故伤害者中,只有14.3%是乘救护车到达医院;另外,在我国交通事故死亡者中只有大约40%是当场死亡,60%的人死于医院或者送往医院途中,其中约30%的受伤者因为抢救不及时而死亡。而目前,由于我国道路交通事故紧急救护水平比较低,交通事故重伤者得到救护的时间约在事故发生后1h左右,有的甚至超过2h。因此,若有一个完备的交通事故紧急救援系统,实施有效的交通事故紧急救援,不仅可以大量减少交通事故死亡人数,还可以减轻交通事故受伤者的肉体和精神痛苦,降低伤残人数和伤残等级,减少二次事故的发生,降低交通事故财物损失。同时也能减少因交通事故造成的交通拥堵、交通延误,确保交通安全、畅通,提高交通运输效率,降低交通事故的间接经济损失。

为了使救援工作更加有效,高速公路交通事故紧急救援系统应运而生。如成立事故救援服务中心,形成由高等级公路监控中心、交警、消防、救援组织、医院救护、环卫、特种物品处置、保险公司理赔和社会福利机构等部门构成的资源协同机构,以便统一利用和调配人力和物力资源。该协同机构可形成全天候运转的紧急救援实体,配备训练有素的救援人员和必要的设备和运送车辆等,并制定出具体救援和组织实施方案。一旦事故发生并获得信息后,交通控制中心决策者与交警部门紧密配合,互通信息,统一指挥,紧急救援队伍按指令迅速抵达事故现场;同时协同机构能及时针对有关信息反馈给交通监控中心,并对现场实行必要的交通管制。交通监控中心可根据反馈信息立即实施相关应急方案并向道路上有关驾驶员提供相关交通事故信息;事故勘察处理完毕后,迅速解除紧急状况下的交通管制,恢复正常交通。高等级公路救援系统通过有效利用内部资源和社会资源,便可以最快的反应能力救治伤员、抢修设施、排除障碍、恢复交通,实现交通事故损害后果的最小化及社会效益的最大化。

此外,非专业急救人员医学急救常识和紧急避险技能的普及不可缺失。交通事故紧急救援人员包括专业救援人员及机动车驾驶员、交通警察、交通事故高发群体、公路沿途的群众以及部分社会志愿者等非专业救援人员。对非专业救援人员普及相关事故现场保护常识、医学急救常识和紧急避险技能,能有助于为交通事故当事人赢得时间挽救生命。同时,充分利用广播、电视、报刊、网络等,广泛宣传道路交通事故紧急救援的重要性及基本常识,将有利于提升全民对于道路交通突发事件的紧急应对能力。

8.5.1 交通事故紧急救援系统的任务与目标

1)任务

(1)及时获取发生交通事故的信息,协调有关方面迅速采取紧急救援行动。

(2)交通事故发生后,提供紧急服务,包括消防、救护、环保、车辆牵引起吊、供应燃油等,并进行现场事故处理。

(3)车辆发生故障时,提供维修服务,帮助陷入困境的汽车摆脱驾驶困境。

(4)可立即改变有关匝道的控制,疏导交通,以便处理事故。

(5)在交通事故可能影响的范围内,为行车的驾驶员和乘客提供信息服务等。

2)目标

紧急救援系统的目标是保证在任何情况下快速、准确检测事故发生,以最快的反应速度指挥、疏导交通,提供紧急救援服务(包括消防、救护、环保、车辆牵引、起吊、供应燃油等),用最短的时间排除事故,恢复交通,同时及时采取信息发布、劝诱、疏导、控制或调节手段,避免后继事故的发生,最大限度地降低事故死亡率和伤残等级,为驾驶员和通行车辆提供最佳服务。紧急救援系统产生的直接效益是有效地降低事故损失,减少阻塞和延误,间接效益是有效减少产生二次事故,保障高速公路安全、畅通、高效运行。

8.5.2 紧急救援工作流程

有效的事件紧急救援系统包括以减少事件检测和确认时间为目的的各个部门的协作、对事件做出相应的响应、清除事件的影响,使交通恢复到正常的状态。即:事件检测、鉴别、反应、清除、现场管理以及向驾驶员提供相关信息等。公路交通事故救援系统主要工作流程如图 8-1 所示。

8.5.3 交通事故检测与报告

1)人工报告

交通事故发生后,可以由驾驶员、交警巡逻人员、路政巡逻人员、旁观者等通过人工通信方式报告交通监控中心。

2)自动检测

高速公路事件检测系统是根据实时采集的数据信息由算法自动判别是否发生交通事件,达到提高信息判断、决策的目的。美国于 1968 年就开始了该系统的研发,经过近 30

年的实践与发展,已开发出多种交通事件自动检测系统。图 8-2 为交通事件自动检测系统构成框图,其中系统的关键部分是交通事件检测算法,McMaster 算法、指数平滑法和标准偏差法都是研究较多的交通事件自动检测算法。目前,还没有一种算法可适用于各种交通量。

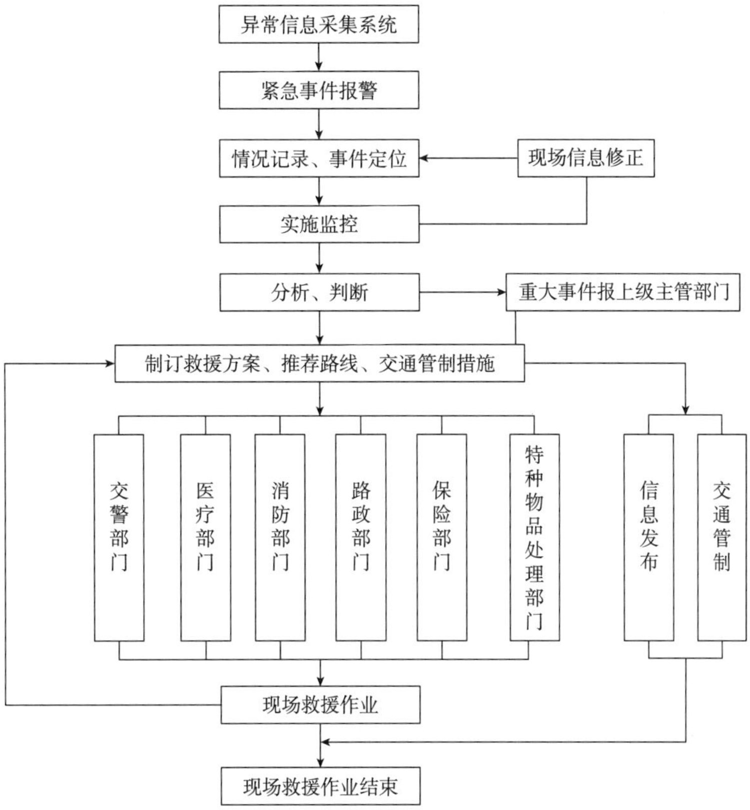

图 8-1　高速公路紧急救援系统工作流程图

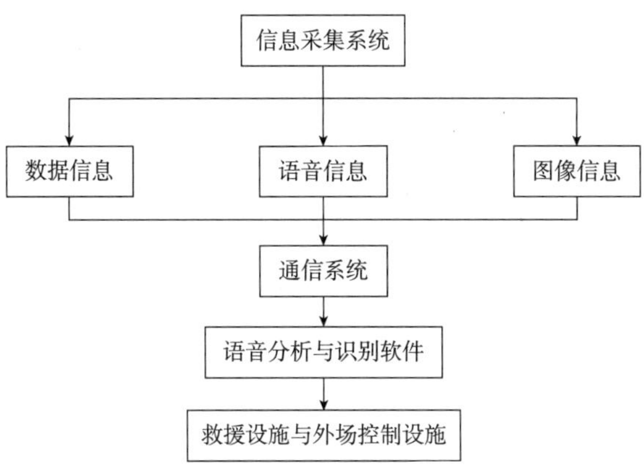

图 8-2　交通事件自动检测系统的构成框图

利用波动理论进行交通事故预测是当前较为成熟和常用的算法，其原理和方法如下：

当交通事故发生后，事故发生处的通行能力将下降，如果下降到低于交通需求时，交通流就要受到影响，产生偶发性交通拥挤，在出事地点下游的一定范围内将出现交通流反常；上游车辆因交通受阻而减速，下游车辆稀少而加速；出事车道上的交通流量减少，相邻车道因交通流合并而车流量增多；上游道路的时间占有率增大，下游的时间占有率减小等异常交通流现象。总之，当发生交通异常时，交通流参数在一定范围内将比正常值偏大或偏小，如图 8-3 所示。

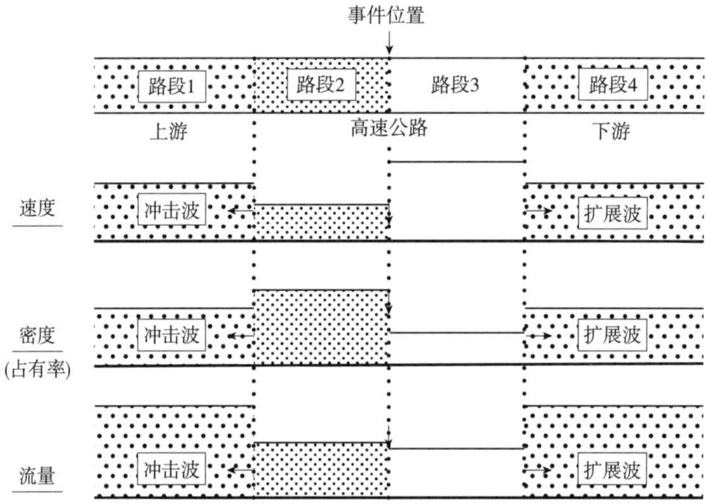

图 8-3　事件发生对交通流理论上的影响

在一个事件的附近出现 4 个不同的交通流区域，我们称其为路段。路段 1 和路段 4 中的交通流不受事件的影响，保持正常情况；路段 2 紧靠事件的上游，交通流变得拥挤，表现为速度低于正常值而密度高于正常值；路段 3 紧靠事件的下游，交通流变得稀疏；路段 1 和路段 2 之间的分界线向上移动，上游形成冲击波，而路段 3 和路段 4 的分界线向下移动，下游形成扩展波。

高速公路事件检测主要通过某些交通流参量的变化（如交通量、速度、占有率或各种交通流参数组合）而确定。

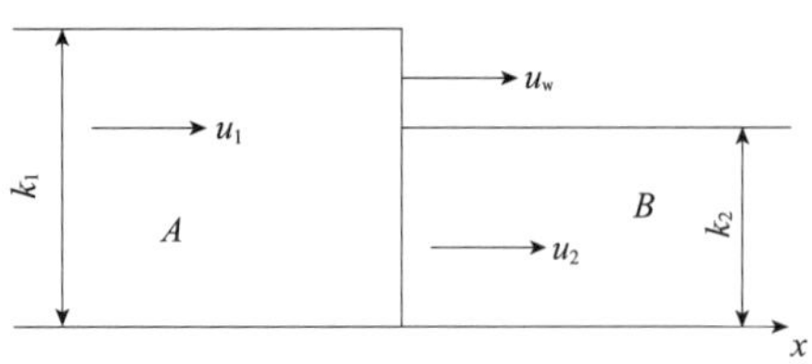

图 8-4　两种密度的车流运行状况

以图 8-4 为计算图示，假设一分界线 S 将交通流分割为 A、B 两段，u_1 为 A 所在区域平均速度；u_2 为 B 所在区域车辆平均速度，假设分界线 S 的移动速度为 u_w，前后两个相邻的不同交通流密度区域（k_1 和 k_2），假定沿路线按照所画的箭头 x 正方向运行，速度为正，反之为负。显然，由交通量守恒可知，在时间 t 内通过截面 S 的车辆数 N 可以表达如下：

$$N = u_{r1} k_1 t = u_{r2} k_2 t \tag{8-8}$$

即：

$$(u_1 - u_w) k = (u_2 - u_w) k_2 \tag{8-9}$$

式中：$u_{r1}=(u_1-u_w)$：在 A 区相对于垂直分界线 S 的车辆速度。

$u_{r2}=(u_1-u_w)$：在 B 区相对于垂直分界线 S 的车辆速度。

由 $q=ku$ 可知：$q_1=k_1u_1$，$q_2=k_2u_2$，代入式(8-9)可得式(8-10)：

$$u_w=\frac{q_2-q_1}{k_2-k_1} \tag{8-10}$$

当 $u_w>0$，表明波面的运动方向与交通流的运动方向相同，这就意味着：

$$\begin{cases}q_2-q_1>0\\k_2-k_1>0\end{cases} \text{或} \begin{cases}q_2-q_1<0\\k_2-k_1<0\end{cases} \tag{8-11}$$

式(8-11)中前一种情况表示交通流从低流量、低密度、高速度进入高流量、高密度、低速度区，但波面向下游运动，即高密度区并未向上游扩展，即使这种变化由事件引起，也不影响上游交通，原因是事故发生前道路未达到通行能力，事故发生后将通行能力进一步发挥出来；后一种情况是从高流量、高密度、低速度进入低流量、低密度、高速度，下游交通状况改善，但不影响上游交通状况。

当 $u_w=0$ 时，$q_2-q_1=0$，表明波面维持在原地不动，这是一种流量相同，速度、密度不同的两种交通流状态的转化，此时的交通波发生在事故点。

当 $u_w<0$ 时，表明波面的运动方向与交通流的运动方向相反，此时意味着：

$$\begin{cases}q_2-q_1<0\\k_2-k_1>0\end{cases} \text{或} \begin{cases}q_2-q_1>0\\k_2-k_1<0\end{cases} \tag{8-12}$$

式(8-12)中前一种情况表示交通流从高流量、低密度、较高速度进入到低流量、高密度、较低速度区，由于此时波面向上游运动，上游交通流受影响而变差，这是由于受到事故路段通行能力的限制而形成的；后一种情况是交通流从高密度、低流量、低速度区进入低密度、高流量、高速度状态，由于交通波向上游运动，上游交通得到改善，如事故现场得到清理，交通得到疏散。

综上所述，可以得到以下结论：

(1)当 $u_w>0$ 时，交通波向下游运动，即便是事件引起的交通流的变化，通过发挥剩余道路通行能力，上游交通不会受影响，只需要采取相应的急救措施。

(2)当 $u_w<0$ 时，$q_2-q_1>0$，$k_2-k_1<0$，即交通流量增大，密度变小，交通波向上游运动，上游运行状况得到改善。

(3)当 $u_w<0$ 时，$q_2-q_1<0$，$k_2-k_1>0$，即流量减小，密度变大，交通波向上游运动，上游运行状况变差，甚至形成阻塞、排队等现象。

显然，对交通事件采取交通管理的必要条件是使 $q_2-q_1<0$，$k_2-k_1>0$。考虑到高速公路检测器布设有一定的间隔。一般不少于 1km 布设一组，事件一般发生在两个检测器之间，以极小的概率发生在检测器所在位置，事件路段的交通参数不能直接检测到，直到交通波面运动到检测器所在位置时，前后两个周期检测到的交通参数即为两种不同状态的参数。

因此将事件发生的判断准则为某检测器 A 前后两个采样周期检测到密度增大,而流量减少,即 $q_A(j)-q_A(j-1)<0, k_A(j)-k_A(j-1)>0$($j$ 为第 j 个采样周期)。

交通流的短时预测,是实现交通事件检测的另一途径,可以通过交通参数的预测值与检测值的差值来研究是否有交通事件的产生。国内外对交通流的短时预测做了深入的研究,常采用卡尔曼滤波、多元回归、时间序列、神经网络、非参数回归、混沌理论等进行短时交通流预测。

8.5.4 事件严重程度判断

道路交通事故伤害的严重程度是甄别事故多发地点的重要依据之一,历来受到世界各国的高度重视,在统计中很少遗漏,是最具有可比性的指标。相同或不同交通事故数的路网、路段或路口,由于每起事故损失的大小不同,就不能简单地以事故的绝对数来断定事故多发位置,而是应该分清交通事故的伤害程度。对交通事故伤害程度的界定各国在其内涵方面各不相同。

(1)奥地利:道路交通事故伤害的严重程度是指在道路上出现的交通事故最少包括有一辆行驶的车辆导致伤害、致命或其他形式的健康损害。健康损害程度分为轻伤和重伤。轻伤指对健康的破坏不影响正常工作能力或使得无能力工作 24h 以下;重伤指对健康的破坏使得无能力工作 24h 以上,在此期间具备住院条件。

(2)比利时:道路交通事故伤害的严重程度是指出现在道路上的交通事故被警察记录在案并导致一人或多人被伤害(包括有至少一辆行驶的车辆)。伤害程度分为轻伤和重伤。轻伤指交通伤害事故没有致命或严重伤害;重伤指住院至少 24h。

(3)加拿大:道路交通事故伤害的严重程度是指出现在道路上的交通碰撞,包括至少一辆机动车并导致一个或更多人非致命伤害。它包括轻伤和重伤,轻伤指非致命伤害在医院住院时间在 24h 以下;重伤指非致命伤害在医院住院包括观察时间最低在 24h。

(4)丹麦:道路交通事故伤害的严重程度是指人员伤害事故导致人员伤亡并伴有大量财产损失。重伤指颅内伤害;头颅碎裂;面部或眼部伤害;躯体伤害(胸部和/或腹部);脊椎骨和/或盆骨、骨折/脱臼或肩部、臂部或手部剧烈扭伤;腰部、腿部或足部骨折、错位或剧烈扭伤;人体一个及以上的部位烧伤的严重伤害。

(5)芬兰:道路交通事故伤害的严重程度是指交通事故导致 1 人或更多的人员伤亡。对重伤和轻伤没有区别。

(6)德国:道路交通事故伤害的严重程度是指交通事故导致人员伤亡或财产损失并伴有大量的财产损失,并且至少包括有 1 辆行驶的车辆。重伤指被送入医院治疗至少 24h 以上。

(7)日本:道路交通事故伤害的严重程度是指交通事故导致人员伤亡是由于在道路上行驶的车辆所致。重伤指需要医药治疗 30d 以上。

(8)美国:一起交通事故导致了至少一人受到伤害,并且被警察记录。重伤指警察报告的致人无生活能力的伤害。

(9)UN/ECE:事故导致的受伤人中有一个或多个严重或轻微伤害。轻伤属第二类伤害如扭伤或撞伤，没有受到类似的伤害而受到惊吓的人在统计中没有考虑，除非他们显示出明显的受惊已接受医疗治疗或表现出需要治疗。ECE 对重伤的界定指碎裂、冲击、内部损害、挤压、严重降低或划破，一般严重冲击需要医药治疗，其他严重损害需要住院治疗。

目前在世界上对事故伤害程度具有可比性的指标是根据 UN/ECE 中对事故死亡的标准定义：道路交通事故死亡为因交通事故造成人员当场死亡或 30d 内死亡。在 1997 年仅有法国、意大利、葡萄牙、韩国和土耳其五个国家没有支持 30d 的定义。但在具体统计死亡人数的天数时各国却不相同，如法国、日本是 6d。

我国是根据事故伤害后果的严重性大小将道路交通事故严重程度分为四类，1992 年 1 月 1 日起执行的是表 8-2 的标准。

交通事故严重程度分类　表 8-2

项目	轻微事故	一般事故	重大事故	特大事故
死亡(人)			1～2	≥3(或者死亡 1 人，同时重伤 8 人以上)
重伤(人)		1～2	3～10	>10(或者死亡 2 人，同时重伤 5 人以上)
轻伤(人)	1～2	3～10	>10	
财产直接经济损失	<1 000 元(机动车) <200 元(非机动车)	财产损失：<3 万元	财产损失：3 万～6 万元	财产损失：6 万元以上

注：死亡、重伤、轻伤和直接经济损失四项指标，达到其中之一即可定为相应严重程度类别的事故。

死亡人数在我国是指交通事故发生后 7d 内死亡的人数。轻伤、重伤的区别是按照最高人民法院、最高人民检察院、公安部、司法部发布的《人体轻伤鉴定标准(试行)》、《人体重伤鉴定标准》确定。对于财产损失，只统计交通事故造成的车辆和运输财产直接损失折款，不含由交通事故引起的其他间接损失。在人员伤亡事故中，只计算现场抢救(险)费用，但没有计算其他间接费用，如因交通事故停工、停产和停业造成的间接损失。

同时也可以根据交通事故引起的高速公路交通流参数变化和通行能力下降程度对交通事故严重程度进行分级和判断。根据事故影响车道数进行事故分级：

Ⅳ级事故——仅影响路肩，如硬路肩停车不靠边，导致追尾等。

Ⅲ级事故——影响一条车道通行能力，如前后追尾，倒车相撞，溜车等小范围事故。

Ⅱ级事故——影响两条车道通行能力，如挂车，强行超车使两车摩擦，货车洒落货物等。

Ⅰ级事故——高速公路无法通行，如连环相撞，伤亡较多重特大事故等。

当上游某检测器 A 检测到 $q_A(j)-q_A(j-1)<0$，$k_A(j)-k_A(j-1)>0$（j 为第 j 个采样周期）时，进行事件等级的判定。

根据 HCM2000 模型，可以计算出各种事件状态下道路剩余通行能力，如表 8-3 所示，假定交通模型为 Greenshields，计算对应交通流特性。

事件状态下道路剩余通行能力 表 8-3

车道数	路肩不可用	路肩事件	一条车道堵塞	两条车道堵塞	三条车道堵塞
2	0.95	0.81	0.35	0.00	N/A
3	0.99	0.83	0.49	0.17	0.00
4	0.99	0.85	0.58	0.25	0.13
5	0.99	0.87	0.65	0.40	0.20
6	0.99	0.89	0.71	0.50	0.26
7	0.99	0.91	0.75	0.57	0.36
8	0.99	0.93	0.78	0.63	0.41

以单向三车道Ⅳ级事故为例，发生路肩事故时，通行能力减小到原来的 83%，交通波由路段 3 向上游路段移动，路段 1 为未受影响区域，路段 2 为交通波传递路段，此段交通拥挤，如图 8-5 和图 8-6 所示。

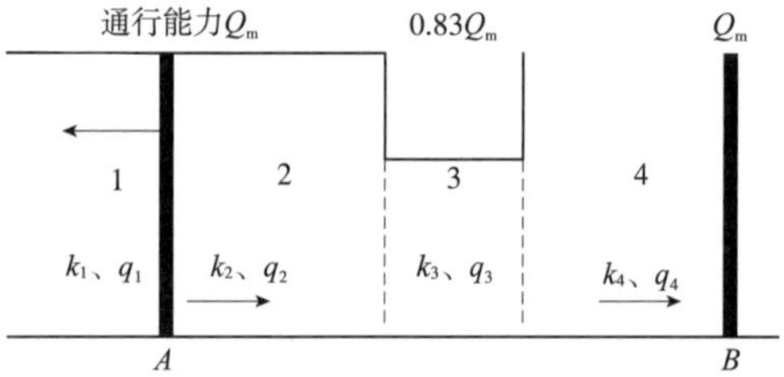

图 8-5 路肩事件

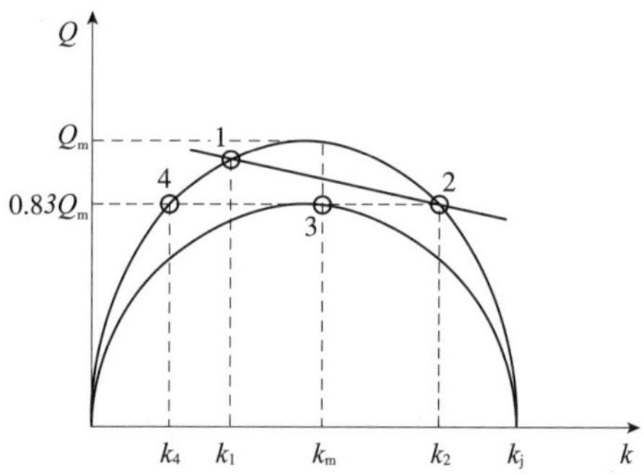

图 8-6 Ⅰ级事故下交通流

当波面通过检测器 A 时，进行交通事故的预警，随后检测器 A 检测车流速度为 k_2，检测器 B 检测到车流密度为 k_4，两者的差值即为事发点前后交通密度变化 $\Delta k_{2,4}(j)=k_A(j)-k_B(j)$，根据波动理论得到期计算模型如式(8-13)所示。

$$\Delta k_{2,4}=k_2-k_4=2\sqrt{\frac{1}{4}k_j^2-\frac{0.83Q_m\times k_j}{v_f}} \tag{8-13}$$

由此可见，检测到事件发生时，对于不同等级的交通事件，上下游密度之差与事发点的通行能力有关。可计算出各级交通事故下对应密度之差 $\Delta k_{2,4}^i$：

$$\Delta k_{2,4}^2=k_2-k_4=2\sqrt{\frac{1}{4}k_j^2-\frac{0.49Q_m\times k_j}{v_f}} \tag{8-14}$$

$$\Delta k_{2,4}^3=k_2-k_4=2\sqrt{\frac{1}{4}k_j^2-\frac{0.17Q_m\times k_j}{v_f}} \tag{8-15}$$

$$\Delta k_{2,4}^4=k_2-k_4=k_j \tag{8-16}$$

式中：Q_m——正常状态下的通行能力，pcu/h；

k_j——为阻塞密度，辆/km；

v_f——为自由流速度，km/h。

以（$\Delta k_{2,4}^{i}$，$\Delta k_{2,4}^{i+1}$）的中点作为分界点，对各级事件进行区间划分，如表8-4所示。

事故等级划分　表8-4

事故等级	上下游密度差值临界范围	备　注
Ⅳ级	$\alpha_1 < \Delta k_{A,B} < \alpha_2$	$\alpha_1 = \Delta k_{2,4}^{1}/2$
Ⅲ级	$\alpha_2 < \Delta k_{A,B} < \alpha_3$	$\alpha_2 = (\Delta k_{2,4}^{1} + \Delta k_{2,4}^{2})/2$
Ⅱ级	$\alpha_3 < \Delta k_{A,B} < \alpha_4$	$\alpha_3 = (\Delta k_{2,4}^{2} + \Delta k_{2,4}^{3})/2$
Ⅰ级	$\alpha_4 < \Delta k_{A,B}$	$\alpha_4 = (\Delta k_{2,4}^{3} + \Delta k_{2,4}^{4})/2$

国际和国内对事故伤害程度的划分类别是一致的，均分为死亡、重伤和轻伤。但对其内涵的界定却有所不同，影响了对事故多发位置的研究中事故严重程度计量的可比性比较。事故多发位置的直接经济损失包括两部分：财产损失和人员伤亡损失。财产损失的计量是没有争议的，但对人员伤害程度的计量由于其内涵复杂，用经济损失计量会受到一个国家和地区当事人员的立场、经济价值观的不同的影响，结果受主观因素的影响差异很大，因此可以统一将严重程度折算为一个标准的人员伤害程度来计量。如将轻伤经济损失作为标准的人员伤害，给死亡和重伤所造成的经济损失以一个转换比例标准——权重，此权重可以通过轻伤、重伤和死亡的经济损失比例来定。

8.5.5　车辆与人员派遣

高速公路一旦发生严重交通事故，紧急救援往往要涉及消防、医疗、路政、交警等多个部门，可以按照前节对交通事故分级的研究做出不同的人员和装备配置，也可以根据路网构成情况建立相应模型来确定救援车辆数和对应的人员数量。

以山区高速公路路网作为建立交通事故救援模型的研究平台，在交通网络分析中，每个救助点、高速公路入口和事故点可以抽象为一个节点对象，两节点之间的路线设定为一条弧线，定义道路网的数学描述如下。

假定：给定路网 $G(N,A)$，节点集 N 和弧集 A，且定义：

（1）紧急救援点集 I，点 $i \in I$ 可提供 m_i 辆救援车辆，m_i 表示救援点 i 可提供的救援车辆数。

（2）事故点集 J，点 $j \in J$ 需要 n_j 辆救援车辆；n_j 表示事故点 j 需要的救援车辆数。

（3）λ_{ij}表示路网 G 中从点 i 到点 j，$(i \in I, j \in J)$ 相应最优路径的权值之和，即构成该最优路径的相应路段权值之和。设 i 到 j 的最优路径经过点 p_n，$p_n \in N$，$n = 1,2,\cdots$，得到 $\lambda_{ij} = \sum \lambda_{p_n}$。

（4）x_{ij}表示从点 i 到点 j 派出的救援车辆数。

对任何一次事故救援，如果仅考虑派遣救援车辆的费用，可建立事故救援的一般模型如下：

$$C = \min\sum_{i}\sum_{j}\lambda_{ij}x_{ij} \tag{8-17}$$

在式(8-17)所示模型中,事故救援的成本只与救援车数量以及路径的权重有关。其中:

$$\sum_{i}x_{ij} = n_{j},\ \sum_{j}x_{ij} \leqslant m_{j}$$

即救援点派出到事故点的救援车数应该与事故点对救援车辆的需求数相吻合,且不应该超过救援点总的救援车辆。

8.5.6 现场管理

我国现行《道路交通事故处理程序》规定,交通警察到达现场后,应当根据需要立即进行下列工作:

(1)划定警戒区域,在安全距离位置放置发光或者反光锥筒和警告标志,确定专人负责现场交通指挥和疏导,维护良好道路通行秩序。因道路交通事故导致交通中断或者现场处置、勘查需要采取封闭道路等交通管制措施的,还应当在事故现场来车方向提前组织交通分流,放置绕行提示标志,避免发生交通堵塞。

(2)组织抢救受伤人员。

(3)指挥勘查、救护等车辆停放在便于抢救和勘查的位置,开启警灯,夜间还应当开启危险报警闪光灯和示廓灯。

(4)查找道路交通事故当事人和证人,控制肇事嫌疑人。

严重的交通事故常常要求许多部门共同参与现场处理,事故现场妥善管理,可防止由于不同部门的不协调和分工不明而造成混乱。救护人员、消防人员、警察以及司法人员同时参与事故处理,提供救护、伤员运输、交通疏导、现场清理、责任调查等服务。管理部门根据不同的事故类型、地段、时间、季节和气候等各种可能情况进行分类管理。

在事故现场管理系统中,应该着重从下列六个方面进行考虑。

(1)照明影响

夜间发生交通事故时,首先应该准备充足的照明设施和供电设施。另外,由于在夜间高速公路行车驾驶员的反应比在白天慢,所以在事故现场设置警示标志时,应该距离事故地点比白天更远。如果事故比较严重,在高速公路入口处就应设置警告标志,提醒进入高速公路的驾驶员注意行车环境并控制速度,预防可能出现的混乱情况。

(2)天气影响

雨雾冰雪天气下路面的摩擦系数会降低,容易发生事故,这时在设立警示标志时,必须提醒经过事故地点的驾驶员控制行车速度。另外,在开展救援时,救援车辆要注意防滑,控制车速,避免救援车辆发生意外。

(3)季节影响

夏天在现场管理时要注意做好防暑降温和火灾预防工作,冬天在现场要注意受伤人员的防寒和保暖工作。

(4)路段影响

①当交通事故发生在高速公路平直路段时,一般可直接使用常用的现场管理办法。

②当交通事故出现在高速公路特殊路段(包括弯道、上下坡路段)时,应根据道路条件采取相应的特殊措施。同时,现场管理要求提前将事故相关信息提供给驾驶员,避免因为视线问题而造成损失。

③当隧道内发生事故时,首先要在隧道口设立事故公告牌,提醒驾驶员注意行车速度控制。另外,要保证现场照明充足,为救援工作提供足够的亮度;出现了货物散落或是翻车等情况时,要控制隧道入口车流的速度,同时做好现场的清理工作。

(5)事故车型影响

在高速公路上当货车发生交通紧急情况时,要根据货车运载货物的类型进行相应处理。如果货车运送的是危险物品,在现场一定要根据货物自身的特性,包括其是否具有腐蚀性、可燃性、挥发性、易爆炸性等进行现场管理。同时要注意做好现场的清理工作,尽快使道路恢复到最佳使用状态。如果是小车或是客车发生事故,一般都伴随有人员的伤亡情况,这时组织好现场救护和协调好附近医院的救助以及伤员的及时运输最为重要。

当然,在高速公路上发生事故时,往往不单纯只是包含某一种车型,所以应该根据现场的实际情况,综合进行现场管理。

(6)事故类型影响

我国高速公路交通事故的类型一般有碰撞、刮擦、碾压、翻车、着火、爆胎等,应该根据事故的严重程度和各事故类型的特点进行现场管理。碰撞事故如有人员伤亡,首先要安排现场急救以及安排伤员的运输和抢救,同时要注意现场清理工作,必要时应安排清障车清理;刮擦事故若没有造成其他的严重后果,应尽快清理现场,恢复交通;在对坠落或翻车事故进行现场管理时,要考虑人员的救护和道路交通的恢复工作;着火事故应尽快消灭或控制火源,必要时请求消防部门支持,着火事故对救援时间的要求高。

8.5.7 交通恢复与救援评价

事故处理完毕后,清理高速公路上的障碍,重新开放所有行车道并疏导交通的正常运行,完成交通的恢复工作。

高速公路交通事故紧急救援是一个连续、动态的过程。在此过程中,要制定计划并付诸实施,并且在事故紧急救援完成后需对事故紧急救援措施的有效性进行评价。大多数公共安全机构都要对重大事故的处理过程和结果进行评估,如交警部门对执行救援后的过程和结果进行评估,消防部门对重大火灾处理的过程和结果进行评估等。高速公路救援机构同样也要进行评估,每个部门都必须从时间、效果和成本方面检查自己对事故的处理工作。然后,每个部门的领导必须面对面讨论各自同其他相关部门配合工作的效率情况。公众和媒体对事故救援的评价也应认真对待,新闻报道和社会舆论应该真实报道每起高速公路交通事故处理的得失。工作小组必须分析所有这些信息,客观评判他们的工作,并对紧急救援预案做必要的修订。

8.5.8 紧急救援预案

高速公路紧急救援预案是多年来高速公路运行安全管理和技术进步的综合体现,高速公路道路与交通管理部门应完善各项预案,特别是一级现场救援技术及其预案,并在上级有关部门组织下，形成紧急救援体系，完善救援机制保障，各部门间在救援时形成联动。

8.6 事故多发地点管理

管理事故多发地点的目标是为了通过对事故多发地点的事故成因进行系统分析，找出事故形成机理，采取有效的措施以降低事故数量及其严重程度。通过管理过程总结经验，为道路交通安全状况的管理和治理积累经验，同时也为安全的道路建设、运行管理及道路安全审计奠定基础。因此，事故多发地点的管理工作是一项系统工程。

8.6.1 事故多发地点处置研究内容

在对事故多发地点的处置研究中，从研究内容和范围来看，降低交通事故有以下4项基本的措施：

(1)单个事故多发地点项目的处置——在某个事故多发地点位置上处理特殊类型的事故。

(2)批量事故多发地点项目的处置——用已经取得的事故多发地点处置成功经验来治理一般的事故多发地点。

(3)事故多发地点的处置——用已取得的事故多发地点处置的成功经验来处置高事故率地点。

(4)大范围的处置——采用各种处置方法全面解决区域的交通安全，包括采取交通管理和交通控制措施。

无论研究范围和措施如何，对事故多发地点的处置研究都由现场研究和室内研究两个工作场地组成。其研究的过程包括：针对事故状况及其报告材料，确定并选择事故多发地点；对事故多发地点位置进行现场考察和室内研究，分析、发现事故产生的主要原因和事故形成机理；根据事故发生的机理和主要原因提出补救措施；对事故多发地点处置后的交通安全状况信息进行跟踪调查和方案调整；对补救方法和效果进行评价，为道路安全审计提供实践依据。事故多发地点研究工作程序流程图如图8-7所示。

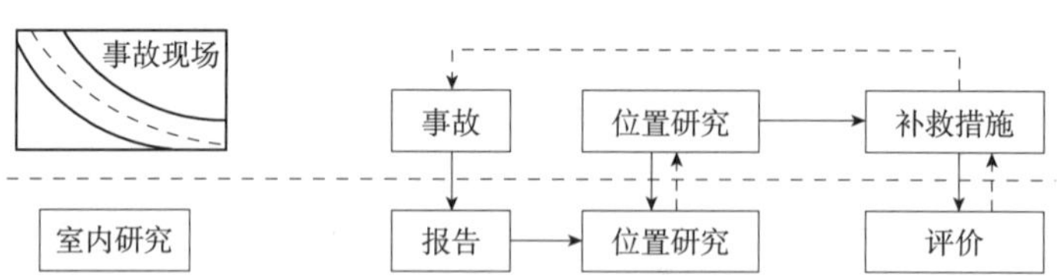

图8-7 事故多发地点研究流程图

图8-7中，虚线箭头表示信息的反馈，它强调评价措施执行的连续性和对事故的监控过程。对事故多发地点研究内容的工作过程可概括为以下7个阶段：

(1)事故资料的收集。

(2)事故多发地点的鉴别。

(3)事故多发地点的事故原因分析。

(4)事故多发地点的防治措施研究。

(5)现场处置安全组织。

(6)事故多发地点处置后的监控和评价。

(7)处置措施的发展。

8.6.2 事故多发地点处置研究工作步骤

1)事故资料的收集

在许多国家都有道路事故记录系统,该系统的数据来源是向警方报告的事故数据。交通事故报告给警方后由其完成事故报告。事故记录的详细程度、精确性等各国差异较大,我国在这方面的工作也有待进一步提高。

我国的交通事故年统计报表中包含了各省、市、自治区和直辖市的事故类型表,这些报表中关于事故危险位置鉴别和详细的事故分析等内容很少。因此有必要探讨对事故资料收集的工作步骤和内容。

(1)事故统计资料的收集

收集统计报表和交通警察对事故资料的记录报告、统计报表;收集准确的事故发生位置和车辆运行情况的碰撞平面图。基本的事故信息包括:伤亡情况、事故原因、事故位置的道路情况等。

(2)事故现场调查和统计

交通事故报告中的基本资料应在现场取得,并判别事故的严重程度。实际上,当交通事故中没有造成人员伤亡,而仅造成财产损失时,可能出现当事人双方没有向警方报告的情况,因此事故就没有在警方的报告中记录下来。这种情况在现场调查时就应该统计其所占的比例。另一方面,如果交通事故仅仅造成人员受伤,当受伤程度较轻、人数较少时,当事人也有可能不向警方报告,从而使记录的交通事故偏少,当然能用于事故分析的记录也就更少了。因此,实事求是地将事故情况调查、统计、记录下来是重要且有必要的。

(3)计算机系统事故数据资料的存储与分析

利用计算机系统能有效提高事故分析的效率,特别是对特殊路段位置进行方案研究时就会使工作更加简单化。建立交通事故详细的数据库系统是提高事故分析的基础。

2)交通事故分析方法与步骤研究

当确定了事故多发地点的位置和成因后,接下来就是对事故记录进行事故分析。在事故的分析中很少有事故原因是单一的,在二级路的研究中发现事故的发生是相当复杂的,与许多因素有关,一般有2~4个因素。交通事故是偶发事件,一系列特殊的因素结合在一起时导致事故的发生,因此事故分析的工作是一个系统的分析和处理过程。其分析步骤可总结为以下三步:

(1)通过交警部门提供的事故记录初步分析事故的共同特性和显著特性,找出事故的贡献因素。初步分析应该采用定量的方法,包括的内容有人、车、路、环境和气候方面的特性和事故形态,如碰撞类型(用碰撞图表示)、严重程度、车辆类型和状况、碰撞时间、天气状况、道路状况和行人情况等。

(2)绘制碰撞图(又称事故汇总平面图)或表。碰撞图和表归纳了事故类型,它将事故多发地点的每起事故发生的位置和形态用图示和表直观地表示出来,通过图表可确定每起事故的特征并揭示事故地点的一些主要类型，这些事故类型在许多位置或在一些特殊的位置高频率出现，便可查明车流偏离的主要原因与经常使驾驶员产生错误行为的道路条件的影响。

碰撞图中事故地点与形态可借助一些简略的符号来形象地表示交通事故发生的情形。图8-8是结合某高速公路的事故形态用箭头符号系统编制的碰撞符号及其释义，箭头表示汽车行驶方向。

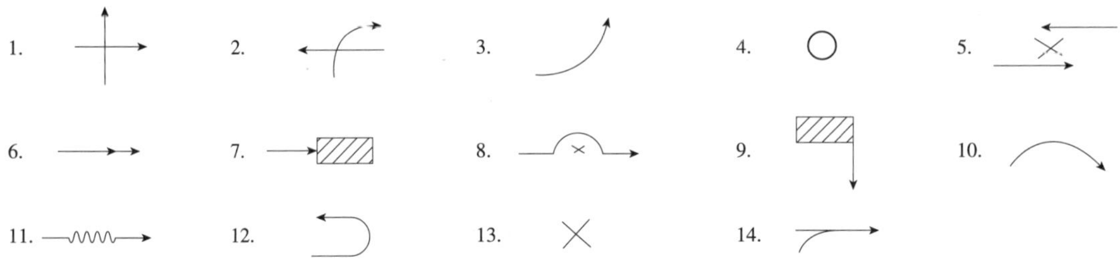

图8-8 事故形态简图

1-出入口直线行驶的汽车相撞；2、3-直行车与左、右转弯的车相撞；4-车与行人相撞；5-对向行驶的汽车相撞；6-汽车追尾；7-行车撞停着的汽车；8-超车时撞到被超车或对向行车；9-与从停车站开出的汽车相撞；10-驶离行车道；11-湿滑或侧滑；12-调头时与对向车相撞；13-与出入口上斜向行驶的汽车相撞；14-合流相撞

(3)事故的现场踏勘和详细分析。根据大量有用的事故信息分析事故发生的主要原因，在一个位置如果事故多发或高频率(概率)出现，就应到现场进一步考察人、车、路和环境状况，包括对事故多发地点车流调查、行程轨迹调查、车速突变点(段)的车速调查、车辆构成调查等，以进一步分析事故原因及其形成机理，以确定可能的弥补措施。通过对主要事故类型的关注，找出最有效的费用—效益措施。

3)事故多发地点处置措施决策

引发事故多发地点的原因复杂，同时由于处置资金的限制，对其采取的处置措施也就各不相同。因此，以下对事故多发地点处置措施作一般性的归纳和总结。

对事故多发地点的处置措施可分为四级：日常养护、完善标志标线和安全设施等交通工程措施、加大警力监督、大中修(改善道路条件与环境)工程，针对不同的事故原因和经费约束采用决策树的方法进行处置措施的决策，如图8-9所示。

4)事故多发地点处置后的监控和评价

我国对事故多发地点处置的对策缺乏系统性研究，在处置计划执行时进行监控和评价更是一个有待研究的领域。

(1)事故多发地点处置后的监控

事故多发地点处置后的跟踪监控目的是为了积累经验，不断提高事故多发地点处置的决策、设计、施工和安全管理水平，合理利用资金，提高事故多发地点处置投资效益，改善安全管理，制定相关安全政策等提供科学依据。事故多发地点处置后应在全路段用1~2年应用系统工程的方法，对事故多发地点处置决策、设计、施工、运行及安全管理工作及其变化的成因进行全面的跟踪、调查、分析和评价。处置单位应指定专人建立事故多发地点处置的跟踪管理系统和定期检查制度，一季度填写一次“事故多发地点处置管理卡或数据库”，为事故多发地点处置的效果评价积累完整的技术经济资料和数据。

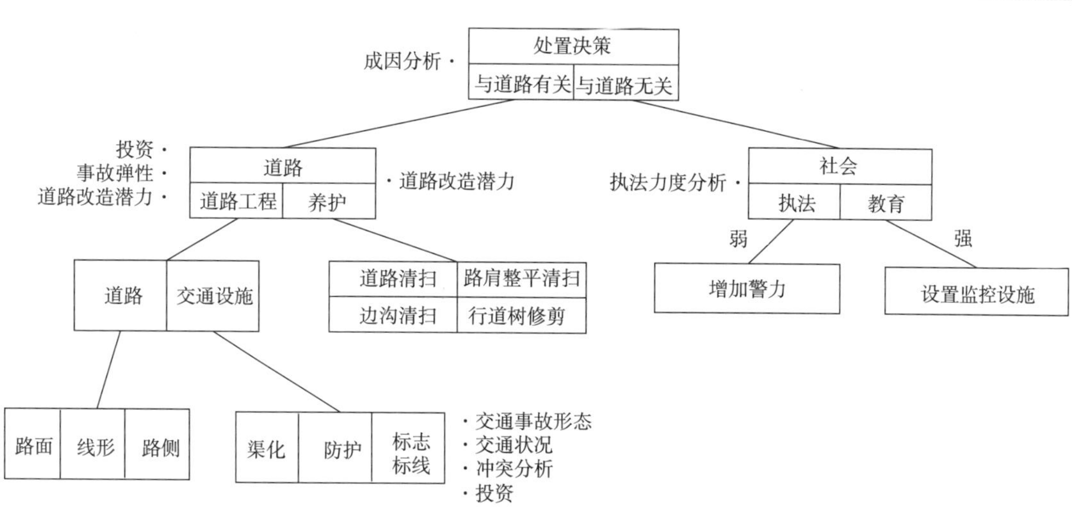

图8-9　决策措施图

注:①“路侧工程”包括爬坡道、弯道处行车道拓宽、路肩的硬化等。

②“路线工程”包括长直线段、小半径曲线段、长大下坡段、视距不良路段等不满足规范规定或驾驶期望的线形改造。

③“路面工程”包括路面摩擦系数不够、路面坑槽严重和路面大面积破损等的处置对策。

“事故多发地点处置管理卡或数据库”是为评价服务的,其内容应包括:交通事故数据卡或库,见表8-5;事故责任人员卡或库:事故编号、姓名、性别、年龄、伤害程度、身份证号、单位,见表8-6;事故位置、事故原因;事故现场经济损失、事故经济损失跟踪调查。事故多发地点处置后的跟踪报告编制、审核费用由项目法人或建设单位自行解决,可列入项目投资概算,在建设单位管理费中列支。

交通事故数据卡或库结构　　表8-5

黑点段编号				
交通状况	交通量		车流速度	
事故发生时的自然状况	日期		时间	
	天气		位置	
道路条件	路面类型		路面宽度	
	道路断面		道路线形	
	路况		照明条件	
	交通控制方式			
驾驶员情况	姓名		性别	
	出生日期		驾龄	
伤亡情况	人数		主要原因	
损失情况	直接经济损失			
	间接经济损失			
事故简要				
事故终结书				

事故责任人员卡或库 表8-6

事 故 编 号			
事故责任人1		事故责任人2	
姓名		姓名	
性别		性别	
年龄		年龄	
人员类型		人员类型	
身份证号		身份证号	
单位		单位	
所属区(局)		所属区(局)	
驾驶证号		驾驶证号	
驾龄		驾龄	
驾驶证种类		驾驶证种类	
机动车牌号		机动车牌号	
伤害程度		伤害程度	
人体损伤部位		人体损伤部位	
交通方式		交通方式	
机动车损坏程度		机动车损坏程度	
车辆保险		车辆保险	
行驶状态		行驶状态	
出行目的		出行目的	
责任类型		责任类型	
事故原因		事故原因	

事故多发地点处置后的监控工作是一项行业交叉性工作,需要交通警察与公路局(管理局)密切配合,共同完成。

(2)事故多发地点处置后的评价

事故多发地点处置后的效果评价应坚持客观、公正、科学的原则。认真对待效果评价,从中吸取经验教训,并采取相应的对策、措施,进一步完善事故多发地点处置方法,改进处置的项目,为待处置的项目提供指导,也为建立道路安全审核和事故机理分析、模型量化提供依据。

事故多发地点处置后的效果评价方法应采用前后评价法和综合比较法,即根据事故多发地点处置所预期的目标,从处置项目作用与影响、效果与效益、实施与管理、运行与服务等方面追踪对比,分析评价。前期事故多发地点处置工作的评价技术可用于项目处置后的效果评价。处置后的效果评价内容包括:

①实施阶段主要指标的变化分析。包括事故多发地点处置的原因、施工难易、投资增减、施工质量和工期进度的影响等情况分析。

②运行评价。评价事故多发地点处置项目是否达到预期的效果，分析实际发生交通事故与预测交通事故的差别、费用损失及其原因，并对项目达到预期目标的情况进行分析。其指标包括：一定时间内的事故总数、事故率、万车公里事故数、直接经济损失（包括人员受伤和车辆损失、保险损失、路产损失），并与事故多发地点处置前的指标进行分析比较。

③管理情况和评价。包括项目前期至事故多发地点处置后的管理效果评价。

④配套及服务设施情况和评价。事故多发地点处置后配套及服务设施（包括安全防护设施、标志标线、监控系统等）的设计、方案比选及其实施情况，并对其设置的必要性和适宜性进行分析评价。

事故多发地点处置后的效果评价不能绝对地以数量大小来衡量，而应以经济损失、给国家造成的影响来确定，其编制、审核、审查费用由项目法人或建设单位自行解决，可列入项目处置投资概算，在建设单位管理费黑点处置中列支。

在监控和评价中应注意的问题包括：

①当一项措施的目标是为降低某一类特殊类型的事故时，则通常采用改变驾驶员行为的措施。这种方法的针对性很强，如果目的是为了降低车速，则应采取速度控制措施；目的是为禁止在一个岔路口进行某种转弯或控制行人的行动，则可采取相应的措施。当然这时需要观察驾驶员及行人的生理心理状态及服从程度，只有这样才能得到有价值的措施和有效的处置效果。

②采取措施后期望得到的效果并没有出现，而出现了其他的结果。这些措施降低了某类事故，但该类事故降低的同时却出现了其他类型的事故，这正是监视的另一个目的。

③评价道路安全性的一个重要方面是确定事故发展的趋势，特别是在交通量增长大的位置确定其期望事故率。因此采用前后对比法，如果不采取措施，事故将会逐年递增；在进行了处置措施后，随着时间的推移，事故率的减少就会很显著。

④关于未来事故位置的迁移。由于事故的随机性，事故多发地点位置即使没有处置也有可能出现迁移现象，即在今后的几年中，原来事故多发地点的事故数量明显减少。当这种情形出现时，应监视所处置路段的情况，以便查出事故迁移的原因。

5）处置措施的发展

在确定事故多发位置并完成其共同特性和贡献因素的分析之后，再进一步研究其有效的处置措施，并据此进行大范围高速公路事故多发地点的改善。这也正是研究事故多发地点的目的。

8.7　安全运行养护管理

8.7.1　路面安全运行养护管理技术

高速公路是专供汽车分车道分向高速行驶并全部设置立交、全部控制出入的公路。采用较高的技术标准和较完善的交通工程设施，反映公路的最新、最高技术水平。一般它具有标准高、质量好、设计车速高、承载与通行能力大、运输成本低、使用寿命长等特点，具有快速、安全、舒适的运行功能。因此，在高速公路上进行养护就必须做到快速、高效、保证质量和安全，尽量避免养护作业影响车速或中断交通，造成不必要的损失。

1）路面安全运行养护管理的必要性

汽车在路面上行驶，除了克服各种阻力外，还会通过车轮把垂直力和水平力传给路面，在水平力中又分为纵向力和横向力。另外，路面还会受到车轮的振动力和冲击力作用。在上述各种力的综合作用下，路面使用一定时期后其结构层内会产生大小不同的压应力、拉应力和剪应力。若这些力超过了路面结构整体或某一组成部分的约束力，路面就会出现断裂、沉陷、波浪、松散和磨光等病害，影响路面的抗滑性能和平整性等路面使用性能。因此，路面在使用一定时期以后如果不能满足其使用能和服务水平时就需要通过采取相关养护措施来恢复路面使用性能。

目前，在道路安全工程的管理中，我国往往疏忽了路面抗滑性能对安全行车的贡献。路面使用一定时期后因集料被磨光路面抗滑性能逐渐下降，当表面的抗滑能力下降到不能满足驾驶员安全行车行为需求的水平时，便需采取措施（如铺设抗滑磨耗层、刻槽等或恢复路面层纹理等）恢复其抗滑能力。图 8-10 为路面抗滑性能养护需求。

路面平整度是影响路面行驶质量的主要因素。路面使用初期的平整度与施工技术水平（工艺和设备）、施工质量控制、面层构造和材料（如粗集料粒径）等因素有关。路面使用期间，路面平整度受车辆荷载反复作用、周围环境（温度和湿度）的周期变化影响和路面龄期的增加而逐渐下降，路面平整度也会随着各种路面病害的出现而逐渐下降，如车辙、沉陷、坑槽等病害会在不同程度上影响路面的平整性。当路面平整度高于驾驶员期望的某一预定的限定值时，驾驶员就会感觉不舒适，就应及时采取相应的维修措施以恢复其平整性。图 8-11 所示为路面平整度的养护需求。

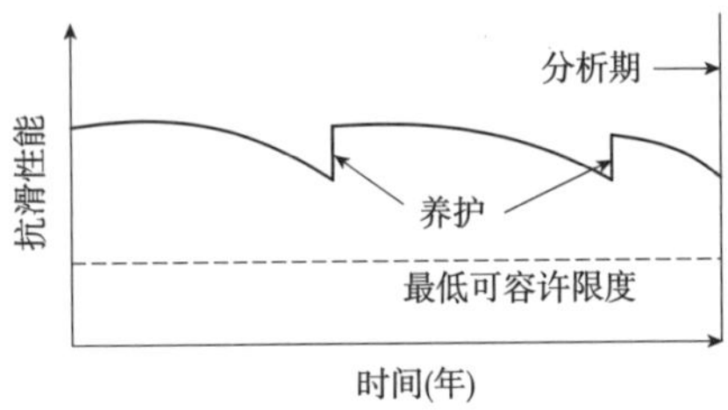

图 8-10　抗滑性能养护维修需求

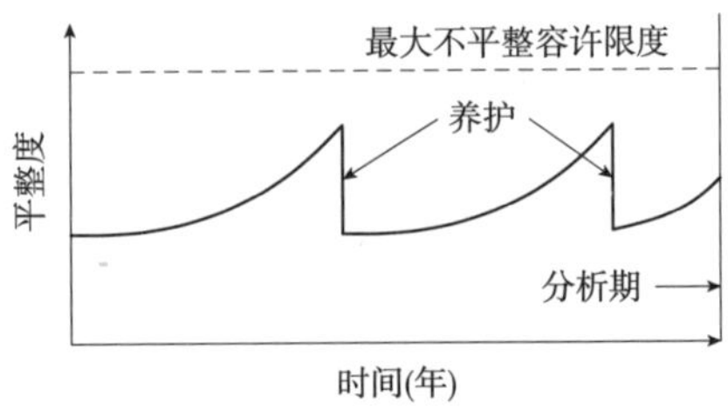

图 8-11　路面平整度养护维修需求

综上所述，路面结构在车辆和自然因素的反复作用下，使用性能逐渐降低，路面结构逐渐出现破坏，最终导致无法满足使用性能的要求。在路面的使用过程中寻找最佳时机及时采取相应的养护、补强和改建等措施进行定期养护和维修，确保驾驶安全，并可在不同程度上延缓路面使用性能的衰变，延长路面使用寿命，图 8-12为路面在使用过程中的养护性能需求。

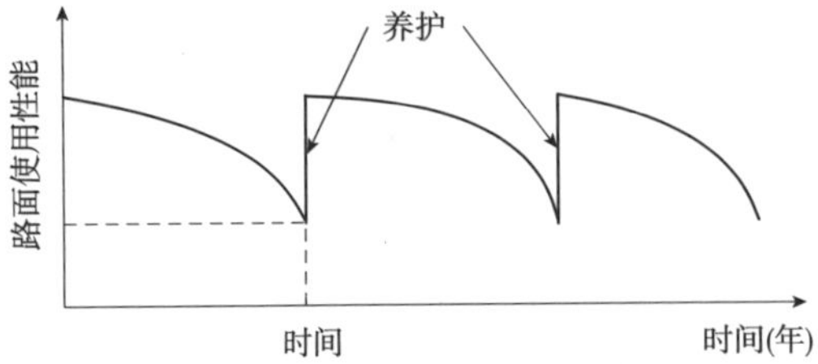

图 8-12　路面养护维修性能需求

2）路面安全运行养护管理

（1）影响路面使用性能的因素

在交通荷载和自然环境的综合作用下，路面会逐渐变得凹凸不平，表面也会出现破损现象，这些破损会随着时间的推移而日趋严重，达到一定程度后会影响路面使用性能。影响路面使用性能的因素除了路面面层厚度、基层类型、结构强度、路面材料等内在因素外，还有交通荷载、环境状况、施工和养护水平等外在因素。

①外部因素的影响

a. 交通荷载

交通荷载是导致路面使用性能衰变的外在决定因素，在交通荷载的重复作用下，路面的总体结构性能降低。尤其是近年来，重载、超载车辆较多，对路面结构造成严重破坏，使路面出现早期损坏。

b. 环境因素

环境因素主要指温度和降雨（湿度），由于各地温度、降雨量等气候因素的差异，路面使用性能的衰变规律也不尽相同。环境因素的作用途径一般有两方面：一是直接影响路面材料的性能；二是通过叠加在路面上的荷载间接影响路面的使用性能。与行车荷载相比，环境对路面使用性能的影响更为间接、隐蔽、变异性大，且往往与荷载的作用交织在一起。如车辙的外因是渠化交通和荷载作用次数的增加，内因是沥青混凝土的高温稳定性和抗塑性变形能力差，夏季的高温也是车辙影响因素之一。夏季高温条件下，路面在车辆荷载的碾压下产生横向剪切变形流动，就会在高温和水平剪力的作用下产生波浪状推挤，辙槽的两侧由于这种剪切流动而局部隆起，如图 8-13 所示。

a)

b)

图 8-13 路面车辙病害

c. 施工质量和养护水平

路面使用性能的衰变同施工质量也密切相关，尤其在路面竣工初期，施工质量与施工队伍的技术水平、施工工艺和设备等诸多因素有关。道路的养护水平对路面的使用性能也有显著影响。良好合理的养护可以明显延缓路面性能的衰变速率，进而有效的延长道路的使用寿命。

②内部因素的影响

a. 面层

面层直接与车轮和大气相接触，承受着行车荷载（竖直力、水平力和冲击力）的作用，同时还受到降雨的侵蚀和气温变化的影响。所以，面层质量直接影响着路面的使用品质。面层厚度较薄时，使用性能下降速率较大；随着面层厚度的增加，结构承载能力增强，路面有能力承受较大的破坏力，能在较长时期内保持良好的行车舒适性。

b. 基层

基层主要承受由面层传递下来的车辆垂直荷载，并把它扩散到垫层或土基中，具有足够强度和刚度的基层是路面良好使用性能的必要保证。

我国的高速公路路面基层可分为半刚性和碎砾石柔性基层两类。半刚性基层包括水泥稳定类、石灰稳定类和石灰工业废渣稳定类，抗压回弹模量一般为900～1 700MPa；柔性基层常用的有级配碎(砾)石、泥结碎砾石、泥灰结碎砾石等，抗压回弹模量一般为200～350MPa。两类基层的强度相差较大，所以分别以这两类材料为基层的路面在相同的荷载条件下，损坏情况相差较大。而以同一类基层(如半刚性基层)中的不同材料(如石灰稳定和水泥稳定类)为基层的路段，损坏状况则没有明显的差别。半刚性基层材料由于掺加了无机结合料，比碎砾石柔性基层材料具有更大的刚度和更强的抗变形能力，能有效地减少路表回弹弯沉值，减少面层底面弯拉应力，以及减少对土基的单位压力，进而延缓路面使用性能的衰变进程。

c. 结构强度

可用路表回弹弯沉来衡量路面结构的强弱。弯沉越大，结构越弱，弯沉越小，结构越强。一定的结构强度是路面具有良好使用性能的必要保证。结构强度足够大的路面可以有效的抵抗多种因素的不良影响，进而延缓使用性能的衰变进程。结构强度不足时，路面结构的抵抗能力降低，荷载和温度等因素综合作用产生的应力对路面使用性能影响加剧，进而使用性能的衰变速率加快。

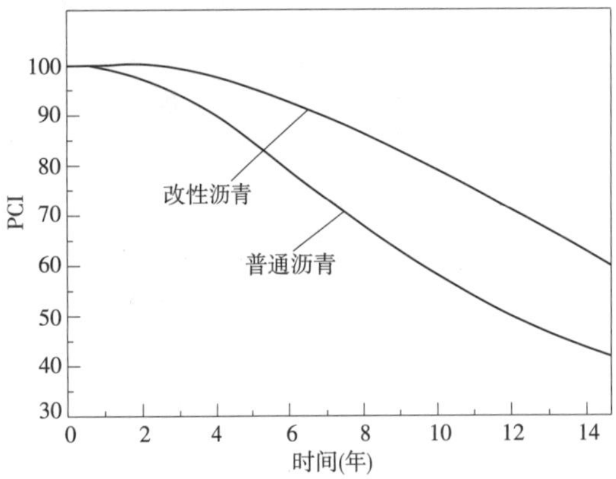

图8-14　改性沥青与普通沥青性能对比

d. 材料特性

材料是道路路面结构的物质基础，材料质量的优劣以及配合比是否合理，都将直接影响道路的质量。同济大学孙立军教授从较为宏观的角度，根据有限的调查结果考虑了改性沥青和普通沥青对使用性能的不同影响。图8-14表明了在其他条件都相同时，普通沥青与改性沥青的性能差异。

(2)路面管理养护技术

高速公路的养护手段及管理水平直接影响着高速公路的正常功能，以人工为主的养护方式已不能适应现代高速公路管理的需要，实践证明只有采用先进的养护机械和施工工艺，才能不断提高养护作业效率和养护作业质量，降低养护作业成本，更好地满足高速公路的管理需要。实现机械化养护，走专业化养护道路是高速公路养护发展的必然趋势。

①高压水洗技术

由于路面在行车荷载、自然因素等作用下，抗滑性能逐渐降低，当抗滑性能降低到一定范围后就会对行车安全性带来影响，需要采取措施提高路面的抗滑性能。目前，一些经济发达的国家已将路面抗滑性能作为路面养护管理评价与决策的一个重要指标，并已发展了恢复路面抗滑性能的相关养护作业技术。如德国、波兰、澳大利亚等国家已采用比较先进的高压水洗方式清除路面污物,恢复路面纹理,以提高路面抗滑性能。高压水洗法工作效率高,不用阻断交通就能清洗路面,清洗过程中可将固体、液体分离进行回收,图 8-15 为高压水洗法养护作业前后路面纹理对比图。当水泥混凝土路面磨光后可采用路面刻槽机再生路面纹理,提高路面抗滑性能的养护作业技术。

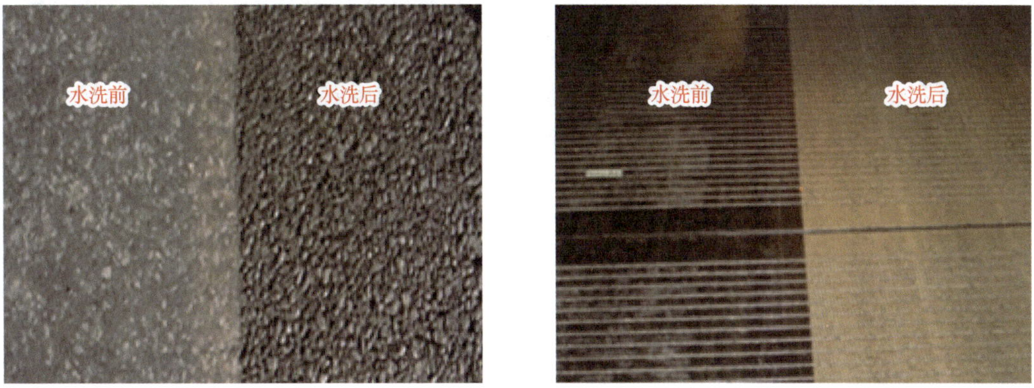

a)　　b)

图 8-15　水洗前后路面纹理对比

②沥青混凝土路面修补技术

沥青混凝土路面修补技术是指用于沥青混凝土路面小面积病害处理的各种专用技术的总称,其特点是可一次性完成修补作业。国内沥青路面修补车发展较晚,在性能、质量方面与国外产品有较大差距,但近年来发展速度较快,已有多种型号可供养护管理人员选择使用。沥青路面修补车按照修补工艺不同主要有开挖式和非开挖式,开挖式作业流程是先将病害部位的沥青混凝土挖除,然后填补新混合料,经整平后重新压实;非开挖式作业是首先将病害部位的沥青混凝土加热软化,然后进行耙松,添加新混合料或黏结沥青,经搅拌、整平后压实。由于非开挖式劳动强度低,旧料可再生利用,无环境污染,是目前沥青路面修补技术的发展方向。

③路面就地再生技术

路面就地再生技术是在道路现场对沥青路面进行修复施工的专用技术,如图 8-16 和图 8-17所示。沥青路面就地再生工艺包括就地加热、翻松、材料添加、拌和、摊铺五个连续作业内容,当设备通过后,便可完成沥青混凝土材料的再生和摊铺作业,经碾压后就可开放通车。路面就地再生技术一般用于路面损坏程度还没有涉及基层时的修复技术。

④铣刨技术

铣刨技术是高速公路沥青混凝土路面大面积养护的必备技术之一。当路面面层出现拥包、车辙、局部沉陷等病害时,利用铣刨机开挖不仅作业速度高,而且可为摊铺工序提供一个较为平整的作业面,减少因底层不平而最终反射到修补后的面层,确保修补后路面的平整度。

⑤路面刻纹技术

路面刻纹技术用于水泥路面防滑纹切刻作业技术。水泥路面在长期行车作用下,一些路段会出现原有刻纹被磨平的现象,使路面的摩擦系数降低,不能满足行车安全的需求。这时如果路面结构完好,就可采用路面刻纹技术恢复路面纹理。

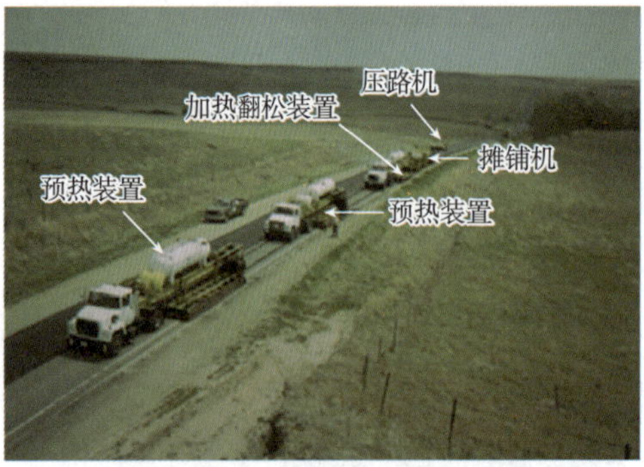

图 8-16 就地热再生设备

图 8-17 就地冷再生设备

⑥路面切割技术

在高速公路养护作业中,路面切割技术主要用于坑槽修补,大面积摊铺接缝的修边处理,以保持修补部分与旧路接缝的整齐、美观。

⑦水泥路面破碎技术

国外已使用高压水射流切割法,利用高速水流将水泥混凝土逐层剥离,这种方法作业无灰尘、噪声很小、不会产生附加裂纹。我国目前广泛应用的是落锤式水泥混凝土破碎机,这种方法简单、高效,但振动大、噪声大。

⑧辊轴式水泥混凝土摊铺整平技术

辊轴式水泥混凝土摊铺整平技术是在原人工辊轴整平施工工艺基础上进行开发的。由于水泥路面日常养护维修中,以小面积为主,采用辊轴式水泥混凝土摊铺整平机可有效减轻工人劳动强度,提高作业质量。

⑨灌缝技术

路面出现裂缝后,为防止水侵入后,造成路面的进一步破坏,一般都要及时进行灌缝和开槽处理。直接灌注一般只需要灌缝机即可。开槽机用于水泥或沥青路面裂缝的拓宽及清理,使之满足路面的裂缝修补要求,即先使用开槽机对裂缝进行护缝处理,然后再用灌缝机灌注。

⑩多功能作业技术

由于高速公路养护作业内容多以及人物不定的特点,多功能养护机械应运而生。多功能养护机械在我国仍处于空白,目前主要依赖进口。德国、英国等国家均有多功能作业车,如德国的乌尼莫克多功能作业车前后可悬挂上百种工作装置,如用于路面维修的铣刨装置,用于冬季养护的单、双除雪铲,完成清扫、垃圾装运、除草、绿化等多种作业的工装。多功能作业车实现了一机多能,提高了设备的利用率,降低了养护成本。

8.7.2 路侧净空区设施安全养护管理

1)涵洞

涵洞养护应保证涵洞的洞身、洞底、进出水口、护坡和填土完好、清洁、不漏水,经常处于完好状态,使水流在任何情况下都能够顺畅通过孔洞,排到适当地点。因此,涵洞养护必须进行经常和定期的检查,对于发现的病害和隐患,应分析其产生的原因,采取适当的工程技术措施,及时处治,并提高涵洞的使用质量和安全性。

(1)涵洞养护技术检查

涵洞养护技术检查,一般随同路线进行。根据“预防为主,防治结合”的原则,涵洞养护应进行经常和定期的检查,尤其在雨季和冬季之前,要进行全面的技术检查。其主要内容如下:

①全面技术检查

a. 洞顶填土有无沉陷,护坡是否完好。

b. 洞口、洞内是否堵塞或冲刷。

c. 洞内有无积水、积雪。

d. 涵洞接缝处是否完好。

e. 洞口和洞身铺砌有无裂缝和漏水。

f. 木涵构件和螺栓铁件是否完好。

g. 各部分圬工表面是否发生风化、剥落、裂缝、小洞、缺角和钢筋外露等病害。

h. 涵洞有无位移、变形和断裂。

i. 涵洞的位置和孔径是否恰当或偏小。

②定期与特殊检查

a. 养护部门每日巡查和每旬(或每周)全面检查。

b. 每月组织全面检查。

c. 洪水、流冰期间的昼夜巡回检查。

d. 雨季和冰雪季节前后的全面检查。

e. 当受到地震、暴雨、洪水、冰雪等严重自然灾害和超重车辆通过后,以及人为的破坏时,均必须及时进行全面检查。

(2)涵洞日常养护

①及时清除洞口和洞内的淤积杂物和积雪等,并将其运送到路基边沟以外的适当地点。

②洞口和洞底铺砌层发生变形、沉陷、破损和漏水时,均须及时修理,并整修上下游沟槽,使水流的坡度保持顺适。

③涵洞出水口的跌水、急流坡,若与洞口结合处发生裂缝时,应采用干燥麻絮浸透沥青后填实,使其与洞口紧密结合成整体。

④砖、石涵洞的表面如发生局部风化、轻微裂缝时,一般可用水泥砂浆或环氧树脂封闭。灰缝脱落,应及时修补。

⑤涵洞的日常养护维修,在开挖修理时必须开设便道或采取半幅施工,设立标志、护栏,保障施工和行车安全。

2)防排水设施

排水设施分为地面排水设施和地下排水设施。其中,地面排水设施包括边沟、截水沟、跌水和急流槽等,这些排水结构物统称为沟渠;地下排水设施包括暗沟、渗沟、渗井等。对各种排水设施,在春融前,特别是汛前,应进行全面检查疏浚。雨天必须上路巡查,及时排除堵塞,疏导水流,保持水流通畅,防止水流集中冲坏路基,影响行车安全。暴雨后应重点检查,如有冲刷、损坏,需及时修复加固,如有堵塞应即清除。

(1)边沟

边沟是设在路基边缘的排水沟,主要用于汇集和排除路基范围和流向路基范围的小量地面水,当边沟纵坡大于3% ~4%,沟底应用片石铺砌加固,冰冻较轻地区也可用三合土或四合土加固。

(2)截水沟

截水沟一般设置在挖方路基边坡坡顶以外,或上坡路堤上方的适当地点,用以拦截路基上方流向路基的地面水流,减轻边沟的水流负担,保护挖方边坡和填方边坡不受水流的冲刷。在春融前,特别是汛前,应全面进行检查、疏浚。雨中及时排除堵塞物,疏导水流,保持水流畅通,防止水流集中冲坏路基。暴雨后,应重点检查,如有冲刷、损坏,必须及时修理加固。

(3)排水沟

排水沟是将路基范围内各种水源的水流,引至路基范围以外的指定地点,其养护管理对策与边沟和截水沟相同。

(4)跌水及急流槽

在重丘、山岭地区,地形险峻,排水沟渠纵坡较陡,水流湍急,冲刷力强。为接引水流,降低流速,消减能量,以防水流对路基及桥涵的冲刷,多采用跌水或急流槽,其养护管理对策与边沟和截水沟相同。

(5)暗沟

暗沟是设在地面以下引导水流的沟渠,用以把路基范围内的泉水或地下集中水流排到路基范围以外。应经常对暗沟进行检查,如发现堵塞、淤积,应进行清除冲洗。尤其是雨季,应保证流水畅通。

(6)渗沟

渗沟可以汇集流向路基的地下水,并通过沟底通道将水排至路基范围以外,如果发现沟口长草、堵塞,应及时清理和冲洗;如果碎(砾)石层淤塞不通时,应翻修,并剔除颗粒较小的砂石;如果位置不当,应根据情况另行修建。

8.7.3 安全设施的安全养护管理

1)标志

道路交通标志是以颜色、形状、字符、图形等向驾驶员传递信息,用于管理交通的设施,通过提供准确及时的信息和引导,使驾驶员可以顺利快捷地抵达目的地,促进交通畅通和行车安全。交通标志对于道路交通的提示和引导,是通过驾驶员对其所传递信息的视认而实现的。影响标志视认性主要因素是所用材料的逆反射性能和色度性能。逆反射性能决定材料夜间视认时的明亮程度;色度性能是在逆反射条件下材料所显示的颜色,决定交通标志所表达的颜色信息。利用材料的逆反射性能和色度性能的有机结合,能突出特殊路段交通标志和标线的信息提示功能、警示效果,使驾驶员能在不同路段及时准确地获取路况信息。尤其在夜间或雨雾天自然亮度不足的情况下,通过汽车车灯的照射,利用交通标志和标线板面材料以及施画涂料具有的逆反射性能,能将图形字符等信息清晰地传递给驾驶员。驾驶员通过视认了解道路前方行驶条件,及时采取各种有效措施安全行车。因此,使驾驶员准确、高效地视认各种交通信息,在白天和夜间都能清晰地得知道路状况,及时采取各种应对措施,是交通标志养护的一项重要内容。

我国《道路交通标志和标线》(GB 5768—2009)中要求标志应采用逆反射材料制作标志面,用于标志面的逆反射材料主要为反光膜。交通标志反光膜的逆反射性能是影响交通标志视认性的重要因素。逆反射系数越大,说明反光膜的逆反射性能越好。但用作交通标志,尤其是板面文字较多或信息复杂的指路标志时,并非逆反射系数越大,视认性就越好。相反,如果逆反射系数太大,即标志太亮,反而容易产生眩光,影响驾驶员对标志信息的视认。逆反射系数较大的反光膜,用于制作警告标志、禁令标志、视线诱导标以及轮廓标等较为适宜。

《公路交通标志反光膜》(GB/T 18833—2002)中规定反光膜按其不同的逆反射性能,可分为五个等级,一级反光膜为微棱镜型反光膜;二级反光膜为密封胶囊型反光膜,通常称高强级反光膜;三级反光膜为透镜埋入型反光膜,通常称超工程级反光膜;四级反光膜为透镜埋入型反光膜,通常称工程级反光膜;五级反光膜为透镜埋入型反光膜,通常称为经济反光膜。表 8-7 所示为高强级反光膜最小逆反射系数。在湿润状态下反光膜的逆反射系数不低于干燥情况下相应值的 80%,且不满足规范要求的标志应按照《公路养护技术规范》(JTG H10—2009)的相关规定进行养护维修。

高强级反光膜最小逆反射系数 表 8-7

观测角	入射角	最小逆反射系数($cd \cdot lx^{-1} \cdot m^{-2}$)					
		白色	黄色	红色	绿色	蓝色	棕色
0.2°	-4°	250	170	45	45	20	12
	15°	200	130	35	35	16	10
	30°	150	100	25	25	10	6.5
0.33°	-4°	180	120	25	25	14	10
	15°	150	90	20	20	11	8
	30°	100	70	14	14	8	5
1°	-4°	20	12	3	23	1	0.8
	15°	15	8	2	12	0.8	0.6
	30°	9	5	1	1	0.4	0.3

标志板面反光膜的逆反射性能和色度性能在自然环境中随着使用时间的延长会逐渐衰减,当其性能衰减到一定水平就不能满足驾驶员视认的要求,需要更换。

我国现行《公路养护技术规范》(JTG H10—2009)对公路交通标志的养护要求为:

①应保持交通标志设置合理、结构安全,板面内容整洁、清晰。

②标志板、支柱、连接件、基础等标志部件应完整、无缺损且功能正常。

③标志应无明显歪斜、变形,刚构件无明显剥落、锈蚀。

④板面应平整,无明显褪色、污损、起泡、起皱、剥落等病害。

⑤反光交通标志应保持良好的夜间视认性。

2)标线

高速公路的标线在运行中应得到合理的养护,确保驾驶员能及时获得清晰、完善和连续的交通安全渠化与诱导信息,约束驾驶员驾驶行为。

(1)路面标线

当车行道边缘线、车行道分界线等路面标线随着使用时间的延长,会发生不同程度的破损,标线的视认性能降低,为保持和恢复路面标线的服务功能,需对标线进行定期和不定期的养护和维修。依据现行《公路养护技术规范》(JTG H10—2009),路面标线应具有良好的可视性、边缘整齐、线形流畅,无大面积剥落,反光标线要保持良好的夜间视认性,重新施画的标线应与旧标线基本重合。

(2)突起路标

高速公路由于车速较高,驾驶员疲劳时易驶出路外,设置突起路标可给驾驶员以振动提示并可通过其反光性能告知驾驶员车行道轮廓。同时,在降雪或降雨量大的路段设置突起路标可增加道路标线的清晰程度。我国现行《道路交通标志和标线》(GB 5768—2009)中,建议将突起路标与标线配合使用,布设间距为 6 ~ 15m,一般设置在可跨越同向车行道分界线的空隙当中,也可依据实际情况适当加密。突起路标设置在车行道边缘线的一侧,其间隔应与在可跨越同向车行道分界线设置的间隔相同。突起路标应无严重破损,且破损的突起路标应不会对车辆、人员造成伤害,还应无明显褪色,其光度性能应保持其在夜间良好的视认性。

(3)轮廓标

为使驾驶员清晰道路轮廓边缘,避免其驶出路外,可设置轮廓标用以指示道路的方向、车行道边界。高速公路主线直线段轮廓标设置间距一般为 50m,附设于护栏上时,其设置间距可为 48m,曲线段轮廓标的设置间距更密。轮廓标在道路左右侧对称设置,按行车方向,左侧设置黄色轮廓标,右侧设置白色轮廓标。轮廓标的标准设置高度为 70cm,最小设置高度为 60cm。应定期进行表面清理,确保无破损且没有明显的褪色,其光度性能应能保证驾驶员在夜间良好的视认性。

3)护栏

国外一些发达国家对高速公路安全护栏的研究与开发起步较早,其评价标准也比较完善。目前,国际上普遍采用的是安全护栏的评价标准主要是美国的 NCHRP Report 350"Recommended Procedures for the Safety Performance Evaluation of Highway Feature"和英国的安全护栏的国家标准 BS 6779"Highway Parapets for Bridge and Other Structures"。表 8-8 与表 8-9 分别为美国和英国的对安全护栏的评价标准。

NCHRP Report 350 规定的安全护栏的实验的评判准则 表 8-8

评价结构	评价标准
护栏结构	A. 被测护栏必须始终能阻挡试验车辆并改变其行驶方向:试验车辆不得穿透、骑跨或者越过护栏,但护栏在规定范围内的横向变形弯曲是允许的
	B. 被测护栏必须在一种可预期的方式下脱离、断裂和弯曲变形
	C. 合格的护栏性能可以是: ①能改变试验车辆行驶方向; ②防止试验车辆穿过; ③控制试验车辆的停止

续上表

评价结构	评价标准
乘员保护	D. 脱离组件、碰撞碎片或其他护栏上的碰撞残留物都不得穿透乘员车厢或具有穿透乘员车厢的趋势，也不得威胁到过往车辆、行人和在工作区内工作人员的安全。造成乘员严重伤害的车厢内部变形、侵入是不允许的
	E. 脱离组件、碰撞碎片、其他护栏上的碰撞残留物以及车辆碰撞残留物都不得阻挡驾驶员的视线或使驾驶员失去对车辆的控制
	F. 试验车辆在碰撞过程中和碰撞之后都必须保持正立状态，但适当的摇晃、倾斜和偏移方向是允许的（应用于除G项试验外所有试验）
	G. 试验车辆最好在碰撞过程中和碰撞之后都保持正立状态（应用于选项试验）
试验车辆碰撞轨迹	H. 乘员碰撞速度应满足： 乘员碰撞速度极限（m/s） 项目 推荐值 最大值 纵向和横向 9 12 纵向 3 5
	I. 乘员撞击加速度应满足： 乘员撞击加速度极限（G's） 项目 推荐值 最大值 纵向和横向 15 20
	J. 在碰撞之后，碰撞车辆运行轨迹最好不侵入到其他临近的行车道上
	K. 乘员碰撞速度最大不得超过12m/s，同时车内乘员纵向冲击加速度不得超过20G's
	L. 试验车辆的驶出角度最好小于碰撞角度的60%，驶出角度的测量点应在试验车辆刚好脱离开被测护栏的时刻
	M. 试验车辆的运行轨迹超出护栏长度是允许的

英国6779标准中规定的各种试验方法的评价要素 表8-9

项目	约束情况	护栏伤害程度	护栏立柱安装点	车辆碰撞后的运动	车辆损伤
正常约束和低约束	①车辆不能穿过护栏； ②车辆在碰撞过程中最大动态变形小于500mm	①护栏任何部分不能松散； ②系统的主要部分不能完全失效，即失效部分不能大于此部件横断面周长的80%； ③所有连接柱、板的螺栓在原来位置	①护栏立柱安装点不能失效； ②连接系统不能损坏	①车辆在碰撞后从碰撞点开始以后10m以内，车辆的任何部分均不能越过与护栏距离为（2.2m+车宽+0.16×车长）的平行线； ②车辆不能翻、越过护栏	车上各个主要部件不能脱落

续上表

项　目	约束情况	护栏伤害程度	护栏立柱安装点	车辆碰撞后的运动	车辆损伤
高约束	同上	同上	同上	平行线与护栏的距离计算公式为（4.4m + 车宽 + 0.16 × 车长），其他内容同上	车内再有货物散落量应小于总载有量的5%

我国安全护栏的研究起步较晚，直到2004年才出台《高速公路护栏安全性评价标准》（JTG/T F83-01—2004），对护栏的防撞性能有如下评价标准：

（1）每一种等级的各种形式护栏均应根据应用路段，按照评价等级相应的车辆总质量，选择小型客车、大型车辆两种车型进行实车碰撞试验。小型客车主要进行车内乘员头部性能指标、胸部性能指标、腿部性能指标和车体三方向加速度、车辆运行轨迹等项目的测试；大型车主要进行护栏的防撞能力、最大动态变形量和车辆运行轨迹等项目的测试。

（2）车辆与护栏发生碰撞时应能保证车内乘员的生命安全，不受到严重伤害。

（3）护栏应能够有效地阻挡车辆并对车辆进行导向，禁止车辆任何形式的穿越、翻越、骑跨、下穿护栏。

（4）护栏应有良好的导向性能，车辆碰撞后的驶出角度应小于碰撞角度的60%。

（5）碰撞后试验车辆应保持正常行驶姿态，不发生横转、掉头等现象。

（6）在碰撞过程中，脱离组件、碰撞碎片（护栏的碎片）或其他护栏上的碰撞物不能侵入驾驶室内及阻挡驾驶员的视线。

（7）护栏最大动态变形量。

①刚性护栏最大动态变形量小于或等于10cm。

②无论是哪一种形式的护栏，如果用于桥梁护栏，其护栏最大动态变形量应小于或等于50cm。

③半刚性三波梁护栏最大动态变形量小于或等于75cm。

④半刚性双波梁护栏最大动态变形量小于或等于100cm。

⑤柔性护栏可根据其安装位置参照半刚性护栏最大动态变形量的指标。

（8）以上评价要素的每一条款应满足标准要求，其中任何一条不符合本标准的规定，均应视为该种护栏不符合要求，不宜在需要设置该等级护栏的路段上使用。

依据现行《公路养护技术规范》（JTG H10—2009），波形梁护栏的护栏板、立柱、柱帽、坚固固件等应完整、无缺损，护栏质量应符合相关标准要求，其防腐层应无明显脱落，护栏无锈蚀，并且护栏安装线形顺畅，无明显变形、扭转和倾斜。水泥混凝土护栏线形顺畅、结构合理，无明显裂缝、掉角、破损等缺陷，水泥混凝土护栏使用的材料质量应符合相关标准、规范及设计要求。缆索护栏各部件应无缺损，各组成部分应无明显变形、倾斜、松动、锈蚀等现象，其使用的材料质量应符合相关标准、规范及设计要求。

8.7.4 养护施工作业区与交通安全

1)养护施工作业区的安全状况

近年来随着我国已建高速公路服务年限的增加,已建高速公路已进入管养并重的时期。同时,随着高速公路养护施工规模的增大,养护施工作业区的安全问题也日益突出。高速公路养护作业期间部分车道封闭导致道路通行能力降低,养护施工作业区上、下游交通环境复杂,交通特性发生改变,如果不及时、合理地告知、诱导驾驶员改变驾驶行为和路径,就会导致交通事故,影响养护施工作业区道路用户及施工人员、设备的安全。

据荷兰相关统计显示公路养护施工作业区人员发生死亡事故的概率要远高于一般建筑工人。英国同样得出道路养护施工作业人员是致死率最高的行业之一。英国公路局在2006年发布的一项调查显示,至少有20%的道路养护施工人员在其职业生涯中遭受了由过往车辆带来的伤害,有54%的工人有过与车辆擦身而过的经历。奥地利研究显示公路养护施工作业区大约每年发生120起碰撞事故,平均死亡4人,每年发生在道路养护施工作业区的碰撞事故约占全部道路交通事故的4%。芬兰研究显示,驾驶员在通过养护施工作业区时发生事故的概率是在正常路段发生事故概率的5倍。德国研究表明,高速公路所有碰撞事故中约有25%是发生在高速公路养护施工作业区。据美国佐治亚州交通运输部统计,美国每8.2h就会发生一起养护施工作业区交通致死事故,即每天就会发生3起交通致死事故;另外,养护施工作业区受伤事故每9min就会发生一起,即每天发生160起养护施工作业区受伤事故。据美国劳动保护部门统计,1995~2007年道路养护施工致死人数占全部因公致死人数百分比如图8-18所示,可见近几年道路施工致死占全部因公致死率呈上升趋势。美国劳动保护部门同时统计了1995~2002年间发生的道路建筑致死事故中有33%是道路施工工人,12%是道路养护工人。据统计美国2008年发生720起施工区死亡交通事故,占全年道路交通死亡事故总数的2%。五分之四的施工区死亡事故受害者是驾驶员,另外超过40 000人在道路施工区事故中受伤。

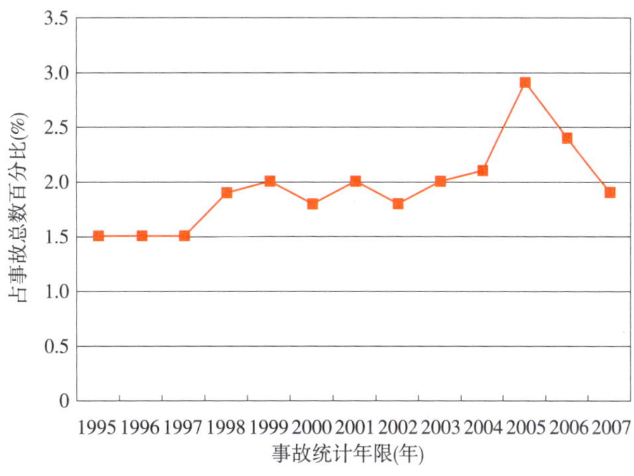

图8-18 道路施工致死人数占全部因公致死人数百分比

根据AASHTO关于养护施工作业区的事故特点报告研究结论,养护施工作业区发生的碰撞事故更严重,其平均伤亡人数高于所有碰撞事故伤亡人数的平均值。城市与乡村道路上相比车辆与车辆碰撞来说，车辆与固定设施碰撞更容易产生伤亡，大约有一半的养护施工作业区，与固定设施相撞发生在夜间。养护施工作业区的拖车伤亡事故数量远远高于美国涉及拖车事故数的平均值。

由此可见，面对道路养护施工区事故率高，事故死亡概率大的问题，在道路养护施工作业期间根据作业区占用道路条件的不同特性，合理设置养护施工作业区渠化和防护的安全设施，对消除或减少养护施工作业区的事故和财产损失具有重要意义。

2）养护施工作业区设施的安全特性

为了保证养护施工作业区施工人员作业区外驾驶员的安全，应在养护施工作业区设置合理的安全设施。养护施工作业区的安全设施包括渠化隔离设施，作业区标志、标线和警示照明设施。渠化隔离设施用于隔离作业区工作人员与道路上行驶的车辆，引导行驶车辆按指定路线安全绕开养护施工作业区行驶，防止误驶入养护施工作业区的车辆撞伤施工人员，损坏施工设备，同时也保护发生交通事故碰撞的驾驶员的安全。

作业区标志、标线的作用是临时设置或施画在养护施工作业区附近用来引导、规范驾驶员在养护施工作业区的驾驶行为，消除或减少养护施工作业区交通事故。警示灯与照明设施可以增加养护施工作业区设施的可见性并通过闪烁等方式引起驾驶员注意，提高驾驶员的警惕性。

（1）渠化隔离设施

①隔离设施

为了减少养护施工作业区的安全隐患，需要在养护施工作业区周围设置交通隔离设施，降低车辆误驶入作业区的可能性，为施工人员与驾驶员提供安全保障。

设置隔离设施时应在工程施工组织分析的基础上，考虑养护施工路段的交通量、运行速度、养护施工的工期长短等因素，但是隔离设施种类多，功能有所不同，应用不当则不利于驾驶员与施工人员的安全。因此在设计、安装、维护时应该了解其特性，遵循相关要求。

目前，国内外养护施工作业区广泛使用的隔离设施有便携式混凝土挡墙、可移动式挡墙、低身挡墙、注水挡墙等。其中低身挡墙主要用于道路视距不良的路段，注水挡墙用于需要快速改变交通控制方式的紧急情况。

a. 便携式混凝土挡墙

便携式混凝土挡墙可用于隔离驾驶员与施工区域。这种挡墙由预制混凝土构件连接而成，长2.4～9m，并带有连接结构，挡墙重600～1 070kg，具体的几何形状、确切的断面形式与钢筋的数量有关。大量的混凝土挡墙构件重量为2 040～9 780kg，因此需要重型机械安装与搬运，安装时需要将混凝土路障连接成平滑的整体，便携式混凝土挡墙属于硬隔离设施。设置混凝土挡墙应遵循的原则是：相邻挡墙应连接牢固；挡墙与养护施工作业区之间应该留有足够的空间防止挡墙滑动，若没有足够的空间则应该将挡墙锚固于地面；在填挖施工过程中运用混凝土挡墙时应采取措施防止挡墙落到深挖坑中，在深挖坑边缘设置或移动混凝土挡墙时应考虑地面能承受挡墙的重力以及周围物体承载重力的能力；挡墙不应该设置得太短；若行车道两面均设有挡墙，则行车道两面挡墙的端头应该错开，方便驾驶员避开障碍；挡墙中间最好不设置开口，若一定要设置开口则应该对开口端头进行合理的处置；为了提高挡墙在夜间的能见度，应该沿着挡墙边缘设置长明警告灯。

便携式水泥混凝土挡墙的防撞性能取决于水泥混凝土挡墙的长度与数量、连接方式、连接部的转动情况与锚固情况等。受到碰撞时由挡墙中间的连接结构起到防止挡墙翻转或移动的作用。若受到碰撞后，挡墙的移动距离过大，可以考虑将挡墙锚钉在路面上，保持其稳定性。不同断面、不同连接方式及不同尺寸的混凝土挡墙抵抗碰撞的能力也不同。美国在其《Road Side Design Guide》(2011 版)中将混凝土挡墙又细分为多种。

a)爱荷华混凝土临时挡墙(Lowa temporary concrete barrier)

爱荷华混凝土临时挡墙为 F 形断面，如图 8-19 所示。挡墙单个构件长 3.8m，高 0.81m，挡墙顶部宽 0.2m，底部宽 0.57m。相邻挡墙由挡墙尾端的环圈与直径 32mm 的钢制插销相连接。挡墙系统碰撞测试横向最大位移 1.15m，满足美国 NCHRP 350 测试水平 3 的标准。

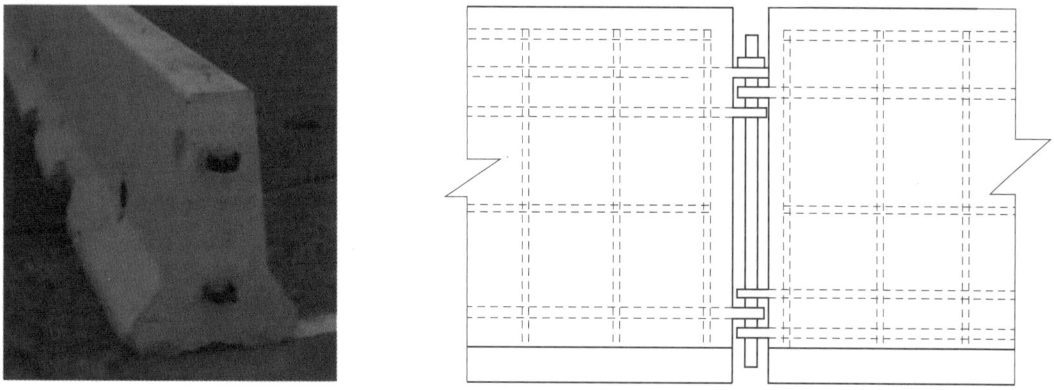

a)　b)

图 8-19　爱荷华混凝土临时挡墙及连接部分结构示意图

b)罗京汉预制混凝土挡墙(Rockingham precast concrete barrier)

罗京汉预制混凝土挡墙为 F 形断面，如图 8-20 所示。挡墙单个构件长 3.1m，高 0.81m，挡墙顶部宽 0.23m，底部宽 0.6m。相邻挡墙由挡墙尾端钢制槽与 T 形插销相连接。挡墙系统碰撞测试横向位移 1.15m，满足美国 NCHRP 350 测试水平 3 的标准。

a)　b)

图 8-20　罗京汉预制混凝土挡墙及连接部分结构示意图

c)J－J 钩便携式混凝土挡墙(J－J hook portable concrete barrier)

J－J 钩便携式水泥混凝土挡墙为新泽西形断面，如图 8-21 所示。挡墙单个构件长 3.7m，高 0.81m。相邻挡墙由挡墙尾端钢制 J 形钩槽相连接，J 形钩槽由 10mm 厚的钢板嵌入混凝土挡墙内制成。挡墙系统碰撞测试横向位移 1.3m，满足美国 NCHRP 350 测试水平 3 的标准。

a)

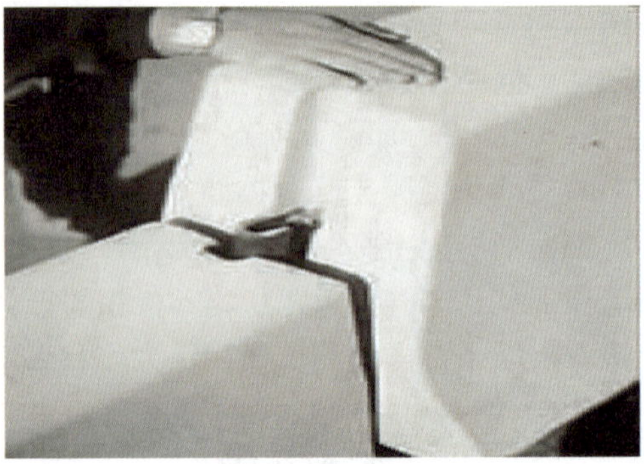

b)

图 8-21 J－J 钩便携式混凝土挡墙及连接部分结构示意图

d）弗吉尼亚改良便携式混凝土挡墙（Modified virginia DOT portable concrete barrier）

弗吉尼亚改良便携式混凝土挡墙为 F 形断面，如图 8-22 所示。挡墙单个构件长 6.1m，高 0.81m，挡墙顶部宽 0.2m，底部宽 0.57m。相邻挡墙由尾端的环圈与直径 25mm，长 0.61m 的钢制插销相连接。挡墙系统碰撞测试横向位移 1.83m，满足美国 NCHRP 350 测试水平 3 的标准。

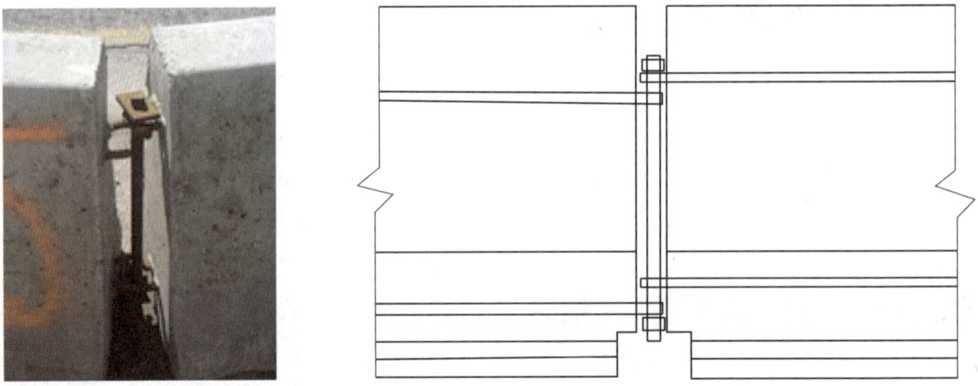

图 8-22 弗吉尼亚改良便携式混凝土挡墙

e）加利福尼亚 K 轨便携式混凝土挡墙（Califomia K－rail portable concrete barrier for semi－permanent installation）

加利福尼亚 K 轨便携式混凝土挡墙为新泽西形断面，如图 8-23 所示。挡墙单个构件长 6.1m，高 0.81m，挡墙底部宽 0.61m。相邻挡墙由尾端的环圈与直径 32mm 的钢制插销相连接。另外，挡墙可以锚固在路面上。挡墙系统碰撞测试横向位移 0.26m，满足美国 NCHRP 350 测试水平 3 的标准。

f）GPLINK 临时预制混凝土挡墙（GPLINK Pre－Cast temporary concrete barrier）

GPLINK 临时预制混凝土挡墙如图 8-24 所示。挡墙长 6.1m，高 0.864m，底部基础宽 0.44m，挡墙宽 0.24m。相邻挡墙由尾端的钢制环圈与直径 22mm，长 0.68m 的钢制插销相连接。挡墙系统碰撞测试横向位移 1.76m，满足美国 NCHRP 350 测试水平 3 的标准。

a) b)

图 8-23 加利福尼亚 K 轨便携式混凝土挡墙

g)佐治亚临时混凝土挡墙(Georgia temporary concrete barrier)

佐治亚临时混凝土挡墙为新泽西形断面,单个构件长 3m,高 0.81m,挡墙顶部宽 0.305m,底部宽 0.76m。相邻挡墙由尾端的钢制环圈与直径 32mm,长 0.635m 的钢制六角螺栓相连接。挡墙系统碰撞测试横向位移 1.93m,满足美国 NCHRP 350 测试水平 3 的标准。

h)爱达荷州 6.1m 新泽西形的便携式挡墙(Idaho 6.1 – m new jersey portable barrier)

爱达荷州 6.1m 新泽西型便携式挡墙为新泽西型断面,如图 8-25 所示。挡墙单个构件长 6.1m,高 0.81m,挡墙顶部宽 0.15m,底部宽 0.61m。相邻挡墙由尾端的钢制环圈与直径 32mm 的钢制插销相连接。测试 32mm 直径镀锌六角螺栓连接并用螺母锁定,系统受到碰撞时最大横向位移量 1.0m。测试 32mm 直径钢销连接无螺母锁定,挡墙系统碰撞测试横向位移 1.1m,满足美国 NCHRP 350 测试水平 3 的标准。

图 8-24 GPLINK 临时预制混凝土挡墙

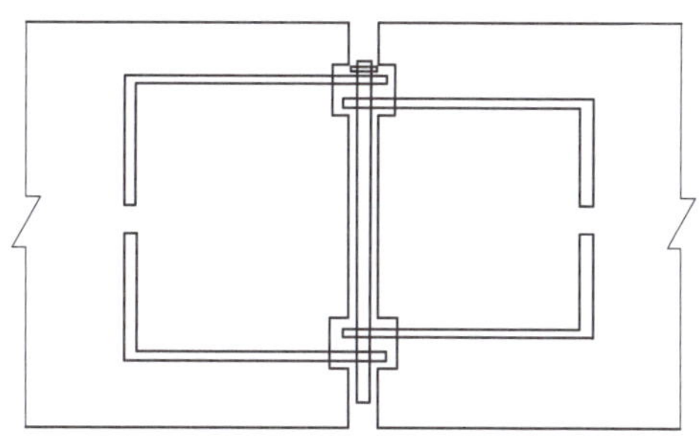

图 8-25 爱达荷州 6.1m 新泽西型的便携式挡墙连接部结构示意图

i)俄勒冈州钢销与环圈挡墙(Oregon pin and loop barrier)

俄勒冈州钢销与环圈挡墙为 F 形断面,如图 8-26 所示。挡墙单个构件长 3.8m,高 0.81m,底部宽 0.61m。挡墙一端顶部有两个 19mm 直径钢筋制成的钢圈,底部有一个 19mm 直径钢筋制成的钢圈;另一端顶部有一个钢圈,底部有 2 个钢圈。相邻挡墙由直径 25mm,长 0.735m 的钢制插销穿过钢圈相连接。挡墙系统碰撞测试横向位移 0.76m,满足美国 NCHRP 350 测试水平 3 的标准。

j)俄亥俄州3m新泽西型混凝土挡墙(Ohio DOT's 3-m long New Jersey profile temporary concrete barrier)

俄亥俄州3m新泽西型混凝土挡墙为新泽西型断面,如图8-27所示。挡墙单个构件长3.8m,高0.81m,顶部宽0.15m,底部宽0.61m。相邻挡墙由尾端的钢制环圈与直径32mm,长0.56m高强度镀锌螺栓用垫片与螺母相连接。挡墙系统碰撞测试横向位移1.67m,满足美国NCHRP 350测试水平3的标准。

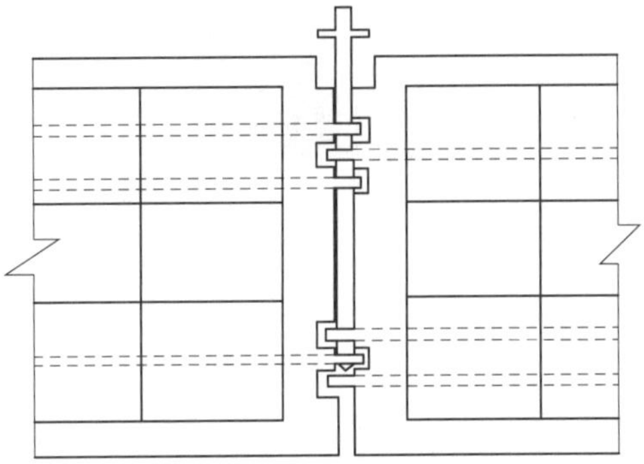

图8-26 俄勒冈州钢销与环圈挡墙连接部结构

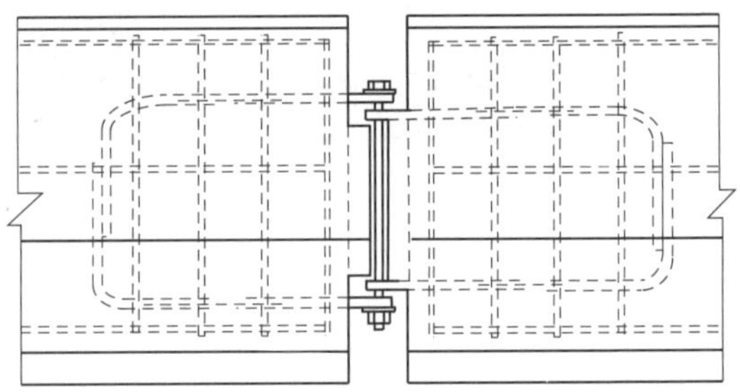

图8-27 俄亥俄州3m新泽西型混凝土挡墙连接部结构示意图

k)纽约便携式混凝土挡墙(New York DOT portable concrete barrier)

纽约便携式混凝土挡墙,如图8-28所示。单个挡墙长6.1m,高0.81m,顶部宽0.15m,底部宽0.61m。相邻部分由I形钢销,嵌入相邻构件尾端的钢腔内,如图8-28所示。在I形钢销顶端盖钢制帽。挡墙系统碰撞测试横向位移1.0m,满足美国NCHRP 350测试水平3的标准。

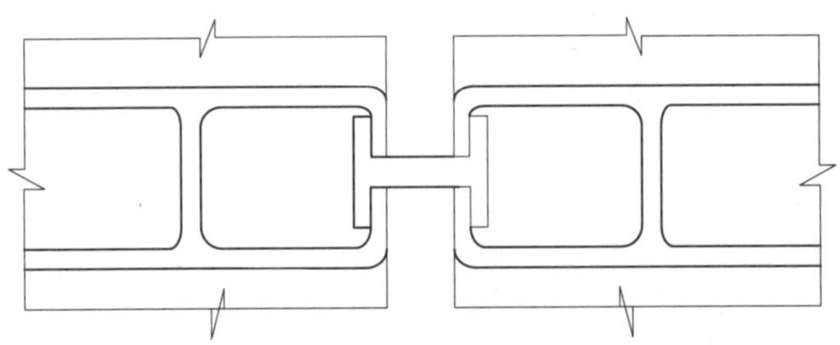

图8-28 纽约便携式混凝土挡墙连接部结构示意图

图8-29 爱荷华州H形钢制临时挡墙

l)爱荷华州H形钢制临时挡墙(Iowa DOT tie-down steel H-section temporary barrier)

爱荷华州H形钢制临时挡墙为H形断面,如图8-29所示。挡墙单个构件长6.1m,高0.74m,宽0.345m。在朝向车流的一面用三角钢架将挡墙与地面用锚钉连接。相邻部分由钢板与螺栓相连,如图8-29所示。挡墙系统碰撞测试横向位移0.31m,满足美国NCHRP 350测试水平3的标准。

m）快速连接F形混凝土挡墙（quick – bolt F – shaped concrete safety barrier）

快速连接F形混凝土挡墙为F形断面，如图8-30所示。挡墙单个构件长9.1m，高0.81m，顶部宽0.24m，底部宽0.61m。每个构件尾端由直径38mm，长0.25m的PVC管嵌入构件尾端，两根长0.635m，直径22mm的钢制螺纹竿，分别穿入PVC管，在螺纹杆尾端分别用螺母固定。挡墙系统碰撞测试横向位移0.79m，满足美国NCHRP 350测试水平3的标准。

a)

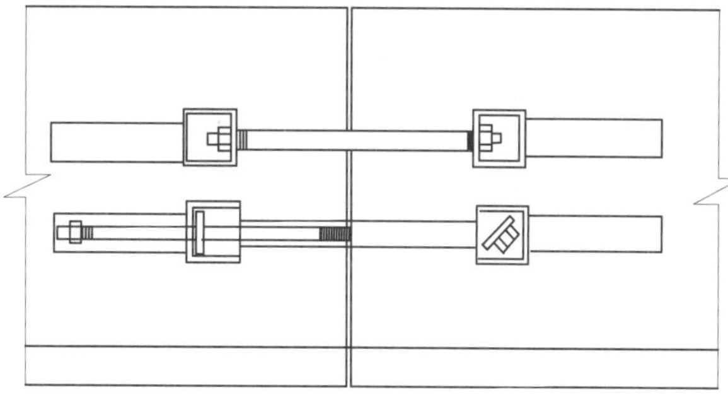

b)

图8-30　快速连接F形混凝土挡墙及连接部结构示意图

n）德克萨斯X栓固混凝土挡墙（Texas X – bolt F – shaped concrete safety barrier）

德克萨斯X栓固混凝土挡墙为F形断面，如图8-31所示。挡墙单个构件长3m或9.1m，高0.81m，顶部宽0.24m，底部宽0.61m。相邻部分构件尾端用钢制螺栓呈X形交叉相连，如图8-31所示。挡墙系统碰撞测试横向位移0.48m，满足美国NCHRP 350测试水平3的标准。

a)

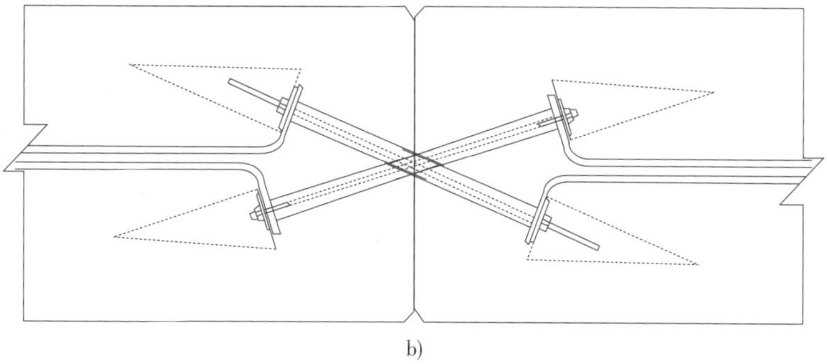

b)

图8-31　德克萨斯X栓固混凝土挡墙及连接部结构

图 8-32　德州单坡混凝土挡墙

o)德州单坡混凝土挡墙(Texas single slope concrete safety barrier)

德州单坡混凝土挡墙如图 8-32 所示。挡墙长 9.1m,高 1.07m,顶部宽 0.2m,底部宽 0.61m。相邻构件由尾端的钢制槽格与 X 形螺栓连接。挡墙系统碰撞测试横向位移 0.15m,满足美国 NCHRP 350 测试水平 3 的标准。

p)快速变化挡墙系统(Quickchange barrier system)

快速变化便携式混凝土挡墙系统,由改良的 F 形混凝土挡墙组成,为了方便移动,每段挡墙长度仅 1m,如图 8-33 所示。挡墙构件内部有钢条穿过并有特殊设计的铰链将尾端相连。每个挡墙构件顶部均成 T 形,以便专用车辆将其抬起。

a)　　　　　　b)

图 8-33　快速变化挡墙系统

q)低身混凝土挡墙系统(Low – Profile barrier system)

低身混凝土挡墙长 6.1m,高 0.51m,宽 0.66m,如图 8-34 所示。相邻挡墙通过两个螺栓与挡墙尾部顶端的空隙相连接。碰撞测试最大位移值 0.127m。设置时应在装置尾端设置斜坡过渡。

图 8-34　低身混凝土挡墙系统

b. 其他形式挡墙

a)注水挡墙(图 8-35)

注水挡墙是内部或者外部设有钢筋骨架的纵向塑料外壳挡墙。可以用于拦截或改变车辆行驶方向,也属硬隔离挡墙。没有钢筋骨架的注水纵向渠化设施不具备足够的防撞能力,因此不能用做挡墙或改变车辆行驶方向。由于注水挡墙与注水纵向渠化设施外形很相似因此在使用时应该注明注水构件的作用。

a)　　　　b)

图 8-35　注水挡墙

b）钢制挡墙

钢制挡墙由镀锌钢板焊接而成，该挡墙系统可以改变车辆行驶方向也可以抵御车辆碰撞，如图 8-36 所示。钢制挡墙重量轻，可折叠，一辆卡车就可以运输大量的钢制挡墙。因此，这种挡墙可以用在承重受到限制的施工环境中。

a)　　　　b)

图 8-36　钢制挡墙

c. 挡墙的尾端处理

便携式混凝土挡墙与钢制挡墙的尾端应该与挡墙的其他部分一样具有防撞性以及可以屏蔽车辆误驶入作业区的功能。目前对于挡墙尾端的处理方法主要有以下几种：

a）将挡墙与已有的挡墙或者其他防撞设施如防撞垫等顺势连接。

b）在净空区边缘设置频闪警告灯，提示驾驶员挡墙端头的位置。

c）若设置挡墙尾端处有土坡，可将挡墙尾端埋入土坡内。

d）速度小于等于 50km/h 的情况下，可在挡墙尾端使用尾坡，如图 8-37 所示。

e）当使用类似于注水挡墙时，可在挡墙尾端放置 10 段空挡墙作为挡墙尾端的缓冲设施。

图 8-37　挡墙尾端处理

②防撞垫

防撞垫用于作业区挡墙端头。车辆碰撞到防撞垫端头时防撞垫可以使车辆减速到停止或者可以改变车辆的行驶方向使车辆驶离障碍物。目前作业区常用的防撞垫有两种:固定式与移动式,后者一般称为车载式防撞垫。

a. 固定式防撞垫(图 8-38)

固定式防撞垫可设置于高速公路上防止车辆撞到挡墙或护栏端头或者其他障碍物的安全设施,常用的主要有填沙塑料挡墙、quad guard D cz 防撞系统和 React 350cz 防撞系统。

a)

b)

c)

图 8-38　固定式防撞垫

a)填沙塑料挡墙;b)quad guard D cz 防撞系统;c)React 350cz 防撞系统

b. 车载式防撞垫

车载式防撞垫通常在高流量、高速度的区域用于短期施工和移动施工中,如路面标线施画、道路清扫以及一些日常养护活动。研究表明在作业区大型卡车可以有效的防止车辆误驶入作业区,但是当车辆碰撞到卡车尾端时会发生严重的伤亡事故。因此在特定车型卡车尾端安装车载式防撞垫既可以有效的防止车辆误驶入作业区,也可以减少由于车辆碰撞引起的伤亡事故。车载式防撞垫可以直接安装在车辆尾端或者作为拖车拖挂在车辆尾端。在安装车载防撞垫的车辆上安装可变信息板或频闪警示灯可以增加警示作用。

车载式防撞垫通常安装在三种防护车上:影子车(Shadow vehicle)、路障车(Barrier vehicle)、预警车(Advance warning track),如图 8-39 所示。不同养护施工作业类型使用车载防撞垫及防护车的推荐优先级如表 8-10 所示。

a)

b)

图 8-39 防护车

a)影子车(Shadow vehicle);b)路障车(Barrier vehicle)

防护车及车载防撞垫的使用推荐优先级 表 8-10

<table>
<tr><th rowspan="3">道路封闭情况</th><th rowspan="3">适用的养护施工类型</th><th colspan="4">优先级</th></tr>
<tr><th rowspan="2">高速公路</th><th colspan="3">非高速公路</th></tr>
<tr><th>80km/h</th><th>70km/h</th><th>60km/h</th></tr>
<tr><td colspan="6">移动作业</td></tr>
<tr><td colspan="6">非正式车道封闭作业</td></tr>
<tr><td>影子车作业(有施工人员在外面施工)</td><td>灌缝、修补、公用事业作业(树木修剪等)、标线喷涂等</td><td>A-1</td><td>A-2</td><td>A-3</td><td>A-4</td></tr>
<tr><td>影子车作业(无施工人员在外面施工)</td><td>清扫、化学喷涂(如雪天喷洒除雪剂)等</td><td>E-1</td><td>E-2</td><td>E-3</td><td>E-4</td></tr>
<tr><td colspan="6">非正式的路肩封闭作业</td></tr>
<tr><td>影子车作业(有施工人员在外面施工)</td><td>路面修护、路面标线施画、轮廓标维修等</td><td>B-2</td><td>B-3</td><td>C-3</td><td>C-3</td></tr>
<tr><td>障碍车作业(无施工人员在外面施工)</td><td>露天挖掘等</td><td>E-2</td><td>E-3</td><td>E-4</td><td>E-5</td></tr>
<tr><td colspan="6">固定作业</td></tr>
<tr><td colspan="6">正式车道封闭作业</td></tr>
<tr><td>障碍车作业(有施工人员在外面施工)</td><td>路面养护、路面标线施画等</td><td>B-2</td><td>B-3</td><td>C-4</td><td>D-5</td></tr>
</table>

续上表

道路封闭情况	适用的养护施工类型	优先级			
		高速公路	非高速公路		
			80km/h	70km/h	60km/h
障碍车作业(施工区有明显的障碍物)	露天挖掘等	E－2	E－3	E－4	E－5
正式路肩封闭作业					
障碍车作业(有施工人员在外面施工)	路面养护、路面标线施画、护栏维修等	C－3	C－4	D－5	D－5
障碍车作业(施工区有明显的障碍物)	露天挖掘等	E－3	E－4	E－5	E－5

注:按字母顺序排序显示保护车辆的优先级分配。保护车的应用:
A——非常强烈建议;
B——强烈建议;
C——建议;
D——理想;
E——可能合理,依据作业区具体情况确定。
数字排列代表了保护车使用车载防撞垫的优先级:
1——非常强烈建议;
2——强烈建议;
3——建议;
4——理想;
5——可能在个别工程中是可行的

c.车载防撞垫的缓冲空间

缓冲距离是指保护车与作业区之间的距离,提供保护车受到碰撞后发生翻转或者移动的空间。如表8-11所示为影子车与作业区之间的距离。

影子车设置位置 表8-11

大于等于10 000kg的影子车		
限制速度(km/h)[a]	与作业区之间的间距[a]	
	固定施工(m)	移动施工(m)[c]
≥90	45	52.5
70～90	30	45
<70	22.5	30

续上表

大于4 500kg 小于10 000kg 的影子车		
限制速度(km/h)[a]	与作业区之间的间距[b]	
	固定施工(m)	移动施工(m)[c]
≥90	52.5	67.5
70~90	37.5	52.5
<70	30	30

注:1. 当运行速度比限速大时应该采用运行速度。

2. 要求距离是指影子车前端与作业区始端的距离。

3. 距离适用于影子车速度达到25km/h 的情况。

4. 在所有的作业项目中,影子车重量应该是8 000~9 000kg。

提示:1. 应该用最重的影子车来保护作业人员。因为重量大的影子车翻滚的可能性更小,可以设置到距离作业区较近的地方,减小车辆撞到影子车的概率。

2. 保护车与作业区之间的间距很重要。带有车载防撞垫的保护车比没有装配车载防撞垫的车辆位移量小,要求的空间距离是同时满足有或者没有车载防撞垫的保护车的位移情况。

3. 在考虑设置间距的同时也应该考虑交通状况、车辆混行情况、视距、其他位置情况。

③渠化设施

渠化设施应该能够隔离作业区与交通流,使车辆平缓的由一条车道变换到另外一条车道、绕行或用于减小车道宽度,属于软隔离设施。目前作业区典型的渠化设施有锥形桶、竖板、鼓形筒、挡墙等。

a. 锥形桶

锥形桶主要是橙色的,被车辆碰撞以后不会对车辆造成伤害。白天低速行车道使用的锥形桶高度不得低于45cm;高速公路或者其他需要更明显标识的地段,使用锥形桶高度不得低于71cm;夜间使用锥形桶时应该在锥形桶上配备反光镜或者照明装置增加其可见性。安装反光镜的锥形桶高71~91cm,应该在锥形桶顶端向下7~10cm处粘贴15cm宽的白色反光带,再在白色反光带下面5cm处粘贴10cm宽的白色反光带,如图8-40所示。

a)

b)

图8-40　锥形筒

a)普通锥形桶;b)带有反光镜的锥形桶

高于91cm的带有反光镜的锥形桶，应该粘贴10～15cm橙色与白色相间的反光带，每个锥形桶最少有2个橙色反光带与2个白色反光带，橙色反光带放在上面。每个在橙色与白色反光条之间不反光的区域不能大于7cm。

b. 竖板

竖板应该有20～30cm宽的反光膜，最小高度为60cm，橙白相间向下45°朝向行车方向的条纹。高于91cm的竖板贴纸，条纹宽度应该为15cm，如图8-41所示。竖板也应具备一定的防撞性能，并且在发生碰撞后不应对车辆造成伤害。竖板的底座有混凝土底座、硬橡胶底座、方形钢板底座等。竖板的支撑方式有固定式、便携式和不倒式。

c. 鼓形筒

鼓形筒用于警告或渠化，一般由轻型、脆性、塑料材料制成，最小高度91cm，最小宽度45cm，形状为圆柱形。鼓形筒表面应该贴有10～15cm宽的橙白相间的反光带，每个鼓形筒最少有2组橙白相间的反光条，橙色在上面。橙白相间反光条之间不反光的部分不能超过7cm，如图8-42所示。碰撞试验表明带有警告灯的鼓形筒碰撞后警告灯会与鼓形筒分开对挡风玻璃造成严重伤害，因此要求采取措施防止警告灯在碰撞时飞出对驾驶员造成伤害。另外，为了防止碰撞时鼓形筒对驾驶员、作业人员或行人造成伤害，不得在鼓形筒内注入沙子、水或其他物质。为了增强鼓形筒的稳定性又不给驾驶员及施工人员带来伤害，要求鼓形筒加载不得超过25kg，可用回收橡胶加载，不得用石头、混凝土块等在碰撞过程中可能引起危险的物体加载，加载物不得加载在鼓形筒的顶部。

a)　　b)

图8-41　竖板

图8-42　鼓形筒

d. 护栏

护栏有1～3个横板，横板上贴有橙白条纹的反光条，橙白条纹斜向下45°指向行车方向。使用护栏时应该同时使用渠化设施。可用沙包或回收橡胶加载到护栏底部增加护栏的稳定性，不得用石头或混凝土块等碰撞时可能引起危险的物体加载。

美国Manual on Uniform Traffic Control Devices（MUTCD）中将养护用护栏分为3类。1、2类护栏用于有车流穿越的作业区，可以单独或乘组作为渠化设施使用，1类护栏一般用于低速城市道路上，2类护栏一般用于高速公路；3类护栏有3个水平板，最小长度1.2m，顶端横板距路面1.5m，用于作业区道路封闭点，提示驾驶员禁止进入作业区。护栏禁止与行车方向平行设置，避免横板与车辆发生碰撞时穿入车辆，如图8-43所示。

a)

b)

c)

图 8-43　护栏

a)1 类护栏;b)2 类护栏;c)3 类护栏

(2)标志标线

①标志

施工作业区标志是通过特殊的语言、图形、箭头等符号规范、警告和引导经过作业区的驾驶员按照期望的驾驶行为安全通过施工作业区,保障驾驶员、施工作业区施工人员、施工机械设备等的安全。通常施工作业区标志设置在行车道的右侧,如有特殊需要时作业区标志也可以设置在行车道两侧,用便携式支架支撑的标志可以设置在行车道。另外,标志也可以安装在作业区前端的护栏上。作业区常见的标志有:道路施工标志、道路封闭标志、车道变窄标志、双向交通标志、注意障碍物标志、限速和解除限速标志等。考虑养护施工作业区的作业在未来将会越来越多且普遍,在这些区域有必要设置养护施工作业区特殊的符号和颜色对驾驶员的认知和驾驶行为进行规范和标准化,以更好的警示驾驶员在养护施工作业区调整驾驶行为,达到施工区的驾驶期望。

a. 道路施工标志

道路施工标志目前通常设置在警告区内 2km、1km、500m 处,用以预告前方道路施工以及车辆距作业区的距离,提醒驾驶员及时采取措施避让前方作业区。目前我国常用的道路施工标志有三角形与长方形两类,颜色与道路运行标志一致,如图 8-44 所示。

欧美国家的施工区标志颜色与道路正常运行的标志颜色有所区别,通常统一采用醒目的红底白字作为施工区标志,使驾驶员在较远的距离就能看到醒目颜色的施工标志,了解前方有施工路段,需做好心理准备,调整驾驶期望,小心谨慎驾驶,如图 8-45 所示。这一设置理念对高速公路上快速行驶的驾驶员保持标准的驾驶工作负荷驶入到施工区显得非常有指引意义。

a)　　b)

图 8-44　道路施工标志

a)　　b)

图 8-45　英国道路施工标志

b. 道路封闭标志

道路封闭标志、左道封闭标志与右道封闭标志用以提示作业区所在车道的位置，提示驾驶员及早调整驾驶行为，变换车道，避让作业区。目前，我国的道路封闭标志如图 8-46 所示。图 8-47 所示为欧美国家常用的道路封闭标志。我国的道路养护施工区道路封闭标志颜色与道路指路标志颜色一致，不具有特殊的警告和指引性。

a)

b)　　c)

图 8-46　道路封闭标志

a)　　b)

图 8-47　道路封闭标志

a）英国；b）美国

c. 车道变窄标志

在单向双车道及以上公路中，养护施工区需封闭一定宽度的车道时，需设置道路变窄标志，提醒车辆提前做好变道行驶的准备。我国采用的车道变窄标志如图 8-48 所示。欧美国家常用车道变窄标志如图 8-49 所示。我国的道路养护施工区车道变窄标志颜色与道路一般警告标志颜色一致，不具有养护施工区特殊的警告和指引性。

a) b)

图 8-48 车道变窄标志

a) b)

图 8-49 英国车道变窄标志

d. 双向交通标志

当分向行驶的道路因施工需要封闭一个方向，为了不中断交通另一方向的道路需暂时改为双向通行。此时，在车辆进入双向通行的道路之前设置双向交通标志，用于警告驾驶员将进入双向通行道路。我国的道路养护施工区双向交通车道变窄警告标志颜色与一般警告标志颜色一致，不具有养护施工区特殊的警告性，如图 8-50 所示。欧美国家常用双向交通标志如图 8-51 所示。

图 8-50 双向交通标志

图 8-51 英国双向交通标志

e. 注意障碍物标志

车辆遇到行车道前方设有作业区，使得车辆不得不改变行驶路径时，如双向六车道高速公路中间车道作业，使用图 8-52 中警告标志提示行驶在中间车道的驾驶员改变车道行驶，避让前方养护施工作业区。我国的道路养护施工区注意障碍物车道变窄标志颜色与警告标志颜色一致，不具有特殊的指引性。

f. 限速和解除限速标志

限速标志用于限制行车速度，设置在养护施工作业区影响区域前端适当位置，保证车辆按限速要求顺利进入作业区。解除限速标志设置在作业区影响区域终止末端，用于解除车辆在作业区的限速，使车辆恢复到正常行驶速度，如图 8-53 所示。我国的道路养护施工区限速和解除限速标志与道路正常运行时采用的限速和解除限速标志一样，在颜色与形状方面不具有施工区的特殊限制性。图 8-54 为欧美国家限速标志。

a)　b)　c)

图 8-52　注意障碍物标志

a)　b)

图 8-53　限速和解除限速标志

g. 施工区结束标志

施工区终止标志通常设置在养护施工作业区终止区终点处。用于提示驾驶员养护施工作业区结束，可以恢复正常行驶状态。我国目前没有施工区终止标志，通常在养护施工作业区终止区终点处设置解除限速标志，即提示驾驶员已驶离养护施工作业区可以恢复正常行驶速度。欧美国家通常将限速标志与作业区终止标志组合使用，并将解除限速的意义包含于施工区终止标志中，如图 8-55 所示。

a)　b)

图 8-54　欧美国家限速标志

a）美国；b）英国

a)　b)

图 8-55　施工区终止标志

a）美国；b）英国

②临时标线

长期养护施工作业期间，为了给驾驶员提供明确的行驶路径以引导驾驶员安全地通过养护施工作业区，应该在养护施工作业区内施画临时标线。临时标线应该具有一定的反光性以确保车辆在夜间也能视认并顺利通过作业区。另外也可以使用突起路标来代替临时标线起到渠化交通流的作用。

随着标线材料的发展，目前已有使用一段时间后就能自行消解的道路标线涂料，这种施工临时标线能省去施工结束后去除标线的作业过程和因去除标线对路面带来的破坏和延迟交通的开放时间。

(3)警示照明设施

养护施工作业区常用的警示照明设施包括照明灯、警告灯等。照明灯用于夜间施工时为施工人员提供照明条件。警告灯安装在标志或者渠化设施上用于提高作业区的可视性，诱导驾驶员的行车视线，引导驾驶员改变行驶路径。

①照明灯

道路设施养护维修通常在夜间车流量低时进行。夜间养护施工作业区设置照明灯应能保证养护施工作业人员顺利作业，也对通过养护施工作业区的驾驶员起到增加路面亮度照明，提高行驶安全性的作用，但设置的照明灯不得对驾驶员和施工人员产生眩光，如图8-56所示。

图8-56　照明灯

②警告灯

养护施工作业区警告灯或长明灯通常安装在护栏、鼓形筒、竖板或者警告标志上。警告灯距地面最小高度90cm。若发生碰撞时警告灯可能与护栏、鼓形筒、竖板等设施分离，撞坏挡风玻璃，碰伤驾驶员或者施工作业人员，因此应该将警告灯与主体设施紧密相连。大多数采用LED技术的轻型警告灯，其较容易与主体设施紧密连接，碰撞后不易分离。美国MUTCD将警告灯分为A、B、C、D四类。A类为低亮度的频闪警告灯，安装在渠化设施上用于夜间警告驾驶员靠近与通过作业区时存在潜在危险；B类高亮度频闪警告灯，可安装在作业区前警告标志或者独立支架上，用于白天或夜间提示驾驶员注意施工区潜在危险；C类稳定发光警告灯与D类360°稳定发光警告灯，用于夜间凸显行车道边缘线，如图8-57所示。

a)

b)

图8-57　警告灯

8.7.5 监控设施养护与交通安全

高速公路运行管理范围内车辆检测器和视频监测设备应具有及时、良好地监测、监视车辆的交通特性、车辆特性和运行状况的功能,监控设施的合理养护对于高速公路交通安全的保障具有重要意义,其中隧道路段的监控设施设置较多,是养护管理的重中之重。

1)高速公路路段

(1)车辆检测器

依据现行《高速公路交通工程及沿线设施设计通用规范》(JTG D80—2006),车辆检测器有多种类型,基本检测参数是交通量、车速、占有率等。各种类型的车辆检测器所适合的路面条件、环境条件、检测精度、维修条件以及价格各不相同,因此需要根据项目具体情况比较分析,选用适合的类型。一般车辆检测器设置距离为500~800m。依据现行《公路工程质量检验评定标准》(JTG F80/2—2004)要求交通量计数精度测量误差不得大于±2%,平均车速精度测量误差不得大于±5%。

(2)视频监测设备

依据现行《高速公路交通工程及沿线设施设计通用规范》(JTG D80—2006),受到建设成本、维护成本和技术等多种因素限制,应根据所确定的规模有选择的设置闭路电视。依据现行《公路工程质量检验评定标准》(JTG F80/2—2004)要求对视频监测设备主要检测其设备及配件数量、型号规格及部件完整性;监控摄像机基础安装位置及安装立柱的牢固程度;监控摄像机的安装方位及角度;视频监视器画面的清晰程度等。

(3)监控设施养护情况

依据现行《公路养护技术规范》(JTG H10—2009),应定期对监控系统的工作环境、状态和性能进行检查、检测和维护。高速公路路段闭路电视设备应每周进行检测,解码器与视频切换器应该每季度检查一次;车辆检测器应该每季度进行一次性能测试,保证监控设施正常工作。

(4)监控设施运行条件缺陷的补救措施

通过对高速公路路段运行管理范围内监控设施使用条件、相关管理标准条件与监控设施运行条件相关的交通事故等的搜集、调查(来自高速公路竣工文件、更换维修文件资料和现场检测)和分析,评价监控设施运行条件缺陷补救措施的合理性,提出新的监控设施运行条件缺陷的补救措施。

2)隧道段

(1)车辆检测器

依据现行《公路隧道交通工程设计规范》(JTG/T D71—2004),车辆检测器应以500~700m的间距设置在车流平稳的隧道影响区域,其交通量检测精度不应低于95%。依据现行《公路隧道养护技术规范》(JTG H12—2003),高速公路隧道车辆检测器设备完好率应不低于98%。

(2)视频监测设备

依据现行《公路隧道交通工程设计规范》(JTG/T D71—2004),隧道外监控摄像机应设在距隧道入口和出口外100~400m处,能清楚的监视隧道洞口全貌和交通状况。隧道内监控摄像机应能进行隧道全程监视，直线段设置间距应不大于150m，曲线段设置间距可根据实际情况适当减小。依据现行《公路隧道养护技术规范》(JTG H12—2003)，高速公路隧道摄像机设备完好率应不低于98%。

(3)监控设施养护情况

依据现行《公路隧道养护技术规范》(JTG H12—2003)，隧道监控设施养护应每隔1～3个月对车辆检测器及视频监测设备进行外观及硬件的污染损坏检查；每隔1年对车辆检测器及视频监测设备的内部结构进行检查，保证监控设施正常工作。

(4)监控设施运行条件缺陷的补救措施

通过对高速公路隧道运行管理范围内隧道监控设施使用条件、相关管理标准条件与监控设施运行条件相关的交通事故等的搜集、调查(来自隧道竣工文件、更换维修文件资料和现场检测)和分析，评价监控设施运行条件缺陷补救措施的合理性，提出新的监控设施运行条件缺陷的补救措施。

本章参考文献

[1] 中华人民共和国交通行业标准. JTG/T B05—2004 公路项目安全性评价指南[S]. 北京:人民交通出版社,2004.

[2] 中华人民共和国交通行业标准. JTG/T F83-01—2004 高速公路护栏安全性评价标准[S]. 北京:人民交通出版社,2004.

[3] 中华人民共和国交通行业标准. JTG/T D71—2004 公路隧道交通工程设计规范[S]. 北京:人民交通出版社,2004.

[4] 中华人民共和国交通行业标准. JTG H12—2003 公路隧道养护技术规范[S]. 北京:人民交通出版社,2003.

[5] 胡江碧. 汽车驾驶员驾驶工作负荷计算方法:中国,CN200910093545. 0[P],2010.

[6] 陆键,等. 高等级公路综合养护评价与预测技术[M]. 北京:科学出版社,2010.

[7] 高速公路养护管理手册编委会. 高速公路养护管理手册[M]. 北京:人民交通出版社,2002.

[8] 张颖,周刚,等. 基于最优规划的事故救援模型仿真研究[J]. 计算机仿真,2006.

[9] 张彬彬. 高速公路交通事件检测算法及检测器布设方案研究[D]. 长春:吉林大学,2005.

[10] 夏烨,贾海燕. 基于交通流密度的交通事故应急反应等级划分研究[J]. 交通工程,2011.

[11] 刘畅. 我国高速公路呼唤交通事故紧急救援体系[J]. 现代交通管理,2000.

[12] American Association of State Highway and Transportation Officials. Roadside Design Guide [M]. Washington, D. C. ,2011.

[13] Federal Highway Administrator. Manual on Uniform Traffic Control Devices (MUTCD) [M]. Washington, D. C. ,2009.

[14] Department for Transport, Department for Regional Development, Scottish Executive, Welsh Assembly Government. Traffic Signs Manual[M]. United Kingdom for The Stationery Office, 2009.

[15] Ross, H. E. , Sicking, Jr. , D. L. , Zimmer, R. A. , Michie, J. D. NCHRP Report 350: Recommended Procedures for the Safety Performance Evaluation of Highway Features[R]. Transportation Research Board of the National Academies. Washington, D. C. , 1993.

第9章　山区高速公路安全工程应用实例

9.1　山区高速公路安全状况调查与统计实例

9.1.1　山区高速公路安全状况

交通事故调查是一项重要而繁杂的工作,它与交通管理部门的目的和内容有所区别,是道路管理部门查明道路责任的依据。根据国内外的管理方法,交通事故调查主要是由交通警察执行,而交通警察隶属于执法部门,事故发生时他们关注的是事故责任是哪一方的责任,对道路运行管理中道路条件的影响因素问题缺乏专业支撑和关注,需要道路运行管理部门根据道路运行安全管理的需要进行现场调查与统计。当然,一起交通事故的发生不一定与道路条件直接关联,需做客观调查。

为了研究我国山区公路道路交通事故频发的内在深层次原因,作者对云岭和秦岭山区的3条高速公路、1条一级公路和1条二级公路的运行安全状况进行了统计分析研究。根据5条山区高等级公路事故多发路段的道路参数和道路交通事故统计数据计算可知,5条山区公路年均每公里导致0.226人死亡,年均每公里受伤人数为0.372人,每起事故死亡人数为1.829人,每起事故的受伤人数为1.686人,各项统计指标都远高于公路交通事故的平均水平。由此可知,山区高速公路连续长陡下坡路段一方面表现为事故频繁发生,另一方面还表现为事故严重程度高。

道路交通事故虽然为典型的随机性小概率事件,其发生的时间、地点、诱因难以准确判断,没有明确的规律,但就概率而言又是有规律的,道路交通事故的发生又是有规律可循的,由于山区公路自然地理环境的特殊性,必然表现为某种原因占有较大比例。通过对5条山区公路的275起事故原因分析可知,制动失效是山区公路连续长陡下坡路段上导致事故发生的最主要原因,其中有138起是由车辆制动失效造成的,占总事故起数的50.18%;超速是引发山区公路交通事故的另一重要原因,在5条山区公路的统计事故中有67起是由超速造成的,占事故总数的24.36%,制动失效和超速之和占到了事故总数的74.54%。5条山区高等级公路事故直接原因的具体构成如图9-1所示。

9.1.2　山区高速公路交通安全事故的主要原因分析

如果排除一般事故,只统计致死事故,那么制动失效事故和超速事故所占的事故比例将更高,制动失效是直接原因。5条山区高等级公路共发生了70起致人死亡的事故,其中有52起是由车辆制动失效造成的,另有10起是由超速造成的,制动失效和超速导致的事故占所有致死事故的88.57%。由此可知，为了改善山区公路的运行安全性，就必须有效防止车辆制动失效和超速现象的发生。

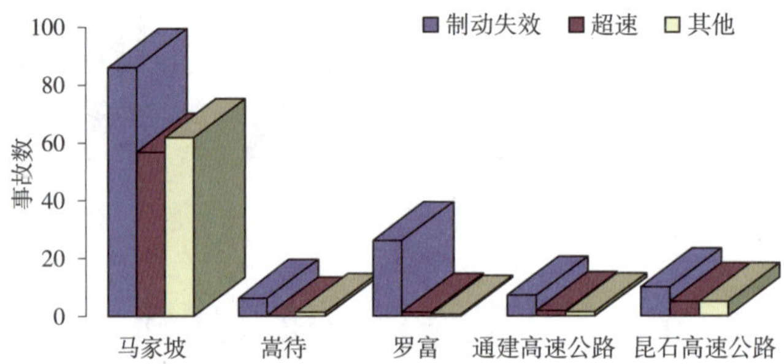

图9-1　统计公路事故原因构成

一般而言，直接原因在事故发生过程中有不可逆转的特性，所以如果要从根源上改善山区公路的运行安全性，则必须找出诱发直接原因的根本原因、深层次原因。那么在山区公路的长大下坡路段上，为什么会频繁发生车辆制动失效和超速现象呢？

车辆制动失效和超速是驾驶员操纵行为、道路条件、车辆运行条件三者相结合的最终反映，而驾驶员的操纵行为又受到道路条件和车辆技术状况及运行条件的影响。为此，要分析山区公路长陡下坡路段事故多发的深层次原因，就必须从驾驶员、道路条件及车辆状况入手。通过前面分析已知，山区公路存在坡陡坡长、弯多弯急的道路特点，这是事故发生的道路因素，也是前提条件。由于车辆的操纵是通过驾驶员来完成的，故驾驶员的类型对事故的形成有着必然联系。从图9-2肇事车辆属地的比例看，275起交通事故中，有209起事故的肇事车辆为外地车辆，占到总事故数的76.0%。一般而言，运输车辆的构成中，本地车辆的比例必然高于外地车辆，然而事实上外地车辆导致的事故却是本地车辆的3.17倍，由此说明肇事车辆的属地与事故的发生存在着极大的关联性。

事故的发生是人的不安全行为和物（车辆、道路）的不安全状态共同作用的结果。故在分析道路交通事故原因时必须将人—车—路（环境）视作一个系统，从系统安全的角度来分析事故原因。车辆是公路运输系统的重要组成部分，交通事故的发生必然有车辆因素的作用。车辆的类型、技术条件及使用状况都会对其安全运行造成影响。由图9-3肇事车型的构成比例看，在275起山区事故中，有182起肇事车辆为货车，占所有肇事车辆的66.18%，在致人死亡的事故中货车更是占到了84.28%。然而通过交通调查发现，货车在整个交通

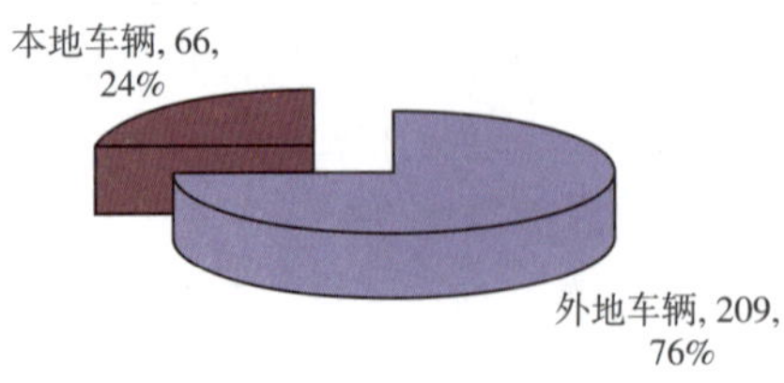

图9-2　山区公路肇事车辆属地

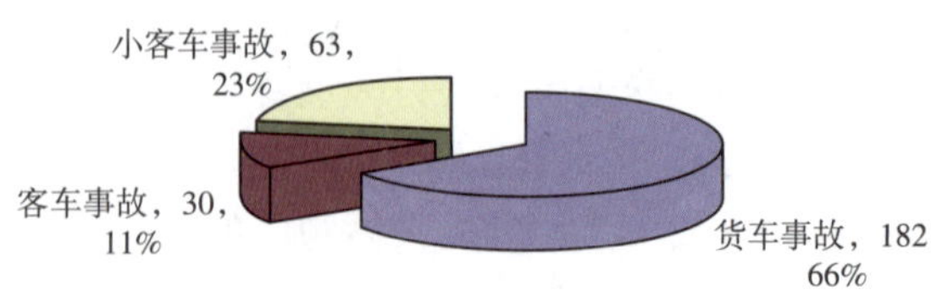

图9-3　山区公路肇事车型构成

流中的比例并不高，G312国道一级公路马家坡路段上的主要车型有小客车、中型客车、大客车、轻型货车及重型货车，其中重型货车占27.0%，轻型货车占17.0%，货车共占车流量的44.0%。虽然在山区公路长大下坡路段上货车更易于发生事故，但不同装载状况的货车在

山区公路运行的安全性却有着极大的不同，在 66.18% 的货车事故中超载的比例为 91.53%。由此说明超载货车在山区公路的长大下坡路段上更容易导致事故的发生。

通过对山区公路事故特征分析可知，外地货车在超载运行的过程中，由于驾驶员对道路环境不熟悉，道路未提供足够的诱导信息，不能满足驾驶期望，使得驾驶员未能完全获悉道路的环境信息，以致做出错误的操纵行为，使车辆处于高挡、高速的不安全状态，一旦车辆制动系统出问题就会导致车辆制动失效和超速现象频繁出现，最终导致交通事故频发，特别是致人死亡的恶性事故频发。与此同时，发生在上述路段上的恶性交通事故都为坠河、坠崖事故，说明公路的防护能力不足，或者说容错能力不足。

9.2 云岭保龙高速公路安全工程研究与应用

9.2.1 云岭保龙高速公路概况

杭瑞 G56 高速公路保山(大官市)—龙陵(龙山卡)段位于云南省西部保山市境内，地处横断山高黎贡山东坡，怒江东西两岸，是连接两洋(太平洋、印度洋)，横穿云南东西的国际通道。保龙高速公路起点位于保山市隆阳区大官市，路线起点 K513 + 200，路线沿怒江东岸，国道 G320 南侧降坡经冷水箐、亲家河后，路线左转离开 G320 线，沿山幅继续降坡，经王家山、辛家山、蒋家山、大干岩，于 K522 + 510 处设置施甸立交连接蒲缥和施甸。路线继续沿山幅展线降坡至蒲缥，顺山脚短距离升坡过杨三寨、黄毛寨、马家寨，于 K530 + 240 设置马家寨隧道(2 840m)穿越陆家山后，继续沿山幅展线降坡，经白石岩、团山坝、墩子地、西台田、九五八电站，进入滥枣河，顺滥枣河东西两岸展线降坡，于 K543 + 600 黄竹蓬到达国道 G320 上方山幅展线降坡，经里坝子、双沟脚达登高，设特大桥跨越怒江至怒江西岸设何家湾立交(K550 + 900)后，顺山幅展线升坡，经老寨、大寨、新城、摆场、潮田、赧亢外寨、里寨、沙田、范家、大草山、大摆田、小田坝设立交连接国道 G320 后，路线沿地形降坡展线经杨家寨、李家垭巴、常滚塘、麦地坪、秧田头、老寨止于黄草坝。路线总体呈北东～南西向走向，纵面呈 V 形，全长 78.45km，较 G320 缩短 25km(图 9-4)。设计标准：四车道高速公路，设计速度 v = 60km/h，路基宽 22.5m，桥涵及构造物设计荷载汽车—超 20 级，挂车—120。

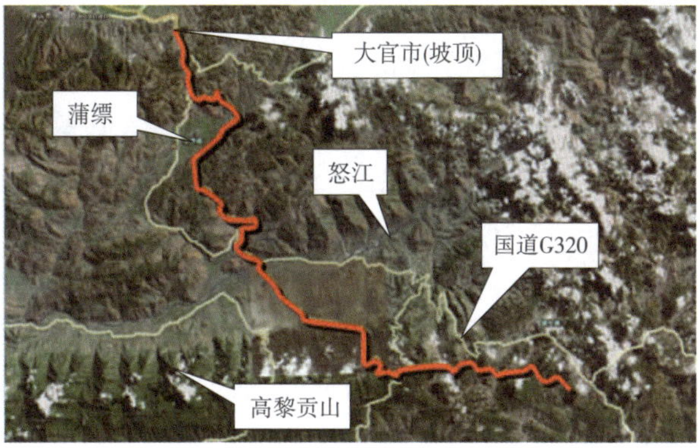

图 9-4 保龙高速公路路线走向图

保龙高速公路位于怒江东西两岸，纵面一上一下呈 V 字形，如图 9-5 所示。怒江东岸路段长 37.58km，高差 1 216.02m，平均纵坡为 3.24%，最大纵坡为 6%，纵坡大于 3% 路段长 27.281km，占路线总长的 72.59%；西岸路段长 38.291km，高差 1 310.00m，长坡段 30.8km，平均纵坡为 4.12%，最大纵坡为 5.7%，纵坡大于 3% 路段长 26.818km，占路线总长的 70.04%。

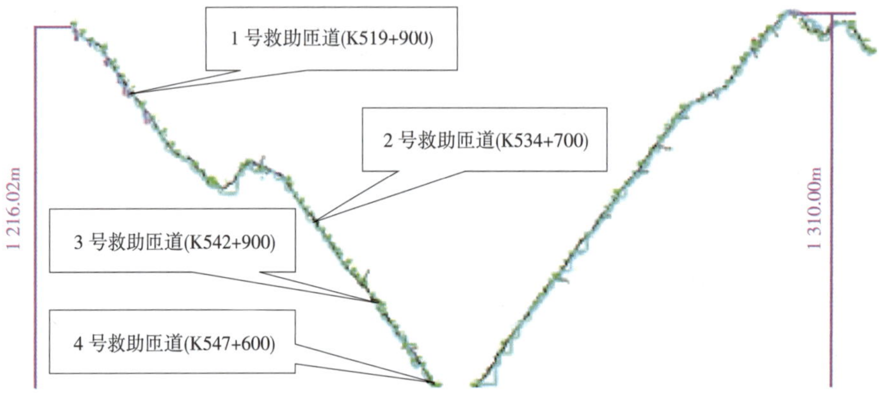

a)

b)

c)

图 9-5 保龙高速公路纵面图

a) 纵断面；b) 东岸；c) 西岸

9.2.2 云岭保龙高速公路自然地理环境

(1) 地形地貌：项目地处横断山脉南西端、滇西纵谷南端、高黎贡山南延部分。地势北高南低，高山深谷相间，地貌类型复杂多样，属中高山、中深切割流水侵蚀地貌类型，山脉与水系从北西向分布转为近南北向、北东向分布。路线最高点海拔高程约 2 200m，最低点怒江河谷水面约 64m。一般切割深度 600 ~ 1 200m。

(2) 水系：项目区内水系为怒江水系。怒江是线路走廊经过的最大河流，呈北西走向，路线跨越处河谷宽，河漫滩、阶地发育。由于河流两侧新构造运动的不均匀性，河流两岸阶地不对称。河流阶地改造成为农田。路线所经区域内其主要支流有：亲家河、大干岩河、蒲缥河、滥枣河、芭蕉林河等。

(3)气候环境:路线位于东经98°30′~99°6′,北纬24°23′~25°11′之间,属热带~亚热带气候,雨量充沛,干湿季节分明,气候温和潮湿。雨季主要集中于5~10月,平均降雨量1 200~1 500mm,年平均蒸发量1 500~1 600mm,年平均气温14.4~19.5℃,气候垂直分带明显,处于不同海拔高度的地区差异甚大。怒江河谷颇为炎热,终年无霜,高山地区则较寒冷,冬末春初,常有短暂积雪。

(4)水文地质:测区位于横断山脉南段,青、藏、滇、缅、印尼巨型"歹"字形构造与经向构造之复合部位。构造极为复杂,断裂纵横交错,断裂构造控制了区内地层、山脉、河流走向。项目穿越断层31条、滑坡48处、岩崩7处、岩溶塌陷8处;56.3%的地段为中等以上地质灾害危险路段。

9.2.3 云岭保龙高速公路道路几何条件分析

保龙高速公路全长78.45km,设计速度为60km/h,路基宽22.5m。

(1)平曲线指标:全线共设平曲线102个(1.3个/km),平曲线总长58.14km(占路线总长的74.12%),最小半径204.159m(位于东岸K520+246.28~K520+725.06);小于300m急弯22个,其中东岸13处,直线最大长度2 333.98m;路线增长系数为1.552。

(2)纵曲线指标:本段路受地形限制,路线纵坡大。共设竖曲线129个(平均每公里纵坡变化1.644次),竖曲线总长29.56km(占路线总长的37.68%)。纵坡度路段分布如表9-1所示。

云岭保龙高速公路纵坡度统计分类表　　表9-1

纵坡度范围	路段数	长度(m)	占路段比例(%)
$i \geq 5\%$	94	26 193	34.44
$4\% \leq i \leq 5\%$	50	13 106	17.23
$3\% \leq i \leq 4\%$	79	14 800	19.46
$2\% \leq i \leq 3\%$	9	2 459	3.23
$1\% \leq i \leq 2\%$	19	9 590	12.61

保龙高速公路路线横跨怒江,纵断面呈V形。以怒江为界,大官市至怒江段称为东岸段,怒江至龙陵段称为西岸段。保山至龙陵方向东岸段为连续下坡,西岸段为连续上坡;龙陵至保山方向,西岸段为连续下坡,东岸段为连续上坡。

(3)东岸段纵断面指标:保山大官市坡顶(K513+200)至坡脚何家湾(K550+780)全长37.58km,路线最高点大官市海拔高程1 937.31m,最低点何家湾海拔高程为721.29m,高差为1 216.02m,平均纵坡为3.24%,最大纵坡为6%。其中两个长大下坡,从大官市(K513+200)至杨三寨(K526+460),总长13.26km,最大纵坡为5.8%,平均纵坡为3.91%,4%以上纵坡路段里程为4 414.1m,占总路段长的33.29%。蒲缥(K530+600)至登高(K549+190),总长18.59km,最大纵坡为6%。平均纵坡为4.13%,4%以上纵坡路段里程为10 520.7m,占总路段长的56.59%。东岸路段的纵坡具体分布情况如表9-2所示,东岸路段的纵面图如图9-5、图9-6所示。

东岸路段主要坡度统计分类表　　表 9-2

纵坡度范围	路段数	长度(m)	占路段比例(%)
$i \geq 5\%$	53	14 342	38.16
$4\% \leq i < 5\%$	23	6 035	16.06
$3\% \leq i < 4\%$	39	6 904	18.37
$2\% \leq i < 3\%$	5	1 159	3.08
$1\% \leq i < 2\%$	8	4 865	12.95

图 9-6　保龙高速公路东岸路线布局

(4)西岸段纵面指标:龙陵龙山卡(K589+180.49)至何家湾(K550+780)的龙陵段路线全长 38.29km,路线最低点为何家湾(K550+780),最高点为龙陵张家寨(K581+780),高差 1 310.00m,连续长坡路段长 30.8km,平均纵坡为 4.12%,最大纵坡为 5.7%。纵坡大于 3% 的路段累计总长为 26.82km,占路线总长的 70.04%,4% 以上纵坡路段里程为 15.88km,占该路段总长的 51.57%。西岸路段纵坡具体分布情况如表 9-3 所示,纵面图如图 9-7 所示。

西岸路段主要坡度统计分类表　　表 9-3

纵坡度范围	路段数	长度(m)	占路段比例(%)
$i \geq 5\%$	41	11 851	30.95
$4\% \leq i < 5\%$	27	7 071	18.47
$3\% \leq i < 4\%$	40	7 896	20.62
$2\% \leq i < 3\%$	4	1 300	3.40
$1\% \leq i < 2\%$	11	4 725	12.34%

图 9-7　保龙高速公路西岸路线布局

9.2.4 项目走廊安全状况及需求分析

1)项目走廊安全状况

项目走廊位于怒江峡谷东西两岸,跨越怒江峡谷,翻越高黎贡山,是穿越横断山通往国家级口岸的"唯一"的便捷通道。该区域横断山最狭窄,海拔最低,从史迪威公路到国道G320,几十年甚至几百年来皆布设于该经济、便捷空间走廊。国道G320经20世纪改造升级为三级公路,本项目与国道G320基本平行,项目拟建前承担干线通道的运输任务,项目通车后作为国家高速公路的应急通道,如图9-4所示。国道G320纵断面呈V字形,一上一下,坡陡弯急,统计近几年来国道G320该段的交通事故,年均交通事故41起,造成21人死亡,26人受伤。

2)项目走廊安全需求分析

随着机动化水平的不断发展和人民生活质量的不断提高,公众的目光越来越关注道路的安全性。然而,交通事故是道路交通不可避免的伴随物,绝对意义上的交通安全是不存在的,人们只能通过不断提高交通参与者的安全意识和驾驶员的驾驶技能,不断改进车辆的结构性能和技术水平,不断改善道路状况和行车环境条件,不断加强交通管理和交通执法等措施,使道路交通事故的发生概率降至"合理"的限度以内,从而满足公众对道路交通安全的要求。道路交通是指人和车在道路上移动,是一个人车路环境等要素构成的复杂的动态系统。因此,进行道路安全保障措施研究,首先应针对人、车、路和环境等要素对安保设施进行需求分析。我国影响道路交通安全的主要因素是人,本书仅从尽可能消除影响交通安全的道路因素层面进行分析和提出道路条件单方面的安全保障需求。

(1)道路条件

公路的几何特征、路面状况、设施条件等对交通安全有一定的影响,具体的影响因素如图9-8所示。

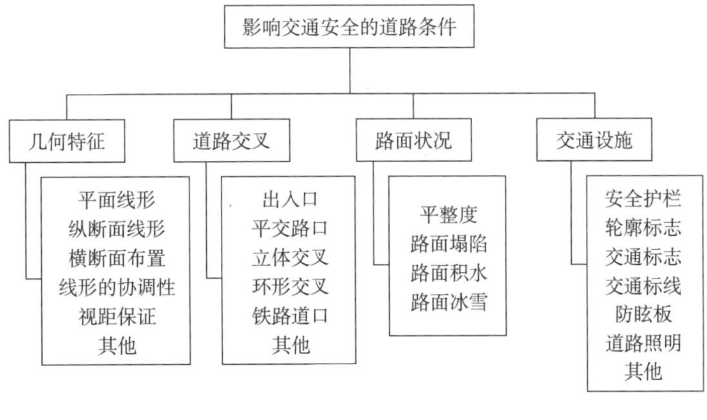

图9-8 影响交通安全的道路因素

道路的几何线形要素构成是否合理、线形组合是否协调对道路交通事故的发生有较大的影响。设计上有"缺陷"的道路对高速行驶的车辆会产生不稳定的感觉和对驾驶员容易产生视觉上的错误。道路线形的曲率半径过小,直线路段太长,视觉距离过短,纵坡过大等,都可能引发交通事故。如我国学者裴玉龙在研究沈大高速公路安全状况时,通过对 1994 年 1 月至 1995 年 6 月间不同的曲线转角对应的亿车事故率散点图发现:当曲线转角在 0 ~ 45 °之间变化时,亿车事故率与转角的关系近似成抛物线形,即随着转角的增大事故率在逐渐降低,当转角增大到某一数值时事故率降到最低值(抛物线的极值点),此时随着转角的继续增大事故率又开始上升,变化规律明显。

道路的连续长大下坡路段,往往是重大交通事故的多发路段。当车辆下长坡需要进行车速控制而未采用其他辅助行车制动措施时(如发动机辅助制动、排气辅助制动、缓行器辅助制动等),车辆的降坡势能只能通过车辆行车制动器的蹄鼓(或钳盘)摩擦转化为热能耗散到空气中平衡。如果持续制动时间较长,载重车辆制动器热负荷将很大,仅仅通过对流散热、辐射散热等途径不能将产生的制动器摩擦热及时耗散而失去热平衡,车辆行车制动器的工作温度会急速上升,由于机械、物理、化学三种因素的作用,车辆行车制动器的制动摩擦系数快速减小(所能产生的制动摩擦力矩减小),直至制动失效,引发交通事故。

(2)路段自然环境

山区道路地势险峻,交通条件恶劣,受自然条件限制,沿溪临崖路段较多,经常出现连续陡坡、连续急弯、陡坡紧连急弯等不利的线形组合,如果与雨、雪、雾等恶劣天气形成不利组合将极大地影响道路交通安全。以往高速公路只注重公路运输的交通功能而忽视了道路自然环境景观,长时间行驶在道路景观单调的路段容易引起驾驶员疲劳,不利于交通安全。

连续长陡坡路段,不同性能的车辆上坡时需要频繁换挡,致使货车等低速车辆"压道"行驶,压抑高速车辆引发盲目超车,导致因超速行驶引起的事故比例较大;而下坡时,下坡惯性作用使车速加快,靠山面容易产生"墙壁效应",而临崖面又容易引起"望渊生惧",从而导致驾驶员心里紧张,再加上频繁制动使车辆的制动性能降低,也很易导致交通事故。

山区自然环境复杂,自然灾害频繁,气候多变,以及高海拔地区气压低、空气密度小,车辆的动力性能也会下降,从而严重影响山区高速公路的行车安全。

(3)行车节奏

节奏是指有规律的、连续进行的完整运动形式,从影响高速公路交通安全的角度看,行车节奏既指高速公路道路线形及构造物位置、区段不同自然环境景观的节奏安排,也指通过限速等措施干预的车辆行驶节奏,同时也包括驾驶员在驾车过程中的情绪变化节奏。由于行车节奏直接与参与道路交通组成的人、车、路及环境都有密不可分的联系,所以如何有效的控制行车节奏将是道路交通安全成败的关键因素之一。

9.2.5 云岭保龙高速公路运行速度预测分析

1)运行速度预测模型

在进行保龙高速公路车辆运行速度检测计算时,按不同车型分为 3 个模块:小客车运行速度检测计算模块、中型车(12t 级两轴车辆)运行速度检测计算模块和重型车辆(总重 55t 级六轴车辆)运行速度检测计算模块。

(1)小客车运行速度预测计算模块:小客车在正常情况下(无交通流干扰、晴天、干燥路面、车辆状况良好)的下坡段运行速度检测过程示意配色效果和运行速度预测计算数据结果。

(2)中型车(12t级两轴车辆)运行速度预测模块:中型车在正常情况下(无交通流干扰、晴天、干燥路面、车辆状况良好)的下坡段运行速度检测过程示意配色效果和运行速度预测计算数据结果。

(3)重型车(总重55t级六轴车辆)运行速度预测模块:重型车在正常情况下(无交通流干扰、晴天、干燥路面、车辆状况良好)的下坡段运行速度检测过程示意配色效果和运行速度预测计算数据结果。

2)运行速度预测

(1)东岸下坡方向小客车运行速度预测

根据保龙高速公路保山段的道路平、纵横断面设计参数和一下一上的特点,应用本书第5.1.2节“10)车速预测模型”,对怒江东岸下坡(大官市—何家湾立交,K513+200~K550+780)和西岸下坡计算预测小客车运行速度,下面以东岸为例进行预测和分析。保龙高速公路东岸正常情况下小客车预测运行速度将普遍超过该路段设计车速(60km/h)即71~128km/h,大部分在80km/h以上。其中最大型车速为128km/h,超过设计车速113.33%,出现在距坡顶大官市(K513+200)14.305~16.364km的路段,即施甸立交—杨家寨(K527+261~K529+490)段。最小型车速为71km/h,略高于设计车速,出现在距坡顶大官市3.209km处,即李家山(K516+409,纵坡3.0%,平曲线半径969m)。平均预测速度为90.30km/h,最大型车速与最小型车速的差值为57km/h。图9-9为东岸下坡向路段车速分布配色效果和运行速度曲线。

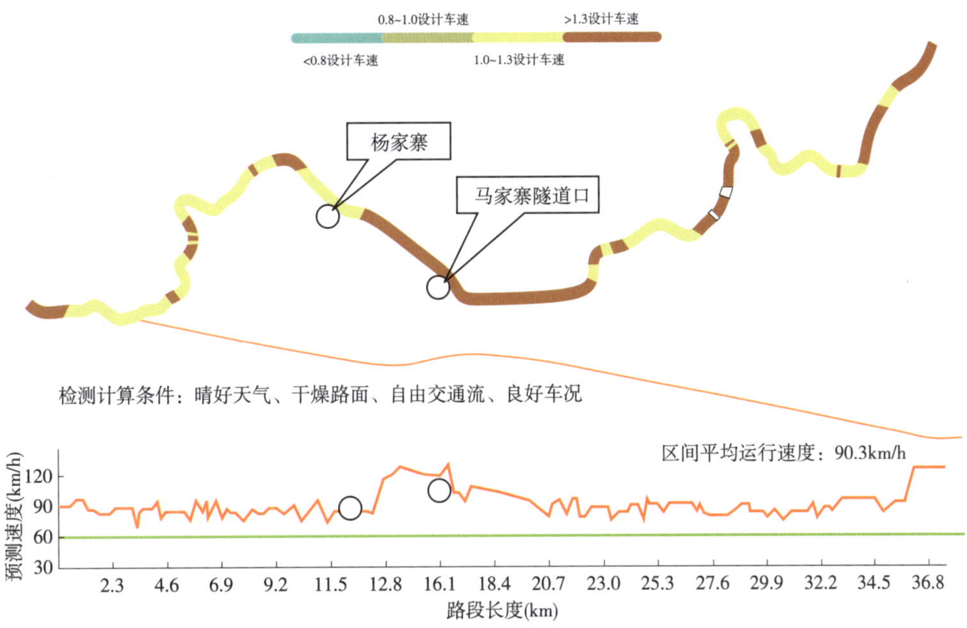

图9-9 东岸下坡方向路段小客车车速分布配色效果和运行速度曲线图(绿线为设计速度)

小客车的预测运行速度普遍高于路段设计车速(60km/h),且在距坡顶大官市(K513+200)12.92km的杨三寨(K526+120~K526+460,纵坡5.8%~0.3%)路段,340m内车速骤然提高了33km/h,在距坡顶16.29km的马家寨(K529+490~K529+961)不到500m内虽然弯道半径变化不大，而且纵坡度还有所降低（纵坡 -3.8% ~ -1.4%）的情况下，由于车辆从视野开阔的路段驶入马家寨隧道，使得车速突然降低了 34km/h。因此，东岸杨三寨路线起伏路段、坡脚怒江岸边前后小型车相邻速度差较大，远大于安全要求的 20km/h，应该结合线形参数分 4 段进行限速，降低安全运行压力，即第一段：坡顶大关市至第一速瞬间提高的杨家寨段共 13km，小型车限速 100km，其中近 180°的辛家寨大转弯限速 80km；第二段：杨三寨至马家寨隧道进口段共 4.5km，小型车限速 110km；第三段：马家寨至怒江东岸边登高共 16km，小型车限速 100km；其中滥枣河近 180°大转弯限速 80km；第四段：登高至潞江坝何家弯及西岸怒江坝共 12km，小型车限速 120km/h。

（2）载重车东岸运行速度预测

根据本书第 5.1.2 节“10）车速预测模型”对保龙高速公路东岸重型车运行速度进行预测分析，分别选择了从两轴到六轴五种车型，找出规律进行分析并作为重型车分路段限速的依据，下面以三轴重型车实例进行阐述。正常情况下重型车运行速度超过设计车速（60km/h）45 ~ 94km/h 的路段共 114 个单元，大部分在 45km/h 以上。其中：距坡顶 14.061km 杨家寨（K527 + 261，纵坡 3.1%）路段最大型车速 94km/h，超过设计车速 56.66%；距坡顶 15.51 ~ 15.909km 马家寨（K528 + 710 ~ K529 + 109，纵坡 -5.0%）和 16.385km（马家寨隧道口 K529 +585，纵坡 -3.4%）路段最小型车速 45km/h，低于设计车速 25.00%；重型车辆东段的平均运行速度为 63.30km/h，最大型车速与最小型车速差值为 49km/h。图 9-10 为东岸下坡方向路段车速分布配色效果和运行速度曲线。

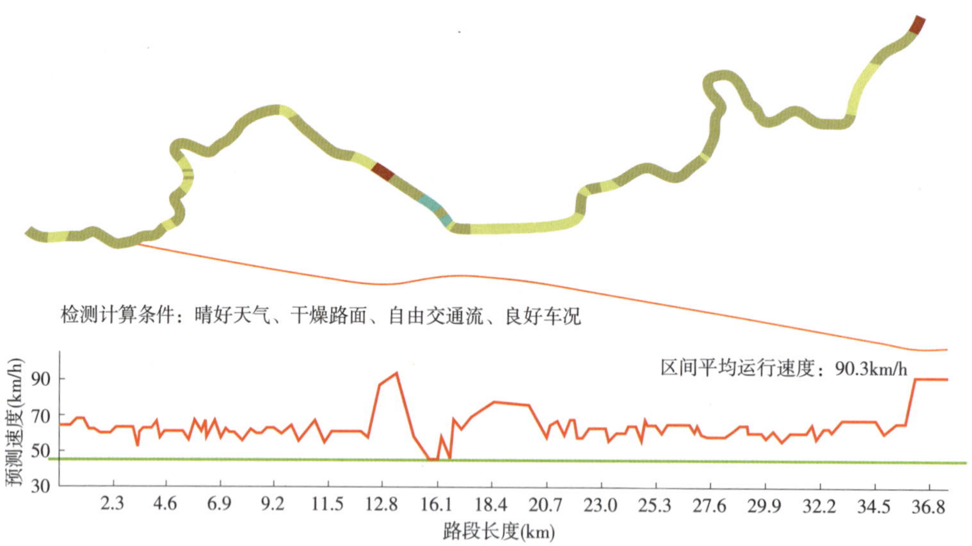

图 9-10 东岸下坡方向路段重型车车速分布配色效果和运行速度曲线图（绿线为设计速度）

重型车辆的预测速度虽然普遍高于设计车速，但绝大多数路段都在 63km/h 左右，相对平稳，与小型车比较总体均衡，仅仅在距坡顶 14.061km 的杨家寨纵面反坡起伏段（K527 + 261，纵坡 3.1%）马家寨隧道进口路段突然降低，降幅达 35km/h，远大于安全评价的 20km/h，虽然对通行能力有影响，属于上坡段安全性问题不突出，需要加强防止后车追尾的安全保障技术。

重型车运行速度预测与分析仅仅是重型车连续长陡下坡限速的基础工作,最终的实施值必须进一步分析重型车下坡制动衰减的情况统筹分析确定,因此实施情况见下文。但重型车辆预测速度变化的路段规律与小型车基本吻合,至少佐证了道路几何条件与安全道路的关系,同时可以基本确定分路段分车型限速的基本段落,即小型车分段落。

9.2.6　云岭保龙高速公路长陡下坡制动效力稳定性分析

1)长陡下坡制动效力稳定性计算模型

(1)山区公路长陡下坡路段事故分析

相关研究表明,在山区公路的长陡下坡路段,道路交通事故的发生率与坡长和坡度成线性相关性,即:$Y=317\ 515\cdot \mathrm{Abs}(i)+13.738\ 3L$[式中:$Y$ 为纵坡区段的预测事故数;i 为坡度;L 为坡长(km);Abs 表示求绝对值运算]。该式表明:当纵坡绝对值越大,坡长越大时,区段的潜在交通事故数越高,针对横断山区高速公路该模型仍然适用。下坡坡长越长,潜在交通事故数也越高,这符合连续下坡对制动性能的"后效性"解释。

由于车辆的制动系统热容量有限,随着持续制动时间的延长,车辆的制动效力会不断下降,在空间上表现为在频繁、长时间的持续制动过程中,从起始处随着行驶距离增加车辆制动效力不断下降。表现为连续下坡对车辆的制动性能的影响有着明显的"后效性",即从坡顶出发,行驶距离越长,制动器效力的下降幅度越大,行驶过一定距离之后,制动器效力显著下降,直至失效。

保龙高速公路是典型的山区公路,具有坡陡、坡长,弯多、弯急的特点,所以保龙高速公路如果按照传统的方法和措施进行道路运行安全管理,则必将会频繁发生行车制动失效的道路交通事故。为此,针对保龙高速公路地理环境和线形的特殊性,安全道路保障技术将车辆下坡制动效力稳定性的计算分析作为专项研究。

(2)保龙高速公路车辆下坡制动效力稳定性检测评价模式设计

保龙高速公路车辆下坡制动效力稳定性评价系统按不同车型划分为小客车、中型车(12t 级两轴车辆)、三轴(总重 23t 级)至六轴(总重 55t 级)重型车辆等 5 个模块。

①小客车下坡制动效力稳定性检测评价

根据本书第 5.1.2 节 11)车辆下坡制动效力稳定性计算模型,小客车下坡制动效力稳定性检测评价主要计算在保龙高速公路上小客车下坡行驶时的前、后制动器温升状况、制动器摩擦副摩擦系数减小状况和制动器制动效力热衰退状况的模拟检测过程配色示意效果和计算数据结果。小客车制动恒定性检测评价行车状况内容:a. 额定载荷下,使用直接挡,以路段设计车速下坡行驶;b. 额定载荷下,使用直接挡,以路段预测车速下坡行驶;c. 额定载荷下,采用发动机制动不同挡位下坡行驶。图 9-11 为小客车下坡制动效力稳定性检测示意图。

②中型车下坡制动效力稳定性检测评价

中型车(12t 级两轴车辆)下坡制动效力稳定性检测评价主要计算中型车辆(12t 级两轴车辆)下坡行驶时的前、后制动器温升状况、制动器摩擦副摩擦系数减小状况和制动器制动效力热衰退状况的模拟检测过程配色示意效果和计算数据结果。中型车的制动恒定性检测评价行车状况内容包括:a. 额定载荷下,没有使用辅助行车控速手段或其他强制降温手段,以设计车速下坡行驶;b. 额定载荷,没有使用辅助行车控速手段或其他强制降温手段,以预测车速下坡行驶;c. 超载 25%、50%、100%,没有使用辅助行车控速手段或其他强制降温手段,以设计车速下坡行驶;d. 超载 25%、50%、100%,没有使用辅助行车控速手段或其他强制降温手段,以预测车速下坡行驶;e. 额定载荷下,采用发动机制动不同挡位下坡行驶;f. 超载 25%、50%、100%,采用发动机制动不同挡位下坡行驶。

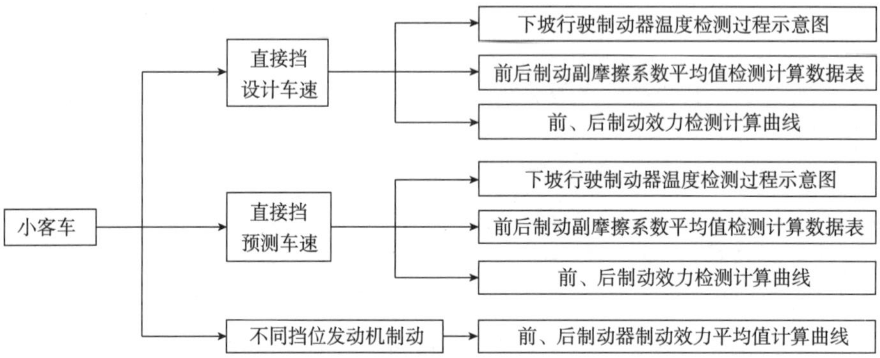

图 9-11 小客车下坡制动效力稳定性检测示意图

③三轴至六轴重型车辆下坡制动效力稳定性检测评价

三轴以上重型车辆下坡制动效力稳定性检测评价主要计算在保龙高速公路,三轴以上重型车辆下坡行驶时的前、后制动器温升状况、制动器摩擦副摩擦系数减小状况和制动器制动效力热衰退状况的模拟检测过程配色示意效果和计算数据结果。三轴重型车辆的制动恒定性检测评价行车状况:a. 额定载荷下,没有使用辅助行车控速手段或其他强制降温手段,以设计车速下坡行驶;b. 额定载荷下,没有使用辅助行车控速手段或其他强制降温手段,以预测车速下坡行驶;c. 超载 25%、50%、100%,没有使用辅助行车控速手段或其他强制降温手段,以设计车速下坡行驶;d. 超载 25%、50%、100%,没有使用辅助行车控速手段或其他强制降温手段,以预测车速下坡行驶;e. 额定载荷下,采用发动机制动不同挡位下坡行驶;f. 超载 25%、50%、100%,采用发动机制动不同挡位下坡行驶(图 9-12)。

通过保龙高速公路运行安全性检测计算系统(HOS - VT),对车辆下坡制动稳定性检测评价系统 5 个模块进行计算,得到常见典型车辆(小客车、中型两轴车辆、重型车辆)在不同载荷下以设计车速或预测车速行驶时制动器温度区间配色示意图、前后制动副摩擦系数平均值检测计算数据表和前后制动效力检测计算曲线。其中,a. 制动器温度区间配色示意图绘制出保龙高速公路被检测路段的平曲线线形和纵断面线形,并表示出制动器在整条检测道路上的温度状况,温度范围用四个颜色段(蓝色 <260°C,绿色 260 ~ 400°C,黄色 400 ~ 550°C,红色 >550°C)表示;b. 前后制动副摩擦系数平均值检测计算数据表显示从公路起点位置开始到车辆运行至被检测位置的制动器温度值和制动副摩擦系数的平均值;c. 前后制动效力检测计算曲线横坐标为路段长度,纵坐标为制动效力值(%),另外,黄色直线代表制动力衰减 50% 警戒线,红色直线代表制动力衰减 70% 警告线,用红色曲线和黑色曲线表示在检测路段的被检测位置的前、后制动器的制动效力衰减情况。

将保龙高速公路平曲线和纵断面数据输入到运行安全性检测计算系统中,计算得到检测示意图、计算结果数据表和计算结果曲线、不同车型车辆在不同条件下运行过程中制动器最高瞬时温度值、制动器摩擦副摩擦系数的最小值、前后制动器制动效力衰减水平。最终确定被检测保龙高速公路路段制动器温度急剧升高超过 500°C 的路段，以及制动效力衰减幅度很大的路段，即易产生制动失效不能保证其下坡制动控速安全性的路段。

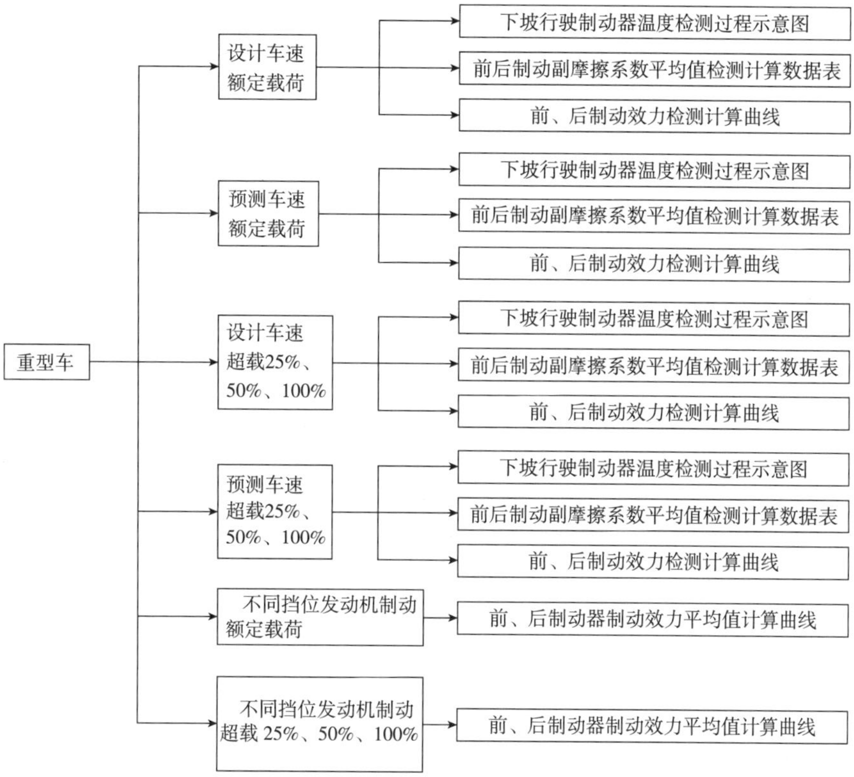

图 9-12　重型车下坡制动效力稳定性检测模块示意图

2）长陡下坡制动效力稳定性检测与分析

（1）小客车下坡制动效力稳定性分析

在没有特别的辅助制动系统的情况下，车辆下长坡过程中因控速需要，车辆行车制动器不可避免会连续制动工作，使车辆制动器热负荷剧增。通过对流散热、辐射散热等途径不能将产生的制动器摩擦热及时耗散，制动器的工作温度会急速上升，由于机械、物理、化学三种因素的作用，制动器摩擦副的摩擦系数变小，严重时导致车辆制动失效，引发道路交通事故。大量研究表明，车辆制动器的温度在小于 260℃时，摩擦系数基本还属于正常值范围，但当温度超过 300℃时，车辆的制动效能热衰退开始明显，即制动器摩擦副的摩擦系数开始明显减小（制动器摩擦力矩显著降低），从而使车辆的制动效力下降。车辆制动器制动效能热衰退，尤其是鼓式制动器的热衰退现象，是国内外目前普遍存在、不可避免的问题。

下面以保龙高速公路东岸（大官市—何家湾）连续长大下坡为例，按额定载荷下的小客车使用直接挡，分别以路段设计车速（60km/h）和路段预测车速（71 ~ 128km/h）对保龙高速公路东岸下坡行驶时其前、后制动器温升状况、制动器摩擦副摩擦系数减小状况和制动器制动效力热衰退状况的检测计算如下：

①小客车以设计车速(60km/h)下坡过程中,额定载荷下的小客车前、后制动器制动效力总体保持较好,除了后制动效力在距检测起始点(大官市 K513+200)34.18~35.39km(登高 K546+800~K548+458)路段的制动效力低于衰减50%警戒线外,前、后制动效力曲线基本在衰减50%警戒线以上。在整个东岸路段范围内车辆前、后制动器制动效力具有总体的大幅起伏和局部的剧烈小幅波动,小客车前、后制动器的最高瞬时温度为525℃,平均温度为324.2℃。制动器摩擦副摩擦系数的最小值为0.184,均值为0.273,摩擦系数有所下降,但前、后制动器制动效力基本保持在有效工作范围内。

②小客车以预测车速(71~128km/h)运行过程中,额定载荷下的小客车前、后制动器制动效力总体呈现低于以设计车速运行时的水平。由于车速变化较大,使得车辆前、后制动器制动效力曲线波动较大。前制动器制动效力曲线基本保持在衰减50%警戒线以上,后制动效力曲线总体水平下降更多一些,但仍保持在衰减70%警戒线。在整个行驶路段,小客车前、后制动器的最高瞬时温度为562℃,平均温度为372.9℃。制动器摩擦副摩擦系数的最小值为0.181,均值为0.258,摩擦系数较设计车速情况略有下降,但前、后制动器制动效力基本保持在有效工作范围(图9-13、图9-14)。

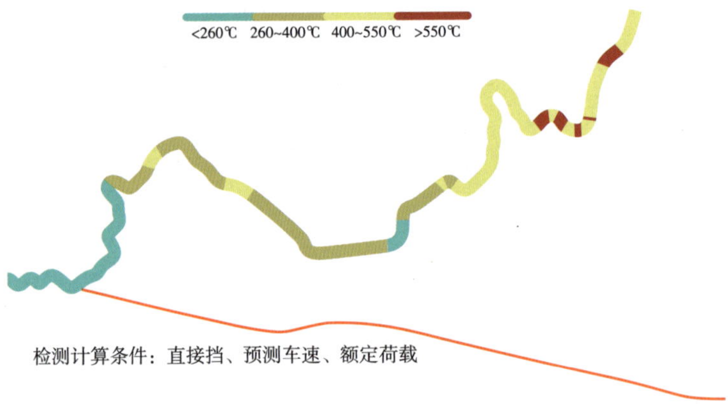

图9-13 小客车额定载荷以预测车速(71~128km/h)东岸下坡制动器温度区间配色图

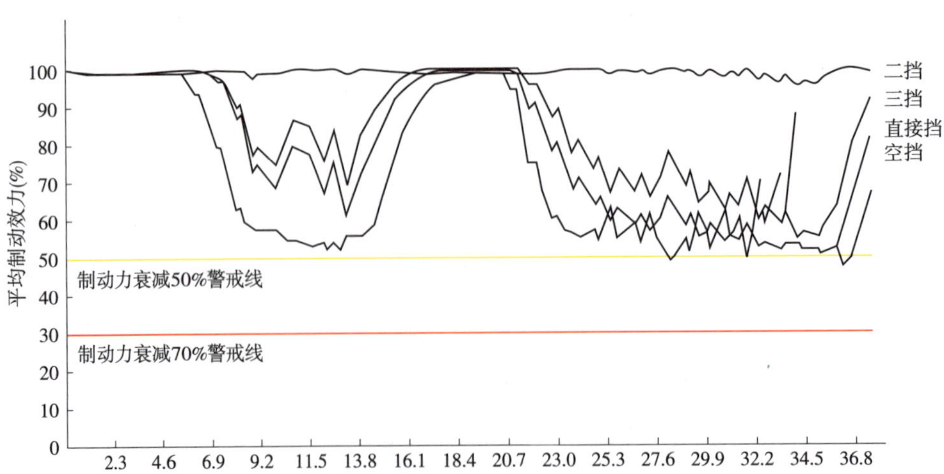

图9-14 小客车额定载荷前后制动器制动效力平均值计算曲线

从图 9-15 和图 9-16 的检测计算结果可以看出，在额定载荷的情况下，小客车在保龙高速公路东岸路段以二挡下坡行驶时，发动机倒拖力完全抵消了车辆下坡分力，其前、后制动器平均制动效力基本上没有发生明显衰减。在以三挡和直接挡时，前、后制动器平均制动效力有明显衰减（紧急制动能力受到影响），但还能保持制动器制动效力 60% 以上。在以空挡下坡行驶时，车辆前、后制动器平均制动效力的衰减程度更大（紧急制动能力受到较大影响），但还保持在制动力效力衰减 50% 警戒线以上。因此，小客车在保龙高速公路东岸路段正常行驶时其下坡行车速度控制能力可以得到保证，并且在通过杨三寨路段的反坡期间基本完全得到恢复，小型车按 100km 限速是合理的，但东岸坡脚设置 4 号救助匝道以防万一是必要的。

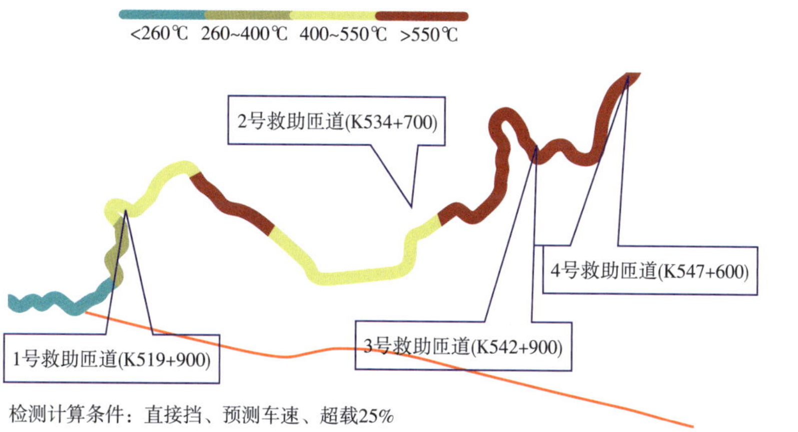

图 9-15 重型超载荷 25% 以预测车速（45 ~ 94km/h）时东岸下坡制动器温度区间配色图

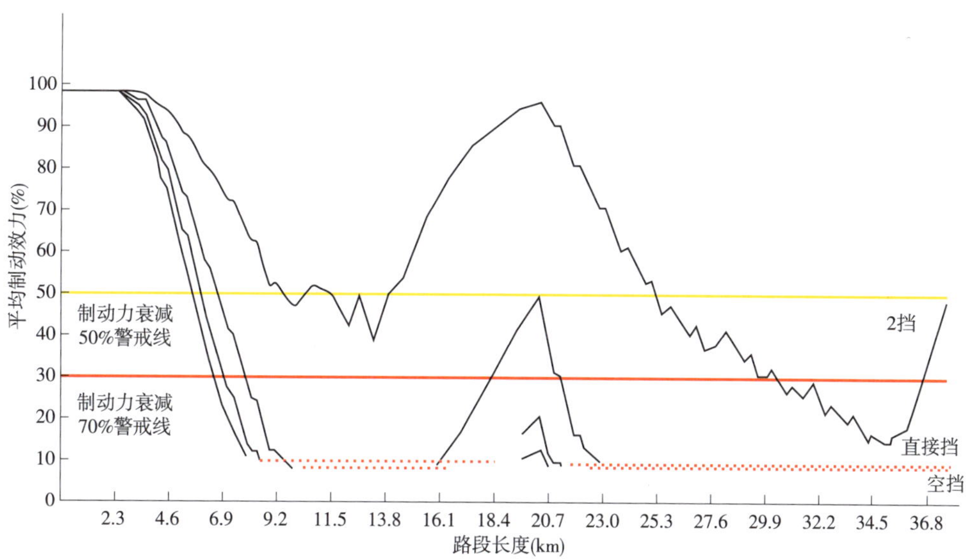

注：1.挂空挡下坡行驶时从7.957km处开始因为热衰退使车辆制动系统基本失效。
2.挂直接挡下坡行驶时从8.435km处开始因为热衰退使车辆制动系统基本失效。
3.挂3挡下坡行驶时从9.846km处开始因为热衰退使车辆制动系统基本失效。

图 9-16 重型车额超载 50% 时前、后制动器制动效力平均值计算曲线

(2)重型载重车下坡制动效力稳定性分析

重型载重车额定载荷以设计车速(60km/h),不采取其他辅助行车制动措施的情况下,使用直接挡在东岸下坡行驶时,其前、后制动器制动效力均有很大幅度的衰减,其制动器温度在距坡顶11.67km(杨三寨,K524+660,纵坡5.0%)附近即急升到500℃以上,在距坡顶12.34km处(杨三寨,K525+360,纵坡2.0%)即发生车辆第一次制动失效。经过反坡路段(杨三寨K526+460~蒲缥K530+600)散热后制动器温度略有回落,在距坡顶22.604km(团山坝,K535+362,纵坡5.0%)附近又急升到500℃以上,到距坡顶23.38km(团山坝,K535+970,纵坡3.0%)处车辆制动系统即完全失效。

重型载重车额定载荷以预测车速(45~94km/h),不采取其他辅助行车制动措施的情况下,在东岸下坡行驶时其前、后制动器制动效力均有略小于设计车速下的制动衰减,其制动器温度在距坡顶12.182km(杨三寨,K524+850,纵坡5.0%)附近即升到500℃以上,在距检测起始点(大官市K513+200)12.943km(杨三寨,K525+819,纵坡5.0%)处即发生车辆第一次制动失效。经过反坡路段(杨三寨K526+460~蒲缥K530+600)散热后制动器温度略有回落,在距坡顶(大官市K513+200)23.172km(团山坝,K536+180,纵坡5.2%)附近又急升到500℃以上,到24.598km(团山坝,K537+336,纵坡4.8%)处车辆制动系统即完全失效。

重型载重车超载25%以预测车速(45~94km/h),不采取其他辅助行车制动措施的情况下,在东岸下坡行驶时,在距坡顶8.732km(辛家山,K521+618,纵坡5.8%)附近即急升到500℃左右,在距坡顶9.846km(大干岩,K522+364,纵坡4.5%)处即发生车辆第一次制动失效。经过反坡路段(杨三寨K526+460~蒲缥K530+600)散热后制动器温度略有回落,在距坡顶21.492km(团山坝,K534+408,纵坡6.0%)附近又急升到500℃以上,到距坡顶22.002km(团山坝,K534+992,纵坡3.0%,桥头)处车辆制动系统即完全失效(图9-15)。

重型载重车在超载50%的情况下,以二挡在东岸下坡行驶时,其发动机倒拖力可以有效抵消车辆的一部分下坡分力,虽然车辆前、后制动器平均制动效力在长大下坡路段都有很大幅度地衰减,但在多数下坡路段上还能保持制动器制动效力在30%水平线以上,基本丧失紧急制动能力,但其下坡行车速度控制能力还可以得到一定程度的保证。而以三挡、直接挡或空挡下坡行驶时,车辆前、后制动器平均制动效力将发生急速衰减,车辆将很快完全失去紧急制动能力和下坡行车速度控制能力(图9-16)。

从以上检测计算结果可以看出,对于没有装备行车辅助制动系统而行驶在东岸的中型车辆和重型车辆而言,引导车辆驾驶员尽可能采用低速挡(建议在多数下坡路段用三挡,在个别特殊路段甚至使用二挡)下坡行驶是避免该路段车辆制动器制动效能热衰退过大、制动器制动效力衰减过速,从而保障载重车(尤其是超载车辆)下坡行驶制动安全的重要手段之一。

9.2.7 云岭保龙高速公路长陡下坡弯道安全性检测计算与分析

1)长陡下坡弯道车辆行驶安全性动力学模型

(1)弯道行驶安全性分析

车辆在高速公路弯道上行驶过程中,受到车辆本身的性能和装载质量状况、行驶速度、道路平纵曲线参数以及天气条件(路面状况)的影响,随着运动状态的变化,车辆的受力状况亦发生变化,当达到一定程度时,将引起纵向的倾覆、倒溜、横向的滑移,从而引起车辆侧滑、侧翻而引发交通事故。

弯道一直是事故多发路段,而且事故也往往较平直线形路段严重。日本统计研究曲线段发生的交通事故占全部路段的41.01%,美国公路部门统计,在弯道上发生的事故数明显高于直线路段上的事故次数,我国弯道发生的交通事故占全部事故的7.84%,从发生事故的严重性分析,弯道死亡事故占全部事故的16.3%。

车辆操纵的稳定性是影响车辆高速安全行驶的一项重要性能。车辆在平曲线上行驶时,除受重力外,还要受到离心力的影响。离心力使车辆产生两种不稳定的危险,一是车辆向外滑移,二是向外倾覆。特别是车辆在高速行驶经过弯道或车辆高速行驶变更车道时,车辆在大的离心力作用下会产生横向摆动,当路面较滑时,就会导致侧滑。

车辆转弯离心力为:

$$F = \frac{mv^2}{r} \tag{9-1}$$

式中:m——车辆的质量,kg;

v——车辆的行驶速度,m/s;

r——车辆转弯半径,m。

由式(9-1)可知,车辆在弯道行驶所受离心力与车速的平方成正比,与公路平曲线半径成反比。

(2)弯道行驶稳定性检测评价模式设计

根据本书第5.1.2节12)车轮弯道行驶稳定性模型研究,按照车辆行驶的不同工况,车辆弯道行驶稳定性检测评价模式分为正常工况(额定荷载、设计车速)、预测车速行驶工况、违规工况(超载超速)下的四个模块:设定车速下侧翻侧滑检测模块、预测车速下的侧翻侧滑检测模块、超速下的侧翻侧滑检测模块和超速超载条件下的侧翻侧滑检测模块。路面在干燥或者潮湿条件下,小客车、二至六轴载重车分别以任意设定的速度(60~130 km/h),载重车按图9-17在超过额定载荷(超载25%、超载50%或超载100%)超载工况下,计算检测超速行驶时弯道的安全性。

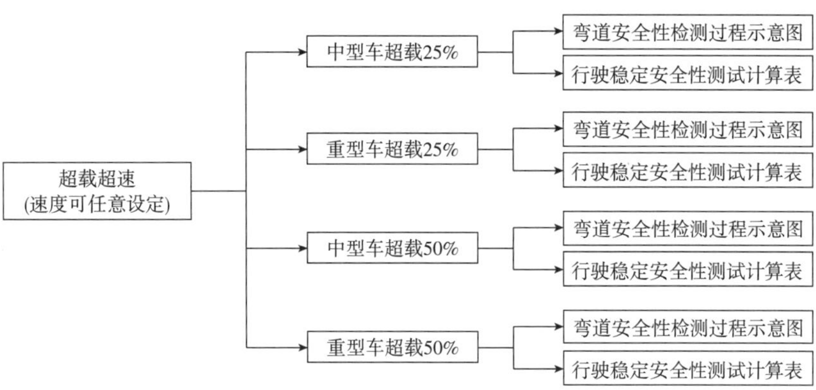

图9-17 超速超载条件下弯道侧翻侧滑计算检测模块示意图

2)小客车东岸下坡弯道安全性计算检测

保龙高速公路全路段无冰雪天气,小客车东岸下坡弯道安全性计算检测就考虑晴天、雨天两种工况中,以正常天气路面干燥和非正常天气,即雨天路面潮湿,额定荷载下采用不同速度试算确定不同天气状况下的临界非稳定安全车速,并作为安全保障最不利工况。

(1)正常天气小客车临界非稳定安全车速

晴天路面干燥,小客车额定荷载下,以 130 km/h 在东岸下坡路段正常行驶时,其行驶稳定安全性模拟计算检测结果如表 9-4、图 9-18 所示。

晴天路面干燥小客车额定荷载 130km/h 下坡行驶弯道稳定性计算检测结果 表 9-4

位置	侧滑	侧翻	位置	侧滑	侧翻	位置	侧滑	侧翻	位置	侧滑	侧翻	位置	侧滑	侧翻
0.088	安全	安全	5.509	安全	安全	10.913	安全	安全	20.382	安全	安全	24.901	安全	安全
0.388	安全	安全	5.809	安全	安全	11.298	安全	安全	20.590	安全	安全	25.038	安全	安全
0.672	安全	安全	6.066	安全	安全	11.576	安全	安全	20.796	安全	安全	25.219	安全	安全
0.934	安全	安全	6.186	安全	安全	11.927	安全	安全	21.030	安全	安全	25.433	安全	安全
1.213	安全	安全	6.303	安全	安全	12.261	安全	安全	21.184	安全	安全	25.567	安全	安全
1.388	安全	安全	6.567	安全	安全	12.491	安全	安全	21.365	安全	安全	25.727	安全	安全
1.781	安全	安全	6.857	安全	安全	12.793	安全	安全	21.612	安全	安全	25.875	安全	安全
2.148	安全	安全	7.018	侧滑	安全	13.114	安全	安全	21.777	安全	安全	26.121	安全	安全
2.362	安全	安全	7.205	侧滑	安全	13.604	安全	安全	21.913	安全	安全	26.505	安全	安全
2.714	安全	安全	7.488	侧滑	安全	14.006	安全	安全	22.098	安全	安全	26.750	安全	安全
3.064	安全	安全	7.819	安全	安全	14.306	安全	安全	22.399	安全	安全	26.865	安全	安全
3.266	安全	安全	8.027	安全	安全	15.030	安全	安全	22.704	安全	安全	26.954	安全	安全
3.382	安全	安全	8.176	安全	安全	15.734	安全	安全	22.908	安全	安全	27.150	安全	安全
3.511	安全	安全	8.345	安全	安全	16.044	安全	安全	23.092	安全	安全	27.511	安全	安全
3.806	安全	安全	8.583	安全	安全	16.236	安全	安全	23.275	安全	安全	28.001	安全	安全
4.093	安全	安全	8.795	安全	安全	16.364	安全	安全	26.566	安全	安全	28.387	安全	安全
4.269	安全	安全	8.949	安全	安全	16.560	安全	安全	23.822	安全	安全	28.787	安全	安全
4.379	安全	安全	9.111	安全	安全	16.758	安全	安全	23.932	安全	安全	29.054	安全	安全
4.680	安全	安全	9.514	安全	安全	17.033	安全	安全	24.073	安全	安全	29.150	安全	安全
5.020	安全	安全	9.892	安全	安全	17.352	安全	安全	24.385	安全	安全	29.307	安全	安全
5.210	安全	安全	10.219	安全	安全	18.490	安全	安全	24.651	安全	安全	29.502	安全	安全
5.358	安全	安全	10.610	安全	安全	19.899	安全	安全	24.760	安全	安全	29.656	安全	安全

续上表

位置	侧滑	侧翻	位置	侧滑	侧翻	位置	侧滑	侧翻	位置	侧滑	侧翻	位置	侧滑	侧翻
29.846	安全	安全	31.120	安全	安全	32.520	安全	安全	34.226	安全	安全	35.353	安全	安全
30.070	安全	安全	31.350	安全	安全	32.631	安全	安全	34.352	安全	安全	35.719	安全	安全
30.225	安全	安全	31.643	安全	安全	33.060	安全	安全	34.481	安全	安全	36.157	安全	安全
30.504	安全	安全	31.834	安全	安全	33.505	安全	安全	34.805	安全	安全	36.525	安全	安全
30.779	安全	安全	32.001	安全	安全	33.605	安全	安全	35.147	安全	安全	37.075	安全	安全
30.946	安全	安全	32.282	安全	安全	33.916	安全	安全	35.262	安全	安全	37.503	安全	安全

此种运行状况下可能发生车辆侧滑的路段有3处：①第30路段，7.018km处；②第31路段，7.205km处；③第32路段，7.488km处（图9-18）。

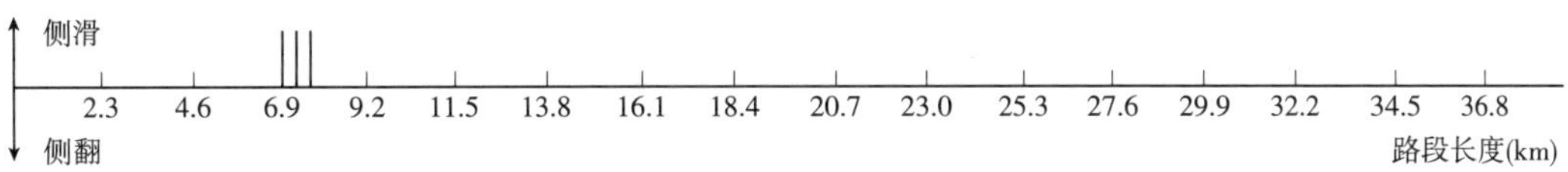

图9-18　晴天路面干燥小客车额定荷载130km/h下坡行驶弯道稳定性计算检测结果

由表9-4、图9-18可知，在正常天气（路面干燥）情况下，小客车以130km/h车速在东岸下坡行驶时，有可能在距坡顶7.018km（辛家山，K520+106，平曲线半径204m）处急弯路段上发生车辆侧滑形式的非稳定安全事故。即130km/h车速为小客车晴天在保龙高速公路东岸（大官市—何家湾立交，K513+200~K550+780）行驶时的临界非稳定安全车速。

（2）非正常天气小客车临界非稳定安全车速

雨天路面潮湿，小客车额定荷载下，以105km/h或者110km/h在东岸下坡路段正常行驶时，其行驶稳定安全性模拟计算检测结果分别如表9-5、图9-19和表9-6、图9-20所示。

潮湿路面小客车额定荷载以105km/h下坡行驶稳定性计算检测结果　　表9-5

位置	侧滑	侧翻	位置	侧滑	侧翻	位置	侧滑	侧翻	位置	侧滑	侧翻	位置	侧滑	侧翻
0.088	安全	安全	3.064	安全	安全	5.210	安全	安全	7.205	侧滑	安全	9.514	安全	安全
0.388	安全	安全	3.266	安全	安全	5.358	安全	安全	7.488	侧滑	安全	9.892	安全	安全
0.672	安全	安全	3.382	安全	安全	5.509	安全	安全	7.819	安全	安全	10.219	安全	安全
0.934	安全	安全	3.551	安全	安全	5.809	安全	安全	8.027	安全	安全	10.610	安全	安全
1.213	安全	安全	3.806	安全	安全	6.066	安全	安全	8.176	安全	安全	10.913	安全	安全
1.388	安全	安全	4.093	安全	安全	6.186	安全	安全	8.345	安全	安全	11.298	安全	安全
1.781	安全	安全	4.269	安全	安全	6.303	安全	安全	8.583	安全	安全	11.576	安全	安全
2.148	安全	安全	4.379	安全	安全	6.567	安全	安全	8.795	安全	安全	11.927	安全	安全
2.362	安全	安全	4.680	安全	安全	6.847	安全	安全	8.949	安全	安全	12.261	安全	安全
2.714	安全	安全	5.020	安全	安全	7.018	侧滑	安全	9.111	安全	安全	12.491	安全	安全

续上表

位置	侧滑	侧翻	位置	侧滑	侧翻	位置	侧滑	侧翻	位置	侧滑	侧翻	位置	侧滑	侧翻
12.793	安全	安全	20.796	安全	安全	24.651	安全	安全	28.787	安全	安全	32.520	安全	安全
13.114	安全	安全	21.030	安全	安全	24.760	安全	安全	29.054	安全	安全	32.631	安全	安全
13.604	安全	安全	21.184	安全	安全	24.901	安全	安全	29.150	安全	安全	33.060	安全	安全
14.006	安全	安全	21.365	安全	安全	25.038	安全	安全	29.307	安全	安全	33.505	安全	安全
14.306	安全	安全	21.612	安全	安全	25.219	安全	安全	29.502	安全	安全	33.605	安全	安全
15.030	安全	安全	21.777	安全	安全	25.433	安全	安全	29.656	安全	安全	33.916	安全	安全
15.734	安全	安全	21.913	安全	安全	25.567	安全	安全	29.846	安全	安全	34.226	安全	安全
16.044	安全	安全	22.098	安全	安全	25.727	安全	安全	30.070	安全	安全	34.352	安全	安全
16.236	安全	安全	22.399	安全	安全	25.875	安全	安全	30.225	安全	安全	34.481	安全	安全
16.364	安全	安全	22.704	安全	安全	26.121	安全	安全	30.504	安全	安全	34.805	安全	安全
16.560	安全	安全	22.908	安全	安全	26.505	安全	安全	30.779	安全	安全	35.147	安全	安全
16.758	安全	安全	23.092	安全	安全	26.750	安全	安全	30.946	安全	安全	35.262	安全	安全
17.033	安全	安全	23.275	安全	安全	26.865	安全	安全	31.120	安全	安全	35.353	安全	安全
17.352	安全	安全	23.566	安全	安全	26.954	安全	安全	31.350	安全	安全	35.719	安全	安全
18.490	安全	安全	23.822	安全	安全	27.150	安全	安全	31.643	安全	安全	36.157	安全	安全
19.899	安全	安全	23.932	安全	安全	27.551	安全	安全	31.834	安全	安全	36.525	安全	安全
20.382	安全	安全	24.073	安全	安全	28.001	安全	安全	32.001	安全	安全	37.075	安全	安全
20.590	安全	安全	24.385	安全	安全	28.387	安全	安全	32.282	安全	安全	37.503	安全	安全

此种运行状况下可能发生车辆侧滑的路段有3处：①第30路段，7.018km处；②第31路段，7.205km处；③第32路段，7.488km处（图9-19）。

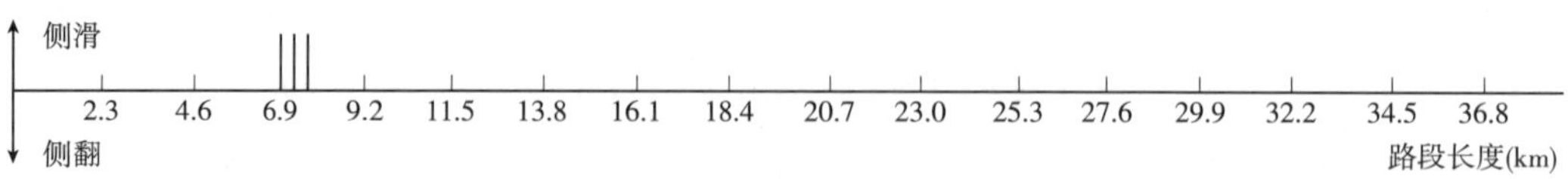

图9-19　潮湿路面小客车额定荷载以105km/h下坡行驶稳定性计算检测结果

潮湿路面小客车额定荷载以110km/h车速下坡行驶稳定性检测计算结果　　表9-6

位置	侧滑	侧翻	位置	侧滑	侧翻	位置	侧滑	侧翻	位置	侧滑	侧翻	位置	侧滑	侧翻
0.088	安全	安全	0.934	安全	安全	1.781	安全	安全	2.714	安全	安全	3.382	安全	安全
0.388	安全	安全	1.213	安全	安全	2.148	安全	安全	3.064	安全	安全	3.551	安全	安全
0.672	安全	安全	1.388	安全	安全	2.362	安全	安全	3.266	安全	安全	3.806	安全	安全

续上表

位置	侧滑	侧翻	位置	侧滑	侧翻	位置	侧滑	侧翻	位置	侧滑	侧翻	位置	侧滑	侧翻
4.093	安全	安全	9.514	安全	安全	19.899	安全	安全	25.219	安全	安全	30.946	侧滑	安全
4.269	安全	安全	9.892	安全	安全	20.382	安全	安全	25.433	安全	安全	31.120	侧滑	安全
4.379	安全	安全	10.219	安全	安全	20.590	安全	安全	25.567	安全	安全	31.350	安全	安全
4.680	安全	安全	10.610	安全	安全	20.796	安全	安全	25.727	安全	安全	31.643	安全	安全
5.020	安全	安全	10.913	安全	安全	21.030	安全	安全	25.875	安全	安全	31.834	安全	安全
5.210	安全	安全	11.298	安全	安全	21.184	安全	安全	26.121	安全	安全	32.001	安全	安全
5.358	安全	安全	11.576	安全	安全	21.365	安全	安全	26.505	安全	安全	32.282	侧滑	安全
5.509	安全	安全	11.927	安全	安全	21.612	安全	安全	26.750	安全	安全	32.520	侧滑	安全
5.809	安全	安全	12.261	安全	安全	21.777	安全	安全	26.865	安全	安全	32.631	安全	安全
6.066	安全	安全	12.491	安全	安全	21.913	安全	安全	26.954	安全	安全	33.060	安全	安全
6.186	安全	安全	12.793	安全	安全	22.098	安全	安全	27.150	安全	安全	33.505	安全	安全
6.303	安全	安全	13.114	安全	安全	22.399	安全	安全	27.551	安全	安全	33.605	安全	安全
6.567	安全	安全	13.604	安全	安全	22.704	安全	安全	28.001	安全	安全	33.916	安全	安全
6.847	安全	安全	14.006	安全	安全	22.908	安全	安全	28.387	安全	安全	34.226	安全	安全
7.018	侧滑	安全	14.306	安全	安全	23.092	安全	安全	28.787	安全	安全	34.352	安全	安全
7.205	侧滑	安全	15.030	安全	安全	23.275	安全	安全	29.054	安全	安全	34.481	安全	安全
7.488	侧滑	安全	15.734	安全	安全	23.566	安全	安全	29.150	安全	安全	34.805	安全	安全
7.819	安全	安全	16.044	安全	安全	23.822	安全	安全	29.307	安全	安全	35.147	安全	安全
8.027	安全	安全	16.236	安全	安全	23.932	安全	安全	29.502	安全	安全	35.262	安全	安全
8.176	安全	安全	16.364	安全	安全	24.073	安全	安全	29.656	安全	安全	35.353	安全	安全
8.345	安全	安全	16.560	安全	安全	24.385	安全	安全	29.846	侧滑	安全	35.719	安全	安全
8.583	安全	安全	16.758	安全	安全	24.651	安全	安全	30.070	侧滑	安全	36.157	安全	安全
8.795	安全	安全	17.033	安全	安全	24.760	安全	安全	30.225	侧滑	安全	36.525	安全	安全
8.949	安全	安全	17.352	安全	安全	24.901	安全	安全	30.504	安全	安全	37.075	安全	安全
9.111	安全	安全	18.490	安全	安全	25.038	安全	安全	30.779	侧滑	安全	37.503	安全	安全

此种运行状况下可能发生车辆侧滑的路段有11处：①第30路段，7.018km处；②第31路段，7.205km处；③第32路段，7.488km处；④第111路段，29.846km处；⑤第112路段，30.070km处；⑥第113路段，30.225km处；⑦第115路段，30.779km处；⑧第116路段，30.946km处；⑨第117路段，31.120km处；⑩第122路段，32.282km处；⑪第123路段，32.520km处（图9-20）。

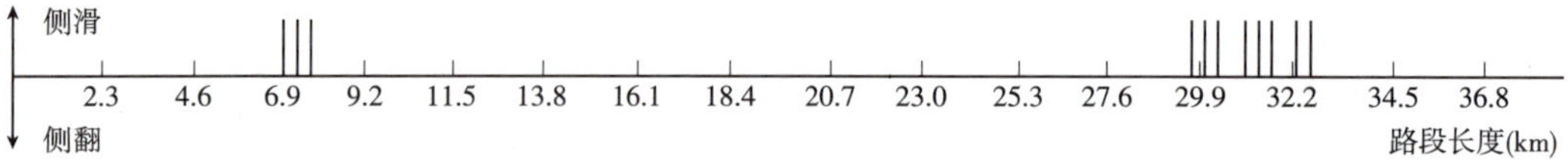

图 9-20　潮湿路面小客车额定荷载以 110km/h 车速下坡行驶稳定性检测计算结果

由表 9-5、图 9-19 可知，在路面潮湿情况下，小客车以 105km/h 车速在东岸路段下坡正常行驶时，有可能在距坡顶 7.018km（辛家山，K520 + 106，平曲线半径 204m）处急弯路段上发生车辆侧滑形式的非稳定安全事故。即 105km/h 车速为小客车雨天在保龙东岸路段行驶时的临界非稳定安全车速。

由表 9-6、图 9-20 可知，在雨天气（路面潮湿）情况下，小客车以 110km/h 在东岸路段下坡正常行驶时，即有可能在距坡顶 7.018km（辛家山，K520 + 106，平曲线半径 204m）、29.846km（黄竹蓬，K542 + 863，平曲线半径 251m）、30.779km（黄竹蓬，K543 + 867，平曲线半径 251m）、32.282km（登高，K545 + 266，平曲线半径 251m）等 4 处急弯道路路段上发生小客车侧滑形式的非稳定安全事故，因此可以确定小客车在雨天以 105km/h 车速在保龙东岸路段行驶时的临界非稳定安全车速是恰当的。

图 9-21 所示为潮湿路面小客车额定荷载以 110km/h 下坡行驶稳定安全区域配色示意图。

图 9-21　潮湿路面小客车额定荷载以 110km/h 下坡行驶稳定安全区域配色示意

3）载重车东岸下坡弯道安全性计算检测

载重车较小客车工况较多，根据大量的调查分析，载重车上下坡行驶速度相对较慢，一般皆小于设计速度，经初步分析正常天气（路面干燥）条件下，额定荷载的载重车以路段预测车速（中型车辆 58 ~ 91km/h、重型车辆 40 ~ 73km/h）在东岸路段上正常行驶时，平曲线结构能够保障额定荷载各典型车辆以预测车速正常行驶时的弯道稳定安全性。

针对载重车应进一步分析正常天气和非正常天气状况下，超速或者超载超速下的临界非稳定安全车速，并作为安全保障最不利工况。

（1）正常天气载重车额定荷载超速临界非稳定安全车速

晴天路面干燥，载重车额定荷载下，以 100 km/h 在东岸下坡路段正常行驶时，其行驶稳定安全性模拟计算检测结果如表 9-7、图 9-22 所示。

路面干燥载重车额定荷载以 100km/h 下坡行驶稳定性检测计算结果　　表 9-7

位置	侧滑	侧翻	位置	侧滑	侧翻	位置	侧滑	侧翻	位置	侧滑	侧翻	位置	侧滑	侧翻
0.088	安全	安全	6.847	安全	安全	15.734	安全	安全	24.073	安全	安全	30.225	安全	安全
0.388	安全	安全	7.018	安全	侧翻	16.044	安全	安全	24.385	安全	安全	30.504	安全	安全
0.672	安全	安全	7.205	安全	侧翻	16.236	安全	安全	24.651	安全	安全	30.779	安全	安全
0.934	安全	安全	7.488	安全	侧翻	16.364	安全	安全	24.760	安全	安全	30.946	安全	安全
1.213	安全	安全	7.819	安全	安全	16.560	安全	安全	24.901	安全	安全	31.120	安全	安全
1.388	安全	安全	8.027	安全	安全	16.758	安全	安全	25.038	安全	安全	31.350	安全	安全
1.781	安全	安全	8.176	安全	安全	17.033	安全	安全	25.219	安全	安全	31.643	安全	安全
2.148	安全	安全	8.345	安全	安全	17.352	安全	安全	25.433	安全	安全	31.834	安全	安全
2.362	安全	安全	8.583	安全	安全	18.490	安全	安全	25.567	安全	安全	32.001	安全	安全
2.714	安全	安全	8.795	安全	安全	19.899	安全	安全	25.727	安全	安全	32.282	安全	安全
3.064	安全	安全	8.949	安全	安全	20.382	安全	安全	25.875	安全	安全	32.520	安全	安全
3.266	安全	安全	9.111	安全	安全	20.590	安全	安全	26.121	安全	安全	32.631	安全	安全
3.382	安全	安全	9.514	安全	安全	20.796	安全	安全	26.505	安全	安全	33.060	安全	安全
3.551	安全	安全	9.892	安全	安全	21.030	安全	安全	26.750	安全	安全	33.505	安全	安全
3.806	安全	安全	10.219	安全	安全	21.184	安全	安全	26.865	安全	安全	33.605	安全	安全
4.093	安全	安全	10.610	安全	安全	21.365	安全	安全	26.954	安全	安全	33.916	安全	安全
4.269	安全	安全	10.913	安全	安全	21.612	安全	安全	27.150	安全	安全	34.226	安全	安全
4.379	安全	安全	11.298	安全	安全	21.777	安全	安全	27.551	安全	安全	34.352	安全	安全
4.680	安全	安全	11.576	安全	安全	21.913	安全	安全	28.001	安全	安全	34.481	安全	安全
5.020	安全	安全	11.927	安全	安全	22.098	安全	安全	28.387	安全	安全	34.805	安全	安全
5.210	安全	安全	12.261	安全	安全	22.399	安全	安全	28.787	安全	安全	35.147	安全	安全
5.358	安全	安全	12.491	安全	安全	22.704	安全	安全	29.054	安全	安全	35.262	安全	安全
5.509	安全	安全	12.793	安全	安全	22.908	安全	安全	29.150	安全	安全	35.353	安全	安全
5.809	安全	安全	13.114	安全	安全	23.092	安全	安全	29.307	安全	安全	35.719	安全	安全
6.066	安全	安全	13.604	安全	安全	23.275	安全	安全	29.502	安全	安全	36.157	安全	安全
6.186	安全	安全	14.006	安全	安全	23.566	安全	安全	29.656	安全	安全	36.525	安全	安全
6.303	安全	安全	14.306	安全	安全	23.822	安全	安全	29.846	安全	安全	37.075	安全	安全
6.567	安全	安全	15.030	安全	安全	23.932	安全	安全	30.070	安全	安全	37.503	安全	安全

此种运行状况下可能发生车辆侧滑的路段有3处：①第30路段，7.018km处；②第31路段，7.205km处；③第32路段，7.488km处（图9-22）。

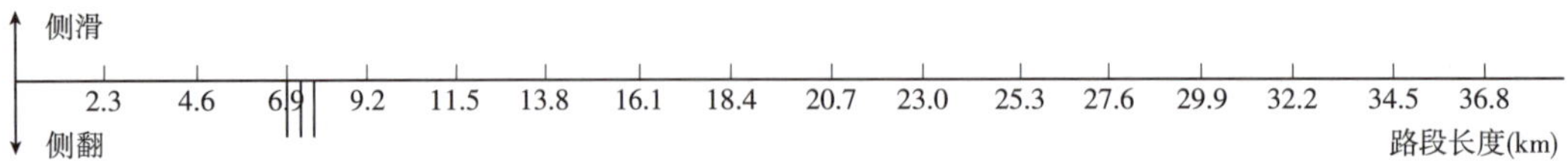

图9-22 路面干燥载重车额定荷载以100km/h下坡行驶稳定性检测计算结果

由表9-7、图9-22可知，在正常天气（路面干燥）情况下，载重车额定荷载以100km/h在保东岸路段下坡正常行驶时，有可能在距坡顶7.018km（辛家山，K520+106，平曲线半径204m）处急弯路段上发生车辆侧翻形式的非稳定安全事故。即100km/h车速为载重车额定荷载晴天在东岸路段行驶时的临界非稳定安全车速。

图9-23所示为路面干燥载重车额定荷载以110km/h下坡行驶稳定安全区域配色示意图。由图可知，载重车以110km/h在东岸路段下坡正常行驶时，即有可能在距坡顶7.018km（辛家山，K520+357，平曲线半径204m）、29.846km（黄竹蓬，K543+254，平曲线半径251m）、30.779km（黄竹蓬，K544+145，平曲线半径251m）、32.282km（登高，K545+540，平曲线半径251m）等4处急弯路段上发生车辆侧翻形式的非稳定安全事故。从中与JD_{40}对比分析看，东岸偏角最大（207°），下坡方向顺时针，仅仅半径较大一些，安全性就可得到较大的提高，由此可知道路平面几何设计，特别是突变点的几何条件应该反复分析和比较，并慎用。

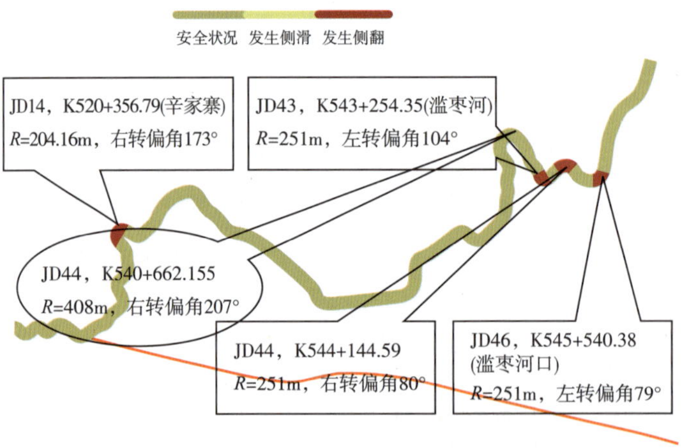

图9-23 路面干燥载重车额定荷载以110km/h下坡行驶稳定安全区域配色示意

（2）非正常天气载重车额定荷载超速临界非稳定安全车速

雨天路面潮湿，载重车额定荷载下，以100 km/h在东岸下坡路段正常行驶时，其行驶稳定安全性模拟计算检测计算结果如表9-8、图9-24所示。

路面潮湿载重车额定荷载以100km/h下坡行驶稳定性检测计算结果 表9-8

位置	侧滑	侧翻	位置	侧滑	侧翻	位置	侧滑	侧翻	位置	侧滑	侧翻	位置	侧滑	侧翻
0.088	安全	安全	0.934	安全	安全	1.781	安全	安全	2.714	安全	安全	3.382	安全	安全
0.388	安全	安全	1.213	安全	安全	2.148	安全	安全	3.064	安全	安全	3.551	安全	安全
0.672	安全	安全	1.388	安全	安全	2.362	安全	安全	3.266	安全	安全	3.806	安全	安全

续上表

位置	侧滑	侧翻	位置	侧滑	侧翻	位置	侧滑	侧翻	位置	侧滑	侧翻	位置	侧滑	侧翻
4.093	安全	安全	9.514	安全	安全	19.899	安全	安全	25.219	安全	安全	30.946	安全	安全
4.269	安全	安全	9.892	安全	安全	20.382	安全	安全	25.433	安全	安全	31.120	安全	安全
4.379	安全	安全	10.219	安全	安全	20.590	安全	安全	25.567	安全	安全	31.350	安全	安全
4.680	安全	安全	10.610	安全	安全	20.796	安全	安全	25.727	安全	安全	31.643	安全	安全
5.020	安全	安全	10.913	安全	安全	21.030	安全	安全	25.875	安全	安全	31.834	安全	安全
5.210	安全	安全	11.298	安全	安全	21.184	安全	安全	26.121	安全	安全	32.001	安全	安全
5.358	安全	安全	11.576	安全	安全	21.365	安全	安全	26.505	安全	安全	32.282	安全	安全
5.509	安全	安全	11.927	安全	安全	21.612	安全	安全	26.750	安全	安全	32.520	安全	安全
5.809	安全	安全	12.261	安全	安全	21.777	安全	安全	26.865	安全	安全	32.631	安全	安全
6.066	安全	安全	12.491	安全	安全	21.913	安全	安全	26.954	安全	安全	33.060	安全	安全
6.186	安全	安全	12.793	安全	安全	22.098	安全	安全	27.150	安全	安全	33.505	安全	安全
6.303	安全	安全	13.114	安全	安全	22.399	安全	安全	27.551	安全	安全	33.605	安全	安全
6.567	安全	安全	13.604	安全	安全	22.704	安全	安全	28.001	安全	安全	33.916	安全	安全
6.847	安全	安全	14.006	安全	安全	22.908	安全	安全	28.387	安全	安全	34.226	安全	安全
7.018	安全	侧翻	14.306	安全	安全	23.092	安全	安全	28.787	安全	安全	34.352	安全	安全
7.205	安全	侧翻	15.030	安全	安全	23.275	安全	安全	29.054	安全	安全	34.481	安全	安全
7.488	安全	侧翻	15.734	安全	安全	23.566	安全	安全	29.150	安全	安全	34.805	安全	安全
7.819	安全	安全	16.044	安全	安全	23.822	安全	安全	29.307	安全	安全	35.147	安全	安全
8.027	安全	安全	16.236	安全	安全	23.932	安全	安全	29.502	安全	安全	35.262	安全	安全
8.176	安全	安全	16.364	安全	安全	24.073	安全	安全	29.656	安全	安全	35.353	安全	安全
8.345	安全	安全	16.560	安全	安全	24.385	安全	安全	29.846	安全	安全	35.719	安全	安全
8.583	安全	安全	16.758	安全	安全	24.651	安全	安全	30.070	安全	安全	36.157	安全	安全
8.795	安全	安全	17.033	安全	安全	24.760	安全	安全	30.225	安全	安全	36.525	安全	安全
8.949	安全	安全	17.352	安全	安全	24.901	安全	安全	30.504	安全	安全	37.075	安全	安全
9.111	安全	安全	18.490	安全	安全	25.038	安全	安全	30.779	安全	安全	37.503	安全	安全

此种运行状况下可能发生车辆侧滑的路段有3处:①第30路段,7.018km处;②第31路段,7.205km处;③第32路段,7.488km处(图9-24)。

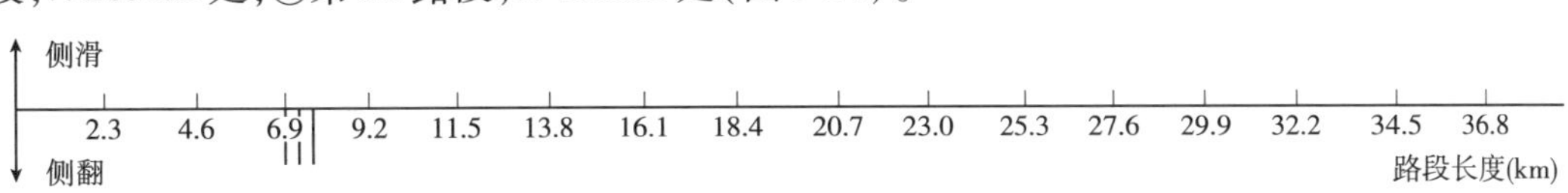

图9-24 路面潮湿载重车额定荷载以100km/h下坡行驶稳定性检测计算结果

由表9-8、图9-24可知,在非正常天气(路面潮湿)情况下,载重车额定荷载以100km/h车速在东岸下坡正常行驶时,有可能在距坡顶7.018km(辛家山,K520+106,平曲线半径204m)处急弯路段上发生车辆侧翻形式的非稳定安全事故。即100km/h为载重车雨天在东岸行驶时的临界非稳定安全车速。

(3)正常天气载重车超载超速临界非稳定安全车速

正常天气载重车超载25%或者50%,甚至100%进行分析,分别以105 km/h、100 km/h、由高往低,以5 km/h速差进行试算,鉴于速度大于90 km/h,不稳定弯道较多,最后确定以超载50%,90 km/h速度为东岸下坡正常天气的临界非稳定安全车速,检测计算结果如表9-9、图9-25所示。

路面干燥超载50%载重车以90km/h下坡行驶稳定性检测计算结果　　表9-9

位置	侧滑	侧翻	位置	侧滑	侧翻	位置	侧滑	侧翻	位置	侧滑	侧翻	位置	侧滑	侧翻
0.088	安全	安全	5.358	安全	安全	10.219	安全	安全	17.352	安全	安全	24.073	安全	安全
0.388	安全	安全	5.509	安全	安全	10.610	安全	安全	18.490	安全	安全	24.385	安全	安全
0.672	安全	安全	5.809	安全	安全	10.913	安全	安全	19.899	安全	安全	24.651	安全	安全
0.934	安全	安全	6.066	安全	安全	11.298	安全	安全	20.382	安全	安全	24.760	安全	安全
1.213	安全	安全	6.186	安全	安全	11.576	安全	安全	20.590	安全	安全	24.901	安全	安全
1.388	安全	安全	6.303	安全	安全	11.927	安全	安全	20.796	安全	安全	25.038	安全	安全
1.781	安全	安全	6.567	安全	安全	12.261	安全	安全	21.030	安全	安全	25.219	安全	安全
2.148	安全	安全	6.857	安全	安全	12.491	安全	安全	21.184	安全	安全	25.433	安全	安全
2.362	安全	安全	7.018	安全	侧翻	12.793	安全	安全	21.365	安全	安全	25.567	安全	安全
2.714	安全	安全	7.205	安全	侧翻	13.114	安全	安全	21.612	安全	安全	25.727	安全	安全
3.064	安全	安全	7.488	安全	侧翻	13.604	安全	安全	21.777	安全	安全	25.875	安全	安全
3.266	安全	安全	7.819	安全	安全	14.006	安全	安全	21.913	安全	安全	26.121	安全	安全
3.382	安全	安全	8.027	安全	安全	14.306	安全	安全	22.098	安全	安全	26.505	安全	安全
3.551	安全	安全	8.176	安全	安全	15.030	安全	安全	22.399	安全	安全	26.750	安全	安全
3.806	安全	安全	8.345	安全	安全	15.734	安全	安全	22.704	安全	安全	26.865	安全	安全
4.093	安全	安全	8.583	安全	安全	16.044	安全	安全	22.908	安全	安全	26.954	安全	安全
4.269	安全	安全	8.795	安全	安全	16.236	安全	安全	23.092	安全	安全	27.150	安全	安全
4.379	安全	安全	8.949	安全	安全	16.364	安全	安全	23.275	安全	安全	27.551	安全	安全
4.680	安全	安全	9.111	安全	安全	16.560	安全	安全	23.566	安全	安全	28.001	安全	安全
5.020	安全	安全	9.514	安全	安全	16.758	安全	安全	23.822	安全	安全	28.387	安全	安全
5.210	安全	安全	9.892	安全	安全	17.033	安全	安全	23.932	安全	安全	28.787	安全	安全

续上表

位置	侧滑	侧翻	位置	侧滑	侧翻	位置	侧滑	侧翻	位置	侧滑	侧翻	位置	侧滑	侧翻
29.054	安全	安全	30.225	安全	安全	31.834	安全	安全	33.605	安全	安全	35.262	安全	安全
29.150	安全	安全	30.504	安全	安全	32.001	安全	安全	33.916	安全	安全	35.353	安全	安全
29.307	安全	安全	30.779	安全	安全	32.282	安全	安全	34.226	安全	安全	35.719	安全	安全
29.502	安全	安全	30.946	安全	安全	32.520	安全	安全	34.352	安全	安全	36.157	安全	安全
29.656	安全	安全	31.120	安全	安全	32.631	安全	安全	34.481	安全	安全	36.525	安全	安全
29.846	安全	安全	31.350	安全	安全	33.060	安全	安全	34.805	安全	安全	37.075	安全	安全
30.070	安全	安全	31.643	安全	安全	33.505	安全	安全	35.147	安全	安全	37.503	安全	安全

此种运行状况下可能发生车辆侧滑的路段有3处：①第30路段，7.018km处；②第31路段，7.205km处；③第32路段，7.488km处（图9-25）。

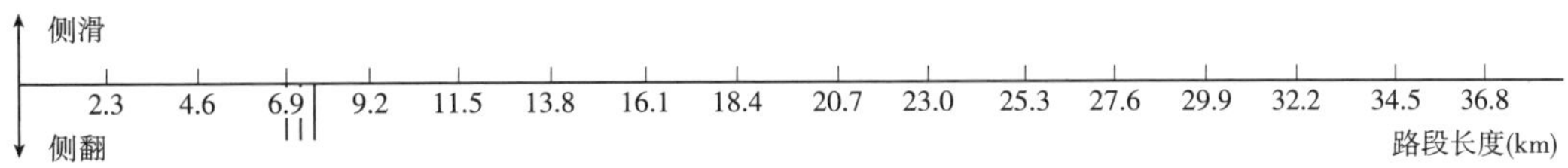

图9-25　路面干燥超载50%载重车以90km/h下坡行驶稳定性检测计算结果

(4)非正常天气载重车超载超速临界非稳定安全车速

分析略去。

9.3　云岭保龙高速公路安全工程设计思路

9.3.1　并行设计思路

并行设计（Concurrent Engineering，简称CE）源于工业产品的设计过程，是一种对产品及其相关过程（包括设计、制造过程和相关的支持过程）进行并行和集成设计的系统化工作模式。与传统的串行设计相比，并行设计更强调在产品开发的初期阶段，要求产品的设计开发者一开始就要考虑产品整个生命周期（从产品的工艺规划、制造、装配、检验、销售、使用、维修到产品的报废为止）的所有环节，建立产品寿命周期中各个阶段性能的继承和约束关系及产品各个方面属性间的关系，以追求产品在寿命周期全过程中其性能最优。通过产品每个功能设计小组，使设计更加协调，使产品性能更加完善。从而更好地满足客户对产品综合性能的要求，并减少开发过程中产品的反复，进而提高产品的质量、缩短开发周期并极大地降低产品的成本。

道路几何条件仅仅是道路交通安全事故的诱因之一，在云岭高速公路安全保障工程设计过程中，引入并行设计理念，自始至终关注使用者和使用管理者的需求，以提升道路安全保障技术设计，加强与参与者和执行者的协作。在设计和实施过程中将管理者优势和多年积累的经验融合在一起，在项目初期广泛调查了解使用者的意愿和需求，将使用者的意愿和需求作为安全道路保障设计的驱动力，满足使用者意愿的更好用，使用更安全，实现设计、建设、使用和执法管理者全员参与，将项目使用的安全行作为共同的目标，并将寿命周期内可能遇到的安全问题在设计阶段一次性统筹考虑，并在实施过程中不断调整。

云岭保龙高速公路道路安全保障技术设计，首先，采用问卷、座谈、现场采访和口头询问4种形式调查了解山区高速公路使用者——驾驶员的使用需求，了解使用频率最高的潞西、龙陵、腾冲和龙阳区4个县运输公司，以及安徽省、黑龙江省等外地驾驶员近百人。调查驾驶员行驶在山区高速公路上的心理状况和行程的需求。调查结果基本的共同点是对前方道路状况的信息告知需求，行程的即停休息需求，以及车辆失控，惊慌状态的即时救助和悬崖峭壁路段“看渊生惧”的紧张等。其次，与该项目交通的管理者——昆瑞路政、高速公路保山管理处和保山交通警察支队座谈，倾听相邻路段高速公路交通安全状况，管理过程的迫切需求，以及安全保障技术的建议，形成设计、建设和运行管理的协作机制。组建安全专家、工程设计人员、建设管理、民众(用户)、设施生产商家参加的道路安全设计审查机制，营造了全员参与的氛围，避免旁观者冷漠，将“旁观者”变为道路安全保障的“责任者”和执行者，架起了设计、建设、运行管理和使用之间的桥梁，激发和密切了他们之间的情感，实现了设计、建设、运行管理和使用的紧密结合。

9.3.2 关口提前思路

关口提前用于交通工程，类似于工业设计中的显示设计和控制设计，一方面是将前方路况信息(图9-26)尽早的呈现在道路用户面前，让使用者提前采取措施，调整和控制行车节奏，从而安全通过。根据统计分析结果，山区高速公路长大下坡路段的交通事故绝大部分是第一次在该路段上行驶，对道路状况不熟悉的驾驶员操作失误所致。因此，道路交通安全设施设计，特别是交通标志是以不熟悉道路情况的使用者为始末，让驾驶员及早的预知和判断前方的道路状况，提前做好应对准备，明确车辆操作对策，是预防和减少交通事故的重要手段，实现使用者未使用前的安全关口提前。

图9-26　云岭保龙高速公路坡顶标志
(左为坡顶标志，右下为使用操作提示标志)

另一方面，在高速公路路基基本成形之际，组织成立设计、建设、路政、交通警察以及沿线地方政府组成的协作组织，对设计方案进行反复现场比对和模拟评审的同时，组织以交通警察为主，地方政府、设计、建设人员参加的安全宣传组，对高速公路沿线群众进行宣传，并以此为契机进一步落实和解决容易进入高速公路道口的隔离和群众生产生活出行的问题，让沿线群众了解进入高速公路存在的危险和安全隐患，再次将道路使用过程管理的安全关口提前。

第三方面，项目从走廊选择开始，收集研究和考虑山区高速公路走廊区域的气候环境条件，尽可能绕避或者采取针对性措施，避免对道路交通安全影响较大的区段的基础上，项目开工之际规定施工项目部，按规定的格式和内容详细记录近五年的天气状况，作为道路安全保障设计进一步针对性细化安全保障措施的基础资料，又一次提前安全关口设计，提前至分析道路工程建构的阻尼边界条件阶段。

第四方面，针对山区高速公路连续长陡下坡制动疲软引发交通安全事故比例高的特点，为体现规范使用管理者情感，设计过程中组织交通警察和路政部门，设计了系列情感化标志，设置于长大坡坡顶坡脚和制动冷凝站[图7-4b)和图7-17]，再一次将使用的安全关口人性化进一步提前，实现人性化的规范使用道路，保障道路安全。

第五方面，利用道路沿线服务区、停车区等区域，设置保龙高速公路使用指南，内容从道路交通安全知识、注意事项、法律法规和区段高速公路的基本条件、状况和相对应的安全设施等，如图9-27所示为云岭保龙高速公路安全导行图、区域路网结构和服务区布置示意图，为使用者尽可能提供道路信息，避免信息不对称，再一次将安全关口提前，实现信息化提前。

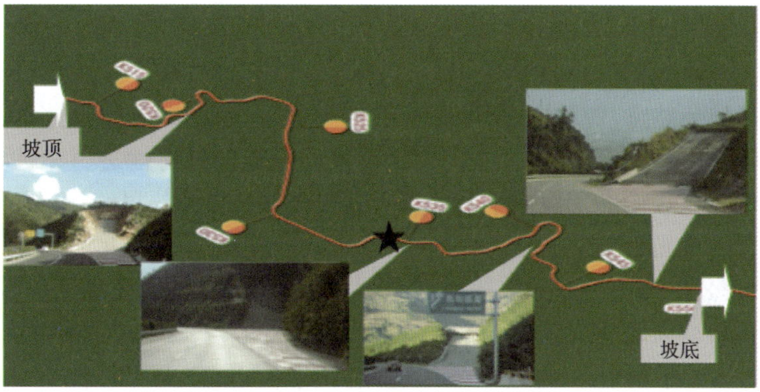

图9-27　云岭保龙高速公路服务区东岸导行图

第六方面，云岭保龙高速公路交通工程设计中，应用显示设计技术，将互通式立交出口编号和下一出口预告的规定进行扩展，将安全保障服务性质相同的基础设施进行信息编码提前预告，实现安全关口提前告示。例如图7-19项目西岸救助匝道的信息编码标志，同时起到"风险"提示，再一次将使用安全关口提前，形成一系列的安全关口提前警示。

最后，在关注正常状况下使用者的需求，将系列安全关口提前的同时，云岭保龙高速公路安全保障技术设计中同时关注了使用者在惊慌失措状态下的安全，设计中充分吸收消防通道疏散图的指示作用和影院太平门外开，过道门双向开的逃生功能，在救助匝道外侧平行设置如图 6-2 所示的施救程序标志，帮助惊慌失措状态下，思维聚焦，甚至混乱的使用者尽快远离危险，及时获得救助，再一次实现安全关口提前，避免二次事故。

9.3.3 能量守恒思路

能量守恒定律：能量既不会消灭，也不会创生，它只会从一种形式转化为其他形式，或者从一个物体转移到另一个物体，而在转化和转移的过程中，能量的总量保持不变。

车辆在连续下坡路段的运动状态可以运营能力守恒进行分析，将车辆从坡顶至坡脚过程中的能量变化用公式表示如下：

$$E_{k0} + E_p + E_j = E_k + E_b + E_i \tag{9-2}$$

式中：E_{k0}——车辆初动能；

E_p——重力势能；

E_j——机械能，这里指车辆发动机做功产生的能量；

E_k——末动能；

E_b——制动能，指车辆制动系统做功产生的能量；

E_i——其他能量，主要是风阻以及与地面摩擦等产生的能量。

由式(9-2)可见，在车辆降坡高差一定的情况下，E_p 是一个定值，车辆制动能力有限，车辆到坡脚或者说下坡到某一位置的速度主要与车辆初动能及车辆发动机产生的机械能大小有关。为了尽量避免频繁制动导致车辆制动失效，应该在坡顶尽量减小行车速度，并且采用低速挡，减小 E_j 并增大 E_i，在进行交通安全设施设计时，也应当通过视觉、触觉等多种方式提醒驾驶员注意减速减挡行驶。

本项目是高速公路路基基本成形之际开展的道路安全保障设计，道路的几何条件等硬件和工程环境阻尼边界条件已经固定，仅仅是对辅助设施的针对性进一步优化，可以说“为时过晚”，能量守恒定律的应用应按本书 9.3.2 节安全关口提前的思路和 6.1 节安全规划与设计理念所阐述的首先从安全道路走廊选择、道路路线方案研究、线形技术指标的掌握等开始，针对山区高速公路连续长陡下坡纵面布置，尽可能消除或者避免车辆下坡势能的积累，将长陡下坡车辆制动失效减少到最低程度。本项目安全保障技术研究和设计中，在分析项目道路几何条件时，充分利用了东岸地形选线设置的一段反坡，将东岸从坡顶大官市到坡脚何家湾长 37.58km，高差为 1 216.02m 的连续长大纵坡分成两段长大下坡，第一段长 13.26km，平均坡 3.91%，第二段 18.59km，平均坡为 4.13%，为安全保障设计创造了条件，单看紧急救助匝道数量东岸有四个，西岸有 7 个。道路安全保障设计经效力稳定性分析，最终采用允许行驶较高速度的限速设计，通过卡通式的提示性速度反馈标志(见本章行车节奏安全保障设计)，实现消除势能积累的同时调节驾驶节奏和情绪(见本章 9.2.6 节长陡下坡制动效力稳定性分析)。因此，安全道路保障技术应该根据山区高速公路越岭展线比例高的特点和 9.1.1 节山区高速公路安全状况分析的结果，应用能量守恒定律研究山区高速公路几何线形的布置。

9.4　云岭保龙高速公路安全工程设计方法

9.4.1　借鉴法

“他山之石，可以攻玉”，道路的建设需要涉及多个部门的联合运作才能实现，而最终建成的道路是需要道路用户的检验才能知道建设的优劣，同时又需要执法者来维持道路使用秩序，保证道路的通畅和行车的安全，还需要道路养护者维持道路的使用功能，改善道路的通行条件。因此，一条高速公路的建设、使用、维护皆渗透了众多参与者的汗水，而道路行车安全又是社会关注的焦点和参与各方共同关心的问题。道路用户绝大多数是非道路专业人员，而从事道路建设与运行管理者皆为专业人员，存在信息不对称，如果一个产品需要具备一定的专业知识才能安全使用，那么该产品就非社会产品，仅仅是专业专用工具。因此，在交通安全设施设计过程中，应该广泛地征求各参与者的意见，通过他们非专业的眼光，改变专业人员的思维定势，将各方面意见融会贯通，让使用者都能倍感亲切，更容易理解和发挥交安设施在安全运行中的作用。道路安全保障技术设计借鉴法应遵循以下几方面原则：

1）倾听原则

倾听是一种态度，同时也是一种学习和工作的方法，山区道路安全保障设计倾听各方意见和建议至关重要，道路安全是涉及众多因素和使用者的社会产品，使用者的差异性和随机性决定过程中倾听的必然性。本项目安全保障设计之初采用座谈、采访等多种形式，了解使用者和使用次序维护者的需求和意见就是一种态度，如图9-28所示多雾路段标志就是在采访询问龙陵运输公司某驾驶员小李对高速公路交通标志看法时，小李提出像他这样小学文化水平不到的驾驶员，读不懂很多类似图9-28b）的标志，不理解“$R=60$m”、“$i=6\%$”、“3～6%”等道路技术参数的含义。因此应尽可能采用日常大家熟知的图案，因为很多驾驶员并不知道车是怎样造的，他们只知道操作的一些带图案功能键，一看就知道。在这个启发下，我们将车辆上雾灯按钮图案搬到标志上，提升了标志的易读性和可读性。

a)

b)

图9-28　标志的易读性

a）车辆雾灯按钮图案；b）“3～6%”标识信息的不对称性

总之，本项目交通标志设计过程中以不熟悉道路情况的使用者为服务对象，以他们的需求为目的，以可读易读为目标，以简洁明了告之路况信息为宗旨，设置了一系列图案与文字相结合的"若遇雨雾"、"若遇事故"、"速度反馈"、"谨防身后"、"谨防自燃"、"制动冷凝"、"长坡龟"等警示性指示标志。

2）交融原则

随着经济社会的发展，社会分工越来越细，专业分类越来越多，专业的局限性和长期形成的惯性思维，以及工程技术人员时间精力的有限性，影响和决定工程技术人员的知识面，而山区高速公路建设需要面对错综复杂多变的自然地理环境阻尼边界条件。因此，山区道路安全保障技术设计如何吸收心理学研究成果，分析了解道路用户——驾驶员的驾驶心理和情绪的变化，掌握道路运输过程路段的行车节奏和情绪调控与释放。从自然地理环境学研究成果中收集调查山区道路走廊自然环境特征和特点，掌握影响道路运输安全的气候等环境因素，采取针对性安全保障措施。从人机功效学研究成果分析了解人机协调和配合，利用信息编码技术、显示设计技术、控制设计技术，以及情感化设计思路，为道路安全保障技术设计提供帮助等。本书多次阐述的连续长陡下坡路段紧急救助匝道编号，下一紧急救助匝道距离预告等就是遵循交融原则，吸收人机工效学显示技术的示例，在此不再赘述，下面以显示设计技术在道路安全保障设计中的应用为例阐述借鉴法的"他山之石攻玉"示例。

在道路标线设计中，根据9.2.7节保龙高速公路长陡下坡弯道行驶安全性检测计算与分析的临界非稳定安全车速和产生侧滑、侧翻的弯道，将全线102个弯道分为四个安全风险等级，采用不同级别的道路线形诱导标，弯道防滑彩色标线（表9-10），既强化了山区高速公路安全保障技术的针对性，又避免了"鱼最后才看到水"的处处存在的反而一处皆不存在的"熟视无睹"。

弯道安全风险是依据弯道稳定性分析计算结果和交通安全研究的600m可以看作行车条件与直线实际上没有区别的最小半径值、转角对交通事故的影响比曲线半径的影响大、道路路线转角的极限安全值为20°、下坡较上坡事故多等研究成果，以及左驾右行通行制，从安全保障技术方面将本项目全线102个弯道分为A、B、C、D四个风险级别，采取针对性措施，并且上下坡方向分别对待，强化下坡方向，如表9-10中D级实施场景图片。

（1）A级风险弯道：半径≥600m，转角≤30°，视线开阔，下坡向弯道行驶安全性检测计算与分析的临界非稳定安全车速小型车≥130km/h、大型车110km/h。

（2）B级风险弯道：600≥半径≥300m，30°≥转角≤65°，视线相对开阔，下坡方向弯道行驶安全性检测计算与分析的临界非稳定安全车速小型车≥120km/h、大型车100km/h。

（3）C级风险弯道：300≥半径≥250m，65°≥转角≤120°，下坡方向逆时针，视线受影响，下坡方向弯道行驶安全性检测计算与分析的临界非稳定安全车速小型车≥100km/h、大型车90km/h。

（4）D级风险弯道：半径≤250m，转角≥120°，下坡方向顺时针，视线相对不良，下坡方向弯道行驶安全性检测计算与分析的临界非稳定安全车速小型车≥100km/h、大型车90km/h。

云岭保龙高速公路弯道安全保障措施表 表9-10

弯道线形特征及安全性检测计算与分析	针对性安全保障措施	实施场景图片
风险级别：A级 半径≥600m，转角≤30°，视线开阔，下坡向弯道临界非稳定安全车速≥130km/h、大型车110km/h； 东岸不包括直线34处，6.7%（东岸平曲线51个）	标志：常规； 标线：常规，本项目下坡方向行车道边缘线加宽为30cm的振动标线（后称常规）； 护栏：根据路侧地形和构筑物分级设置	
风险级别：B级 600≥半径≥300m，30°≥转角≤65°，视线相对开阔，下坡向弯道临界非稳定安全车速小型车≥120km/h、大型车100km/h； 东岸9处，17.6%	标志：弯道外侧从缓和曲线1/3处开始设置绿底白图案线形诱导标志，其他常规； 标线：常规； 护栏：根据路侧地形和构筑物分级设置	
风险级别：C级 300≥半径≥250m，65°≥转角≤120°，下坡向逆时针，视线受影响，下坡向弯道临界非稳定安全车速小型车≥100km/h、大型车90km/h； 东岸6处，11.8%	标志：弯道外侧从缓和曲线1/3处开始设置红底白图案线形诱导标志，其他常规； 标线：常规； 护栏：根据路侧地形和构筑物分级设置	
风险级别：D级 半径≤250m，转角≥120°，下坡向顺时针，视线相对不良，下坡向弯道临界非稳定安全车速小型车≥100km/h、大型车90km/h； 东岸2处：4%（辛家寨、滥枣河）	标志：弯道外侧从缓和曲线1/3处开始设置红底白图案线形诱导标，增设带图案的陡坡急弯或急弯标志； 标线：红色防滑标线； 护栏：根据路侧地形和构筑物分级设置	

3）佐证原则

在法律上，佐证是指不能直接对争议事实提供证明，但是可以通过证明其他证据收集来源的可靠性而补强该证据。而道路工程问题的答案具有非唯一性，方案之间不存在对与错的势不两立，只存在相对的合理性。道路安全事故又是一个随机的多种不利因素重叠的瞬间风险，道路安全保障系统就是尽可能排除诱发因素和不利因素的重叠，遏制交通事故的发生概率。

项目西岸连续下坡38.29km,高差1 310.00 m,平均纵坡4.12%,纵坡大于3%的路段累计总长为26.82 km,占路线总长的70.04%,4%以上纵坡路段里程为15.88 km,占该路段总长的51.57%。项目安全保障设计经详细分析得知连续长陡下坡安全压力比东岸大,路线下坡侧如图9-7所示位于山坡外侧,多为悬崖峭壁深渊,无设置反坡式紧急救助匝道的条件。土建设计无紧急救助匝道,如何采取针对性的措施,为制动失效失控车辆提供紧急救助的自救设施迫在眉睫,与高速公路线形、纵坡一致(平坡或者非常小的反坡)、长度又受限制或者说有限的紧急救助匝道不仅规范没有规定,而且国内没有示例。但是不能以使用者的生命为代价而不顾,最后道路安全保障设计根据既有地形条件和西岸长陡下坡制动效力稳定性分析计算结果,创造性地设置了如图9-29所示的7处擦靠救助匝道,但在没有经验可借鉴,没有示例可类比的情况下,佐证至关重要。高速公路是社会基础设施,服务于社会,关系到使用者的安全和千家万户的生活,设计不是"儿戏",必须进行佐证,符合事故状况,具有科学性,起到救助的作用,因此安全保障设计应用图7-42进行佐证,佐证在擦靠制动床消能长度有限的情况下,避免货物挤压驾驶室伤及驾驶员,设置满足六轴车长度,反坡≥30%的抬头坡和消能轮胎网(图9-29)。

a) b)

图9-29 紧急擦靠救助匝道(尽头为≥30%的短抬头反坡)

9.4.2 节奏调控法

节奏一般指音乐中交替出现的有规律的强弱、长短的现象,指音响节拍轻重缓急的变化和重复,具有时间感,艺术创作是指同一视觉要素连续重复的产生运动感。从最宏观的角度看,是各种各样的运动形态的轻重缓急和松散与紧凑。具体地,节奏包括节拍和速度两个概念,节拍指规律性的强弱交替运动的组合,速度指这种律动的速率变化。高速公路交通运输是一种时空的运动,对驾驶员来说主要是时空视觉和身体的运动,具有移动速度快慢、驾驶员情绪紧张与轻松、驾驶负荷多少、路况信息饥饿与过度等之间的变化,这种变化就是驾驶行程的节奏。音乐没有国界,不同文化背景的人们欣赏音乐的共同点就是其节奏,这与来自各方的驾驶员使用高速公路一样,皆是以各自的驾驶行程节奏在"欣赏"道路。那么如何控制和调节驾驶行程节奏至关重要,持续紧张压抑,长期信息饥饿,长期高速行驶或者长期放松必然容易疲劳,导致交通事故,由此,道路安全保障技术设计中如何根据本文第3章山区高速公路驾驶员驾驶行为特性分析的成果,从道路限速值和限速路段划分、路况信息预告、沿线服务区和停车区，甚至根据第 6 章山区高速公路道路几何条件保障技术的成果布置道路的几何线形条件，调节控制行车节奏，这两方面在前面的章节已经进行了详述，本节结合项目安全保障技术设计是在道路基本成形的基础上进行，进一步介绍交通安全设施对行车节奏的调节与控制技术实施示例（表 9-11）。

云岭保龙高速公路东岸长陡下坡擦靠救助匝道安全保障措施表　　表 9-11

擦靠紧急救助匝道编号及简况	针对性安全保障措施	实施场景图片
1 号：距坡顶 5.7km（K519 + 900）平面半径 281.85m，接半径 204.16m（是项目半径最小的曲线），YH 段流出，预测 2km 后制动失效（图 9-16），单段坡，制动床宽度 8.5m	①单段重力反坡式，$L \geq 150$m； ②单级配天然砂砾石（直径 2.5～3cm）制动床，宽度≥8.5m； ③太阳能照明系统； ④红白方块防滑引导标线； ⑤信息编码预告标志（1.5～2km 开始预告）； ⑥下一救助匝道距离预告； ⑦救助匝道实际形式与图案统一； ⑧服务区设置安全导行标志，进行宣传介绍； ⑨特别注重流出角，尽可能设置于平曲线 HY 或者 YH 段曲线切线方向； ⑩设置与预测制动衰减接近 70% 位置，在制动失效前 1.5～2km 位置，让驾驶员有“把握”地操控车辆； ⑪路侧和中央分隔带护栏采用加强型； ⑫设置施救程序标志； ⑬救助匝道感应跟踪报警系统，记录失控车辆进入状态，第一时间与施救联络	
2 号：距坡顶 21.5（K634 + 700，距第二坡顶 4.5）km，平面半径 550.06m，HY 段流出，预测 1.6km 后制动失效（图 9-16），单段坡，制动床宽度 8.5m		
3 号：距坡顶 29.7（K542 + 900，距第二坡顶，12.7）km，平面半径 251m，HY 段流出，预测制动失效范围（图 9-16），单段坡，制动床宽度 12m		
4 号：距坡顶 34.4（K547 + 600，距第二坡顶 17.4）km 平面半径 647.82m，HY 段流出，预测制动失效范围（图 9-16），距坡底 1.7km，单段坡，制动床宽度 10m		

1)限速节奏

节奏包括节拍和速度两个概念,第6章提出的道路平纵指标的路段宏观和线性单元间的均衡性,线形的连续性,以及第3章提出的驾驶负荷的适宜性等皆是节奏节拍拍点的组合和布局布置,而节奏速度的调节与控制是时间和运动感的控制,所以说山区高速公路如何确定限速方式和限速值是山区高速公路行车节奏的关键,是交通运输管理的人为强制的具有法律效应的管理行为,是道路安全保障技术3E联动的关键技术,项目安全保障技术设计限速方式和限速值的确定除考虑一般要素外,结合山区高速公路的行驶特性、预测速度、驾驶员路段情绪,以快慢结合交替、轻松与压抑更替、快慢"分离"和总体均衡为原则,通过弯道稳定性安全预检和下坡制动衰减状况,根据山区高速公路小型车与大型载重车速差较大的特点,以尽可能减少紧急制动使用频率的思路,确定了分路段、分车型+特殊路段的限速方式和上下坡区分的限速值,详见表9-12(西岸略)。

云岭保龙高速公路东岸路段限速安全保障措施　　表9-12

<table>
<tr><th colspan="3">分析权重要素</th><th rowspan="2">限速措施平面示意图</th></tr>
<tr><th colspan="2">道路几何条件</th><th>模拟预测检算</th></tr>
<tr><td rowspan="2">东岸下坡向</td><td>长 37.58km,高差为1 216.02m,平均坡3.24%,前13.26 km,平均坡为3.91%,后段长18.59km,平均纵4.13%。最小半径204.159m,< 300m 13处(详见9.2.3节)</td><td>预测速度
小型车:74~116km/h
中型车:96~91 km/h
重型车:44~73 km/h
弯道临界非稳定安全车速
小型车:105 km/h(正常天气130 km/h);载重车额载:100 km/h;载重车超载:90km/h(辛家山急弯道侧滑为界)(详见9.2.5节和9.2.7节)</td><td>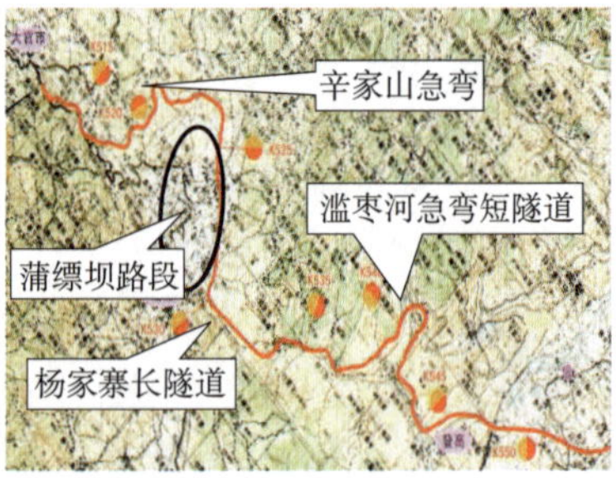
</td></tr>
<tr><td colspan="3">下坡方向(右幅):坡顶K513+200~K524+400段小型车100 km/h、大型车60 km/h,路段长11.2km(前段坡);杨三寨K524+400~K529+900,小型车110 km/h、大型车80 km/h,路段长5.5km(蒲漂坝);杨家寨隧道出口K533+400~K550+600坡脚潞江坝段小型车100 km/h、大型车60 km/h,路段长17.2km(后段坡),其中辛家山急弯、杨家寨长隧道和滥枣河急弯短隧道三处特殊局部路段小型车80 km/h、大型车60 km/h。
上坡向(左幅):坡脚(K550+600)~后段坡顶(K529+900)段小型车100 km/h、大型车80 km/h;K529+900~K524+400段小型车110 km/h、大型车100 km/h;K524+400-坡顶(K513+200)段小型车100 km/h、大型车80 km/h,其中辛家山急弯、杨家寨长隧道和滥枣河急弯短隧道三处特殊局部路段小型车80 km/h、大型车60 km/h。
下坡向(右幅)路段间距:6.8-0.9-3.5-5.5-2.8-6.9-1.5-8.8km,如果按四舍五入排列路段小型车间距:7-1-4-6-3-7-2-9km、大型车间距:12-6-21km,对应小大型车限速(km/h)排列100-80-100-110-80-100-80-100、60-100-60,对应路段最短的小型车和大型车行驶时间(min):4.2-0.75-2.4-3.27-2.25-4.2-1.5-5.4(合计23.97min)、11-6-21(合计38min),考虑车辆向下行驶完东岸接着向上行驶西坡,小型车和大型车的节奏:(快-慢-快-快-慢-快-慢-快-快-快……)、(慢-快-慢-快-快……)。
上坡方向(略)</td></tr>
</table>

小型车一般容易超速行驶,行程节奏感往往是路段行驶的一般最长时间,而大型车由于超载等原因行驶速度往往较低(预测为45km/h),行程节奏感往往是路段行驶的一般最短时

间。从表9-12东岸车辆下坡限速排列看，小型车东岸下坡节奏为快－慢－快－快－慢－快－慢－快－快－快……每区段的最长时间均未超过2002年6月26日《青年参考》调查统计的人的忍耐极限时间，小型车慢的压抑感很短的时间内很快得到允许快的释放，越往后慢的压抑将得到允许快－快，甚至允许快－快－快的释放，压抑时间最长2.25min，最短0.75min，释放压抑的时间皆远长于压抑时间，节奏的变化符合驾驶心理特征。至于上坡无论是大型车还是小型车一般处于压抑阶段，仅仅是车辆性能的不同，压抑的程度不一而已，考虑车辆上坡制动距离受坡度的影响和折减，距离较短相对安全，为减轻上坡后下坡的压力，限速值设计应尽可能避免上坡压抑的积累，避免上坡的安全压力转移至下坡段的释放，因此，安全保障技术设计皆允许大小型车采用相对较高的行驶速度上坡，虽然大型车即使是空载也不可能达到100km，但从管理制度上避免了“限制”的压抑。

限速是人为的强制干预的交通安全管理的措施，对驾驶员来说是“不惬意和不情愿”，甚至是抵触的、不得不执行的公共规范行为，必须改变和约束内心的“狂野”，因此，道路安全保障技术必须根据交通事故地点的车辆运行速度与前方一定距离范围的运行速度基本相同的统计分析成果，在强制改变驾驶行为的过程中应采取一系列的安全保障措施，示例项目如图9-30所示，具体措施为：

(1)提前预告：路段个别急道等特殊局部限制低速度时，提前设置提示警告标志。

(2)标志整合：为加强标志的可读性和易读性，将限速标志附着于同一板面，设置形象的卡通化等警示标志，避免分车型限速各自“寻找”各自的限速规定而分散驾驶精力。

(3)减速设施：路面减速标线、路面振动标线等。

(4)配套设施：警示性的线形诱导标、彩色防滑路面标线等。

图9-30　急弯限低速安全保障措施

2)静态设施节奏

山区高速公路沿线服务区、停车区、制动冷凝站、紧急停车带、观景台等设施是高速公路配套的服务设施，是交通运输的静态系统，静态系统是高速公路道路安全保障的一部分，关系到高速公路运输的效率和安全，除提供交通运输服务外，具有调节行驶节奏的功能和作用，特别是高速公路形成网络之后。发达国家对连续驾驶时间具有明确的规定，目的就是消除驾驶疲劳，从管理上保障交通安全，遏制交通事故。如我国《道路交通安全法实施条例》第六十二条关于连续驾驶机动车超过4h应当停车休息至少20min。

项目东岸静态设施布局通过正常情况下的行车节奏分析，呈等间距的布局关系面，方便不同行程起点的车辆停靠休息，其中坡顶大官市线外冷凝站和中间的团山制动冷凝站对大型载重车辆采取半强制管理方式，基本实现连续下坡行驶30～40min进行停车冷凝制动，从驾驶员使用的反映情况看效果较好，比较满意。并且该两站在项目土建设计过程中皆未考虑，是道路安全保障设计中根据9.2.6节保龙高速公路长陡下坡制动效力稳定性分析的结果以及表9-11紧急救助匝道布局和静态设施布局与行车节奏的关系而采取的措施，坡顶大官市线外冷凝站位于项目建设起点近3km，设置于已经通车多年的项目范围(上坡段)，团山制动冷凝站是利用路段大型弃土场，作为坡顶制动冷凝站的补充，为坡顶未实施制动冷凝的部分车辆提供机会，为充分发挥其作用在出口端设置如图7-4所示的人性化标志和将车道按小型车道、大型车道进行渠化，大型车道路面增加大型车进站冷凝制动的标识，以及在路肩涂彩色防滑引导标线。在制动冷凝站进入高速公路的入口设置了车辆并入的标志和标线，提醒正常行驶车辆驾驶员，同时在制动冷凝站入口匝道端设置了"让"行标志和2m宽，高7～10cm的强制控速带，防止进入高速公路车辆不规范并入高速公路等安全保障措施，实现了既调节行车节奏，又保障进出安全(表9-13)。

云岭保龙高速公路路段静态安全保障措施表 表9-13

静态设施布置及节奏分析	
东岸下坡向	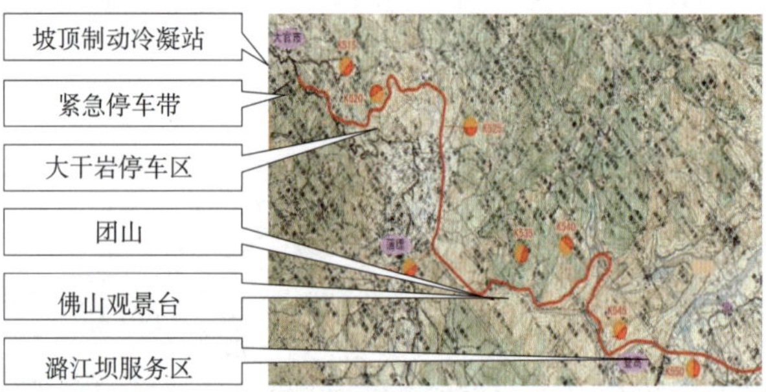
	下坡方向(右幅)静态设施布置位置：坡顶大官市线外冷凝站 K509+000～K513+800 紧急停车带(A)－K516+700A－K517+200A－K518+000A－K518+400A－大干岩停车区－525+100A－K526+100A－K528+450A－K530+300 马家寨隧道联络区－K533+300 马家寨隧道联络区－K533+700A－K535+300A－K536+800 团山制动冷凝站－K538+100 佛山观景台－K541+600A－K547+500A－坡脚 K550+600 潞江坝服务区； 下坡向(右幅)静态设施间距：坡顶0.8－2.9－0.5－0.8－0.4－5.3－1.4－1.0－2.35－1.85－3.0－0.4－1.6－1.5－1.3－3.5－5.9－3.1km，较大型静态设施间距：12.1－11.7－1.3－12.5km(四舍五入间距：12－12－1－13km)，较大型静态设施距坡顶距离：12.1、23.8、25.1、37.6km(四舍五入12、24、25、38km)； 下坡方向(右幅)静态设施行驶时间：小型车7.2－7.2－0.6－7.8min，从坡顶时间7.2、14.4、15、22.8分钟；大型车12、12、1、13min，从坡顶时间12、24、25、38min；大型车从坡顶按实测的行驶速度到各站的时间：18、36、37.5、57分钟；据调查大型车一般很少在观景台停留，那么在下坡的时间为：18、36、57min(40km/h)，基本为1∶2∶3，可以理解为相互的间隔距离一样，节奏的拍点间距基本对称，而行驶时间呈1∶2∶3，刚好形成间隔性停车，起到分散车辆停车，实现了最大限度发挥静态设施作用，符合驾驶员等待的忍耐时间。大型车上坡实际行驶速度更低，一般多为20～30km/h，时间更长一般停车休息需求更强烈，适应来自不同起点的车辆。节奏恰当，拍点适宜

3）构筑物节奏

山区高速公路桥梁、隧道等构筑物较多，比例高，对驾驶员心理和情绪影响较大的高桥、隧道、深路堑、高路堤、临崖滂水等构筑物分布于高速公路全线，是高速公路几何设施的基础，这些视觉景观不一的构筑物对驾驶员的心理和情绪影响较大，影响行车的节奏，如隧道的“黑洞”和“白洞”效应、墙壁效应等。虽然关于这方面的研究成果较少，不系统，但作者认为道路安全保障设计至少应该或者逐步探索研究山区高速公路构筑物对行车节奏的调节和控制，为道路安全保障技术设计提供帮助，合理设置构筑物标志，改变过去驾驶员见桥梁和隧道，“云里雾里，有理无理”的一路设置“××桥梁、桥长××m”、“××隧道、隧道长××m”的标志。过去低等级公路桥梁隧道较少，桥梁隧道往往成为项目的标志性工程或者成为地域界，设置桥梁隧道规模内容的标志有利于路况信息的指示，但山区高速公路一般的桥梁和隧道已经丧失了其象征性的意义，成为山区高速公路基本的组成单元。因此，山区高速公路安全保障技术设计应该重新审视该信息设置的必要性和必然性，应结合山区高速公路行车的驾驶特征和行车节奏调节和控制的需要，认真参照限速节奏和静态设施节奏的思路，结合限速节奏和静态设施节奏，以进一步加强节奏调节和控制。采取有选择性的、对驾驶员心理和情绪影响明显和较大的构筑物，按一定的适当的拍点和间隔设置标准构筑物标志。本项目按照上述思路在东岸选择了沟谷横风大、桥梁侧向景观位于较清晰的行车视野内、成为视野景观主体景观的5座桥梁和规模较大，或者平纵线形较差的3座隧道进行了标识，并且基本都布设于限速节奏和静态设施节奏拍点之间，强化其两节奏“低”节拍的低谷警示作用，当然关系行车节奏的调节与控制需要广大工作者进一步深入的研究和思考。

9.4.3　情感设计法

情感是人对外界事物作用于自身时的一种生理的反应，是由需要和期望决定的。当这种需求和期望得到满足时人就会产生愉快、喜爱的情感，反之，苦恼、厌恶。

图9-31a）是作者在日常生活中见到的一把情感化设计最糟糕的水果刀，其刀口与刀背常常令使用者判断错误，刀口外形是使用者经验记忆的刀背，刀背外形是使用者经验记忆中的刀口。使用者使用的判断错误成为使用安全诱因，项目安全保障技术设计中根据情感化设计研究的成果，尽可能将图案与文字结合增强其可读和易读性。紧急救助匝道信息编码，下一紧急救助匝道距离预告；坡顶设置连续长陡坡长度，途中设置连续长陡坡剩余长度，明确告之使用者路况信息；设置交通警察与路政人员组合的交通形体语言作为标志，体现对使用者的关爱；设置以车辆仪表盘外形为图案外形的卡通速度反馈标志；利用挖余填缺扩展为车辆停靠带，将土建设计中的16处车辆停靠带增加到47处等皆是情感设计方法在道路安全保障设计中的应用和扩展。总之，情感设计方法渗透于安全保障设计的各方面，是在每一个细节中体现，需要的是设计的用心和用情，如图6-1、图6-2、图7-17等示例甚多，书中从不同的角度列举了许多案例，此不赘述。

9.4.4　体验设计法

体验设计与并行设计有异曲同工之妙。在商业设计中，体验设计是将消费者的参与融入设计中，在设计中把服务作为“舞台”，产品作为“道具”，环境作为“布景”，力图使消费者在商业活动过程中感受到使用的体验过程。体验设计的目的是在设计的产品或服务中融入更多人性化的东西，让用户能更安全方便的使用，更加符合用户的操作习惯，体验设计同样适用于道路工程设计。

a)　　　　b)

图 9-31　情感化设计技术

a）糟糕的设计；b）情感味十足的提示标志

体验设计可以分开为"体验"和"设计"，一般情况下，主体是"设计"，但是"体验"放在前面的目的是强调任何产品皆需要给别人使用，所以不管是开发任何产品，都要为自己的用户着想，不是想当然的认为用户应该喜欢，应该不会讨厌等。

如果把高速公路也作为一种商品的话，那么这件商品的用户就是车辆驾乘人员，他们对该商品的要求就是要安全、舒适、便捷。因此，交通安全设施的设计将直接对用户的使用感受产生影响。在交通安全设施设计过程中，我们不能一味的"纸上谈兵，闭门造车"，必须从设计者自身的实地体验开始，将体验设计融入整个交通安全设施设计的全过程。对体验中提出的问题及时予以动态纠正，不留到使用中。

项目安全保障设计第一步利用人车路环境系统工程实验室平台进行模拟，邀请建设、交警、路政和运输公司等人员观摩、驾驶体验，调整优化安全设施布局；第二步路基成形后，采用不同的速度驾车进行全程摄影，反复观看感受驾驶的思路、情绪变化和驾驶期望，进一步调整安全设施布局；第三步安全设施布局完成，道路开通之前采用小型车、客车和载重车三种车型，选择夜间、早晨、中午和黄昏四个时段检测驾驶员在自由驾驶状态下的感觉，针对驾驶员的感觉对个别设施进行适当的调整优化，包括设施的位置、形式和内容等；第四步道路通车一年后，根据一年来的运行状况和使用者、管理者等各方面的反映，对个别标志等设施作进一步的优化，实现体验设计。如东岸 K519 +900 救助匝道体验设计调整之后，增加了太阳能夜间照明系统、对救助匝道进行了信息编码、增加了下一救助匝道距离预告、改变了标志图案，结果如图 9-32 所示。

9.4.5　信息编码法

信息编码是用不同的代码与各种信息中的基本单位组成部分建立一一对应的关系，以便于使用者能方便快捷的对信息进行检索和判断。在交通安全保设施设计中，信息编码的应用可以极大的提高交通标志，交通标线等的逻辑性和易识别性。当信息编码设计与关口提前理念共同运用时，可及时有效的向车辆驾驶员传达前方路况信息，以便控制车辆行车节奏及驾驶员情绪节奏，使驾驶员提前做出准确判断，减少由于误判而造成的紧张情绪或错误判断，从而避免部分交通事故的发生。项目安全保障技术设计中如图9-32利用了体验设计对救助匝道信息编码等进行了应用，在此不再赘述。

a)　　b)

图9-32　云岭保龙高速公路东岸K519+900救助匝道安全设施
a)体验设计之前；b)体验设计之后

9.4.6　风险等级法

风险控制的关键是风险的可控和控制，而不是风险本身，最可怕的风险是没有采取措施控制的风险。车辆在高速公路上行驶，不可避免的要面对多种多样的风险，这些风险既有主动的（如操作方法错误），也有被动的（如由于长距离连续下坡车辆制动的衰减）。道路安全保障技术就是从道路条件的角度对各种行车风险采取对应的控制措施。道路安全保障技术措施若遍地开花，无论什么风险皆从头到尾一概而论，那么处处存在的往往就一处皆不存在，不仅让道路用户容易产生“熟视无睹”，甚至误解安全风险一致，而且不经济。风险分级的原则和意义在9.4.1弯道风险分级的对应措施中已经进行了详述。下面仅仅阐述风险分级和处理措施应遵循的几个基本原则：

1）知情原则

从法律意义上讲，知情权（Right to know），又称知道的权利、知悉权、资讯权、信息权或了解权。知情权作为政治民主化的一种必然要求和结果，首先是公法领域内的概念，随着知情权作为一项独立权利的发展演变，其外延已不断扩大，不仅涉及公法领域，也涉及私法领域，如消费者知情权即是知情权扩展至私法领域的具体表现。

车辆驾驶员是高速公路的使用者，也应该作为消费者来看待，因此，车辆驾驶员应当对道路信息具有知情权，这也是道路交通安全保障技术设计的出发点。具体表现在对道路线形条件、服务水平的知情权，对道路实时状况的知情权，对道路服务设施情况的知情权等。前面所提到的关口提前，其实就是满足驾驶员知情权的一种具体表现。通过关口提前，将前方的道路条件，实时路况等及时告知驾驶员，让他们能提早做出判断，规避交通风险，更好的享受道路服务，这也是保护消费者权益的一种具体体现。

2)急流缓受原则

“急流缓受”是高速公路被动安全措施设计中经常需要用到的。高速公路上行驶的车辆车速较高,对于一个高速运动的物体,车辆所蕴含的动能是非常大的,一旦车辆由于制动问题失去控制,那么这个高速运动的物体无论对自己还是对其他正常行驶的车辆都是非常危险的。在山区高速公路连续长陡下坡路段,由于重型车辆制动失效而引发的单车事故或追尾事故比比皆是,如何有效的减少车辆失控带来的二次事故,是有效的控制山区高速公路连续下坡路段交通事故率的关键。

通过前面对能量守恒定律的分析,不难看出,解救高速失控车辆,采用刚性被动防护措施是不行的,因为车辆的刚度往往是小于刚性防护体的,在车辆与刚性体碰撞的瞬间,车辆迅速衰减的动能会向驾驶室传递,最终由车辆内部吸收。

中国的太极拳是一种以柔克刚的功夫,看似出招缓慢,实则以静制动,以缓制急。在被动安全设施的设计中,以缓制急是挽救失控车辆的一种重要措施。常用的有消能护栏、紧急救助匝道等。如图 9-29 所示是利用防护措施的变形分解、制动床的摩擦,吸收者转化快速运动的车辆动能,如图 9-32 所示以缓制急的救助匝道可以使车辆能安全的停下来或以较慢的速度重新回到正常的行驶轨迹,避免重大事故的发生。

3)主动为主被动为辅的原则

道路安全保障技术和措施分主动措施和被动措施,以主动措施为主,被动措施为辅是道路安全保障技术的基本原则,主动是积极的,能充分发挥使用者的主观能动性,被动是消极的,往往是不得已而为之。示例项目列举的措施多为主动措施,也是项目安全保障技术的核心和关键。

4)视觉聚焦原则

在驾驶员的感觉系统中,视觉尤为重要。视觉所得的信息占全部信息的 80% 以上。在行车过程中,驾驶员视觉能力的高低直接关系到驾驶员的驾驶行为,对行车安全起着决定性的作用。视觉聚焦原则作品如图 7-2、图 7-3、图 7-12、图 7-29 等所示,在安全风险较高的点位,从视觉上引起驾驶员警觉,形成聚焦加强风险防控。视觉聚焦的接收信息主要来自于视觉范围的物体运动和色彩变化。

(1)色彩:交通环境中的许多信号是靠色彩表达和传递的,如交通信号、交通标志、交通标线及车辆内部的仪表、灯光等。可以把颜色分为两大类,即非彩色的(如黑、白和各种灰色)及彩色的(如除黑、白和各种灰色外的一切颜色)。颜色具有色调、明度和饱和度三个基本属性。非彩色是通过明度的差别辨别,而彩色可以从色调、明度和饱和度差别进行辨别。

交通环境中,黑色的沥青路面及灰白色的水泥路面属于非彩色物质,而交通信号、交通标志及交通标线等一般采用彩色的反光膜或反光涂料进行覆盖,使重要的交通信息能在非彩色的背景中凸显出来,以期达到容易被驾驶员识别的目的。由此,在进行交通标志标线等设计时,一定要注意标志色彩等与周边环境的关系,让标志、标线能够轻易地被识别出来。同时,针对风险较大的特殊路段,也可以通过色彩的变化来提醒驾驶员提高警惕,谨慎驾驶,实现安全警示。

(2)安全色:颜色在由视觉传至人脑的过程中,产生色彩物理、色彩生理和色彩心理的效应,使人获得色感觉。不同的颜色进入人们的眼帘,不但能使人们产生大小、轻重、冷暖、远近、明暗的感觉，还能引起产生兴奋、紧张、安全、烦躁、忧郁等心理效果。颜色能影响人们的情绪、工作效率以及生活和其他方面，同样也能影响驾驶员安全驾驶车辆。

基于色彩对人心理的影响，国际标准化组织（ISO）和很多国家都对安全色的使用有严格规定。我国已制定了安全色国家标准，规定用红、黄、蓝、绿四种颜色作为全国通用的安全色。其中红色表示禁止、停止、消防和危险的意思；黄色表示注意、警告的意思；蓝色表示指令、必须遵守的规定；绿色表示通行、安全和提供信息的意思。

在交通标志标线的设计过程中，需严格遵守安全色的规定，在不同的位置，不同的标志标线采用相对应的安全色以提高标志标线的易识别和逻辑性，有效的组织交通秩序，确保交通安全。

（3）视野范围：眼睛观看正前方所能看见的空间范围称为视野。视野常用角度来表示，一般有静视野和动视野之分。当头部和眼球固定不动时，眼睛观看正前方所能看见的空间范围称为静视野。一般正常人两眼总静视野：垂直方向约为 110° ~130°（视水平线上方约 50° ~60°，下方约 60° ~70°），水平方向上约为 180°（两眼内侧视野重叠约 60°，外侧各为 90°）。头部固定不动，眼球自由转动所能看见的空间范围称为动视野。动视野比静视野在水平的左右方向约各增宽 15 °，在垂直方向：视水平线上方约增加 10°，视水平线下方动视野与静视野大致相同。

行车速度越高，驾驶员越注视远方，视野越窄，注意力随之引向景象的中心而置两侧于不顾，结果形成所谓“隧道视”。此外，在车辆行驶过程中，靠近路边的景物相对于驾驶员眼睛的同转角度若大于 72 °/s 时，景物在视网膜上就不能清晰的成像，感到模糊不清。所以，车速越高就越看不清路边近处的景物。因此，按照这种规律，在行车道视野空间内的文字很容易被驾驶员关注到，因此重要的交通信息及指示内容最好设置行车道视野空间内。

5）强制性原则

前面四种原则对执行者来说是一种情感化的提示、警示和警告性的情感化原则，作为风险的控制仅仅靠情感化的原则和措施是不够的，同时应该具有配套的强制性措施，由此针对较高的风险应该在情感化措施的基础之上，同时又应强有力的配套强制性措施。针对山区高速公路交通特点和驾驶特征，长距离连续下坡车辆制动衰减引起的安全事故为主的特点，当前超载运输严重的情况下，如何让制动冷凝站发挥充分作用，是采取强制性载重车辆进站还是半强制性，应该根据制动冷凝站的位置、路段几何条件等风险级别统筹考虑。国内外对连续驾驶机动车时间皆有明确的规定，并采取强制性执行措施，如我国《道路交通安全法实施条例》第六十二条规定的连续驾驶机动车超过 4h 应当停车休息至少 20 min。

6）规范性和自觉性原则

风险控制的关键是风险的可控和控制，可控和控制效果不仅看控制措施和检查落实管理的力度，而且还应看控制措施是否规范，符合驾驶员的本能，检查落实管理的机制和办法是否人性化，无论是风险控制的措施，还是风险控制管理的办法，如果能够充分发挥被管理和控制的主体对象充分发挥主观能动性是最有效和持久。由此，面对广大的道路用户，提示、警示和警告性的信息应该以执行者自觉地、规范地执行为原则反复研究确定，驾驶员的本性具有不拘一格的“野性”，往往存在像日常生活中告诉小孩玩火危险的效果比玩火烫手效果差一样，图9-33左“障碍”设施较右限速标志远远有利于执行者按照规范自觉执行，安全风险控制更容易，效果更好，甚至控制了管理力度不够，执行不到位的风险。

a)　　b)

图9-33　安全风险控制的效果和力度

7)关口提前、联动原则

前文已详述，此处略。

9.4.7　循环改进法

世界上没有相同的两条路，道路自身的线形不同，所处的环境不同，地质条件不同，气候条件不同。因此，山区高速公路安全保障设施设计中，是没有固定的模式可以套用的，就像武功的最高境界就是无招胜有招。实践是检验真理的唯一标准，毕竟路是给人使用的，设计的再好，实施的再完美，汽车一上路，也往往会看出很多不足之处。因此，交通安全保障设施应该针对车辆运行情况不断进行跟踪完善，而且随着时间的推移，交通量的不断变化，事故点也会随之发生变化，这就需要对安全设施不断的进行循环改进，不断完善，以使其发挥应有的作用，保障高速公路的交通安全。该方法与9.4.4节体验设计异曲同工，是各种方法的不断反复优化和深入。在此仅仅列举示例项目一块标志板面信息的不断优化为例阐述思路。

云岭保龙高速公路安全保障设计根据山区道路下坡载重车辆制动失效后对附近车辆的威胁和发生交通事故后车辆停靠的一些不规范行为，而导致二次事故的问题，设计中结合项目特点分别设计了一块“警防身后”标志和“遇事故停车”的警示标志。由于警示标志的特殊性，为了使标志板面内容更人性化，更易于视认，且更贴近路段道路特点，在警示标志的板面设计过程进行了大量的图案及文字比对循环改进工作。

(1)“警防身后”标志的设计理念是在长距离下坡路段，当大型车辆由于制动失效而失控时，很容易与行驶在前面的附近车辆发生追尾等事故，为使行驶在前面的附近车辆尽快远离。用此标志提醒车辆在行驶过程中应当随时注意后面车辆的情况，一旦发现后车有失控迹象，应尽快采取避让措施以避免发生事故。设计初期，对整个板面的布置考虑采用车辆追尾的图案，并配以“坡陡路长警惕身后”的文字说明，后来感觉图案与文字不甚搭配，于是增加了一行小字加以注释“若遇后车失控请加速远离”，这样的标志板面信息量过大不利于驾驶员的阅读理解。与相关专家和部分使用者进行交流，并询问了各种车辆驾驶员的意见，大家认为文字过多，不利于驾驶员及时理解该标志。设计人员听取意见后，对板面做了进一步的调整，用较大幅面做图案部分，并采用了漫画的手法表现出后车失控可能引起追尾的意思，文字部分仅作为补充说明，这样比较利于驾驶员识别和接受。同时就采用“警惕”还是“谨”，“警惕身后”呈现一丝“敌意”，最后采用改变不了别人改变自己的“警防身后”(图9-34)。

a)　　b)

图9-34　“警防身后”标志改进图

a)前期版本；b)最终版本

(2)“遇事故停车”标志的目标理念是当遇到前面发生交通事故时，车辆应迅速靠边停靠，驾驶员从车上离开并撤离到安全的地方等待，避免车辆发生连续追尾事故造成重大损失。该标志在设计过程中原来也采用了较多的文字说明以使板面意思表达完整，但此标志同样存在文字过多，不利于短时间内读出标志意思的问题，为了减少驾驶员的视认反应时间，通过集思广益，对该板面也进行了调整以利于识别。为避免标志时段上的失效最后采用“若”(图9-35)。

a)　　b)

图9-35　“遇事故停车”标志改进图

a)前期版本；b)最终版本

9.4.8　导航法

交通安全保障设施，特别是交通标志设计的原则是以不熟悉道路状况的使用者—驾驶员提供的行车指示和警示设施，最重要和关键的作用是预告路况。本书第6章对道路的走向、方向和道路线形诱导的重要性进行了阐述，项目安全保障设计中针对项目特点对道路线形诱导措施进行了系统的研究，按9.4.1节将道路线形分为四个级别进行了系统设计，下面从导航的角度详细阐述线形诱导标的设计。

线形诱导标是主动预防系统的重要组成部分，合理的线形诱导措施，可以有效的控制驾驶员的行车节奏，在白天和夜间都能提供足够的视线诱导距离，保证车辆能够按照既定的安全路线行驶，起到为使用者驾驶导航的作用。既然是导航信息就必须准确无误，而道路信息是由驾驶员通过感觉系统，主要是视觉进行判识的，是方向性的，需要设施的设置合理容易判读。

1）线形诱导标的选择

图 9-36 云岭保龙高速公路线形诱导标志板面形式

线形诱导标是最常用的线形诱导措施，通过独立或组合的线形诱导标，将道路曲线轮廓完整的表述出来，便于驾驶员准确地判断道路线形和道路条件。

常用的线形诱导标有独立的单个诱导标，也有组合式的。单个线形诱导标诱导效果较好。根据诱导标的发光光源可以分为被动反光式和主动发光式，为便于后期养护，一般采用被动反光式较好。项目设计根据道路前述应用了安全色的作用，采用如图 9-36 所示不同的颜色，以便进行区分，诱导的同时起到警示作用。

2）诱导标的设置

按照人眼对曲线的判断能力，一般在视线内有 3 个诱导标时，便可以有效的判断道路线形，但根据国外的试验研究，在视线范围（11°）内，均布 4 个线形诱导标，在夜间对不熟悉线形的驾驶员来说，其感知曲线线形的精度最佳。在驾驶员视野内设置的线形诱导标多于 4 个时，驾驶员对线形的感知精度无明显提高。但在驾驶员视野内设置的线形诱导标少于 4 个时，驾驶员对线形的感知精度显著降低。因此，项目安全保障设计中根据山区高速公路的交通特征，按照视野中同时出现 4 个诱导标计算诱导标设置间距。

（1）中央线形诱导标起终位置：从视觉角度来讲，车辆在进入曲线前，沿直线段行驶时，在车的正前方出现的第一块线形诱导标（称为中央线形诱导标）非常重要，能够警示驾驶员并采取减速措施。

通过计算 φ 角，可以计算出 L_1：从曲线起点（ZH 或 HZ）沿路外边缘至中央线形诱导标的曲线距离（图 9-37）。

左转曲线：

$$\varphi = \arccos[R_{OL}/(R_{eL}+OL)] \tag{9-3}$$

右转曲线：

$$\varphi = \arccos[R_{OL}/(R_{iL}+OL)] \tag{9-4}$$

式中：φ——中央线形诱导标所在曲线角；

R_{OL}——至外侧车道中心线半径；

R_{iL}——至内侧车道中心线半径；

R_{eL}——至外边缘线半径；

OL——线形诱导标的横向偏位。

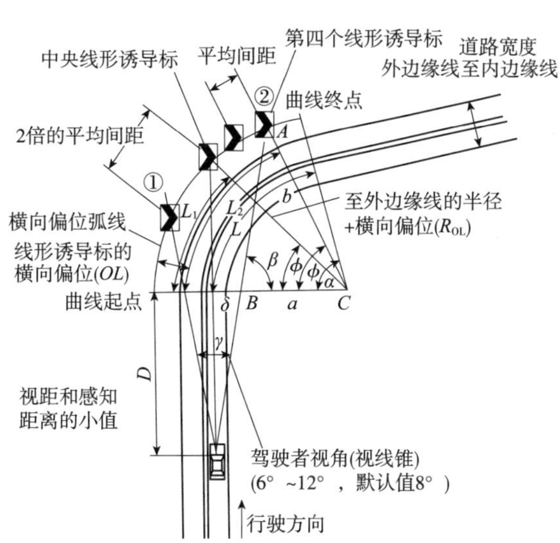

图 9-37　线形诱导标志间距计算图

则：

$$L_1 = \varphi R_{eL} \tag{9-5}$$

（2）4 个线形诱导标设置间距：比较感知距离与视距，以确定驾驶员视线锥的顶点，即在进入曲线段前的直线段上至曲线起点距离为 D 的点。D 由感知距离（D_1）和视距（D_2）比较确定。

$$D = \min(D_1, D_2) \tag{9-6}$$

感知距离 D_1 基于 2.5s 的感知反应时间以及 2.5m/s^2 的减速度。视距 D_2 与标志尺寸、符号与底板颜色对比、符号与底板反光膜等级、符号与底板反光对比度、车前灯、驾驶员视力、标志所在背景环境亮度等很多因素有关。国内外都对此作过很多研究，项目参考澳洲标准（表 9-14）取值。

D 值建议表　　表 9-14

设计车速（km/h）	<75	75 ~ 90	>90
D（m）	80 ~ 120	120 ~ 180	180 ~ 250

然后，确定视线锥的边缘线与横向偏位弧相交的位置，这个位置在图 9-37 中分别标以①、②。三角形 ABC 的边 a、b 由式（9-7）、式（9-8）和式（9-9）计算。

$$b = R_{eL} + OL \tag{9-7}$$

左转曲线：

$$a = R_{OL} - \delta \tag{9-8}$$

右转曲线：

$$a = R_{iL} - \delta \tag{9-9}$$

关于视线的研究可以用来估计驾驶员进入曲线段时视线范围的角度 γ 约为 6° ~ 12°。可将视线范围 γ 定为 8°，γ 也可选择 6° ~ 12°范围内其他角度。利用 γ 及 D，就可确定 δ。

$$\delta = D \cdot \tan(\gamma/2) \tag{9-10}$$

角度 φ_2 为视线范围内指向 4 个线形诱导标中最远处的角,可用式(9-9)计算得到。

$$\varphi_2 = \arccos(a - \cos\beta \cdot c/b) \tag{9-11}$$

式中:β——$\beta = \pi/2 - \gamma/2$;

c——$c = \frac{1}{2}/2a\cos\beta + \sqrt{(-2a\cos\beta)^2 - 4(a^2 - b^2)}$;

a、b、c——对应图中三角形 ABC 的 BC,b 对应 AC,c 对应 AB。

那么

$$L_2 = \varphi_2 \cdot R_{eL} \tag{9-12}$$

L_2 为曲线起点沿曲线外边缘到驾驶员视线范围最远处的线形诱导标的距离。所有的线形诱导标(从中心线形诱导标至曲线终点)的平均间距 S。

$$S = (L_2 - L_1)/2 \tag{9-13}$$

(3)线形诱导标志设置位置:在曲线逆行车方向 2 倍 S 处设置第一个线形诱导标,从中央线形诱导标开始沿行车方向每间隔 S 处,设置另外两个线形诱导标,其余线形诱导标按平均间距设置至曲线终点。

3)诱导标的立面组合

(1)单独式:一般情况通常诱导标都是单独设置,一根立柱设置一块线形诱导标。

(2)组合式:在某些特殊的路段,可以通过在一个立柱上立面排列设置两个或多个诱导标形成组合,一般两个或者三个为宜。

(3)透视组合式:为进一步加强线形诱导的作用和效果,可以采用单独式由高 2.5m 逐渐降低至 1.2m,或者采用组合式,由多个、两个到一个排列(一般将同一曲线分为三组,每一组采用个数少一个线形诱导标志)的两种方式,产生透视效果增强诱导性。

4)隧道导行光环

隧道是高速公路重要的构筑物,隧道进出口明暗的变化等影响因素,往往成为山区高速公路安全保障技术的重要的部分,尤其是小半径急弯曲线隧道。结合云岭保龙高速公路的特点,为加强隧道进出和隧道内的导行效果,安全保障设计与实施中采取了以下四方面的导行措施达到了较好的诱导导行效果,同时降低了驾驶员在隧道内驾驶的压抑感。

(1)进出口导行设施:隧道断面设计及时是与路基同宽,隧道检修道与相连接的构筑物皆存在立面上的突变,云岭保龙高速公路设置了长 3~5m,高 50cm,从检修道边缘渐变往路基边缘过渡的弧形端墙,并在弧形端墙立面涂红白或者黑黄相间的标线,警示引导车辆。同时,为加强夜间隧道洞门轮廓,将隧道拱圈喷涂与混凝土颜色相近的反光漆,加强夜间的可视效果,如图 9-38 所示。

(2)隧道墙面导行标:经大量的调查发现隧道内高出行车道的检修道轮廓不明显,经常出现车轮碰撞的痕迹,并容易引发交通事故。因此,云岭保龙高速公路隧道安全保障设计采取了与隧道检修道侧壁,隧道墙面距行车道 1.2m 处设置 5~10m 间距的三角形反光片(迎车面黄色,另一面白色),不仅可以引导行车,标示线形轮廓,而且可以培养驾驶员通过隧道开示宽灯的良好习惯,见图 9-38。

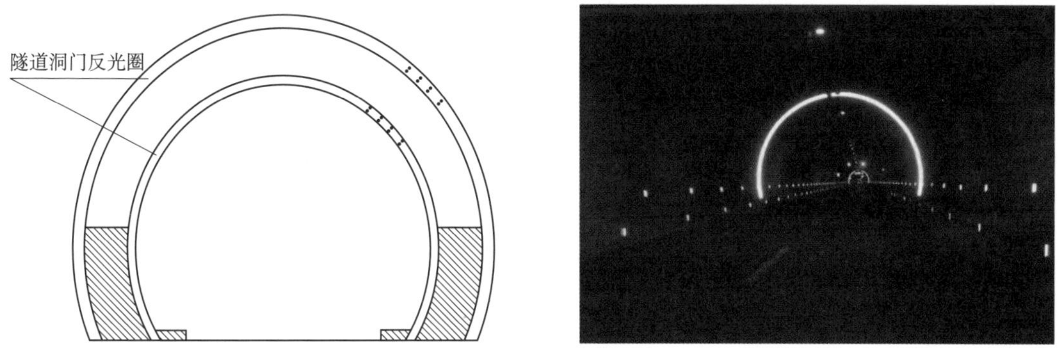

a)　　　　b)

图 9-38　隧道被动式导行光环

(3)隧道导行反光光环:为降低驾驶员在隧道内的压抑感,调节隧道内的行车节奏和时空变化,达到较好的诱导效果,云岭保龙高速公路隧道安全保障设计设置了被动发光导行反光光环,反光光环以型钢为支架,一般贴宽 15cm 的白色反光片,见图 9-38,间距设置原则在直线隧道和曲线隧道不同。

①直线隧道设置原则:直线隧道反光光环间距与隧道紧急停车带、车行横道洞、人行横道洞统一,设置于紧急停车带、车行横道洞、人行横道洞起点或者终点,同时可以起到对这些设施的位置标识,有利于隧道安全。

②曲线隧道设置原则:隧道内的反光光环应当保证在任意位置都能看到连续的 3 个反光光环,其中最远处应看到不少于 1/3 个,第二个不少于 2/3 个,最近处完整。为了合理的确定隧道光环的设置间距,通常可以采用作图法来确定。采取该原则设置,完整不一的三个反光光环产生的透视,可以进一步强化隧道线形的诱导,有助于安全。

9.4.9　系统论法

系统一词源于古希腊语,是有组织的和被组织化的全体,具有要素与要素、要素与系统、系统与环境三方面的关系。其整体性、关联性、等级结构性、动态平衡性、时序性是所有系统的基本特征。核心思想是系统的整体观念,用亚里士多德的名言就是“整体大于部分之和”。一切都在一个统一的运转的系统之中,整个世界就是系统的集合。同样道路安全保障技术也是一个系统工程,钱学森言“系统工程是组织管理的技术”,是由相互作用和相互依赖的若干组成部分结合成具有特定功能的有机整体。

道路安全保障技术设计是由道路条件、标志、标线、护栏、紧急救助匝道、静态设施等相互配套的多个设施组成,是道路安全保障技术设计的组成要素,而这些设施之间具有等级结构性和时序性,道路几何条件是各种设施之纲,决定和影响道路安全保障措施的整体效果。

因此,无论是交通标志与路面标识的配合,道路弯道稳定性检测计算确定的临界非稳定性速度,还是预测运行速度与限速值的选择,无论是车辆下坡制动稳定性分析与紧急救助匝道设置的位置、规模、形式等一切仅仅是道路安全保障技术系统的组成部分,各种安全设施的组成整体效能远远大于部分之和，是系统科学的宗旨。由此，道路安全保障技术设计有必要围绕项目道路几何条件，采取针对性的配套的相互协调和配合的安全设施，形成一个无缝对接的系统。

9.5 云岭保龙高速公路安全工程设施实施效果

9.5.1 预测速度与运行速度的符合性

车辆的行驶速度对公路的运行安全性有着非常重要的影响，各种车辆的实际运行速度是道路安全保障技术效果综合的最直接的反映。本项目在虚拟检测计算的基础上，提出了系列针对性的综合的保龙高速公路的主动和被动控速安全措施，为验证综合措施的效果，各型车辆的实际行驶速度与预测速度进符合性比对行。

在保龙高速公路通车运行两年后，对保龙高速公路运行安全状况进行了实时跟踪和后评估。监测表明，保龙高速公路上各型车辆的实际运行车速明显低于自由流状态下的预测车速。小型车的实际运行车速比自由流状态下的预测车速降低了2km/h左右；中型车的实际运行车速比自由流状态下的预测车速降低了5.22～10.76km/h；重型车的实际运行车速比自由流状态下的预测车速降低了6.08～10.21km/h。基本达到了预先设定的控制行车节奏的目标。

1）实车车速检测

大量的研究结果表明，不同类型的车辆行驶在同一条公路上，车速也会有着明显的差异，小型车辆的行驶速度要远远大于大型车辆的行驶速度，并且速度变化较大。因此，以小型车为例检测车辆进入弯道前后速度的变化，以检测保龙高速公路控速措施的有效性。

根据图9-39和图9-40，小型车辆在保龙高速公路下坡路段进入弯道前后检测的平均运行速度和85%分位车速变化，无论是平均运行速度还是85%分位车速，车辆进入弯道前的车速都大于进入弯道后的车速，平均运行速度降低了6.99km/h，85%分位车速降低了7.35km/h，说明车辆在进入弯道的过程中都采取了减速措施，观察两年来路侧护栏无任何擦碰痕迹，佐证车辆减速措施适宜。

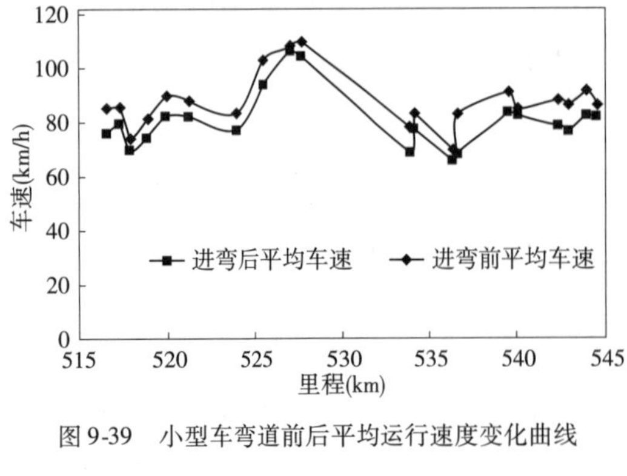

图9-39 小型车弯道前后平均运行速度变化曲线

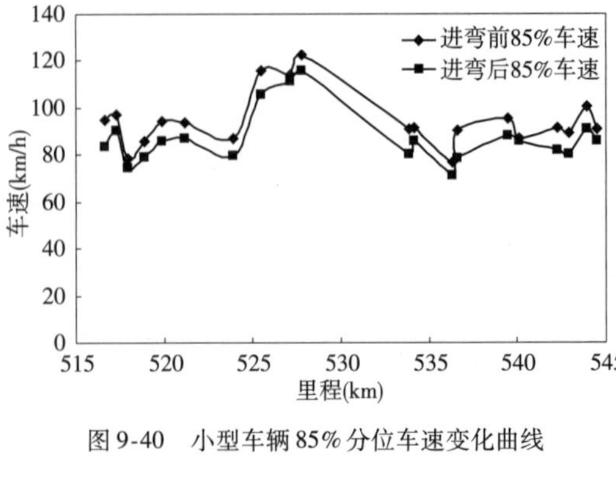

图9-40 小型车辆85%分位车速变化曲线

2）相邻路段车速变化分析

图 9-41 和图 9-42 为小型车辆在保龙高速公路下坡相邻测速路段车速之差的直方图（相邻路段的车速差是指下一路段的车速减去上一路段的车速值，车速差为正时表示车辆提速，车速差为负表示车辆减速）。由图中可以得出，除 K523 + 900 ~ K525 + 300 和 K527 + 750 ~ K533 + 900 两个相邻路段外，其他相邻路段平均运行速度差的绝对值均值为 7.69 ~ 8.03km/h，均小于 15km/h，85% 车速之差的绝对值均值为 9.19 ~ 9.72km/h。K523 + 900 ~ K525 + 300 路段的车速增幅比较大，达到了 20km/h 左右，是因为路段的弯道半径由 285m 增加到了 1 277m 提高了驾驶员的行车安全感，该提速的路段是小型车限速 80km/h 变为 110km/h 的路段，车辆提速也是属于正常现象。K257 + 750 ~ K533 + 900 路段的车速降幅比较大，达到了 30km/h 左右，是因为 K527 + 750 所处的路段为直线路段，且后半段为反坡（上坡）路段，驾驶员的行车安全感比较高，以较高车速行驶遇到上坡自然减速。K533 + 900 路段为马家寨长隧道出口的典型小半径陡坡路段，驾驶员的安全感较低，会将车速控制在较低水平，但由于两路段之间的距离超过 6km，驾驶员可以不采用行车制动器即可降低车速。

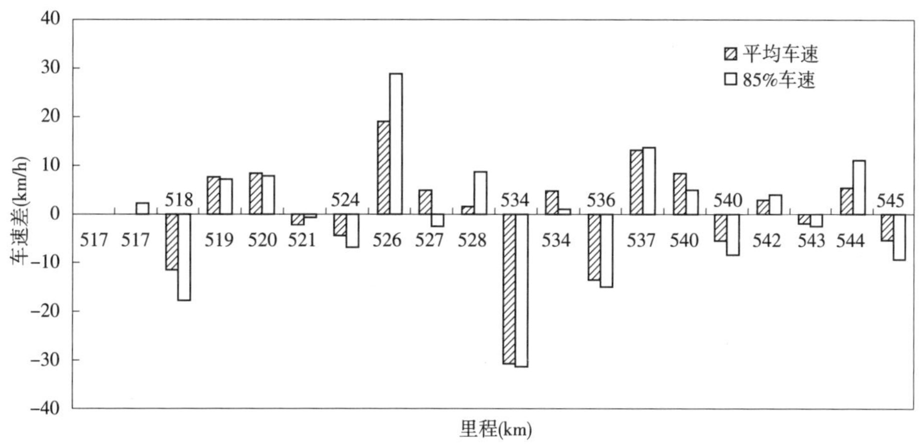

图 9-41　小型车相邻路段弯前车速差直方图

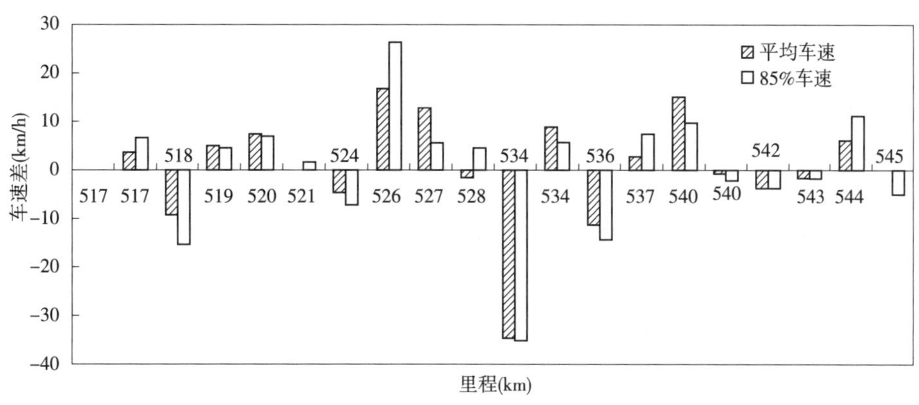

图 9-42　小型车相邻路段弯中车速差直方图

总之，通过实车和运行车速预测对比分析，保龙高速公路上首先各车型的行驶速度有着明显的差别，其中小型车辆的平均运行速度为 77.54 ~ 84.91km/h，85% 车速为 84.08 ~ 91.71km/h（东岸小客车运行速度预测值为 74 ~ 116km/h，大部分在 80km/h 以上、西岸小客车小客车运行速度为 71 ~ 116km/h，大部分在 80km/h 以上）；中型车辆的平均运行速度为 65.56 ~ 70.86km/h，85% 车速为 68.44 ~ 73.98km/h（东岸中型车 61 ~ 91km/h，大部分在 70 以上、西岸中型车 61 ~ 91km/h，大部分在 70km/h 以上）；重型车辆的平均运行速度为 48.81 ~ 52.72km/h，85% 车速为 53.09 ~ 57.22km/h（东岸重型车 44 ~ 73km/h，大部分在 45km/h 以上、西岸重型车 39 ~ 73km/h，大部分在 45km/h 以上）。说明分车型限速是恰当的，总体上下坡小型车限速 100km/h，大型车 60km/h 是合适的。其次，中型车和重型车实车道路地点检测平均运行速度明显小于自由流状态下的平均运行速度，而小客车却相差不大。小客车在自由流状态下的平均运行速度为 90.30km/h，比实车道路地点检测平均运行速度高2km/h左右；中型车自由流状态下的平均运行速度为 79.20km/h，比实车道路检测平均运行速度高 5.22 ~ 10.76km/h；重型车自由流状态下的平均运行速度为 63.30km/h，比实车道路检测平均运行速度高 6.08 ~ 10.21km/h。说明保龙高速公路上特殊设计的主动控速措施起到了比较明显的控速效果。

9.5.2 紧急救助匝道的救助效果

保龙高速公路利用能量守恒定律进行分析计算确定的救助匝道总共挽救失控车辆 400 多辆，失控车辆基本能得到就近救助匝道的救助。通过观看监控录像及采访失控车辆驾驶员后发现，车辆失控位置及失控速度与计算模拟的情况基本吻合，救助匝道的设置位置也基本合理。

9.5.3 道路路况信息指示效果

保龙高速公路系统逻辑的主动诱导系统和三级防护的被动措施，能使驾驶员在第一时间获取必要的道路信息和实时路况，在轻松警觉行车的同时尚能欣赏沿途风光，保持行车节奏顺畅，降低行车风险，因此三年来路侧护栏基本完好无损。

9.5.4 事故遏制效果

与保龙高速公路同类型的山区高速公路平均每年每公里交通事故导致死亡 3.02 人，受伤 3.36 人，而保龙高速公路通车一年未发生一起致人死亡的道路交通事故，仅导致了 12 人受伤，年均每公里受伤人数为 0.27 人。结果初步说明保龙高速公路运行安全保障系统为减少道路交通事故，降低事故的严重程度发挥了巨大的作用。

9.6 云岭保龙高速公路运行安全性评价

保龙高速公路在建设阶段特别是在设计和施工阶段，项目管理、设计与施工技术人员应用他们多年在云南省山区高速公路积累的经验，并吸收了欧美发达国家在山区高速公路建设与运行管理的成功经验，群策群力，结合保龙高速公路的特点研究采取了一系列先进的山区高速公路运行安全保障新理念和新技术，有的新理念和新技术在全国属首次突破性应用。保龙高速公路已竣工通车运行4年，我们采用驾驶员的驾驶工作负荷度评价理论与技术对高速公路线形安全性进行评价，检验保龙高速公路运行安全保障新理念和新技术在实际运行中是否达到了能使正常驾驶的驾驶员在合理的限制速度下能安全舒适驾驶的目的。

9.6.1　驾驶安全舒适性评价方法

通过现场试验方案设计和试验数据采集，应用5.2.2小节安全管理方法节中驾驶员的驾驶工作负荷评价指标——驾驶工作负荷度 K 值。K 值的计算模型和表9-15所示的小客车和大货车驾驶员驾驶工作负荷度分类阈值所代表涵义如下：当驾驶员驾驶工作负荷度K值处于标准驾驶工作负荷范围内时，驾驶员驾驶安全舒适性良好；驾驶工作负荷度 K 值高于或低于标准驾驶工作负荷时，驾驶员驾驶安全舒适性差。

驾驶员驾驶工作负荷度分类阈值　　表9-15

小客车		大货车	
高驾驶工作负荷	$K \geqslant 0.06$	高驾驶工作负荷	$K \geqslant 0.07$
标准驾驶工作负荷	$-0.012 \leqslant K \leqslant 0.06$	标准驾驶工作负荷	$-0.011 \leqslant K \leqslant 0.07$
低驾驶工作负荷	$K \leqslant -0.012$	低驾驶工作负荷	$K \leqslant -0.011$

9.6.2　驾驶安全舒适性评价

1）检测路段上行方向

通过对6名小客车驾驶员和6名大货车驾驶员在桩号为ZK583+280～ZK513+200的检测路段驾驶工作负荷进行检测，分别计算得到如图9-43和图9-44所示的驾驶员驾驶工作负荷度检测结果。根据驾驶员不同驾驶工作负荷分类阈值标准，对其评价分析如下。

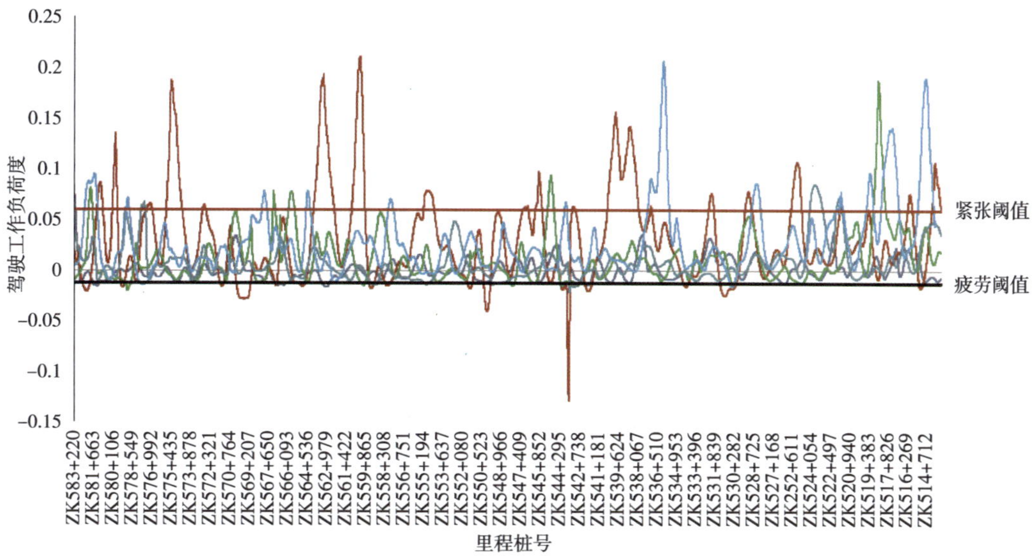

图9-43　上行方向小客车驾驶员驾驶工作负荷度

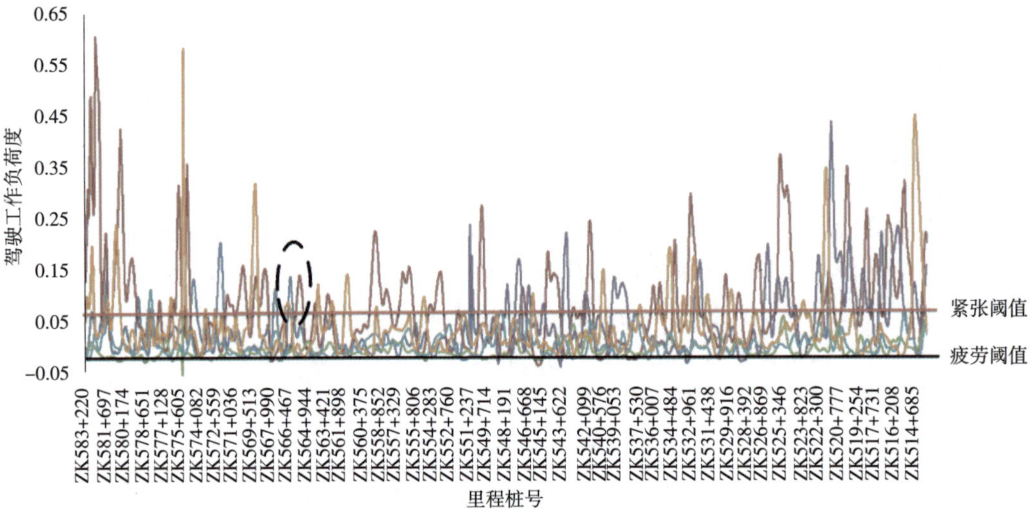

图 9-44　上行方向大货车驾驶员驾驶工作负荷度

由图 9-43 和图 9-44 可见，小客车和大货车驾驶员的驾驶工作负荷在大多数路段上处于标准驾驶工作负荷状态，而在部分路段上少数驾驶员的驾驶工作负荷高于紧张阈值。我们分析原因发现主要是由于驾驶员超速行驶和超速情况下超车等不规范的驾驶行为造成和受到路段上特殊结构物的影响，检测路段上行方向大多数路段的线形条件没有影响小客车和大货车驾驶员安全舒适行驶的需求，可以满足驾驶员的驾驶期望，但在表 9-16 所示的不良路段线形条件对大货车驾驶员驾驶工作负荷影响较大，导致驾驶员的驾驶工作负荷处于高驾驶工作负荷状态。

不良线形条件路段　　表 9-16

起点桩号	终点桩号	平曲线半径(m)	纵坡坡度(%)
ZK566 + 109	ZK565 + 129	538，　250	−5，−5.159

2）检测路段下行方向

通过对 6 名小客车驾驶员和 6 名大货车驾驶员在桩号为 YK513 + 200 ~ YK583 + 220 的检测路段驾驶工作负荷进行检测，分别计算得到如图 9-45 和图 9-46 所示的驾驶员驾驶工作负荷检测结果。根据驾驶员不同驾驶工作负荷分类阈值标准，对其评价分析如下：

由图 9-45 和图 9-46 可见，小客车和大货车驾驶员的驾驶工作负荷在大多数路段上处于标准驾驶工作负荷状态，而在部分路段上少数驾驶员的驾驶工作负荷高于紧张阈值，主要是由于驾驶员超速行驶和超速情况下超车等不规范驾驶行为造成和受到路段上特殊结构物的影响，检测路段上行方向的线形条件没有影响小客车和大货车驾驶员安全舒适行驶的需求，可以满足驾驶员的驾驶期望。

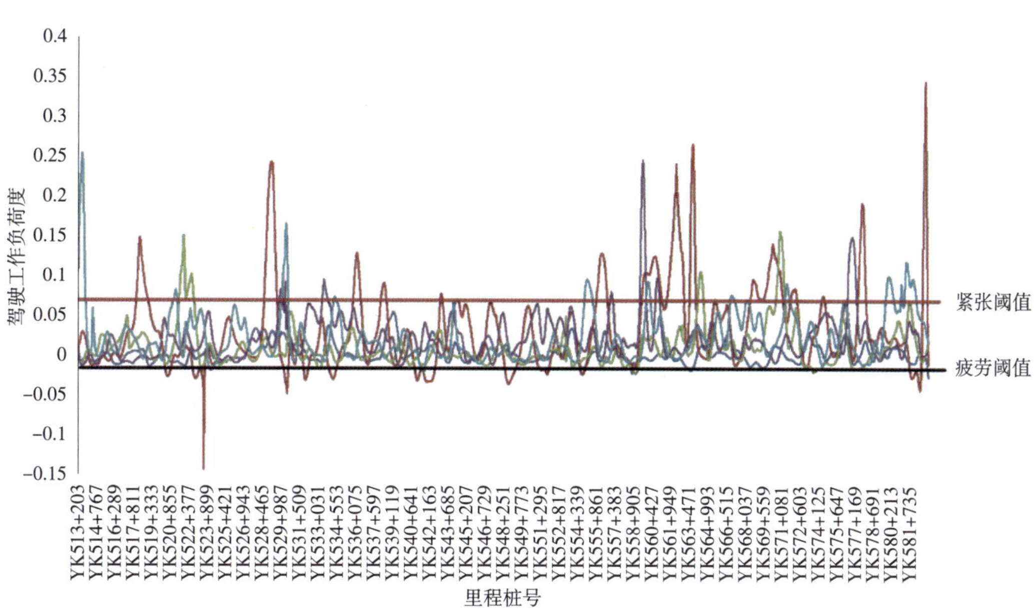

图 9-45　下行方向小客车驾驶员驾驶工作负荷

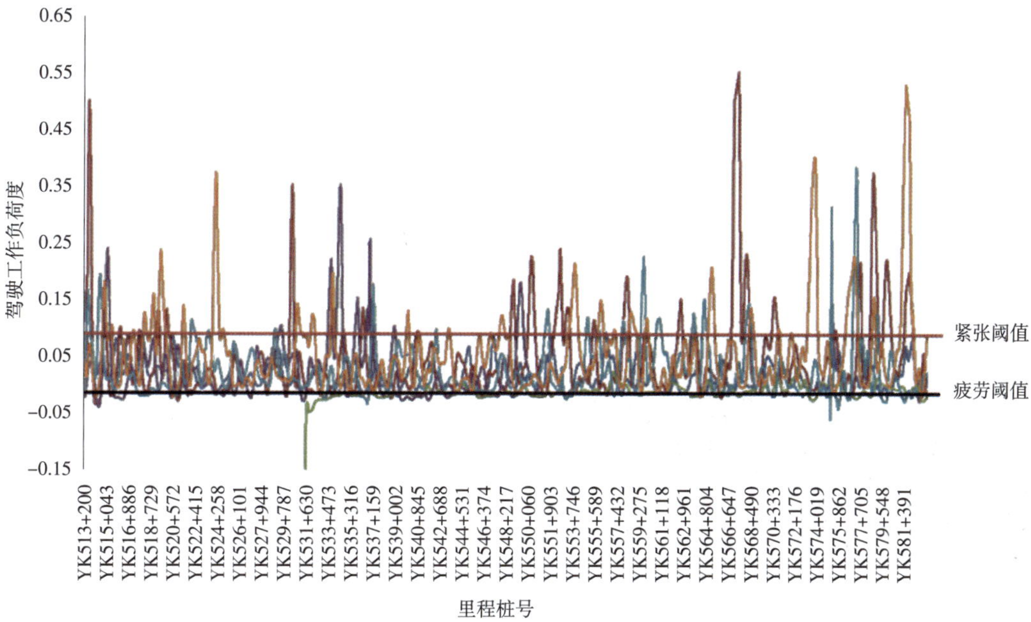

图 9-46　下行方向大货车驾驶员驾驶工作负荷

9.7　云岭保龙高速公路成果扩展应用示例

云岭保龙高速公路属于典型的山区长大陡坡，连续长距离下坡安全保障技术成功地遏制了交通事故的发生率，通车 3 年后成为亚行绿色典型示范工程，在腾冲县召开了示范工程交流推广会议。其道路走廊选择、道路几何条件研究是道路安全保障技术的主动核心措施，并以该指导思想进一步应用于云岭高速公路路线方案的研究与选择。

9.7.1 渝昆昭会高速公路交互式选线

1)需求与安全问题分析

昭通至会泽公路是国高网 G85 重庆—昆明公路的一段，是云南省出省通往四川、重庆及华北方向最便捷的交通运输主通道。起于昭通鲁甸立交，连同步建设的麻昭段高速公路，经田坝、江底、迤车、阿都、天生桥、邱家垭口，止于会泽立交接会泽—待补高速公路。该段长112km,2008 年按单向双车道高速公路(设计速度 80km/h,路基宽 12m)建成通车。为满足社会经济的发展,2012 年拓建为单向四车道高速公路。为充分利用既有半幅工程，实现社会财富积累，从道路安全和工程经济的角度全面分析既有半幅道路几何条件存在以下问题：

(1)既有道路设计于 2003 年，执行 JTJ 001—1997 标准，与现行标准 JTG B01—2003 相比，由于超高旋转轴位置变化，原采用的缓和曲线长度不足。

(2)JD2 与 JD3 等 4 对 S 形平曲线半径比大于 2，除 JD31 与 JD32 改造代价小外，其他 3 对代价巨大，根据 5 年交警交通事故统计和管养资料分析，该 3 对基本未发生交通事故。

(3)平曲线半径在极限半径(250m)与一般最小半径(400m)之间有 16 处，改建与利用安全和经济论证，鉴于新建下坡路幅，既有路作上坡幅路段，作为上坡路段安全隐患较小，与前后路段指标均衡，行车速度未发生突变，交通事故率低，改建代价巨大。

(4)连续长大纵坡问题：长大纵坡有 7 段，超 5km 的有两段(大口子垭口至江底段，长18.8km，平均纵坡 -3.7%；会泽邱家垭口至会泽段长 8.2km，平均纵坡 -4.1%)，其余 5 段长度≤3km，平均纵坡约 4%。根据 5 年交警交通事故统计和管养资料分析，交通事故相对较多的是两段较长连续下坡的方向，并且两段制高点气温相对较低。

图 9-47　安全道路交互选线布局示意图

2)安全道路保障技术对策思路

根据山区高速公路连续长陡下坡交通事故较上坡多的研究成果，鉴于既有道路平纵几何条件相对低(纵坡大，半径小)，为充分利用既有工程，积累社会财富，拟定了既有道路作为上坡幅，采用较高的平纵指标新建下坡幅。首先如图 9-47所示，设置长隧道降低制高点高程，适当增加最低点桥梁规模，减小路段高差；其次增长路段展线里程，采用≤3%的平均纵坡，提高下坡幅道路几何条件，左右行按分离式交叉布置形成辫子，根据初步布线的路线分析下坡制动效能稳定性和拟定的救助匝道位置，尽可能将设置救助匝道路段布置于山体内侧；最后，适当位置设置必要的左右幅横向联络道，作为运行交通管控时的交通疏散通道。

总之，根据道路安全运输的需求和山区高速公路运行特征，平面采用分合灵活和左右据实交互(交换)的布局，纵面采用高低错落和穿越(跨)自由的格局实现道路安全交互选线，如图 9-48 所示。

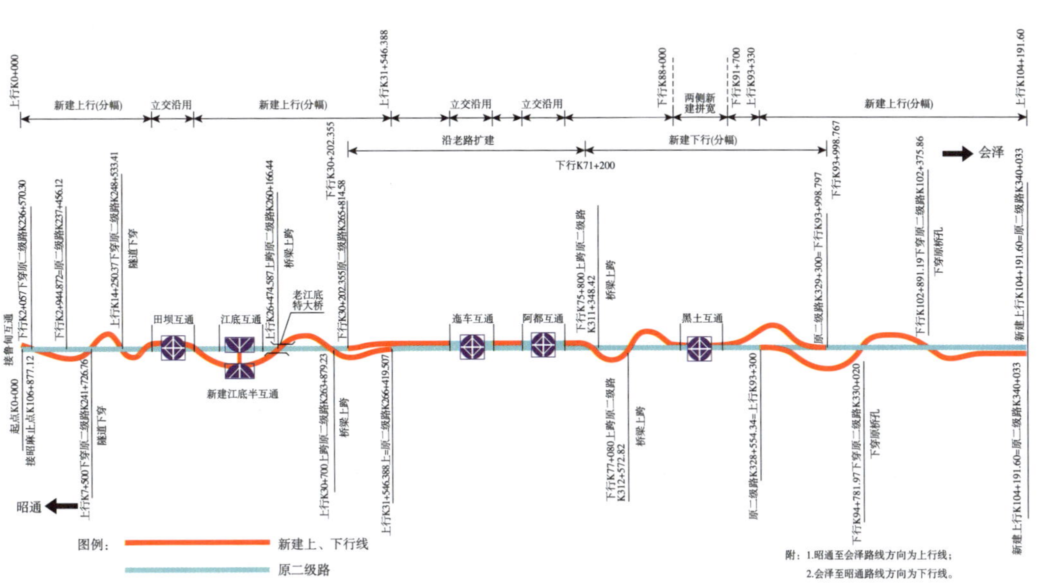

图 9-48 昭会高速公路安全道路交互选线布置图(红线为新建半幅,蓝线为既有半幅)

3)安全道路交互选线效果分析

(1)交互选线路线布局

根据安全道路交互选线的对策思路,路线从起点至转角楼沿既有道路左侧拼宽,右转离开既有道路走于右侧设特长隧道降低制高点高程 76m,交叉下穿至既有道路左侧下方平缓降坡,于 K14 +165 设 900m 隧道,再次下穿既有道路至右侧,于 K16 +000 沿用田坝互通,与既有道路同高程。

路线过田坝立交后,沿既有道路右侧上方继续平缓降坡,由于新建幅纵坡平缓而逐步抬高于既有道路,于 K22 +583. 69 新建江底半互通立交,与既有立交形成组合连接江底镇和 G213 线。至 K26 +470 设桥上跨既有道路和牛栏江,布置于既有道路的左侧作为右幅。高于既有道路近 15m,该段新建里程较既有道路增长 2. 362km,制高点大口子垭口压低高程 76m,最低点牛栏江大桥抬高高程 15m,减少相对高差 91m,平均纵坡从 3. 7% 改善为 2. 857% ,实现既有 18. 8km,平均纵坡 3. 7% 作为该段上坡幅高速公路,新建的 21. 162km(平均纵坡 2. 857%)作为高速公路的下坡幅,以提高该段道路安全保障。

既有道路左侧新建右幅跨牛栏江后平缓升坡,设 945m 隧道穿马鞍山,于 K30 +680 再次设桥上跨既有道路至右侧,于 K31 +546 接上既有道路右幅完成左右幅交互。在左侧沿既有道路新建左幅平缓升坡,经老厂、小街、巴家沟、孙家海子、龙潭、余家台,进入迤车盆地,于 K51 +840 沿用迤车互通(已按标准四车道高速互通立交建成)连接迤车镇。

路线继续向南相临既有道路,在左侧拼宽新建左幅至 K56 +200,离开既有道路设分离式头道河隧道后,下坡至阿都,沿用阿都互通进入干河河谷逆流而上,沿既有道路左侧新建下坡(行车向)左幅,经岩脚、贺家台至高粱地设 1 155m 隧道后,于 K75 +810 设桥上跨既有道路至右侧继续平缓升坡,于 K77 +070 设桥上跨既有道路至左侧经大山、猫猫箐、台子达黑土立交下 K89 + 216,沿用黑土立交后在既有道路左侧新建左幅(行车向下坡),于 K93 + 998. 77 接既有道路。

路线于既有道路右侧新右幅继续平缓升坡至 K94 + 790,利用既有道路桥梁下穿至左侧设 3 220m 特长隧道穿邱家垭口翻越制高点,较既有道路低近 57m,沿既有道路左侧下方平缓降坡作为高速公路下坡幅(右幅),既有道路作为上坡幅(左幅),以改善下坡向道路几何条件,经青龙寺至 K102 + 160 利用既有道路桥梁下穿至右侧接已建会待高速公路右幅,路线全长 104. 17km。

(2)下坡幅道路几何条件改善对比分析

①平面指标改善情况:既有道路为对向双车道半幅高速公路,设计速度为 80km/h,路基宽 12m,最大纵坡为 5%(共 20 段,长 10. 72km),最小平曲线 251m(小于一般最小半径 400m 的有 16 处)。采用交互式选线后设平曲线 123 个(平均每公里 1. 15 个/km),平曲线总长 79. 9km(占路线总长的 75. 24%),平曲线最小半径为 400m/8 处,路线增长系数 1. 154。

②下坡方向纵面指标改善情况

既有道路长大纵坡路段 7 段,其中最长的是鲁甸大口子垭口至江底段(长 18. 8km,平均纵坡 3. 7% 和会泽邱家垭口至会泽坝子段长 8. 2km,平均纵坡 4. 1%)。采取平面分离和灵活交叉的交互方式,纵面合理分台和降低制高点高程、提高最低点高程,提高下坡幅道路几何条件,并充分利用有利地形,使下坡幅位于靠山一侧,形成反复灵活交叉换岸的格局,下坡段得到了缓解。鲁甸大口子垭口至江底段段,右幅 18. 8km 下坡平均纵坡由 3. 7% 改善为如图 9-49 所示的 2. 857%;高粱地至黑土段左幅 18. 2 km 下坡段中半边箐至黑土的 3. 08 km 平均纵坡由 4. 3% 改善为 2. 846%;邱家垭口至止点会泽立交段 8. 2km 左幅下坡平均纵坡由 4. 1% 改善为 2. 797%。

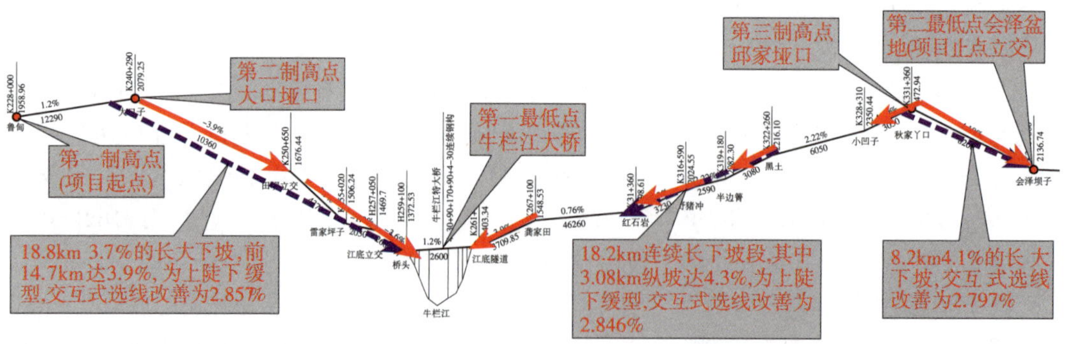

图 9-49 昭会高速公路交互选线纵面布置图(黑细线为既有半幅纵面,蓝线为下坡向新建半幅)

9. 7. 2 渝昆待功高速公路气候环境选线

1)安全需求分析

待补至功山公路是国高网 G85 重庆—昆明公路的一段。本项目既有道路为车辆专用二级公路,长 63. 6km,2003 年 11 月建成通车。设计计算行车速度 60km/h 时,路基宽 12m,最大纵坡 6%,最小圆曲线半径 127m,连续长陡下坡路段多,其中待补至野马坝段路线长

10km,平均纵坡4%;野马坝至打鹰山隧道段路线长3.6km,平均纵坡4.5%;白泥井至龙潭段路线长11.5km,平均纵坡4.3%。路线最高点海拔2 850m,全线冰冻海拔2 500m以上路线长达39km,占路线总长56%,冬季路面冰冻严重,经常造成交通事故而中断通行。据交警部门统计:该段公路2004年通车至2012年,累计发生重特大道路交通事故128起,造成185人死亡。其中特大交通事故11起,基本集中在白泥井至龙潭段11.5km长大下坡段。总之,该段既有道路气候环境恶劣,运行交通事故多,安全道路路线设计高程降至冰冻海拔(≥2 500m)以下,避开恶劣气候路段,改善连续长大纵坡几何条件是项目安全道路设计的核心和关键。

2)气候环境选线

项目根据区域运行安全需求,避开不良气候区域,将路线高程降至冰冻线以下和改善连续长大纵坡几何条件为出发点,在区域范围进行了走廊选择的研究,确定采用图9-50所示的新建69.865km高速公路方案,新建高速公路路线最高点中良子特长隧道海拔2 410.20m,低于冰冻线89.80m,连续长陡下坡最大平均坡为0.55%。规避了气候环境对交通运行的影响,为安全道路建设奠定了基础。

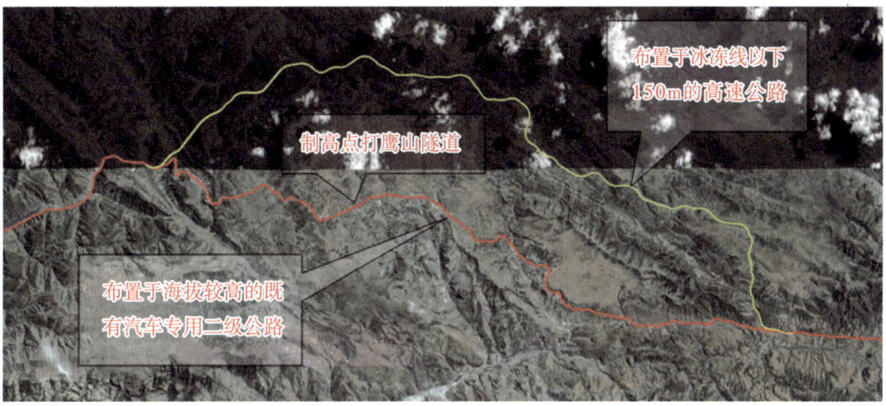

图9-50　气候环境选线示意图(红线为既有公路,黄线为新高速公路)

9.7.3　渝昆待功高速公路能量守恒选线

1)能量守恒选线思路

待功高速公路首先从区域气候环境的角度选择了全线制高点低于冰冻线近90m的路线走廊方案,路线方案研究中根据山区高速公路交通特征,针对下坡交通事故多于上坡的特征,应用能量守恒定律。为避免下坡车辆势能的积累影响车辆制动效能,路线布设中结合沿线地形、地势和水文地质条件,应用安全道路保障技术应用示例保龙高速公路车辆下坡制动稳定性分析研究的成果,即连续下坡10多km制动衰减至丧失效能,按路线连续下坡6~9km设置一段反坡,通过该段反坡让车辆制动性能得到一定的恢复;同时利用车辆爬越反坡段消除从上一坡顶下坡过程运动产生的势能,避免车辆下坡运动势能的积累,为安全道路提供安全保障。按该思路进行布线—制动稳定性分析—优化路线平纵布设—制动稳定性分析的反复循环,确定路线总体布局方案后对道路平纵线形的连续性、指标的均衡性进行反复优化设计，并且采用不同车型、不同载重与不同的速度进行弯道稳定性分析，进一步调整优化局部线形。从而实现道路几何条件方面的安全道路保障技术，从根本上提供安全运行保障。

2）待功高速公路能量守恒选线布局

待功高速公路能量守恒选线思路布局如图 9-51 所示。路线起点待补（K0 +000）接会待高速公路（H_S =2 289.96m）向南以 +1.97% 的平均坡升坡 6.1km 至制高点（H_S =2 410.20m）中梁子隧道（K6 +100）后，以 -1.69% 的平均坡降坡 10.95km 至第一最低高点岔河（K17 +050、H_S =2 224.70m）后，以 +2.54% 的平均坡升坡 1.88km 至打管隧道口（K18 +930、H_S = 2 272.42m）后，以 -0.9% 的平均坡降坡 2.56km 至大坪（K21 +490、H_S = 2 249.38m）后，以 +2.61% 的平均坡升坡 1.96km 至大坪（K23 +450、H_S =2 300.56m）后，以 -2.31% 的平均坡降坡 9.25km 至苏斗河（K32 +700、H_S =2 087.05m）后，以 +2.05% 的平均坡升坡 1.00km 至（K33 +700、H_S =2 107.50m）后，以 -1.97% 的平均坡降坡 5.88km 至马场岩（K39 +580、H_S = 1 991.63m）后，经几次小起伏以 +0.68% 的平均坡升坡 15.12km 至蒲草塘（K54 +700、H_S = 2 094.34m）后，以 -1.32% 的平均坡降坡 13.51km 至项目止点功山（K68 +206、H_S = 1 915.65m）。

总之，按能量守恒选线思路，待功高速公路从起点待补以 1.97% 的平均坡升坡 6.1 公里后，以 1.69% 的平均坡降坡 10.95km，以 1.18% 的平均坡升坡 6.4km 后，以 2.31% 的平均坡降坡 16.13km，以 0.67% 的平均坡升坡 15.15 公里后，以 -1.32% 的平均坡降坡 13.51km 至止功山点。采取三次累计 27.35km 的反坡，分段消除下坡势能累计，并且按从制高点往最低点反坡高差逐级减小（逐级反坡高差 120.24m、75.85m、102.71m），反坡坡段逐级加长（逐级反坡长 6.1km、6.4km、15.15km），完成待功高速公路 68.20km 连续下坡，克服高差 374.31m，总坡降 0.55%，高速公路制高点至最低点 62.11km 克服高差 494.55m，总坡降 0.80%，并且呈三个反坡、坡顶陡坡脚缓的布局，实现安全道路保障技术。

3）待功高速公路下坡方向制动稳定性分析

车辆在没有采取特别的辅助制动系统的情况下连续下坡，需要长时间频繁地制动，车辆制动器热负荷将剧增。通过对流散热、辐射散热等途径一旦不能将产生的制动器摩擦热及时耗散，制动器的工作温度则会急速上升。由于机械、物理、化学三种因素的作用，制动器摩擦副的摩擦系数变小，严重时导致车辆制动失效，引发道路交通事故。大量研究表明，车辆制动器的温度在小于 260℃时，基本不影响紧急制动能力，当温度在 260 ~400℃时，车辆的制动效效力维持在 70% 左右，尚有紧急制动能力；当温度在 400 ~550℃时，车辆的制动效力衰减到 50%；当温度 >550℃时，车辆的制动效力衰减 70% 以上，车辆制动效力为 30%，车辆基本失去制动能力。

为佐证待功高速公路能量守恒选线布局效果，利用车辆动力学热平衡原理，选择五轴重型载重车进行模拟检测制动效能热衰退状况分析：

（1）额定荷载下不采取辅助行车制动措施情况：额定荷载的五轴重型车辆（45t 级五轴车辆）使用空挡以 60km/h 的设定车速，在待补往功山向（下坡）行驶时，其前、后制动器温升状况、制动器摩擦副摩擦系数减小状况见表 9-17，制动器温度配色图见图 9-52。

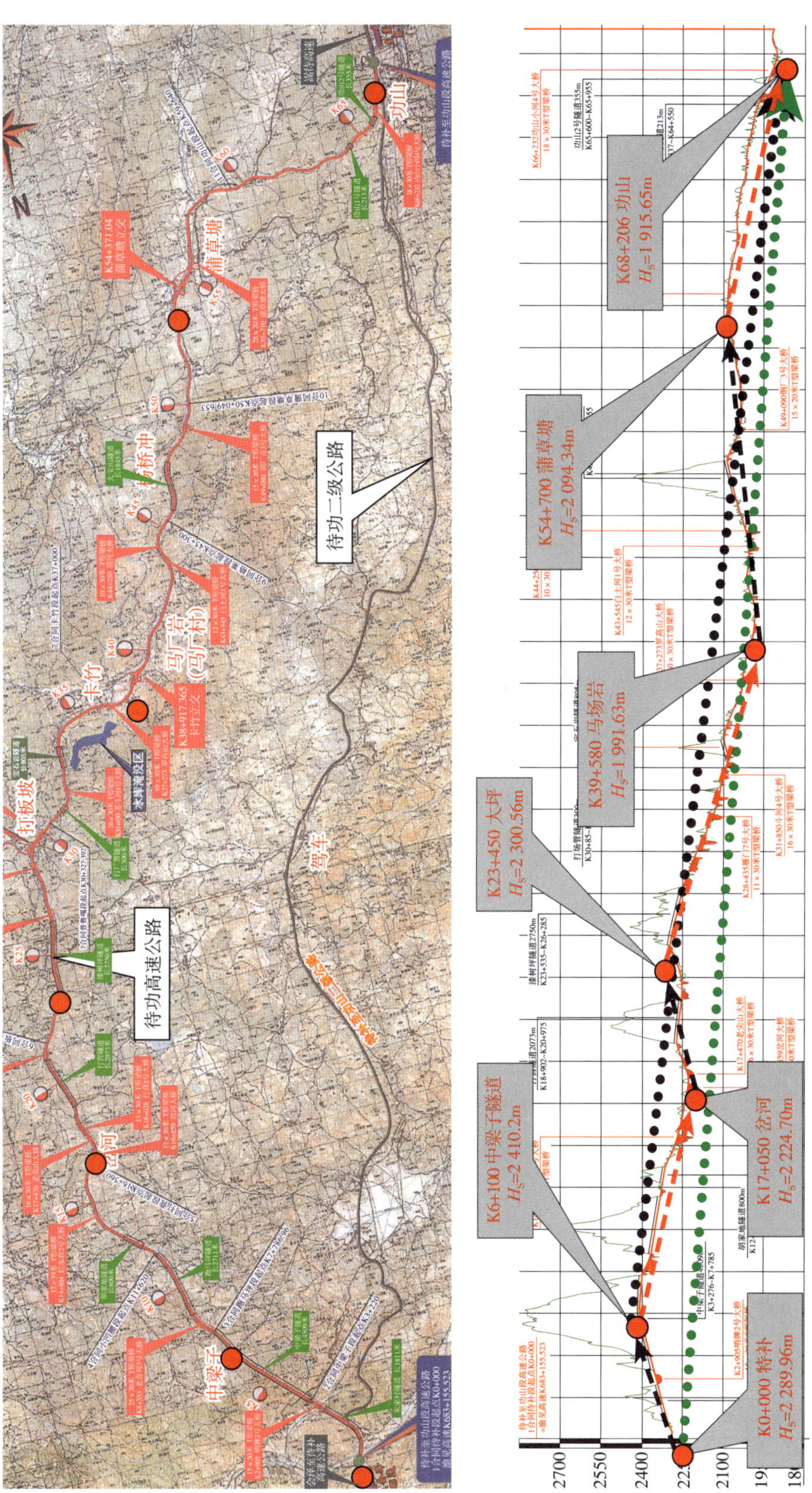

图 9-51 待功高速公路连续长陡下坡能量守恒选线路线布局图

五轴车额定荷载下 60km/h 空挡下坡制动器温升状况 表 9-17

起止点桩号	制动器温度(℃)	分　析
K0 +000 ~ K15 +052	<260	距高速公路制高点连续下坡至 K27 +947,车辆虽然在岔河 K17 +050 ~ 大坪 K23 +450 段以 1.18%,长 6.4km 的反坡得到缓解,但车辆不采取其他辅助行车制动措施情况下制动效力衰减到 50%,行至 K34 +940 开始(第二段连续下坡)制动效力衰减到 30%,基本丧失了紧急制动效能;通过马场岩石 K39 +580 ~ 蒲草塘 K54 +700 段长 15.15km 的反坡得到缓解,恢复到 50% ~70% 的制动效力。由此可见,采用车辆下坡不采取其他辅助行车制动措施(空挡)状况分析,车辆连续下坡过程中适当位置设置适当规模的反坡是恢复制动效能的有效举措
15 +052 ~ K16 +573	260 ~ 298	
K16 +573 ~ K19 +708	298 ~ 260	
K19 +708 ~ K22 +810	260 ~ 238	
K22 +810 ~ K23 +997	238 ~ 260	
K23 +997 ~ K27 +947	260 ~ 400	
K27 +947 ~ K34 +940	400 ~ 550	
K34 +940 ~ K38 +518	550 ~ 592	
K38 +518 ~ K40 +464	592 ~ 550	
K40 +464 ~ K58 +407	550 ~ 400	
K58 +407 ~ K62 +220	400 ~ 378	
K62 +220 ~ K63 +670	378 ~ 400	
K63 +670 ~ K68 +205	400 ~ 522	

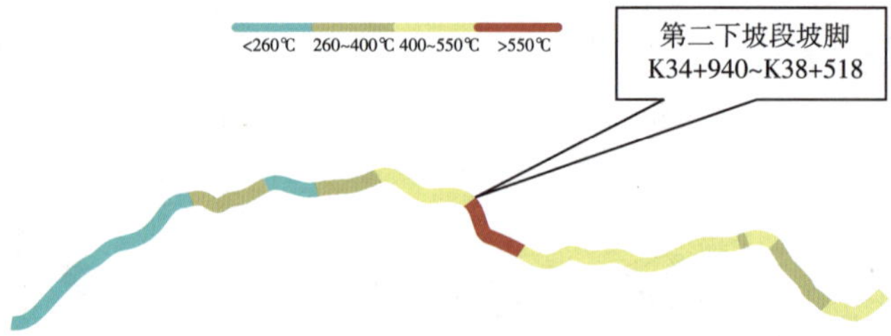

图 9-52　制动器温度配色图(红色≥550℃)

(2)额定荷载下 3 挡稳定车速情况:额定荷载的五轴重型车辆(45t 级五轴车辆)使用 3 挡以 60km/h 的设定车速,在待补往功山方向(下坡)行驶时,其前、后制动器温升状况、制动器摩擦副摩擦系数减小状况见表 9-18,制动器温度配色图见图 9-53。

五轴车额定荷载下 60km/h 3 挡下坡制动器温升状况 表 9-18

起止点桩号	制动器温度(℃)	制动稳定性(效能)分析
K0 +000 ~ K29 +693	<260	根据试验分析,制动机器温度 <260℃ 基本不影响紧急制动能力;260 ~ 400℃ 制动效力衰减 30%;400 ~ 550℃ 制动效力衰减 50%;550℃ 制动效力衰减 70%,待功高速公路车辆连续下坡过程中通过岔河 K17 +050 ~ 大坪 K23 +450 长 6.4km 和马场岩 K39 +580 ~ 蒲草塘 K54 +700 长 15.15km 的两次反坡确保制动效能 ≥70%,满足紧急制动的安全需要
K29 +693 ~ K38 +518	260 ~ 368	
K38 +518 ~ K57 +055	368 ~ 260	
K57 +055 ~ K62 +221	260 ~ 217	
K62 +221 ~ K63 +510	217 ~ 260	
K63 +510 ~ K68 +205	260 ~ 311	

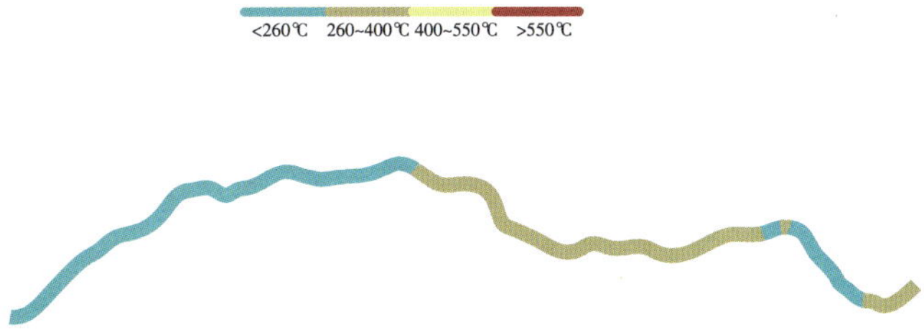

图 9-53　制动器温度配色图

(3)超载 100% 下 3 挡稳定车速情况：五轴重型车超载 100%，以 60km/h 的设定车速采取排气辅助行车制动措施，在待补往功山方向行驶时，其前、后制动器温升状况、制动器摩擦副摩擦系数减小状况见表 9-19，制动器温度配色图见图 9-54。

五轴车超载 100% 下 3 挡下坡制动器温升状况　　表 9-19

<table>
<tr><th>起止点桩号</th><th>制动器温度(℃)</th><th>制动稳定性(效能)分析</th></tr>
<tr><td>K0 +000 ~ K26 +983</td><td><260</td><td rowspan="11">根据试验分析，制动机器温度 <260℃ 基本不影响紧急制动能力；260 ~ 400℃ 制动效力衰减 30%；400 ~ 550℃ 制动效力衰减 50%；550℃ 制动效力衰减 70%，待功高速公路车辆连续下坡过程中通过 K29 +852 ~ K52 +175 长 22.32km 和 K65 +365 ~ K68 +205 长 2.84km 的两次反坡确保制动效能 50%，影响紧急制动的安全需要，应该采取救助匝道等被动安全设施。建议在 K26 +825、K34 +924、K65 +205 处设置救助匝道</td></tr>
<tr><td>K26 +983 ~ K29 +852</td><td>260 ~ 400</td></tr>
<tr><td>K29 +852 ~ K38 +518</td><td>400 ~ 536</td></tr>
<tr><td>K38 +518 ~ K46 +525</td><td>536 ~ 400</td></tr>
<tr><td>K46 +525 ~ K46 +831</td><td>400 ~ 385</td></tr>
<tr><td>K46 +831 ~ K47 +047</td><td>385 ~ 400</td></tr>
<tr><td>K47 +047 ~ K49 +102</td><td>400 ~ 489</td></tr>
<tr><td>K49 +102 ~ K52 +175</td><td>489 ~ 400</td></tr>
<tr><td>K52 +175 ~ K62 +221</td><td>400 ~ 299</td></tr>
<tr><td>K62 +221 ~ K65 +365</td><td>299 ~ 400</td></tr>
<tr><td>K65 +365 ~ K68 +205</td><td>400 ~ 444</td></tr>
</table>

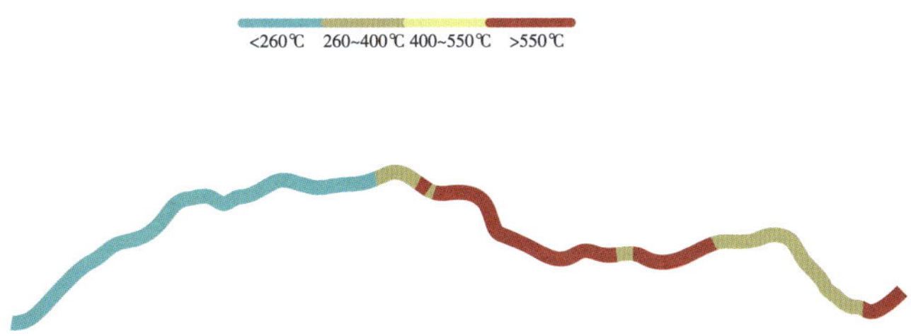

图 9-54　制动器温度配色图(黄色：400 ~ 550℃)

以上五轴车 3 种工况下坡制动效能分析佐证了山区高速公路路线连续下坡安全道路能量守恒选线思路，是安全道路保障技术措施的根本举措，即使是苏斗河(K32 +700、H_S = 2 087.05m)至(K33 +700、H_S = 2 107.50m)仅仅 1.00km 的 +2.05% 的反坡，如图 9-55 所示，可以更加直观的分析反坡对消除下坡势能的积累和恢复制动效能的作用，同时可以得知在车辆下坡制动器温度达 550℃ 时设置一定规模的反坡是最经济有效的，关于反坡段的平均坡和长度规模需要通过预测分析和实践的不断总结。总之，建设安全的道路是建设者的追求和永恒的主题。

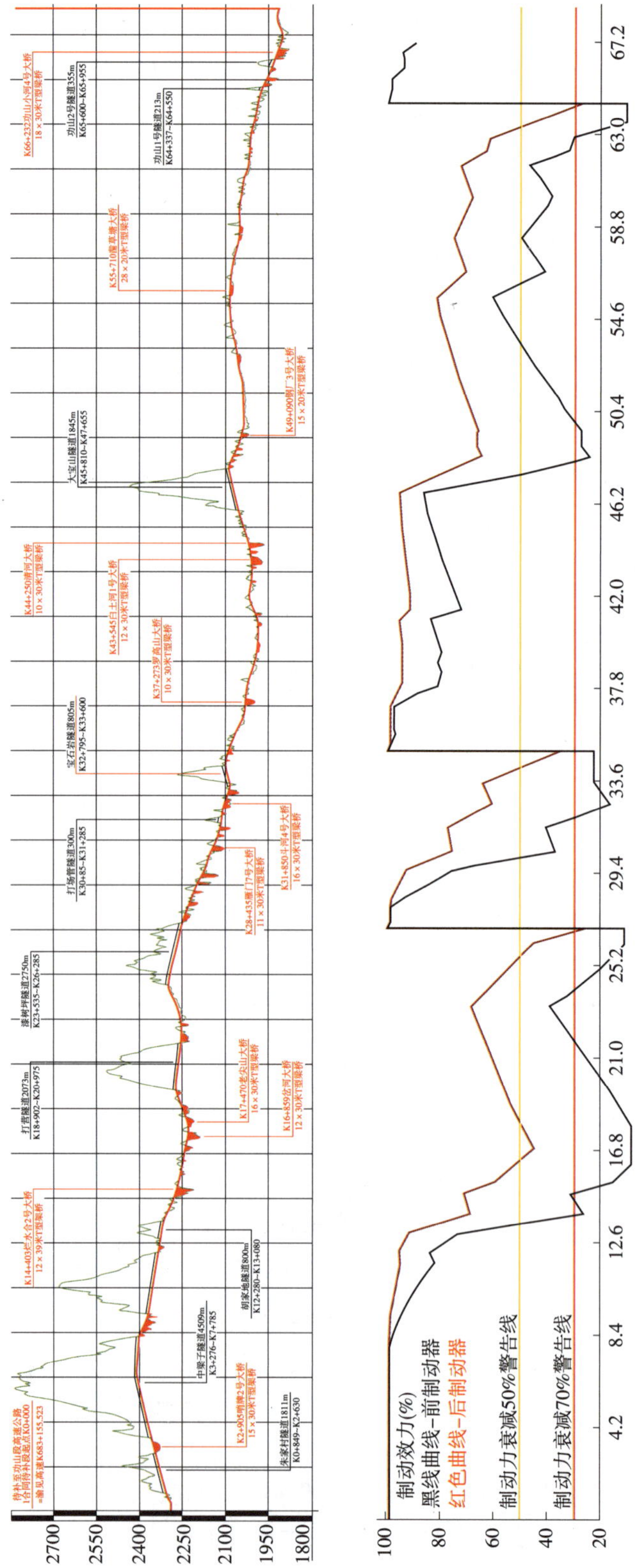

图 9-55　能量守恒选线与制动效力恢复分析图

总之,安全道路保障技术的核心是道路几何条件与运行车辆特征的协调匹配、安全保障措施的系统性和协调性,而交通安全保障技术的核心是人车路环境系统工程的系统性和协调性。交通运行的安全是涉及多方面的系统工程,交通事故具有偶然性和随机性,需要道路建设与运行管理的工程技术人员对多方面进行不断思考改进和联动。

本章参考文献

[1] 胡江碧. 云南保龙高速公路运行安全性评价报告[R]. 2013.
[2] 吴华金. 横断山区高速公路运营安全保障模式及其实现研究[D]. 西安:长安大学,2009.
[3] 吴华金,魏朗,等. 保(山)龙(陵)高速公路运营安全保障系统综合研究[R]. 2009.
[4] 吴华金,张林洪. 山区公路选线[M]. 北京:人民交通出版社,2012.